중서교통사

中西交通史

4

이 책은 (재)한국연구재단의 지원으로 학고방출판사에서 출간, 유통합니다.

한국연구재단 학술명저번역총서 동양편 622

중서교통사

방호(方豪) 저

손준식·유진희 역주

4

學古房

제4편 명·청 교체기 중서문화 교류사

제1장 천문학과 역학(曆學)

제7장 지리학(하)

8

제10장 건축

　명말 마테오 리치[利瑪竇]의 중국 입국은 실로 중서교통사의 신기원을 여는 것이었다. 마테오 리치 이전에도 중국 내지에 들어온 선교사들이 있었지만, 장기간 머물 계획이 없었기에 오래지 않아 돌아갔다.

　마테오 리치 이전에 이미 중국식 이름과 자호(字號)를 가진 선교사가 3명 있었다. 중국명 범례안(范禮安) 자가 입산(立山)인 알렉산더 발리냐니(Alexander Valignani)1), 중국명 나명감(羅明鑒: 羅明堅으로도 씀) 자가 복초(復初)인 미카엘 루지에리(Michael Ruggieri)2), 중국명 파범제(巴範

....

1) 알렉산드로 발리냐니(Alessandro Valignani, 1539-1606): 이탈리아 출신의 예수회 선교사로 1578년 마카오에 도착했지만 예수회 회원들이 중국 본토에 정착하지 못하는 것을 보고 중국어 습득 필요성을 느끼고 인도 교구에 적임자 파견을 부탁하였다. 이때 파견된 것이 미카엘 루지에리였다. 1579년 이후 줄곧 일본에서 선교활동을 진행하였으며 1603년 일본을 떠났고 3년 뒤에 마카오에서 사망하였다.

2) 미카엘 루지에리(Michele Ruggieri, 1543-1607): 중국 내륙으로 들어온 최초의 서양인 선교사로 이탈리아에서 태어나 나폴리에서 신학을 공부했으며 1572년 예수회에 가입하였다. 1579년 마카오에 도착하였고, 1582년 조경(肇慶)에 도착하였다. 1583년 마테오 리치와 함께 광주 서쪽에 중국 최초의 천

濟) 자가 용악(庸樂)인 프란시스코 파시오(Franciscus Pasio)[3]가 그들이다.

이들 3명 모두 이탈리아 출신으로 마테오 리치를 포함하여 명말 가장 일찍 중국에 온 4명의 이탈리아인이었다. 이 4명보다 먼저 중국에 왔던 스페인 사람 성 프란시스코 하비에르(St. Francisco Xavier)에 관해서는 이미 제3편에서 살펴보았다. 그 다음으로 온 포르투갈 선교사 6명이 있지만, 모두 중국식 이름을 갖고 있지 않았으며 내지에 들어오지도 않았다. 프란시스코 하비에르의 방제각 사홀략(方濟各 沙勿略)이란 중국명도 후세 사람이 음역해 붙인 것이다.

알렉산더 발리냐니의 중국명 범례안은 그의 성(姓)을 음역한 것이고 입산은 그의 세례명을 줄여서 음역한 것이다. 나명감의 나는 루지에리의 첫 음이고 명감은 그의 세례명이며 복초는 순수한 중국식 자(字)이다. 파범제의 파는 파시오의 첫 음이고 범제는 세례명이며 용악은 역시 중국식 자이다. 이마두(利瑪竇)의 마두는 세례명이고 이는 그의 성 리치의 첫 음이며 자인 서태(西泰)는 태서(泰西)란 의미인데 뒤집어 표기한 것이 분명하다. 그 외 마테오 리치는 이산인(利山人)이라는 별호도 있고 서태자(西泰子)라고도 불렸으니, 중국식 이름과 자호・별호만 놓고 말해도 먼저 온 3명은 물론 그보다 나중에 온 사람들과도 비교가 되지 않는다.

발리냐니는 목적지인 일본에 가기위해 만력 6년(1578) 마카오를 통과

....

주교당인 선화사를 창건하여 포교에 힘썼다. 1607년 이탈리아에서 사망했다. 저서로 《천주성교실록(天主聖教實錄)》이 있다.
3) 프란시스코 파시오(Franciscus Pasio, 1554-1612): 이탈리아 출신의 예수회 선교사로 1582년 중국 선교의 임무를 띠고 마테오 리치와 함께 마카오에 도착하였다. 일본에서 활동하다 1612년 마카오에서 사망하였다. 기독교를 동양에 전파한 대표적인 인물 중 하나로 꼽힌다.

하였고 2년 뒤 루지에리가 마카오에 이르렀다. 그 2년 뒤 파시오가 마카오에 왔고 다시 1년 뒤에 마테오 리치가 마카오에 도착하였다. 따라서 발리냐니는 마테오 리치보다 겨우 5년 먼저 중국에 왔을 뿐이다.

그러나 이 3명 중 발리냐니는 중·일 양국에서의 선교를 계획했다는 데 그 공이 있다. 이를 위해 인도와 일본 사이의 바다를 왕복하였지만, 그의 족적은 끝내 마카오를 벗어나지 못한 채 만력 34년(1606) 마카오에서 사망했다. 루지에리는 비록 외국 선교사 중 가장 먼저 《성교실록(聖敎實錄)》[4](만력 12년 간행)이란 한문 교리서를 저술했을 뿐 아니라 만력 10년(1582) 파시오와 함께 광동성 조경(肇慶)에 이르렀고, 만력 14년에는 안토니우스 알메이다(Antonius Almeida)와 함께 절강성을 여행하다 소흥에 도착하였으며, 그 후 또 홀로 계림까지 여행하는 등 명말 선교사 중 가장 먼저 중국 내지 깊숙이 들어온 사람이었지만 만력 16년(1588) 결국 유럽으로 돌아갔다. 파시오는 1차례 광동성 조경에 이른 것 외에 중국과 특별히 맺은 관계가 없는데, 아마도 그의 지정 선교지가 일본이었기 때문인 것 같다. 그 뒤 만력 40년(1612) 중국과 일본 교무시찰원(敎務視察員)에 임명되어 4월(양력, 이하 같음. 음력을 사용할 경우 따로 주를 달아 밝힐 것임) 마카오에 도착했으나, 8월 30일 사망함으로써 맡은 임무를 수행할 수 없었다.

종합해 보면 마테오 리치는 실로 명말 중서문화 교류에 있어 가장 중요한 사람이었음을 알 수 있다. 마테오 리치가 중국에 들어오고부터 건

....

4) 《성교실록(聖敎實錄)》: 정식명칭은 《천주성교실록(天主聖敎實錄)》이다. 첫
번째 중국판 교리서이자 유럽인이 중국어로 편찬한 최초의 저작이다. 책은
유럽인과 중국인 두 사람 사이의 문답식 대화로 되어있고 내용은 십계(十戒)
의 이해부터 천주교의 유일신에 대한 인식까지 서술되어있다.

류・가경연간 선교 금지가 엄격하게 시행될 때까지 중서간의 문화교류
는 아주 풍부하고도 다채롭게 이루어졌다. 서양의 근대 천문・역법・수
학・물리・의학・철학・지리・수리(水利) 등 여러 학문과 건축・음악
・회화 등 예술이 모두 이 시기 중국에 전래되었고, 유럽인들이 중국의
경서를 번역하고 중국의 유학 및 일반 문화의 체계와 변화를 연구하기
시작함으로써 정치・생활・문학・교회 등 각 방면에서 중국의 영향을
받은 것도 모두 이 시기였다.

문화교류 외에도 이 시기 중서 간에는 중국과 러시아 간의 네르친스크
조약5)과 카흐타조약6) 체결이나 네덜란드・포르투갈・영국 등의 입공
(入貢)과 통상 같은 관계도 있었다. 이러한 외교 또는 경제와 관련된 내
용은 최근에 나온 외교사・통상사・중국근대사 등의 저술에서 매우 상
세하게 다루고 있다. 그러나 문화교류의 역사적 사실에 관한 저술은 여
전히 많이 보이지 않고 있더라도 지나치게 간략히 서술되어있다. 이 때
문에 본편에서는 연대순에 따른 서술에 치중했던 앞의 세 편과 달리 분
과별로 다루어 보고자 한다. 아울러 시간 범위를 17, 18세기로 한정함으
로써 이 2세기 사이에 이루어진 중서문화의 상호 교류를 비교적 명확하

....

5) 네르친스크(Nerchinsk)조약: 1689년 네르친스크에서 청과 러시아가 체결한
조약으로 아르군과 케르비치 두 강과 외흥안령산맥을 있는 국경선 확정, 월
경자 처리, 양국 간의 자유로운 국경무역 등을 규정하였다. 그 결과 흑룡강
하류 지역의 러시아 기지를 철수시킴으로써 청은 러시아의 남진을 막을 수
있었다.
6) 캬흐타(Kyakhta)조약: 네르친스크조약으로 청・러 양국 간 자유로운 국경무
역이 허용된 뒤 몽고 방면으로 러시아 상인들이 몰려들었다. 그러나 몽고방
면의 국경이 불명확하고 교역과 관련된 분쟁이 점차 늘어나자, 청・러 양국
은 1727년 통상 문제를 조정하고 러시아와 외몽고 사이의 국경을 확정할목
적으로 11개조로 구성된 이 조약을 체결하였다.

게 드러내 보이기를 기대한다. 실제로 마테오 리치가 북경에 도착한 서기 1601년 1월 24일은 음력으로 만력 28년 12월 21일이고 1800년은 가경 5년이므로, 본편에서 서술하는 사실의 시작과 끝은 대략 이 두 년대를 기준으로 하되, 그보다 조금 빠르거나 늦은 시기의 사실도 덧붙여 다루고자 한다. 독자들의 질정을 바란다.

제4편

명·청 교체기 중서문화 교류

제1장
천문학과 역학(曆學)

제1절 명말 흠천감(欽天監)1)의 서양 역법(曆法) 채택과
역국(曆局)의 창설

　　만력 28년(1600) 마테오 리치는 북경에 와서 서양에서 가져온 물건[方物]을 바치며 다음과 같이 상소하였다. "《천지도(天地圖)》와 도수(度數: 각도·온도·광도 등의 크기를 나타내는 수 - 역자)는 그 신비함을 깊이 헤아리기 위해 기구를 만들어 현상을 관측하고 해시계로 검증한 것으로 중국의 옛 법과도 완전히 부합합니다. 만약 황상께서 이 보잘 것 없는 것을 내치지 않고 신(臣)의 우매함을 다 펼치게 해주신다면, 지존 앞에서 이를 시연해 보이고자 합니다. 이 또한 저의 큰 바램입니다." 하지만 애석하게도 그 계획은 실현되지 못하였다.

　　만력 38년(1610) 5월 11일 마테오 리치가 병사하였다. 《명사》 권326

---

1) 흠천감(欽天監): 1370년 이래 설치된 명·청시기의 국립천문대이다. 천문 계산, 기상 현상의 관측과 기록을 관장하였다. 이전의 대사국(大史局)·대사원(大史院)·사천감(司天監)에 해당한다.

'이탈리아전(意大里亞傳)'에는 "그 해(즉 만력 38년) 11월 초하루 일식이 나타났다. 역관(曆官)의 추산에 오류가 많아 조정에서 의논하여 장차 수정하도록 하였다"고 적혀있다. 《야획편(野獲編)》 권30에는 다음과 같이 적혀있다.

"만력 경술년 11월 초하루 임인일 일식이 나타났다. 애초 흠천감에서는 일식이 7할 남짓일 것이며 미정(未正) 1각(刻)에 시작되어 신초(申初) 3각에 심해지고 유초(酉初) 초각(初刻)에 복원(復圓)될 것이라고 상주하였다. 반면 춘관정(春官正)[2] 과겸형(戈謙亨) 등은 미정 3각에 일식이 시작될 것이라고 아뢰니, 이미 서로 간에 차이가 있었다. 이윽고 병부(兵部) 원외(員外) 범수이(范守已)[3]가 반박하여 '해시계를 관찰한 결과 미정 1각에는 일식이 시작되지 않았고 미정 2각, 3각, 4각에 이르기까지 그러하다가 신초(申初) 2각에 이르러 비로소 서남쪽부터 얼마간 일식의 형태가 나타나기 시작하였으며 신정(申正) 2각에 이르러 심해졌는데, 7할 남짓에 그치지 않았으니 아마도 역관들이 앞뒤로 모두 오류를 범한 것 같습니다'라고 말했다. 이에 예부에서 말하길 '만력 원년부터 지금까지 일식이 이미 10여 차례 있었는데 그 차이가 1, 2각에서 4각에 이른다고 하였습니다. …… 본 왕조가 세워진지 2백여 년이 되었는데, 어찌 오류가 없을 수 있겠습니까? 현재 범수이와 안찰사 형운로(邢雲鷺)[4]가 역학에 정통하고 특히 형운로가 지은 《고금율력고(古今律曆考)》는 내용이

2) 춘관정(春官正): 흠천감의 관리인 오관정(五官正)의 하나.
3) 범수이(范守已, 생몰연도 미상): 하남성 유천(洧川) 출신으로 만력 2년(1574) 진사가 되었고 관직은 안찰사(按察司)첨사(僉事)에까지 이르렀다. 저서로 《어룡자집(御龍子集)》·《영악집(郢堊集)》·《숙황외사(肅皇外史)》 등이 있다.
4) 형운로(邢雲鷺, 생몰연도 미상): 명대의 천문학자. 자신의 저서 《고금율력고》에서 고대의 《사분력(四分曆)》부터 명대의 《수시력(授時曆)》에 이르는 각종 역법을 전면적으로 평가하였다. 난주(蘭州)에 6장 높이의 장대를 설치하여 시각을 실측하였으며 1년의 날짜를 365.23219일로 측정하기도 하였다.

상세하고 엄밀합니다. 선조(先朝) 때 급사(給事) 낙호(樂濩)와 주사(主事) 화상(華湘)의 선례에 비추어 광록소경(光祿少卿)으로 삼아서 흠천감을 관장하게 하십시오. 그 외 검토(檢討) 서광계(徐光啓)와 원외(員外) 이지조(李之藻)도 평소 역리(曆理)를 연구했던 자들이고, 대서양(大西洋)에서 귀화한 배신(陪臣) 판토하(Pantoja)[5]와 우르시스(Ursis)[6] 등도 모두 자기 나라의 역법에 관한 여러 서적을 가지고 있습니다. 홍무 15년 한림(翰林) 이충(李翀)과 오백종(吳伯宗)[7], 영대랑(靈臺郎) 해달아(海達兒),[8] 회회천사(回回天師) 마흑역사(馬黑亦沙)[9] 등에게 서역의 역법

....

5) 디에고 데 판토하(Diego de Pantoja, 龐廸我, 1571-1618): 스페인 출신의 예수회 선교사로 1599년 마카오에 도착한 이후 처음에는 일본으로 갈 예정이었으나 동방순찰사 발리냐니에 의해 남경으로 파견되었는데, 이듬해 마테오 리치를 따라서 북경으로 올라가 이후 마테오 리치가 사망할 때까지 그와 함께 하였다. 1611년 명을 받고 역법을 연구하였으나, 1616년 남경교안(南京教案)이 발생하여 마카오로 쫓겨났으며 얼마 후 사망하였다. 《칠극(七克)》 2권을 간행하여 천주교가 금지하고 있는 교만·질투·분노·인색·탐식·욕정·게으름 등을 어떻게 극복할 수 있는지에 대해서 서술했다.

6) 사바티노 데 우르시스(Sabatino de Ursis, 熊三拔, 1575-1620): 이탈리아 출신의 예수회 선교사로 1606년 중국에 와서 북경에서 마테오 리치의 사업에 협조하였고 흠천감의 역법 수정을 도왔다. 수리(水利)과학과 회화·건축 등에 조예가 있었다. 서광계와도 교류가 깊어 서양의 수리과학 서적인 《태서수법(泰西水法)》의 번역을 돕기도 했다. 1617년 남경교안이 발생한 이후 마카오로 쫓겨났으며 1620년 마카오에서 사망하였다. 저서로 《간평의설(簡平議設)》·《표도설(表度說)》·《중국속례간평(中國俗禮簡評)》 등이 있다.

7) 오백종(吳伯宗, ?-1384): 원말 명초의 관료이자 학자로 강서성 금계(金溪) 출신이다. 홍무 4년(1371년) 장원으로 급제하였고 예부원외랑으로 재직하던 시기에 《대명일력(大明日曆)》 편찬에 참여하였다. 1382년 마흑역사(馬黑亦沙) 등과 함께 《회회력(回回曆)》·《경위도(經緯度)》·《천문(天文)》 등의 책을 번역하였다.

8) 해달아(海達兒, 생몰연도 미상, 海㝏兒 또는 黑得兒로도 표기함): 회족 출신의 명대 천문학자로 홍무연간 흠천감 영대랑을 지냈다. 홍무 15년 9월 부름을 받아 아답올정(阿㝏兀丁)·마사역흑(馬沙亦黑)·마합마(馬哈麻) 등과 함께

을 번역·편수하게 했던 사례에 비추어 그 책들을 모두 필사하여 전적(典
籍)의 궐실(闕失)을 매우시길 바랍니다.' …… 상소가 올라갔으나 황제는
응답하지 않았다."

이는 만력 39년의 일이었다. 심각(沈㴶)¹⁰⁾의 〈참원이소(參遠夷疏)〉¹¹⁾
는 《파사집(破邪集)》¹²⁾ 권1에 실려 있는데, 거기에도 "관상대와 흠천감[臺
監]의 추산은 점점 어긋난데 반해 저들 오랑캐가 만든 천문관측기구는
매우 정교하다할만 합니다"고 적혀있다. 이지조도 〈청역서양역법소(請
譯西洋曆法疏)〉를 올렸으니, 《춘명몽여록(春明夢餘錄)》¹³⁾ 권58에 보인

....

조정에 소장된 원대의 서적 중 천문·음양·역상(曆像)과 관련된 것들을 골라
차례로 번역하였다. 영락 초년 회회사천감(回回司天監)이 설치되자 부름을
받고 경사(京師)에 와서 역법 논쟁에 참여하였다.

9) 마흑역사(馬黑亦沙, Shaikh Muhammad, 생몰연도 미상): 명대의 저명한 회
   족(回族) 출신 천문학자이다. 1382년 이충, 오백종 등과 함께 《회회력》을
   번역하였고 1391년 흠천감 감부(監副)에 임명되었다. 영락제가 북경으로 천
   도한 이후 남경 흠천감에 머무르면서 계속 재직하였다.
10) 심각(沈㴶, ?-1623): 절강성 오정(烏程) 사람으로 만력 20년(1592) 진사에 합
    격하여 남경 예부시랑을 지냈으며 광종 즉위 후 예부상서 겸 동각(東閣)대학
    사로 불러 올려졌다. 문연각(文淵閣)대학사·태자소보(太子少保)에 나아갔는
    데 탄핵을 받아 스스로 물러났고 이듬해 사망하였다. 시호는 문정(文定)이고
    《심문정공집(沈文定公集)》이 있다.
11) 원서에는 〈참원이제일소(參遠夷第一疏)〉로 되어있으나 《파사집》 원문을 확
    인하여 바로잡았다. 참고로 심각이 지은 《남궁서독(南宮署牘)》에는 〈참원이
    소〉·〈재참원이소〉·〈참원이삼소(參遠夷三疏)〉 등이 들어있다.
12) 《파사집(破邪集)》: 《명조파사집(明朝破邪集)》 혹은 《성조파사집(聖朝破邪集)》
    으로 칭하기도 한다. 숭정 12년(1639) 절강성 해염(海鹽)출신의 문인 서창치
    (徐昌治, 1582-1672)가 60여 편의 반천주교 문장을 모아 편집, 간행한 책으로
    유학자와 불교계의 저술이 함께 실려 있으며 선교사와 천주교를 비판하는
    다양한 논의가 수록되어있다.
13) 《춘명몽여록(春明夢餘錄)》: 명말 청초의 정치가 겸 수장가 손승택(孫承澤,

다. 이 상소에서 이지조는 다음과 같이 말하고 있다.

"삼가 대서양국(大西洋國)에서 귀화한 배신(陪臣) 판토하·롱고바르디
(Longobardi)[14]·우르시스·디아즈(Emmanuel Diaz) 등은 인의(仁義)를
경모(傾慕)하여 멀리서 와서 독서(讀書)하며 의리(義理)를 논하였는데,
모두 총명한 자질이 있고 역법에 능통하며 가지고 온 그 나라의 서적이
매우 많습니다. 오랜 세월동안 점점 교화되고 중국어[華音]를 깨달게 되
어 재경(在京) 사신(仕紳)들과 강론(講論)할 경지에 이르렀습니다. 그들
이 말하는 천문과 역수(曆數) 가운데 우리 중국의 옛 현자들이 언급하지
못했던 바가 무릇 14가지가 있습니다. …… 그 도수(度數)를 논할 뿐 아
니라 왜 그러한지의 이치를 설명할 수 있습니다. 아마도 그 나라에서는
천문역학을 금지하지 않아서 5천년 이래 전국의 뛰어난 인물이 모여 그
핵심을 살피고 깊이 연구한 때문일 터이니, 수백 년 만에 겨우 (뛰어난)
한 사람이 나타나 스승도 친구도 없이 스스로 깨닫고 스스로 옳다고 여
기는 우리나라와 어찌 그 고하(高下)를 비교할 수 있겠습니까? 그들이
만든 천문관측기구를 보면 모두 매우 정밀하여 설령 곽수경(郭守敬)[15]

....

1592-1676)이 명대 북경의 상황을 기재한 책으로 체례는 지방지와 비슷하다.
〈건치(建置)〉·〈형승(形勝)〉·〈성지(城池)〉·〈기전(畿甸)〉·〈성방(城坊)〉·
〈궁궐(宮闕)〉·〈단묘(壇廟)〉·〈관서(官署)〉·〈명적(名跡)〉·〈사묘(寺廟)〉·
〈석각(石刻)〉·〈암록(岩麓)〉·〈천거(川渠)〉·〈능원(陵園)〉으로 나누어져 있
으며 명조 전장(典章)의 연혁 연구에 있어 귀중한 자료로 평가받고 있다.
14) 니콜라스 롱고바르디(Nicolas Longobardi, 龍華民 또는 龍化民, 1559-1654):
명말 중국에서 활동한 예수회 선교사. 이탈리아 시칠리아 출신으로 1597년
마카오에 와서 광동지역의 교무를 담당하였다. 마테오 리치 사망 후 그의
직무를 인계하였는데, 중국 예법을 다루는 방식에서 마테오 리치와 상반된
관점을 가지고 있었다. 그는 당시 대다수 중국에서 활동하던 선교사와는 달
리 공개적으로 선교활동을 펼치면서 천주교 신앙을 갖기 위해서는 전통적인
중국 풍속을 포기해야 한다고 주장하였다. 1654년 북경에서 병사하였다.
15) 곽수경(郭守敬, 1231-1316): 원대의 천문학자로 순덕(順德) 형대(邢臺) 출신이

등이 살아있더라도 그 외형조차 짐작할 수 없을 것입니다. 하물며 먼지 수북한 물시계[刻漏]와 인적 없는 성대(星臺: 천체를 관측하는 장소 - 역자), 귀당(晷堂: 晷影堂 즉 해 그림자를 재는 곳 - 역자)과 방안(方案: 경도와 위도를 나타낸 일종의 선 - 역자)이 어떤 물건인지 알지 못하는 관상대와 흠천감의 여러 관리를 보면 어찌 그들과 같이 논할 수 있으며 비교할 수 있겠습니까? (중략: 여기서 이지조는 외국 선교사들이 정통한 학문으로 수리·산법·측량·천문·세계지리·의학 이론·음악·철학·기하학 등이 있음을 지적하고 있다.) 예전에는 마테오 리치라는 박학하고 매우 총명한 사람이 있었지만, 그의 학문을 전하지 않고 갑자기 먼저 사망하니 지금도 사대부들 사이에서 이를 애석해하고 있습니다. 지금 판토하 등은 수염과 머리카락이 이미 희게 변하였고 나이가 들수록 쇠약해지고 있습니다. 먼 지방의 서적이라도 그 의리를 살피면 우리 중국의 성현과 서로 상세히 밝힐 수 있을 터이나, 그 언어 문자가 서로 매우 달라서 이들 몇 사람이 아니면 누가 번역할 수 있겠습니까? 지금 시도하지 않는다면 후세에는 분명 해독할 수 있는 사람이 없게 되어 애석하게도 유용한 서적이 무용지물이 되는 것을 피할 수 없을까 두렵습니다. …… 만약 신의 부족한 의견을 굽어 따르신다면 예부에 칙서를 내려 관국(館局)을 신속히 열고 명경(明經)과 통산(通算)으로 과거에 합격한 신하 몇 명을 불러 모아 먼저 배신 판토하가 가지고 있는 역법을 원문에 따라 번역하여 책으로 만들어 어람(御覽)토록 올리게 한 다음, 천문역산가[疇人]의 자제로 하여금 이를 익히게 하고 그 규정에 따라 관측하게 하십시오.”

....

다. 할아버지 곽영(郭榮)에게 수학과 수리(水利)를 배웠고 할아버지의 친구인 유병충(劉秉忠)의 문하로 들어갔다. 지원 13년(1276) 황명을 받아 왕순(王恂) 등과 《수시력》을 제정했다. 간의(簡儀)·앙의(仰儀)·규표(圭表)·경부(景符) 등과 같은 기물을 제작했고, 16년(1279) 동지태사원(同知太史院)에 임명되자 전국에 27군데 관측소를 설치하여 실측한 자료를 바탕으로 남송 양충보(楊忠輔)가 주장한 1년이 365.2425일이라는 설을 증명했다. 다음해 《수시력》 21권이 완성되자 전국에 반포했다.

명대의 역법은 모두 이전에 있던 《대통력(大統曆)》16)과 《회회력(回回曆)》17)을 이어받은 것이었다. 《대통력》은 명 홍무 17년(1384) 누각박사(漏刻博士) 원통(元統)이 원대 곽수경의 《수시력(授時曆)》을 산정(刪訂)하여 완성한 것이고, 《회회력》은 수·당 이래 중국에서 사용되었던 것이다. 《대통력》이 만들어졌지만, 명 태조는 흠천감에게 천체운행을 관측할 때 《회회력》을 참고하라고 명하였다.

그러나 《대통력》과 《회회력》에 의한 천체운행 예측은 이미 오랫동안 착오가 있었다. 영종 정통 6년(1441) 정월 초하루 예측했던 일식이 일어나지 않았고, 경종 경태 원년(1450) 정월 초하루 일식은 묘정(卯正) 3각에 있었는데, 진초(辰初) 초각으로 잘못 예측하였다. 경태 2년 감관(監官)이 6월 초하루 묘(卯) 초각에 일식이 있을 것이라고 말했는데, 그 시간이 다 되어서도 나타나지 않았다. 영종 천순 8년(1464) 4월 초하루 감관이 예측한 일식이 증험되지 못하였고, 헌종 성화 15년(1479) 11월 보름 월식을 잘못 예측하였다. 효종 홍치연간(1488-1505) 감관이 예측한 월식이 여러 차례 일어나지 않았고 일식 또한 어긋났다. 무종 정덕 12년(1517) 6월과 다음해 5월 예측한 일식이 모두 합치되지 않았다. 세종 가정 19년(1540) 3월 초하루에 일식이 있을 것으로 예측하였으나 일어나지 않았다.

역법이 계속 어긋나자 이를 고쳐야한다는 주장이 여기저기서 일어났

·····························

16) 《대통력(大統曆)》: 《수시력》을 수정하여 1384년을 기원으로 만든 역법으로 1년을 365.2425일로 한 것은 《수시력》과 같고, 100년마다 1만분의 1씩을 줄이는 소장법(消長法)을 뺀 것이 《수시력》과 다른 점이었다. 명말까지 260여 년 동안 사용되었다.

17) 《회회력(回回曆)》: 원·명시기 중국에 전래된 아라비아의 천문서로 원에 전해진 《회회력》의 내용은 《명사》에 실려 있으며, 특히 명말 패림(貝琳)이 개정·증보한 《칠정추보(七政推步)》에 자세히 나와 있다.

다. 헌종 성화 17년(1481) 정정현(正定縣) 교유(敎諭) 유정기(俞正己)가 역법 개정을 주장하는 상소를 올렸다가 하옥되었고, 천문생(天文生)[18] 장승(張陞)이 역법 수정을 청하는 상소를 올렸으나 흠천감이 선조 때부터 내려오는 제도, 즉 조법(祖法)은 바꿀 수 없다고 하면서 논의가 결국 중단되고 말았다. 무종 정덕 13년(1518) 누각박사 주유(朱裕)도 역법 개정을 청하였지만 예부에서 옛 법은 가벼이 바꿀 수 없다고 아뢰었고, 만력 24년(1596) 하남첨사(河南僉事) 형운로가 칙명으로 역법을 수정하길 청하였지만 흠천감 감정(監正) 장응후(張應候)는 그가 분수 넘게 망령되이 세상을 어지럽힌다고 꾸짖었다. 예부의 범겸(范謙)은 (역법 개정은) 국가의 대사이니 사대부가 마땅히 강구해야 할 바이지 역사(曆士)들이 사사롭게 할 바가 아니다. 감관이 기존의 방법을 고수해 천체현상에 맞게 수정하지 못하고 있는데, 다행히 (이를 바로 잡을) 사람이 있다면 마음을 합하여 함께 일해야지 시기해서는 안 된다고 말했다. 만력 39년(1611) 예부에서 상소하여 역학에 정통한 자를 널리 구하기를 청하였다. 이에 "오관정(五官正)[19] 주자우(周子愚)가 대서양에서 귀화한 판토하와 우르시스 등이 역법에 매우 밝으며 그들이 갖고 있는 역서에는 중국 서적이 미치지 못하는 것들이 있으니 마땅히 번역해서 채택해야 한다고 하였다. 이어 예부시랑 옹정춘(翁正春)[20] 등이 홍무 초년 회회력과(回回

....

18) 천문생(天文生): 원래 천문현상을 관측하고 시간과 날짜를 계산하던 관리를 가리키는 말이다. 당나라 때는 사천대(司天臺)에 60명의 천문생을 두었으며 명·청시기에는 흠천감 소속이었다. 민간에서는 일반적으로 길흉을 점치거나 택일을 하고 풍수를 보는 사람을 '천문생' 또는 '음양생'이라 부르기도 했다.
19) 오관정(五官正): 흠천감의 관리로 품계는 정6품 혹은 종6품이다.
20) 옹정춘(翁正春, 1553-1626): 복건성 복주 출신으로 만력 20년(1592) 진사에 선발되었고 관직이 예부상서에 이르렀다. 천계연간 환관 위충현(魏忠賢)을 탄핵했다가 벼슬에서 물러났다. 복건 희극 중에 〈옹정춘(翁正春)〉이란 작품

曆科)를 설치한 예에 따라 판토하 등과 함께 관측하길 청하니, 이를 따랐다."(《명사》 '이탈리아전')

그러나 이들 상주(上奏)는 당시 조정 대신의 방해로 모두 황제의 응답을 얻지 못했다. 하지만 오래지 않아 형운로와 이지조가 모두 북경으로 소환되어 역법 개정에 참여하게 되었다. 형운로는 그가 배운 바에 의거하였고 이지조는 서양 역법을 근본으로 삼았다. 위에서 인용한 이지조의 상소는 만력 41년(1613)에 올린 것인데, 당시 여러 가지 일로 지체되는 바람에 역국을 개설할 겨를이 없었다.

숭정 2년(1629) 5월 초하루(이하 음력) 감관이 《대통력》과 《회회력》에 의거하여 예측한 일식이 일어나지 않은데 반해, 초3일 예부에서 서광계의 일식 예측은 오차가 없었다고 답하였다. 이에 예부는 초10일 역법 개정의 조칙을 요청하였고, 13일 황명을 받들어 별도로 관련 내용을 갖추어 다시 상주를 올렸다. 7월 11일 예부에서 인원 선발, 서양 역법 이용, 의견 청취, 경비 조달, 성적 평가 등 5가지 일을 열거하고, 선무문(宣武門)21) 안에 비어있는 옛 수선서원(首善書院)을 정비하면 잠시 거처할 수 있으니 그 곳을 역국으로 삼자고 상주하였다. 그 결과 14일 의논한대로 하되, 서광계가 업무를 총 감독·지도하고 이지조가 함께 보좌해서 조속히 시행하라는 황명을 받았다. 26일 서광계는 상주하여 역법 수정에 관한 10가지 일, 역법 수정에 필요한 인재 등용에 관한 3가지 일, 급히 필요한 천문관측기구에 관한 10가지 일, 도수(度數)에 통달하는[旁通] 데 관한 10가지 일을 조목조목 진술하였다. 인재 등용 조목에서는 특별히 이지조

이 있다.

21) 선무문(宣武門): 순승문(順承門), 순치문(順治門), 순직문(順直門)이라고도 불리는 북경 서남방의 성문이다. 현재는 헐려서 남아있지 않다.

를 거명하였고 선교사로는 롱고바르디와 테렌츠(Terrenz)[22]를 추천하였다. 도수에 통달하는 조목에서는 수학이 기상·측량·수리·음악·군사·재정·건축·물리·기계·지도·의학 및 시간 측정을 연구하는 기초가 됨을 힘써 강조하고 황제가 이를 창도(倡導)해줄 것을 요청하였다. 이에 대해 황제는 8월 초하루 극구 칭찬하는 유지를 내렸다. 그리하여 9월 22일 역국이 마침내 개설되었다.

숭정 3년(1630) 양력 5월 11일 테렌츠가 죽자 자코모 로(Giacomo Rho)[23]와 아담 샬(Adam Schall)[24]을 불러 책을 번역하고 연산(演算)하게 하면서 계속해서 역법 수정을 감독하게 하였다. 당시 자코모 로는 개봉(開封)에 머무르고 있었는데 7월 초2일 북경에 도착했고, 아담 샬은 서안(西安)에 있다 12월 초2일 부임하였다. 이 해 음력 9월 27일 이지조도

....

22) 요하네스 테렌츠(Joannes Terrenz, 鄧玉函, 1576-1630): 원명은 슈렉(Schreck)이며 독일 콘스탄츠 출신이다. 로마에서 공부하였는데, 의학과 천문학 등뿐 아니라 언어학과 철학 등에도 조예가 깊었다. 예수회 선교사로 1621년 중국에 와 숭정제의 부름을 받고 입경하여 개력(改曆)사업에 종사하면서 천문관측기구 제작 등으로 중국 천문학 발전에 공헌하였으나 1년 후 병사하였다.

23) 자코모 로(Giacomo Rho, 羅雅谷, 1598-1638): 이탈리아 출신의 예수회 선교사로 1622년 마카오에 도착했고 2년 후 산서성에 잠입, 강주(絳州) 등지에서 선교활동을 하였다. 수학과 천문학에 조예가 깊어 1630년 북경으로 초빙되어 아담 샬과 함께 《숭정역서(崇禎曆書)》 편찬사업에 종사하였다.

24) 요한 아담 샬 폰 벨(Johann Adam Schall von Bell, 湯若望, 1591-1666): 명말 청초에 활동한 예수회 선교사. 독일 쾰른 출신으로 1618년 사제서품을 받았고 1622년 중국에 와 페르비스트 등과 선교활동을 펼쳤다. 천문과 역법에 밝았으며 월식을 예측하여 명성을 얻었다. 명조를 위해 청군에 대항하기 위한 대포를 주조하기도 하였으나, 청나라가 들어선 이후에는 흠천감을 맡아 1646년 《시헌력》을 완성하였다. 순치제와 강희제로부터 총애를 받았으나 1664년 궁정대신들의 모함으로 사형을 언도받았다. 이후 감형되었으나 1666년 북경에서 사망했다.

세상을 떠났고, 음력 11월 28일에는 관상대에 갔던 서광계가 실족하여 대 아래로 굴러 떨어져 허리를 다치는 바람에 거동을 못하게 되었다. 이로 인해 이후 서광계와 여러 서양 선교사는 책을 번역하고 관측하는 일을 주된 업무로 삼았다.

숭정 5년 음력 10월 11일 서광계는 상주하여 역법 개정을 도울 산동순무 주대전(朱大典)[25], 섬서안찰사 이천경(李天經)[26], 병으로 귀향한 전임 감찰어사 금성(金聲)[27], 전임 고칙방판사(誥敕房辦事) 겸 대리시평사(大理寺評事) 왕응린(王應遴)[28] 등을 추천하였다.

숭정 6년(1633) 음력 10월 초7일 서광계가 사망하였다.

....

25) 주대전(朱大典, ?-1646): 절강성 금화(金華) 출신으로 만력 44년(1616) 진사가 되었고 하남총독과 호광총독 등을 역임하였다. 청군이 절동(浙東)을 침공했을 때 끝까지 싸우다 성이 함락되자 화약국에 들어가 자살하였다. 건륭 42년(1777) 열민(烈愍)이라는 시호를 받았다.

26) 이천경(李天經, 1579-1659): 관료 겸 수학자이자 천주교인으로 하북성 조주(趙州) 출신이다. 만력 41년(1613) 진사가 되었고 숭정 5년(1632) 역국(曆局)에 들어갔다. 나음해 서광계가 사망하자 역국을 주도하여 《숭정역서》를 완성하였다.

27) 금성(金聲, 1589-1645): 학자이자 정치가로 안휘성 휴녕(休寧) 출신이다. 숭정 원년(1628) 진사가 되었고 다음해 그의 〈정시책(廷試策)〉에 숭정제가 깊은 감명을 받아 어사로 승급되었다. 청군이 북경을 침범하자 책략을 올렸으나 받아들여지지 않았고 이후 낙향하였다. 청군이 남경에까지 이르자 병사를 모아 투쟁하였고 전세가 불리해지자 항복권고를 거부하고 자살하였다.

28) 왕응린(王應遴, ?-1645): 희곡가(戲曲家)로 절강성 산음(山陰) 사람이다. 만력 46년(1618) 은공(恩貢)으로 엽향고(葉向高)의 추천을 받아 중서(中書)에 임명되었다가 대리시평사로 승진하였다. 천계연간 관직이 삭탈되었으나 숭정 초 서광계의 추천으로 원직을 회복하여 《지력(志曆)》, 《회전(會典)》 등을 편수하였다.

제2절 천문역법 서적의 번역·편찬과 천문현상 관측

마테오 리치의 저서 중에 만력 42년(1614) 북경에서 간행된《환용교의
(圜容較義)》1권이 있는데, 마테오 리치가 구술한 것을 이지조가 뜻이
통하도록 옮겨 적은 것으로 천체와 수학에 관한 연구서이다.

《건곤체의(乾坤體義)》2권(3권이라고도 함)은《사고전서》에 수록되어
있는데, 명 만력연간 여영녕(余永寧)이 이 책을《법계표지(法界標旨)》와
합각(合刻)한 것이 있다.

《혼개통헌도설(渾蓋通憲圖說)》2권은 이지조가 저술한 것으로 만력 35
년(1607) 북경에서 간행되었다. 이지조가 서양 역법의 영향을 받은 후에
《주비(周髀)》[29]의 혼천설(渾天說)과 개천설(蓋天說)을 해석한 것이다.

청대 오성란(吳省蘭)[30]이 판각한《예해주진(藝海珠塵)》에는 마테오 리
치가 편찬한《경천해(經天該)》가 수록되어있는데, 후세 사람 중에는 이지
조가 필술(筆述)한 것으로 간주하는 자도 있다. 옹정제 이전에 필사된

....

29) 《주비(周髀)》: 원명은《주비산경(周髀算經)》이다. 상하 2권으로 저자 미상이
며 중요 부분은 후한 무렵 편찬되었고 송대에 간행되었다. 후한 또는 삼국시
대의 조군경(趙君卿), 북주의 견란(甄鸞), 당나라의 이순풍(李淳風) 등의 주
석이 가해졌다. 책명은 주대(周代)에 비(髀)라고 하는 8척의 막대에 의하여
천지를 측정 산출한 데 연유한 것이다. 원주율을 3으로 하는 등 수학적인
내용도 포함하지만 구(句)·고(股)·현(弦)의 법칙(피타고라스 정리)을 기초
로 하여 혼천설과 함께 중국의 대표적인 우주관인 개천설을 뒷받침한다.
30) 오성란(吳省蘭, ?-1810): 강소성 남회(南匯) 출신으로 건륭 43년(1778) 진사가
되었고 건륭연간 화신(和珅)에게 의탁하여 예부시랑 직에 올랐지만 화신 실
각 후 연루되어 관직에서 물러났다. 경학·지리·소설·장고(掌故)·천문역법
등의 내용을 포괄하는《예해주진》을 판각하였다.

여러 종류의 천주교 도서목록에는 《경천해》가 전혀 기재되어있지 않다. 소의진(邵懿辰)[31]은 《사고간명목록표주(四庫簡明目錄標注)》 권11에서 "《경천해》 1권은 박각(薄珏)[32]이 지었고 강희연간에 매문멱(梅文鼏)이 인쇄하였다"고 설명하고 있다. 강희 28년 매문멱이 지은 《경성동이고(經星同異考)》(정식명칭은 《中西經星同異考》임 - 역자)는 이 책과 단원자(丹元子)의 《보천가(步天歌)》의 차이를 고증한 책으로 "보천가는 마테오 리치가 지었다고 전해지며" "《경천해》는 《경천결(經天訣)》이라고도 하며 박자각(薄子珏)이 지은 것이다"라고 하였으니, 강희연간에 이미 마테오 리치가 지었다는 설이 있었음을 알 수 있다. 매문멱의 형인 매문정(梅文鼏)[33]은 그 서문에서 "지금 전해져 내려오는 《경천해》의 그림과 노래는 모두 서양의 성상(星象)에 나열되어 있는 바를 중국 역서에 나오는 별자리와 별이름으로 변형시킨 것이다. 요컨대 모두 서광계나 이지조 등이 서양 이름을 번역하면서 참작하여 붙인 것이지 서양에서 전해진 본래 이름이 아니다"고 하였다. 이 책은 《전경당총서(傳經堂叢書)》(청대 凌鎬와 凌鑛이 편찬한 것

....

31) 소의진(邵懿辰, 1810-1861): 절강성 인화(仁和) 출신으로 관직은 형부 원외랑에까지 이르렀다. 함풍 10년(1860) 항주가 태평천국 군에게 포위되었을 때 방어에 나섰으나 이듬해 성이 함락되면서 목숨을 잃었다. 저서로 고전 서지학의 중요한 참고서인 《사고간명목록표주》가 있다.

32) 박각(薄珏, 생몰연도 미상): 명말의 기계제작자로 강소성 장주(長洲) 출신이다. 많은 기계를 제조하였는데, 숭정연간에는 동포(銅炮)를 개조하면서 동포에 천리경을 달아 명중률을 높였다. 그 외 수차(水車)·화총(火銃)·지뢰(地雷)·지노(地弩) 등의 기계를 제작하였다.

33) 매문정(梅文鼏, 1633-1721): 천문가·수학자·역학자로 안휘성 선성(宣城) 출신이다. 어린 시절부터 아버지를 따라 《주역》을 읽고 천문관측, 역법을 연구하였다. 관직에 나가지는 않았지만 역법에 관심이 있던 강희제에게 불려가 3일에 걸쳐 담론을 나누기도 하였다. 서광계로부터 시작된 과학적 역학이 그에 의해 대성되었다는 평가를 받기도 한다.

으로 정식명칭은 ≪淩氏傳經堂叢書≫임 - 역자)에도 수록되어있다.

　　최근 북경에서 활동하고 있는 선교사 위베르 베르하렌(Hubert Ver-
haeren)[34]도 이 책이 실은 수나라 사람 단원자가 지은 ≪보천가≫인데, 만력
36, 37년경 이지조가 서양 천문학에 의거하여 개편하면서 ≪경천해≫로 개
명하였지만, 강희 33년(1694)에 와서 비로소 매문면에 의해 간행되었다고
보았다(Notes Bibliographiques……, p.157). 그러나 숭정연간 서광계와 아
담 샬이 제작한 ≪적도남북양총성도(赤道南北兩總星圖)≫에 붙어있는 서광
계의 서문에서 이 책이 언급되지 않은 것을 보면, 이지조의 저술이라기보
다는 박각의 저술로 보는 편이 옳을 것이다. 박각은 박자각으로도 불리는
데, 저서로 ≪혼천의도설(渾天儀圖說)≫과 ≪격물측지론(格物測地論)≫이 있
고 병사(兵事)·수리·농정(農政)·음악 등에도 능통하였다.

　　≪기충민공일기(祁忠敏公日記)≫(상세한 내용은 본편 3장 3절에 나옴)
숭정 12년(1639) 7월 22일자에 "양변(楊弁)이 나에게 ≪보성가(步星歌)≫와
천문서 2종을 보여주었다"고 기록하고 있는데, 기표가(祁彪佳)[35] 본인이
서양 선교사와 자주 어울렸으므로 ≪보성가≫가 어쩌면 ≪경천해≫의 원명
일 수도 있다.

　　숭정 4년(1631) 정월 28일 서광계는 자신이 역국을 책임진 이후 번역한
역서(曆書)목록을 처음으로 황제에게 올렸는데, 그 내용은 다음과 같다.

．．．．．．．．．．．．．．．．．．．．．．．．．．．．．

34) 위베르 베르하렌(Hubert Verhaeren, 생몰연도 미상): 프랑스 라자로희(遣使
　　會, Congrégation de Mission)에서 중국에 파견한 신부로 북당(北堂)도서관
　　관장을 지냈으며 1944년 ≪북당도서관목록≫의 불어 부분을 편집하였다.
35) 기표가(祁彪佳, 1602-1645): 장서가·정치가·학자로 절강성 산음(山陰) 출신
　　이다. 천계 2년(1622) 진사가 되었으나 이후 권신의 배척을 받아 집에서 8년
　　동안 은거하다가 숭정 말년에 복관되었다. 숭정 17년(1644) 남경순안(南京巡
　　按)이 되었고 청군이 쳐들어오자 소송총독(蘇松總督)을 맡았다. 이듬해 남경
　　이 함락되자 자살하였다.

《일전역지(日躔曆指)》 1권, 《측천약설(測天約說)》 2권, 《대측(大測)》[36] 2권 등 책 5권과 《일전표(日躔表)》 2권, 《할원팔선표(割圓八線表)》 6권, 《황도승도표(黃道升度表)》 7권, 《황적거도표(黃赤距度表)》 1권, 《통솔표(通率表)》 2권 등 표 18권 외에 별도로 《역서총목(曆書總目)》 1권을 더하여 모두 24권이었다. 역서와 역표는 각각 1세트였다.

같은 해 8월 초1일 올린 2차 목록에는 《측량전의(測量全義)》[37] 10권, 《항성역지(恒星曆指)》 3권, 《항성역표(恒星曆表)》 4권, 《항성총도(恒星總圖)》 1접(摺), 《항성도상(恒星圖像)》 1권, 《규일해정와(揆日解訂訛)》 1권, 《비례규해(比例規解)》 1권 등이 있었다. 서광계는 목록과 함께 올린 상소에서 "한편으로 찬술하고 윤색하면서 다른 한편 추산하고 옮겨 적었습니다. …… 다만 토론하고 윤색하는데 원래는 많은 인원을 쓸 계획이었으나, 지금은 저 혼자만 남았기에 매 권마다 반드시 일곱 여덟 번 원고를 고쳐야 했습니다"라고 하였으니, 그가 번역에 얼마나 신중을 기하였는지 알 수 있다. 또 "서양 신하와 역국의 관원들이 밤낮으로 계산하며 관측하였습니다"고 하였는데, 여기서 서양 신하란 아마도 자코모 로와 아담 샬을 가리킨 것 같다. 숭정 3년(1630) 12월 아담 샬의 임용을 청하는 상소에서 "시신(寺臣) 이지조가 작고하는 바람에 현재 계산하고 관측하며 등

---

36) 《대측(大測)》: 독일 출신 선교사 테렌츠가 프톨레마이오스의 《수학대계(數學大係)》(Syntaxis Mathematica)를 주로 참고하여 편찬한 책으로 서구의 근대적 삼각학을 중국에 소개한 대표적인 전문서이다.(《실크로드 사전》, 98쪽)

37) 《측량전의(測量全義)》: 이탈리아 선교사 자코모 로가 편찬한 수학 전문서로 특히 평면삼각형과 구면삼각형을 구체적으로 설명하고 있다. 그 제5권에는 아르키메데스의 《수론(數論)》(Syracusani Monumenta Omnia Mathematica) 중의 〈환편(圜篇)〉 권1과 〈원구원주편(圓球圓柱篇)〉 권2를 소개함으로써 아르키메데스의 3대 정률(定律)이 처음으로 중국에 알려지게 되었다.(《실크로드 사전》, 98쪽)

사하는 인원은 모자라지 않지만, 뜻을 해석하여 알기 쉽게 설명하고 정교하게 윤색하고 비교 교감(校勘)하여 검토하는 일은 오직 저 혼자서 하고 있습니다. 설령 다른 사람보다 건강할지라도 그 고통스러움이 아득하여 끝이 없을 터인데, 하물며 지금 여러 가지 지병으로 고생하고 있어서 하루 몸져누우면 하루 할 일을 그르치게 됩니다"고 말한 것을 보면 그의 열정과 의지를 짐작할 수 있다.

숭정 5년(1632) 4월 초4일 올린 3차 역서목록에는 《월리역지(月離曆指)》 4권, 《월리역표(月離曆表)》 6권(이상은 자코모 로가 번역 찬술), 《교식역지(交食曆指)》 4권, 《교식역표(交食曆表)》 3권(이상은 아담 샬이 번역 찬술), 《남북고호표(南北高弧表)》 12권, 《제방반주분표(諸方半晝分表)》 1권, 《제분신혼분표(諸分晨昏分表)》 1권(이상은 위의 두 신하가 흠천감과 역국의 관리와 생도들에게 지시하여 추산한 결과임) 등이 있었다.

숭정 6년(1633) 9월 29일 서광계는 자신의 병이 위중하다고 판단하여 〈역법 수정은 일단락되었으나 서적 편찬과 관측기구 정비가 완료되지 않았으니 이천경에게 역국을 맡기길 청하는 상소(曆法修正告成, 書器繕治有待, 請以李天經任曆局疏)〉를 올렸다. 그 글에 따르면 "이미 역서 74권을 올렸"으며 "새로 완성한 책이 모두 60권인데, 그 가운데 《황평상한(黃平象限)》 전 7권, 《화목토이백항년표(火木土二百恒年表)》와 《주세시각표(周歲時刻表)》 전 3권, 《교식표(交食表)》 전 4권, 《교식력지(交食曆指)》 전 3권, 《교식제표용법(交食諸表用法)》 전 2권, 《교식간법표(交食簡法表)》 전 2권, 《오성도(五星圖)》 1권, 《목성가감표(木星加減表)》 1권, 《방근표(方根表)》 2권, 《토성가감표(土星加減表)》 1권, 《일전표(日躔表)》 1권, 《오위총론(五緯總論)》 1권, 《항성총도(恒星總圖)》 8폭 등 30권은 대부분 모두 신의 열람과 수정을 거쳐 이미 베껴 쓴 것입니다. 그 외 《화토목경도(火土木經度)》 3권, 《삼성위도(三星緯度)》 1권, 《삼성표용법(三星表用法)》 1

권,《삼성위표(三星緯表)》1권,《일전고(日躔考)》2권,《교식몽구(交食蒙求)》1권,《야중측시(夜中測時)》1권,《고금교식고(古今交食考)》1권,《일월영표(日月永表)》1권,《금수이성력지(金水二星曆指)》2권,《일월오성회망현등표(日月五星會望弦等表)》1권,《화성가감표(火星加減表)》1권,《금수이성표(金水二星表)》4권,《고호표(高弧表)》5권,《갑술을해이년일전세행(甲戌乙亥二年日躔細行)》2권,《항성출몰(恒星出沒)》2권 등 30권은 아직 초고 상태로, 제가 열람한 것은 열권 중 서너 권이고 수정한 것은 열권 중 한두 권에 불과합니다"고 되어있다.

서광계가 재임기간 중 황제에게 올린 주소(奏疏)에 나오는 일식과 월식 관측은 숭정 3년(1630) 5월 15일과 10월 17일의 월식, 4년 10월 초1일의 일식, 5년 3월 16일과 9월 14일의 월식 등이 있다. 매번 그 초휴(初虧: 일식이나 월식 때 해나 달이 가리어지기 시작하는 일 - 역자)·식심(食甚: 일식이나 월식 때 태양이나 달이 가장 많이 가려진 때 - 역자)·복원(復圓: 일식이나 월식이 끝나고 해나 달이 본디의 둥근 모양으로 되돌아가는 현상 - 역자) 등이 일어나는 분초의 시각과 시작되고 회복되는 방위, 일식·월식이 보이는 지역과 보이지 않는 지역, 전국 각 성 도시에서 일식·월식이 보이는 분초의 시각 등을 예측하고 있다. (숭정) 7년 8월 16일의 월식은 이천경이 진우계(陳于階)[38]와 주국수(朱國壽)를 등주(登州)로 파견해 관측 증험할 것을 상주하였는데, 당시 손원화(孫元化)[39]와 요안네스 로드리게스(Joannes B. Ro-

....

38) 진우계(陳于階, 생몰연도 미상): 가정 41년(1562) 진사로 강남 동성지현(桐城知縣)에 임명되어 재상 장거정(張居正)이 추진하던 '일조편법'에 적극 찬동하고 실시하였다. 후에 어사 등의 관직에 올랐다. 그의 행적은《강남통사(江南通史)》에 실려 있다.

39) 손원화(孫元化, 1582-1632): 수학자 겸 화기(火器)전문가로 천주교 신자이며 세례명은 이그나시오(Ignacio)이다. 송강부(松江府) 사람으로 서광계로부터

drigues)[40]가 마침 등주에 있었다. 손원화 역시 서양 선교사와 교유했던 인물이다.

이천경이 숭정 7년(1634) 1차로 올린 책에는 《역원(曆元)》 28권, 《성병(星屏)》 1권, 《역서(曆書)》 32권이 있었다. 8년 4월에 2차로 올린 책은 《칠정행도력(七政行度曆)》과 《참정역법조의이십육칙(參訂曆法條議二十六則)》이었다. 따라서 명말 숭정연간 편역된 역서는 2년부터 7년까지 모두 백 수십 책에 달했다. 이를 100권으로 편집하면서 11개 부분으로 나누었으니, 법원(法原)·법수(法數)·법산(法算)·법기(法器)·회통(會通)은 기본 5목(目)이고, 일전(日躔)·항성(恒星)·월리(月離)·일월교회(日月交會)·위성(緯星)·오성교회(五星交會)는 절차(節次) 6목이었다. 그 안에 도(圖)·술(術)·고(考)·표(表)·론(論)이 들어있다. 이것이 바로 《숭정역서(崇禎曆書)》[41]로 《서양신법역서(西洋新法曆書)》라고도 불렸는데, 청대에

....

화기와 수학에 대해서 배웠다. 숭정 3년(1630) 등래순무(登萊巡撫)가 되었으나 공유덕(孔有德)이 반란을 일으켜 등주가 함락되자 자결하려했으나 실패하였다. 숭정 5년 모함을 받아 처형당했다.

40) 요안네스 로드리게스(Joannes B. Rodrigues, 陸若漢, 1561-1633): 일본과 중국에서 활동한 스페인 출신의 예수회 선교사. 1576년 16세에 일본으로 건너가 1580년 예수회원이 되었으며 1594년 마카오에서 사제서품을 받았다. 일본에서 선교하다 1614년 추방령으로 인해 마카오로 옮겨갔다. 그 후 중국 선교에 종사하여 북경 등지에서 활약했고 1630년에는 청군과의 전투에 참여하기도 했다.

41) 《숭정역서(崇禎曆書)》: 일식과 월식 관측, 특히 1629년 여름 일식 때 서양 역법의 추산(推算) 정밀도가 재래 역법에 비해 우수함이 판명되자, 서광계·이지조·이천경 그리고 예수회의 롱고바르디·테렌츠·아담 샬·자코모 로 등에 의해 1631-1634년에 편찬 완성되었다. 그러나 이 역서는 명나라에서 시행되지 못하고 청나라 때인 1645년부터 《시헌력(時憲曆)》이라는 이름으로 시행되었다.

와서 《신법산서(新法算書)》로 개칭되었다.

청초 서양 선교사가 편역한 역서 중 중요한 것으로는 《신법표이(新法表異)》·《역법서전(曆法西傳)》·《신법역인(新法曆引)》·《강희영년역법(康熙永年曆法)》·《역상고성전서(曆象考成全書)》·《의상고성(儀象考成)》 등이 있다.

《신법표이》는 아담 샬이 청 조정에 임관된 후 만든 책으로 서양 역법의 다른 점을 42가지 사례를 들어 표(表)로 설명하면서 중국 역법의 소략(疏略)함을 증명한 것이다. 《역법서전》과 《신법역인》 2책은 《숭정역서》의 요점을 간추린 것이다. 《역법서전》에서는 서양 천문학의 발전 과정을 서술하면서 갈릴레이 갈릴레오(Galileo Galiei, 加利勒阿: 지금은 伽利略으로 표기함)[42]의 학설도 소개하고 있다. 청초에 있었던 천문관측으로는 장 바티스트 레지스(Jean-Baptiste Régis) 한 사람에 의해서만 4차례, 즉 ① 강희 47년(1708) 양력 9월 3일, 음력으로 7월 19일 산서성에서, ② 강희 49년 양력 2월 14일, 음력으로 정월 16일 북경에서, ③ 강희 50년 양력 7월 29일, 음력으로 6월 14일 산동성에서, ④ 강희 50년 음력 12월 16일, 양력으로 다음해인 1712년 1월 23일 북경에서 월식이 관측되었다. 《강희영년역법》은 강희 57년(1718) 페르비스트(Verbiest)[43]와 불리오(Bu-

....

42) 갈릴레오 갈릴레이(Galileo Galilei, 1564-1642): 이탈리아의 천문학자·물리학자·수학자. 진자의 등시성 및 관성의 법칙을 발견하였고 코페르니쿠스의 지동설에 대한 지지 등의 업적을 남겼다. 지동설을 확립하려고 쓴 저서 《프톨레마이오스와 코페르니쿠스의 2대 세계체계에 관한 대화》는 교황청에 의해 금서로 지정되었으며 이단행위로 재판을 받았다.

43) 페르디난트 페르비스트(Ferdinand Verbiest, 南懷仁, 1623-1688): 벨기에 출신의 예수회 선교사로 1659년 중국에 와서 선교를 시작했고 곧이어 북경에서 아담 샬을 보좌하며 흠천감에서 근무했다. 양광선(楊光先) 사건으로 한 때 투옥되었으나 이후 복직되어 역법 개정에 공헌하는 한편 지리학·지질학·

glio)44) 등이 아담 샬이 저술한 여러 역서 및 《화목토이백항년표》를 기초로 수천 년 후까지를 예측한 것으로 33권으로 되어있으며 《어정사여칠정만년서(御定四餘七政萬年書)》라고도 부른다. 《역상고성전서》는 총 42권인데, 강희 61년(1722) 완성된 전편(前編)은 《어제율력연원(御製律曆淵源)》45)의 제1부로 대부분 《숭정역서》에서 채택했던 티코 브라헤(Tycho Brahe)46)의 낡은이론[舊說]을 여전히 따르고 있으며, 후편(後編)은 건륭 7년(1742)에 완성되었다. 티코 브라헤 이후 유럽 천문학계에서 여러 번의 새로운 발명이 있었기에 옹정 8년(1730) 쾨글러(Koegler)47)와 안드레

....

세계지도 등을 저술했다. 강희제에게 천문학과 수학을 진강했으며 삼번의 난 당시에는 대포를 제작해 청군을 돕기도 하였다. 저술로《강희영년역법》 외에 《곤여전도(坤輿全圖)》·《곤여도설(坤輿圖說)》 등이 있다.

44) 루도비코 불리오(Ludovico Luigi Buglio, 利類思, 1606-1682): 이탈리아 출신의 예수회 선교사로 1636년 마카오 도착하여 중국어를 배웠다. 1638년 중국 내지로 들어가 선교활동을 시작했고 1640년 성도(成都) 교당(敎堂)을 세웠다. 1643년 이후 북경에 체류하며 양광선과 논쟁하기도 하였다. 중국의 역법 개혁과 과학기술 발전에 공헌했고 수많은 한역 서학 서적을 남겼다. 1682년 북경에서 사망했다.

45) 《어제율력연원(御製律曆淵源)》: 전 100권. 강희연간 그때까지 중국에 유입된 서구의 학술서적을 집대성한 책으로 1723년 출간되었다.

46) 티코 브라헤(Tycho Brahe, 1546-1601): 스웨덴 남부 헬싱보리(당시 덴마크령) 출신의 천문학자. 근대 별자리의 아버지라고 부를 만한 인물로서 망원경이 없던 시대였음에도 가장 정밀한 관측 결과를 남긴 천문학자라 평가받는다. 그의 방대한 관측자료는 케플러에게 넘겨져 행성운동의 3법칙을 확립하는 기반이 되었다. 지구의 공전을 증명하려 항성의 연주시차를 측정하려고 노력하였으나 실패했다.

47) 이그나티우스 쾨글러(Ignatius Koegler, 戴進賢, 1680-1746): 독일 출신의 예수회 선교사이자 천문학자로 1717년 중국에 온 후 강희제에게 발탁되어 역정(曆政)을 도왔고 1725년 흠천감 감정에 임명되었다. 중국에 서양의 천문산학을 소개하고 《황도총성도(黃道總星圖)》·《역상고성후편》·《의상고성》 등

아스 페레이라(Andreas Pereyra)⁴⁸⁾가 예측한 일식은 예전 방법에 비해
더욱 세밀하였다. 이에 재가를 받아 일전(日躔: 태양이 黃道 위를 운행하는
궤도 - 역자)과 월리(月離: 달이 白道 위를 운행하는 궤도 - 역자)에 관한 2표를
편수하였으나, 표만 있고 설명이 없으며 추산한 방법도 서술되어있지 않
다. 건륭 2년(1737) 이부상서 고종(顧琮)⁴⁹⁾이 이 표가 오래되어 전해지지
않을 수 있음을 염려하여 표해(表解)와 도설(圖說)을 첨가하여 수정하기
를 청하는 상소를 올렸고, 아울러 이 일을 잘 아는 쾨글러와 안드레아스
페레이라를 추천하였다. 건륭 7년 6월 책이 완성되니 모두 10권으로《역
상고성후편》이라는 이름을 하사받았다. 이 책에서는《숭정역서》와《역상
고성전편》의 내용을 수정한 부분이 꽤 많았다. 예컨대 지구와 해와 달의
거리를 계산할 때 아이작 뉴턴(Sir Issac Newton)의 방법을 채택하고 있
다. 다만 뉴턴이 발견한 만유인력의 법칙은 아직 소개되지 않았다.《의상
고성》은 건륭 9년(1744) 쾨글러·할러슈테인(Hallerstein)⁵⁰⁾·고가이슬
(Gogeisl)⁵¹⁾ 등이 칙령을 받아 페르비스트가 편찬한《영대의상지(靈臺儀

....

을 편찬했다.
48) 안드레아스 페레이라(Andreas Pereyra, 徐懋德, ?-1734): 포르투갈 출신의 예
수회 선교사. 1716년 중국에 와 초기에는 각 성에서 선교하다가 광주(廣州)에
서 예수회 회계에 임관하였다. 수학과 천문에 능통하여 청 조정에서 북경으
로 불렀고 쾨글러와 함께 역법을 주관하였다. 1734년 북경에서 사망하였다.
49) 고종(顧琮, ?-1754): 만주 양황기(鑲黃旗) 출신으로 강희 61년(1722) 이부원외
랑이 되었고 옹정연간 호부낭중·태복시경 등을 역임하다가 옹정 11년
(1733) 직예총독 서리가 되었다.
50) 아우구스틴 폰 할러슈테인(Augustin von Hallerstein, 劉松齡, 1703-1774): 독
일 출신의 선교사로 1738년 중국에 와 흠천감에서 근무하였다.
51) 안토니우스 고가이슬(Antonius Gogeisl, 鮑友管, 1701-1771): 독일 출신의 예
수회 선교사. 1739년 북경에 도착해 1746년부터 26년간 흠천감에서 근무하
다 북경에서 사망했다. 1766년 조선 연행사절 홍대용(洪大容)과 남당(南堂)

象志)》[52]를 수정하고 그 외 역서 몇 종과 묶어서 만든 것이다. 총 30권으로 권1에서 권13은 항성(恒星)에 대한 총론 및 항성황도경위도표(恒星黃道經緯度表)이고, 권14에서 권25는 항성적도(赤道)경위도표이며, 권26은 달과 별의 거리 및 항성황적도(黃赤道)경위도표, 권27에서 권30은 은하수[天漢]경위도표이다. 수정된 것이 매우 많을 뿐 아니라 기록된 별의 수가 1,614개 이상이나 된다. 이 책은 건륭 15년(1750) 완성되었는데, 건륭 11년[53] 쾨글러가 기형(璣衡: 천체의 운행과 위치를 관측하던 기구 - 역자)식의(食儀)를 제작하면서 저술한 《기형무진의기(璣衡撫辰儀記)》[54] 2권을 이 책의 맨 앞에 두었다.

....

에서 천문과 종교에 관해 필담을 나눈 것으로 잘 알려져 있다.

52) 《영대의상지(靈臺儀象志)》: 강희 13년(1674) 페르비스트가 흠천감 감부로 임명되었을 때 짓고 유성덕(劉聖德)이 기술한 것이다. 목활자본으로 16권 4책으로 되어있으며 《신제영대의상지(新制靈臺儀象志)》라고도 한다. 페르비스트는 이 책에서 고래의 259개 별자리에 속하는 별 1,129개를 수록하고 중국에 알려지지 않은 별 597개와 남쪽 하늘의 별 150개를 더해 1,876개의 별목록을 만들었다.

53) 원서에는 후이년(後二年)으로 적혀있어 마치 1752년에 쾨글러가 《기형무진의기》를 저술한 것처럼 보이는데, 쾨글러의 사망연도가 1746년임을 고려하면 칙령으로 《의상고성》을 편찬하기 시작한 1744년의 2년 후로 해석함이 맞을 것 같다.

54) 원서에는 《기형무진기(璣衡撫辰記)》로 되어있으나 오류가 분명하여 바로잡았다.

제3절 명·청시기 중국인의 서양 천문학 연구 성과

서광계와 이지조가 명말 역법 개정에 미친 공헌에 대해서는 앞 절에서 대략 살펴보았다. 만력 40년(1612) 12월 예부가 올린 상소에서는 이 두 사람 "모두 역리(曆理)에 심혈을 기우리고 있다"고 하였다. 《강희인화현지(康熙仁和縣志)》권17 〈치행(治行)〉에는 이지조가 "평소 천문에 정통하였다"고 적혀있다. 그 다음은 이천경으로, 서광계는 숭정 6년(1633) 9월 29일 이천경에게 역국을 맡기기를 청하는 상소에서 그가 "박학하고 품행이 단정하며 신중할 뿐 아니라 이수(理數)에도 정통하다"고 말했다.

서광계·이지조·이천경은 명말 중국에서 중국과 서양 역학에 두루 정통한 3명의 전문가라 할 수 있을 것이다. 그 외 장양묵(張養默)이라는 사람이 있었으니, 알레니(Aleni)가 지은 《마테오 리치선생 행적(大西西泰利先生行蹟)》에 그가 "마테오 리치선생께 가서 가르침을 받고 …… 그 후 장양묵은 혼의(渾儀) 도수(度數)의 학문에 통달하게 되었다고 한다"고 적혀있는 것을 보면, 마테오 리치로부터 천문학을 배운 최초의 학생인 듯하다. 또 그 다음으로는 서광계가 숭정 4년 10월 초2일 올린 일식(日食) 상소에서 언급한 아래의 인물들이 있다.

> 독령흠천감추관정(督領欽天監秋官正) 주윤(周胤)
> 오관사력(五官司曆) 유유경(劉有慶)
> 누각박사 유승지(劉承志)
> 천문생 주사창(周士昌)
> 천문생 설문찬(薛文燦)

숭정 5년(1632) 10월 11일 상소에서 서광계는 주대전·이천경·금성·

왕응린을 천거하면서, 금성에 대해 "생각이 깊고 문장이 고아하며 견문이 넓어 두루 통달할 뿐 아니라 이수(理數)를 겸종(兼綜)하고 있으니 임용할 만합니다. 토론하고 수식(修飾)하는 임무를 맡게 하면 유문(遺文)에 대한 해석은 분명 저보다 더 뛰어날 것입니다"고 하였다. 또 전문가를 찾는 기준으로 "민간에도 뛰어난 인물이 반드시 있을 터이니, 제가 구하려는 자는 오직 배우기를 좋아하고 생각이 깊으며 마음으로 그 뜻을 알아서 검증하고자 시도하는 사람입니다"고 제시하였다.

숭정 6년 10월 초6일 서광계는 〈역법 개정이 일단락됨에 은서(恩敍)를 간절히 바라는 상소(治曆已有成模, 懇祈恩敍疏)〉에서 당시 역법 개정에 공헌한 인물을 일일이 열거하고 있다. 얼마 지나지 않아 서광계가 죽자 이천경이 직무를 이어받았는데, 이천경도 숭정 7년 12월 초8일 상주하여 서광계의 상소대로 살펴서 서훈(敍勳)해주길 청하였다.

서광계는 상소에서 지력생원(知曆生員) 오명저(鄔明著)와 방거유사(訪擧儒士) 진우계(陳于階) 등이 "예측함에 생각이 치밀하고 회제(繪製)에 뛰어납니다. (역법 개정에 필요한) 책과 기구는 이전 사람의 노고에 도움을 입고 이를 풀어서 해석하는 것은 후대 사람의 노력을 필요로 하니, 마땅히 찬수(纂修)를 맡은 자의 사례에 따라 넉넉히 서훈해야 할 자들입니다"고 하였다. 이천경은 상소에서 "상위(象緯: 日月五星을 말하는데, 더 넓혀서 하늘의 여러 현상까지를 포괄적으로 말하기도 함 - 역자)를 철저히 이해하고 이도(理度)를 자세히 연구하여 (역법) 편찬에 있어 이미 공을 세웠으며 장차 일어날 일에 대한 예측을 맡길 수 있습니다"고 하였다.

지력생원 정정서(程廷瑞)·손사열(孫嗣烈)·맹리길(孟履吉)과 감생 이차빈(李次霦)(이지조의 아들) 및 방거유사 양지화(楊之華)·축무원(祝懋元)·장채신(張寀臣)·황굉헌(黃宏憲)·동사정(董思定)·이우춘(李遇春)·조승은(趙承恩) 등에 대해, 서광계는 상소에서 "한마음으로 학문을 쌓고 재능을 다하여 황제의 뜻을 받들었습니다. 10마리 여우의 겨드랑이 로 가죽옷을 만드는 것처럼 많은 사람의 생각을 모아서 더욱 성과를 이루었으니, 마땅히 찬수(纂修)의 노고를 보상하는 예에 따라 헤아려 서훈해야 할 자들입니다"고 하였다. 반면 이천경은 상소에서 마지막 3명을 빼고 주국수(직함은 아래에 나옴)를 추가하면서 "혹자는 번역에 힘썼고 혹자는 필사에 진력하였으며, 밤낮으로 관측함에 편안한 날이 없었고 1년 내내 수정함으로써 계통을 세워 기재할 수 있었습니다"고 하였다.

전임 대리시평사로 광록시록사(光祿寺錄事)를 겸임하고 있던 왕응린과 무영전판사중서(武英殿辦事中書) 진응등(陳應登)에 대해서는 "관생(官生)을 감독하고 인솔하면서 대조 정정하여 잘못을 바로 잡았습니다"고 하였고, 무거(武擧) 위방륜(魏邦綸)에 대해서는 "추산에 통달하여 기획을 준비할 만합니다. 세 사람 모두 부지런하고 신중하다고 널리 알려져 있으니 마땅히 함께 넉넉히 서훈해야 할 자들입니다"고 서광계의 상소에 나와 있다. 이천경의 상소에는 위방륜이 삭제된 대신 "함께 협력한지가 오래되었으니 마땅히 서훈을 더해야 합니다"라는 말이 추가되어있다.

서광계의 상소에는 흠천감 관생인 우감부(右監副) 과승과(戈承科), 추관정 주윤, 전임 오관보장(五官保章)에서 천문생으로 강등된 주국수, 오관보장정(五官保章正) 유유경, 중관정(中官正) 가량동(賈良棟), 후결보장정(候缺保章正) 가량기(賈良琦), 박사(博士) 주광현(朱光顯), 천문생 주광찬(朱光燦)과 주광대(朱光大) 등이 "학문에 힘써 표창할 만하니 학습이 완료되는 날을 기다려 다시 서훈해야 합니다"고 되어있다. 반면 이천경의 상소에는 과승과·주윤·주국수가 보이지 않고 별도로 춘관정 반국상(潘國祥), 영대감후관(靈臺監候官) 장필전(章必傳), 천문생 주사창(周士昌)이 추가되었는데, "모두 힘써 학습하고 겸허하게 연구하고 있습니다. 일전과 월리에 대해 이미 그 대강의 의미를 파악하였고 항성과 월식도 예측할 수 있지만, 아직 일식과 오위(五緯: 지구에 가까운 다섯 별. 금성·목성·수성·화성·토성 - 역자)에 대해서는 연구하고 있는 중입니다"고 하였다.

이상 열거한 사람들이 아주 짧은 시간 내에 우수한 성적을 거둘 수 있었던 까닭은 사실 서양 선교사들이 솔선수범했기 때문이지만, 그 일을 주관했던 사람의 적절한 지도와 감독도 특히 중요하게 작용하였다. 예컨대 숭정 6년 10월 초6일 올린 상소에서 서광계는 "멀리서 온 신하 자코모 로와 아담 샬 등은 책과 표를 번역하고 편찬하며 관측기구를 제작하여 일식·월식·천체운행을 측정하고 감국(監局: 흠천감과 역국 - 역자)의 관생을 가르치는데 수년간 심혈을 기울여 거의 모든 힘을 다하였으니 마땅히 공로를 가장 앞에 놓아야 하지만, 이들은 본디 학문의 길을 지켜서 관직을 원하지 않아서 노고에 보답할 수가 없습니다. 단지 무방한[無礙] 땅과 집을 적절히 제공하여 그들이 걱정 없이 먹고 살 수 있도록 도와준다면 후학들이 의지하는 바가 될 뿐 아니라 이를 통해 이역(異域)에서 온 자들에게 충성을 권할 수도 있을 것입니다"고 하였다. 다음해 12월 초8일 올린 이천경의 상소에서도 자코모 로와 아담 샬 두 사람에 대해서 "책을 번역하고 표를 편찬하는데 그 평소의 학문을 다하였고 관측기구를 만들고 고치는데 온 힘을 다 쏟았습니다. 수만리 밖에서 도분시각(度分時刻: 천문학에서의 각도를 시간으로 계산하는 것 - 역자)을 막힘없이 이해하고 4, 5년 동안 천체운행·일식·월식을 해석하였으니, 가히 노고가 많고 공이 크다고 말할 수 있습니다!"고 하였다.

자코모 로와 아담 샬 이전에는 테렌츠가 있었으니, 숭정 3년 5월 16일 서광계는 상소를 올려 "본년 4월 초2일 테렌츠가 병을 앓다 죽었습니다. 이 신하는 역학에 전심하여 정심(精深)하고 박학해서 저희가 매우 의지하던 사람이었습니다"고 하였다.

같은 상소에서 서광계는 관측할 때 "저희도 망원경[窺筩眼鏡]을 사용하면 끝 간 데까지 명확히 볼 수 있었습니다. 그래서 저 자신이 지키면서 직접 살피다가 초휴(初虧)와 식기(食旣: 일식이나 월식 때, 해나 달이 완전히 이지러지는 일 - 역자)가 있을 때마다 여러 사람에게 함께 보게 하였습니다"고 하였다. 숭정 4년(1631) 3월 초9일 서광계가 올린 〈나이가 들어 물러나는 관례에 따라 사직을 간절하게 바라는 상소(遵例引年, 懇乞休致疏)〉를 보면 "금년에 만 칠십입니다"라고 되어있지만, 3년 12월 초2일 상소에 따르면 그 해 11월 28일까지도 그가 친히 관상대에 가서 관측하려다 실족하여 대 아래로 떨어져 허리와 무릎을 다쳤다고 한다. 또 같은 상소에서 이지조의 죽음으로 "오직 저 혼자서 하고 있습니다. 설령 다른 사람보다 건강할지라도 그 고통스러움이 아득하여 끝이 없을 터인데, 하물며 지금 여러 가지 지병으로 고생하고 있어 하루 몸져누우면 하루 할 일을 그르치게 됩니다"고 호소하고 있다. 이처럼 서광계는 노쇠한 몸으로 서양 역법 보급에 있는 힘을 다하였으니 과연 중국 현대과학의 시조라 부를 만하다.

　서광계는 숭정 5년 9월 12일 올린 상소에서도 "그러므로 매번 일식과 월식이 있을 때마다 몸소 관측하러 가기를 청하여 반드시 그 실제 시각과 실제 분수(分數)를 얻었습니다. 만약 조금이라도 착오가 있으면 그 까닭을 규명하였습니다"고 하였다. 또 "(제가) 전례에 따라 마땅히 중부아문(中府衙門)에서 관리들이 품계에 따라 위치하여 일식과 월식 때 행하는 기도의식에 참여해야 하나, 이렇게 되면 역국(本局)을 감독할 사람이 없게 됩니다. 비록 서양인 대관(臺官)이 규정에 따라 관측하여도 잘못되지 않겠지만, 저희가 직접 보지 않은 상태에서 저들이 관측한 바를 그대로 황제께 보고하고 후세에 전하는 것은 실로 마음이 편안하지 못합니다. …… 이에 바라옵건대 제가 해가 뜨기 전에 관상대에 올라 관측할 수 있게 해주십시오"라고 하였다. 서광계가 월식 때 관리들이 품계에 따

라 위치하여 행하는 기도의식에 참여를 원치 않은 이유는 분명 당시 그
가 이미 천주교를 신봉하고 있어 교규(敎規)에 따라 이러한 미신 행사에
참가할 수 없었기 때문에 핑계를 대고 피한 것이겠지만, 본인 말대로
친히 가서 관측하려했던 점도 결코 의심할 여지가 없다.

서광계는 천문역법의 신진 인재를 발탁하는데도 있는 힘을 다하였다.
숭정 5년(1632) 4월 초4일 편역한 책을 세 번째로 올리는 상소에서 다음
과 같이 말하고 있다.

"흠천감 관생은 이전부터 역국에서 일했지만, 골라 뽑은 여러 사람과 함
께 추산하여 여러 표를 만들고 이어 황제께 올릴 서책을 베껴 쓰게 하는
데 그쳤습니다. 서적이 미비했기 때문에 아직은 전문적인 지식을 학습할
수가 없었습니다. 이제 교식(交食: 일식과 월식이 일어나는 현상을 말함 -
역자) 총법(總法) 및 월식 본법(本法)이 어느 정도 갖추어졌으므로 저희
가 역국을 감독하면서 점차 훈련시킬 수 있게 되었습니다. 이미 월식을
예측할 수 있고 앞으로 서적도 계속 완성될 터이니, 다음은 일식, 그 다음
기삭(氣朔: 이십사절기와 月初日 - 역자)과 전리(躔離: 日躔月離의 준말 -
역자), 또 그 다음 오성(五星) 제법(諸法)에까지 미치게 되면 절차가 이루
어질 수 있습니다. 다만 사람들은 기존 습관에 안주하려는 마음이 있으
므로 권장하거나 징계함이 없으면 독려할 방법이 없습니다. 저희가 수시
로 수업을 감독해서 나태하거나 완고한 자의 경우 가볍게는 징계를, 무
겁게는 벌을 주도록 하고, 학문에 힘써 성과가 있는 경우 예전 절차에
따라 예부로 이송하여 술업(術業)을 시험 쳐서 만약 정확하고 세밀하다
면, 성명(聖明)을 간절히 바라건대 헤아려서 서록(徐錄)을 더하여 격려
해주십시요. 또 다른 사람이 보기에 특출난 흠천감 관생 중 향상할 뜻이
있는 자를 대상으로 제가 우대기준을 세워 선발하게 해주신다면, 일체를
가르치고 익히게 해서 그 중에서 칭찬할 만큼 특출한 대의(大義)에 모두
통달한 자가 나오게 하고자 합니다."

같은 해 10월 11일 서광계는 〈월식 예측의 빠르고 늦음은 각 역법이 서로 다르기 때문이니, 두 역법으로 측정·시험하길 청하는 상소(月食先後, 各法不同緣由, 及測驗二法疏)에서도 다음과 같이 말하였다.

"저희가 비록 책을 완성했지만 배우길 원하는 사람이 적습니다. 창도하여도 이어짐이 없고 전하여도 배우지 않는다면 훗날 끝내 기관이 없어질까 두려울 뿐입니다. 엎드려 성명을 바라건대 종전의 과실을 살펴서 진실로 그것이 그 사람으로 인한 것이 아니라면 그 앞으로 나아가는 길을 열어 기쁘게 새로운 것을 도모하게 해주십시오. 설령 기대에 미치지 못한 바가 있더라도 죄와 허물을 성급하게 더하지 마시고 그렇게 된 까닭을 진술하게 하여 능히 정밀하게 익혀 철저하게 깨달은 자가 있으면 특별한 대우를 해주십시오. 만약 오래되어도 깨달음이 없으면 또한 그에 따라 벌을 주십시오. 그리하면 장차 반드시 빼어나게 걸출하여 희화(羲和)55)의 대업(大業)을 밝히고 당우(唐虞)56)의 상서로운 운(景運)에 응하는 자가 나올 것입니다."

이상을 통해서 서광계의 재능을 아끼는 간절한 마음과 인재를 키우고자 하는 바람이 매우 컸음을 알 수 있다. 명말 서양 역법이 전해진지 오래지 않아 탁월한 성과를 거두고 또 많은 중국인들이 이에 호응하게 된 데에는 서광계의 역할이 막대했다고 하겠다.

설봉조(薛鳳祚)57)는 본디 위문괴(魏文魁, 자세한 소개는 뒤에 나옴 - 역자)

....

55) 희화(羲和): 요(堯)임금의 신하인 희씨(羲氏)와 화씨(和氏)를 말한다. 천문과 역법을 맡은 벼슬아치로 그 후손이 대대로 그 벼슬을 맡았기에, 전하여 천문과 역법을 관장하는 관리를 두루 일컫는다.
56) 당우(唐虞): 중국 전설상의 도당씨(陶唐氏)와 유우씨(有虞氏)를 말한다. 곧 요와 순의 시대를 함께 이르는 말로 이상적인 태평시대를 가리킨다.
57) 설봉조(薛鳳祚, 1628-1680): 산동성 치천(淄川) 출신으로 위문괴에게 천문산

의 제자였지만 후에 서학으로 관심을 돌려 일찍이 스모골랜스키(Smo-golenski)[58]의 《천보진원(天步眞原)》을 번역하였다. 《사고제요》권106에는 "순치연간 스모골랜스키는 남경[江寧]에 임시로 거처하면서 사람들과 산술을 논하길 즐겼으나 사람들을 예수회에 입교시키지는 않았으니, 저들 선교사 중에서 독실한 군자라 부를 수 있다. 설봉조는 처음에 위문괴의 문하에 있으면서 구법(舊法)을 주장하였으나 후에 스모골랜스키를 만나 비로소 서학으로 관심을 돌려 그 학술을 전하는데 진력하였는데, 스모골랜스키가 구술한 바를 번역한 것이 이 책이다"고 소개되어있다. 설봉조가 저술한 《천학회통(天學會通)》은 바로 스모골랜스키의 《천보진원》에 근거하여 만든 책으로, 그 내용은 모두 일식과 월식을 계산하는 방법이다. 매문정은 이 책을 수정하고 주를 달면서, 설봉조가 서양 역법을 이용해 60분(分)을 모두 100분으로 고치고 《수시력》의 방법을 따랐기 때문에 실로 편리하게 사용할 수 있다고 하였다. 다만 서양식 대수(對數: 즉 log - 역자)로 계산한 것은 직접 곱하고 나누는[乘除] 것보다 못하다고 하면서, 자신이 수정하고 주를 단 부분을 그와 더불어 서로 논의할 수 없어 애석하다고 하였다. 설봉조는 별도로 《비례사선신표(比例四線新表)》1권과 《사선대수표(四線對數表)》를 만들었는데, 모두 스모골랜스키가 전수해준 대

....

학을 배웠다. 실용적 학문을 추구했으며 순치연간 프랑스 사람 스모골랜스키에게 배워 《산학회통정집(算學會通正集)》·《고험(考驗)》·《치용(致用)》 등을 지었다. 그 밖의 저서로 《성학심전(聖學心傳)》·《양하청휘고(兩河淸彙考)》·《사서설(四書說)》·《천학회통》·《거서도고(車書圖考)》 등이 있다.

58) 니콜라우스 스모골랜스키(J. Nicolaus Smogolenski, 穆尼閣, 1610-1656): 프랑스 출신의 선교사로 1646년 중국에 왔다. 남경에서 선교할 때 설봉조에게 천문학과 수학을 전수했다. 설봉조와 함께 《천보진원》을 저술하였다. 중국 수학사상 처음으로 로그를 소개했다고 알려져 있다.

수의 원리와 법칙을 알기 쉽게 덧붙여 해석하고 설명한 것이다.

　청초에 서양의 역산학(曆算學)을 연구한 중국인 가운데 가장 많은 성취를 이룬 사람으로 매문정만한 이가 없다. 그가 편찬한 《물암역산서목(勿菴曆算書目)》 중 〈천학회통정주(天學會通訂註)〉 조에 보면 "목선생(穆先生)은 오랫동안 백문(白門: 남경의 별칭 - 역자)에 머물렀는데, 나의 친구 육합(六合) 탕성홍(湯聖弘)이 그와 친하게 지냈다. 탕성홍의 말에 따르면 그는 사람과 더불어 역법을 논하길 좋아했지만 사람에게 입교를 강요하지 않는 군자였다고 한다. 의보(儀甫)는 애초 위문괴를 따라서 구법을 주장하였으나, 후에 자신의 뜻을 바꿔 목공(穆公)에게 새로운 서양 역법을 전수받아 그 기술을 전하는데 진력하였음에도 예수회에는 가입하지 않았다"고 적혀있다. 여기서 목선생은 곧 스모골랜스키이고 의보는 설봉조의 자이다. 설봉조·탕성홍·방중통(方中通)[59] 등은 모두 스모골랜스키와 교유한 자들이다. 강희 19년(1680) 매문정은 〈청주 설의보선생을 그리워하는 마음을 보내며(寄懷青州薛儀甫先生)〉라는 시에서 "남몰래 유럽의 글을 살펴보며 도수를 전공하면서, 그것을 생각하다가 침식까지 폐하였더니 깊은 뜻 심신에 와 닿았네. 간평일구(簡平日晷)와 혼개일구(混蓋日晷)를 억측하여 만들어도 능히 정교하였으나, 오직 깊은 산속의 삶이 한스러우니 좋은 책을 실로 만날 기회 드무네. 내가 가서 그것을 따르고자 하나 배운 바가 달라 화합하기 어려우니, 어찌 차마 선유(先儒)를 버리고 거꾸로 서설(西說)로서 공격하리오. 더러 역(曆)이라도 제대로 배우

---

59) 방중통(方中通, 1634-1698): 안휘성 동성(桐城) 출신의 수학자이다. 이자성의 난과 청군의 침입으로 고향을 떠나 생활하다가 14세에 다시 동성으로 돌아갔다. 아버지 방이지(方以智)가 별세한 후에는 후학을 가르치는데 열중하였다. 설봉조의 소개로 스모골랜스키를 만나 그에게 서양 수학을 배우기도 하였다.

고자 하나 불충이라도 저지를까 걱정되니, 세상에 처해 살아가면서 누군들 처음과 끝을 달리하고 싶겠는가? 늦었지만 그대의 글을 처음 읽고 나서 어리석음을 깨우친 듯하니, 일찍이 예수를 믿지 않고도 능히 저들의 학술을 궁구하였구려. 담자(郯子)[60]에게 가르침을 청하면서도 선학들의 풍격을 손상시키지 않았으니, 어떻게 뒤쫓아 따라갈 수 있을까? 직접 찾아가서 몽매함을 깨우쳐달라고 말해야 할까나[61]"라고 하였다.

이 시는 청초 서학에 대한 대다수 중국학자들의 태도를 가장 잘 보여주고 있다. 《물암역산서목》 중 〈태음표영변(太陰表影辯)〉조에서 그는 "처음 《천문략(天問略)》을 읽고는 마음속으로 그 잘못됨을 의심하였다. 그러나 서양 서적을 점점 더 많이 봄에 그 주장이 한결 같았기 때문에 삼가 그것을 변호하게 되었다"고 하였다. 또 그가 지은 《서국월일고(西國月日考)》 1권에는 〈서양 예수 탄생 연월 고찰(考泰西天主降生年月)〉조가 있다. 그는 또 일찍이 항주에서 은탁덕(殷鐸德)을 만났는데, 탁덕은 라틴어 사세르도테스(Sacerdotes)의 옛 번역인 살책이탁덕(撒責爾鐸德)의 약칭으로 지금은 사탁(司鐸)이라 번역하니, 그의 원래 이름은 프로스페로 인

....

60) 담자(郯子): 춘추시대 담(郯)나라 군주. 노나라 소공(昭公) 때 노나라에 조현(朝見)하러 와서 관직을 새의 이름으로 이름붙인 이유를 질문 받고는 자신의 먼 조상인 소호씨(少皞氏) 이야기를 하며 자세히 설명했는데, 이 말을 듣고 공자가 그를 찾아가서 배운 뒤에 "천자의 관직이 정당함을 잃었을 때에는 사방의 이민족에게 배울 수도 있다고 하였는데, 이 말은 역시 신빙성이 있어 보인다(吾聞之, 天子失官, 學在四夷, 猶信.)"라고 말했다고 한다.

61) "竊觀歐羅言, 度數爲專功, 思之廢寢食, 奧義心神通. (簡平及渾蓋, 臆制亦能工,) 唯恨棲深山, 奇書實罕逢. 我欲往從之, 所學殊難同, 詎忍棄儒先, 翻然西說攻. 或欲哲學曆, 論交患不忠, 立身天地內, 誰能異初終? 晚始得君書, 昭昭如發蒙, 曾不事耶穌, 而能彼術窮. 乃知問郯者, 不墜古人風, 安得相追隨? 面命開其矇." 괄호 안의 구절은 원서에 빠져있는 것을 보충하였고, 그 외 원서에서 잘못 옮긴 글자 몇 개도 수정하여 번역하였다.

토르세타(Prospero Intorcetta)이다. 《물암역산서목》의 〈고금역법통고(古今曆法通考)〉조에서는 "분석하여 말하면 마테오 리치와 아담 샬, 아담 샬과 페르비스트가 각기 다르기 때문에 내가 서양 역법은 원래 한 종류가 아니라고 하였다. 또 계속 파고들면 들수록 더욱 정밀해져서 그 책을 깊이 읽지 않으면 그 까닭을 알 수 없다"고도 하였다.

매문정이 지은 《천보진원정주(天步眞原訂註)》 1권, 《천학회통정주(天學會通訂註)》 1권, 《혼개통헌도설정보(渾蓋通憲圖說訂補)》 1권 등에는 새로운 견해가 꽤 많이 있다.

매문정의 동생 매문내(梅文鼐)[62]와 매문멱(梅文䴡)[63] 모두 서양 역법에 정통하였고, 그의 손자 매곡성(梅瑴成)[64]과 제자 진후요(陳厚耀)[65]는

....

[62] 매문내(梅文鼐, 1637-1671): 매문정의 둘째 동생으로 매문정과 마찬가지로 산술에 정통히였다. 매문정은 그가 역법 계산에 매우 뛰어나 자신을 도와줄 수 있다고 칭찬하기도 하였다. 형 매문정과 함께 《보오성식(步五星式)》을 저술하였다.

[63] 매문멱(梅文䴡, 1642-1716): 매문정의 막내 동생으로 천문학과 성수학(星數學)에 능통하였다. 저작으로 《중서경성이동고(中西經星異同考)》·《남극제성고(南極諸星考)》·《시보교식식(時步交食式)》·《비례규용법가여(比例規用法假如)》·《궤하류구신법(几何類求新法)》·《신암필산(慎庵笔算)》 등을 남겼다.

[64] 매곡성(梅瑴成, 1681-1764): 수학자 겸 역학자로 매문정의 손자이며 강남 선성(宣城) 출신이다. 어려서부터 가족의 영향으로 수학과 역법에 정통하였다. 저서로 《증산연산법통종(增刪演算法統宗)》·《적수유진(赤水遺珍)》·《조만치언(操縵卮言)》 등이 있다.

[65] 진후요(陳厚耀, 1648-1722): 강소성 태주(泰州) 출신의 수학자 겸 천문학자이다. 매문정에게 역산을 배웠으며 천산지법(天算之法)으로 《춘추》를 역증(曆證)·고력(古曆)·역편(曆編)·역존(曆存)으로 나누고, 두예(杜預)의 《장력(長曆)》을 보완하여 《춘추장력(春秋長曆)》을 저술했다. 저서로 《춘추전국이사(春秋戰國異辭)》·《통표(通表)》·《척유(摭遺)》·《춘추세족보(春秋世族譜)》 등이 있다.

모두 서양 선교사와 왕래하였다. 건륭연간 쾨글러가 흠천감 감정이 되고 안드레아스 페레이라가 감부(監副)가 되어 《역상고성후편》 10권을 편찬할 때, 매곡성도 그 일에 참여하였다. 《한학사승기(漢學師承記)》66) 권7 〈후요전(厚耀傳)〉에는 강희제가 매곡성에게 한 질문이 다음과 같이 기록되어있다. "그대는 진후요를 아는가? 그는 최근 산법(算法)에 정진하고 있는데, 일찍이 그대의 조부에게서 가르침을 받았다고 한다. 지금 그대의 조부가 만약 살아있다면 오히려 그에게 시비를 질정(質正)할 것이다."

청초 중국인 가운데 서양 천문역법에 정통한 사람은 더 많이 있지만, 본절에서는 단지 그 일부만 소개하였다.

제4절 서양 천문관측기구의 수입과 자체 제작한 기구

서양 천문관측기구를 중국에 가장 먼저 수입한 사람은 마테오 리치이지만 다른 선교사들도 각기 가지고 들어온 것이 있었다. 그런 까닭에 제1절에서 인용한 〈참원이소〉에서 심각은 "저들 오랑캐가 만든 천문관측기구는 매우 정교하다할만 합니다"고 하였고, 이지조는 상소에서 "하나같이 매우 정밀합니다"고 하였던 것이다. 숭정 2년(1629) 7월 11일 예

....

66) 《한학사승기(漢學師承記)》: 정식명칭은 《국조(國朝)한학사승기》로 강번(江藩, 1761-1831)이 편찬한 책이다. 기전체 체재로 가경연간 이전 한학자의 학술사상과 사승(師承)관계를 밝혀 놓은 것으로 전(傳)을 세운 자가 40명, 정전(正傳)에 붙여 서술된 자가 17명이다. 소위 '한학'이란 송·명 이학에 반대하고 양한(兩漢)의 경술(經術)을 회복하려는 뜻에서 붙여진 이름으로 청대 고증학을 일컫는다.

부는 〈역법 개정의 황명을 받들기 위해 마땅히 해야 할 일을 열거한 상소 (爲奉旨修改曆法, 開列事宜疏)〉에서 마테오 리치와 여러 배신(陪臣)의 학문은 "정밀하고 정확하며 하나같이 아득히 뛰어날 뿐 아니라 그들과 더불어 제작한 기구는 모두 우리의 생각이 미치는 바가 아닙니다"고 하였다. 같은 달 23일 예부는 다시 역법 개정에 대한 의견을 상주하면서 세차(歲差)[67] 수정과 관련하여 〈급히 필요한 천문관측기구 10가지(急用儀象十事)〉를 제출했는데, 그 중 칠정상한대의(七政象限大儀) 6좌(座), 열숙기한대의(列宿紀限大儀) 3좌, 평혼현의(平渾懸儀) 3가(架), 교식의(交食儀) 1구(具), 열수경위천구의(列宿經緯天球儀) 1가, 만국경위지구의(萬國經緯地球儀) 1가, 절기시각평면일구(節氣時刻平面日晷) 3구, 절기시각전반성구(節氣時刻轉盤星晷) 3구, 후시종(候時鐘) 3가는 모두 새로 만들고, 그 외 측후칠정교식원경(測候七政交食遠鏡) 3가는 수리해서 사용하기로 보고하고 있다. 또 같은 해 9월 23일 서광계의 상소에 따르면 그 당시 이미 관상대가 2군데 있었음을 알 수 있다.

청나라가 입관(入關)한 이후에도 서양 선교사들은 계속 북경에 머물러 있었다. 순치 원년(1644) 6월 아담 샬은 서양의 신법이 천문관측에 효험이 있다는 상소를 올리면서 혼천성구(渾天星球) 1가와 지평일구(地平日晷)·원규경(遠窺鏡) 각 1구 및 여지병도(輿地屛圖) 1폭을 바쳤다.

이보다 앞서 예친왕(睿親王)[68]은 북경 점령 후 성내(城內) 주민들에게

....

67) 세차(歲差): 지구의 자전축 방향이 해마다 각도 50.26초씩 서쪽으로 이동함으로써 춘분점(春分點)과 추분점(秋分點)이 조금씩 앞당겨지는 현상.
68) 예친왕(睿親王, 1612-1650): 태조 누르하치의 14번째 아들인 도르곤[多爾袞]으로 태종에게 중용되어 예친왕으로 봉해졌다. 순치제가 어린 나이로 즉위하자 정친왕(鄭親王)과 함께 섭정하였으나, 결국 정친왕을 누르고 실력자가 되어 정국(政局)을 담당하였다. 1644년 명장(明將) 오삼계(吳三桂)를 선도(先

3일 내에 성 밖으로 이주하라고 명하였다. 이에 아담 샬은 여러 질(帙)의 역서(曆書)가 현재 조판 중이어서 미완의 판편(板片)이 매우 많을 뿐더러 각종 관측기구 역시 모두 옮기기 어렵고 옮길 경우 손상을 피할 수 없다고 진언하여 (옮기지 않아도 된다는) 예친왕의 허락을 받았다.

이 해 8월 초하루 일식이 있었는데, 아담 샬이 서양 역법으로 예측한 것은 천체 운행과 정확히 들어맞은 반면, 《대통력》은 2각의 차이가 있었고 《회회력》은 4각의 차이가 있었다. 이에 신법을 사용하도록 명하고 아울러 역서 표지에 '서양 신법에 의거함[依西洋新法]'이란 다섯 글자를 붙이게 했을 뿐 아니라 《시헌력(時憲曆)》으로 개명하였다. 11월 아담 샬에게 흠천감을 맡아서 관리하도록 하고 흠천감과 역국을 하나로 통합하였다.

강희 13년(1674) 페르비스트는 역법 관장업무를 이어받아 이자성(李自成)에 의해 파괴된 천문관측기구를 다시 제작하여 천체의(天體儀)·황도경위의(黃道經緯儀)·적도경위의(赤道經緯儀)·지평경의(地平經儀)·지평위의(地平緯儀)·기한의(紀限儀) 등을 차례로 완성하였고, 그 도면과 설명이 첨부된 《신제영대의상지(新製靈臺儀象志)》도 저술하였다. 그 후 제작된 것으로는 강희 20년(1681) 2월 지평평면일구의(地平平面日晷儀)·간평의(簡平儀), 강희 32년(1693) 4월 삼진간평지평합벽의(三辰簡平地平合璧儀), 강희 52년(1713) 2월 지평경위의(地平經緯儀), 강희 53년 2월 성구의(星晷儀)·사유표반원의(四遊表半圓儀)·방구상한의(方矩象限儀), 건륭 9년(1731) 3월 삼진공구의(三辰公晷儀)·간삭망입교의(看朔望入交儀)·육합험시의(六合驗時儀)·방월구의(方月晷儀), 건륭 17년(1739) 기형식의(璣衡食儀) 등이 있다.

....

導)로 삼아 북경으로 천도하였고 이어 중국 전토를 무력으로 평정하였다.

당시 관측기구 중에서 가장 중요한 것은 망원경이었다. 명대 정중기(鄭仲夔)[69]가 편찬한 《이신(耳新)》[70] 권7에 보면 "번승(番僧) 마테오 리치가 천리경을 가지고 있었"는데, "마테오 리치가 죽은 후 그 무리 중 어떤 도인(道人)이 그것을 가지고 남쪽 지방[南州]을 유람하니, 호사가(好事家)들이 모두 그것을 볼 수 있었다"고 되어있다. 갈릴레이가 베네치아(Venezia)에서 개량형 망원경을 처음 완성한 해가 1610년(만력 38년)이므로 마테오 리치가 가지고 있던 것은 분명 구식 망원경이었을 것이다. 신식 망원경에 대해서는 만력 43년(1615) 엠마누엘 디아즈(Emmanuel Diaz)가 저술한 《천문략》에 소개되어있는데, 60리 밖을 볼 수 있고 이를 개발한 갈릴레이는 "근래 서양에서 역법에 정통한 명사(名士)"이며 "이것이 중국에 도착한 후에 그 오묘한 용도를 상세히 설명하겠다"고 하였으니, 그 때까지 아직 중국에 전해지지 않았음을 알 수 있다. 천계 2년(1622) 양력 6월 22일 아담 샬이 중국에 오면서 이 신형 망원경을 가지고 왔고 천계 6년 《원경설(遠鏡說)》을 지었다. 그 다음해 왕징(王徵)이 번역한 《원서기기도설록최(遠西奇器圖說錄最)》의 참고문헌 중에 이 책이 있는데, 신형 망원경의 구조 원리와 천문·항해·전쟁 상의 응용 등에 대해 매우 자세하게 설명하고 있다. 아담 샬의 이 저서는 아마도 1616년 프랑크푸르트에서 출판된 지롤라모 시르투리(Girolamo Sirturi)의 《망원경》*(Teles-*

....

69) 정중기(鄭仲夔, 1580?-1640?): 자는 용여(龍如)이고 강서성 상요(上饒) 사람으로 숭정연간 공생이다. 책을 두루 많이 읽고 옛 것을 좋아하여 《세설신어(世說新語)》를 모방한 《난원거청언(蘭畹居淸言)》 10권을 지었는데, 그의 작품집 《옥진신담(玉塵新譚)》에 수록되어있다. 《옥진신담》에는 그 외 《이신(耳新)》 8권, 《우기(偶記)》 8권, 《전구(雋區)》 8권이 들어있다.
70) 《이신(耳新)》: 정중기가 지은 필기소설로 자질구레한 여러 가지 일들을 기록한 책이며 1636년 출판되었다.

copio)을 번역한 것으로 보인다.[71] 그 후 자코모 로는《오위력지(五緯曆指)》[72]〈신성해(新星解)〉제8에서 '규통원경(窺筒遠鏡)'이라 명명했고 테렌츠는《측천약설》에서 '망원지경(望遠之鏡)'이라 불렀는데, 두 사람 모두 갈릴레이를 '도수(度數)의 명가(名家)'로 소개하고 있다. 숭정 2년(1629) 서광계는 망원경 3개를 만들길 청하는 상소에서 "1가(架) 당 제작비용은 대략 은 6량으로 렌즈[鏡] 값은 포함되지 않은 것입니다"고 하였다. 숭정 4년(1631) 안드레아스 루도미나(Andreas Rudomina)[73]에 의해 망원경이 복건성 복주에 들어왔고, 이후 또 알레니가 망원경을 가지고 도원(桃源)과 청장(淸漳)에 도착했음을《구탁일초(口鐸日抄)》[74] 권2, 3, 4에서 볼 수 있다. 같은 해 조선의 진주사(陳奏使) 정두원(鄭斗源)[75]도 이를 조선에

....

71) 조사에 따르면 지롤라모 시르투리가 프랑크푸르트에서 출간한 라틴어로 된 책의 원명은 *Telescopium: sive Ars perficiendi novum illud Galilæi visorium instrumentum ad sydera*이며 출간연도는 1618년이다. 아마도 지롤라모 시르투리가 이탈리아 출신임으로 인해 저자가 책명을 이태리어 *Telescopio*로 표기한 것 같고 1616년은 오식(誤植)이 아닌가 한다.

72)《오위력지(五緯曆指)》: 갈릴레이의 태양중심설을 중국에 처음 소개한 천문학 저서로 자코모 로가 쓴 책이다.

73) 안드레아스 루도미나(Andreas Rudomina, 盧安德, 1596-1631): 리투아니아 출신의 예수회 선교사로 1627년 중국에 와 선교활동을 했으며 중국어에 능통해 예수회의 동료들로부터 높은 평가를 받았다. 35세의 이른 나이에 결핵으로 사망했다.

74)《구탁일초(口鐸日抄)》: 1630-1640년 사이 복건에서 선교활동을 기록한 것으로 주로 알레니가 천주교 내외 인사와 한 대화 모음이다.

75) 정두원(鄭斗源, 1581-?): 조선 중기의 문신으로 본관은 광주(光州)이다. 인조 8년(1630) 명에 사절로 갔다가 이듬해 귀국할 때 홍이포·천리경·자명종 등 서양의 기구와 마테오 리치의 천문서(天文書) 및《직방외기(職方外紀)》·《서양국풍속기(西洋國風俗記)》·《천문도(天文圖)》·《홍이포제본(紅夷砲題本)》 등의 서적을 가져왔다.

가지고 갔는데, 아마도 등래(登萊)의 요안네스 로드리게스로부터 얻은 것 같다. 이에 관한 내용은 조선왕조실록 중 《인조대왕실록(仁祖大王實錄)》 권23, 24 및 《숭정장편(崇禎長編)》[76] 권39에 나온다.

숭정 7년(1634) 중국에서 자체 제작한 최초의 망원경이 완성되어 '규통(窺筩)'이란 이름이 붙여졌다. 아담 샬이 이를 아뢰자 황제가 환관 노유녕(盧維寧)과 위국징(魏國徵)을 역국에 보내 시험해보게 하였다. 이어 아담 샬이 황명에 따라 궁정 안에 대(臺)를 세워 망원경을 설치하자, 황제도 직접 가서 사용해보고 매우 칭찬하였다고 《치력연기(治曆緣起)》에 기록되어있다. 이에 대한 상세한 내용은 《방호문록(方豪文錄)》(北平, 上智編譯館, 1948 – 역자)에 수록된 졸고 〈갈릴레이 생전 망원경의 중국·조선·일본 전래 사략(伽利略生前望遠鏡傳入中國朝鮮日本史略)〉에 나온다. 한편 알폰스 패트(Alfons Väth)[77]의 《아담 샬 전기》에 의하면 이해 2월 2일 아담 샬과 자코모 로가 유럽에서 가져온 망원경 하나를 중국 조정에 바쳤는데, 도금한 받침대와 동(銅)으로 만든 부품이 함께 황색 비단에 포장되어있었다고 한다. 그리고 2명의 환관 중 1명은 노(盧)씨이고 다른 1명은 위(魏)씨로 선교사에게 그 기구의 구조와 장치에 대한 설명을 듣고 사용방법을 전수받았다고 하였으니, 아마도 노유녕과 위국징을 지칭한 것 같다. 그러나 이어서 두 선교사가 또 중국 조정을 위해 매우 많은

---

76) 《숭정장편(崇禎長編)》: 청나라 초 왕즙(汪楫, 1626-1689) 등이 명나라 숭정연간의 역사를 기록한 편년체 사서로 현재 68권만 남아있다. 그 중 앞의 66권은 왕즙이 저술한 것이나 뒤의 2권은 저자 서명이 보이지 않는다.

77) 알폰스 패트(Alfons Väth, 1874-1937): 독일 출신의 예수회 선교사로 인도에서 활동하였다. 그의 저서 《아담 샬 전기》의 원명은 *Johann Adam Schall von Bell SJ: Missionar in China, kaiserlicher Astronom und Ratgeber am Hofe von Peking 1592-1666*이며 1933년 독일 쾰른(Köln)에서 출판되었다.

다른 관측기구, 예컨대 상아(象牙)로 만든 해시계[小日晷]·망원경·컴퍼스[圓規]·작은 크기의 천체의(天體儀)·성고기(星高機) 등을 만들었다고 한 것을 보면, 선교사들이 이미 스스로 망원경을 제작할 수 있었음을 알 수 있다.

제5절 서양 천문역법에 대한 중국인의 반대와 논쟁

만력 44년(1616) 7월 외국인의 선교활동에 반대한 남경 예부(禮部)가 마침내 서양 선교사 판토하 등을 탄핵하는 상소를 올리면서, "그들의 설(說)이 점점 퍼져서 사대부 중에도 믿고 따르는 자가 있으며" "망령되이 성관(星官)들과 말을 하다가 현혹되는 사인(士人)들도 있다"고 주장하였다. 이에 대해 당시 한림원검토였던 서광계는 상소하여 "예부 관원들이 불가피하게 피해를 입는 사람들이 발생할까봐 실명을 적시하지 않고 단지 사군자(士君子) 또는 사인이라고 말했지만, 조정 신하 가운데 신이 일찍이 여러 배신과 더불어 도리(道理)를 강구하고 많은 책을 발간하였으니, 믿고 따르는 자란 바로 신을 가리킨 것입니다. 또 일찍이 그들과 역법을 탐구하여 여러 차례 상소를 올린 것이 어전(御前)에 갖춰져 있으니, 성관과 더불어 말한 자 역시 신을 가리킨 것입니다"고 말하였다.

《숭정역서》를 편찬할 때 《회회력》과 《대통력》을 신봉하는 여러 전문가의 반대가 매우 심하였으니, 특히 포의(布衣) 위문괴의 비판이 격렬했다. 위문괴는 《역원(曆元)》과 《역측(曆測)》 두 저서가 있었는데, 아들 위상건(魏象乾)을 시켜 《역원》을 조정에 바치게 하였다. 통정사(通政司)[78]에서 이를 역국에 보내 검증하게 하니, 극단적인 이론이라고 서광계가 지적한 것이 7가지였다. 그 후 위문괴가 거듭 논란을 일으키자, 서광계는 다시 자신의 기존 주장을 담은 《학력소변(學曆小辯)》이란 책을 지어 반박하였다.

숭정 6년(1633) 서광계가 사망한 후, 7년 위문괴는 역관이 예측한 오성(五星)의 능범(凌犯: 오성이 별을 가리는 현상 - 역자)과 회합(會合) 및 운행궤도[行度]가 모두 잘못되었다고 상소하였다. 이에 황제는 위문괴를 북경으로 불러 검증하게 했다. 당시 역법을 논하는 집단으로는 《대통력》과 《회회력》 계통 외에 서양 역법에 바탕을 둔 서국(西局)과 위문괴를 중심으로 하는 동국(東局) 등 4부류가 있었다. 환관들이 몰래 위문괴를 도와주었기 때문에 황제가 결단할 수 없었고, 이에 이천경과 흠천감에 유지를 내려 공평하고 상세히 연구하여 반드시 일치시키길 바란다고 하였다. 그러자 이천경은 그해 음력 12월 초8일 〈조원제사서재사제신소(照原題查敍在事諸臣疏)〉를 올려 "논자들은 걸핏하면 그들을 이역(異域)에서 온 자로 간주하지만, 황상께서 만방에 군림하여 천지 아래에 왕의 신하가 아닌 자가 없다는 점을 알지 못합니다. 규칙이란 하늘에 합치되면 취하는 것이지 어찌 중외(中外)를 나누겠습니까?"라고 하였다.

당시 사람들이 신법을 얼마나 질시했던가는 다음 사건을 통해서 알 수 있다. 흠천감 관원 중 환관과 한패인 자가 아담 샬의 예측을 틀리게 하려고 관측기구의 위치를 이동시킨 결과, 예측이 실제와 부합되지 않았다. 황제가 이를 이상히 여겨 아담 샬에게 힐문하자, 아담 샬이 관측기구가 옮겨진 걸 알고 다시 예전대로 배치한 일이 있었다. 숭정 8년(1635) 신법에 관한 책과 기구가 전부 완성되고 나서 신법에 의한 여러 번의

....

78) 통정사(通政司): 명대 내외(內外)의 장주(章奏)를 관장하던 관서(官署) 이름으로 정식명칭은 통정사사(通政使司)이다.

일식과 월식 예측은 모두 정확히 합치된데 반해, 《대통력》과 《회회력》 및 위문괴의 예측은 모두 들어맞지 않았다. 숭정 10년 《대통력》을 폐지하고 신법을 전용(專用)하려 하자, 동국의 역무(曆務)를 관리하던 곽정중(郭正中)이 중국 역법을 완전히 폐지하고 서양 역법만 사용해서는 안 된다고 하였다. 그 해 12월에는 흠천감 관리가 상소하여 아담 샬 등이 말하는 천주교의 도리는 요·순·공자의 도(道)에 크게 위배됨으로 그것을 전하고 익히는 것을 금지해야 한다고 말했다. 숭정 16년(1643) 3월 초하루 일식이 있었는데, 《대통력》과 《회회력》 등 구법이 추산한 바는 여전히 맞지 않았고 서양 신법의 예측만이 홀로 합치되었다. 그 해 8월 황제는 서양 신법이 하늘의 운행과 정확히 합치됨을 이미 여러 차례 증명하였으니 천하에 두루 사용되게 하라고 명하였다. 하지만 결국 전쟁으로 인한 혼란과 조정 신하들의 견제, 그리고 낡은 이론에 매몰된 관상대 관원들이 역법 변경을 꺼려함으로 말미암아 역국의 중서 학자들이 십여 년 동안 고생하여 번역하고 제작한 책과 기구는 모두 사용될 수 없었다.

명말에 왕석천(王錫闡)[79]이라는 사람이 있었는데, 자는 인욱(寅旭)이며 《효암신법(曉菴新法)》 6권을 저술하였다. 《사고제요》에는 "그 당시 서광계 등이 신법을 찬수(纂修)함에 송사(訟事)가 조정에 가득하였다. 왕석천은 홀로 은거하여 책을 저술하고 추산에 몰두하여 천체 현상에 정확히 부합하려 노력했으며 문호(門戶)의 구분에 연연하지 않았다"고 적혀있다. 은거하여 연구하면서 사람들과 토론하지 않는 것은 학문하는 방법은

---

79) 왕석천(王錫闡, 1628-1682): 강소성 오강(吳江) 출신으로 많은 책을 널리 읽었고 서양의 수학과 역학(曆學)에 정통했다. 항상 밤이면 지붕에 올라가 천문과 기상을 관찰했으며 스스로 신법(新法)을 세워 이를 이용해 일식과 월식을 관측했다고 한다.

아니지만, 왕석천은 나름 뜻이 있는 학자라고 간주할 수 있다. 그러나 역시 서학을 공격하였는데, 표현이 매우 모호하였다. 《주인전(疇人傳)》[80] 〈왕석천전〉에는 그의 말을 빌어서 "만력 말년 서양인 마테오 리치가 중국에 왔는데 역산에 상당히 뛰어났다. 숭정 초 예신(禮臣) 서광계에게 그 책을 번역하라고 명하였다. …… 수년 만에 완성되어 마침내 세상에 널리 보급되니, 역학자 중에 이를 받들지 않는 자가 없었다. 나는 서양 역법이 좋다고 생각하지만, 그것으로 천문관측을 아주 세밀하게 하는 것은 가능하나 법의(法意)를 깊이 아는 것은 불가하다고 여긴다"고 적고 있다. 그렇지만 무엇이 법의이며 왕석천이 알고 있는 법의란 또 어떤 것인지에 대해 모두 분명히 말하고 있지 않다.

유수(鈕琇)[81]는 《고승(觚賸)》에서 왕석천에 대해 "천체운행 관측을 정밀하게 연구하였고 중서 학문에 두루 정통하였다. 날이 맑을 때면 번번이 지붕에 올라 치문(鴟吻)[82] 사이에 누워 고개를 들어 밤새도록 별을 관찰하였다"고 하였으니, 그 정신은 정말 탄복할 만하다.

청나라가 들어선 후 순치 원년(1644) 8월 초하루 예측한 일식이 정확히 맞아떨어지자, 도르곤[多爾袞]은 유지를 내려 "《회회력》은 세월이 오

----

80) 《주인전(疇人傳)》: 전 46권. 중국 역대 천문산학가의 학술활동을 기술한 전기 모음집으로 청나라 완원(阮元)이 제자들의 도움을 받아 1799년에 완성하였다.
81) 유수(鈕琇, ?-1704): 강소성 오강(吳江) 출신으로 박학다식하고 시문에 뛰어났다. 강희 11년(1671) 공생에 발탁되어 하남성 항성(項城)과 광동성 고명(高明) 등지의 지현을 역임했다. 그의 저서 《고승》은 명말 청초의 견문과 고사 및 전설 등을 기록한 저술로 사료적 가치가 높다고 평가된다.
82) 치문(鴟吻): 전각이나 문루 등 큰 건물의 용마루나 지붕골의 끝에 얹는 기와의 하나. 매의 머리처럼 불거지고 모가 난 두 뺨에 눈알과 깃 모양의 선과 점을 새겼다.

래되어 착오가 많고 신법은 여러 차례 정확히 합치되었음을 알았노라"고 하였다. 다음해 1월 보름의 월식을 다시 맞추자, 이에 아담 샬을 크게 중용하게 되었다. 순치 7년(1650) 황제가 선무문 안에 있는 천주당 옆의 빈 땅을 하사하여 교회를 중건하게 하니, 효장문황태후(孝莊文皇太后)는 은을 하사하였고 왕공(王公)과 사신(士紳)들은 서로 기부에 나섰다. 순치 8년 아담 샬을 통의대부(通議大夫)에 봉하고 그의 부친과 조부를 통봉대부(通奉大夫)로, 모친과 조모는 이품부인(二品夫人)으로 봉하는 고명(誥命)을 그 가족에게 보내 수령하게 하였다. 순치 10년 아담 샬에게 통현교사(通玄敎師)라는 존호를 하사하였고, 순치 14년 다시 사당을 짓고 비를 세우도록 명하면서 통현가경(通玄佳境)이라는 편액을 내려주었다.

아담 샬에 대한 총애가 깊어질수록 그를 공격하는 사람의 논조도 더욱 격렬해졌다. 순치 14년 4월 회회과(回回科) 추관정 오명훤(吳明烜)이 상소하여 "신의 조상 묵사역흑(默沙亦黑) 등 18개 성(姓)은 본래 서역인으로 그곳의 역학을 가지고 여러 번의 통역을 거쳐 내조(來朝)하여 역관(曆官)의 직을 받은 것이 1059년이 지났습니다." "아담 샬이 2월과 8월 중에는 수성(水星)이 숨어서 보이지 않을 것이라고 추산하였지만, 지금 수성은 2월 29일에 여전히 동방에서 보이고 8월 24일 저녁에도 보이고 있습니다"고 하였다. 또 아담 샬이 세 가지 착오를 범했으니, 첫째 자기(紫氣)[83]를 빠뜨린 것이고, 둘째 자참(觜參: 28星宿의 西方白虎七宿 중 觜와 參을

....

83) 자기(紫氣): 자기(紫氣)라고도 하며 나후(羅睺), 계도(計都), 자기(紫氣), 월패(月孛)를 합해 사여성(四餘星)이라고 한다. 실제 존재하는 별은 아니고 어떤 특정한 위치에서 규칙적으로 운행한다고 보는 가상적인 천체의 위치 변동에 착안하여 마치 별이 운행하는 것처럼 본 것이다. 이 중 자기는 28년마다 천구(天球)를 한 바퀴 돈다고 정의되어있지만, 이에 해당하는 천체나 특정한 위치를 오늘날 추정하기는 어렵다. 아담 샬이 편찬한 《시헌력(時憲曆)》에서

말함 - 역자)을 거꾸로 한 것이며, 셋째 지남침[羅針]을 거꾸로 한 것이라고
하였다. 이에 황제가 내대신(內大臣) 등에게 명하여 함께 관측하도록 한
결과, 수성이 실제로 보이지 않았기 때문에 망령되이 속인 죄로 오명훤
을 다스리려 했으나 구원을 받아 사면되었다. 이에 관해서는 완원(阮元)
이 지은 《주인전》에 나온다.

　순치 17년(1660) 휘주(徽州) 신안위(新安衛)의 관생(官生) 양광선(楊光
先)[84]이 예부에 글을 올려 서양인이 중국 성인의 가르침을 비난한다고
고소했으나 받아들여지지 않았다. 이어 강희제가 어린 나이로 황위에
올랐는데, 보정대신(輔政大臣) 오배(鰲拜)[85] 등이 서양 선교사를 좋아하
지 않았다. 이에 양광선은 강희 3년(1664) 아담 샬과 각 성의 선교사들이
반역을 모의하고 있으며 직관(職官) 허지점(許之漸)과 반진효(潘盡孝) 등
이 천주교에 입교하여 가담하고 있다고 예부에 고발하였다. 아울러 《서
법십류(西法十謬)》와 《선택의(選擇議)》 두 책을 저술하였다. 또 반복해서
글을 올려 서양 선교사들이 역법을 개정함으로써 길흉을 분별하지 못하
게 되어 사람들이 따를 바를 알지 못하게 되었고, 수년 전 영친왕(榮親王)

....

는 삭제되었다.

84) 양광선(楊光先, ?-1669): 강남 흡현(歙縣) 출신으로 명말 신안위(新安衛) 천호
　(千戶)가 되어 대학사 온체인(溫體仁)을 탄핵해 요서(遼西)로 수(戍)자리를
　갔다. 청초에 서양인이 역법을 맡는 것에 반대하는 상소를 올렸고 강희 초
　오배가 정권을 잡자 흠천감 감정이 되었다. 강희제가 친정한 뒤 관직을 잃고
　귀향하는 도중에 사망했다.

85) 오배(鰲拜, 1610-1669): 청의 건국공신으로 태조·태종·순치제 3조(朝)의 원
　훈이다. 강희제 즉위 초기 섭정 중 한명으로 권력을 휘둘렀으나 강희 8년
　(1669) 그를 제거하려는 강희제에 의해 궁중에서 친위병의 급습을 받아 체포
　되었다. 사형에 해당되었으나 공을 참작해 구금으로 형이 낮추어졌고 얼마
　후 사망했다. 강희 초 양광선 등을 편들어 아담 샬 등 예수회 선교사의 새로
　운 역법을 비난하고 아담 샬의 동료들을 처형한 바 있다.

(세조의 넷째아들로 태어난 지 3개월 만에 요절함)이 죽었을 때 흠천감이 선택한 장례 시각이 매우 길하지 못해서 그의 모친과 선제에게 누를 끼치게 되었다고 운운하였다. 이에 보정대신이 예부로 하여금 이를 취조하게 하니, 당시 아담 샬은 이미 73세로 갑자기 중풍이 들어 말을 제대로 하지 못하는 상태였음에도 불리오·마갈렌스(Magalhaens)[86]·페르비스트와 함께 포박되어 심문당하고 판결을 기다렸다. 각 성의 선교사들은 지방관에 의해 구금되어 처분을 기다렸고 허지점 등은 모두 면직되었다. 아담 샬은 2차례 심문 끝에 능지(凌遲)형을 언도받았으나, 그가 선황의 훈신(勳臣)이었던 이유로 강희제 친정 후에 이 일을 다시 논하기로 하였다. 이에 강희 4년(1665) 신중을 기한다는 이유로 성급히 결정내리지 않기로 하였다. 마침 잇달아 5일 동안 수도에 큰 지진이 일어나자, 보정대신이 근신하는 의미로 옥사를 중단함으로써 바로 불리오 등을 사면하고 잠시 북경에 머무르게 하였다. 각 성에서 구금한 선교사는 광동으로 보내 머물게 하였으나, 아담 샬만은 여전히 사형시키고자 하였다. 순치제의 모후가 대신 사면을 구하고 나서야 겨우 석방되었다. 그러나 흠천감에서 일했던 이조백(李祖白)[87]과 이광굉(李光宏) 등 30여 명은 참형 내지

....

86) 가브리엘 지 마갈렌스(Gabriel de Magalhaens, 安文思, 1609-1677): 포르투갈 출신의 예수회 선교사. 1640년 중국에 왔으며 장기간 불리오와 함께 활동하였다. 기구를 만드는데 능하여 청 조정에서 많은 관측기구를 제조해서 강희제의 총애를 받았다. 1677년 병에 걸려 북경에서 사망하였다.

87) 이조백(李祖白, ?-1665): 명말 청초의 천문학자. 천주교인으로 아담 샬에게 사사받았으며 흠천감에서 일했다. 천계 6년(1626) 아담 샬을 도와 《원경설(遠鏡說)》을 썼으며 갈릴레이가 발명한 망원경 제작법을 중국에 소개하였다. 청조가 들어선 후에는 불리오와 함께 《천학전개(天學傳概)》를 저술하였고, 중국문화가 서쪽에서 전래되었다고 말하기도 하였다. 양광선 등의 탄핵을 받아 사형 당하였다.

유배되거나 면직당하여 깨끗이 제거되었다. 다음해 아담 샬은 병사하였다.

청 조정은 양광선과 아담 샬의 논쟁에 대해 단지 "각기 자기가 옳다고 말하지만 역법은 매우 심오하여 그 시비를 분별하기 어렵다"고 말했다. 하지만 아담 샬에게 죄를 물은 것에 대해서는 "하늘이 황상을 보우(保佑)하셔 역조(歷祚)가 무한한데, 아담 샬이 단지 2백년의 역(曆)만을 바치니 모두 합치되지 않았다. 또 영친왕의 장례시기를 선택할 때, 아담 샬 등은 정오행(正五行)[88]을 사용하지 않고 반대로 홍범(洪範)오행[89]을 사용함으로써 묘지의 방향과 매장 시간이 모두 금기를 어기게 되는 중대한 잘못을 범하였다"고 하였다. 이는 미신으로 과학을 공격한 것이니, 반대파가 비록 승리하였지만 사실은 패배한 것이었다.

옥사의 결과로 서양 역법은 완전히 폐지되고 다시 《대통력》이 사용되었으나, 곧이어 구법이 정확하지 못했기 때문에 회회 역법으로 바꾸어 사용하였다. 양광선은 흠천감 감정이 되었고 오명훤은 감부가 되었다. 그러나 양광선은 사실 역법 개정에 대해 알지 못했기 때문에 "지금 천문을 관측하는 방법이 실전된 지 오래 되었습니다"고 하면서 "12월의 중기(中氣)[90]가 맞지 않으니, 바라건대 신이 박학하고 기지가 있는 자를 널리

....

88) 정오행(正五行): 풍수지리설에서 24방위에 대해 음양오행을 배분하는 한 가지 방식으로 음양의 상합상생(相合相生) 원리를 강조한 것.
89) 홍범(洪範)오행: 중국 고대 강호의 술사(術士)들이 양택과 음택을 감찰(勘察)할 때 사용하던 비법으로 그 자세한 내용은 전해지지 않으나 홍범오행도책(圖冊)과 그 사용법은 아직 남아있다.
90) 중기(中氣): 절월력(節月曆)에서 월 중앙의 기를 말하며 이에 대해 월초의 기를 절기(節氣)라고 한다. 예를 들면 동지는 11월의 중기이다. 태음태양력에서는 중기라 하여도 월의 중앙에 오는 것이 아니고 월초 또는 월말에 오기도 한다. 또 중기가 들지 않는 달도 있다. 일반적으로 동지가 11월 상순에 있으면 그 해에 반드시 윤달이 들어서고 11월 하순에 동지가 오면 다음해에

구하여 그와 더불어 기구를 만들어 천문을 관측할 수 있게 해주십시오"
라고 말하지 않을 수 없었다. 강희 7년 10월 조서를 내려 "2년을 기다렸
는데 아직 효험이 보이지 않는다"고 힐난하자, 양광선은 "천문을 관측하
는 사람을 아직 찾지 못하였고 신이 풍질(風疾)에 걸려 관리할 수 없었습
니다"고 핑계 댈 수밖에 없었다.

《주인전》〈페르비스트[南懷仁]전〉에는 다음과 같이 적혀있다.

> "양광선 등이 구법을 자구만 번갈아 고쳐서 억지로 천체현상을 인위적으
> 로 해석하고 관측기구를 거꾸로 사용하니 천도(天道)에 맞지 않게 되었
> 다. 강희 7년 12월 대신에게 페르비스트와 흠천감 관원을 불러서 질의
> ·변론케 하라고 명하였다. 다음해 여러 대신이 함께 관상대로 가서 관측
> 하였는데, 페르비스트가 추산한 도수와 예측 결과는 모두 맞은데 반해
> 오명훤이 가리킨 바는 맞지 않았다. 양광선 등이 '우리는 추산을 알지
> 못합니다'고 말하니, 황제가 '이전에 너희에게 물었을 때 일영(日影)을
> 예측할 수 있다고 해놓고 지금 와서 어찌 알지 못한다고 말하는 것이냐?'
> 고 하였다. 양광선이 당당하게 말하길 '신이 감독하는 역법은 곧 요순으
> 로부터 전해 내려온 법입니다. 황상께서 바로잡으신 자리는 곧 요순으로
> 부터 전해 내려온 자리이고, 황상께서 이어받으신 법통은 곧 요순으로부
> 터 전해 내려온 법통입니다. 따라서 황상께서 반포하시는 역법도 응당
> 요순의 역법을 사용하셔야 합니다. 황상께서는 모든 일에 있어 요순을
> 모범으로 하시면서 어찌 홀로 역법만 그렇지 않으십니까? 천주교인인
> 페르비스트가 천주교의 법을 본받지 어찌 요순의 성군을 본받겠습니까?
> 지금 페르비스트가 요순으로부터 전해 내려온 관측기구를 없애고 서양
> 관측기구로 바꾸고자 하니, 만약 요순의 관측기구를 없앤다면 요순 이래
> 의 시·서·예·악·문장·제도도 모두 없어질 것입니다'고 하였다."

....

윤달이 온다.

페르비스트의 저서로는 《역법불득이변(曆法不得已辯)》·《망추길흉변(妄推吉凶辯)》·《망택변(妄擇辯)》 및 《망점변(妄占辯)》이 있는데, 마지막 책은 월동(粤東) 대원당(大原堂)에서 나온 중간본(重刊本)이 있다.

같은 해(강희 8년 - 역자) 8월 "역법을 추산하고 천문을 관측함에 아무것도 알지 못하고 관측기구를 압송함에 헛되이 전량(錢糧)만 낭비하였다"고 양광선 등을 고발한 사람이 있었다. 이에 양광선은 면직되어 고향으로 쫓겨나게 되었는데, 도중에 등창이 생겨 사망하였다. 오명훤 역시 면직되고 장(杖) 40대에 처해졌으나 유배는 면하였다. 아담 샬은 비록 죽었지만 관직이 회복되었고 사자(死者)를 두텁게 구휼한다는 의미에서 장례비를 하사하였으며 관리를 보내어 제사를 지내게 하였다. 페르비스트는 (흠천감) 감부가 되었고 12년 감정에 발탁되었다.

강희제는 또 역법에 밝은 선교사 헤르트리쉬(Herdtrich, Henriques라고도 함)[91]·그리말디(Grimaldi)[92]·토마스 페레이라(Thomas Pereira)[93]

....

91) 크리스티아누스 헤르트리쉬(Christianus Herdtrich, 恩理格, 1625-1684): 오스트리아 출신의 예수회 선교사로 1660년 이후 중국의 산서성과 하남성에서 선교활동을 하였다. 1671년 청조의 부름으로 북경에 와서 수학자로서 예수회 학자그룹의 일원으로 활약하였고 생애의 마지막 9년은 산서성 선교책임자로 보냈다. 사후 강희제가 그의 비문을 직접 지어주었다.

92) 필리푸스 그리말디(Philippus Grimaldi, 閔明我, 1639-1712): 이탈리아 출신의 예수회 선교사로 1659년 마카오에 도착해 사제서품을 받았다. 1664년 아담 샬의 투옥사건으로 인해 선교사들이 광주에 구금되었을 때 도미니크 수도회 선교사 나바레테(Domingo Fernández Navarrete)가 탈출했는데, 이때부터 그리말디가 나바레테의 중국식 이름인 민명아(閔明我)를 자신의 중국식 이름으로 사용했다. 이후 선교사들의 활동이 재개되자 북경에서 페르비스트를 보좌하며 흠천감에서 근무했다. 1689년 로마로 돌아와 라이프니츠를 만나 1년 정도 체류했고 페르비스트 사후에는 그의 뒤를 이어 흠천감의 책임자가 되었다. 네르친스크조약 대표단의 일원으로 활동하기도 했다.

93) 토마스 페레이라(Thomas Pereira, 徐日昇, 1645-1708): 포르투갈 출신의 예수

를 북경으로 불러 교대로 강론하게 하였다. 페르비스트는 제작하던 천문 관측기구가 완성된 뒤 그 공으로 태상시경(太常寺卿)의 직함을 받았다. 《강희영년력(康熙永年曆)》이 완성되자 다시 통정사사(通政使司)의 통정 (通政) 직함을 더해주었고, 대포 주조가 완료되고 나서는 공부시랑(工部 侍郎)으로 승진시켰다. 페르비스트가 극구 사양하였지만 허락하지 않았 다. 강희 33년(1694) 페르비스트가 죽자 황제는 매우 애석해하며 근민(勤 敏)이라는 시호를 내렸다. 또 내탕금을 들어 장례를 치르게 하고 관리를 보내 제사를 지내게 하였으며 직접 비문도 지어주었다.

청초 서양 역법 사용에 반대한 중국인 가운데에는 서로 다른 태도를 가진 여러 부류가 있었지만, "차라리 중국에 좋은 역법이 없는 것이 낫지 중국에 서양인이 있는 것은 안 된다"고 한 양광선 등이 가장 맹목적인 민족주의자였다.

그 외 서양 천문역법에 반대하지는 않았으나 실제로 단지 예악을 일으 키는 것으로만 간주하여 그 정신이 여전히 반(反) 과학적인 사람도 있었 다. 예를 들어 이광지(李光地)[94]는 강희 28년(1689) 황제를 모시고 남순

....

회 선교사로 1672년 마카오에 도착했으며 1673년 페르비스트의 추천으로 북경에 와 역법 개정을 도왔다. 네르친스크조약 대표단의 일원으로 참가해 라틴어 번역을 수행하였다. 중국식 의례를 금지한 교황 클레멘스 11세의 방 침에 반대했고 1706년 중국 예수회 부회장이 되었으며 1708년 북경에서 사 망하였다. 저서로 《남선생행술(南先生行述)》이 있으며 중국어로 된 최초의 서양음악 이론서인 《율려정의(律呂正義)》를 저술했는데, 이는 후에 이탈리 아 출신 선교사 페드리니가 완성하였다.

94) 이광지(李光地, 1642-1718): 복건성 안계(安溪) 출신으로 관직이 내각대학사 에 이르렀다. 경학(經學)과 악률(樂律)·역산(曆算)·음운(音韻) 등에 정통했 다. 학문적으로 정주학(程朱學)을 추숭하였는데 강희제의 신임으로 청초 주 자학의 대표적 인물이 되었다. 하지만 절충적인 태도를 취하여 육왕학(陸王 學)도 배척하지 않았다. 근래에는 정주학에 기대 관직에만 연연한 사람으로

(南巡)하였는데,《청성조실록(淸聖祖實錄)》권139에 보면 다음과 같이 기록되어있다. "(2월) 을축(27일) …… 황제가 친히 관상대에 행차하였다. …… 황제가 다시 '항성은 움직이는가, 그렇지 않은가'라고 물으니, '신은 알지 못합니다. 단지 새 역법에 따르면 항성과 하늘도 움직이지만 그 움직임이 미세할 뿐이라고 합니다'고 하였다." 이를 보면 이광지 역시 새 역법에 유의하고 있음을 알 수 있다. 하지만 그는 여전히 미신에서 벗어나지 못하고 있었다. 같은 책에는 이어서 다음과 같이 적혀있다. "황제가 다시 소성도(小星圖)를 펴서 방위를 살피고는 남방 근처의 큰 별을 가리키며 여러 신하에게 '이것이 노인성(老人星)이구나'라고 하니, 이광지가 '사전(史傳)에 따르면 노인성이 보이는 것은 천하에 인덕이 넘치고 수명이 길다는 징조입니다'라고 아뢰었다. 이에 황제가 '가장 북쪽에서도 관측되고 강녕(江寧)에서도 이 별이 보이는데, 이것이 어찌 보였다 안보였다 할 수 있는가?'라고 하였다."《동화록(東華錄)》[95])에도 똑같이 기록되어있으나, 단지 강녕이 강남(江南)으로 표기되어있다. 사실 강희제가 여러 신하에게 난처한 질문을 하기 하루 전날, 남경에 사람을 보내 서양 선교사에게 문의하였다고 하니, 자세한 내용은 아래에 나온다.

매문정은 서양 역법에 정통한 사람이었지만,《물암역산서목》중 '혼개통헌도설정보(渾蓋通憲圖說訂補)'조에서 "혼개(渾蓋)의 기구는 개천(蓋天)의 방법으로 혼천(渾天)의 쓰임을 대신한 것으로, 그 제작 방법은《원사》에 나오는 찰마로정(札馬魯丁)[96])이 사용한 관측기구 중에 보인다. 아

....

평가되기도 한다.
95)《동화록(東華錄)》: 청 태조로부터 옹정 13년(1735)까지의 편년체 사서로 장양기(蔣良騏, 1723-1788)가 20권으로 편찬하였다. 별도로 청말 왕선겸(王先謙, 1842-1917)이 태조에서부터 문종(文宗)·목종(穆宗)에 이르는 조장(朝章)을 기록한 524권, 속록(續錄) 100권의《십조동화록(十朝東華錄)》이 있다.

마도《주비산경》에 수록된 내용이 서방으로 유입된 것이 아닌가 한다"고
하였으니, 서방의 학술이 중국으로부터 전해진 것이라고 분명히 말하고
있다. 이 또한 그 당시 중국인의 민족심리가 그렇게 생각하게끔 한 것이
었다. 그렇기 때문에 앞서 인용한 설봉조에게 보내는 시에서 "어찌 차마
선유(先儒)를 버리고 거꾸로 서설(西說)로서 공격하리오"라고 하였던 것
이다. 매문정은 자신의 저서《역학의문(曆學疑問)》에서 5가지 사례를 들
어 서양 역법이 중국 역법과 동일함을 밝히고 있는데, 이는 흔히 말하는
패배를 인정하지 않는 태도라 하겠다. 즉 "그들이 말하는 태양과 오성(五
星)의 최고 가감(加減)은 바로 중국 역법의《영축력(盈縮曆)》[97]이고, 태
음(太陰)에 있다는 것은 즉《지질력(遲疾曆)》[98]이다. 그들이 말하는 오성
의 세륜(歲輪)은 바로 중국 역법의 단목(段目)[99]이다. 그들이 말하는 항

....

96) 찰마로정(札馬魯丁, 생몰연도 미상): 천문학자 겸 역학자로 페르시아 출신의
    무슬림이다. 찰마랄정(札馬剌丁), 찰마랄정(扎馬剌丁), 찰마로정(扎馬魯丁)
    등으로도 표기한다. 쿠빌라이 재위 초부터 천문역법 업무를 주도했는데,
    1267년 이슬람 역법을 참고한 만년력(萬年曆)을 조정에 바쳐 전국에서 새로
    이 실행되었다. 같은 해 또 대도(大都)에 관상대를 설치하고 혼천의 등 7종의
    천문기구를 헌상하였다. 1271년 회회사천대(回回司天臺)가 설치되자 대장
    (臺長)인 제점(提点)을 맡았고, 1286년에는《지원대일통지(至元大一統志)》를
    편찬하였다.
97)《영축력(盈縮曆)》: 행성의 회전에는 빠름과 느림[盈縮]이 생기는데, 그 일회
    전을 3백 65도 25분 75초 즉 주천도(周天度)와 일치하게 정하고 이를 바탕으
    로 만든 역법이다.
98)《지질력(遲疾曆)》: 질력(疾曆)과 지력(遲曆)의 통칭. 달의 공전(公轉)에서 근
    지점(近地點)부터 원지점(遠地點)까지는 달의 평균 운동보다 앞서 가기 때문
    에 이 구간을 질력이라 하고, 원지점에서 근지점 사이에서는 반대로 달이
    평균 운동보다 느리게 가기 때문에 이 구간을 지력이라 한다.
99) 단목(段目): 행성의 시운동(視運動) 단계에 붙인 이름. 합복(合伏)·신질(晨
    疾)·신지(晨遲)·신류(晨留)·신퇴(晨退)·석퇴(夕退)·석류(夕留)·석지(夕遲)

성동행(恒星東行, 지구가 동쪽에서 서쪽으로 도는 것)은 바로 중국 역법의 세차(歲差)[100]이다. 그들이 말하는 일전(日躔)이 과궁(過宮)하는 것을 가지고 절기를 정한다는 것은 바로 중국 역법의 정기(定氣: 태양의 黃經에 따라 1년을 이십사절기로 나눈 역법 - 역자)이다. 그들이 각 성의 정기가 같지 않다고 말하는 것은 바로 중국 역법의 성차(星差)이다"고 하였다. 그러나 매문정은 서양 학설의 우수한 점도 곧바로 인정하였으니, "중국 역법은 영축과 지질을 말할 뿐이나 서양 학설은 가장 높을 때와 가장 낮을 때로 써 그 까닭을 밝히고 있다. 중국 역법은 단목을 말할 뿐이지만 서양 학설은 세륜으로서 그 까닭을 밝히고 있다. 중국 역법에서는 세차를 말할 뿐이지만 서양 학설은 항성동행으로서 그 까닭을 밝히고 있다. 즉 중국 역법은 보이는 현상을 중시할 뿐이지만 서양 역법은 그렇게 된 까닭의 근원을 미루어 밝히고 있으니, 이는 취할 만한 것이다"고 하였다.

《명사》 권31 〈역지(曆志)〉에서는 더 멀리 상상의 나래를 펼쳐, 서양인은 중국 민족의 한 갈래이고 서양 역법의 여러 학문은 바로 중국에서 전해진 것이라고 하면서 다음과 같이 적고 있다.

"중국에 온 서양인은 모두 구라파(甌羅巴)인이라고 자칭하는데, 그 역법은 《회회력》과 비슷하지만 더욱 정밀하다. 전대(前代)의 기록을 살펴보면 먼 나라 사람으로 역법을 말한 자는 대부분 서역에서 왔지 동·남·북에서 왔다는 이야기는 들은 바가 없다. 아마도 요임금이 희(羲)·화(和)·중(仲)·숙(叔)에게 천하를 동서남북으로 나누어 자리 잡도록 명하자, 희중(羲仲)·희숙(羲叔)·화숙(和叔)이 우이(隅夷)·남교(南交)·삭

⋯⋯⋯⋯⋯⋯⋯⋯⋯⋯⋯⋯⋯⋯⋯⋯

· 석질(夕疾) · 석복(夕伏) 등이 그것이다.
100) 세차(歲差): 황도와 적도의 교점(交點)이 매년 황도를 따라 서쪽으로 퇴행하는 연차(年差)를 말한다.

방(朔方)을 자신의 경계로 삼은데 반해, 홀로 화중(和仲)만이 '서쪽에 자리 잡았다[宅西]'고만 할 뿐 땅을 한정하지 않았으니, 어찌 당시에 요임금의 교화(敎化)가 서쪽 멀리까지 도달한 것이 아니겠는가? 또 주(周)나라 말에 이르러 천문·역산 전문가의 자제들이 서역으로 흩어져 들어갔는데, 서방[天方] 여러 나라는 중국 서쪽 변경과 접하고 있어 동·남 지역처럼 큰 바다가 막고 있지 않고 또 북쪽 끝처럼 추위가 심하지도 않아서 책과 기구를 가지고 서쪽으로 가기에 매우 편했을 것이다.

제6절 명·청시기 흠천감 재직자 외 서양인의 천문 연구

알레니가 저술한 《마테오 리치선생 행적》에 따르면, 마테오 리치가 단주(端州), 즉 조경(肇慶)에 있을 때 "간간이 지도·혼천의·천지구고(天地球考)[101]·시구(時晷: 해시계 - 역자)·석시(惜時)의 기구를 만들어서 요직에 있는 사람들에게 증정하였다"고 한다. 또 "태사(太史) 왕순암(王順菴)은 박학하고 아는 것이 많은 선비였는데, 마테오 리치선생이 동쪽으로 온 뜻을 알지 못했지만 평소 도수와 역법의 학문에 뜻이 있었다. 그래서 먼저 문하생인 장양묵을 보내어 마테오 리치선생에게 수업을 받게 했다. 장양묵은 본디 학문을 좋아했는데 방사(方士)로 행세하며 마테오 리치선생 밑에서 오랫동안 배우고 나서 비로소 그가 동쪽으로 온 목적이

....

101) 원문에는 '천지'와 '구고' 사이에 방점이 있어 두 개의 다른 물건처럼 표시하는데, 원서 823쪽에 나오는 같은 인용문에는 '천지구고'를 붙여놓았고 어떤 기구인지는 확실치 않으나 자구 상으로도 붙이는 게 맞을 것 같아 바로잡았다.

사실 천주교를 전파하는데 있었기에 역수(曆數) 등에 뛰어난 사람으로 인정받는 것을 그리 달갑게 여기지 않음을 알았다. 그 후 장양묵은 혼천 ·도수의 학문에 통달했을 뿐 아니라 ……"고 하였으니, 장양묵의 학문은 거의 마테오 리치로부터 전수받은 것임을 알 수 있다.

나는 예전에 명·청 교체기 중국에 온 선교사 중 천문을 알지 못하는 자가 거의 없는 것을 기이하게 여겼는데, 나중에 알폰스 패트가 지은 《아담 샬 전기》의 제3장 〈동쪽으로 오는 항로〉를 읽고서 당시 선교사들 이 중국에 오는 2, 3년 동안 배안에서 할 일이 없어 밤낮으로 천체 현상을 관찰하고 아울러 경험이 풍부한 항해사들에게 가르침을 구하였다는 것 을 알게 되었다. 그 글에 따르면 테렌츠·자코모 로·키르빗처(Kirwitzer, 祁維材)[102]·아담 샬 네 사람은 별자리[星象]·유성(流星)·풍향·해류 및 나침판의 이동 등을 열심히 관찰하였을 뿐 아니라 항로와 배에서 본 해 안과 섬의 위치를 확정하여 연구한 결과를 유럽 학술계에 보고하였다고 한다. 기유재(祁維材)는 키르빗처의 음역으로 중국명은 아니다.

그런 까닭에 명말 청초 중국에 있던 선교사들은 비록 흠천감에 재직하 지 않아도 대부분 천문을 관측하였고 간혹 자신이 거주하는 곳에 소규모 천문대를 세우기도 하였으니, 상해의 경일당(敬一堂)이 가장 대표적이 다. 《가경상해현지(嘉慶上海縣志)》 권8 〈강역고적(疆域古蹟)〉에 보면 "관 상대는 명대에 타향살이하던 서역인이 만든 것으로 지금도 경업서원(敬 業書院) 내에 있다. 높이는 2, 3장에 불과하고 호석(湖石)을 쌓아 만들었

---

102) 벤체스라우스 키르빗처(Wenceslaus Kirwitzer, 祁維材, 1588-1626): 독일 출 신의 천문학자이자 예수회 선교사이다. 예수회 가입 후 로마에서 학술활동 에 매진하다가 선교를 위해 중국으로 출발하였다. 1618년 고아에 이르렀고 일본에 잠시 들렸다가 마카오에 도착하였다. 아담 샬과 함께 천문학 연구에 힘썼으며 1626년 일본에서 사망하였다.

으니, 매우 정교하고 속은 비어있었는데 빙빙 돌아서 올라갈수록 길이 더욱 꼬불꼬불하였다. 그 앞에는 자색 돌을 깔아 계단을 만들고 황적도(黃赤道)와 경위(經緯)전도(躔度: 천체 운행의 각도나 횟수 따위의 크기를 나타내는 수 - 역자)를 새겼는데, 건륭연간에 보수하였다. 서원은 황폐해졌지만 돌계단은 지금도 식별할 수 있다"고 적혀있다.

같은 책 권7 〈건치(建置)〉에 따르면 "반은(潘恩)[103]의 집은 안인리(安仁里)에 있는데, 넓이가 사방 1리가량 된다. 그 안에 사로당(四老堂)·…… 세춘당(世春堂)·자보당(慈保堂)이 있으니, 아들 윤단(允端)이 세웠다. 이후 범(范)씨가 소유하였고 곧이어 서역에서 온 반국광(潘國光)이 살게 되었다. 지금은 무묘(武廟)와 경업서원으로 바뀌었다"고 되어있다. 《강희상해지(康熙上海志)》 권7 〈천학(天學)〉과 《건륭상해지[乾隆志]》 권7 〈사관(寺觀)〉에도 모두 관련 기록이 있다. 반국광의 서양 이름은 프란시스코 브란카티(Franciscus Brancati)[104]이다. 청초 상해 사람 엽몽주(葉夢珠)[105]가 지은 《열세편(閱世編)》에는 "세춘당은 …… 숭정 7년 갑술

....

103) 반은(潘恩, 1496-1582): 송강부(松江府) 상해 사람으로 기주(祁州)와 균주(鈞州) 지주(知州)를 지냈으며 절강포정사좌참정(浙江布政使左參政)이 되어 왜구 진압에 공을 세웠다. 얼마 뒤 우부도어사(右副都御史)로 하남(河南)을 순무(巡撫)하여 휘왕(徽王)과 이왕(伊王)의 불법 자행을 제지해 명성을 떨쳤다.

104) 프란시스코 브란카티(Franciscus Brancati, 潘國光, 1607-1671): 이탈리아 출신의 선교사로 숭정 10년(1637) 상해로 와 천주교 업무를 관장했다. 중국어를 할 줄 알고 중국 풍속을 잘 이해하여 대중의 사랑을 받아 매년 이삼천 명의 교인이 세례를 받았다고 한다. 성모당(聖母堂)과 경일당(敬一堂) 등의 성당을 세웠다. 강희 4년(1665) 청조의 금교령으로 경일당이 파괴되고 그를 비롯한 선교사들은 광동으로 보내졌다. 강희 10년(1671) 금교령이 풀렸으나 그해 광주에서 사망했다.

105) 엽몽주(葉夢珠, 1624-?): 개인의 행적을 알 수 있는 기록은 거의 없고, 단지

(1634) 여름 창두(蒼頭)의 변란[106] 때 후루(後樓)가 불에 타 훼손되었는데, 곧이어 서양인 (천주)교장(敎長) 브란카티가 살게 되면서 그 이름을 경일당이라 고쳤다"고 되어있다. 그런데 《강희상해지》 권10 〈류우(流寓)〉에서 "브란카티가 와서 안인리에 있는 집을 다시 구입하여 경일당이라 하였다. 순치연간 통미(通微, 원래는 通玄이나 성조의 휘를 피하여 고침)교사(敎師) 아담 샬이 예부에 천거하여 동남 지역의 전도(躔度)를 관측하도록 공문을 보냈다. 그 후 수도에 들어와 세조 순치제[章皇帝]를 뵈었는데, 봉록을 주고자 하였으나 병을 핑계로 사양하고 돌아갔다"고 한 것을 보면, 브란카티가 상해에서 천문을 관측한 것 역시 청 조정의 명을 받아서 행한 일인 것 같다. 내가 가지고 있는 《변학(辯學)》 필사본에는 "선생은 마음 씀이 근면하여 하늘이 높고 날씨가 쾌청할 때마다 반드시 상해[海上]에 와서 관측하여 수도[都中]에 보고하였다. …… (순치) 14년(1657) 입경하여 함께 관측하고 나서 다시 상해로 돌아왔다"고 되어 있다.

강희 27년(1688) 사제로 승진한 오력(吳歷: 吳漁山)[107]도 후에 이 당루

그가 60여 년을 살면서 발길 닿은 곳마다 들은 바를 기록한 《열세편》은 송강부의 연혁을 특히 자세히 싣고 있어 명말 청초 사회를 이해하는데 중요한 사료로 평가받고 있다.

106) 농민군이 흥산(興山)을 함락시키고 지현(知縣) 유정국(劉定國)을 살해함으로 시작된 농민반란.

107) 오력(吳歷, 1632~1718): 청초의 문인화가이며 어산은 그의 자이다. 강소성 상숙(常熟) 출신으로 왕시민(王時敏)·왕감(王鑒)·왕휘(王翬)·왕원기(王原祁)·운격(惲格) 등과 함께 명말 청초의 사왕오운(四王吳惲)이라 불렸다. 그의 화계(畫系)는 우산파(虞山派)라 불리는데, 형식화한 오파(吳派)의 남화(南畫)에 비해 청신한 화풍을 전개했다. 51세에 예수회에 입회해 마카오에서 8년간 수도사의 생활을 했고 이후 강소성 지역에서 선교활동을 펼쳤다. 마카오에 머무를 당시에는 서양화의 기법을 익혔다고도 한다. 대표작으로

(堂樓)에 기거하면서 〈석정일구(石庭日晷)〉라는 시를 지어 그 경관을 묘사하였다. 그 서문에는 "경일당 서쪽 왼편에 있는 화려한 누각의 석조물로 꾸민 정원에는 해시계가 새겨져 있는데, 해시계의 하부는 평평한 돌로 되어있고 꼭대기에는 철선을 구부려 매달아놓은 자그마한 둥근 공 모양의 물체가 있었다. 매번 식사 전후에 왔다 갔다 하면서 그 그림자를 측량하여 조사하였다"고 적혀있다. 시(詩)에서는 "해시계 좋아해 땅을 파서 완성하고, 누각 앞에 있는 것을 측정하니 편리하고 또렷하네. 석조물로 꾸민 정원을 내려다보니 둥근 공 그림자는 정오라, 부엌에선 반찬 향기에 좋은 저절로 울리네. 식사 후 천문을 논하면서 걷는 걸음 익숙하고, 가을에 더욱 푸른 이끼 위를 걷네. 나뉜 절기들도 순식간에 지나가고, 달음박질치는 세월은 마음마저 재촉하네. 동서의 글자들은 주사(硃砂)로 메워주어야 하고, 낙엽은 어지러이 흩어지니 항상 쓸어야 하네. 늙은 나는 천문을 배울 능력이 없고, 구레나룻과 머리털만 하얘져서 부끄럽네. 점을 쳐서 헤아려보니 그래도 기쁜 것은 흠천감 관리 하에 있지 않는 것이네[108]"라고 하였다. 강희 35년(1696) 입춘에 지은 〈세조춘(歲朝春)〉 4수(首)에서는 "성대(星臺) 가는 길은 막혔지만 밤새워 생각하니, 어찌하면 서양을 따라 역법을 새롭게 할 수 있을까?[109]"라고 하였다. 이 때 (오력) 선생의 나이 이미 65세였는데, 밤새워 관상대를 생각했다고 하였은

〈호천춘색도(湖天春色圖)〉·〈산수도권(山水圖卷)〉 등이 있고 저서에 《묵정집(墨井集)》이 있다.

108) "愛此日晷鑿地成, 樓前測驗便且明. 石庭俯視球影午, 廚下飯香鐘自鳴. 膳後談天步履熟, 踏破莓苔秋更綠. 較分節序在須臾, 轉脚光陰方寸促. 東西字樣硃塡好, 落葉紛侵常用掃. 老我天文學未能, 徒羞鬢髮如霜草. 占測雖地猶可喜, 不在欽天監局裏."

109) "路隔星臺夕復晨, 何從西法曆推新."

즉 "늙은 나는 천문을 배울 능력이 없고"라 말한 것은 겸손이 아닌가 한다. 선생은 분명 천문에 대해 전혀 무지한 사람이 아니었으니, 다음해 교회력(敎會曆) 즉 첨례단(瞻禮單)을 편찬한 것을 보면 역학(曆學)에 대해서도 약간 아는 바가 있었던 것 같다.

강희제 때 남경의 선교사들도 천문을 관측하였다. 《희조정안(熙朝定案)》[110]에는 다음과 같이 기록되어있다.

"강희 28년(1689) …… 2월 25일 단양(丹陽)으로부터 육로로 강녕(江寧)에 이르렀다. …… 27일 …… 시위(侍衞) 조창(趙昌)이 황명을 받들어 다시 천주당에 와서 '남극 노인성을 강녕에서 볼 수 있습니까? 광동의 지평선으로부터 몇 도(度)나 됩니까? 강녕에서는 몇 도나 됩니까?' 등을 물어보았다. 이에 가비아니(Joannes D. Gabiani, 畢嘉)와 퐁타네(Joannes de Fontaney, 洪若)[111]가 일일이 설명해 주었다. 시위 조창이 빠르게 말을 달려 황제께 복명(復命)하였다. 가비아니와 퐁타네가 황망 중에 급히 회답했기 때문에 빠짐없이 상세하게 밀할 수 없었던 깃이 염려되이, 지녁 술시(戌時) 초에 천체 현상을 관측하고 노인성이 지평선을 출입하는 각도를 명백하게 자세히 관찰하여 별도로 책 1권을 만들어 28일 아침 행궁으로 보냈다."

앞에서 인용한 《성조실록》에는 황제가 이광지에게 노인성에 대해 물어 본 것이 27일로 되어있다. 그런데 《희조정안》에 따르면 이날 황제가 조창 등을 천주당에 보내어 가비아니와 퐁타네 두 선교사에게 백은을

....

110) 《희조정안(熙朝定案)》: 강희연간의 주소(奏疏)·상유(上諭)·비문(碑文)·기사(紀事) 등을 수록한 책으로 대부분 선교사와 흠천감의 활동과 관련 있는 내용이다.
111) 이 사람은 뒤에 나오는 홍약한(洪若翰) 즉 장 드 퐁타네(Jean de Fontaney)와 동일인물이 아닌가 생각된다.

하사하자 두 선교사가 정오에 행궁으로 가서 은혜에 감사하려 했지만, 마침 황제가 출타 중이어서 잠시 후 행궁으로 돌아오길 기다렸다가 예를 행하고 방물(方物)을 바치고 나서 천주당으로 돌아왔고, 조 시위가 다시 천주당에 와서 노인성에 대해서 물었을 때는 오후 3, 4시로 날이 아직 저물지 않았을 때였다고 한다. 그렇다면 도대체 황제가 이광지에게 물은 것이 먼저인지, 아니면 선교사에게 물은 것이 먼저인지 알 수가 없다. 하지만 강희제가 학문을 좋아했고, 이광지가 아침을 잘했으나 옛 학설에 얽매여 있었으며, 남경의 두 선교사가 천문에 대해 알고 있었다는 사실을 모두 이 두 자료에서 볼 수 있다. 14년 후, 즉 1703년 2월 25일 퐁타네가 주산(舟山)에서 라 쉐즈(P. de la Chaise)[112]에게 보낸 편지에서도 이 일에 대해 다음과 같이 기록하고 있다.

"황제가 남경에 머무르는 동안 우리는 매일같이 행궁을 방문하였습니다. 황제도 우리를 매우 예우하여 매일 1, 2명의 근시(近侍)를 이곳으로 보냈습니다. 또 한 번은 사람을 보내 나에게 남경에서 카노푸스(Canopus) 별[113]을 볼 수 있는지를 물었는데, 중국인은 이 별을 노인성(원문에는 lao-gin-sing으로 적혀있음)이라 부릅니다. 나는 매일 저녁 어두워지기 시작할 때 나타난다고 대답하였습니다. 어느 날 저녁 황제가 관성대(觀星

....

112) 페르 프랑수아 드 라 쉐즈(Père François de la Chaise, 1624-1709): 프랑스 예수회 사제로 루이 14세의 총애를 받아 파리대주교를 역임했으며 1674년부터 1709년 사망할 때까지 루이 14세의 고해신부를 맡았다.
113) 카노푸스(Canopus): 용골자리에서 가장 밝은 별로 동아시아에서는 남극(南極)노인성 또는 노인성이라 부른다. 태양을 제외하면 시리우스에 이어 두 번째로 밝은 별이다. 동양에서 이 별은 잘 보이지 않았기 때문에 인간의 수명을 관장하는 별로 믿었다. 옛 기록에 따르면 남부 지역에서 이 별을 보았을 경우 나라에 그것을 고하도록 하였다. 또 이 별을 보게 되면 오래 산다는 말도 있다.

臺)(원문에는 Quan-sing-tai로 적혀있음)라 이름 붙여진 옛 천문대에 행차하였으니, 바로 이 별을 한 번 보고자 한 것이었습니다."

제7절 갈릴레이(Galilei) 등의 새로운 천문학설의 중국 전래

1. 지동설(地動說)에 관하여

과학의 발명은 반드시 먼저 가설의 단계를 거쳐야 한다. 이론이 막 만들어졌을 때라면 가정이 많다. 가정에서부터 확정된 것도 있지만 가정에서부터 부정된 것이 더욱 많다. 그러므로 가정 상태의 학설은 억지로 따르게 해서는 안 되고, 사람들이 자유롭게 토론하고 의견을 발표할 수 있게 해야 한다. 근래 많은 이들은 명말 청초 서양 천문학을 수입한 사람들이 갈릴레이의 새로운 발명을 숨겼고, 지동설은 건륭제 때에 와서 베누아(Benoist)[114]에 의해 처음 소개되었다고 말하지만 사실 그렇지 않다.

자코모 로는 갈릴레이보다 4년 먼저 죽었는데(숭정 11년, 1638), 그의 저서 《오위력지(五緯曆指)》 권1 〈총론〉에 보면 다음과 같이 적혀있다.

....

114) 미셸 베누아(Michel Benoist, 蔣友仁, 1715-1774): 프랑스 출신의 예수회 선교사로 천문학자이다. 1744년 중국에 온 이후 건륭제의 후대를 받아 카스틸리오네(Castiglione)와 함께 유럽 양식의 별궁인 원명원(圓明園)을 설계하였고 육십간지(六十干支)를 바탕으로 한 물시계와 서양식 분수도 만들었다. 건륭제에게 망원경과 새로운 세계지도를 헌상했으며 지동설을 중국에 처음 소개한 인물로도 알려져 있다.

"종동천(宗動天)[115]의 움직임은 어떠하냐는 질문에 대해 다음 2가지 설이 있다고 답했다. 어떤 이가 말하길, 종동천이란 태양이 하늘을 일주(一周)하는 것이 아니라 지구가 좌측으로 선회하면서 제천(諸天)에 매달려 서쪽으로 함께 도는 것이다. 지금 땅 위에서는 여러 별이 움직이는 것처럼 보이지만 별은 본래 움직이는 것이 아니다. 대개 별은 밤낮으로 일주하는 움직임이 없고 땅과 대기가 모여 한 구체(球體)가 되어 서쪽에서부터 동쪽으로 하루에 일주할 뿐이다. 이는 사람이 배를 타고 갈 때 해안(海岸)의 나무 등을 보면서 자신이 움직이는 것을 깨닫지 못하고 해안이 움직이는 것처럼 느끼는 것과 같다. 땅위에서 여러 별이 서행(西行)하는 것처럼 보이는 이치도 이와 같다. …… 그러나 고금의 여러 학자는 사실을 정확히 해석하지 못하고 대개 땅이 제천의 중심이며 중심은 추축(樞軸)과 같아서 고정되어 움직이지 않는다고 여겼다. 게다가 배 안에 있으면 해안이 움직이는 것처럼 보이지만, 해안에 있는 사람은 배가 움직인다고 하지 않겠는가?라고 하였는데, 그들이 취한 비유를 그대로 따르기에는 여전히 확실한 증거가 없다."

여기서 말하는 '어떤 이'란 바로 코페르니쿠스와 갈릴레이를 지칭한 것 같다. 자코모 로는 비록 지동설을 믿지 않았지만 완전히 무시하지는 않았고, 생전에 갈릴레이의 학설을 중국에 들여왔으니 상당히 빨랐다고 말할 수 있다. 건륭 9년(1744) 중국에 온 베누아는 이미 지동설을 확신하고 있었기에 이를 상세히 증명하였던 것이다.

2. 목성 등의 위성(衛星)에 관하여

아담 샬은 자신이 저술한 《역법서전(曆法西傳)》에서 다음과 같이 말하

---

115) 종동천(宗動天): 12중천(重天)의 하나로 지구의 자전(自轉)에서 형성되는 남극(南極)·북극(北極)·적도(赤道)를 싣는 하늘.

였다.

"티코 브라헤가 사망한 후 망원경이 나와서 천체 현상의 미묘함이 전부 드러났다. 갈릴레이가 30년 전에 새로운 천문도를 만들어 오랜 세월동안 천문학이 발견하지 못한 바를 한 책에 저술하였다. 그 후부터 명현 (名賢)들이 계속 나와 저작이 많아짐에 따라, 목성 주위에 4개의 작은 별이 있으며 그 움직임이 매우 빠르다는 것을 알게 되었다. 토성 주위 에도 2개의 작은 별이 있고 금성은 상현(上弦)과 하현(下弦)이 있다는 사실 등은 모두 그 이전에 알려지지 않은 것들이었다. 게다가 서쪽으로 여행하여 매번 북극 고도[出地: 즉 위도 - 역자] 80도인 곳에 이르면 겨울 은 온통 밤뿐이다. 또 대지(大地)를 두루 다니다 남극 고도 40여도인 곳 에 이르면 어디서나 남극성이 다 보이기 때문에 천문도마다 유독 기재 되어있다."

갈릴레이가 목성에 4개의 위성이 있다는 등의 새로운 학설을 발표한 것은 1610년인데, 여기서 '30년 전'이라 하였으니 아담 샬이 책을 저술한 시기는 1640년(숭정 13년) 즉 갈릴레이가 죽기 2년 전이었음을 알 수 있다.

3. 은하수 설에 관해서

《신법역서(新法曆書)》《역지(曆指)》 권3 〈항성(恒星)3〉에는 다음과 같 이 적혀있다.

"질문: 은하수란 무엇인가? 대답: 옛 사람들은 은하수가 별이 아니라고 여겨 여러 별자리를 나열한 지도 위에 두지 않았다. 대략 그 빛남이 햇 빛에 비친 옅은 구름과 서로 비슷해 하늘의 달빛[月天] 아래에서 항상 맑은 기운을 보일 뿐이라고 말했다. 하지만 망원경이 발명된 지금, 그것을 이용하여 관찰해보면 무수히 많은 작은 별들이라는 것을 분명히 볼 수 있다."

이 또한 갈릴레이가 발견한 것이다. 아담 샬이 지은 《신법표이(新法表異)》의 〈천한파의조(天漢破疑條)〉에서도 "은하수는 비스듬히 이어져있는데, 〈천체여천이설(天體與天異說)〉에서 옛날에는 운한(雲漢)이라 불렀는데 하얀 기체로 의심된다고 한 것은 잘못이다. 새로운 방법으로 망원경을 이용해 관측한 결과 무수히 많은 작은 별들이 모여서 형성된 것이며 적시기(積尸氣)[116] 등도 그러하다는 것을 비로소 알게 됨으로써 종전의 오류를 바로잡을 수 있었다"고 일찍이 말했다. 갈릴레이가 작은 별로 구성된 은하수를 발견한 것은 1611년으로 만력 39년에 해당한다. 아담 샬 등에 의해 소개된 후, 숭정 16년(1643) 방이지(方以智)[117]는 《물리소식(物理小識)》 권2 '천한(天漢)'조에서 "망원경으로 자세히 관측하면 은하수는 모두 작은 별들인데, 랑위(郞位)[118]나 귀수(鬼宿: 28수의 제23수에 해

....

116) 적시기(積尸氣): 적시기는 죽음별이다. 별의 위치도 무덤처럼 생긴 귀수 안에 들어가 있어서 더더욱 죽음을 연상케 한다. 한자로 풀어도 시체가 쌓여 있는 뿌연 기운을 의미한다.

117) 방이지(方以智, 1611-1671): 명말 청초에 활동했던 중요한 계몽 사상가이자 철학자·과학자로 안휘성 동성(桐城) 출신이다. 역학을 가업으로 하였는데, 그는 질측(質測: 자연과학)은 통기(通幾: 철학)를 담고 있어 서로 분리될 수 없으며 자연과학도 철학의 지침을 따라야 한다고 주장하였다. 또 여러 사물과 그들의 관계를 관통하는 근본원리인 자연계의 근본원칙을 탐구하여 그것을 '교륜지기(交輪之幾)'라 불렀다.

118) 랑위(郞位): 서양에서 말하는 머리털자리에 있는 경호원 별자리이다. 머리털자리는 사자자리와 목동자리의 중간에 위치하는 별자리로 5월 하순 초저녁 무렵 정남쪽 하늘에 높이 떠오르는 별이다.

당하는 별자리 - 역자)와 같은 부류이다"고 하였으니, 갈릴레이가 사망한 지 겨우 1년이 지났을 때였다.

제8절 페르비스트(Verbiest) 이후 흠천감에서 근무한 서양 선교사

페르비스트 사망(강희 36년, 1697) 이후 비어있던 흠천감 감정 자리는 끝내 보충되지 않았지만, 그리말디(Grimaldi, 閔明我)가 역법에 정통하다고 여겨 페르비스트의 역할을 대신하게 하였다. 그리말디가 병부(兵部)의 문서를 지니고 출장 중일 때 만약 처리해야 할 일이 생기면, 토마스 페레이라(Thomas Pereira)·안토니우스 토마스(Antonius Thomas, 安多) 및 조제 수아레즈(Joseph Suarez)[119]·부베(Bouvet)·제르비용(Gerbillon) 등에게 자문토록 함으로써 역정(曆政)의 고문으로 삼았다. 강희 55년(1716) 쾨글러(Koegler)는 황제의 부름을 받고 북경에 와서 역정을 보좌하다 옹정 2년(1724) 감정에 보임되었다. 그 후 흠천감에 근무한 사람으로는 파르냉(Parrenin)·안드레아스 페레이라(Andreas Pereyra)·할러슈테인(Hallerstein)·안드레아스 로드리게스(Andreas Rodrigues)[120]·데

....

119) 조제 수아레즈(Joseph Suarez, 蘇霖, 1656-1736): 포르투갈 출신의 예수회 선교사로 페르비스트 사후 동료인 토마스 페레이라 등과 더불어 강희제를 위하여 각종 천문기구를 제작하였다.
120) 안드레아스 로드리게스(Andreas Rodriguez, 安國寧, 1729-1796): 포르투갈 출신의 예수회 선교사이자 천문학자로 1759년 북경에 들어와 활동하다가 1775년부터 흠천감에서 근무했다.

스피나(d'Espinha)[121] · 알렉산드르 드 고베아(Alexander de Gouvea, 湯士選) · 달메이다(d'Almeida)[122] · 조제 리베리오(Joseph Riberio, 李拱辰) · 도미니쿠스 페레이라(Dominicus J. Ferreira, 福文高) · 세라(Serra, 高守謙) · 카예타누스 피레스(Cajetanus Pires, 畢學源) 등이 있다. 피레스 이후 흠천감에서 근무한 서양 선교사는 더 이상 없었다.

그리말디 · 토마스 페레이라 · 안토니우스 토마스 세 사람은 강희 27년 (1688) 이후 흠천감에 들어왔고, 파르냉은 강희 36년(1697) 이후에 들어왔으며, 안드레아스 페레이라는 옹정 2년(1724)에 들어왔다. 쾨글러는 옹정 3년(1725)부터 건륭 11년(1746)까지, 할러슈테인은 건륭 11년부터 45년(1780)까지, 안드레아스 로드리게스는 건륭 40년(1775)부터 45년까지, 데스피나는 건륭 45년부터 50년(1785)까지 흠천감에 재직했다. 고베아는 건륭 50년 이후 들어왔고, 달메이다는 건륭 58년(1793)부터 가경 10년(1805)년까지, 리베리오는 가경 10년부터 13년(1808)까지 재임하였다. 도미니쿠스 페레이라는 가경 13년 이후 들어왔고, 세라는 도광 6년 (1826)부터 17년(1837)까지 재임하였다. 피레스는 도광 2년(1822)부터 흠천감에서 역법 사무를 돕다가 후에 감부에 임명되었는데, 도광 18년 (1838)에 그만두었다.

....

121) 조제 데스피나(Joseph d'Espinha, 高愼思, 1722-1788): 건륭시기 활동했던 포르투갈 출신의 예수회 선교사.
122) 조제 베르나르두스 달메이다(Joseph Bernardus d'Almeida, 索德超, 1728-1806): 포르투갈 출신의 예수회 선교사로 흠천감에서 근무한 바 있다.

제9절 가경연간 흠천감 관상대의 기상 기록

민국 35년(1946) 여름 나는 북경 북당도서관(北堂圖書館)에서 책을 읽다가 우연히 서고에서 종이 꾸러미 하나를 찾았는데, 단간잔편(斷簡殘編: 떨어지거나 빠져서 완전하지 못한 글이나 책 따위를 말함 - 역자)과 자잘한 종잇조각이 전부였다. 그 중에서 가경연간 흠천감 관상대의 기상기록을 발견하였으니 매우 소중한 것이었다.

기록은 목각(木刻)으로 인쇄한 표 형식인데 붉은색이었다. '가경'·'년'·'월'·'일'·'관상대풍정(觀象臺風呈)'·'치일관(值日官: 당직 일관 - 역자)'·'일출(日出)'·'일입(日入)'[123]·'각(刻)'·'분(分)'·'주(晝)'·'야(夜)'·'반수(班首)' 및 각 시(時)·각 경(更), 그리고 '오정용상한의측득태양고(午正用象限儀測得太陽高)'[124]·'일장중표(一丈中表)'·'북영변장(北影邊長)'·'남북원형장(南北圓形長)'과 표 끝의 '가경'·'년'·'월'·'일'·'의기교명접관흘(儀器交明接管訖)'[125] 등의 글자는 모두 각인되어있고 나머지는 모두 붓으로 적어서 채워져 있었다.

4개 표 중 가장 빠른 것은 가경 19년 10월 11일로 양력 1814년 11월 22일, 제2표는 동년 12월 11일로 양력 1815년 1월 20일, 제3표는 가경 21년 2월 초7일로 양력 1816년 3월 5일, 제4표는 동년 7월 초10일로 양력 9월 1일에 해당한다. 제2표에 따르면 치일관 박사 상흥(常興)이 5 차례

....

123) 원서에는 없으나 아래 표를 보면 이 글자도 마땅히 목각으로 인쇄되었을 것으로 보여 집어넣었다.
124) 낮 열두시 즉 정오에 상한의(象限儀)를 사용하여 태양의 고도를 측정한다는 뜻이다.
125) 의기 즉 관측기구를 서로 확인하고 접수를 마쳤다는 뜻이다.

기록했음을 알 수 있으나, 제1표에는 몇 차례 기록했는지가 기입되어있지 않다. 제2표는 제1표가 작성된 지 정확히 2개월 후에 만들어졌는데, 2개월 만에 갑자기 5차례나 기록할 수가 없으므로 (제1표에서) 누락되었음을 알 수 있다. 또 제4표를 보면 야간에 천문생들이 동서남북 사방으로 나누어 관측하고 있는데, 이전 3표에는 없던 것으로 당시의 관측 업무가 날로 정밀해지고 있음을 볼 수 있다. 제4표는 제3표와 5개월 이상의 시차가 있고 제1표와는 1년 9개월의 시차가 있으니, 마땅히 진보한 바가 있었을 것이다.

제1표는 봉투[信封]가 아직 남아있는데, 겉에 '10월 11일'이라 적혀있고 정중앙에 '풍정(風呈)'이라는 두 글자가 약간 크게 적혀있으며 뒷면의 봉인하는 곳에는 서명[花押]이 쓰여 있다. 제4표 역시 봉투가 있는데, 겉에는 '7월 초10일'라 적혀있고 중간에는 '정(呈)' 한 자만 있으며 뒷면 봉인하는 곳의 서명은 제1표와 같아서 동일인에 의해 작성되었음을 알 수 있다.

〈제1표〉

가경 19년 10월 11일 무진(戊辰) 입동(立冬) 15일[126]				
관상대풍정 치일관	오관감후(五官監候) 기록 9차(次)		노붕(路鵬)	(서명)
	박사(博士) 기록 차		상흥(常興)	(서명)
일출 진초(辰初) 초각 11분 주 38각 8분		반수(班首)	천문생 이위송(李爲松)	(서명)
일입 신정(申正) 3각 4분 야 57각 7분			천문생 장팽령(張彭齡)	(서명)
인시		삼반(三班)		
묘시		인묘진시	우중길(于中吉)	
진시 서북에서 미풍이 불고 구름사이로 해가 보임			황덕천(黃德泉)	
사시 서북풍이 불고 구름사이로 해가 보임		사오시	포전(鮑銓)	
오시 서북풍이 불고 구름사이로 해가 보임			모기상(毛起祥)	
미시 서북풍이 불고 구름사이로 해가 보임		미시	손기원(孫起元)	

신시 서북에서 미풍이 불고 구름사이로 해가 보임	신유술시	사조년(司兆年) 황덕부(黃德溥)
유시		
술시		
혼각(昏刻) 서북에서 미풍이 불고 구름사이로 별과 달이 보임	혼각	장팽령
일경 서북에서 미풍이 불고 구름사이로 별과 달이 보임	일경	황덕천
이경 서북에서 미풍이 불고 구름사이로 별과 달이 보임	이	경 포전
삼경 서북에서 미풍이 불고 구름사이로 별과 달이 보임	삼	경 모기상
사경 서북에서 미풍이 불고 구름사이로 별과 달이 보임	사	경 우중길
오경 서북에서 미풍이 불고 구름사이로 별과 달이 보임	오	경 손기원
효각(曉刻) 서북에서 미풍이 불고 구름사이로 별이 보임	효각	사조년 황덕부
정오에 상한의(象限儀)를 사용하여 태양의 고도와 바람·구름을 측정함		
일장중표　북영변장		
남북원영장		
가경 19년 10월 11일 관측기구를 서로 확인하고 접수를 마침		

〈제2표〉

가경 19년 12월 11일 정묘(丁卯) 소한(小寒) 15일			
관상대풍정　치일관	오관감후 기록 9차	노붕	(서명)
	박사 기록 5차	상흥	(서명)
일출 진초(辰初) 초각 13분　주 38각　4분	반수	천문생 이위송	(서명)
일입 신정(申正) 3각 2분　야 57각 11분		천문생 장팽령	(서명)
인시		삼반	
묘시		인묘진시	황덕천 왕광유(王光裕)

---

126) 본문에 의하면 가경 19년 10월 11일은 양력으로 1814년 11월 22일이고, 입동
은 보통 양력 11월 7일 내지 8일이므로 여기서 말하는 '입동 15일'은 입동
후 15일 되는 날을 말한다. 나머지 표에서도 마찬가지로 보면 된다.

진시 서북풍이 불고 구름사이로 해가 보임		
사시 서북풍이 불고 구름사이로 해가 보임	사오시	우중길
오시 서북풍이 불고 구름사이로 해가 보임		황덕부
미시 서북풍이 불고 구름사이로 해가 보임	미시	포전
신시 서북풍이 불고 구름사이로 해가 보임	신유술시	손기원
유시		사조년
술시		
혼각 서북풍이 불고 구름사이로 별과 달이 보임	혼각	이위송
일경 서북풍이 불고 구름사이로 별과 달이 보임	일경	왕광유
이경 서북풍이 불고 구름사이로 별과 달이 보임	이경	우중길
삼경 서북풍이 불고 구름사이로 별과 달이 보임	삼경	황덕부
사경 서북에서 미풍이 불고 구름사이로 별과 달이 보임	사경	황덕천
오경 서북에서 미풍이 불고 구름사이로 별과 달이 보임	오경	포전
효각 서북에서 미풍이 불고 구름사이로 별이 보임	효각	손기원
		사조년
정오에 상한의를 사용하여 태양의 고도와 바람·구름을 측정함		
일장중표　북영변장		
남북원영장		
가경 19년 12월 11일 관측기구를 서로 확인하고 접수를 마침		

〈제3표〉

가경 21년 2월 초7일 정사(丁巳) 경칩(驚蟄) 1일			
관상대풍정　치일관	오관영대랑(五官靈臺郞) 기록 8차	금성(金城)	(서명)
	박사 기록 5차	나민(那敏)	(서명)
일출 묘정(卯正) 1각 5분　주 45각 5분	반수	천문생 백숭수(白嵩秀)	(서명)
일입 유초(酉初) 2각 10분　야 50각 10분		천문생 서치평(徐治平)	(서명)
인시	이반(二班)		
묘시 동북에서 미풍이 불고 구름사이로 해가 보임	인묘진시	이균(李鈞)	
진시 동북에서 미풍이 불고 구름사이로 해가 보임		손안(孫安)	
사시 동북에서 미풍이 불고 구름	해에 훈영(暈影)이 생	사오시	이문걸(李文杰)

	기고 위수(危宿)가 창황색(蒼黃色)을 띰		전농(田農)
사이로 해가 보임	기고 위수(危宿)가 창황색(蒼黃色)을 띰		전농(田農)
오시 동북에서 미풍이 불고 구름 사이로 해가 보임	해에 훈영이 생기고 위수가 창황색을 띰		전농(田農)
미시 동북에서 미풍이 불고 구름사이로 해가 보임	미시	하원부(何元溥)	
신시 동북에서 미풍이 불고 구름사이로 해가 보임	신유술시	하원도(何元渡) 하수본(何樹本)	
유시 동북에서 미풍이 불고 구름사이로 해가 보임	신유술시	하원도(何元渡) 하수본(何樹本)	
술시	신유술시	하원도(何元渡) 하수본(何樹本)	
혼각 동북에서 미풍이 불고 구름사이로 별과 달이 보임	혼각	백승수	
일경 동북에서 미풍이 불고 구름사이로 별과 달이 보임	일경	손안	
이경 동북에서 미풍이 불고 구름사이로 별과 달이 보임	이경	이문걸	
삼경 동북에서 미풍이 불고 구름사이로 별과 달이 보임	삼경	전농	
사경 동북에서 미풍이 불고 구름사이로 별이 보임	사경	이균	
오경 동북에서 미풍이 불고 구름사이로 별이 보임	오경	하원부	
효각 동북에서 미풍이 불고 구름사이로 별이 보임	효각	하원도 하수본	

정오에 상한의를 사용하여 태양의 고도와 바람·구름을 측정함

일장중표　북영변장

남북원영장

가경 21년 2월　일 관측기구를 서로 확인하고 접수를 마침

〈제4표〉

가경 21년 7월 초10일 정사(丁巳) 처서(處暑) 10일

관상대풍정　치일관	오관영대랑 기록 8차		금성	(서명)
관상대풍정　치일관	박사 기록 5차		나민	(서명)
일출 묘초(卯初) 2각　2분 주 51각 11분		반수	천문생 서치평	(서명)
일입 유정(酉正) 1각 13분 야 44각　4분		반수	천문생 백승수	(서명)
인시			이반	
묘시 서남에서 미풍이 불고 구름이 짙게 깔림		인묘진시	이문걸	
진시 서남에서 미풍이 불고 구름사이로 해가 보임		인묘진시	이균	
사시 서남에서 미풍이 불고 구름사이로 해가 보임		사오시	이치중(李致中)	
오시 서남에서 미풍이 불고 구름사이로 해가 보임		사오시	요광존(姚廣存)	
미시 서남에서 미풍이 불고 구름사이로 해가 보임		미시	하원도	

신시 서남에서 미풍이 불고 구름사이로 해가 보임	신유술시	하수본	
유시 서남에서 미풍이 불고 구름사이로 해가 보임		율역(栗繹)	
술시			
혼각 서남에서 미풍이 불고 구름사이로 별과 달이 보임	혼각	동방 천문생	요광존
		서방 천문생	이균
일경 서남에서 미풍이 불고 구름사이로 별과 달이 보임	일 경	남방 천문생	이문걸
이경 서남에서 미풍이 불고 구름사이로 별과 달이 보임	이	북방 천문생	
삼경 서남에서 미풍이 불고 구름사이로 별과 달이 보임	삼경	동방 천문생	이치중
		서방 천문생	
사경 서남에서 미풍이 불고 구름사이로 별과 달이 보임	사경	남방 천문생	하원도
		북방 천문생	
오경 서남에서 미풍이 불고 구름사이로 별이 보임	오경	동방 천문생	하수본
		서방 천문생	
효각 서남에서 미풍이 불고 구름사이로 별이 보임	효각	남방 천문생	율역
		북방 천문생	

정오에 상한의를 사용하여 태양의 고도와 바람·구름을 측정함

일장중표 북영변장

남북원영장

가경 21년 7월   일 관측기구를 서로 확인하고 접수를 마침

제2장
수학

제1절 《기하원본(幾何原本)》의 번역과 중국인의 연구

수학은 천문역법과 관계가 가장 밀접하기 때문에 명·청시기 서양 선교사가 번역 편찬한 천문 또는 역법 서적은 대부분 수학과 관련이 있었다. 마테오 리치가 저술한 《건곤체의(乾坤體義)》 2권 중 상권은 천체 현상에 대한 것이고 하권은 모두 산술에 관한 것을 이야기하고 있다.

명말 서양 수학 중에서 가장 먼저 중국어로 번역된 것은 《기하원본》이다. 이 책은 그리스의 유명한 수학자 유클리드(Euclid, B.C. 330-B.C. 275)가 저술한 것이다. 이 책은 원대에 이미 중국에 전해졌으니, 원대 사람 왕사점(王士點)과 상기옹(商企翁)이 편찬한 《비서감지(祕書監志)》[1] 권7(지원 10년, 1273)에 보인다. 《비서감지》에서는 유클리드를 올홀렬(兀忽列)로 표기하고 있다. 이에 관해서는 본서 제3편 11장 2절에 상세히

....

1) 《비서감지(祕書監志)》: 전 11권으로 《비서지(祕書志)》라고도 부른다. 원대 비서감과 관련된 사적을 19개 부문으로 나누어 집록한 책으로 순제 지정연간에 만들어졌다. 원대의 전장(典章)제도 연구를 위한 원시자료이다.

나온다.

《기하원본》은 만력 35년(1607) 마테오 리치가 구술하고 서광계(徐光啓)가 문장으로 정리한 것이다. 유클리드의 원본에 의거한 것이 아니라 마테오 리치의 스승인 '정선생(丁先生, Clavius: 원래의 뜻은 釘임)'[2]이 교정(校訂)한 *Euclidis Elementorum* 15권 중 앞의 6권을 번역한 것이다. 그 서문에 보면 다음과 같이 설명되어있다.

> "그때 갑자기 이 책을 번역할 생각이 들었다. …… 하지만 재주가 보잘것 없을 뿐 아니라 동서양의 문리(文理)도 매우 달라서 뜻에 맞는 글자를 찾아봐도 여전히 결략(缺略)됨이 많았다. 입으로는 나름 분명해서 그런대로 애써 시도할 만한데, 붓을 들고 쓰려
> 고 하면 이내 문장이 이해하기 힘들게 되어버렸다. 그 후 여러 번 뜻있는 선비를 만나 서로 도우며 번역하고자 하였으나, 매번 중도에 그만두길 3번이나 하였다. 계묘년(만력 31년, 1603) 겨울 오하(吳下: 현 강소성 남부 - 역자)의 서광계[徐太史]선생이 방문했을 때, 그를 위해 이 책의 정수(精髓)를 설명하고 번역의 어려움과 중도 포기한 지금까지의 사정을 진술하였다. …… 그러자 선생이 바로 내가 입으로 설명하면 자신이 붓으로 받아 적겠다고 제안하였다. 곡절을 반복해가며 본서의 뜻에 맞는 중국 글자를 구해 중복 수정하여 초고를 3번이나 고쳤다. 선생이 부지런하여 내가 감히 태만할 수 없었다. 그리하여 금년(만력 35년, 1607) 초봄에 그 중 가장 중요한 앞 6권의 번역을 마칠 수 있었다. 다만 유클리드[歐幾里得]의 원문은 이미 산실되어 정선생의 글에 따라 번역 주해하고 처음으로 논했을 뿐이다. 태사의 뜻이 왕성하여 작업을 마치고자 했으나, 내가 말리면서 먼저 이것을 유포하여 뜻이 같은 사람들이 이를 익혀서 쓸 만하다고 여기게 된 후에 그 나머지 번역도 해보자고 청하였다."

....

2) 즉 크리스토퍼 클라비우스(Christopher Clavius, 1538-1612)를 가리킨다.

마테오 리치는 또 기하학과 천문관측, 지리측량, 천문지리 관측기구, 시계제작, 건축, 회화, 수리(水利), 기중(起重)과 운송 및 바람을 이용한 여러 기구 등과의 관계를 상세히 설명하고 있다. 서광계도 《기하원본》의 서문에서 "《기하원본》은 도수(度數)의 근본이어서 방원(方圓)과 평직(平直)의 이치를 끝까지 밝히고 있으며 근거가 되는 일정한 규칙[規矩準繩]의 용도가 다 들어있다. 마테오 리치선생은 …… 나와 사귄지 오래였는데 번역작업을 하던 중 여가 시간에 종종 상수(象數: 《주역》의 괘에 나타난 형상과 변화 - 역자) 이야기가 나왔고, 그래서 그에 관한 여러 책을 중국어로 번역하자고 청하였으나 이 책이 번역되지 않으면 다른 책들은 모두 논할 수 없다고 잘라 말했다"고 적었다. 알레니(Aleni)는 《마테오 리치선생 행적》에서 마테오 리치가 죽은 후 명 조정이 장지(葬地)를 하사한 일에 관해 "당시 환관이 상국(相國) 엽문충(葉文忠: 즉 葉向高)에게 '먼 곳에서 온 여러 손님들은 예로부터 모두 장례를 베풀어주지 않았는데, 어찌 유독 마테오 리치만 후대하십니까?'라고 물으니, 분충공이 '그대는 예로부터 온 손님들 가운데 그 도덕과 학문이 마테오 리치선생만한 사람을 본 적이 있는가? 다른 것은 차치하고 그가 《기하원본》을 번역한 것만으로도 장지를 하사해야 마땅하다'고 답했다"는 일화를 전하고 있는데, 이를 통해 당시 사람들이 이 책을 얼마나 중시하였는지 알 수 있다. 이 책은 총 6권으로 《사고제요》에는 다음과 같이 소개되어있다.

"각 권마다 계설(界說)과 공론(公論)이 있고 설제(設題)가 있다. 계설이란 먼저 사용한 용어를 뽑아서 (그 개념을) 해설한 것이고, 공론이란 그 명백한 이치를 들어 밝힌 것이며, 설제란 말하고자 하는 이치에 의거하여 차례로 배열한 것으로 쉬운 것을 먼저, 어려운 것을 나중에 두어 평이한 것에서부터 심오한 것으로, 간략한 것에서부터 복잡한 것으로 더 이상 더할 것이 없을 때까지 하나씩 추론해 나간 것이다. 이런 식으로

각각 1권으로 만들었다. 각 제(題)마다 법(法)·해(解)·논(論)·계(係)가
있다. 법은 제의 용도를 말한 것이고, 해는 제의 뜻을 설명한 것이고,
논은 그것이 그렇게 된 이치를 상세히 밝힌 것이며, 계는 또 자세하고
분명하게 알게 해주는 것이다."

권1은 삼각형, 권2는 선(線), 권3은 원(圓), 권4는 원의 내접과 외접의
형상, 권5와 권6은 비례(比例)에 대해서 논하고 있다. 삼각·방원(方圓)
·경계선[邊線]·면적·비례·변화·상생(相生)의 뜻에 대해 어느 하나 빠
짐없이 아주 세세한 것까지 다 설명하고 있다.

그럼에도 후대의 중국 역산학자들은 《기하원본》이 완역되지 못한 것
을 모두 유감스럽게 생각했다. 매문정(梅文鼎)은 《기하통해(幾何通解)》
에서 "서양 학문을 말할 때 《기하원본》을 맨 먼저 거론하지만 단지 6권만
전해지고 있으니, 그 무슨 비밀이 있는 것인가? 아니면 의리(義理)가 심
오하여 번역이 쉽지 않아서 잠시 기다리고 있는 것인가?"라고 하였다.
마테오 리치의 《환용교의(圜容較義)》, 자코모 로(Giacomo Rho)의 《측량
전의(測量全義)》, 테렌츠(Terrenz)의 《대측(大測)》 및 《기하원본》 전(前)
6권에는 모두 《기하원본》 후(後) 9권의 내용을 인용하고 있다. 《기하원
본》과 《환용교의》에서 인용한 것은 전 6권과 마찬가지로 당연히 클라비
우스의 원서이고, 《측량전의》와 《대측》 등의 인용 중에는 유클리드의 원
서에 의거한 것도 있다. 아마도 트리고(Trigault)가 가지고 온 7,000권의
책 중에 1612년 쾰른에서 출판된 라틴어본 유클리드의 《원본(原本)》
(Euclides, *Elementorum libri* XV)이 있었던 것 같다. 이 책은 지금 북경
북당도서관에 소장되어있으며 편목(編目)은 1559이다.
마테오 리치와 서광계가 함께 번역한 《기하원본》이 간행된 지 5년 뒤,
서광계는 다시 판토하(Pantoja)·우르시스(Ursis)와 함께 마테오 리치 혼

자 작업한 원고를 교정하였다. 그 결과 이전 판본에 비해 내용이 더욱 완비되었으니, 이것이 《기하원본》 재교본(再校本)이다.

청초 두림보(杜臨甫: 즉 杜知耕)는 마테오 리치와 서광계의 번역본에 산삭(刪削)을 가하여 《기하론약(幾何論約)》 7권을 완성하였다. 방위백(方位伯: 즉 方中通)도 《기하원본》을 절록하여 《기하약(幾何約)》을 만들었는데,《수도연(數度衍)》[3] 중에 수록되어있다. 대략 강희 60년(1721)의 일이었다.

그밖에 《기하원본》 만주어 번역본 2종이 있다. 하나는 강희 27년(1688) 번역된 7권짜리 사본(寫本)으로 예전에 경양궁(景陽宮: 북경 자금성 內廷의 東六宮 중 하나 - 역자)에 소장되어있었다. 이 책이 저본으로 삼은 것은 당시 서양 선교사가 찬역(纂譯)한 간이본(簡易本)으로 마테오 리치와 서광계가 의거한 클라비우스의 원문은 아니다. 다른 하나는 건륭 23년(1758) 번역된 것으로 《천학초함(天學初函)》[4]에 수록된 마테오 리치와 서광계 합작의 《기하원본》을 저본으로 삼아 만주어로 옮긴 것이다.

제2절 기타 기하학 서적의 번역과 저술 및 내용

《기하원본》 외에 명말 서양 선교사가 번역하거나 저술한 기하학 서적

....

3) 《수도연(數度衍)》: 청초 방중통(1634-1698)이 편찬한 수학 총서로 전 23권이 며 《기하약》은 그 중 수권(首卷)에 수록되어있다. 자료에 따르면 이 책은 1661년 초고가 완성되어 1687년 간행된 것으로 나오는데, 이를 '강희 60년의 일'로 언급한 것은 저자의 착오로 보인다.

4) 《천학초함(天學初函)》: 전 53권. 명말 이지조가 예수회 신부들의 한문저술을 모은 책이다. 자세한 내용은 본편 12장 3절을 참고하라.

으로는 《환용교의》·《측량법의(測量法義)》·《건곤체의》·《측량전의》 및 《기하요법(幾何要法)》 등이 있다. 《환용교의》는 권수(卷數)가 없으며 만력 36년(1608) 이지조(李之藻)가 마테오 리치와 함께 번역한 것이다. 클라비우스의 《등거리 도형에 관하여》(*Trattato della Figura isoperimetre*)를 옮긴 것으로 짐작되는데, 원의 내접(內接)[5]과 외접(外接)[6]의 형상을 전문적으로 논하여 《기하원본》의 의미를 응용 풀이한 책이다.

《측량법의》는 권수가 없으며 만력 35년(1607) 서광계가 마테오 리치와 함께 번역한 것으로 대략 《기하원본》의 이치를 보충 설명하여 그 의미를 전하고자 한 책이다. 제9제(題)인 〈이평경측고(以平鏡測高)〉에서는 투사각이 반사각과 같다는 이치를 논하고 있는데, 그 주(注)에 "이 이론은 유클리드의 《경서(鏡書)》 제1제에 보인다"고 하였다. 《경서》는 바로 유클리드의 《반사광학(反射光學)》(*Catoptrica*)을 가리킨다. 모두 15개 주제로 이루어져 있으며 높이·깊이·넓이·길이의 측량 방법을 설명하고 있다.

《건곤체의》는 전 2권으로 마테오 리치가 《기하원본》 번역을 마친 후 혼자서 저술한 책이다. 강희제 때 만들어진 《어제수리정온(御製數理精蘊)》은 이 책의 내용을 많이 채용하였다.

《측량전의》는 전 10권으로 자코모 로와 서광계가 공동으로 편수하였

---

5) 내접(內接): 하나의 도형이 다른 도형의 안쪽에서 접하는 것. 다각형이 원에 내접한다는 것(내접다각형)은 그 다각형의 모든 꼭지점이 동일 원주 상에 있고 다각형이 원의 내부에 있을 때이며, 원이 다각형에 내접한다는 것(내접원)은 원이 그 다각형의 모든 변에 접하고 다각형의 내부에 있을 때를 말한다.
6) 외접(外接): 단 하나의 점에서 마주치는 2개의 원이 서로 다른 편의 외부에 있는 것이나, 하나의 다각형의 각 변이 다른 다각형의 각 각정(角頂)을 지날 때 외접한다고 한다. 또는 폐곡선(閉曲線)이 하나의 다각형의 각 꼭지점을 포함하는 때도 외접한다고 한다.

는데, 평면삼각법과 구면(球面)삼각법을 소개한 책이다. 권5의 '원면구적(圓面求積)'[7])조는 그리스 수학자 아르키메데스(Archimedes)의 《환서(圜書)》를 발췌 번역한 것이다. 앞서 소개한 《환용교의》 제15제의 주에서는 《환형서(圜形書)》 1권 1제를, 제18제에서는 《환서》 1권 22, 27, 29, 31, 32제를 인용하고 있다. 아르키메데스의 《수론(數論)》(*Monumenta Omnia Mathematica*)[8])을 살펴보면, 그 권1인 *De circuli sphaeroidibus*가 바로 소위 《환서》 혹은 《환형서》에 해당한다. 또 《측량전의》에서는 아르키메데스가 《원구원주서(圓球圓柱書)》에서 원구의 모든 이치를 논하고 있다"고 인용하고 있는데, 《원구원주서》란 바로 위의 책 권2인 《구(球)와 원기둥에 대하여》(*De sphaera et cylindro*)를 번역한 것으로 아르키메데스의 유명한 1, 2, 3법칙이 여기에 들어있다. 《측량전의》는 "또 구(球) 일분(一分)의 부피와 타원체(橢圓體) 및 분각체(分角體)를 측량하는 이치를 논한다"고 하였으니, 이 타원체와 분각체는 《원뿔과 회전타원체에 관하여》(*De conoidibus et sphaeroidibus*)의 한 장(章)에서 취한 것이라고 짐작된다. 아르키메데스는 《환서》에서 π=22/7이라고 하였는데, 중국의 조충지(祖沖之)가 말한 약율(約率)과 같다. 《주인전(疇人傳)》 권43에서는 도리어 이것을 조충지가 남긴 법칙이라 말하고 있지만, 서양 역사를 알지 못해 생긴 착오인 것 같다. 《측량전의》 권7에서는 또 테오도시우스(Theo-

....

7) 구적법(求積法): 도형의 넓이와 부피를 구하는 방법으로 적분의 효시로 꼽힌다. 실용상의 필요에 따라 고대로부터 고안되었다. 그러나 17세기에 미적분이 발견되면서부터 구적법은 적분법(積分法)에 흡수되었고, 그 정의도 변하여 주어진 함수의 부정적분(不定積分)을 구하는 방법이 되었다. 지금은 주로 미분방정식을 적분으로 푸는 방법을 말한다.
8) 원서에는 "*Admiradi Archimedis Syracusani Monumenta Omnia Mathematica*"라고 되어있는데, 이를 번역하면 "시라쿠스의 위대한 아르키메데스가 저술한 《수론(數論)》"이 된다.

dosius)의 《원구원본차론(圓球原本借論)》을 인용하고 있는데, 바로 《구론 (球論)》(*Sphaerica*)이라는 책이다.

《기하요법》은 전 4권으로 숭정 4년(1631) 구식곡(瞿式穀)이 알레니와 함께 번역한 책이다.

제3절 이지조(李之藻)와 손원화(孫元化)가 번역·저술한 수학서

《동문산지(同文算指)》는 만력 41년(1613) 마테오 리치가 구술한 것을 절서(浙西)의 이지조가 부연설명을 더하여 다음해 간행한 것으로 쓰여 있는데, 서양 산술서(算術書) 중에 가장 먼저 중국어로 번역된 책이다. 이지조는 그 서문에서 "성품 상 별다른 취미가 없고 스스로 어리석다고 판단하여 이 방면에 마음을 두고 연구하였다"고 밝혔다. 또 《개주지(開州 志)》 권4 〈환적(宦蹟)〉에는 "특히 역률(曆律)에 정통하였다. 관리가 전곡 (錢穀)을 회계할 때 대부분 은닉하였는데, 이지조가 관청의 문서를 살펴 보고 서양 산법(算法)으로 잘못된 것을 바로잡으니 사람들이 놀라고 감 복하였다"고 되어있다. 양정균(楊廷筠)[9]이 쓴 서문에도 "내가 이전에 마 테오 리치[泰西利公]를 북경에 있는 그의 집에서 만났다. …… 공이 탄식 하며 '내가 중국[上國]에 와서 본 사람 중에 총명하여 명백하게 이해한

....

9) 양정균(楊廷筠, 1557-1627): 천주교인으로 명말 여러 관직을 역임하며 예수 회 선교사의 전도 사업을 비호하고 지원하면서 《대의편(代疑篇)》 등의 호교 론 책을 펴냈다.

자는 오직 이진지(李振之)와 서가선(徐可先) 선생뿐입니다'고 말했다"고 적혀있다. 진지(振之)는 이지조의 자이고 가선(可先)은 곧 자선(子先)의 오자(誤字)로 서광계의 자이다. 이 책은 1583년 로마에서 출판된 클라비우스의 저서 《실용산술개론(實用算術槪論)》(Epitome Arithmeticae Practicae)을 저본으로 한 것인데, 전편(前編)은 제10장만 번역되지 않았고 통편(通編)에서는 보충한 것이 매우 많았다.

이 책은 전 10권으로 전편과 통편으로 나뉘며 별편(別編)이 첨부되어 있다. 전편은 2권으로 상권은 〈정위(定位)〉10)·〈가법(加法)〉·〈감법(減法)〉·〈승법(乘法)〉·〈제법(除法)〉 등 5절로 나누어져 있다. 하권은 〈기령(奇零)11)약법(約法)〉·〈기령병모자(倂母子)법〉·〈기령참석(參析)약법〉·〈화법(化法)〉 및 〈기령가법〉·〈기령감법〉·〈기령승법〉·〈기령제법〉·〈중령제진(重零除盡)법〉·〈통문(通問)〉 등 10절로 나누어져 있다.12) 통편 8권은 연습 사례[演例]이다.13) 서광계는 그 서문에서 다음과 같이 말하였다.

"진지(振之)는 두 차례 북경[燕]에 기거하며 산술에 관한 몇 권의 책을

....

10) 원서에는 〈정법(定法)〉으로 되어있으나 《동문산지》 원문 목차를 확인하여 바로잡았다.

11) 기령(奇零, fraction): 우수리, 단수(端數), 끝수로 번역되는데, 계산 특히 나눗셈의 답에서 소수점 이하가 한없이 계속되어 어떤 자리에서 계산을 중지하기로 했을 때 어떤 자리 이하의 불필요한 부분을 가리킨다.

12) 원서에는 "〈기령약법〉·〈기령병모자법〉·〈기령참석약법〉·〈화법〉 및 〈기령가감승제법〉·〈기령제진법〉·〈통문〉 등 9절로 나누어져 있다"고 되어있는데, 《동문산지》 원문 목차를 확인하여 바로잡았다.

13) 통편에서는 비례·비례분배·영부족(盈不足)·급수(級數)·다원일차방정식·개방법(開方法) 그리고 평방근과 입방근 계산법 등을 개괄하고 있다고 한다.(《실크로드 사전》, 118쪽)

번역하여 이미 탈고하였다. 내가 처음부터 틈틈이 요청하여 번역한 원고를 함께 읽고 이야기했는데, 대략 중국의 옛 방식[舊術]과 같은 것은 옛 방식이 서양에 미치지 못하고, 옛 방식과 다른 것은 옛 방식에 없던 것이었다. 그리하여 옛 방식을 찾아서 함께 읽고 논의한 결과, 대략 서양 방식[西術]과 합치되는 것은 이치에 합당하지 않은 것이 없고, 서양 방식과 어긋나는 것은 모두 이치에 맞지 않는 것이었다. 이에 진지는 옛 방식 중 신중히 취사선택한 것과 번역한 서양 방식을 함께 병렬하여 간행하면서 책 제목을 《동문산지》라 하였다. 이는 예업(藝業)의 미(美)를 망라하고 저술의 길을 확장시킨 책이라 말할 수 있으니, 비록 십경(十經)[14]을 잃더라도 낡은 짚신을 버리는 것처럼 할지어다."

이지조는 자서(自序)에서 "그 작업은 애써 좋은 문장을 생각할 겨를도 없이 단지 붓에 의지하여 기록한 데 지나지 않지만, 그것이 일상생활에 도움이 된다는 생각에 기뻐서 밥 먹는 것도 잊고 번역하였다"고 썼다. 아마도 서양 필산(筆算: 글로 써서 계산하는 것 - 역자)을 중국에 처음 소개한 책인 듯하다.

손원화(제4장 군기와 병제에서 상세히 소개됨)가 저술한 수학 서적으로는 《기하용법(幾何用法)》 1권이 있는데, 《보산현지(寶山縣志)》〈예문지〉에 나온다. 풍순(豐順) 정씨(丁氏)《지정재서목(持靜齋書目)》[15]〈자부(子部)〉의 '천문산학류존목(天文算學類存目)' 권후(卷後)에는 "도광 기유년(1849) 봄에 오정(烏程: 현 절강성 烏興縣 - 역자)의 정경여(程慶餘)가

....

14) 십경(十經): 여기서는 중국 고대의 저명한 10부의 수학 저작, 즉 중국 고대 수학을 범칭(泛稱)한 것으로 봐야 할 것 같다.
15) 《지정재서목(持靜齋書目)》: 전 5권으로 청말 정일창(丁日昌, 1823-1882)이 편찬한 장서목록이다. 총 3,000여 종의 책을 사부분류법에 따라 분류하고 서명·권수·저자·판본 등을 기록하고 있다.

한 번 교독(校讀)했다"고 적혀있다. 예전에 그 초본(抄本)이 상해 동방도
서관에 소장되어있었는데 모두 48장[葉]이었다. 그 서문에 "나의 돌아가
신 스승께서 마테오 리치에게 기하학을 전수받아 병오년(1606)부터 시작
하였다. …… 무신년(1608) 그 사용법을 찬집(纂輯)하여 종류별로 고찰하
기 편하도록 따로 한 편(編)으로 만들었다"고 적혀있다. 또《기하체론(幾
何體論)》1권도《지정재서목》에 보이는데, '구초본(舊鈔本)'이라고 되어
있다.《청화학보》3권 1기에 실린 증원영(曾遠榮)의〈중국산학서목휘편
증보(中國算學書目彙編增補)〉에서는 그 편목(編目)이 12,037이며 35권이
라고 하였다. 이상 2책은 모두《약수재고금산학서록(若水齋古今算學書
錄)》16)에 보인다. 또《태서산요(泰西算要)》1권도 증원영의 글에 나오는
데, 초본(抄本)이고 편목은 10,020이다. 그 외《서학잡저(西學雜著)》2권
도 산법을 자세히 설명한 책이다.

제4절 할원(割圓)·대수(對數)·대수(代數)의
수입과정 및 저작

숭정 4년(1631) 정월 서광계가 황제에게 올린 역국에서 편역한 책 중에
《할원팔선표(割圜八線表)》6권과《대측》2권이 있었다. 전자는 평면삼각

---

16)《약수재고금산학서록(若水齋古今算學書錄)》: 원서에는《약수재고금산학록》
   으로 되어있으나 원명을 확인하여 바로잡았다. 청말 유탁(劉鐸, 생몰연도
   미상)이 편찬한 책으로 전 7권에 부록으로 방능기(方能寄) 등이 편찬한《고
   금산학총서편목(古今算學叢書編目)》1권이 첨부되어있다. 1898년 상해 산학
   서국(算學書局)에서 간행하였다.

형[平三角]에 대해, 후자는 구면삼각형[弧三角]에 대해 설명하고 있다.

《대측》의 내용은 대부분 프톨레마이오스(Ptolemaeus)의 수학을 집대성한 13권의 《수학대계(數學大係)》(Syntaxis Mathematica)에서 가져온 것이다. 이 책 제1권 제9장에는 분현표(分弦表)가 있는데, 원주를 360도로 나누고 원의 지름을 120등분으로 나눈 다음, 각 등분을 60으로 나눈 후 다시 60으로 나누고 있다. 라틴어의 소위 '첫째 작은 부분(Partes minutae primae)'과 '둘째 작은 부분(Partes minutae secundae)'이라는 용어는 여기서 파생되어 나온 것이다. 《대측》 상권 〈인명편(因明篇)〉의 "원에 내접하는 사각형의 양 대각선의 곱은 양 대변(對邊)의 곱의 합과 같음을 총론(總論)함" 항목에서 "그것은 먼저 얻은 5개 선의 길이를 이용하여 6번째 선의 길이를 구하는 것으로, 이는 프톨레마이오스의 정리이다"라고 하였다. 또한 하권 〈표법편(表法篇)〉의 '간법(簡法)2'에서도 이는 모두 프톨레마이오스의 정리라 하였고, "서양의 공식은 도(度) 이하부터 차례로 60으로 나눈다"고 말한 것 역시 프톨레마이오스의 정리이다. 프톨레마이오스의 오각형과 십각형 계산 공식은 근대에 와서도 여전히 계승되었으니, 클라비우스도 일찍이 이 공식을 확장시켰다. 《대측》에 나오는 육종(六宗)[17]을 72°와 36° sine으로 구하는 것도 프톨레마이오스의 정리를 기본으로 한 것이다.

순치 7년(1653) 스모골랜스키(Smogolenski)는 대수(對數: 즉 log - 역자)를 설봉조(薛鳳祚)에게 전수하여 《비례대수표(比例對數表)》 12권을 완성하였다. 이 책의 서문에서 설봉조는 "스모골랜스키선생이 중국에 와 대수를 소개하여 지금의 대수표가 만들어짐으로써 승제(乘除)를 생략할 수

·······················

17) 육종(六宗): 원에 내접하는 정3·4·5·6·10·15변형(邊形)의 변 길이를 구하는 것을 말한다.

있고, 게다가 개방(開方)[18]·입방(立方)·삼사방(三四方) 등의 공식이 모두 원래 공식 계산에 비해 6-70%의 힘을 덜 수 있게 되었다. 뿐만 아니라 어긋나거나 잘못될 근심이 없으니, 실로 스모골랜스키선생이 역법 개정의 기준을 세우는데 있어 가장 중요한 역할을 했다'고 적었다. 매문정은 강희 41년(1702) 저술한 《물암역산서목(勿菴曆算書目)》 자서에서 다음과 같이 설명하고 있다.

"《비례해(比例解)》 4권. 비례대수표라는 것은 서양 수학의 별전(別傳)이다. 그 방식은 일부터 만까지 (어떤 수를 거듭제곱하여) 다른 주어진 수와 같아지게 설정하고 이를 대수라 불렀다. …… 이전에는 알지 못했던 것으로 청조[本朝] 순치연간 서양 선교사 스모골랜스키가 설의보(薛儀甫, 즉 설봉조 - 역자)에게 전수하여 비로소 번역문이 나오게 되었다. …… 그 외 선비례수(線比例數)라는 것 역시 스모골랜스키가 전수한 것이다. …… 스모골랜스키선생은 '10만 개의 표가 있었는데, 서양에서 오는 도중에 부주의하여 겨우 1만여 개만 남았지만 공식으로 나머지도 통하게 했다'고 말하였다."

《어제수리정온》 하편 권38 〈말부(末部)8〉의 '대수비례(對數比例)'조에서는 "대수비례는 서양 학자 약왕(若往) 눌백이(訥白爾)가 지은 것으로 차수(借數)와 진수(眞數)를 마주 배열하여 표를 만들었기 때문에 대수표라고 이름 붙였다. 그 후 은리격(恩利格) 파리지사(巴理知斯)라는 사람이 이를 다시 증보 수정한지 수십 년이 지난 뒤에 비로소 중국에 전해졌다'고 하였다. 약왕은 약망(若望)으로도 번역하며 요즘은 약한(約翰)이라 표기한다. 약왕 눌백이의 원명은 존 네이피어(John Napier)로 1550부터

....

18) 개방(開方): 평방근(平方根) 즉 제곱근(root)이나 입방근(立方根) 즉 세제곱근 (cubic root) 등을 계산하는 일.

1617년까지 살았던 영국의 수학자이다. 은리격은 요즘 형리(亨利)라고 번역하니, 은리격 파리지사의 원명은 헨리 브리그스(Henry Briggs)로 역시 영국인이다.

《어제수리정온》하편 권31에서 권36 즉 〈말부1〉에서 〈말부6〉까지는 차근방(借根方)의 비례에 대해 매우 상세하게 설명하고 있다. 차근방은 지금의 대수(代數)로 근수(根數)와 방수(方數)를 빌려서 실수(實數)를 구하는 방식을 말한다. 《사고제요》에는 그 방식이 길이[線]·면적[面]·부피[體] 모두를 하나의 이치로 다루고 있으며, 본래 방식으로 구할 수 없는 것을 모두 차근하여 얻을 수 있어 매우 정교하고 오묘하다고 소개되어있다. 그러나 당시 전해진 대수는 겨우 2차방정식 계산 및 그 응용일 뿐이었고 4차방정식의 해법은 당연히 아직 중국에 들어오지 않았다.

대수학(代數學)이 처음 중국에 전해졌을 때, '서양차근법(西洋借根法)'이라 불렸을 뿐 아니라 알제브라(Algebra)를 음차한 '아이열파랍(阿爾熱巴拉)' 또는 '아이주파이(阿爾朱巴爾)'(《東華錄》) 혹은 '아이열팔달(阿爾熱八達)'(《赤水遺珍》)로도 불리었다.

강희 40년(1701) 자르투(Jartoux)[19]가 중국에 와서 할원구술(割圜九術)을 전하였는데, 아래 절 중국인의 서양 수학 연구성과 부분에서 상세히 서술하겠다. 이것은 서광계가 전수한 할원법(割圓法)에 비해 더욱 상세히 갖추어진 것이었다.

....

19) 피에르 자르투(Pierre Jartoux, 杜德美, 1668-1720): 프랑스 출신의 예수회 선교사로 수학·천문학·기계·시계 등에 정통하여 강희제의 신임을 받았다. 명안도(明安圖)에게 수학을 전수하였는데, 특히 서양의 할원법은 두씨구술(杜氏九術)의 기초가 되었다. 전국 측량사업에 참가하여 완성한 《황여전람도(皇輿全覽圖)》를 1718년 황제에게 헌상하였다. 3.1415926495…로 나타내는 원주율도 그가 최초로 고안하였다.

명말 청초 서양 수학을 집대성한 책으로 《어제수리정온》을 들 수 있다. 이 책은 《어제율력연원(御製律曆淵源)》의 제2부이며 제1부는 《역상고성(曆象考成)》이고 제3부는 《율려정의(律呂正義)》이다. 강희 61년 (1722) 완성되어 옹정 원년(1723) 판각되었으니, 상편은 5권이고 하편은 40권이며 그 외 표 8권이 있다. 중국과 서양의 공통점과 차이점을 관통하여 고금의 득실을 분별하고 정정(訂正)하였는데, 《사고제요》에서는 "그림을 그리고 표를 만들어 모든 내용을 명확하게 갖추었으니, 실로 지금까지 없었던 책으로 비록 전문가일지라도 그 빈틈을 엿볼 수 없을 것이다"고 하였다.

제5절 서양 수학이 중국 역산(曆算)에 미친 영향

고인이 된 친구 요보유(姚寶猷)[20]가 쓴 〈기독교 선교사가 수입한 서양 문화 연구(基督教教士輸入西洋文化考)〉(《史學專刊》·1卷 2期, 1936 - 역자)에는 천문역산에 관한 중국의 여러 서적 및 서양 수학의 영향을 받은 저자들이 열거되어있는데, 여기서 그가 빠뜨린 것을 보충하고 출판년도가 아주 늦은 것을 삭제하여 정리하면 아래와 같다.

관서(官書)로는 《서양신법산서(西洋新法算書)》·《어제수리정온》·《역상고성》 같은 것들이 있다.

사서(私書)로는 다음과 같은 것들이 있다.

....

20) 요보유(姚寶猷, 1901-1951): 광동성 평원현(平遠縣) 사람으로 일본 메이지대학을 졸업하고 중산대학 교수, 광동성 교육청 청장 등을 역임하였다.

- 서광계(徐光啓)의 《구고의(句股義)》·《측량이동(測量異同)》
- 왕석천(王錫闡)의 《효암신법(曉菴新法)》
- 설봉조(薛鳳祚)의 《천학회통(天學會通)》
- 방중통(方中通)의 《수도연(數度衍)》
- 이자금(李子金)의 《산법통의(算法通義)》·《기하이간집(幾何易簡集)》·《천호상한표(天弧象限表)》
- 두지경(杜知耕)의 《기하론약(機何論約)》·《수학약(數學鑰)》
- 황백가(黃百家)의 《구고구측해원(句股矩測解原)》
- 진세인(陳世仁)의 《소광보유(少廣補遺)》
- 매문정(梅文鼎)의 《역산전서(曆算全書)》·《물암역산서목(勿菴曆算書目)》
- 매곡성(梅毅成)의 《증산산법통종(增刪算法統宗)》·《적수유진(赤水遺珍)》(서양 선교사 자르투의 공식이 기재되어있음)·《조만치언(操縵卮言)》
- 진알(陳訏)의 《구고인몽(句股引蒙)》·《구고술(句股述)》
- 황종희(黃宗羲)의 《할원팔선해(割圓八線解)》·《서양력법(西洋秝法)》
- 장치관(張彡冠)의 《두씨구술전본(杜氏九術全本)》(필사본으로 자르투의 할원구술을 전하고 있음)
- 연희요(年希堯)의 《측산도규(測算刀圭)》
- 이장무(李長茂)의 《산법설상(算法說詳)》
- 정취충(丁取忠)의 《수학습유(數學拾遺)》(역시 자르투의 할원구술을 인용하고 있음)
- 진후요(陳厚耀)의 《속증신법비례(續增新法比例)》
- 원사룡(袁土龍)의 《측량전의신서(測量全義新書)》
- 모종단(毛宗旦)의 《구장려측(九章蠡測)》·《구고려측(九股蠡測)》

- 도문의(屠文漪)의 《구장록요(九章錄要)》
- 하몽요(何夢瑤)의 《산적(算迪)》
- 장형양(莊亨陽)의 《장씨산학(莊氏算學)》
- 진세길(陳世佶)의 《호시할원(弧矢割圓)》
- 진학령(陳鶴齡)의 《산법정종(算法正宗)》
- 강영(江永)의 《수학(數學)》
- 왕원계(王元啟)의 《구고연(句股衍)》·《각도연(角度衍)》·《구장잡론(九章雜論)》
- 대진(戴震)의 《산경십서(算經十書)》
- 담태(談泰)의 《명산진량(明算津梁)》·《천원석례(天元釋例)》·《평방입방표(平方立方表)》·《주경설(周徑說)》·《주인전(疇人傳)》
- 정록(程錄)의 《서양산법대전(西洋算法大全)》
- 담문(譚文)의 《수학심원(數學尋源)》
- 굴증발(屈曾發)의 《수학정상(數學精詳)》
- 명안도(明安圖)의 《할원밀율첩법(割圜密率捷法)》
- 전당(錢塘)의 《개정술고록(漑亭述古錄)》
- 공광삼(孔廣森)의 《소광정부술(少廣正負術)》
- 장돈인(張敦仁)의 《구일산술(求一算術)》·《개방보기(開方補紀)》
- 이예(李銳)의 《호시산술세초(弧矢算術細草)》·《구고산술세초(句股算術細草)》·《방정신술초(方程新術草)》·《개방설(開方說)》
- 왕래(汪萊)의 《형재산학(衡齋算學)》
- 초순(焦循)[21]의 《석호(釋弧)》·《석륜(釋輪)》·《석타(釋橢)》·《이당학산

---

21) 초순(焦循, 1763-1820): 강소성 감천(甘泉) 출신으로 가경 6년(1801) 거인이 되었지만, 진사에 오르지 못하고 독서와 저술로 일생을 보냈다. 완원(阮元)

기(里堂學算記)》·《개방통석(開方通釋)》·《승방석례(乘方釋例)》·《가감
승제석(加減乘除釋)》·《천원일석(天元一釋)》·《보형재산학(補衡齋算
學)》 제3책
- 이황(李璜)의 《구장산술세초도설(九章算術細草圖說)》
- 매충(梅沖)의 《구고천술(句股淺述)》
- 안청교(安淸翹)의 《수학오서(數學五書)》·《구선원본(矩線原本)》
- 허계림(許桂林)의 《선서통(宣西通)》·《산유(算牖)》·《입천원일도규(立
天元一導竅)》

제6절 《서경록(西鏡錄)》의 내용과 각종 필사본

《서경록》은 어떤 책인가? 매문정은 《물암역산서목》에서 "《서경록》을
누가 지었는지 알 수 없지만 《천학초함》 (출간) 이후에 나온 것이 분명하
다. 왜냐하면 이 책에는 (《천학초함》에 수록된) 《동문산지》에 없는 정위
법(定位法)이 있으니, (《동문산지》의) 그것을 이어받아 더 정밀하게 하였
음을 알 수 있기 때문이다. 또 이 책에서 제시한 금법(金法)과 쌍법(雙法)
은 차쇠호징(借衰互徵: single false position에 해당 - 역자)과 첩차호징(疊借互
徵: 연립일차방정식의 盈朒(double false position)문제를 비례를 통해 해결하는 것
- 역자)에 사용하는 것이나 《동문산지》에 비해 더욱 간명하다. 다만 필사

....

에게 수학했으며 대진(戴震)의 학문을 받들었다. 경사(經史)는 물론 역산(曆
算)·성운(聲韻)·훈고(訓詁) 등에 정통했는데, 특히 《주역》·《맹자》·《시경》
등을 깊이 연구했다. 《조고집(雕菰集)》과 《조고속집》 등의 문집이 있다.

본에 오자가 매우 많아서 다소 수정이 필요하다"고 하였다.

매문정은 《소광습유(少廣拾遺)》 서문에서도 이 책을 언급하며 "일찍이 《구장비류(九章比類)》·《역종산회(曆宗算會)》·《산법통종(算法統宗)》에 모두 개방(開方)하는 방법 그림이 실려 있는 것을 보았으나 단지 5제곱까지였다. 《동문산지》는 그 그림을 약간 변화시켜 7제곱 계산법을 갖추었다. 《서경록》은 그 그림을 늘여서 10제곱으로 하였으니, 모든 수가 단지 3제곱 자세해졌다"고 말했다.

매문정은 《서경록》의 내용을 수정하였지만 출판하지 않았는데, 그 원고가 이윽고 원화(元和)의 이예(李鋭)의 손에 들어갔다. 하몽석(何夢錫)은 《죽정선생일기초(竹汀先生日記抄)》 권1에서 "이상지(李尚之)가 얻은 유럽의 《서경록》 초본(鈔本) 중에는 '정이 살폈다[鼎按]'라는 표시가 여러 군데 보이는데, 아마도 물암(勿菴)의 필적인 것 같다"고 하였다.

이 책은 가경 5년(1800) 초순(焦循)이 다시 1본을 베껴 2개의 필사본이 있게 되었다. 《조고집(雕菰集)》 권18 〈서서경록후(書西鏡錄後)〉에는 다음과 같이 적혀있다.

"매물암이 손으로 고친 《서경록》 1책은 원화의 이상지가 소주(蘇州)의 시장에서 얻은 것이다. 그 책에는 편찬자의 성씨가 없는데, 권수(卷首)에 '우리 중국[吾中國]의 구장(九章)'이란 표현이 있지만 표제를 《구라파 서경록》이라 붙였으니, 아마도 중국인이 서양인의 계산법을 모아 이 책을 만든 것 같다. 첫 예(例)는 가감승제(加減乘除)로 가는 계(計), 감은 제(除), 제는 분(分)이라고 이름 붙였다. 이어서 정위법(定位法)·시법(試法)·평방입방(平方立方)·삼승방법(三乘方法)을 열거하고 금법(金法)과 쌍법(雙法)으로 마무리하고 있다. 금법은 《구장산술》의 쇠분(衰分)이고, 쌍법은 《구장산술》의 영부족(盈不足: 즉 滿數와 缺數 - 역자)이다. 매문정은 《소광습유》에서 '《구장비류》와 《산법통종》에 모두 개방하는 방법의 본원도(本源圖)가 있지만 단지 5제곱까지였는데,《서경록》은 10제곱으로 넓혔다. 곰곰이 생각하건대 제곱·3제곱에서 5제곱에 이르는 방식의 체례(體例)가 이미 명백하니, 5제곱이 명백하면 100제곱·1000제곱이라도 손바닥을 가리키듯 훤히 알게 되어 진실로 더할 필요가 없을 뿐이다'고 하였다. 가경 경신년(1800) 겨울 10월에 3일 동안 힘을 다해서 친히 1본을 베꼈다. 다음해인 신유년 금릉(金陵)의 시중(市中)에서《천보진원(天步眞原)》필사본 1책을 구입하였는데 완전하지 않았다. 이 책에도 붉은 글씨로 '정이 살폈다'고 쓰여 있는 것으로 보아 물암의 책이 많이 흩어졌음을 알 수 있다."

이예가 소장했던 매문정의 수정고(手訂稿)는 이미 구할 수 없지만, 초순의 수고본(手稿本)은 아직 전해지고 있다. 국립북경도서관에 그의《승방석례(乘方釋例)》5권이 소장되어있는데, 책 앞에 '초순수록(焦循手錄)'이라는 도장이 찍혀 있고 권말에 "건륭 60년(1795) 12월 22일《승방석례》5권을 완성하였다"는 한 줄이 적혀있다. 민국 26년(1937) 교육부에서 매입한 이목재장서(李木齋藏書: 목재는 李盛鐸의 호임 - 역자) 중에는 초순의 수고(手稿)인《대연구일석(大衍求一釋)》이 들어있다.

《물암역산서목》에서 "《서경록》은 염적입성(廉積立成)을 더하고 있으나 잘못되고 난잡하여 읽을 수가 없다"고 하였는데, 개방작법도(開方作法圖)라고도 부르는 염적입성은 바로 유럽의 파스칼 삼각형(Pascal triangle)이다. 이 책이 설령 "잘못되고 난잡하여 읽을 수가 없다"고 할지라도 명·청 교체기 수학자 열에 아홉이 옛 학설을 그대로 옮기고 있는데 반해, 이 책이《동문산지》보다 간명한 데가 있고 게다가 매문정 이전에 나왔다는 것은 보기 드물게 귀한 일이다. 매문정의 수정고가 아직 이 세상에 남아있는지 알지 못해 애석하도다!

제7절 청초 창춘원(暢春園) 몽양재(蒙養齋)에서의 수학 전수

창춘원[22]에 위치한 몽양재는 청초 대내(大內: 임금이 거처하는 곳 - 역자)에서 수리(數理)·역상(曆象)·음률(音律)을 연구하던 곳이었다. 그 중에서도 수학을 가장 중시했으므로 '산학관(算學館)'이라고도 불렸다. 세종 옹정제는 《어제율력연원》 서문에서 "돌아가신 성조 강희제[仁皇帝]께서는 학문을 좋아하시고 하늘이 내려준 재능이 많으셔서 정사를 돌보는 가운데 틈을 내어 율·역·산법에 주의를 기울이셨다. …… 이에 장친왕(莊親王) 등에게 지시를 내려 사신(詞臣)을 인솔하고 대내의 몽양재에서 편찬하여 매일 진정(進呈)하게 하였다"고 하였다. 또 《대청회전사례(大淸會典事例)》 권829 '국자감산학(國子監算學)'조에는 다음과 같이 적혀있다.

"옹정 3년(1725) 상주하여 강희 52년(1713) 창춘원 몽양재에 설치한 산학관을 다시 열 것을 허락받았다. 대신들 중 수학에 정통한 사람을 뽑아서 그 일을 맡기면서 특별히 황자 친왕(親王)에게 그것을 감독하도록 명하였고, 팔기(八旗) 세가자제를 선발하여 산법을 학습토록 하였다. …… 교사가 60명이었다. …… 팔기 관학(官學)에 재학 중인 자질이 명민한 학생 30여 명에게 미시부터 신시까지(오후 1시부터 5시까지 - 역자)

....

22) 창춘원(暢春園): 청나라 황실 원림으로 유명한 '3산 5원', 즉 창춘원·원명원(圓明園)·향산(香山)·정의원(靜宜園)·옥천산(玉泉山)·정명원(靜明園)·만수산(萬壽山)·청의원(淸漪園) 중의 하나이다. 명 황제들이 줄곧 자금성에 머물렀던 것과 달리 청 황제들은 교외의 별궁에서 정무를 처리하는 일이 많았다. 강희제는 창춘원을 즐겨 찾았고 건륭제는 원명원을 좋아했다.

산법을 학습케 하였다."

도광 3년(1823) 이공진(李拱震)을 흠천감 감정으로 임명하고 국자감 산학관을 아울러 관할하게 하였다.

산학관이 설립된 때는 마침 전국지도 제작 작업이 서남 각 성에 이르렀을 시기였다. 그래서 인재가 매우 필요로 하였고 특히 전문 인력을 양성하여 선교사들이 갈 수 없는 티베트 지역으로 보내야만 했다. 이에 관해서는 본편 7장 3절에 상세히 나온다. 성립된 지 6년 후 산학관에서 양성한 평안(平安)과 풍성(豊盛) 두 사람이 유구(琉球) 지도 제작 임무를 맡게 되니, 본편 7장 5절에 상세한 내용이 나온다.

제8절 서양 수학 전래 초기 중국인의 태도

《어제수리정온》은 서양 수학에서 채택한 것이 매우 많았다. 그러나 '수리(數理)의 본원(本原)'을 논하면서, 하도(河圖)[23]·낙서(洛書)[24]·팔괘(八卦)[25]·구주(九疇)[26]에서부터 예수(隷首: 黃帝의 史官으로 처음으로 算數를

···························

23) 하도(河圖): 옛날 중국 복희씨(伏羲氏) 때에 황하에서 용마(龍馬)가 지고 나왔다는 55점의 그림. 우 임금 때의 낙서와 함께 《주역》 이치의 기본이 되었다고 한다.
24) 낙서(洛書): 하나라 우 임금이 홍수를 다스렸을 때, 낙수(洛水)에서 나온 영묘한 거북의 등에 쓰여 있었다는 글이다. 《서경》 '홍범구주(洪範九疇)'의 원본이 되었다하며 팔괘의 법도 여기서 나왔다고 한다.
25) 팔괘(八卦): 《주역》에 나오는 8가지 괘로 복희씨가 지었다고 한다. 8괘는 건(乾)·태(兌)·이(離)·진(震)·손(巽)·감(坎)·간(艮)·곤(坤)이다.

시작했다고 함 - 역자)가 산학을 만들고 희화(羲和)가 역법을 만든 것 및 진·한 이래 낙하굉(洛下閎)·장형(張衡)·유작(劉焯)·조충지와 같은 인물, 그리고 당·송시기 명경산학과(明經算學科)에 이르기까지 옛날 중국 수학의 흥성함에 대해 최대한 언급하고 나서, 서양 수학의 전래에 대해서는 "천문 산수의 학문은 우리 중국이 명백하게 밝혀서 깊이 연구한 것으로 대대로 인재가 모자라지 않았다. 명말부터 성명(性命)에 대한 탁상공론으로 실학에 힘쓰지 않아서 이 학문이 마침내 미미해졌다. …… 이에 서양인이 와서 그 쇠퇴한 틈을 이용하였다. …… 그러한즉 명대의 수학자가 서양만 못하다고 말할 수는 있어도 옛 사람 모두가 서양만 못하다고 말할 수는 없다"고 하였다. 그리고 끝으로 옛 산학을 부흥시켜 기필코 서양 산학을 초월하길 희망하였으니, 《주인전》〈마테오 리치[利瑪竇]전〉에 나오는 내용과 같았다. "우리나라는 문(文)을 숭상하고 도(道)를 존중하며 육예(六藝)가 발달하여 오강(吳江)의 왕인욱(王寅旭), 선성(宣城)의 매문정(梅文鼎)같은 이들은 모두 산학에 조예가 깊어 실로 서양 학문[西法]의 장점을 다 얻을 수 있었다. 휴녕(休寧)의 대동원(戴東原)선생은 《오조(五曹)》와 《손자(孫子)》 등의 경전을 상세히 밝혀서 옛 산학이 명확해졌다. …… 만약 학자들이 2천년 이래 전해지는 산법에 대한 책을 한데 모아서 하나하나 취하여 연구한다면 우리 중국의 학문이 심원하고 정밀하여 서양인이 능히 미칠 수 없음을 알게 될 것이다. 옛날 책을 읽지 않고 함부로 서양 학문이 중국보다 뛰어나다고 말하는 저들은 서양 학문

....

26) 구주(九疇): 홍범구주라고도 하며 우 임금이 남겼다는 정치 이념으로《서경》〈주서(周書)〉'홍범편'에 수록되어있다. 9조목은 오행(五行)·오사(五事)·팔정(八政)·오기(五紀)·황극(皇極)·삼덕(三德)·계의(稽疑)·서징(庶徵)·오복(五福)·육극(六極)이다.

만 알 뿐 소위 옛 학문이 있음을 어찌 알겠는가?"

또 예컨대 중국에서 최초로 나온 원주율은 직경이 1이면 둘레는 3이라고 계산하였으니, 즉 사각형 둘레를 4로 하고 원 둘레를 3으로 한 것이었다. 후대 사람들이 그것이 정밀하지 못하다는 것을 알고는 진(晉)나라 때 유휘(劉徽)가 《구장산술》에 주를 달아 원주가 3.14하고도 조금 남는 수가 있다고 추산하고 나머지 수는 제거하였다. 유송(劉宋) 말에 이르러 조충지가 더욱 정밀하게 비율을 나누어 원의 직경을 1장으로 삼았을 때 원주의 영수(盈數)는 3장 1척 4촌 1분 5리 9호 2초 7홀이고 육수(朒數)는 3장 1척 4촌 1분 5리 9호 2초 6홀이어서 정수(正數)는 영수와 육수의 사이라고 하였다. 밀율(密率)로는 원 직경이 113이면 둘레는 355이고 약율(約率)로는 원 직경이 7이면 둘레는 22라고 하였다. 이것은 당시(5세기) 세계에서 가장 정밀한 원주율이었다. 그 당시 인도에서는 겨우 3.1416까지 계산해 내었고 유럽인 역시 겨우 3.141552에 이르렀을 뿐이어서 중국보다 뒤떨어져 있었다. 그러나 서양인이 중국에 왔을 때 유럽에서는 이미 원주율을 3.141592로 정하고 있었는데, 고학(古學)과 중학(中學)을 빌려서 서학을 공격하고자 하던 사람 중에 뜻밖에도 기존의 원주율을 버리고 원주율이 3.125라고 주장한 자가 있었으니, 고장발(顧長發)의 《위경진지(圍徑眞旨)》같은 경우가 그러하다. 이 책은 《사고제요》 권107에 소개되어있는데, "직경이 1인 원의 둘레가 3.125라고 한 것은 지혜로운 학문이며, 견란(甄鸞)・유휘・조충지・형운로(邢雲路)・아담 샬 등이 정한 둘레와 직경은 모두 정확하지 않다고 말했다"고 적혀있다. 자가 개정(漑亭)인 전당(錢塘)은 건륭 46년(1781) 진사가 되었는데, 그의 저서 《방환주경(方圜周徑)》에서 원주율을 3.16으로 정하고 있다. 그럼에도 《주인전》 권7에 그의 전기가 있을 뿐 아니라 매우 칭찬하고 있다.

이상 설명한 첫 번째 집단은 서양 수학이 중국 산학보다 못하다는 태도를 갖고 있었다.

　두 번째 집단은 중국과 서양의 산학이 애초에는 서로 다르지 않았다는 태도를 갖고 있었다. 매문정의 제자 진만책(陳萬策)은《중서산법이동론(中西算法異同論)》을 저술하였는데, 두 번째 집단의 대표라고 할 수 있다. 그는 "무릇 중국의 산법은 승제(乘除)의 차이를 말하고 서양의 수학은 사율(四率)로 총결되니, 다르다고 할 수 있지만 비례하는 이치는 같다.《구장산술》의 핵심 내용은 대부분 차쇠(借衰)와 첩차(疊借)의 방법과 동일하니, 아마도 차분(差分)과 영육(盈朒)이 그 이름을 바꾸었을 뿐이다. 중국 산법에서 말하는 구고(句股)는 변(邊)을 사용하고 서양 수학에서 말하는 삼각형은 각(角)을 사용하니, 삼변과 삼각은 서로 구할 수가 있다"고 하였다.

　세 번째 집단은 중국과 서양의 학문에 서로 우열이 있다고 주장하였는데, 예컨대《사고제요》에서《동문산지》전편(前編)을 평하면서 "대개 중국과 서양의 학문은 제각기 장점을 가지고 있어서 서로 가릴 수 없다"고 말한 것이 이에 해당한다.

　네 번째 집단은 서양 수학이 중국에 옛날부터 있던 것, 바꿔 말해 중국에서 전해진 중국 산학의 한 갈래라고 주장했다. 매곡성은〈천원일즉차근방해(天元一卽借根方解)〉에서 다음과 같이 말하고 있다.

　　"일찍이《수시력초(授時曆草)》[27]에서 빗면[弦矢]을 구하는 법을 읽었는데, 먼저 천원일(天元一)을 세워 시(矢)로 하였다. 원나라 학사(學士) 이야(李冶)가 저술한《측원해경(測圓海鏡)》에서도 역시 천원일을 사용하여 계산하였다. …… 나는 …… 후에 내정(內廷)에서 근무할 때 성조 강희

....

27) 원서에는《수시산초(授時算草)》로 되어있으나 원명을 확인하여 바로잡았다.

제께서 차근방(借根方)의 공식을 내려주시면서 '서양인이 이 책 이름을 아이열팔달(阿爾熱八達)이라 하였는데, 번역하면 동쪽에서 온 계산법[東來法]이라 한다'고 알려주셨다. 공경히 받들어 그것을 읽어보니 그 방법이 신묘하여 진실로 산법의 지침이라고 할 수 있었는데, 생각해보니 천원일의 공식과 서로 상당히 닮은 것 같았다. 다시 《수시력초》를 구해서 읽어보니 곧 얼음이 녹는 것처럼 명백해졌다. 아마도 이름은 다르나 실제는 같으니 닮았을 뿐이라고만 말할 수 없을 것이다."

《사고제요》 권107 '《측원해경》'조에서 설명하고 있는 것도 대략 같으니 다음과 같다.

"천원일을 세우는 방법은 송나라 진구소(秦九韶)의 《구장대연수(九章大衍數)》에서 볼 수 있다. 그 이후 《수시력초》 및 《사원옥감(四元玉鑑)》 등의 책에도 여러 번 그것이 보이는데, 이 책에서 그것을 홀로 상세하게 설명하니 수학과 관계된 것이 매우 많다. 그러나 원대 이래로부터 주인(疇人)들이 모두 융통성 없이 배우고 살피지 않아서 명대에 이르러 마침내 그 방법을 알지 못하게 되었다. …… 우리나라의 교화가 널리 펴짐에 멀리서 유럽인이 와서 비로소 차근방의 공식을 진정(進呈)하였다. 성조 강희제께서 몽양재의 여러 신하에게 주어 학습케 하였는데, 매곡성이 금방 깨달아 옛날의 천원일 방식으로 《적수유진》에서 상세히 해석하였다. 게다가 책의 서양 이름 '아이열파랍(阿爾熱巴拉)'의 뜻이 중국어로 동쪽에서 온 계산법이라고 하니, 곧 이야(李冶)가 남긴 책이 서역으로 흘러들어가 여기저기 돌아다니다 다시 중원으로 되돌아 온 것임을 알 수 있다."

왕원계(王元啓)는 《구고연총(句股衍總)》 서문에서 "학자들로 하여금 《주비산경》의 내용을 알게 하면 산술에 갖추어지지 않는 바가 없을 것이다. 후인들이 얕게 섭렵함으로써 서로 미루어 소통하여 그 변화를 다하지 못하였기에 서양 산술이 더 앞설 수 있었다. 사실 서양 산술 역시 《주비산경》에 근거한 것으로 모두 구고(句股)에서 나오지 않은 게 없다"고 하였다.

《어제수리정온》 〈주비해(周髀解)〉 서문에서는 명말 청초 서양 선교사 중 수학으로 유명한 사람을 열거하고 나서, "그러나 그 유래에 대해 묻는다면 모두 본래 중국에서 전래된 것이라고 말할 수 있다. 삼대가 흥성하였을 때 교화가 사방에 이르면서 서적이 여러 차례 번역[重譯]을 거쳐 해외에 전해진 것이 아마도 한둘이 아니지 않겠는가! 주나라 말 주인(疇人) 자제는 관직을 잃고 흩어졌고, 이어서 진시황의 분서를 거치면서 중원의 전장(典章)이 많이 사라졌다. 그러나 해외로 나간 지류(支流)는 도리어 그 본래의 모습을 전할 수 있었으니, 이것이 서학의 근원이 될 수 있었던 까닭이다"고 하였다. 한편 완원(阮元)은 《속주인전(續疇人傳)》 서문에서 "장형[張平子]이 지동의(地動儀)를 만들었으나, 그 기구는 전해지지 않는다. 예전에는 그것으로 지진이 일어나는 것을 알 수 있다고 했으나 잘못된 말이다. 나는 이것이 지구가 돌고 하늘은 움직이지 않음을 알 수 있는 기구였다고 생각한다. 그렇다면 미셸 베누아(Michel Benoist)가 지구가 돈다고 말한 것이 우연의 일치인지 아니면 이 기구에 근거한 것인지 알 수 없다"고 하였다.

제3장
기계공학과 물리학

제1절 테렌츠(Terrenz)의 《기기도설(奇器圖說)》과 그 원본

《기기도설》의 전체 명칭은 《원서기기도설록최(遠西奇器圖說錄最)》인데, 중국 최조의 기계공학서로 "서양 예수회 선교사 테렌츠가 구술한 깃을 관서(關西) 경교후학(景教後學) 왕징(王徵)이 번역하고 그림을 그린 것"이라고 한다. 왕징은 자가 양보(良甫), 호는 규심(葵心)으로 섬서성 경양(涇陽) 사람이다. 만력 22년(1594) 거인이 되었으나, 여러 차례 진사시험에 낙방하여 책을 쓰며 농사에 힘썼다. 혼자서 자행거(自行車)·자전마(自轉磨)·홍흡(虹吸)·학음(鶴飮)·각루(刻漏)·수통(水統)·연노(連弩)·대경(代耕)·윤호(輪壺) 등의 여러 기구를 제작하니, 마을 사람들이 제갈공명(諸葛孔明)이 다시 나타난 것처럼 여겼다. 52세에 세례를 받고 천주교에 들어갔다. 천계 2년(1622) 진사가 되었는데, 등래순무(登萊巡撫) 손원화(孫元化)가 상소하여 왕징을 전임시켜 자신을 돕게 하였다. 천계 4년 (1624) 모친상을 당해 관직을 떠난 뒤, 트리고(Trigault)를 마을로 초청해 집안사람에게 교리를 가르치게 하였다. 마침 경교비(景教碑)가 출토됨에

트리고는 선교사들 중 최초로 이 비를 본 사람이 되었다. 왕징은 트리고로부터 라틴어 병음 표기법을 배워서 후에 《서유이목자(西儒耳目資)》 1권을 완성하니, 중국 최초의 로마자 발음이 표시된 전문서적이었다. 왕징이 북경에 있을 때, 기구 제작을 전문적으로 다룬 책을 갖고 있는 선교사를 보고는 테렌츠에게 번역하길 청하였다. 테렌츠는 본래 의사로 기구 제작에 대해 잘 알지 못했지만, 왕징의 거듭된 요청에 쾌히 이를 승낙하면서 왕징에게 먼저 측량·계산·비례를 학습해야 한다고 진지하게 말했다. 왕징이 여러 날 학습하여 그 실마리를 깨닫게 되자, 마침내 《기기도설》을 구해서 테렌츠가 구술하고 왕징이 이를 부지런히 받아 적었다. 천계 7년(1627) 7월 북경에서 판각되었다. 왕징의 말년 행적에 대해서는 따로 상세히 설명하겠다.

왕징은 그 〈자서〉에서 다음과 같이 말하고 있다.

> "민생의 일용(日用)에 크게 관계없는 비연(飛鳶)이나 수금(水琴) 등과 같은 것, 또는 국가 업무에 급히 필요하지 않은 것들은 수록하지 않거나 그 중 가장 중요한 것만 기록하였다. 기구는 절실히 필요하더라도 그 제작이 어려운, 예컨대 한 기구에 들어가는 나사가 너무 많아서 기술자가 제대로 만들 수 없는 경우, 혹은 기구를 만드는 비용이 너무 비쌀 경우, 기록하지 않거나 그 중 가장 간편한 것만 기록하였다. 기구가 절실히 필요하고 간편하더라도 하나의 장치[法]에 여러 종류가 있거나 한 종류에 여러 기구가 있는, 예컨대 수리 장치[水法]처럼 백십 여 종의 기구가 있어 중복 또는 번잡할 경우, 기록하지 않거나 그 중 가장 정묘(精妙)한 것만을 기록하였다."

이 책은 총 3권으로 제1권 도언(導言)에 있는 구칙(九則)은 다음과 같다.
(1) '정용(正用)'에는 기계학을 연구하는데 반드시 먼저 이수해야 할

7가지, 즉 "중학(重學)·차자(借資)·궁리격물지학(窮理格物之學)·도학(度學)·수학(數學)·시학(視學)·여율학(呂律學)"이 열거되어있다.

(2) '인취(引取)'에는 참고서적 18종, 즉《구고법의(勾股法義)》(《勾股義》로 추정됨)·《환용교의(圜容較義)》·《개헌통고(蓋憲通考)》(《渾蓋通憲圖說》로 추정됨)·《태서수법(泰西水法)》·《기하원본(幾何原本)》·《곤여전도(坤輿全圖)》·《간평의(簡平儀)》·《혼천의(渾天儀)》·《천문략(天問略)》·《동문산지(同文算指)》·《경천실의(敬天實義)》(《天主實義》로 추정됨)·《기인십편(畸人十篇)》·《칠극(七克)》(이상 세 가지는 순수 종교서임)·《자명종설(自鳴鐘說)》·《망원경설(望遠鏡說)》(望자가 없어야 될 것 같음)·《직방외기(職方外紀)》·《서학혹문(西學或問)》·《서학범(西學凡)》 등이 열거되어있다.

(3) '제기기(製器器)'에는 공구(工具) 19가지가 열거되어있다. "도수척(度數尺)에는 험지평척(驗地平尺)·합용분방분원척(合用分方分圓尺: 양끝이 두 개의 規矩로 되어있음)·합벽분방분원각유일분기지십분척(闔闢分方分圓各由一分起至十分尺) 등이 있고, 규구(規矩: 지름이나 선의 거리를 재는 도구 - 역자)에는 양족규구(兩足規矩)·삼족규구(三足規矩)·양나사전합벽정용규구(兩螺絲轉闔闢定用規矩)·단나사전합벽임용규구(單螺絲轉闔闢任用規矩)·화동철규구(畫銅鐵規矩)·화지규구(畫紙規矩)·작계단형규구(作鷄蛋形規矩)·작나사전형규구(作螺絲轉形規矩)·이원화근규구(移遠畫近規矩)·사자이대작소이소작대규구(寫字以大作小以小作大規矩)·나사전모(螺絲轉母)·활거(活鋸)·쌍익찬(雙翼鑽)·나사전철겸(螺絲轉鐵鉗) 등이 있다."

(4) '기호(記號)'에는 라틴 자모 20개가 열거되어있고, 포르투갈 문자의 독음에 해당하는 한자 대음(對音)이 첨부되어있다.

(5) '매소용물명목(每所用物名目)'에는 66항목이 열거되어있다. "주(柱)

는 장주(長柱)와 단주(短柱), 량(梁)은 횡량(橫梁)과 측량(側梁), 가(架)는 고가(高架)·방가(方架)·단가(短架)·공간(槓杆), 축(軸)은 입축(立軸)·평축(平軸)·사축(斜軸)·고축(軱軸), 륜(輪)은 입륜(立輪)·교륜(攪輪)·평륜(平輪)·사륜(斜輪)·비륜(飛輪)·행륜(行輪)·성륜(星輪)·고륜(鼓輪)·치륜(齒輪)·복륜(輻輪)·고륜(軱輪)·등륜(燈輪)·수륜(水輪)·풍륜(風輪)·십자입륜(十字立輪)·십자평륜(十字平輪)·반규사륜(半規斜輪)·목판입륜(木板立輪)·목판평륜(木板平輪)·거치륜(鋸齒輪)·반규거치륜(半規鋸齒輪)·상하상착거치륜(上下相錯鋸齒輪)·좌우상착거치륜(左右相錯鋸齒輪), 곡병(曲柄)은 좌우대전곡병(左右對轉曲柄)·상하입전곡병(上下立轉曲柄)·단록로(單轆轤)·쌍록로(雙轆轤), 거(車)는 활거(滑車)·추거(推車)·예거(曳車)·가거(駕車)·옥형거(玉衡車)·용미거(龍尾車)·항승거(恒升車), 삭(索)은 예삭(曳索)·수삭(垂索)·전삭(轉索)·전삭(纏索)으로 나뉜다. 그 외에 수호(水戽)·수표(水杓)·연주호(連珠戽)·학슬전축(鶴膝轉軸), 풍봉(風蓬)·풍선(風扇), 활곤목(活輥木)·활지평(活地平)·활길고(活桔槹)가 있다."

(6) '제기소용(諸器所用)'에는 29종류의 동력(動力), 즉 "기(器)·인(人)·마(馬)·풍(風)·수(水)·공(空)·중(重)·공(槓)·륜(輪)·용미(龍尾)·나사(螺絲)·칭간(秤杆)·활거(滑車)·교(攪)·전(轉)·추(推)·예(曳)·게(揭)·추(墜)·천(薦)·제(提)·소력(小力)·대력(大力)·일기(一器)·수기(數器)·상등지기(相等之器)·상승지기(相勝之器)·상통지기(相通之器)·상보지기(相輔之器)"가 열거되어있다.

(7) '제기능력(諸器能力)'에는 모두 11항목, 즉 "이소력승대력(以小力勝大力)·사중자승고(使重者升高)·사중자행원(使重者行遠)·사재하자체상이불궁(使在下者遞上而不窮)·사불동자상동이불식(使不動者常動而不息)·사불명자자명(使不鳴者自鳴)·사불취자자취(使不吹者自吹)·사대자소(使

大者小)·사소자대(使小者大)·사근자원(使近者遠)·사원자근(使遠者近)"
이 열거되어있다.

(8) '제기이익(諸器利益)'에는 8항목, 즉 "유대력(有大力)·면대로(免大勞)·해대고(解大苦)·석대난(釋大難)·절대책(節大責)·장대식(長大識)·증대지(增大智)·치일체난치지물평역이무위험(致一切難致之物平易而無危險)"이 열거되어있다.

(9) '전기도설(全器圖說)'에는 제3권에 그려져 있는 54개의 기구 그림, 즉 "기중(起重) 11도(圖)·인중(引重) 4도·전중(轉重) 2도·취수(取水) 9도·전마(轉磨) 15도·해목(解木) 4도·해석(解石)·전대(轉碓)·전서륜(轉書輪)·수전일귀(水轉日晷)·대경(代耕)·수총(水銃) 4도[1]·취력수(取力水)·서가(書架)·인비(人飛)" 등이 열거되어있다.

전서륜(轉書輪)과 서가(書架)는 한 그림으로 되어있고, 취수력(取力水)과 인비(人飛)는 목차에만 있고 실제 도설(圖說)은 없다. 전마(轉磨)의 제14, 15번째 그림은 설명이 없는데, "그림을 보면 자명해져서 다시 설명을 붙이지 않았다"고 주를 달고 있다. 대경(代耕)의 도설 뒤에는 "이전에 내가 계부(計部: 명·청시기에 戶部를 부르던 명칭 - 역자)에서 정무를 볼 때 이런 것을 만들면 어떨까 생각했었는데, 뜻밖에도 이 그림과 서로 매우 닮았으니 내 마음 속에서 먼저 같은 모양을 얻었다고 말할 수 있다"는 소감이 첨부되어있다.

책 내용을 살펴보면 도언에서 열거한 여러 목차 중 본문에 해설이 없는 것도 있다. 전체를 종합해 보면 책이 촉박하게 완성되었던 까닭에 누락되고 삭제된 것이 곳곳에 있음을 알 수 있으니, 아마도 그 저술한 의도가 그림에 있었던 듯하다. 원각(原刻) 판본은 현재 찾기 어렵다. 원

---

1) 원서에는 수총 3도로 되어있으나 원전을 확인하여 바로잡았다.

판은 가경 21년(1819)까지 남아있었었는데, 이 해에 왕징의 7세손 왕개(王介)가 〈명관학명유선단절공전집서(明關學名儒先端節公全集序)〉라는 서문을 하나 더하고 아울러 《섬서통지(陝西通志)》의 〈왕징전〉을 추가하였으나, 그 나머지는 모두 명대 판본의 옛 모습을 유지하고 있었다. 강희연간 《고금도서집성(古今圖書集成)》〈경제휘편(經濟彙編)〉 '고공전(考工典)' 권249에 수록되었다. 도광 24년(1844) 전희조(錢熙祚)[2]가 《수산각총서(守山閣叢書)》에 수록하였는데, 그림이 비교적 정밀하고 그림과 설명에 라틴 문자 대신 갑을병정(甲乙丙丁) 등으로 고쳐놓았다. 도광 10년(1830) 장붕분(張鵬扮)이 별도로 판각한 판본이 내록당(來鹿堂)에 소장되어있으나, 모사한 그림이 모두 졸렬(拙劣)하다. 광서 3년(1877) 책 이름을 《기기도설(機器圖說)》이라고 고친 것이 나왔는데, 겉표지와 서문만 바꾸고 본문은 고치지 않았고 《제기도설(諸器圖說)》을 《기기도설(奇器圖說)》 앞에 두고 있다.

이 책 3권의 실제 내용은 도언에서 미리 이야기했던 것과 많이 다르다. 권1에서는 먼저 '역예(力藝)'의 내성(內性)과 외덕(外德)을 밝히고 나서 중해(重解)·기해(器解)·역해(力解)·동해(動解) 등 4항목[四端]이 이어지는데, 모두 61조항[款]으로 중(重)·중심(重心)·중용(重容)·비례(比例) 및 기타 문제에 대해 설명하고 있다. 권2는 모두 92조항으로 기계공학의 기본원리를 서술하고 있는데, 천평(天平: 天平秤의 준말로 저울의 일종 - 역자)·등자(等子: 귀금속·약품 등을 다는 작은 저울 - 역자)·지렛대[槓杆]·도르래

....

2) 전희조(錢熙祚, 1800-1844): 강소성 금산(金山: 지금의 상해시) 사람으로 저명한 장서가이자 각서가(刻書家)이다. 10년에 걸쳐 《사고전서》 중 민간에서 구하기 어려운 책 112종 652권을 뽑아 증산(增刪) 교정하여 《수산각총서》를 펴냈다.

[滑車]·륜(輪)·나사(螺絲) 등에 대해 설명하고 있으며, 그 외 경사면을 다루고 있는 조항 몇 개가 있다. 권3은 도설로 위에서 이미 보았다.

《기기도설(奇器圖說)》권1에 보면 "오늘날 여러 기구의 작동원리를 가장 잘 밝힐 수 있는 교인(巧人)으로는 미다(未多)와 서문(西門)이 있고, 도면을 그려서 인쇄하여 전할 수 있는 사람으로는 경전(耕田)과 랄묵리(刺墨里)가 있다"고 적혀있다. 여기서 미다는 비트루비우스(Vitruvius)[3]이고, 서문은 스테빈(Stevin)인데 브뤼헤의 사이먼(Simon de Bruges)[4]이란 이름으로 세상에 더 알려졌다. 경전은 농부라는 뜻의 라틴어 아그리콜라(Agricola)를 번역한 것이다.[5] 랄묵리는 이탈리아인 라멜리(Ramelli)의 음차이다. 이 4사람의 저작은 모두 북경 북당도서관에서 볼 수 있으니, 테렌츠가 유럽을 떠나 중국에 오기 전에 간행된 것들이다.

《기기도설》1, 2권의 내용은 스테빈의 《수학 기록》(*Hypomnemata Mathematica*)[6] 하책에서 많은 자료를 취하였다. 비트루비우스가 쓴 《건

....

3) 마르쿠스 비트루비우스 폴리오(Marcus Vitruvius Pollio, 생몰연도 미상): 기원전 1세기 카이사르와 아우구스투스 황제 시대에 건축가로 활동했다. 그가 남긴 《건축서》(10권)는 르네상스시대 고전연구에 따라 1415년경 재발견되어 1484년 로마에서 간행되었는데, 고대건축 연구에 귀중한 자료가 되고 있다.
4) 브뤼헤(Bruges)의 사이먼 스테빈(Simon Stevin, 1548-1620): 벨기에 출생의 네덜란드 수학자·물리학자·기술자로 스테비누스라고도 불린다. 축성(築城)기사로 명성이 높았고 소수(小數)계산에 관한 최초의 조직적 해설을 하였다. 최대 공헌은 역학분야의 업적으로 이른바 아르키메데스적인 정역학(靜力學)은 그에 의하여 대성되었다고도 할 수 있다. 그 밖에 정수압(靜水壓)에서 수압기(水壓機)의 가능성을 예상하였고 부체(浮體)의 균형을 다루기도 하였다.
5) 《금속에 관하여》(*De Re Metallica*)라는 책을 쓴 르네상스시대 독일의 광산학자 게오르기우스 아그리콜라(Georgius Agricola, 1494-1550)를 지칭한 것인데, 저자는 단지 그 자의(字意)만 번역해놓고 있다.

축서》(*De Architectura*) 제10장에 서술된 여러 기구들도 《기기도설》권2
에 보인다. 3권 도설 부분은 라멜리의 책7)에서 많이 채택하였는데, 대략
20개의 그림이 서로 같다.

제2절 왕징(王徵)의 《제기도설(諸器圖說)》과
그가 만든 기구

　《신제제기도설(新製諸器圖說)》은 왕징 자신이 발명한 홍흡(虹吸: Siphon
즉 액체를 빨아올리는 관 - 역자)·학음(鶴飮)·윤격(輪激)·풍애(風磑)·자행마
(自行磨)·자행거(自行車)·윤호(輪壺)·대경(代耕)·연노(連弩) 등 모두 9
개의 기구에 대해 설명한 책이다. 그 중 상당수가 서양 기계를 모방하여
개조한 것인데, 예컨대 '자명종 (원리)에 준하여 유추하여 만든 자행거
도설(準自鳴鐘推作自行車圖說)'이 그러하다. 그 외 윤호 역시 시계의 원리
를 이용하여 한 작은 나무인형이 시간에 맞춰 앞으로 나와 12시진이 새겨진
패(牌)를 돌리고 동시에 북을 두드리며 종을 치게 한 것이다. 일찍이 북경에
서 하나가 만들어졌다고 하지만, 이에 대한 설명은 어디에도 상세히 나오
지 않는다.
　왕징은 또 《액랄제아유조제기도설(額辣濟亞牖造諸器圖說)》을 저술하
였다. 그 친필 원고는 현재 천수도서관(天水圖書館)에 소장되어있으나

....

6) 원서에는 *Hypomnemata*로만 *되어있으나 탈루가 분명해서 바로 잡았다.*
7) 이탈리아 출신 군사기술자인 아고스티노 라멜리(Agostino Ramelli, 1531-
　1610)가 1588년에 출간한 《다양하고 창의적인 기계들》(*Le Diverse et Arti-*
　ficiose Machine)을 가리킨다.

간행 여부는 알 수가 없다. 액랄제아는 그라티아(Gratia: 천주의 성스러운 은총)의 음역이고, 유조는 천주의 계시를 받아 만들었음을 말하는 것이다. 왕징은 저서 《양리략(兩理略)》권2의 〈역갑리운기(易闉利運記)〉와 〈액랄제아유조제기도설자기(自記)〉에서 그 이전에 이미 사복(四伏)·사활(四活)·오비(五飛)·오조(五助) 및 신제제각(新製諸刻)이 있어서 이를 전한다고 했으나 모두 보이지 않는다.

〈자기(自記)〉에 따르면 왕징은 《(액랄제아유조)제기도설》 출판 후 그 내용을 크게 보충·수정하였다고 한다. 보충된 기구로는 아래 열거한 24가지가 있는데, 천지일월(天地日月)·수화풍운(水火風雲)·기기자활(氣機自活)·영묘통신(靈妙通神) 순으로 배열되어있다.

천구자선(天球自旋)·지참자수(地塹自收)·일구자이(日晷自移)·월규자전(月規自轉)·수륜자급(水輪自汲)·수루자승(水漏自升)·화선자거(火船自去)·화뢰자굉(火雷自轟)·풍륜전중(風輪轉重)·풍거행원(風車行遠)·운제직상(雲梯直上)·운제사비(雲梯斜飛)·기족발시(氣足發矢)·기족전성(氣足傳聲)·기천급심(機淺汲深)·기소기침(機小起沈)·자전상마(自轉常磨)·자행병거(自行兵車)·활대가포(活臺架砲)·활겸금종(活鉗擒鐘)·영규생풍(靈竅生風)·묘륜주락(妙輪奏樂)·통류여해(通流如海)·신위경적(神威驚敵)

또 왕징이 저술한 다른 책에도 적지 않은 기기(奇器)가 있으니, 소개하면 다음과 같다.

① 용미거(龍尾車), ② 항승거(恆升車), ③ 활표(活杓), ④ 활갑(活閘)은 모두 다음 절에 나온다.

⑤ 활곤목(活輥木)은 《충통일록(忠統日錄)》하(下)의 〈수어기구도설(守禦器具圖說)〉 및 《양리략》에서 볼 수 있는데, 그의 친구 마료탐(馬了貪)이 발명한 것을 왕징이 일찍이 복제한 것이다.

⑥ 운중기기(運重機器)와 활동지평(活動地平)은 《양리략》 권2 〈역갑리운기〉에 보이는데, "내가 제작한 기기로 한 사람이 7천근 이상을 들 수 있다. 《원서기기도설록최》 중의 여러 제작 방식에 의거해 증감하고 적절히 조정하여 만든 것이다"고 적혀있다.

⑦ 천보노(千步弩)는 《제기도설》의 〈연노산형도설(連弩散形圖說)〉과 《충통일록》 하의 〈연노설(連弩說)〉에 모두 연노(連弩) 외 천보노라는 것이 있는데, 그 제작 방법은 연노에 몇 가지를 더한 것이며 "따로 그림과 설명이 있다"고 적혀있다. 〈액랄제아유조제기도설자기〉에서 천보노의 제작 방법이 여러 책에 흩어져 있다고 하였지만, 어떤 책인지 알 수가 없다.

⑧ 십시연발노(十矢連發弩)는 〈액랄제아유조제기도설자기〉에 아직 수집(收輯)되지 않은 기기 중 하나로 나열되어있다.

⑨ 생화기(生火機)는 《충통일록》 하 〈수어기구도설〉에서 불을 사용하지 않고 많은 대포[萬炮]를 일제히 발사할 수 있는 기기로 별도의 비서(秘書)에 전재(專載)되어있다고 하였다. 또 〈주노분일치인심동요경청기천고본이우말의소(奏奴氛日熾人心動搖敬請祈天固本以佑末議疏)〉에도 똑같이 적혀있다.

⑩ 거마력(拒馬力)은 《충통일록》 하 〈수어기구도설〉에 보인다.

⑪ 서양신기측량정표(西洋神器測量定表)는 《충통일록》 하 〈수어기구도설〉에 보이는데, 십여 리까지 발사할 수 있다고 되어있다.

⑫ 한 사람이 앉아서 돌리면 항상 갈리는(一人坐轉常磨) 기기 4종(種), ⑬ 급히 흐르는 강물을 거꾸로 높은 곳으로 퍼 올려 논에 물을 대는(急流河水, 逆取高處灌田) 기기 2종, ⑭ 유동식 수문을 자동으로 개폐하거나 고정식 수문을 위아래로 조정하는(活閘自爲啓閉及常閘上下轉移) 기기 각 1종, ⑮ 수문 내 물의 높낮이를 조정하는 유동식 둑(閘水長短活堤) 1종,

⑯ 기름 짜는 기계(榨油活機), ⑰ 나선형 사다리(螺絲轉梯), ⑱ 접이식 사다리(折疊藏梯), ⑲ 수노(袖弩), ⑳ 수전(袖箭), ㉑ 단현전(斷弦箭), ㉒ 노탄궁(弩彈弓) 등은 모두 〈액랄제아유조제기도설자기〉에 목록이 있다.

㉓ 활게간(活揭竿), ㉔ 활용간(活舂竿)에 대한 그림과 설명은 모두 《충통일록》 하 〈수어기구도설〉에서 볼 수 있다.

이상 여러 기기는 순전히 왕징의 발명품이지만, 서양 학설에 의거하여 개조하거나 모방한 것도 있었다. 도광 10년(1830) 장붕분은 《기기도설》을 중간(重刊)하면서 그 서문에서 다음과 같이 말하고 있다.

> "내가 노인들로부터 들은 이야기에 따르면, 왕징[公]은 벼슬하기 이전 매년 봄여름에 씨를 뿌리고 밭을 갈 때 대부분 나무인형[木偶]을 부렸는데, 절구질[春者]·까부르기[簸者]·물 긷기[汲者]·불 때기[炊者]·반죽을 미는 방망이[操餅杖者]·바람 나오는 상자[抽風箱者]의 기관(機關) 돌아가는 모습이 마치 살아있는 것 같았다. 수확할 때는 문득 자행거(自行車)를 만들어 볏단을 묶어서 실으니 적은 힘으로 많은 성과를 얻을 수 있었다. 살던 집 벽에 구멍 하나를 뚫어 말을 전하였는데, 관혼상제 때마다 한 사람이 구멍에 대고 말하면 앞뒤 수십 집이 모두 들을 수 있어 공옥전성(空屋傳聲)이라 이름 붙였다고 하였다."

기계의 원리나 당시 기계공학의 수준을 놓고 보면 모두 불가능한 일이다. 하지만 최근 사람이 왕징의 전기를 쓰면서 오히려 이를 즐겨 인용하고 있으니 잘못된 것이다. 왕징이 《기기도설》 서문에서 "스스로 찧고 스스로 풀거나, 혹은 소리를 내고 바람을 일으키는 여러 기묘한 기기가 갖추어지지 않음이 없다"고 한 말은 서양에서 전해진 기계를 가리킨 것이지 나무인형이 아니었다.

제3절 우르시스(Ursis)의 《태서수법(泰西水法)》과 그 기능

마테오 리치는 처음 중국에 들어왔을 때부터 유럽의 수리학(水利學)을 소개할 생각을 갖고 있었다. 만력 40년(1612) 서광계(徐光啓)는 《태서수법》 서문에서 다음과 같이 말하였다.

> "이전에 마테오 리치선생과 교제할 때, 일찍이 나에게 '수십 백국을 돌아다녀본 바 중국의 토지·인민·성명(聲名)·예악(禮樂)은 실로 천하의 으뜸이지만, 그 백성 대부분이 빈곤하여 홍수와 가뭄이 발생하면 굶어 죽는 자가 도처에 있고 국가의 살림도 어려워지는 까닭은 무엇 때문인가? …… 수리 장치[水法]에 관해 들은 바 있는데, 상수(象數)의 부류여서 말로 그 기구의 모습을 전할 수 있다. …… 다만 타향에 기우(寄寓)하는 외로운 나그네여서 나의 말을 믿지 못할까 두려울 뿐이다'고 하였다. …… 나아가 가르침을 청하면 늘 나에게 그 요지를 설명하였는데, 모두 의외로 교묘하고 이전 중국의 것보다 뛰어났다. 내가 부모상을 당하여 귀향하려 이별을 고하자, 그의 친구 우르시스[熊]선생을 불러 '내가 이전에 수리 장치에 대해 설명했지만 다 마치지 못하였으니, 다음에는 이 분에게 물어보면 될 것이다'고 하였다."

조우변(曹于汴)[8]의 서문에서도 "이군(利君) 서태(西泰)가 처음 제의하여 그의 동료들이 함께 그 뜻을 이루고자 하였고, 웅군(熊君) 유강(有綱)

---

8) 조우변(曹于汴, 1558-1634): 해주(解州) 안읍(安邑: 현 산서성 運城市) 사람으로 명말에 이부우시랑 등을 지냈으며 청렴하고 직언을 잘하였다. 저서로 《앙절당집(仰節堂集)》 14권 등이 있다.

이 기구를 완성함으로써 비로소 중국에 이 장치가 있게 되었다"고 하였다. 유강(有綱)은 웅삼발(熊三拔) 즉 우르시스의 자이다.

정이위(鄭以偉)[9]는 서문에서 다음과 같이 말하였다.

"이 《태서수법》은 우르시스선생이 마테오 리치선생의 뜻을 이루어서 전한 것이다. 그 장치는 다섯 종류이니, 〈용미도(龍尾圖)〉 5장(張), 〈옥형도(玉衡圖)〉 4장, 〈항승도(恆升圖)〉 4장, 〈수고도(水庫圖)〉 3장, 마지막으로 〈약로제기도(藥爐諸器圖)〉가 있다. …… 마테오 리치선생은 유럽인으로 동료와 함께 조정의 빈객으로 있었는데, 갑진년(만력 32년, 1604) 나는 수도[都中]에서 푸른 눈에 꼬불꼬불한 수염을 한 그를 알게 되었다. 그와 더불어 애기해보니 공손하고 도리를 아는 군자였다. 내가 관직을 잠시 쉬게 되어 이별을 고하러 가니, 마테오 리치선생이 이미 돌아가셔서 시를 지어 애도하였다. 임자년(만력 40년, 1612) 다시 조정에 나아가니 묘지의 풀이 이미 무성했다. 오랫동안 슬프고 마음 아팠다. 이에 우르시스선생을 방문하였는데, 그의 집에서 삭자(削者)·휴자(髹者)·도자(綯者)와 같은 치수(治水)의 도구를 보았다. 멀리서 온 신하[遠臣]로서 저 자신 매일 돈을 주고 물을 구입해 마시면서도 백성의 논에 물 댈 것을 절실히 생각하고 있으니, 어찌 구차하게 온 힘을 다해 이익을 쫓는 자들이 미칠 수 있는 바이겠는가?"

《태서수법》은 모두 6권으로 만력 40년(1612) 간행되었다. 서광계가 《농정전서(農政全書)》를 저술하면서 수리 부분은 전부 이 책의 내용을 옮겨 적었다. 《농정전서》는 모두 60권으로 서광계가 죽은 후 아들 서기(徐驥)가 황제에게 바쳤는데, 황제가 담당 관리에게 간행하여 반포하라고 명하

....

9) 정이위(鄭以偉, 1570-1633): 강서성 상요(上饒) 사람으로 예부상서를 지냈으며 숭정 초년 동각대학사(東閣大學士)로 서광계와 함께 내각을 이끌었다. 저서로 《영산장집(靈山藏集)》·《호니집(互泥集)》 등이 있다.

였다. 서광계가 죽고 2년 뒤, 진자룡(陳子龍)[10]이 또 서광계의 둘째 손자 서이작(徐爾爵)으로부터 이 책을 얻어 장국유(張國維)·방악공(方岳貢)과 함께 간행하면서 46권으로 편집하였다. 건륭 7년(1742) 칙명을 받들어 다시 간행하였는데, 78권으로 고쳤으며 책명도 《수시통고(授時通考)》로 바꾸었다. 도광 23년(1843) 다시 중간하면서 옛 책명을 회복하였다. 각 성에서 개인적으로 간행한 것이 매우 많은데, 먼 오지인 귀주성에서 간행된 것도 있다.

소흥(紹興)의 기표가(祁彪佳)선생은 자가 호자(虎子), 유문(幼文), 굉길(宏吉)이고 호는 세배(世培)이다. 민국 26년(1937) 11대손 기명(祁明)이 그의 일기를 제공하여 소흥현 수지위원회(修志委員會)가 《기충민공일기(祁忠敏公日記)》를 간행하였다. 이 일기에 따르면 숭정 4년(1631) 7월 초 8일 및 다음해 4월 27일 서현호(徐玄扈: 서광계의 자)가 두 차례 내방하였다고 되어있는데, 이는 서광계가 죽기 1, 2년 전이다. 또 숭정 6년 3월 18일 기표가가 서광계를 방문하였는데, 오래지 않아 서광계가 세상을 떠났고 그 4, 5년 뒤에 《농정전서》를 얻어서 자세히 읽었다고 되어있다.

그 당시 또 웅개원(熊開元)[11]이라는 사람이 있었으니, 자는 어산(魚山)이고 명나라가 망한 뒤 승려가 되었다. 일찍이 금성(金聲)의 전기를 썼는

....

10) 진자룡(陳子龍, 1608-1647): 관리 겸 저명한 문학가로 송강(松江) 화정(華亭: 현 상해시 송강구) 사람이다. 명이 망한 후 항청활동을 하다 체포되었으나 물에 뛰어들어 순국하였다. 《안아당고(安雅堂稿)》·《진충유공전집(陳忠裕公全集)》 등 저서 외에 《황명경세문편(皇明經世文編)》을 편찬하였다.

11) 웅개원(熊開元, 1598-1676): 명말의 관리로 호북성 가어(嘉魚) 사람이다. 금성·윤민흥(尹民興)·이점해(李占解) 등과 더불어 '가어사재(嘉魚四才)'로 불리었다. 저서로 《제방어록(諸方語錄)》·《어산잉고(漁山剩稿)》·《얼암별록(蘗庵別錄)》 등이 있다.

데, 그가 천주교인이었음을 숨기기 위해 관례대로 불교에 입문했다고 적었다. 숭정 5년 6월 13일 기표가가 방문했을 때, 웅개원은 서양인이 제작한 항승(恆升)을 보여주었다. 이에 대해 기표가는 일기에 "물을 빨아들이는 기구인데, 그 정교함이 절륜하였다"고 적었다. 항승은 《태서수법》에 기록되어있다.

제4절 페르비스트(Verbiest)의 증기터빈 실험과 이상(理想)

강희 20년(1681) 페르비스트는 친필 초고 하나를 완성하여 6년 후 독일의 《구주천문계(歐洲天文界)》(*Astronomia Europea*) 잡지에 발표하였다. 그 내용은 다음과 같다.

"3년 전(강희 17년 혹은 18년, 즉 1678년 혹은 1679년이 분명함) 내가 증기의 힘을 실험하였을 때, 가벼운 나무로 바퀴 4개의 작은 수레 하나를 만들었다. 길이는 2척이었고 매우 쉽게 움직였다. 수레의 가운데 부분에 화로 하나를 설치하여 그 안에 연소시킬 석탄을 가득 채우고 화로 위에 보일러[汽鍋] 하나를 장착하였다. 뒷바퀴 축(軸) 위에 청동으로 만든 톱니바퀴 하나를 고정하였다. 그 톱니바퀴는 횡으로 설치되어 축과 평행되게 하였다. 이 톱니바퀴를 다른 수직축 위의 작은 톱니바퀴와 서로 맞물리게 해서 수직축이 돌 때 수레가 밀려서 전진하게끔 하였다.
수직축 위에 따로 직경 1척의 큰 바퀴를 설치하고 바퀴 둘레에 몇 개의 날개를 달아 주위를 향해 뻗게 하였다. 증기가 비교적 높은 압력 하에 보일러의 작은 관을 통해 바깥으로 급속히 분사될 때, 바퀴 날개에 충격을 가해 바퀴와 축을 신속하게 돌려서 수레가 전진하도록 하였다. 보일러에서 증기를 내뿜을 수 있는 시간에 따라 차이가 있지만, 상당히 빠른 속도로 1시간 이상을 갈 수 있었다.

실험할 때 이 수레가 곧바로 너무 멀리 가는 것을 방지하기 위해 뒤축 중간에 막대(키[舵]라고도 부름)를 장착하여 마음대로 방향을 바꿀 수 있게 하였다. 키의 손잡이[舵柄]는 낫 모양으로 되어있는데, 낫 부분에 별도로 막대 하나를 달고 또 막대 위에 따로 직경이 비교적 크고 돌리기 쉬운 핸들을 장착하였다. 그것을 사용하여 수레의 방향을 한쪽으로 돌리려고 할 때, 오른쪽이든 왼쪽이든 이 핸들을 돌리기만 하면 적절한 위치에 이르게 된다. 아울러 나사 하나를 이용하여 키의 관[舵管]을 마땅히 있어야 할 기울어진 위치에 고정시킨다. 이러한 종류의 방향전환 장치를 사용하면 수레가 원을 그리며 돌게 할 수 있다. 또 키의 기울인 정도에 따라 수레가 나아가는 곡선의 곡률(曲率) 크기를 변화시킬 수 있기 때문에 실험하는 지점의 넓이에 맞출 수가 있다.

이 기계의 실험은 하나의 동력 원리를 밝힌 것으로, 이를 활용하면 내 마음대로 어떤 형식의 전동 기계에도 응용할 수가 있다. 예를 들어 작은 배의 경우 보일러의 증기 힘을 사용하여 수면 위를 끊임없이 돌게 할 수 있다. 나는 일찍이 하나를 제작하여 황제의 큰형에게 주었다. 증기터빈은 배의 중간부분에 설치하지만 증기가 보일러 밖으로 새나오는 소리는 들을 수 있는데, 실제 바람 소리나 배 가장자리에 물 부딪히는 소리와 서로 비슷하다. 그 다음 나는 일찍이 보일러 위에 따로 작은 관을 용접하여 관을 통해 적은 양의 증기가 새나오게 하고 작은 관 바깥 끝부분을 피리 구멍처럼 만들었다. 그 결과 증기가 밖으로 새나올 때 나는 소리가 마치 나이팅게일이 우는 소리와 같았다. 또 일찍이 종루에 하나를 설치하여 시계를 움직이는 동력으로 삼았다.

총괄해서 말하면 이러한 동력의 원리가 이미 성립되었으므로, 어떠한 기타 이익이 되거나 흥미 있는 응용도 모두 어렵지 않게 사색을 통해 얻을 수가 있다."

페르비스트의 모형 원리는 브랑카(Branca)의 충동식(衝動式) 증기터빈 실험을 확대 응용한 것으로 볼 수 있으니, 그 구조는 완전히 같지만 응용할 때 약간 변화를 주고 방향전환 장치를 더했을 뿐이다. 페르비스트는 일찍이 로마에서 유학했었는데, 이탈리아 사람 브랑카가 증기터빈을 기록한 책 *Le Machine*은 1629년 로마에서 출판되었다. 페르비스트가 로마에 있던 시기와 아주 가까워서 이 책을 구해 읽었을 가능성이 매우 크다.

페르비스트의 실험은 동시대 서양인과 비교해 그 관점 및 응용 범위가 실로 원대했다. 증기를 이용해 수레를 움직이는 동력으로 삼은 것은 스티븐슨(Stephenson)의 기차에 비해 150년이 빨랐고, 증기의 힘을 기선의 동력으로 삼은 것은 사이밍턴(Symington)의 기선보다 123년이 빨랐다. 자동차의 동력으로 증기의 힘을 사용한 것으로 말하면 볼레(Bolle)의 증기 자동차보다 2백년이 빠르고, 만약 증기터빈을 기선에 사용한 것으로 말하면 파슨스(Parsons)보다 218년이 빠르며, 증기터빈을 기차에 사용한 것으로 말하면 융스트롬(Ljungstrom)보다 243년이나 빠른 것이다. 그러므로 세계 열기관 역사에 있어서 페르비스트의 실험과 광범위한 건의는 실로 브랑카의 충동식 증기터빈 원형(原形) 발명 이후 마땅히 대서특필해야 할 일이다.

제5절 청초의 자동기기(自動機器)와 시계의 수리·제작

시계가 최초로 들어온 곳은 당연히 마카오였다. 《오문기략(澳門紀略)》 하권 〈오번편(澳蕃篇)〉 '기용(器用)'에는 다음과 같이 적혀있다.

"삼파사(三巴寺)에 있는 '십이진반(十二辰槃)'은 정시대(定時臺) 앞에 걸려있는데, 매 시간마다 두꺼비가 움직여 해당 시간의 위치를 가리켰다. 자명종은 '탁종(桌鐘)' '괘종(挂鐘)'으로 불리는 몇 종류가 있고 작은 것은 원(圓)의 크기가 은정(銀鋌: 명·청대에 통화로 사용되었던 말굽 모양의 화폐 - 역자)만 했다. 모두 시간에 맞춰 소리가 났는데, 자시가 끝날 때[子末] 1번 울리기 시작하여 오시가 시작될 때[午初] 12번 울렸다가 다시 오시가 끝날 때[午末] 1번 울리기 시작하여 자시가 시작될 때[子初] 12번 울렸다.[12] 소리가 울릴 때 8음(音)이 함께 연주되기에 '악종(樂鐘)' 이라 불렸다. 시간을 알고자하나 소리가 울리는 때가 아니면 끈을 잡아당겨 기계를 돌려서 소리 나게 하는 시계가 있으니, 이를 '문종(問鐘)'이라 불렀다. 작은 시계도 시각을 물어 알 수 있었다.[13]"

같은 권 '사(寺)'에서는 삼파사에 대해 기록하면서 "정시대에는 커다란 종이 그 아래를 덮고 있는데, 비선대(飛仙臺) 모퉁이에 세우고 타종하는 형태로 만들어 기계로 이를 돌려 시간에 맞춰 소리 나게 하였다"고 묘사하였다. 위에 기록된 시계는 명말에 만들어진 것일 수도 있지만,《오문기략》의 저자가 본 것은 청초의 모습이었다.

왕림형(王臨亨)은 《월검편(粤劍編)》[14](《玄覽堂叢書續集》 제82책) 권3

....

12) 자말은 밤 1시, 오초는 오전 11시, 오말은 오후 1시, 자초는 밤 11시인데, 인용문(원전을 확인했음)대로 오전11시와 오후 11시에 각각 12번씩 울린다는 것은 수리적으로 맞지 않고 정오와 자정도 제외되게 된다. 따라서 《오문기략》 저자의 착각인 듯하다. 도리어 아래에 인용된 《속문헌통고》의 설명이 실제에 부합한다고 본다.

13) 원서에는 "小者亦可問自行表"로 인용되어있으나 해석이 제대로 되지 않고, 다른 표점본(標點本)에 "小者亦可問. 自行表·大小銅日規·月影以及璇璣諸器. 又一物如鵝卵, 實沙其中, 而顚倒滲泄之, 以候更數, 名曰鵝卵沙漏."로 되어있어 이를 따랐다.

14) 《월검편(粤劍編)》: 전 4권. 명말 소주 곤산(昆山) 사람 왕림형(1557-1603)이 지은 광동 지역의 고적과 명승, 풍토와 물산 등을 기록한 책이다.

〈지외이(志外夷)〉에서 "마카오에 있는 오랑캐는 …… 동(銅)으로 자동 물시계[自然漏]를 만들었는데, 정오 12시에 산가지[籌] 하나가 내려오고 그 뒤 매 2시간마다 산가지가 안에서 1번 소리를 내다가 12시가 되면 그쳤다"고 적었다.

앙리 베르나르(Henry Bernard)가 저술하고 소준화(蕭濬華)가 번역한 《16세기 중국에서의 천주교 선교지(天主敎十六世紀在華傳敎誌)》[15] 하편 제2장에는 루지에리(Ruggieri)가 만력 10년(1582) 수레바퀴만한 커다란 자명종을 총독에게 보냈다고 기록되어있다.

다음해 양력 1월 4일(음력으로 만력 10년 12월 11일) 자명종의 24시간을 12시진으로 고치고 아라비아 숫자를 중국 글자로 고쳤으며, 하루를 100단(段)으로 나누고 매 단을 100분(分)으로 나누었다.

마테오 리치가 처음 중국에 왔을 때 공물로 바친 물건 중에 자명종도 있었다. 《속문헌통고(續文獻通考)》 권120 〈이악부(夷樂部)〉에는 다음과 같이 기록되어있다.

"…… 인하여 천진(天津)의 어용감(御用監) 소감(少監)인 마당(馬堂)이 토산물을 진공하였다. …… (그 중에는) 자명종도 있었는데, 신비로우나 그 기술을 알 수 없었다. 큰 종은 정오에 1번, 미시가 시작될 때 2번, 자시가 시작될 때 12번 울렸다. 자정에 1번, 축시가 시작될 때 2번, 오시가 시작될 때 12번 울렸다. 작은 종은 각(刻: 15분 - 역자)을 알려주는데, 1각에 1번 울리고 4각에 이르면 4번 울렸다."

고기원(顧起元)의 《객좌췌어(客座贅語)》 권6 '이마두(利瑪竇)'조에서는 마테오 리치가 공물로 바친 종에 대해 다음과 같이 기록하고 있다.

....

15) 원서명은 *Aux Portes de la Chine, les missionaires du XVI siecle*이다.

"제작한 기기 중에 자명종이 있었다. 쇠로 만들었고 명주실로 만든 끈을 교차시켜 종 틀에 매달았는데, (톱니)바퀴가 상하로 서로 어긋나게 계속 돌다가 시간이 되면 스스로 종을 쳐서 소리를 내었다. 기기가 역시 정교하였다. 다른 기구도 대부분 이러한 종류였다."

만력 43년(1615) 양력 3월 중 트리고가 유럽에서 책을 모으기 위한 여행을 하다가 토스카나(Toscana)에 이르렀을 때, 토스카나 대공작(大公爵)이 선물한 물품 중에 시계 하나가 있었다. 그 시계 위에 놓인 삼림의 신은 한 손에 활을 쥐고 다른 손에 화살을 쥐고 있었는데, 발사한 화살의 수가 종이 울린 횟수를 가리켰다고 한다. 이에 대해서는 알폰스 패트 (Alfons Väth)가 지은 《아담 샬 전기》에 나온다. 이 시계는 틀림없이 트리고에 의해 중국에 들여왔을 것이다. 바이에른(Bavaria) 공작은 천문관측 기구 하나를 더 증정하였는데, 자동으로 천체의 운행을 나타내고 시간과 시각도 가리켰다. 이 물건도 후에 명나라 황제에게 바쳐졌다. 또 새 1마리가 목각(木刻)되어있는 높이 3척, 길이 3척, 깊이 2척의 함[櫃]이 있었다. 그 안에는 스스로 움직일 수 있는 작은 완구나 스스로 연주할 수 있는 작은 악기 및 시계 등 온갖 진귀한 물품이 있었다고 한다. 이 역시 알폰스 패트의 책에 보인다.

청나라 이후 시계는 중국에 더욱 많이 전해졌다. 강희제는 서양 기기를 애호해서 시계도 환영을 받았다. 강희 33년(1694) 포르투갈 선교사 토마스 페레이라(Thomas Pereira)에게 아금선(牙金扇)을 하사하였는데, 그 위에 자명종이 그려져 있고 황제가 지은 시가 다음과 같이 적혀 있었다. "밤낮으로 순환하는 훌륭한 물시계, 끊임없이 돌면서 시간을 온전히 알려주네. 밤과 낮도 충성스러운 성격 바꿀 수 없으니, 만 리 먼 곳에서 온지 2백년이라네."16)

건륭제 때 화신(和珅)17)의 집에는 크고 작은 자명종 38개[座]와 서양 시계 백여 개가 있었다.

《홍루몽(紅樓夢)》에는 시계가 등장하는 장면이 매우 많다. 제6회에는 유모모(劉姥姥)가 자명종 소리로 인해 "놀라서 눈이 휘둥그레졌다"고, 제72회에는 가부(賈府)에 있던 가장 진귀한 자명종을 결국 은 560량에 팔아 버렸다고 적혀있다. 제45회에는 보옥(寶玉)이 호두알만한 금빛 회중시계를 갖고 있음을, 제92회에는 아이[小童]가 정해진 시간에 (시각을 알려주는) 패(牌)를 받는 자명종이 묘사되어있다.

제58회에서는 이홍원(怡紅院)의 "밖으로 통하는 방 안 선반 위"에 역시 하나가 있는데, 청문(晴雯:《홍루몽》에 나오는 賈寶玉의 하녀 - 역자)이 일찍이 그것을 가리켜 "이 놈의 시계가 또 어떻게 된 셈인지 모르겠어요. 다시 가져다가 수리를 해와야겠어요"고 하였으니, 이번엔 방관(芳官:《홍루몽》에 나오는 극단 출신의 가보옥의 하녀 - 역자)의 손에 망가진 것이었다. 원문에는 "방관이도 몇 대 맞아야만 해. 어제도 저 애가 추자(墜子)를 가지고 만지작거리더니 반나절도 못가서 저렇게 고장이 나고 말았다니까"라고 되어있다. 추자란 진자(振子)를 가리키는 것으로 탁상시계와 괘종시계에 모두 달려있다. 그 외 제14, 19, 51회 등에서도 시계가 언급되고 있다.

《홍루몽》의 저자 조설근(曹雪芹)은 건륭 28년 계미(癸未) 섣달 그믐날, 양력으론 1764년 2월 1일 사망하였다. 호적(胡適)선생도 이 설에 동의하였으니, 민국 37년(1948) 천진 민국일보(民國日報)에서 발행한 《도서(圖書)》 제71기 및 제82기에 (그 내용이) 나온다. 호적선생은 이전에 《홍루

....

16) "晝夜循環勝刻漏, 綢繆宛轉報時全. 陰陽不改衷腸性, 萬里遙來二百年."
17) 화신(和珅, 1750-1799): 건륭제 때의 총신으로 엄청난 축재로 유명하다. 건륭제 사후 가경제가 그의 전 재산을 몰수하고 스스로 목숨을 끊게 하였다.

몽》의 일부분이 건륭 17, 18년에 완성되었다고 고증하였는데, 그렇다면 건륭 17, 18년부터 28년 사이에 중국 특히 북경에 시계를 고칠 수 있는 사람이 있었음이 분명하다.

그러나 같은 시기 민간에서의 시계 사용을 금지해야 한다는 의견도 있었다. 예컨대 급수주인(汲修主人)[18]의 《소정속록(嘯亭續錄)》 권3에는 "최근 서양인이 만든 자명종은 그 제작함이 기이하고 사악한데 월동(粤東)에서 온 것이다. 사대부들이 다투어 구매하여 집집마다 하나씩 설치하고 장난감처럼 여기고 있다. 순황제(純皇帝: 고종 건륭제를 말함 - 역자)께서 그 사람을 홀리는 기교를 싫어해서 일찍이 그것의 입공(入貢)을 금지시켰지만 지금까지 없어지지 않고 있다"고 적혀있다.

건륭·가경연간 송강(松江)의 서조준(徐朝俊)이 지은 《고후몽구(高厚蒙求)》 초집(初集) 《천학입문(天學入門)》의 자서에는 다음과 같이 적혀있다.

"나의 선조는 수리(數理) 연구를 좋아해 직접 서양의 측정기구 만들길 지금까지 오대(五代)째 이어오고 있다. 나는 일찍이 과거공부를 하는 여가에 돌아가신 아버지로부터 단서가 되는 이야기를 얻어 들었으나 부끄럽게도 발명한 것이 없었다. 조금 성장한 뒤에 이들 기구를 친구삼아 놀았는데, 특히 자명종의 겉모습이 매우 기이하였다. 무릇 시계는 진실로 교묘함과 힘을 아우르고 있고 수리적으로도 정미함을 품고 있어서, 설령 대책(對策)[19]을 작성하는 데서 만나게 되더라도 제목에 의거해 거

....

18) 급수주인(汲修主人): 청나라 종실 소련(昭槤, 1776-1830)의 자호(自號)이다. 소련은 누루하치의 둘째 아들 예친왕(禮親王)의 6대손으로 만주의 민속과 청조의 전장제도에 밝았으며 위원(魏源)·공자진(龔自珍)·기윤(紀昀)·원매(袁枚) 등과 왕래하였다고 한다. 저서로 《소정잡록(嘯亭雜錄)》 15권과 《소정속록》 5권 등이 있다.
19) 대책(對策): 문제의 명칭으로 중국의 관리 등용시험에서 주로 실제 정사(政

의 의도를 유추할 수가 있다. 오직 우리 중에 옛 것을 좋아하고 기이함을 즐기는 인사가 적지 않지만, 대부분 여러 금령을 번거롭게 여겨 방치하고 감히 말도 못하는 게 애석하도다. 나라의 근본 법규가 후세에 전한 뜻이 단지 무당의 망령된 말을 배워 재앙과 상서(祥瑞)를 말하는 행위를 특별히 엄금한 것임을 알지 못한 때문이다. 일월오성의 움직임에 있어서 어긋나는 숫자로 만든 윤달의 깊고 미묘함은 성천자의 가르침으로 널리 퍼졌지만, 원래 오로지 따르기만 하고 그 이유를 알지 못하게 한 것은 아니었던가."

서조준은 서광계의 5대 손으로 다음 절에서 자세히 논할 것이다.

건륭연간 원명원(圓明園)에 특별히 '종방(鐘房)'을 만들어 전문적으로 궁중의 시계를 관리할 서양 선교사를 초빙하였다. 로마교황청 전신부(傳信部)[20] 기록물실[檔案處]의 1755년과 1756년 권종(卷宗) 중(제220쪽)에는 건륭 18년(1753) 포르투갈 국왕 주제(Jose) 1세가 파견한 파세코(Don Fr. Xav. As. Pacheco y Sampayo)의 〈사화기실(使華記實)〉란 글이 있는데, 그 내용은 다음과 같다.

"또한 그(선교사 西澄元을 가리키며 글 속에서 西老爺라고도 부르고 있

....

事)와 관련된 내용이나 유교 경전의 의미와 관련된 내용을 토대로 출제하여 응시자로 하여금 자신의 의견을 피력하면서 이에 답하게 한 것이다.
20) 전신부(傳信部): 아직 성숙하지 않은 지역에서 교회 전반을 보살피고 지휘하는 기관으로 로마교황청이 1622년 설립한 포교성(布敎省, Congregatio de Propaganda Fide)의 중국식 명칭이다. 20세기에 들어와서는 포교성성(布敎聖省, Sacra Congregatio de Propaganda Fide)이라고 명명하기도 하였으나, 현재는 인류복음화성성 또는 인류복음화성(人類福音化省, S. Congregatio pro Gentium Evangelization seu de Propaganda Fide)이라 부른다.(이영춘, 〈중국에서의 포르투갈 '선교보호권' 문제 및 조선대목구 설정에 관한 연구〉, 《민족사와 교회사》, 한국교회사연구소, 2000, 164-165쪽)

는데, 원명은 Adeodat이고 교황청 전신부 사제였다)는 조정이나 화원(花園) 내에서 시계나 완구를 만들었기 때문에 매일 황제를 보았다. 황제가 그를 매우 좋아하였고 그의 정교한 기술을 칭찬하여 항상 그를 쳐다보며 말했다. 여의관(如意館) 내에는 그림을 그리는 3명과 시계를 만드는 2명, 모두 5명의 서양인이 있었다. 황제는 그 중 2명에게 항상 말을 걸었으니, 1명은 그림을 그리던 낭노야(郎老爺)였다. 그의 관명(官名)은 사녕(士寧)이고[21] 세례명은 요셉(Joseph Castiglione)[22]이었다. 그는 품격이 매우 높아서 황제가 많이 아꼈다. 그는 하도설량남정대(河道雪亮藍頂戴)[23]를 갖고 있었기에 왕공대인(王公大人)들 앞에서도 위신을 세울 수 있었으며 서노야(西老爺)도 이와 같았다. …… 서노야는 여의관 내 종방에서 황제를 자주 보았는데, 황제는 항상 그와 함께 이야기하면서 그의 기술이 매우 정교하다고 칭찬하였다. 교황청 사절이 도착하기 전에 황제는 서노야에게 아주 여러 번 '그대들은 빨리 서양 방(房)을 만드시오. 그대의 서양 대인이 오면 나는 그에게 우리의 서양 방 안에 진열된 것이 모두 서양의 매우 좋은 물건이며, 또 그 중에서도 좋은 것들은 서노야가 만든 작품으로 아주 교묘한 장난감이 설치되어있음을 보여줄 것이오'라고 말

....

21) 사녕(士寧)은 카스틸리오네의 또 다른 중국명인데, 관명으로 착각한 것으로 보인다.

22) 주세페 카스틸리오네(Giuseppe Castiglione, 郎世寧, 1688-1766): 이탈리아 출신의 예수회 선교사이자 화가로 강희 54년(1715) 북경에 도착하여 50여 년간 궁중화가로 활동하였다. 화법이 정교하고 뛰어났을 뿐더러 서양의 사실적 표현기법에 중국의 전통표현법을 접목하여 당시 궁중의 취향에 맞는 정교한 회화형식으로 다량의 초상화와 역사기록화 뿐만 아니라 화조화와 동물화를 제작하였다. 대표적인 회화작으로 〈취서도(聚瑞圖)〉·〈숭헌영지도(嵩獻英芝圖)〉·〈건륭대열도(乾隆大閱圖)〉·〈평정서역전도(平定西域戰圖)〉 등이 있으며 원명원에 서양풍의 건물을 설계하는데 참여하기도 했다.

23) 정대(頂戴)는 청대 관원의 품계를 구분하는 예모(禮帽) 위에 다는 장식으로 남정대는 남보석(藍寶石)을 단 모자라는 뜻이며, 홍보석(紅寶石)과 산호(珊瑚) 다음으로 높은 지위를 나타낸다. 하도설량은 정확히 무슨 뜻인지 알 수 없다.

했다."

　교묘한 장난감이란 시계의 원리에 근거하여 만든 기계를 말한다. 또
건륭 3년(1738) 중국에 온 테볼트(Ir. Gilles Thébault, 楊自新)란 수도사
도 종방에서 일하였다. 일찍이 100보를 걸을 수 있는 자동사자[自行獅]
하나를 만들었는데, 그 태엽은 사자 배 안에 감춰져 있었다. 후에 또 30
보에서 40보까지 걸을 수 있는 사자 하나와 호랑이 하나를 만들자, 건륭
제가 매우 좋아하였다. 테볼트는 1766년 1월 18일 즉 건륭 30년 12월
초8일에 사망했다. 이상은 피스터(Pfister)[24]의 《중국에서 활동한 예수회
선교사 열전 및 서지적 주석》(*Notices biographiques et bibliographiques
sur les Jésuites de l'ancienne Mission de Chine*)[25] 원서 제1책 793쪽에
나온다(풍승균이 이 책을 《入華耶蘇會士列傳》[26]이라 번역한 것은 잘못
이다. 왜냐하면 책 속에 중국인도 포함되어있어서 入華라고 한정할 수
없기 때문이다). 이제부터 피스터[費氏]로 약칭한다.
　선교사 방타봉(Ventavon)[27]은 다음과 같이 적고 있다.

··························

24) 루이 피스터(Louis Pfister, 費賴之, 1833-1891): 프랑스 출신의 예수회 선교사
　　로 동치 6년(1867) 중국에 와 숭명(崇明)과 해문(海門) 등지에서 단기 선교활
　　동을 하였으며, 장기적으로는 서가회(徐家匯) 장서각(藏書閣)의 책임자로 있
　　으면서 중국 역사지리 및 중국에서의 천주교 역사 등을 연구하여 통신잡지
　　를 간행하였고 강남 교구(教區)의 지도 등을 제작하였다.
25) 원서에는 《在華耶蘇會士列傳》으로 되어있으나 프랑스어 원서 제목에 맞게
　　번역하였다.
26) 정확한 책명은 《入華耶蘇會士列傳及書目》이다.
27) 장 마티유 드 방타봉(Jean-Mathieu de Ventavon, 汪達洪, 1733-1787): 프랑스
　　출신의 예수회 선교사로 1766년 중국에 왔다. 천문학을 잘 이해하였으며 종
　　표(鍾表) 등의 기예를 배운 후 궁중의 여의관에서 일하였다.

"중국에 온 지 1년 뒤(즉 1767년으로 테볼트가 죽은 지 1년 되는 해), 나는 시계 기술자의 자격으로 소집되어 궁(宮)에 들어왔으나 실제로는 단지 기계 장인(匠人)이라고 부를 수 있을 뿐이었다. 왜냐하면 황제가 필요로 하는 것이 기이하고 교묘한 기계이지 시계가 아니었기 때문이다. 내가 여기에 오기 얼마 전 테볼트 수도사가 세상을 떠났다. (그는) 일찍 이 스스로 3, 40보를 갈 수 있는 사자 하나와 호랑이 하나를 만들었다. 나는 최근 화병(花瓶)을 쥐고 움직일 수 있는 기계인형[機器人] 2개를 만들고 있는데, 이미 8개월 동안 작업을 하였으나 완성하려면 아직 1년 이 더 걸릴 것 같다. 나는 이로 인해 수시로 황제를 볼 수 있었다. …… 나는 항상 궁에 들어가야 했으므로 다른 동회(同會)의 선교사와 함께 성내(城內)에 살 수 없었다. 업무 관계상 나는 항상 해전(海甸: 원명원이 있던 지역을 말하는 것으로 현 북경시 海淀區에 속함 - 역자)에 거주하였다. (중)국내 왕공대신은 항상 서양 선교사에게 시계를 수리해달라고 청하였 다. 중국에 시계가 많은데, 단 2명만이 수리할 수 있었다. 1명은 전신부 사제이고 다른 1명은 나다."

이상은 피스터의 원서 제2책 914쪽에 보인다. '전신부 사제'는 바로 아데오다트(Adeodat, 西澄元)를 가리킨다.

아데오다트와 방타봉 이전에 야콥 브로카(Jacobus Brocard, 陸伯嘉)라 는 수도사가 있었는데, 강희 40년(1701) 중국에 왔고 57년(1718) 세상을 떠났다. 중국에 체류하던 17년 동안 궁중에서 시계와 물리(物理) 기구 및 황제 혹은 대신이 애호하는 기계를 제작하였다. 또 선교사 슬라비체크 (Slaviczek, 嚴家樂: 顏家樂 또는 燕嘉祿으로도 씀)가 있었으니, 1717년 1 월 2일(강희 55년 11월 12일) 북경에 도착했다. 수학과 음악 및 기계 전문 가로 역시 궁중에서 시계와 풍금을 제작 혹은 수리하였다. 옹정 13년 (1735) 북경에서 사망했다. 이상은 피스터의 원서 592, 655쪽에 보인다. 《홍루몽》 제57회에는 "이 때 보옥(寶玉)은 또 여러 가지 모양으로 장식한 선반 위에 놓여있는 황금빛 서양 자동기선[自行船] 1척을 보고 ……"라 적혀있고, 제63회에는 "상운(湘雲)이 웃으면서 대옥(黛玉)에게 그 자동기선을 가리켜 보이며 ……"고 되어있다. 제67회에는 설반(薛蟠)이 강남으로부터 가져온 큰 상자 2개 중 2번째 상자에 "호구(虎邱: 즉 蘇州 - 역자)에서 가져온 자동인형[自行人]"이 있었다고 묘사되어있다. 자동기선은 서양 물건이라 분명하게 말하고 있지만 자동인형에 대해서는 설명이 없다. 다만 "한 상자 안에는 능라주단과 양화(洋貨) 등 가정의 일용품이 가득 들어있었다"고 두루뭉술하게 말하고 있는 것으로 보아 제67회에 열거된 물품 중에서 '자동인형'만이 '양화'였던 것 같다.

자동인형과 자동기선, 테볼트의 자동 사자와 호랑이, 방타봉의 기계인형은 동일한 원리에 속한 것이 분명하다. 건륭 35년(1770) 영국 사절 윌리엄슨(Williamson)이 기계인형 하나를 바쳤는데, '팔방향화(八方向化), 구토래왕(九十來王)' 여덟 글자를 쓸 수 있었다. 건륭 50년 방타봉이 이를 개조하여 만주와 몽고 글자를 쓸 수 있게 하였다. 이상은 *T'oung Pao* 1913년 239쪽에 보인다.[28]

이보다 먼저 선교사 마갈렌스(Magalhaens)도 자동인형을 강희제에게 바쳤는데, 말을 할 순 없지만 몸 안에 태엽이 설치되어있어 스스로 15분 정도 움직일 수 있었다. 오른손에는 칼집에서 뽑은 검이 쥐여져 있었고 왼팔에는 방패가 걸려있었다. 이상의 내용도 피스터의 원서 제1책 253, 254쪽에 보인다. 이런 까닭에 강희 16년(1677) 4월 초5일 마갈렌스가 세

....

28) 앙리 코르디에(Henri Cordier)가 쓴 〈베르탱과 편지를 주고받은 사람들〉("Les Correspondants de Bertin")을 말한다. 베르탱(Henri Leonard Jean-Baptiste Bertin, 1719-1792)은 18세기 프랑스 정무차관을 역임한 사람으로 북경에 있는 선교사들과 서신을 교환하면서 선교활동에 많은 도움을 주었다고 한다.

상을 떠나자, 초6일 조서를 내려 "지금 마갈렌스가 병사했다고 들었다. 그는 장황제(章皇帝: 세조 순치제를 말함 - 역자) 때 기구를 제조하여 황제의 마음을 얻었다. 그 후에는 제조한 물건을 관리하는데 진력하였다"고 기렸다.《정교봉포(正敎奉褒)》[29] 제2책 73쪽에 보인다.

제6절 중국인 최초의 시계 관련 저작

앞 절에서 언급한 서조준의《고후몽구》는 4집(集)으로 나누어져 있다. 초집은《천학입문》, 2집은《해역대관(海域大觀)》, 3집은《일구측시간법(日晷測時間法)》·《성월측시도표(星月測時圖表)》·《자명종표도설(自鳴鐘表圖說)》, 4집은《천지도의(天地圖儀)》·《규일정방도표(揆日正方圖表)》이다. 서조준의 자는 관천(冠千)이고 호는 서당(恕堂)이다. 제생(諸生)[30]으로 저서에《중성표(中星表)》[31]가 있는데,《예해주진(藝海珠塵)》본에 실려 있는 그 자서에 가경 원년(1796)이라 적혀있는 것으로 보아《고후몽

....

29)《정교봉포(正敎奉褒)》: 전 2책. 강소성 해문(海門) 출신의 천주교 신부인 황백록(黃伯祿, 1830-1909)이 중국 천주교의 역사를 엮은 책으로 광서 30년(1904) 상해 자모당(慈母堂)에서 간행되었다.
30) 제생(諸生): 명·청시기 과거 초시(初試)에 합격해 중앙과 부·주·현학(府州縣學)에 입학한 생원(生員)을 가리킨다. 생원에는 증생(增生)·부생(附生)·늠생(廩生)·예생(例生) 등이 있는데, 이를 통틀어 제생이라 부른다.
31) 일설에는《고후몽구》가 모두 5집이고《중성표》도 그 안에 포함되어있다고 한다. 원서의 앞뒤 문맥을 보면 저자가 본 가경 14년판《고후몽구》에는《중성표》가 빠져있으나, 본래는 그 일부이어서 그 완성 시기를《중성표》자서의 작성연도에 의거하여 추론한 것 같다.

구》역시 건륭·가경 교체기에 완성된 게 분명하다. 이 책은 가경 14년 (1809)에 판각이 완성되었는데, 《자명종표도설》 자서에서 다음과 같이 말하고 있다.

"나는 어려서부터 자명종 시계 만들길 좋아하여 과거 공부하는 여가에 늘 이것을 가지고 스스로 즐겼다. 최근 기력이 점차 쇠하여져서 제자를 거두어 평소 알고 있던 것과 잘하는 것들을 모두 알려주었다. 아울러 모든 기관(機關)의 전이(轉移)와 이폐(利弊)를 열거하고 그 요점을 게시하며 그림을 그려 설명하였다. 그렇게 함으로써 시계를 다루는 자가 마치 의사가 병을 진료할 때 오장육부를 꿰뚫어 보아 그 병이 어느 곳에서 생겼는지, 병을 치료하고 예방하려면 어떤 방법이 마땅한지를 아는 것과 같이 그 기관에 어떤 문제가 있는지 알아서 손을 대기만 하면 바로 해결할 수 있도록 하였다. 기교함을 자랑하고 다투는 여러 기기들, 예컨대 지일봉패(指日捧牌)·주악(奏樂)·번수(翻水)·주인(走人)·권희(拳戲)·욕목(浴鶩)·행선(行船) 및 이름을 파개사제교법(葩開謝諸巧法)으로 바꾼 달의 차고 기움을 보여주는 것 등은 단지 미관(美觀)만 꾸미고 실용과 무관할 뿐 아니라 기기음교(奇技淫巧)에 가까운 혐의가 있다. 그런 이유로 여러 제자에게 전수할 때 약간 기이해 보여 종이에 적어둔 내용 중에서 결국 빼버린 것도 있으나 비밀로 하고자 한 것은 아니었다. 대개 놀이와 오락의 일단(一端)을 가지고 몰래 온 종일 장난감에 정신이 팔리지 않도록 경계한 것뿐이다."

《자명종표도설》은 〈종표명목(鐘表名目)〉·〈종표사건명목(鐘表事件名目)〉·〈사건도(事件圖)〉·〈배륜치법(配輪齒法)〉·〈작법(作法)〉·〈수종표정파법(修鐘表停擺法)〉·〈수타종불준법(修打鐘不准法)〉·〈장탁종표법(裝拆鐘表法)〉·〈용종표법(用鐘表法)〉·〈종표쇄략(鐘表瑣略)〉 등 10절로 나누어져 있다.

원서를 읽어보면 저자의 풍부한 실험정신과 정밀한 제작태도를 알 수 있다. 예컨대 "나는 시계를 만들 때 종종 임의로 먼저 주시(走時: 움직이는 시계바늘 - 역자) 1세트를 만들어 다리에 태엽을 장착한 다음 마음대로 움직이게 하고, 큰 바퀴가 1번 도는데 태양이 몇 각 몇 시를 가는지 살펴서 시각 바퀴[時刻輪]를 마땅히 어느 축에 두어야 하며 톱니는 몇 개여야 하는지를 배정한다. 서로 호응을 해야 해서 그 방법이 매우 유동적이지만 초보자가 능히 할 수 있는 바가 아니니, 여기에 특별히 몇 가지 방법을 다음과 같이 배치한다"고 한 것이 그러하다.

제5절 〈작법〉에서는 "바퀴 축은 매우 둥글어야 하는데, 최근 사용하고 있는 선반[線床: 즉 車床]의 컴퍼스와 곱재[規矩]가 가장 정확하다. 톱니를 만드는 방법은 균등하게 나누고 정확하게 줄로 쓸고 빛나게 가는 것 외에 다른 방법이 없다. 바퀴 축의 누합(鏤合)[32]은 정확하고 단단히 고정되어야 한다. 축두(軸頭)와 축안(軸眼)은 세밀해야 하고 거칠어서는 안 된다. 축안에 끼우는 끽치(喫齒)는 깊어야 하고 얕아서는 안 된다"고 하였다.

용수철[遊絲]을 만드는 방법에 대해서는 "가는 강사(鋼絲)를 쓰는데, 예리한 칼로 양면을 긁고 깎아서 작은 쟁반처럼 둥글게 말아 약한 불로 달궈서 제비 청색이 되게 한 다음, 그 부드럽고 단단함이 적당한 것을 선택하면 사용할 수 있다"고 하였다.

태엽[法條]을 만드는 방법에 대해서는 "강철을 두드려서 줄톱[鋸鑠]처럼 얇게 하고 줄[鑢]로 균등하게 깎아서 빛나게 한 다음, 고르게 잘라 잘 말아서 불에 넣어 빨갛게 달군다. 다시 녹인 납으로 그 성질을 감소시키고 장각(腸殼: 즉 條盒)에 넣으면 사용할 수 있다"고 하였다.

....

32) 원서에는 양합(勱合)으로 되어있으나 뜻이 통하지 않아 관련 원문을 확인하여 바로잡았다.

책 안에 그림 4쪽이 있는데, 모두 평면도이고 비례의 대소(大小), 길이와 두께에 대한 설명이 달려있지 않다. 제1면은 '양천척식(量天尺式)'으로 양천척은 속칭 파(擺)라고 부른다는 주가 달려있다. 반대쪽 면은 '주시륜식(走時輪式)'으로 바로 1세트의 정치륜분도(正齒輪分圖)이다. 나머지는 '갑륜(閘輪)'·'정황(제자)지침륜(挺簧(掣子)指針輪)'·'타향치륜(打響齒輪)' 1세트와 '치갑동규(齒閘動規)'·'종면(鐘面)로마자[羅馬字]' 등이다.

중국의 시계 수리 및 시계 제조업은 모두 광주가 가장 빨랐고 다음이 소주인 까닭에 속칭 '광종(廣鐘)', '소종(蘇鐘)'이라 불렀다. 대략 서조준이 책을 쓴 시기와 서로 같았으니, 태엽만 모두 해외에서 수입되었을 뿐이다.

서조준과 그의 저작은 그 자체로서 중국 기계공학 상에 있어 중요한 위치를 차지하는데, 나의 친구 반실(潘實)이 이에 관한 전문서적을 써서 그를 표창하고자 하니 마땅한 일이라 하겠다.

제7절 중국인의 서양 물리학 연구

서양 물리학을 연구한 중국인으로는 서광계·이지조(李之藻)·왕징 이후로 방이지(方以智)를 가장 먼저 들 수 있다.

방이지는 자가 밀지(密之)이고 호는 만공(曼公) 또는 부산우자(浮山愚者), 용면우자(龍眠愚者)이며 동성(桐城) 출신으로 숭정 12년(1639) 진사가 되었다. 어린 시절 그의 아버지와 함께 서양 선교사 우르시스를 만났고 커서는 또 《서유이목자》와 《천학초함(天學初函)》을 얻어서 읽었다. 삼비아시(Sambiasi)[33]로부터 역산(曆算)과 기기(奇器)의 학문을 배웠으나, 그가 상세히 설명하지 않음을 불만스러워했다. 저서로 숭정 14년

(1641) 출판한 《물리소식(物理小識)》이 있다. 권1은 〈천류(天類)〉·〈역류(曆類)〉, 권2는 〈풍뢰우양류(風雷雨暘類)〉·〈지류(地類)〉·〈점후류(占候類)〉, 권3은 〈인신류(人身類)〉, 권4와 권5는 〈의약류(醫藥類)〉, 권6은 〈음식류(飮食類)〉·〈의복류(衣服類)〉, 권7은 〈금석류(金石類)〉, 권8은 〈기용류(器用類)〉, 권9·10·11은 〈초목류(草木類)〉·〈조수류(鳥獸類)〉, 권12는 〈귀신방술류(鬼神方術類)〉·〈이사류(異事類)〉이다. 각 류는 모두 서양의 학설을 채택하였다. 그의 아들인 방중통(方中通)·방중덕(方中德)·방중리(方中履)가 모두 이 책에 주를 달았는데, 방중통이 가장 많았다. 방중통 역시 서양 선교사와 교류하였으니, 예컨대 권2 '지유지동야(地遊地動也)'조를 보면 "중통 왈(曰): 목(穆)선생 역시 지구가 움직인다는 학설을 갖고 있다"는 주가 달려있다. 목선생은 스모골랜스키(Smogolenski)를 말한다. 이에 대해서는 앞에서 이미 상세히 다루었다.

그 후로는 황리장(黃履莊)이 있으니, 순치 13년(1656)에 태어났다. 고종

....

33) 프란체스코 삼비아시(Francesco Sambiasi , 畢方濟, 1582-1649): 이탈리아 출신의 예수회 선교사로 1610년 마카오로 와서 중국어와 천문학을 익히고 1613년 북경에 도착했다. 1616년 남경 박해 당시 천주교 신자인 산동순무 손원화(孫元化)의 도움으로 가정(嘉定)에 있던 천주당에 머무르면서 연구와 선교에 전념하였다. 1620년 다시 북경으로 가서 서광계의 집에 은신했으며 이후 강소와 절강 등지에서 선교했다. 1644년 청의 입관(入關) 후에는 명의 후예인 복왕(福王)과 당왕(唐王) 등의 사신으로 임명되어 천주당 건립의 약속을 얻는 대신 마카오에 가서 포르투갈의 군사 원조를 청하는 임무를 맡기도 하였다. 1646년 청군이 광주를 함락했을 때 가까스로 살아남아 그 후 광주와 그 인근에서 활동하다가 1649년 마카오에서 사망하였다. 여러 권의 한역(漢譯) 서학서(西學書)를 저술하였는데, 가장 대표적인 것은 서양 철학의 입장에서 아니마(anima, 즉 영혼)를 설명한 《영언려작(靈言蠡勺)》으로 1624년 상해에서 간행되었다. 그 밖의 저서로 《필방제주절(畢方濟奏折)》·《천학략의(天學略義)》 등이 있다.

사촌인 대용(戴榕)이 일찍이 그의 전기를 썼는데, 장조(張潮)가 지은 《우초신지(虞初新志)》34) 권6에 실려 있다. 대용은 또 황리장이 발명하거나 모방해 만든 기기(奇器)를 수록하여 《기기목략(奇器目略)》이란 책을 만들었지만 애석하게도 이미 없어졌다. 그러나 《우초신지》에 일찍이 그 책의 요지를 한데 모아서 황리장의 전기 뒤에 붙여 놓은 것이 있다. 전기에 보면 "7, 8세 때 일찍이 장인(匠人)의 칼과 송곳을 몰래 가져다가 서당에서 선생님[塾師]을 등지고 길이 1촌쯤 되는 목인(木人)을 깎아서 책상 위에 두었는데, 스스로 걸을 수 있었고 손발이 모두 스스로 움직였다"고 되어 있지만, 이 말을 그대로 믿을 수는 없다. 대용은 《기기목략》의 "원본이 매우 상세하다"고 말했지만, 남아있는 발췌본은 "간혹 몇 가지 조항만을 기록하여 일부를 보여주고" 있을 뿐이다. 현재 이름을 알 수 있는 것은 모두 27종이다. 그 중 서광경(瑞光鏡)은 "큰 것은 직경이 5, 6척이나 되는데, 밤에 등불로 이를 비추면 그 빛이 몇 리 밖까지 다다랐다. 그 쓰임이 매우 커서 겨울철에 사람이 빛 가운데 앉아있으면 온 몸이 따뜻해진다"고 하였다. 그 외 현미경(顯微鏡)·다물경(多物鏡)·천리경(千里鏡)·취화경(取火鏡)·취수경(取水鏡)·임화경(臨畫鏡)·험냉열기(驗冷熱器)·험조열기(驗燥熱器)·자동희(自動戲)·진화(眞畫)·등구(燈毬)·자행구서선(自行驅暑扇)·목인장선(木人掌扇)·용미거(龍尾車)·일선천(一線泉)·류지천(柳枝泉)·산조명(山鳥鳴)·난봉음(鸞鳳吟)·보시수(報時水)·폭포수(瀑布水) 등이 있다. 오력(吳歷)은 《삼여집(三餘集)》에 실린 〈영현미경(詠顯微鏡)〉이란 시에서 "현미경 잡고서 장인의 깊은 뜻 알았나니, 미세한 것을 현미경에 접하면 천금의 가치가 나타나네35)"라고 묘사하고 있다. (이를

34) 《우초신지(虞初新志)》: 전 20권. 청초 안휘 흡현(歙縣) 사람 장조(1650-1709)가 명말 청초 문인들의 글을 모은 책이다.

보면 현미경이) 청초에 이미 전래되어 들어온 것으로 짐작된다.

대용이 지은 〈황리장전(黃履莊傳)〉에는 다음과 같이 적혀있다.

"광릉(廣陵: 지금의 揚州 - 역자)에 와서 나와 함께 살았는데, 서양의 기하
·비례·윤렬기축(輪捩機軸: 바퀴 등을 돌리는데 사용하는 크랭크 축 - 역자)
의 학문을 듣고 나서 그의 기교가 더욱 발전하였다. …… 아직 기억나는
것은 그가 바퀴 2개가 달린 작은 수레(자전거로 추정되고 있음 - 역자) 1대
를 만들었는데[36], 그 길이가 3자가 넘어 대략 1명이 앉을 만 하였고 밀고
당기지 않아도 스스로 움직일 수 있었다. 가다가 멈출 경우 손으로 축
옆에 있는 굽은 막대[曲拐]를 당기면 다시 처음처럼 갈 수 있어서 멈출
때마다 당기면 하루에 족히 80리를 갈 수 있었다. 나무로 된 개를 만들어
문 옆에 두었는데, 평상시에는 웅크리고 누워 있다가 사람이 집에 들어
오면서 기관을 건드리면 일어서서 계속 짖어대니, 그 소리가 진짜와 다
르지 않았다. …… 나무로 된 새를 만들어 새장 안에 두었는데, 스스로
춤추며 날면서 울 수 있었다. 마치 화미조(畵眉鳥)처럼 울어대니, 그 구
슬픈 소리가 갈수록 들을 만 했다. 수기(水器)를 만들어 물을 그 안에
넣자 아래로부터 위로 5, 6척 높이까지 물을 선(線)처럼 뿜었고 한동안
계속되었다."

대용이 전기를 썼을 때 황리장은 겨우 28세였고 《기기목략》을 작성한
것도 같은 해이니, 《우초신지》도 그 해(강희 22년, 1683)에 출판된 것
같다. 그래서 28세 이후 황리장의 발전이나 새로운 발명에 대해서는 지
금 더 이상 알 수 없다. 사망한 해도 확실치 않다. 또 《우초신지》에

....

35) "把鏡方知匠意深, 微投卽顯見千金."
36) 원서에 인용된 이 구절("猶記其解雙輪小車一輛")을 그대로 해석하기에는 매
우 어색한 면이 있어서 위키소스(https://zh.wikisource.org/wiki)의 텍스트
본에 의거하여 '解'자를 '作'로 바꾸어 번역하였다.

수록된 '험냉열기(驗冷熱器)' 뒤에 "따로 전문서적이 있다"고 되어있으나, 이 책 역시 남아있지 않다. 소위 '험냉열기'란 온도계로 병을 진찰할 수 있었기에 "이 기구는 허실을 진단하고 상태를 분별할 수 있어 여러 약의 효과를 증명하였다"고 되어있다. '험조열기(驗燥熱器)'란 기압계를 말하는데, "안에 침(針)이 하나 있어 좌우로 돌 수 있다. 건조하면 좌로 돌고 습하면 우로 도는데 조금도 틀리지 않았다. 맑고 흐림도 예측할 수 있었다"고 하였다.

그 아래에 완구 4종류에 대해 다음과 같이 적혀있다. "자동희(自動戲)는 그 안에 음악이 갖추어져 있어 인력(人力)을 들이지 않고 스스로 연주하였다. 진화(眞畫)는 사람과 짐승 모두 스스로 움직일 수 있어 진짜와 다를 바 없었다. 등구(燈毬)는 작은 방 1칸을 만들어 그 안에 등잔 몇 개를 걸어 놓은 것인데, 사람이 그 안에 들어가면 마치 사통팔달의 큰 시장에 온 것처럼 인가가 밀집해있고 등불이 몇 리에 걸쳐 연이어 이어져 있음을 볼 수 있었다. 자행구서선(自行驅暑扇)은 인력을 들이지 않고 온 방안에 바람이 불게 하였다." 목인장선(木人掌扇)에 대해서는 설명이 없다.

《기기목략》의 마지막은 '조기지기(造器之器)'로 방원규구(方圓規矩)가 열거되어있으니, 취소화대규구(就小畫大規矩)·취대화소규구(就大畫小規矩)·화팔각륙각규구(畫八角六角規矩)·조제경규구(造諸鏡規矩)·조법조기(造法條器) 등이다.

황리장 이후 강희연간에 제생(諸生) 강영(江永)이 있었는데, 자는 신수(慎修)이고 보산(步算)·음율(音律)·성운(聲韻)에 정통하였다. 《청패류초(淸稗類鈔)》[37]에는 강영이 제작한 기기(奇器)가 기록되어있으나, 분명 와

....

37) 《청패류초(淸稗類鈔)》: 절강성 항주 사람인 서가(徐珂, 1869-1928)가 청대의

전된 바가 있으니 다음과 같다. "일찍이 죽통 하나를 설치하고 가운데에 유리로 뚜껑을 만들어 열쇠로 이를 열었다. 뚜껑을 열면 죽통에서 수천 마디의 말을 하다가 말이 끝나면 뚜껑이 닫혔다. 천리 이내의 사람에게 소리를 전하였는데, 죽통을 열고 귀를 갖다 대면 마치 앞에서 말하는 것처럼 뚜렷하게 들렸다. 천리가 넘으면 소리가 점차 흩어져 들리지 않았다."

강영의 문하생 대진(戴震)은 자가 동원(東原)으로 "서양인의 용미거법 (龍尾車法)에 의거하여 〈영선거기(嬴旋車記)〉를 썼고, 서양인의 중력법 (重力法)에 의거하여 〈자전거기(自轉車記)〉를 썼다"고 능정감(凌廷堪)[38] 이 쓴 〈대동원사상(戴東原事狀)〉[39]에 나오지만, (대진이) 새롭게 만든 것은 없었다.

또 건륭·가경 교체기에 전당(錢塘)의 황초(黃超)라는 사람이 있었는데, 원명은 정(楨)이고 자는 철우(鐵牛)였다. 스스로 한란계[寒暑表]를 만들 수 있었고 조금도 틀리지 않았다고 한다. 《중론문재필록(重論文齋筆錄)》[40] 권5에 보인다. 그는 천문관측 및 《구장산술(九章算術)》에도 정통

....

장고(掌故)와 유문(遺聞) 13,500여 항목을 92개 부류로 나누어 편집해 만든 책이다.
38) 능정감(凌廷堪, 1757-1809): 안휘성 흡현 사람으로 건륭 54년(1790) 진사에 합격하였으나 지현(知縣)으로 나가지 않고 교직을 택하였다. 말년에는 하반신 마비로 저술에 10여년 진력하였다. 저서로 《교예당문집(校禮堂文集)》 등 다수가 있다.
39) 능정감이 쓴 글의 원래 제목은 〈대동원선생사략상(戴東原先生事略狀)〉이고 《교예당문집》 권35에 수록되어있다.
40) 원서에는 《중론재필록(重論齋筆錄)》이라 되어있으나 오류가 분명해서 바로 잡았다. 《중론문재필록》은 청 가경 19년(1814) 진사이며 장서가인 왕단리 (王端履, 생몰연도 미상)의 저술이다.

하였다고 한다.

《우초신지》〈황리장전〉 마지막 부분에는 다음과 같이 적혀있다.

"서양인의 정교한 생각은 중국보다 백배나 뛰어난데, 어찌 천지의 뛰어난 기운이 저들에게만 두텁게 주어졌겠는가? 내 친구 매정구(梅定九: 梅文鼎을 가리킴 - 역자)와 오사소(吳師邵)는 모두 그 학술에 정통하였고 지금 또 황리장이 있으니, 중국인의 정교함도 결코 저들보다 못하지 않음을 알 수 있다. 단지 기예로 명성을 얻으려 하지 않고 부귀영달에 그 생각을 다하지 않아서 여러 기술에 두루 미칠 수 없었으니, 이런 까닭으로 정교한 생각이 서양보다 좀 못할 뿐이다."

제4장
군기(軍器)와 병제(兵制)

제1절 불랑기(佛郞機)의 초기 전래와 중국인의 복제

《명사》〈병지(兵志)〉 및 심덕부(沈德符)[1]의 《(만력)야획편(野獲編)》
권17에 따르면, 근세 서양 화기(火器)의 중국 전래는 명 성조가 교지(交
趾)를 정벌할 때 교지인으로부터 신기창포법(神機槍砲法)을 획득하여 특
별히 신기영(神機營)을 설치하고 신창화전(神槍火箭) 제작기술을 배운데
서 시작되었다고 한다. 그 후 다시 환관[內臣]을 함께 등용하여 신기화기
(神機火器)를 감독케 하고 이를 감창(監槍)이라 불렀다. 선종(宣宗)이 고
후(高煦) 정벌[2]을 3일 만에 해결한 것은 바로 신식 무기에 힘입은 바가
컸다.

가정 2년(1523) 포르투갈의 페드로 하멘(Pedro Hamen)이 전함 5척으

---

1) 원서에는 청대의 시인 심덕잠(沈德潛, 1673-1769)으로 되어있으나 오류가 분
명해 바로잡았다.
2) 선종의 숙부 한왕(漢王) 주고후(朱高煦)가 선덕 원년(1426) 반란을 일으키자,
양영(楊榮)의 건의에 따라 직접 군사를 이끌고 가 평정한 것을 말한다.

로 신회(新會: 광동성 廣州府 新會縣 - 역자)의 서초만(西草灣)3)을 노략질하
였는데, 여기저기 옮겨가며 싸우다 조주(趙州: 趙는 梢의 오기로 서초만 북쪽
에 위치한 현재의 沙洲로 추정됨 - 역자)에 이르렀을 때 명군이 그 대포를 획득
하고는 바로 불랑기라고 이름을 붙였다. 그것은 동으로 만들어졌으며
길이는 5, 6척이었고 큰 것은 무게가 천여 근, 작은 것은 150근이었다.
큰 배[腹]에 긴 목[頸]을 한 모습으로 배에 구멍을 만들어 자총(子銃) 5자
루에 화약을 채워서 배 속에 넣고 쏘면 백여 장을 날아갔으며 맞은 곳은
번번이 산산조각이 났다. 이상은 《명사》 권325 '불랑기전'에 보인다. 《명
실록》에도 이 해 3월 같은 내용이 기록되어있다.

《수역주자록(殊域周咨錄)》 권9에는 다음과 같이 적혀있다.

"가정 2년 왕횡(汪鋐)4)이 후에 총재(冢宰)가 되어 상주하길 '불랑기는
흉악하고 사납기가 돼먹지 않았는데 오직 이 대포[銃]와 이 배에 의지할
뿐입니다. 이 대포의 맹렬함은 자고이래 병기 중에 그보다 나은 것이
없으니, 오랑캐를 막고 성을 지키는데 쓰면 가장 편리할 것입니다. 그
제작 방식을 각 변경에 나누어 주어서 이를 만들어 오랑캐 막기를 청합
니다'고 하니 황제가 이를 따랐다. 지금까지 변경에서 이 대포에 의지함
이 자못 크다."

....

3) 서초만(西草灣): 그 위치에 대해 신회의 포초만(蒲草灣), 향산(香山)의 서초
   만, 신안(新安) 대서산(大嶼山) 천초만(茜草灣) 등 여러 설이 있는데, 최근
   연구에 따르면 홍콩[香港] 이어문(鯉魚門) 부근에 있는 서초만에서 충돌이
   일어났다고 한다.(《명사 외국전 역주》, 2책, 549쪽)
4) 왕횡(汪鋐, 1466-1536): 강서성 무원(婺源) 사람으로 홍치 15년(1502) 진사가
   된 후 광동지역에서 주로 근무하였다. 광동제형안찰사(廣東提刑按察使)로
   페드로 하멘이 신회 서초만을 침입했을 때, 함대를 출격시켜 이를 격파하고
   페드로 하멘 등을 사로잡았다. 또 포르투갈 배에 실려 있던 대포를 획득하여
   불랑기라 이름 짓고 조정에 바침으로써 우도어사(右都御史)로 승진하였다.

《명실록》 가정 9년 9월에는 다음과 같이 기록되어있다.

"도찰원(都察院) 우도어사(右都御史) 강횡(江鋐: 江은 汪의 오기임)이 말했다. '지금의 방어책으로는 마땅히 제가 바친 불랑기 대포를 사용해야 합니다. 작은 것은 20근 이하로 600보까지 쏠 수 있으니 돈대(敦臺)에 설치하면 됩니다. 돈대마다 대포 1대를 두고 3명이 지키도록 합니다. 큰 것은 70근 이상으로 5, 6리까지 쏠 수 있으니 성보(城堡)에 설치하면 됩니다. 성보마다 대포 3대를 두고 10명이 지키도록 합니다. 5리마다 돈대 하나를 두고 10리마다 성보 하나를 두어서 크고 작은 것이 서로 의지하고 멀고 가까움이 서로 호응하여 하늘의 별처럼 촘촘하게 배열하면, 비거나 빠짐이 없어서 적들이 발 디딜 데가 없게 될 터이니 싸우지 않고도 공을 거둘 수 있을 것입니다.'"

《천하군국이병서(天下郡國利病書)》 권119에서는 《월산총담(月山叢談)》을 인용하여 다음과 같이 저고 있다.

"왕횡이 이로 말미암아 추천받아 등용되었다. 후에 남공순무(南贛巡撫)[5]가 되어 …… 북길구(北吉口)에 오랑캐가 침입해 들어오자 왕횡이 불랑기 대포를 변경의 진(鎭)에 배치하자고 건의하였다. 모든 성진(城鎭)과 관애(關隘), 돈대의 약한 지점[缺口]에 모두 이것을 써서 침략을 막자는 것이었다. 황제가 그 의견을 따라서 담당부서로 하여금 시행하도록 명하였고, 지금까지 세 변경[三邊]에서 실제로 그 쓰임에 의지하고

....

5) 남공순무(南贛巡撫): 정식명칭은 순무남공정소등처지방제독군무(巡撫南贛汀韶等處地方提督軍務)로 명 홍치 10년(1497) 처음 설치되었다. 주재지(駐在地)는 공주(贛州: 현 강서성 贛州市)였고 관할 지역은 여러 차례 변동 끝에 가정 45년(1566年) 강서의 남안(南安)과 공주(贛州), 광동의 소주(韶州)와 남웅(南雄), 호광(湖廣)의 침주(郴州), 복건의 정주(汀州)로 확정되었다가 청 강희 3년(4년이라고도 함)에 폐지되었다.

있다. 그러나 왕횡이 상주문에 사용한 단어와 어구의 간절함이 싫증날
정도로 반복되어 병부낭중 오진경(吳縉卿)이 이를 보고 비웃었는데, 왕
횡이 이를 듣고 노하여 동인부(銅仁府) 지부(知府)로 강등시켜버렸다.
그래서 혹자는 이를 조롱하여 '그대는 일개 불랑기 때문에 동인부로 쫓겨
났구려!'라 하였다."

그 외 불랑기의 전래 연원에 대한 여러 설이 있지만, 대체로 포르투갈
인이 중국에 오기 이전에 복건과 광동 상인이 이미 남양(南洋)에서 분명
구입했을 것이라는 내용들이기 때문에 최초의 전래 시기는 고증할 수가
없다.

앞서 인용한 《수역주자록》에 기록된 왕횡의 상주에 비록 가정 2년
(1523)이라고 나오지만, 그 아래 "왕횡이 후에 총재가 되어"의 '후에[後]'
라는 말 때문에 그 연대를 쉽게 확정할 수 없다. 다만 가정 2년 이후임은
분명하다.

그러나 《명회전(明會典)》(만력) 권193 〈공부(工部)13〉의 '군기군장(軍
器軍裝)2' 화기(火器)에도 가정 2년 일찍이 큰 불랑기 32대[副]를 만들었
는데 길이가 2척 8촌 5분이었고, 만력 7년(1579)에는 작은 불랑기 4천대
를 만들었다고 적혀있다. 융경연간(1567-1572) 척계광(戚繼光)은 계진(薊
鎭)에서 병사를 훈련시키면서 불랑기 주조 방법이 잘못되었음을 한탄하
였는데, 가정 초년으로부터 불과 50년이 지나지 않은 때였다. 《연병실기
(練兵實紀)》[6] 권2 〈원화기(原火器)〉에 나온다. 같은 책에서는 또 쾌창(快
鎗)으로도 불리는 협파창(夾把鎗)에 대해 논하면서, 불랑기나 조총(鳥銃)

....

6) 《연병실기(練兵實紀)》: 척계광이 계진에서 병사를 훈련시킬 때 지은 책이다.
   정집(正集) 9권과 잡집(雜集) 6권으로 되어있는데, 척계광의 대표적인 군사
   저술 《기효신서(紀效新書)》의 자매편으로 불린다.

에 비해 간단하지만 제대로 만들지 않았기 때문에 척계광이 "철통을 말 아놓은 것에 불과하다"고 말했다고 한다.

《속문헌통고(續文獻通考)》 권134 〈병고(兵考)14〉 '군기(軍器)'에 보면 중국이 처음으로 불랑기를 제작한 것에 대해 다음과 같이 기록하고 있다.

> "가정 3년(1524) 4월 불랑기를 남경에서 만들었는데, 남경수비(南京守備) 서붕거(徐鵬擧) 등이 상소를 올려 광동에서 얻은 불랑기 대포의 제조 방법 및 장인을 요청하였다. 병부에서 '불랑기 대포는 오공선(蜈蚣船)[7]이 아니면 지탱할 수 없으니 마땅히 광동에서 장인을 구하여 남경에서 제조해야 합니다'고 건의하자, 그렇게 하라는 조서를 내렸다."

만력 20년(1592) 일본의 도요토미 히데요시(豊臣秀吉)가 조선을 침략하자 명군이 그것을 막았는데, 이 때 쌍방이 모두 총포를 사용하였다. 이와 동시에 만주족도 동북에서 흥기하여 여러 번 변경 지대를 어지럽혔고, 이에 무기 개량의 필요성을 깨닫게 되었다.

제2절 제1차 포르투갈 화포 구매와 포르투갈 병사 모집 과정

만력 35년(1607) 마테오 리치는 〈역기하원본인(譯幾何原本引)〉에서

---

7) 오공선(蜈蚣船): 16세기 포르투갈 전함을 가리킨다. 선체가 좁고 길며 배 양쪽에 매우 많은 노가 달려있어 위에서 내려다보면 마치 지네 같은 모양이어서 이런 이름을 붙였다고 한다.

이미 간접적으로 서양의 화기(火器)와 군사학을 소개하였으니, 그 내용은 다음과 같다.

"지금 기하학을 차용한 여러 분야에 대해 상세히 소개할 겨를이 없지만, 병법(兵法)은 국가의 대사이고 안위의 근본이므로 반드시 이 이치를 가장 긴급하게 강구하지 않으면 안 된다. 그러므로 지용(智勇)이 있는 장수는 필히 기하학을 먼저 공부해야 하는데, 그렇지 않으면 비록 지용이 있어도 쓸 데가 없다. 좋은 장수가 어찌 운명과 길흉화복 내지 일진(日辰) 같은 것에 마음을 두겠는가? 좋은 장수에게 급히 필요한 것은 먼저 군마와 군량의 많고 적음을 헤아리고 거리의 원근, 지형의 험함과 평탄함, 넓고 좁음, 죽느냐 사느냐를 파악하는 것이다. 다음으로 진영을 형세에 맞게 짜서 원형으로 하여 적게 보이거나, 각형(角形)으로 하여 많게 보이거나, 초승달 형상으로 하여 적을 포위하거나, 날카로운 형세로 적을 궤멸시킬지를 계획하는 것이다. 그 다음은 여러 공수(攻守)에 필요한 기계들 중 어느 것이 편리하고 상황에 맞춰 상대를 압도할 수 있으며 부단히 새로운지를 헤아리는 것이다. 열국(列國)의 역사에 실린 바를 살펴보면, 전쟁에서 승리하거나 견고하게 지키는데 어떤 새로운 기술로 제작한 기계의 도움을 받지 않은 적이 있었던가? …… 내가 들은 바로 우리 서양에서는 1600년 전 천주교가 크게 퍼지지 않았을 때 열국이 서로 병합함이 많았다. 그 기간에 영국 장수들이 적은 병력으로 10배나 되는 군대를 맞이하여 고립된 성을 지키고 수륙의 공격을 막아 내기를 마치 중국에서 말하는 공수(公輸)[8]와 묵적(墨翟)이 9번 공격하고 9번 물리친 것[9]처럼

8) 공수(公輸, B.C.507-B.C.444): 즉 공수반으로 성은 공수(公輸)이고 이름은 반(般)이다. 전국시대 초기 노나라의 유명한 기계 기술자로 노반(魯般)으로도 불린다. 초나라가 송나라를 공격할 때 쓸 높이 오르는 사다리 운제(雲梯)를 만들었다고 한다.
9) 전국시대의 유명한 사상가이자 병법가인 묵자 즉 묵적이 송나라에 봉직하고 있을 때, 공수반이 초나라 왕을 위해 운제를 발명해 송나라를 공격하려하자

한 일이 종종 있었다. 저들이 어떤 기술을 가져서 그러했는가? 기하학에 익숙했을 뿐이다."

만력 46년(1618) 4월 여진(女眞)이 무순(撫順)을 함락시키자 명 조정이 크게 놀랐다. 다음해 정월 요동 지원 병력 10만 명을 요양(遼陽)에 집중 시켰지만 3월에 또 패하였다. 10월 병사를 훈련시키라는 명령을 받은 서광계(徐光啓)는 즉시 서양대포를 구매하고 포수를 모집하여 훈련을 돕게 할 생각에 이지조(李之藻)와 양정균(楊廷筠)에게 서신을 보내 상의하였다. 만력 48년(1620) 10월 이지조의 문하인 장도(張燾)와 손학시(孫學詩)가 마침내 마카오에 도착하였다. 그러나 다음해(천계 원년, 1621) 이지조가 올린 〈승리를 위해 반드시 서양대포가 필요하니 속히 구할 수 있도록 조칙을 바라는 상소(爲制勝務須西銃乞勅速取疏)〉(《서문정공집(徐文定公集)》 권3)에는 장도의 이름만 있고 손학시는 나중에 파견한 것으로 되어있다. 그러나 천계 원년 12월 《명실록》에는 손학시만 기록되어있다. 이지조의 상소에는 다음과 같이 적혀있다.

"이전에 제가 원적(原籍: 항주를 말함 - 역자)에 있을 때 소첨사(少詹事: 詹事府 소속의 정4품관 - 역자) 서광계가 칙령을 받들어 군대를 훈련시키면서 이 대포로 교련을 진행하고자 저에게 편지를 보내 대신 구매해주길 부탁하였습니다. 저와 원임부사(原任副使: 당시 맡고 있던 江西按察司副使를 말함 - 역자) 양정균이 자금 기부를 합의하고 저의 제자인 장도를 구매하러 보냈습니다. 그가 마카오(澳)에 도착하였으나 출입이 엄히 금지되어 목적을 달성할 방도가 없음에 안찰사 오중위(吳中偉)에게 사정을

....

직접 초나라에 가서 공수반과 가상전투를 하여 9차례의 공격을 모두 막아냈다는 고사를 말한다.

고하였습니다. 오중위는 평소 충성스럽고 강직하여 혼자 힘으로 그 일을 맡아 제안양대(制按兩臺)에 대신 글을 올려 배를 차출하고 관리를 파견하여 장도를 데리고 함께 마카오에 들어가도록 했습니다. 오랑캐 상인이 사정을 듣고 감격하여 많은 금(金)을 원조해서 큰 철제 대포 4문(門)을 구입하였습니다. 대포를 다루는데 능한 두목 4명을 추천하여 시중드는 통사 6명과 함께 광동에 이르렀으니, 이것이 작년 10월의 일입니다. …… 최근 들으니 장도가 스스로 자금을 마련하여 대포를 강서(江西) 광신(廣信: 府의 治所는 현 강서성 上饒市에 있었음 - 역자) 지방으로 운반하였다고 합니다. …… 원래 오랑캐 두목은 1인당 매년 가족생활 수당으로 은(銀) 100량과 일상의 의식 비용으로 은 136량을 지급하고 나머지 사람은 1인당 매년 은 40량을 주기로 합의하였습니다. 이들 대포를 다루는데 능한 오랑캐 두목 등은 마카오 상인이 목숨을 의지하는 자들로 평소 넉넉한 보수를 지급받았기 때문에 후하게 사례하지 않으면 오도록 권할 수가 없었습니다."

최경영(崔景榮)[10]도 〈승리를 위해 반드시 서양대포가 필요하니 구매와 모집 시말을 삼가 진술하는 상소(制勝務須西銃, 敬述購募始末疏)〉를 올렸는데, 이를 보면 구매하러 간 사람은 장도이고 광신에 가서 맞이하여 가져온 사람은 손학시였음을 알 수 있다.

4문의 대포에 관한 일은 후일 구식사(瞿式耜)[11]가 올린 〈화기를 구하

....

10) 최경영(崔景榮, 1565-1631): 자는 자강(自强)이고 만력 11년 진사에 급제하였다. 청렴 강직하여 환관 위충현의 세력에 대항한 것으로 유명하다. 관직은 병부상서와 이부상서에 이르렀다.
11) 구식사(瞿式耜, 1590-1650): 강소성 상숙(常熟) 사람으로 시인 겸 관리이다. 자는 기전(起田)이고 시호는 충선(忠宣)이며 서양 선교사 알레니와 교류하면서 세례를 받고 천주교인이 되었다. 남명정권에 참여하여 항청운동을 한 민족영웅으로 유명하다.

는 상소(講求火器疏)에서도 언급하고 있을 뿐 아니라 "후에 칙명을 받들어 안변정로진국대장군(安邊靖虜鎭國大將軍)으로 봉하였는데, 이는 서양에서 들여온 4문 중 2번째 것이었다"고 하였다. 《구충선공집(瞿忠宣公集)》권2에 나온다.

상술한 이지조의 상소 중에는 마테오 리치가 생전에 그와 더불어 유럽의 군사에 대해 이야기한 적이 있었다고 다음과 같이 언급하고 있다.

"제가 일찍이 그 나라의 무비(武備)에 대해 물으니, '국가 차원의 군사비가 없으며 유명한 성(城)이나 큰 도시의 요충지에 단지 대포 몇 문을 배치하고 이를 쏘는 사람 몇 명과 지키는 사람 수백 명만 있을 뿐이다. 큰 대포는 길이 1장에 둘레 3, 4척이며 구경(口徑)이 3촌이고 그 안에 화약 몇 승(升) 들어간다. 철과 납 조각을 섞고 그 바깥을 잘 정련된 철로 덮은 큰 포탄은 직경이 역시 3촌이고 무게는 3, 4근이 나간다. 포탄 제조 기술은 매우 기묘하여 원형 가운데를 갈라서 (화약을 넣고) 정련한 강철 띠로 연결하는데, 그 길이는 1척 정도이다. 불을 붙여 포탄을 발사해 날리면 강철 띠가 곧게 펴지면서 비스듬히 가볍게 스치듯 나아가니, 2, 30리 안의 큰 나무를 부러뜨리고 견고한 성을 뚫어서 공격하면 무너뜨리지 못하는 것이 없다. 그 외 납으로 된 포탄의 위력은 5, 60리까지 미친다. 대포는 동이나 철로 만들며 제련법이 따로 있으니 각 대포마다 무게가 약 3-5천근이 나간다. 그것을 수레에 싣고 발사하는데, 바닥에 평평한 판이 있고 작은 바퀴가 있으며 가늠자[照輪]가 있다. 공격할 대상의 원근에 따라 거리를 측정하여 새겨서 낮추거나 올리기를 탄력적으로 함에 모두 일정한 규칙이 있다. 포수(砲手)는 사리와 계산에 밝고 여러 기교를 겸비하고 있어 녹봉이 매우 높다. 천한 일을 하는 자나 병졸이 맡을 수 있는 자리가 아니다'고 답하였습니다."

같은 해 5월 초하루 병부상서 최경영 등이 올린 상소도 같은 내용인데, 단지 장도가 대포를 가지고 광신에 도착한 후에 손학시가 파견되었다고 분명히 밝히고 있다.

명말 서양의 화기와 포수가 중국에 들어온 것을 기록한 서양 문헌자료로는 다음과 같은 것이 있다. 트리고(Trigault)의 《1621년의 보고서》(*Relatione delle Cose Piu Notabile*, dell' Anno M. DC XXI, pp.123, 139-140, 150-151), 바르톨리(Bartoli)의 《예수회 역사: 중국지부(耶穌會史中國之部)》(*Dell' Istoria della Compagnia di Gesu, La Cina*, pp.693, 695-696, 716-717, 719-720, 771-772, 911, 913, 961, 967, 970), 마르티니(Martini)의 《달단전기(韃靼戰記)》(*De bello tartarico*), 키르빗처(Kirwitzer)가 1620년 1월 28일 마카오에서 발송한 보고서 등인데, 키르빗처는 트리고와 함께 마카오에 왔던 것으로 추정된다. 그 외 세메도(Semedo)의 《대중국전사(大中國全史)》(*Relation de magna monarchia Sinarum*)가 있다. 모두 내가 번역해서 〈명말 서양 화기 중국 유입 사료(明末西洋火器流入我國之史料)〉란 제목으로 《동방잡지(東方雜誌)》 제40권 제1호(1944년 1월 - 역자)에 실었으니 참고가 될 것이다.

심국원(沈國元)의 《양조종신록(兩朝從信錄)》[12] 권6 천계 원년 5월 하(下)에 실려 있는 서광계의 상소에는 다음과 같이 적혀있다.

> "어찌하여 지금 병사, 백성, 대포를 성 밖에 위치시켜 적이 이르렀음을 듣자마자 그 동정만 살피다 바로 와해되고 맙니까? 각 영(營)의 화포가 모두 적의 수중에 들어가 도리어 우리의 성을 공격함에 쓰이니 어떤 견고함도 무너지지 않겠습니까? …… 연이어 상실하여 중국과 외국의 크고 작은 화포를 모두 적이 갖게 되어, 우리의 장기(長技)를 적도 공유하게

----

12) 《양조종신록(兩朝從信錄)》: 전 35권. 명말 제생(諸生)이었던 심국원(생몰연도 미상)이 태창·천계연간의 저초(邸鈔)와 공주(公奏)의 전문(全文) 혹은 일부를 발췌하여 시간 순으로 모아놓은 책으로 숭정연간에 간행되었다.

되었을 뿐 아니라 화포의 수도 저들과 별 차이가 없게 되었습니다. 지금 화포로 저들을 이기고자 한다면, 광록소경(光祿少卿) 이지조와 제가 작년에 진술한 바와 같이 서양 화포를 취하는 수밖에 없습니다. 용감하게 지켜서 저들을 이기고자 한다면, 제가 이전에 올린 상소대로 망대(望臺)를 세워 대포를 지키고 대포로서 성(城)을 지키며 성으로서 백성을 지키는 수밖에 없습니다. 완전하고 근심이 없는 계책으로 이보다 나은 것은 없을 것입니다."

《서씨포언(徐氏庖言)》(아래에 나옴) 권4에 수록된 (천계 원년) 7월 서광계가 양기원(楊淇園: 즉 楊廷筠 - 역자) 경조(京兆: 당시 양정균의 직함이 直隷巡按御史여서 부른 호칭으로 보임 - 역자)에게 보낸 편지에는 "요동의 사정이 더욱 나빠진 상황에서 다시 부르심의 은혜를 입었으니 마땅히 의견을 밝혀야겠지만, 제가 말하고 싶은 것은 돈대를 쌓고 대포를 준비하여 도성을 방어하자는 한가지뿐입니다"고 적혀있다.

바르톨리가 기록한 바에 따르면, 장도 능이 모집한 뽀드루살 병사는 약 100명으로 육군 중위(Lieutenant)[13] 계급에 해당하는 로랑 드 로스 베글리오(Laurent de Los Veglio)가 부대를 지휘했다고 한다. 또 그 얼마 전 중국 해안에 표착한 영국 배에 있던 거포 30문을 중국이 마침내 소유하게 되었으니, 포수 10명을 초빙하여 보내주길 요구했다고 한다. 이는 천계 원년 12월 《실록》에 기록된 "그리하여 광동에 가서 홍이동총(紅夷銅銃)을 구입하면서 모집 선발한 총포 제작과 발사에 능숙한 오랑캐 상인을 북경에 오도록 명하였다"고 한 내용과도 합치된다.

앞에서 인용한 최경영의 상소에서는 엠마누엘 디아즈(Emmanuel

---

13) 원서에는 중교(中校) 즉 중령으로 되어있으나, Lieutenant의 원뜻대로 바로잡았다.

Diaz)와 프란체스코 삼비아시(Francesco Sambiasi) 두 선교사를 지명하여 병법서를 번역할 것을 청하였는데, 바르톨리의 기록에 의하면 니콜라스 롱고바르디(Nicolas Longobardi)와 엠마누엘 디아즈가 부름에 응하여 천계 2년 북경에 도착했다고 한다. 황백록(黃伯祿)의 《정교봉포(正敎奉襃)》에는 천계 2년 황제가 해당 부서의 논의에 따라 "요안네스 데 로차(Joannes de Rocha)[14]·엠마누엘 디아즈·니콜라스 롱고바르디 등에게 총포를 제작하여 군대를 도우라고 명하였다"고 기록되어있다.

그러나 포르투갈 병사 100명은 조정 신하들의 반대로 인해 끝내 북경에 들어올 수 없었다. 천계 3년(1623) 4월 《실록》에는 다음과 같이 적혀 있다.

"병부상서 동한유(董漢儒) 등이 '마카오의 오랑캐[澳夷]가 8천 리의 먼 길을 마다않고 북경[神京]에 이르렀으니, 저희는 삼가 그 충순함을 가상히 여깁니다. 또 그들의 화기와 도검 등을 일일이 조사해보니 정교함과 예리함을 갖추었고, 큰 대포는 특히 맹렬한 신기(神器)라고 말할 수 있습니다. 만일 일일이 그 양식을 모방해 정밀하게 제작하여 하나로서 열을 가르치고 열로서 백을 가르쳐 군대에 나누어 배치하면, 갑자기 적(賊)과 마주치더라도 당연히 응수하여 격멸시킬 수 있을 것입니다. 이번에 온 사람은 오랑캐 두목이 7명, 통사가 1명, 심부름꾼이 16명입니다. 마땅히 조공 온 오랑캐의 예에 따라 조현(朝見)을 허락하고 술과 음식으로 위로하며 상응하는 은화를 하사해 두터이 우대함을 보여주십시오. 저희는 그 기술을 시험하고 화약을 제조하는 한편, 사람을 선발해 훈련시켜 점차 능숙해지면 산해관에 있는 보신(輔臣)에게 나누어 보내 수용토록 하겠습

....

14) 요안네스 데 로차(Joannes de Rocha, 羅如望, 1566-1623): 포르투갈 출신의 예수회 선교사로 1603년 남경에서 서광계의 세례식을 집전한 인물로 알려져 있다.

니다'고 아뢰니, 황제께서 전부 시행하도록 윤허하셨다."

통사 1명은 예수회 선교사 요안네스 로드리게스(Joannes B. Rodri-gues, 陸若漢)임이 분명하다. 《희조숭정집(熙朝崇正集)》[15] 숭정 3년 (1630) 정월 〈육약한준지공총효충소(陸若漢遵旨貢銃效忠疏)〉를 보면 "예전에 노략질하는 무리를 평정하고, 요동을 원조하고[援遼], 병량을 수송하고[輸餉], 대포를 수송한데 비춰서 모든 방면에 제가 미력한 힘이나마 다하겠습니다"고 되어있다. 또 《정교봉포》에 수록된 숭정 12년(1639) 12월 초6일 삼비아시가 올린 상소에도 "천계 원년 변경이 안정되지 않아 병부가 제(題)를 올려 서양 총포와 서양 병사를 구하라는 유지를 받드니, 저와 로드리게스 등 24인이 대포 4문(位)을 바쳤습니다"고 되어 있은 즉, 천계연간(1621-1627) 서양 총포 및 포르투갈 병사가 제1차로 북경에 올 때 로드리게스가 이미 수행했음을 알 수 있다.

그러나 불행히도 포르투갈 포수가 북성에 온 후 시험 발사하던 대포가 폭발함으로 인해 마카오로 돌아가지 않을 수 없었다. 폭발로 부상을 입고 사망한 코레아(Correa, 哥裡亞) 등의 묘가 민국 29년(1940) 7월 11일 북경 서편문(西便門) 밖 청룡교(青龍橋) 천주교 묘지에서 묘비와 함께 발견되었다. 묘비의 상부는 포르투갈어로 "코레아는 1624년 천계제의 부름을 받고 다른 포르투갈인 6명과 함께 마카오로부터 북경으로 와서 중국 병사에게 대포를 쏘는 기술을 가르쳤으나, 불행히도 대포가 폭발하여 부상을 입고 사망하였다. 유지를 받들어 여기에 안장하였다"고 적혀있다.

....

15) 《희조숭정집(熙朝崇正集)》: 명 만력연간에서 숭정 11년 사이의 주소(奏疏)와 비문(碑文)을 수록하고 있는 책으로 주로 천주교의 중국 전파와 흠천감의 역법개혁 등에 관한 내용이다.

묘비의 하부는 한문으로 되어있고 하교원(何喬遠)이 지었는데, 제목은 〈흠휼충순서양보효약한가리아묘비(欽恤忠順西洋報效若翰哥裡亞墓碑)〉 이다. 묘지명(墓誌銘)에는 다음과 같이 적혀있다.

"(위의 48자는 없어졌음) 가장 훌륭하였다. 천계 원년 태복소경(太僕少卿) 이지조가 전거(戰車)를 주관하라는 조정의 명을 받고 화기(火器)를 준비하였다. 이공(公)이 광동 향산(香山)에 있는 서양 상인을 불러들이길 조정에 청하였다. 마침내 유격(遊擊) 장도, 수비(守備) 손학시가 그 무리 24명을 거느리고 수도에 이르러 황제께 도형(圖形)을 올렸다. 황제가 그 충순함을 어여삐 여겨 여러 차례 노고를 치하했다. 수개월을 머무르면서 기술을 가르치고 화약을 정련하기를 어느 정도 성과가 있자 조정의 여러 대신을 초장(草場)에 초청하여 시범을 보였다. 힘들이지 않고 발사하였는데도 멀리 날아가는 것을 보고 여러 대신이 기이하게 여겼다. 시범을 보인지 3(5)일만에 코레아가 (폭발로) 부상당하였다. 황제가 듣고 애석하게 여겨 서편문 밖 청룡교에 묻어주도록 함으로써 멀리서 온 사람을 기리고 그 충의를 표창하였다. 이에 장도와 손학시가 나에게 비문을 청했다."

그 아래의 명문(銘文)은 생략한다. 맨 끝에 "통정사(通政使)□□□□진강(晉江) 하교원이 쓰다"고 서명되어있고, 연월일은 단지 '천계' 두 자만 남아있다.

천계 4년(1624) 이후 천계 말년(7년)까지 서양 군기(軍器)에 관한 일은 서광계가 쓴 《서씨포언》에 간략하게 기술되어있다. 《서씨포언》은 청대에 금서에 속했는데, 건륭 43년(1778) 칙찬(勅撰)된 《응격위애서적각종명목(應繳違礙書籍各種名目)》 중에는 《서씨치언(徐氏卮言)》이라 되어있고, 건륭 53년 《군기처전훼서목(軍機處全燬書目)》에는 《서씨포언》이라고 되어있으며, 항주(杭州) 포경당(抱經堂)에서 출판한 《청대금훼서목사종색인

(淸代禁燬書目四種索引)》에는 두 이름이 병렬되어있다. 민국 22년(1933) 상해 서가회장서루(徐家滙藏書樓)에서 간행한 파리 국립도서관 소장본에는 《서씨포언》이라 되어있다. '치언'이 옳은 것으로 보이는데 '포언'이라고 한 것은 분명 서광계의 후인이 화를 피하기 위해서 바꾼 것이라 생각된다.[16] 《양조종신록》 권29 천계 6년(1626) 3월 하(下)에 보면, 영원성(寧遠城)을 지키는 전투 때 북경에서 보내온 서양대포의 도움을 받았을 뿐 아니라 명 조정이 칙령을 내려 이들 대포를 '안국전군평료정로대장군(安國全軍平遼靖虜大將軍)'에 봉하였다고 적혀있다. 그러나 천계 5년 서광계는 파면되어 귀향하였고, 양정균은 이미 1년 전에 벼슬에서 물러나 있었다. 단지 서광계의 제자 손원화가 요동이 긴급했을 때 거인 신분으로 전장에서 일을 도우면서 저술한 《요언(遼言)》이 《보산현지(寶山縣志)》〈예문지〉에 제목이 남아있다. 손원화는 왕징(王徵)에게 편지를 써서 책을 쓰게 된 전말을 《요고(遼稿)》 1책은 서양 사제[西鐸]에게 물어본 바를 첨부한 것일 뿐 다른 말은 없습니다"고 밝혔는데, 여기서 말한《요고》가 아마도 《요언》이었던 것 같다. 황여성(黃汝成)[17]이 쓴 손원화의 《수일방인집(水一方人集)》(《孫中丞集》 또는 《孫初陽集》이라고도 함) 서문에도 "남아있는 것은 《찬요고략(贊遼稿略)》과 《영원급무등주강(寧遠及撫登奏講)》 몇 책뿐이다"고 하였으니, 《가정현지(嘉定縣志)》〈예문지〉 '사류(史類)'에 보인다. 천계 7년 손원화마저 관직을 삭탈 당함에 따라 마침내 서양 화기를 논하는 사람이 드물어졌다.

....

16) 치언(巵言)은 앞뒤로 사리가 어긋나는 말 즉 횡설수설과 같은 의미이고, 포언(庖言)은 주방장(요리사)의 이야기라는 뜻이다.
17) 황여성(黃汝成, 1799-1837): 강소성 가정(嘉定: 현 상해) 사람으로 늠공생(廩貢生)이다. 《일지록집석(日知錄集釋)》 32권을 지은 것으로 유명하다.

제3절 제2차 포르투갈 화포 구매와 포르투갈 병사 모집 전말

희종(熹宗) 천계제가 붕어하고 사종(思宗) 숭정제가 즉위하자, 먼저 위충현(魏忠賢)을 처형하여 조정을 일신시켰다. 숭정 2년(1629) 4월 서광계가 예전에 맡았던 예부좌시랑(禮部左侍郞) 겸 한림원 시독학사(侍讀學士) 태자빈객(太子賓客)에 다시 임명되었다.

왕즙(汪楫) 등이 편집한 《숭정장편(崇禎長編)》 권17에는 서광계가 병사를 훈련시키고 기기를 만들 것을 재차 주장한 상소가 실려 있는데, 이때는 숭정 2년 정월로 아직 복직되기 전이었으나 황제가 가상히 여겨 이를 받아들였다. 양광(兩廣)의 고위 관리가 곧 황명을 받고 포르투갈 상인에게 대포 구매를 위탁하였다. 이에 포르투갈인은 대포 10문을 제공했고 포르투갈 장교 콘살레스 테세이라(Consales Texeira)가 통령(統領)이 되어 포수와 대포 기술자 백다록금답(伯多祿金答: 원명은 조사가 필요함) 등을 인솔하였는데, 예수회 선교사 요안네스 로드리게스가 다시금 통사가 되었다. 이것이 포르투갈 포병의 제2차 모집이었다.

숭정 2년 2월 광주를 출발하여 11월 22일 탁주(涿州: 현 하북성 保定市 북쪽 - 역자)에 도착했다. 《희조숭정집》 권2 〈주소략(奏疏略)〉에는 로드리게스와 테세이라가 황명에 따라 대포를 바쳐 충성을 다하겠음을 아뢰는 상소가 수록되어있는데, 그 내용을 요약하면 다음과 같다.

"신(臣) 로드리게스는 마카오에 온지 이미 50여년이고, 신 테세이라는 처자와 함께 마카오에 산 지 이미 20여년입니다. …… 숭정 원년 양광군문(兩廣軍門)의 이봉절(李逢節)과 왕존덕(王尊德)이 대포를 구입하라는 유지를 받자, 신 로드리게스와 테세이라가 은혜에 보답할 수 있음을 기쁘게 생각하여 앞장서서 맨 먼저 나섰습니다. 그런 까닭에 마카오 총독 위려다(委黎多) 등이 신 로드리게스에게 통령과 총사(銃師)를 가르치고 인도하는 임무를 부탁하고, 신 테세이라에게는 총사와 기술자 등을 관리하는 임무를 맡겼습니다."(《徐文定公集》권3 숭정 3년 〈聞風憤激直獻芻蕘疏〉에서는 로드리게스를 '勸善掌敎'로 테세이라를 '통령'이라 부르고 있음)

이어 광동을 출발한 경과를 대략 진술하고 나서 다음과 같이 말하고 있다.

"탁주에 도착한 후(11월 22일) 오랑캐가 도성에 접근했다는 소식을 듣고 잠시 머무르면서 화약을 만들고 포탄을 주조하였습니다. 26일 유지를 받들어 신중히 호송 운반하며 (도성을 향해) 나아갔습니다. 12월 초하루 유리하(琉璃河)에 이르렀을 때 양향(良鄕: 현 북경시 서남쪽 房山區 - 역자)이 이미 함락되었다는 소식을 듣고 탁주로 돌아오니, 성 내외 사병이 모두 도망칠 궁리를 하고 있었습니다. 이에 즉시 대포를 성 위에 배치하고 밤낮으로 방어하니, 민심이 점차 안정되었습니다. 이윽고 유지를 받들어 대포 4문을 남겨 탁주를 보호하고 아울러 대포 6문을 서둘러 보내 경성을 보위하고자 하였습니다. 3년 정월 초3일 북경에 도착하여 마카오 총독 위려다 등이 은혜에 보답하기 위해 진력하게 된 전말을 진술한 상소와 대포 포대[車架: 대포 본체를 지지하고 움직일 수 있게 바퀴가 달린 부분 - 역자] 2개를 바쳤습니다."

숭정 2·3·4·5년에 복건·운남·산서에서도 모두 대포를 제작하여 진상하였으니, 《숭정장편》각 년도에 나온다.

《희조숭정집》에는 로드리게스가 올린 〈전수사의소(戰守事宜疏)〉가 수록되어있는데, 그 내용은 아래와 같다.

"신은 본래 마카오에서 대포를 바칠 것을 생각하였습니다. 원래 포대는 성을 지키는 데 뛰어날 뿐 행진(行陣)에는 적합하지 않습니다. 만약 이 대포로 도성을 지킬 수 있다면 지금 가져온 대포 6문을 전 예부좌시랑 서광계가 북경을 지키기 위해 남겨둔 대포 5문과 합치도록 해주십시오. 그리고 신 등이 성대(城臺)의 대조(對照) 지점을 점검하여 대포를 적절한 곳에 설치하고 발사법 등을 전수하게 허락해주신다면 염려 없이 도성을 지킬 수 있을 것입니다. 만약 오랑캐의 소굴을 소탕하고자 한다면 신 등이 별도로 중간 등급의 신위총(神威銃)과 포대를 동원하고 대소(大小) 조총수(鳥銃手) 수천 명을 선발해 반드시 모두 참새를 적중시킬 수 있도록 연습시키도록 해주십시오. 그리고 화기를 잘 아는 대신(大臣) 1명과 총수(總帥) 1명이 통솔하도록 해주신다면, 신 등이 선봉이 되어 황제의 위엄에 의지하여 머지않아 반드시 오랑캐를 물리쳐서 마카오 총독이 위임한 은혜에 보답하려는 뜻을 완성할 수 있길 바랍니다."

서양대포가 북경에 도착한 다음날, 숭정제는 "경영총독(京營總督)[18] 이수기(李守錡)에게 제협(提協) 제신(諸臣)과 함께 도성의 중요한 곳에 대포를 설치하고 장병을 엄선하여 서양의 발사법을 익히도록 명하는 한편 신위대장군(神威大將軍)이라는 포명(砲名)을 하사하였다."《숭정장편》권30 3년 정월 갑신 하에 보이는데, 갑신은 초4일이다.

서양대포가 아직 도착하지 않은 숭정 2년(1629) 12월 서광계는 〈공진

....

18) 경영총독(京營總督): 정식명칭은 총독경영융정(總督京營戎政)으로 경영의 훈련업무를 관장하는 관직이다. 영락 22년(1424) 경사에 오군영(五軍營)·신기영(神機營)·삼천영(三千營)을 설치하였고, 경태 원년(1450) 이 3영의 정예를 뽑아 십단영(十團營)을 설립하였으며, 정덕연간 십단영의 정예를 뽑아 동·서 두 관청(官廳)을 두었다. 가정 29년(1550) 명초의 3영을 회복시키고 삼천영을 신추영(神樞營)으로 개명하였다. 제독 1인을 두어 3영을 총관하도록 하였는데, 얼마 있다 총독으로 개명하여 총독경영융정이라 불렀다.

영총사의소(控陳迎銃事宜疏)〉를 올려 '목전의 시급한 일'을 열거하였다. 즉 서양인 통령과 포수로 하여금 도성의 안팎을 두루 살펴서 대포를 안치하게 하고, 옛날 대포 역시 시험하여 쓸 수 없는 것은 쓰지 못하게 하며, 화약과 포탄은 반드시 서양인이 직접 제조하게 한다. 신위대포 외에 다시 "중포(中砲) 50문[位], 대조총(大鳥銃) 2천 자루[門]를 제작하고, 만약 진공(進攻)하고자 하면 다시 중포 100문과 대조총 5천 자루가 필요하다"는 등이었다.

12월 22일 다시 〈파로지책심근심이소(破虜之策甚近甚易疏)〉를 올렸고, 3년 정월 초2일에는 〈더러운 오랑캐들이 잠시 동쪽에 머무르니 빈틈없이 꼼꼼하게 준비하는 것이 빨라야 하며 삼가 몇마디 진술하여 전쟁에 대비해 지키자는 상소(醜虜暫東, 綢繆宜亟, 謹述數言, 以備戰守疏)〉를 올려 다음과 같은 제안을 하였다. 대포를 많이 만드는 것에 대해 "서양대포 제작법은 매우 중요한 정보이므로 첩자들이 엿볼까 두렵습니다. 만약 경사에서 만든다면 더욱 세심하게 주의해야 합니다"고 하였다. 또 대포 발사훈련에 대해서는 "대포는 한 번 발사하면 몇 리를 날아가고 또한 명중시킬 수 있으나, 그 피해가 매우 큼으로 함부로 쏘아서는 안 됩니다. 모든 포탄 장착과 발사에는 전수되는 비결이 있으니, 만약 멀리 보려면 망원경을 이용하고 각도를 측정하려면 도판(度板)을 사용해야 하는데, 쉽게 배울 수 없고 아무나 능히 할 수 있는 바가 아닙니다"고 하였다. 그러므로 서광계는 훈척(勳戚)의 자제와 북경을 지키는 무신(武臣) 중 기개가 있는 자에게만 학습시키자고 주장하였다.

같은 해(숭정 3년) 정월 또 〈풍문을 듣고 분격하여 직접 바치는 비루한 견해의 상소(聞風憤激直獻芻蕘疏)〉을 올려 초7일 로드리게스와 테세이라를 접견하였는데, 로드리게스가 마카오로 돌아가 다시 "총사(銃師)와 예사(藝士) 중 일찍이 네덜란드[紅毛]와 대적했던 200명과 심부름꾼 200

명을 선발하여 …… 밤새 달려오기를" 원한다고 보고하였다.

당시 서광계는 서양 신기(神器) 제조를 감독하는 임무를 맡았으나 ,공을 탐낸 각 성의 신하들이 바친 화기가 마구 뒤섞여 진상되고 있었다. 성격이 강하고 급한 숭정제가 이 해 9월 마침내 서광계 등이 제조한 대포가 "제작비는 매우 비싼데 어찌 탄약은 많지 않은가?"라 하면서 서광계에게 "사실대로 말하라"고 질책하였다. 이에 대해서는 숭정 3년 9월에 올린 〈흠봉성지부주소(欽奉聖旨復奏疏)〉에 나오는데, 날짜가 적혀있지 않지만 유지가 24일 이후에 내려졌으니 상소는 그 뒤에 올려 진 것이 분명하다. 이 상소를 보면 그 당시 광동과 복건에서 이미 "그 제조법에 의거해 대거 주조하여 사용토록 삼가 바쳤음"을 알 수 있다. 또 서광계 본인이 감독하며 제작하고 있는 대포에 대해 "철을 제대로 제련하려면 재료를 소비하지 않을 수 없고, 규격대로 만들려면 품이 들지 않을 수 없다"고 말하고 있다. 이것이 바로 명말에 (대포를 자체 제작하는 대신) 차라리 포르투갈 대포와 마카오 총포를 구매하려 했던 주된 원인이었다.

> "4월 을해일 서광계가 중서(中書) 강운룡(姜雲龍)을 파견하여 장교(掌教) 로드리게스, 통관(通官) 서서만(徐西滿) 등과 함께 삼가 감합(勘合)을 수령한 다음, 광동 마카오에 가서 화기를 구입하고 대포를 잘 다루는 서양인을 모집하여 북경으로 데리고 와 활용하자고 상주를 올렸다."(《숭정장편》 권33)

로드리게스의 이번 여정에는 또 다른 하나의 사명, 즉 역법 개정을 위해 아담 샬과 자코모 로(Giacomo Rho)를 초빙하여 북경으로 데려오는 일이 포함되어있었으니, 이 역시《숭정장편》 권34 숭정 3년 5월 경인일 서광계가 올린 상소에 보인다.

제4절 마카오에서의 포르투갈 병사 모집이 야기한 반발

그 당시 신구(新舊)파 간의 논쟁이 상당히 거세었는데, 서양 병사 모집 문제는 결국 구파가 서광계 등을 공격하는 빌미가 되었다. 가장 먼저 포문을 연 사람은 숭정 3년 5월부터 4년 2월까지 4차례 상소를 올린 예과 급사중(禮科給事中) 노조룡(盧兆龍)으로, 그의 상소는 모두 《숭정장편》 권34, 35에 나온다.[19]

(숭정) 3년 5월의 첫 번째 상소에서 노조룡은 먼저 자신이 향산(香山: 마카오가 소재하고 있던 縣으로 현재는 中山市로 불림 - 역자) 출신이라는 이유로 포르투갈인이 마카오를 점령한 경위 및 야심을 진술한 다음, "황제의 도성 내에서 칼을 찬 채 말을 달리며 화살을 낀 활을 당기고 있으니, 장차 심복(心腹)으로 믿을 수 있겠습니까? 버릇없는 놈을 키우는 것이 아니겠습니까?"라고 반문하였다. 이어서 복건인과 광동인이 이미 홍이대포(紅夷大砲)를 만들 수 있으며 오랑캐를 부양하는데 드는 비용도 적지 않다고 하면서, "천주교는 그 주장이 정미(精微)하여 가장 쉽게 혹세무민합니다. 지금 북경[長安]에서 마음대로 강연하게 내버려둠으로써 경사 사람들 중 사교(邪敎)를 신봉하는 자가 열 집 중 아홉이나 되어 차츰 물들어 무성하게 퍼지고 있으니, 백련교(白蓮敎)의 난(원말 백련교도를 중심으로 일어난 홍건적의 난을 말함 - 역자)을 거울삼을 수 있습니다"고 하였다. 끝으로

....

19) 아래 내용을 보면 노조룡이 숭정 3년 11월에 올린 상소는 《숭정장편》 권41, 4년 2월에 올린 상소는 《숭정장편》 권43에 나온다고 되어있으므로 권34, 35에는 4차례 상소 중 앞의 2차례(5월과 6월)를 말하는 것 같다.

마카오에서 집을 짓거나, 돈대를 쌓거나, 세금이나 양곡을 징수하지 못하도록 청하였다. 상소가 올라오자 황제는 "조정이 먼 곳 백성의 충성을 격려하고 회유하는데 있어 미연에 방지함을 싫어해서는 안 된다. 이 상주 또한 일리가 있으니 담당 부서에서 의논한 다음 보고토록 하라"고 답하였다.

노조룡의 이 상소는 서광계가 4월에 올린 상주를 겨냥해 제출된 것이었다. 따라서 서광계는 다시 〈문언내성(聞言內省)〉 상소를 올렸고 노조룡은 6월 다시 상주하여 그것을 반박하였으니, 그 요점은 다음과 같다. "신은 오랑캐를 쓸 수 없다고 했지 화포를 쓸 수 없다고 말한 것이 아닙니다." "신이 백련교를 교훈으로 삼자고 한 것은 이교(異敎)가 유행하는 것을 두려워했기 때문입니다." 화기를 만드는 일에 대해서는 "황상께서 서광계에게 시종 힘써 임하여 2년 안에 공을 이루겠다는 뜻을 다 펼 수 있도록 하시기 바랍니다"고 하였다.

11월 노조룡은 다시 상소를 올려 차관(差官) 강운룡이 포르투갈인[彝人]을 선동하여 여러 가지 무리한 요구를 하게 만들었다고 공격하였는데, 《숭정장편》 권41에 나온다. 대개 당시 마카오의 포르투갈인이 일찍이 출병의 조건으로 "반드시 성대(城臺)를 다시 쌓은 후에야 300명이 소집에 응할 수 있다"고 하였고, 또 향산의 참장(參將: 명대의 무관으로 지위는 總兵, 副總兵 다음 - 역자) 및 주둔 병력 철수, 포르투갈 선박에 대한 조사 및 통제 금지, 쌀 수만 석 추가 구입, 세수(歲輸) 지조은(地租銀) 1만량 면제, 오랑캐 병사 1인당 가족생활 비용 은 3백량을 요구했기 때문이었다. 노조룡은 "월동(粵東)의 무안(撫按: 순무와 순안어사를 말함 - 역자)으로 하여금 강운룡의 직권을 회수하도록 하십시오. …… 명백하게 추징 환수하여 국고를 보충한 후에 그가 북으로 돌아오는 것을 허락해야 합니다. 또 명령을 내리셔서 마카오에 있는 성대는 영원히 다시 쌓을 수 없고, 흑인[黑彝]

오랑캐 보초[番哨]는 단 1명도 절대 사사로이 증원할 수 없으며, 광주의 대안(對岸)에 남의 명의로 화물을 안치함으로써 서서히 불법 점거하지 못하도록 해야 합니다. 화이(華彝)를 분별하고 국법이 항상 지켜져 예상치 못한 화를 초래하지 않길 바랍니다"고 제의하였다. 《숭정장편》에는 이어서 "마카오 오랑캐가 부추김을 받아 강요한 여러 비용에 대해 순안어사(巡按御史)로 하여금 명백히 조사토록 하고 강운룡을 면직시켜 본적으로 돌아가게 하며, 그 이익을 떼어 나누어 가지려한 죄상에 대해서는 독안(督按)이 상주하여 진상이 규명됨을 기다려 처분토록 하라고 황제가 말했다"고 적혀있다.

제5절 등주(登州) 손원화 휘하 포르투갈 병사의 헌신

노조룡의 반대 때문에 서광계 등의 계획이 모두 물거품이 되면서 마카오에서 모집한 포르투갈 병사도 북상하기 어려워졌다.

《명사》〈서종치전(徐從治傳)〉을 보면 숭정 3년(1630) 피도부장(皮島副將) 유흥치(劉興治)가 반란을 일으키자, 조정에서 다시 등래순무(登萊巡撫)를 설치하기로 하여 우첨도어사(右僉都御史) 손원화를 발탁 임명하고 등주에 주둔시켰다고 되어있다. 유흥치의 반란은 《숭정장편》에는 3년 5월로, 《조선왕조실록》에는 4월로 되어있다. 등래순무는 천계 원년(1621) 설치되었다가 숭정 2년에 폐지되었는데, 이 때 이르러 동강(東江)이 위급해지자 6월에 다시 설치하여 손원화를 임명하였다. 7월 손원화가 사양하는 상소를 올렸으나 받아들여지지 않았으니, 대략 이 달에 부임한 것 같다. 《명사》〈직관지(職官志)〉와 《숭정장편》권35, 36을 참조할 수 있다.

손원화는 서광계의 문인(門人)이고 역시 천주교를 신봉하였는데, 세례명은 이그나티우스(Ignatius)였다. 천계 2년(1622) 입경하여 북경을 수비하고 변경을 방어하는 2가지 방책을 올리면서 돈대를 건설하고 대포를 만드는 방법을 상세하게 진술하였다. 같은 고향(松江府 嘉定縣 - 역자)의 이과급사중(吏科給事中) 후진양(侯震暘)이 2월 13일 상소를 올려 천거하였는데, 《천계실록(天啓實錄)》 권14에 보인다. 추신(樞臣: 당시 병부상서 겸 東閣大學士였음 - 역자) 손승종(孫承宗)이 적극 찬성하여, 4월 병부시랑 왕재진(王在晉)이 웅정필(熊廷弼) 대신 요동경략(遼東經略)으로 임명되자 손원화가 따라갔다. 노조룡이 거듭 상소를 올려 서양 병사의 북상 중지를 청하자, 손원화도 상소를 올려 격렬하게 논쟁하면서 서양 병사를 등주로 옮길 것을 청하였다. 손원화의 상소문은 지금 볼 수 없지만, 《숭정장편》 권43 4년 2월 조(條)에 노조룡이 등주순무 손원화를 탄핵한 상소문이 있어서 그 일부를 엿볼 수 있다.

서양 병사가 마카오로 돌아가고 나서, 숭정 4년(1631) 3월 기묘일 로드리게스가 임무를 마치고 북경으로 돌아와 복명하였다. 《숭정장편》 권44 (3월) 기묘일조에는 다음과 같이 기록되어있다.

"기묘 …… 앞서 로드리게스가 황명을 받들어 마카오 오랑캐 중 기예에 정통한 총사와 심부름꾼 300명을 모집하고 군비 은 4만 량을 들여 한 부대를 구성해 강서(江西)에 이르렀으나, 황명으로 중단하고 마카오로 되돌아갔다. 오래지 않아 로드리게스가 임무를 마치고 복명한 후 서양의 투구와 갑옷, 칼과 총 등의 무기를 계속 진상하였다. 또 그들이 성대 축성과 참장 철수 및 여러 비용 강요를 한 적이 결코 없었음을 설명하였다. 만들고 있는 기계(器械)를 아직 바치지 못한 사정도 당연히 상주하여 밝혔다. 아울러 홀로 바친 외로운 충성을 불쌍하게 여겨 마카오 사람들을 위무해주길 청하였다."

숭정 4년 3월 로드리게스가 북경에 돌아왔을 때, "황제의 도성 내에서
칼을 찬 채 말을 달리며 화살을 낀 활을 당기고 있는" 서양인에 대한
적대심이 일반인들 사이에 이미 생겨났으니, 로드리게스와 테세이라 등
이 손원화의 군막(軍幕)에 참가한 것은 그 얼마 후였던 것으로 짐작된다.
서학을 신뢰하는 중국 사대부들도 손원화에게 많이 투탁(投託)하였는데,
세례명이 필립(Philippe)인 왕징 역시 그 중 1명이었다. 하지만 공유덕(孔
有德)[20]과 경중명(耿仲明)[21]의 무리가 반란을 일으켜 (5년 정월) 등주가
함락되고 손원화가 붙잡히게 되면서, 이 동쪽 변경의 서학의 보루마저
마침내 와해되고 말았다. 모형석(毛荊石)의 《평반기(平叛記)》[22] 권상에
는 "적(賊)이 등주를 격파하고 …… 이때는 아직 …… 홍이대포 20여 문
[位], 서양대포 300여 문이 있었다." "(5년 2월) 12일 적이 등주의 홍이포
를 내주(萊州)로 운반하였다. 적이 우거(牛車)를 몰아 홍이내포 7, 8문을
병영 안으로 운반하였는데, 각각 소 4마리를 사용하였으니 모두 무게가

----

20) 공유덕(孔有德, ?-1652): 명나라 총병 모문룡(毛文龍)의 부장으로 모문룡 사
후 등주에서 난을 일으켜 도원수라 자칭했다가 전투에서 패하자 후금에 투
항했다. 순치 원년(1644) 입관하여 이자성(李自成)의 농민군과 항청 세력을
토벌하는데 공을 세워 6년(1649) 정남왕(定南王)에 봉해져 광서 계림에 주둔
했다. 1652년 남명군의 공격을 받아 패하자 목을 매 자살했다.
21) 경중명(耿仲明, ?-1649): 모문룡의 부장으로 모문룡 사후 공유덕에 내응하여
등주를 함락시키고 총병관이라 자칭했다가 공유덕과 함께 후금에 투항했다.
입관 후 농민군 진압에 공을 세워 순치 6년 정남왕(靖南王)에 봉해져 오삼계
(吳三桂)·상가희(尙可喜)와 더불어 청초 삼번(三藩)으로 불리었다. 얼마 후
남방 평정 중 부하가 지은 죄에 책임을 지고 자살했다.
22) 《평반기(平叛記)》: 전 2권. 청 강희 55년(1716) 동래(東萊) 사람 모빈(毛霦,
생몰연도 미상)이 지은 책으로 형석(荊石)은 모빈의 자이다.

2, 3천 근이었다"고 적혀있다. 《명청사료을편(明淸史料乙編)》[23] 제1본 숭정 4년 8월 〈병부제행고부(兵部題行稿簿)〉 중에 있는 손원화가 보낸 19일자 공문[咨文]에는 4년 6월 15일에도 반구총(班鳩銃) 200문, 조총(鳥銃) 1,000문 및 총포를 만드는 기술자와 대포 발사를 가르치는 교사(教師) 등 총 53명을 접수했다고 되어있다. 공유덕이 등주를 함락시켰을 때 전사한 서양인은 콘살레스 테세이라를 포함해 모두 12명이고, 부상당했으나 요행히 목숨을 건진 사람은 로드리게스를 포함해 모두 15명이었다. 《숭정장편》 권58에는 숭정 5년 4월 병부상서 웅명우(熊明遇)가 올린 테세이라 등을 구휼해줄 것을 청하는 상소가 있는데, 등주에서 전사한 여러 서양인을 매우 자세하게 하나하나 언급하고 있다. 그 내용을 옮기면 다음과 같다.

> "5년 4월 병자일 병부상서 웅명우가 상소를 올려 '마카오 사람이 의를 사모하여 충성을 바치기 위해 요동 지원과 탁주 수비를 한 것이 거의 5년이 다되어갑니다. 등주에 가서 병사를 교련시키며 지휘한 사람들은 장교(掌教) 이하 통령과 총사 모두 적을 섬멸할 뜻이 있었습니다. 등주를 빼앗기면서 콘살레스[公沙的]와 노미략(魯未略) 등 12명이 몸을 바쳐 전사하였고 중상을 입은 사람이 15명인데, 모두 한마음으로 힘을 바친 사람이니 시급히 구휼해주어야 합니다. 죽은 (통령) 콘살레스에게 참장(參將), 부통령 노미략에게 유격(遊擊), 총사 불랑아란달(拂朗亞蘭達)에게 수비(守備), 심부름꾼 방기곡(方期谷)·액홍략(額弘略)·공살록(恭撒錄)

....

23) 《명청사료(明淸史料)》: 1930년부터 중앙연구원 역사어언연구소(歷史語言研究所)에서 소장하고 있던 명·청시기 당안(檔案)을 편집하여 출판한 책으로 갑(甲)에서 정(丁)편까지는 1949년 이전 남경에서, 무(戊)에서 계(癸)편까지는 1959-1975년 사이에 대만에서 출판되었다. 명말 요동전쟁·농민전쟁과 관련된 진귀한 원시사료를 많이 수록하고 있다.

· 안니아(安尼阿) · 액이살종(額爾薩琮) · 안다니(安多尼) · 약망(若望) · 백다록(伯多祿)에게 각각 파총(把總)의 직함에 추증하고 각각 은 10냥을 그 처자에게 상으로 주시길 청합니다. 나머지 살아남은 사람들은 먼 곳에 와서 오래 지켰으므로 행량(行糧) 10냥씩을 주어 로드리게스로 하여금 데리고 돌아가게 하십시오. 그리고 로드리게스는 앞장서서 세운 공이 많아 후하게 우대함이 마땅하니, 화곤(華袞: 華袞之贈의 준말로 매우 존귀한 포상을 말함 - 역자)을 내려 영광스럽게 하고 여비를 헤아려 지급하여 남쪽으로 돌아가게 하십시오. 또 예전대로 마카오에서 유능한 수십 명을 선발하여 북경에 와서 총포 발사법을 가르치게 함으로써 국가가 멀리서 온 사람에게 베푸는 은혜를 드러냄과 동시에 외국을 동화시키는 공을 거두길 바랍니다'고 하니, 황제가 모두 허락한다고 답하였다."

같은 해 왕병원(汪秉元)이 쓴 〈성기백언서(聖記百言敍)〉에서는 서양 육(陸)선생이 지은 〈공사효충기(公沙效忠紀)〉가 있다고 하였는데, 육선생은 바로 로드리게스를 가리킨다.

피스터(Pfister)의 〈요안네스 로드리게스 전〉에는 등주 전투에서 요행히 살아남은 서양인이 로드리게스와 나머지 포르투갈인 3명뿐이라고 되어있어서 웅명우의 상소와 차이가 나는데, 웅명우의 상소 내용이 사실일 것으로 짐작된다. 한편 로드리게스가 명 조정의 중시를 받아 충분한 예우 하에 남쪽으로 돌아간 사실은 천주교 측의 기록과 완전히 일치한다.

제6절 서양대포와 서적의 조선 전래 과정

등주가 함락되기 이전 상술한 서양인들은 조선 사절과도 일련의 인연을 맺었다. 그 당시 요동을 경유하는 길이 끊어졌기 때문에 조선 사절단

은 경로를 바꾸어 등주와 내주[登萊]로 들어왔다. 원숭환(袁崇煥)24)이 모
문룡(毛文龍)25)(의 전횡)을 막기 위해 일찍이 상주하여 각화도(覺華島)26)
를 경유하도록 하였지만, 그 길이 너무 험했기 때문에 숭정 3년(1630)
7월 조선 사절은 곧바로 등주로 왔다. 이에 관해서는 조선왕조실록《인
조대왕실록》 권23 숭정 3년 7월 기묘조와 《숭정장편》 권39 숭정 3년 10
월 신유조에 보인다. 조선 진위사(進慰使) 정두원(鄭斗源) 등 39명은 인
조 9년 즉 숭정 4년 6월 병인일에 고국으로 돌아갔다. 7월 갑신일 정두원
은 천리경·서양대포·자명종·염초화(焰硝花)·자목화(紫木花) 등을 (인
조에게) 바쳤는데, 모두 로드리게스가 선물한 것으로 《인조대왕실록》 권
24에 나온다. 한편 정두원은 인조의 물음에 답하는 상주에서 여러 장수
들이 기꺼이 손원화의 지휘를 따랐다고 하면서, 손원화가 "청렴하고 고

....

24) 원숭환(袁崇煥, 1584-1630): 광동성 동완(東莞) 출신의 명장으로 후금과의 전
   투에서 영원(寧遠)대첩과 영금(寧錦)대첩을 거두었다. 그러나 위충현과 불화
   로 사직하고 귀향했다가, 의종(毅宗) 즉위 후 다시 기용되었다. 숭정 2년
   (1629) 후금군을 물리치고 도성의 포위를 풀었으나, 위충현의 잔당들이 모함
   하여 탄핵했다. 결국 후금의 반간계(反間計)로 인해 반역죄로 능지처참을
   당했다.
25) 모문룡(毛文龍, 1576-1629): 절강성 항주 출신으로 요동총병관 이성량(李成
   梁) 밑에서 활동하다, 천계 원년(1621) 누르하치가 요동을 공략하자 광녕순
   무(廣寧巡撫) 왕화정(王化貞)의 휘하로 들어갔다. 피도(皮島)에 진을 치고 연
   안의 여러 섬을 자기편으로 끌어들이는 한편 조선을 이용하여 후금을 공격
   하려 했다. 이러한 전략은 후금의 침공을 저지하는 데 어느 정도 효력이
   있었으나, 이후 점차 교만해져 조선에 군량을 강요하고 조공무역에 세금을
   매겨 폭리를 취했다. 사병을 양성하고 해외 천자를 자임하다 결국 원숭환에
   게 참살되었다.
26) 각화도(覺華島): 대해산(大海山)이라고도 부르는데, 현 요녕성 흥성시(興城
   市)에서 동남쪽으로 10여km 떨어진 요동만에 위치하고 있다. 요동만에서 제
   일 큰 섬이다.

상하여 비록 위무(威武)는 부족하지만 동문(東門: 명나라의 동쪽 문호라는 뜻으로 보임 - 역자)이 적절한 사람을 얻었다고 할 수 있습니다"고 하였다. 또 로드리게스에 대해서는 "마치 득도한 사람 같았습니다"고 말하였다.

당시 정두원과 같이 북경[燕京]에 갔던 사람으로 역관(譯官) 이영후(李榮後)도 있었다. 조선인 안응창(安應昌)[27]이 저술한 《고동고이(考同考異)》 제22책 《서양문답(西洋問答)》 중에는 〈서양국 육약한이 이영후에게 답한 서신(西洋國陸若漢答李榮後書)〉이 수록되어있는데[28], 천주학[天學]에 관한 토론도 포함하고 있다. 이 편지는 조선에서의 가톨릭 전파와 관계가 있기 때문에 췌록(贅錄)하면 다음과 같다(《고동고이》는 조선 경성제국대학 도서관에 소장되어있는데, 여기서는 일본 《사학잡지》 제44편 제7호에 실린 山口正之의 〈청대 재중 유럽인과 조선사행〉[29]에 인용된 것을 전재하였다).

....

27) 안응창(安應昌, 1603-1680): 조선 후기의 문인으로 병자호란 때 청에 인질로 잡혀간 봉림대군의 사부를 맡았고, 귀국 후 인평대군의 사부로 있으며 와서 별제(瓦署別提)가 되었다. 인조 22년(1644) 금화(金化)현감을 지냈으며, 한성 참군(漢城參軍)·군자감판관(軍資監判官)·예천(醴泉)군수·선산(善山)부사 등을 역임하였다. 저서로 《백암(柏巖)문집》 5권이 있다.

28) 아래 야마구치의 논문 807쪽에는 안정복(安鼎福)의 자필 미간고(未刊稿) 《산동잡이(散同雜異)》에 수록되어있다고 하였는데, 811쪽의 해당 각주에서는 책명을 《산동산이(散同散異)》라 달리 표기하고 《서양문답》은 안정복이 안응창의 유저(遺著) 《안사전응창기문(安師傳應昌記聞)》에서 전재(轉載)한 것이라 부연 설명하고 있다. 아마도 현재 규장각에 소장되어있는 안정복의 필사본 《잡동산이(雜同散異)》(전 53책)를 야마구치와 저자가 거듭 잘못 인용(해석)한 것으로 보인다.

29) 야마구치 마사유키(山口正之), 〈清朝在支歐人と朝鮮使臣〉, 《史學雜誌》44-7, 1933.

"우리나라 사람은 먼 곳을 여행하길 좋아합니다. 명나라에 와서 줄곧 융숭한 대접을 받고 화기(火器)를 바침으로써 적게나마 보답하는 성의를 다하였습니다. 동모(東牟: 登州의 옛 이름 - 역자)에 이르러 다행히 현달(賢達)한 사람을 만나 번역한 책을 잠시 삼가 열람토록 하였는데, 어찌 감상함이 이와 같을 줄 생각했겠습니까? 〈만국도(萬國圖)〉는 명나라[大明]를 중심에 두어 관람하기 편하게 했습니다. 만약 지구 전체를 놓고 말하면 모든 나라가 중심이 될 수 있습니다. 중국(인)은 이 지도와 서양인을 보고 나서 비로소 지구가 크고 많은 나라가 있음을 알게 되었습니다. 비록 동양[東海]과 서양[西海]에도 성현이 있지만 같은 무리, 같은 이치, 같은 마음이 되려면 사람들이 마음을 다하여 학문을 익히는 수밖에 없습니다. (저는) 복희·요·순·문왕·주공·공자의 경전(經傳)에서 불교와 도교의 전장(典章)에 이르기까지 대개 그 개략을 알고 있습니다. 다만 태극(太極)이 양의(兩儀: 즉 陰과 陽 또는 天과 地- 역자)를 낳고 의(儀)는 사상(四象)[30]으로 나누어지며 상은 팔괘(八卦)로 나누어지고 괘는 천·지·인을 낳는데, 서양의 이치로 그것을 미루면 태극은 기(氣)이고 바탕[質]이어서 무심(無心), 무지(無智)한 것이니, 만일 무궁하고 전능한 지혜가 작동하지 않았다면 어찌 능히 만물을 낳을 수 있었겠습니까? 삼강·오상·오륜과 같은 치국의 도는 우리나라에서도 대대로 내려오는 학문입니다. 그 외 천주학도 있었으나 아마도 진시황이 그 책을 불살라서 전해지지 않은 것 같습니다. 중국은 오직 옛 사람을 믿어 혹 차이와 잘못이 있어도 끌려갑니다. 서양의 학문은 예로부터 지금까지 늘 연구 토론하여 그 근원을 얻지 못하면 멈추지 않습니다. 석가와 노자의 가르침

....

30) 사상(四象): 《주역》의 복희팔괘(伏羲八卦)와 64괘가 형성되는 과정에서 음과 양이 처음 중첩되어 이루어지는 4가지 형상, 또는 4가지 형상이 상징하는 자연의 4가지 상태. 《주역》 〈계사전(繫辭傳)〉에서는 "태극(太極)이 양의(兩儀)를 낳고 사상은 팔괘를 낳는다"고 하였는데, 이 양의가 고정불변한 것이 아니라 변화하는 원리라는 것을 나타낸 것이 사상이다. 음양의 작용으로 생겨나는 사상은 춘하추동(春夏秋冬)의 4시(時), 수화목금(水火木金)의 4원소(元素), 태음(太陰)·태양(太陽)·소음(少陰)·소양(少陽) 등으로 표현된다.

같은 것도 실리(實理)로서 그것을 논박하면 즉시 그 황당할 뿐임을 볼 수 있으니, 어찌 참으로 믿을 수 있겠습니까! 세상에 태어난 사람은 누구나 시작이 있고 반드시 끝이 있습니다. 시작은 어디에서 오는 것인가? 끝은 어디로 가는 것인가? 이 엄청나게 중요한 전환점을 모를 수가 있는 것인가? 이는 세 종교가 논하지 않는 바이니, 바라건대 고명하신 분께서 유의하시길 바랍니다. 천문(天文)은 차고 기움이 있기 때문에 세차(歲差)가 있습니다. 한·당 이래 역법을 수정한 적이 여러 번 있었지만, 원 태사(太史) 곽수경(郭守敬)도 그리 된 까닭을 알지 못하였으니, 어찌 차이가 없을 수 있겠습니까? 지금 황상께서 우리에게 역법을 개정하라고 명하셨는데, 만약 번역을 다 마칠 수 있으면 만세가 지나도 차이가 생기지 않음을 보장할 수 있습니다. 천문의 세세한 이치는 몇 마디 간단한 말로 다할 수 없고 반드시 여유 있기를 기다려 세심하게 서로 의논해야 합니다. 역법 개정의 사정은 간단히 접근하기 어려우니, 먼저 깊이 완미(玩味)한 다음 직접 만나서 애기하지 않으면 할 말을 다하지 못할 것입니다. 천한 이름(賤名: 자신의 이름을 낮추어 부르는 말 - 역자)을 바로 갖추어 적습니다. 죄옥(左玉) 시교생(侍敎生) 로드리게스가 머리 숙여 인사드립니다."

로드리게스가 정두원 일행에게 선물한 것은 천리경과 서양 총포 외에 몇 권의 번역한 책이었다. 손원화가 등래순무에 부임한 것은 숭정 3년 7월이고, 정두원 일행이 손원화가 위임한 차관(差官)과 함께 북경으로 간 것은 10월이었다. 4년 2월 노조룡이 상소하여 손원화가 서양 병사를 등주로 옮긴 것을 탄핵하였고 3월 로드리게스가 마카오에서 북경으로 돌아왔으니, 로드리게스와 테세이라 일행이 등주에 가서 필요한 인원을 훈련시켜 파견한 것은 4년 3월 이후가 분명하다. 로드리게스가 정두원·이영후와 교제 왕래하면서 선물을 주었던 것도 당연히 정두원과 이영후 일행이 귀국하면서 다시 등주를 지날 때였다. 정두원은 숭정 4년 6월 조선으로 돌아갔으므로 그가 로드리게스를 등주에서 만난 것은 자연히

6월 이전이었다. 또 로드리게스 등이 손원화의 군영에 참가하기 위해 도착한 곳은 산동성 등주에 있는 등래순무 주재소였는데, 피스터가 〈요안네스 로드리게스 전〉에서 정주(定州)라고 한 것은 어쩌다 잘못 고증한 게 분명함으로 여기서 함께 바로잡는다.

제7절 청군(淸軍)이 최초로 획득·모조한 화포

《명사》〈서종치전〉에는 손원화가 서양대포에 대해 잘 알고 있었다고 적혀있다. 첨부되어있는 손원화의 전기를 보면, 그가 서광계로부터 서양대포 기술을 배웠으며 광녕(廣寧) 함락 후 북경을 지키고 변경을 방어하는 2가지 대책을 건의하였다고 되어있다. 손승종이 찬화(贊畫: 손원화를 가리킴 - 역자)를 기용하여 전선(戰線)을 정비할 것을 조정에 청하면서 포대를 세우고 발사기술을 가르치자고 주장하였다. 또 그런 연유로 영원(寧遠)과 전둔(前屯)에 응거할 계책을 왕재진에게 요구하였으나, (당시 요동방어를 책임지고 있던) 왕재진이 이를 수용하지 않았다. 손승종이 변경을 돌아보고 와서 상주하여 (손원화에게) 병부사무(兵部司務)를 제수하였다. 그 후 손승종이 왕재진의 직무를 대신하면서 마침내 중관(重關: 산해관에 의지하여 방어하려는 전략 - 역자)의 잘못됨을 타파하고 손원화가 말한 대로 돈대를 쌓고 화포를 제작하였다. 돌아와서 손원화에게 직방주사(職方主事)를 제수하였다. 얼마 후 손원화가 영원에서 원숭환을 도왔는데, 조정에 돌아온 지 얼마 되지 않아 파직되었다. 숭정 원년(1628) 무선원외랑(武選員外郎)으로 기용되어 직방낭중(職方郎中)으로 승진하였고, 원숭환이 경략(經略)이 되고나서 손원화에게 자신을 도와줄 것을 요청하여 마침내 손원화를 산동우참의(山東右參議)로 전보시켜서 요녕 전선의 군비를 정돈하게 하였다. 숭정 2년(1622) 2월 명 조정이 손원화에게 서양대포를 모조토록 명하여 다음해 3월에 완성하니, 그 거포를 '안국전군평요정로장군(安國全軍平遼靖虜將軍)'에 봉하고 관리를 파견하여 제사를 지냈다. 이상의 내용을 통해 명 조정이 얼마나 절실히 서양대포를 필요로 했는지 와 손원화의 모조기술이 뛰어났음을 함께 볼 수 있다.

마르티니가 쓴 《달단전기》에는 천계제 즉위 초 모문룡이 피도(皮島)에 대군을 주둔시켜 청군을 막았는데, 그가 가진 견제력이 가장 컸다고 되어있다. 또 모문룡이 광주 사람이고 그곳이 포르투갈인이 거주하는 마카오에서 가까워서 바다 일에 익숙했을 뿐 아니라 해변에서 부서진 큰 배 하나를 얻었는데, 네덜란드에서 싣고 온 화약이 있어 그 일부를 영원 성내에 두었다고 하였다. 이 책에서는 손원화가 포르투갈 병사와 함께 요동을 지킨 일에 대해서도 서술하고 있다. 다만 모문룡은 인화(仁和: 절강성 항주부 錢塘縣 - 역자) 사람인데다 《명사》에서는 마르티니의 기록과는 정반대로 대부분 모문룡을 폄하하고 원숭환을 찬양하고 있다.

《달단전기》에는 영원성에서의 승리로 적의 왕자 1명이 죽었다고 되어 있는데, 바로 청 태조 누르하치였다. 그 일은 《명사》〈원숭환전〉에 나오는 "원숭환이 민졸(閩卒) 나립(羅立)에게 서양 거포를 발사하도록 명하여 성 밖의 군사를 다치게 하였다. 다음날 재차 공격해왔으나, 다시 이를 물리치니 마침내 포위가 풀렸다"는 내용을 통해 알 수가 있다.

청 태조가 죽고 나서 태종이 뒤를 이은 후금은 서양의 화포가 급히 필요하였다. 그런데 모문룡과 손원화가 잇따라 죽고 공유덕과 경중명이 모문룡과 손원화가 남긴 서양대포를 가지고 청에 항복하였다. 이에 대해서는 《명사》〈서종치전〉 및 〈주대전전(朱大典傳)〉에 나오는데, 그 때가 숭정 6년(천총 7년, 1633) 4월 11일이었다.

명 조정은 천계 원년(1621) 이미 사람을 마카오에 파견해 대포를 구입하도록 하였지만, 한인이 자체 제작한 대포를 청나라가 노획한 것은 이보다 4년 이후의 일이었다. 《청실록》에 따르면 천총 5년(1631) 정월 임오일에 처음으로 홍의대장군포(紅衣大將軍砲)를 완성하였는데, 포신에 '천우조위대장군(天祐助威大將軍), 천총오년(天聰五年) 맹춘(孟春) 길단(吉旦), 독조(督造) 총병(總兵) 동양성(佟養性), 부감조(附監造) 유격(遊擊) 정계명(丁啟明), 비어(備禦) 축세음(祝世蔭), 주공(鑄工) 왕천상(王天相)·두수위(竇守位), 철장(鐵匠) 유계평(劉計平)'이라는 50글자가 새겨져 있었다고 한다. 정계명 이하는 한인으로 항복한 명나라 사람임이 분명하다. 이해 10월 후금은 처음으로 홍의포를 사용해 요서(遼西)의 우자장(于子章)을 격파하였으니, 다음과 같이 기록하고 있다.

"이 대(臺)를 연이어 3일 동안 공격하였다. 홍의대장군포를 동원하여 대의 타구(垜口: 성 위에 낮게 세운 담. 적의 화살 따위로부터 몸을 숨기는 데에 씀 - 역자)를 격파함에, 대 안에는 발 디딜 곳조차 없고 더 이상 버틸 힘이 없어 4일째 되는 날 마침내 항복하였다. 나머지 각 대도 소식을 듣고 항복하니, 남아있는 식량이 우리 군사와 말을 1개월 동안 먹일 수 있는 양이었다. 홍의포가 만들어진 후 이 전투에서 처음으로 사용하였는데, 만약 홍의포가 없었다면 분명 우자장을 함락시킬 수 없었을 것이다. 이제 이를 함락시켜 굳게 지키자, 주위 백여 개의 대가 이 소식을 듣고 달아나거나 항복하였을 뿐 아니라 (우리) 병사와 말이 그 식량을 사용함으로써 대릉하(大凌河: 요녕성 서부의 강줄기를 합쳐 요동만으로 흘러들어가는 강 - 역자)를 굳게 지킬 수 있었다. 이 공을 이룬 것은 모두 홍의대장군포를 처음 만들었기 때문이다. 무릇 전투에 임할 때 반드시 홍의대장군포를 가지고 다니게 된 것은 이로부터 시작되었다."

이 이후로 형세가 일변하여 명나라의 힘은 점차 약해졌다. 공유덕이 처음 봉천(奉天)에 들어갔을 때(1633년 - 역자), 청 태종은 "경이 가지고 온 홍의대포를 이미 통원보(通遠堡)로 운반해두었으니 경에게 군사들의 훈련을 맡긴다"는 유지를 전하였다. 이런 종류의 대포가 얼마나 있었는 지 확실히 알 수 없지만, 이후 천우조위대장군(天祐軍)은 당연히 적을 이기는 무기로 이름을 날렸다.

제8절 아담 샬(Adam Schall)의 대포 주조와 저서 《칙극록(則克錄)》

숭정 말년 나라 사정이 갈수록 나빠져서 남은 국면을 지탱하기 위해 신식 무기를 갖추는 일이 매우 절박하였다. 피스터의 《중국에서 활동한 예수회 선교사 열전》 중의 〈아담 샬 전〉에 보면 다음과 같이 적혀있다.

"달단(韃靼)의 세력이 나날이 흥성하여 점차 수도를 압박하는 형세가 되자, 하루는 모(某) 조정대신이 아담 샬을 방문하여 국가의 형세가 꽤 위급하니 어떻게 방어해야 하는지 등을 이야기하였다. 아담 샬이 대화중에 대포를 주조하는 방법에 대해 언급했는데, 그 내용이 매우 상세하고 분명함으로 이 대신이 그에게 대포를 주조하라고 명했다. 아담 샬은 자신이 알고 있는 대포 주조기술이 사실 책에서 본 것일 뿐 실험한 적이 없어서 할 수 없다고 사양했지만, 이 대신은 여전히 그에게 만들도록 강요하였다. 아마도 아담 샬이 적지 않은 천문관측기구를 만들 줄 알았기 때문에 대포 주조기술도 당연히 다 잘 알고 있을 거라고 여긴 것 같다. 1636년(명 숭정 9년, 청 숭덕 원년) 황궁 옆에 주포창(鑄砲廠)을 설치하여 아담 샬이 마침내 전포(戰砲) 20문을 완성하니, 구경(口徑)이 매우 커서

족히 40파운드의 포탄을 넣을 수 있었다. 얼마 후 또 장포(長砲)를 만들었는데, 사졸 2명 혹은 낙타 1마리가 포 1문을 짊어지고 갈 수 있었다. 필요한 대포를 주조하는데 만 2년의 시간이 걸렸다."

숭정 13년(1640) 황제의 명령으로 전포 제작을 감독하여 성과를 거두었다. 15년 병부상서 진신(陳新)이 서양대포를 다시 주조하기 위해 아담 샬을 추천하니, 황제가 그 제작법을 '병장국(兵仗局)'에 전수하고 아울러 '무적대장군(無敵大將軍)' 500문 제작을 감독하라고 명하였다. (아담 샬은) 초욱(焦勗)에게 《칙극록》의 내용을 전수하며 번역토록 하였는데, 이 책은 《화공설요(火攻挈要)》라고도 부르며 여러 양식의 화기 제작법이 상세히 서술되어있다.

《칙극록》 번역이 완성된 것은 숭정 16년(1643)이었다. 초욱은 자서(自序)에서 《무경총요(武經總要)》·《기효신서(紀效新書)》·《연병실기(練兵實紀)》·《등단필구(登壇必究)》·《무비지(武備志)》와 같은 화공(火攻)에 관해 기술한 병서를 열거한 다음, 화공만을 전문적으로 다룬 서적으로 《신위비지(神威祕旨)》·《대덕신서(大德新書)》·《안양비저(安攘祕著)》 등이 있다고 하였다. 또 당시 정부가 승리하고자 하는 절박한 마음에 기이한 것을 찾자, 《화룡경(火龍經)》·《제승록(制勝錄)》·《무적진전(無敵真詮)》 등과 같이 교묘히 명색(名色)만 내세우고 실용에 도움이 안 되는 책들이 상당히 많이 등장했는데, 오직 "조씨(趙氏)가 소장한 《해외화공신기도설(海外火攻神器圖說)》과 《축융좌리(祝融佐理)》"만이 "서양의 법칙과 규제(規制)를 제대로 소개하고 있다"고 하였다. 조씨는 조사정(趙士楨)을 가리키며 《신기보(神器譜)》[31]란 저서가 있다.

....

31) 《신기보(神器譜)》: 화기전문가 조사정(1553-1611)이 만력 26년(1598) 완성한

《칙극록》은 아담 샬이 전수했다고 하는데, 책 앞에 '화공설요제기도 (火攻挈要諸器圖)' 40폭을 배치하고 있다. 상권에는 조총(造銃)·조탄(造彈)·조총거(造銃車)·랑기(狼機)·조창(鳥鎗)·화전(火箭)·분통(噴筒)·화관(火礶)·지뢰(地雷)의 각종 제작법과 제작에 필요한 척량(尺量)·비례(比例)·기중(起重)·운중(運重)·인중(引重)의 기기(機器) 및 배료(配料)·조료(造料)·화동(化銅)의 방법까지 기술되어있다. 중권에는 화약 제조와 저장 시 주의사항, 새로 만든 총포의 시험 발사, 각종 총포의 설치, 총포를 운반하여 대(臺)에 올리고 산을 오르내리는 방법 및 화공의 기본 원리가 수록되어있다. 하권에는 서양총포의 공격법, 총포 주조 시 피해야할 여러 문제점, 수성(守城)·해전(海戰)·포전(砲戰: 火攻)과 관련된 사항들이 기술되어있다.

그 외 《장략(將略)》이란 책 이름이 《칙극록》에 여러 번 등장한다. 예컨대 중권 목록 끝에 "그 부대[部伍]의 병영과 진지를 세우는 방법 및 전쟁터에 임하는 중요한 비법은 《장략》에 실려 있다"고 적혀있고, 하권 목록 끝에는 "중요한 비법을 아직 다 설명하지 못했는데 《장략》 각 권에 따로 상세히 나온다"고 되어있다. 또 하권의 〈참장설략(斬將說略)〉을 포함한 5개 절 끝에는 "이상 5항목은 모두 화공에 대해서만 말한 것이다. 그 나머지 중요한 비법은 《장략》 각 권에 상세히 나온다"고 되어있고, 또 〈공성설략(攻城說略)〉을 포함한 3개 절 끝에는 "이상 3항목 역시 화공에 대해서만 말한 것이다. 그 나머지 중요한 비법은 《장략》 각 권에 상세히 나온다"고 적혀있는데, 이 책이 지금도 남아있는지는 알지 못한다.

....

책으로 화기의 연원과 성능, 장점과 단점, 제작 및 사용방법 등을 설명하고 있을 뿐 아니라 각종 화기의 구조와 사용법에 관한 많은 상세한 그림이 삽입되어 명·청시기 화기제작과 사용에 큰 영향을 미쳤다.

손원화가 저술한 《서양신기(西洋神機)》 2권은 《가정현지》 〈병가류(兵家類)〉에 책 제목과 함께 다음과 같은 간략한 설명이 붙어 있다. "맨 앞에서 대포 주조, 그 다음에 화약 제조, 맨 뒤에서 포탄 명중의 원리를 논하고 있고 아울러 도식(圖式)이 그려져 있다. 이 책은 서양인에게 얻었으며 그 대체의 요지는 산법(算法)에 근거하고 있다." 펠리오(Pelliot)는 장도가 손학시와 함께 《서양화공도(西洋火攻圖)》를 편찬했다고 하였는데, T'oung Pao 1928년 192쪽에 나온다.[32]

제9절 남명(南明)과 오삼계(吳三桂) 군대 내의 서양대포

남명의 세 왕[33] 중 계왕(桂王) 주유랑(朱由榔)의 재위기간이 가장 길었는데[34], 이는 실로 서양대포의 도움을 받았기 때문이다.

일찍이 삼비아시는 숭정 12년(1639) 상소를 올려 4가지 일, 즉 "첫째

....

32) 이 내용은 T'oung Pao, vol 26, pp. 190-199에 수록된 Henri Bosmans에 대한 펠리오의 추도문(nécrologie) 중에 나오며 실제 출판 연도는 1929년이다.

33) 남명의 세 왕은 복왕(福王)·당왕(唐王)·계왕(桂王)을 말하는데, 실제 제위에 오른 이는 4명이다. 즉 복왕은 홍광제(弘光帝) 주유숭(朱由崧, 재위: 1644-1645)이고, 당왕은 융무제(隆武帝) 주율건(朱聿鍵, 재위: 1645-1646)과 소무제(紹武帝) 주율오(朱聿鐭, 재위: 1646-1647)이며, 계왕은 영력제(永曆帝) 주유랑이다.

34) 계왕(桂王, 1625-1662): 영명왕(永明王) 또는 영력제라고도 하는데, 재위기간은 1647-1662년이다. 1647년 복주의 당왕이 죽자, 광서순무 구식사(瞿式耜) 등에 의해 옹립되어 광동성 조경(肇慶)에서 즉위하고 영력이라 건원하였다.

역법을 명확히 하여 대통(大統)을 밝힐 것, 둘째 광맥(礦脈)을 파악하여 군수(軍需)를 넉넉하게 할 것, 셋째 서양 상인과 교류하여 바다의 이익을 관리할 것, 넷째 서양총포를 구입하여 공수(攻守)에 대비할 것"을 건의하였다.

삼비아시는 남명의 세 왕과 모두 왕래하였다. 로마 예수회 총회 기록물실 제316호에는 〈유럽의 배신 삼비아시에게 내리는 성유(聖諭歐邏巴陪臣畢方濟)〉라는 복왕(福王)의 칙지(勅旨)가 소장되어있는데, "성실히 하늘을 섬기고 바르게 수신하였으며 평소 신의가 두텁고 식견이 통달하였다[35]"고 적혀있다.

당왕(唐王)과는 개인적인 친분도 매우 돈독하여 (삼비아시가) 일찍이 융무 원년(1645) 〈수제치평송(修齊治平頌)〉을 바치자, 당왕은 이에 답하는 시에서 그를 "서양의 일민(逸民)[36]이요 중국의 고사(高士)이다[37]"고 불렀다.

당왕의 시는 북경도서관에 26545호로 소장되어있다. 정지룡(鄭芝龍)[38]은 시를 지어 삼비아시에게 주면서 자신을 '평로후(平虜侯)'라고 적었는데, 이는 정지룡의 봉작(封爵)이다. 그 시의 끝에 "필금량(畢今梁)선생이 황제께 바친 시와 어제시(御製詩)를 적어서 보여주었는데, 이에 감동하여 시를 지어 드리면서 첨삭해줄 것을 요청하였다. 온릉도인(溫陵道人)

....

35) "誠於事天, 端於修身, 信義素孚, 識解通達."
36) 일민(逸民): 학문과 덕행이 있으면서도 세상에 나서지 아니 하고 민간에 파묻혀 지내는 사람을 뜻한다.
37) "西域之逸民, 中國之高士."
38) 정지룡(鄭芝龍, 1604-1661): 명·청 교체기 항청(抗清)운동의 중심인물인 정성공(鄭成功)의 아버지로 명이 망하자 당왕 주율건을 복주에서 옹립하여 부흥운동을 펼쳤다. 순치 3년(1646) 청군에 항복한 뒤 북경에 연금된 상태로 정성공을 귀순시키는 일에 이용되다 실패하자 모반죄로 처형되었다.

지롱"이라 적혀있다. 금량은 삼비아시의 자이다.

　그러나 세 왕 중에 삼비아시와 관계가 가장 깊은 사람은 계왕이었다. 계왕이 즉위했을 때 삼비아시는 마침 환관 방천수(龐天壽, 천주교인)와 함께 마카오에서 당왕을 위해 대포를 주문하고 있었는데, 대포가 완성되었을 때는 당왕이 이미 멸망한 뒤였다. 이에 방천수는 조경(肇慶)으로 가서 계왕에게 대포를 헌상하고 태후 왕(王)씨, 생모 마(馬)씨 및 왕비 왕(王)씨에게 천주교 교리를 설명하였다. 이들 모두 사제 안드레아스 자비에르 코플러(Andreas Xavier Koffler, 瞿紗微: 安德이라고도 부르며 자는 體泰임)에게 세례를 받았다. 비빈(妃嬪) 중에 입교한 사람이 약 50명이었다. 태자 자훤(慈烜)도 태어나자마자 세례를 받았다. 왕태후의 세례명은 헬레나(Helena), 마태후의 세례명은 마리아(Maria), 왕비의 세례명은 안나(Anna), 자훤의 세례명은 콘스탄티누스(Constantinus)이다. 태후가 일찍이 방천수를 사신으로 파견하였는데, 그가 마카오에 도착하자 포대에서 예포가 울렸고 수도사들이 열을 지어 경의를 표했다. 양력 10월 31일 열린 큰 미사가 끝난 뒤, 포르투갈 관리가 연회를 열어 후하게 대접하고 화창(火槍) 100자루[枝]를 주었다. 당시 마카오에 있던 선교사 대부분은 서양총포를 오령산(五嶺山)[39] 정상에 설치하여 청군의 남하를 막자고 주장하였는데, 과연 그렇게 했는지는 알 수 없다. 구식사(瞿式耜)가 계림을 지켜냈던 것은 서양대포의 도움과 포르투갈 병사 300명의 협조가 있었기 때문이다. 《행재양추(行在陽秋)》[40]에는 다음과 같이 적혀있다.

....

39) 오령산(五嶺山): 광동·광서·호남·강서 4성의 경계지에 위치한 장강(長江)과 주강(珠江) 유역의 분수령이 되는 오령산맥을 가리키는 것 같다.

40) 《행재양추(行在陽秋)》: 전 2권. 남명의 역사를 기록한 편년체 사서로 대만문헌총간(臺灣文獻叢刊)에서는 명말 유상객(劉湘客)이, 바이두(百度)에서는 명말 청초 대립(戴笠)이 지은 것으로 나오지만, 현존 판본 상에는 그 저자를

"을축일에 청군이 계림을 공격하자 초련(焦璉)이 반격하여 물러나게 하였고 다음날 다시 추격하여 격파하였다. 청군이 (남명) 군대의 동태를 살피다가 많은 비에 성벽이 무너져 갑자기 성의 방어력이 약해지자 문창문(文昌門)을 둘러싸고 공격하였다. 구식사와 초련이 문을 나누어 굳게 지켰는데, 서양총포로 청의 기병[胡騎]을 명중시키고 초련이 성 밖으로 나가 싸워 수천 명을 격살하였다."

방천수의 세례명은 아킬루스(Achillus), 구식사의 세례명은 토마스(Thomas), 초련의 세례명은 루카스(Lucas)이다. 《영력실록(永曆實錄)》[41] 권25 〈방천수전〉에는 "방천수는 천주교를 믿었고 서양인 코플러를 스승으로 삼았다. 용위군(勇衛軍)의 깃발은 모두 서양 글자로 부호 표식을 삼았는데, 어린애 장난 같았다. 또 코플러를 추천하여 흠천감 업무를 관장하게 하고 서양 역법으로 개정하니, 급사중 윤삼빙(尹三聘)이 그를 파면하라고 탄핵하였다"고 기록되어있다.

당시 남방에 있던 선교사들은 모두 계왕에게 큰 기대를 걸었고 그를 위해 전력을 다하길 원했다. 불행히도 영력 3년(1649) 두 방향[兩路]의 군대가 패하면서 형세가 크게 변하였다. 선교사 미하우 보임(Micha ł Boym)이 태후의 명을 받아 로마에 사신으로 갔는데, 이에 대해서는 따로 상세히 설명하도록 하겠다. 영력 4년 11월 25일 청군이 광주에 입성한지 3일 뒤 계림을 함락시키고 구식사를 사로잡으니, 계왕은 남녕(南寧: 현 광서장족자치주의 수도 - 역자)으로 달아났다. 그 후 다시 운남에서 미얀마로

....

알 수 있는 단서가 없다.

41) 《영력실록(永曆實錄)》: 왕부지(王夫之, 1619-1692)가 지은 기전체 사서로 원래 26권이나 현재 25권만 남아있다. 영력연간의 사실(史實)을 상세히 기록하고 있어 이 시기 연구의 중요한 자료로 평가받는다.

퇴각하였다.

당초 청군은 오삼계의 병력을 이용하여 계왕을 추격하였다. 하지만 강희 12년(1673) 오삼계가 상지신(尚之信)·경정충(耿精忠)과 함께 서남 지역에서 거병(三藩의 亂을 말함 - 역자)하여 장사(長沙)로부터 강서를 엿보고 사천으로부터 섬서를 넘보자, 청 조정은 페르비스트(Verbiest)에게 서양 신식 대포 제작을 감독하게 하였다. 13년부터 15년까지 크고 작은 대포 120문[位]을 만들었고, 19년에 다시 320문을 만들었다. 이어서 또 신위포(神威砲) 240문을 만들어 섬서·호남·강서성 등지에 배치하여 사용하게 하였다. 21년(1682)에는 26가지 원리와 도해(圖解) 44장이 수록된 《신위도설(神威圖說)》을 저술케 하였다. 강희제는 신식 대포가 이전에 주조한 대포에 비해 정밀하고 견고하다 여겨 특별히 페르비스트에게 공부우시랑의 직함을 하사하였다.

명말 청초 각지에 흩어져 있던 서양대포는 매우 많았으니, 북경 성내에만 천여 문[尊]에 달한다. 예전에 북경 역사박물관은 페르비스트가 제작한 동포(銅砲) 1문을 소장하고 있었다. 민국 20년(1931) 서성(西城)의 보자호동(報子胡同)과 흥성호동(興盛胡同), 서화문(西華門)과 남장가(南長街), 부성문(阜城門) 외, 중화문(中華門) 안의 서방문(西方門), 북신교(北新橋), 호부가(戶部街), 남성(南城)의 백지방(白紙坊), 경산(景山) 등지에서 2백여 문을 발굴하였는데, 그 중에는 1550년 네덜란드 동인도회사42)와 포르투갈인이 만든 고포(古砲)도 있었다. 그밖에 천계 2년(1622) 총독광서군문(總督廣西軍門)의 호제해홍이철총(胡題解紅夷鐵銃), 청 숭덕 8년(숭정 16년) 12월 제작된 무게 3,700근의 '신위대장군', 홍승주(洪承疇)43)

....

42) 1602년 네덜란드 정부가 동방무역회사들 사이의 과도한 경쟁을 막기 위해 세운 회사로 1550년에는 존재하지 않았으니 저자의 착오인 듯하다.

와 허여란(許如蘭) 등이 주조한 대포 및 경산(景山)의 '제승장군(制勝將
軍)' 고포가 있다.

제5장
생물학과 의학

제1절 중국에 최초로 전래된 서양 생물학 지식

민국 41년(1952) 여름 나는 마드리드 국립도서관에서 한문 간행본 하나를 발견하였는데, 편호(編號)가 3-34102, 377-2이고 겉표지에 '신각승사(新刻僧師)' 4자만 쓰여 있었다. 첫 장에는 《무극천주정교진전실록(無極天主正教眞傳實錄)》[1]이란 책 이름과 '서사을천오백구십삼년중춘입(西土乙仟伍百九十三年仲春立)'이란 글자가 적혀있었다. 그렇다면 이 책은 명 만력 20년(1593년은 만력 21년임 - 역자)에 판각된 것이 분명한데, 이때는 마테오 리치가 조경(肇慶)에 처음 도착한 해이다. 마테오 리치가 최초로 간행한 한문서적 《천주실의(天主實義)》와 《교우론(交友論)》 및 《서국기법(西國記法)》은 모두 이 책에 비해 2년이 늦다. 명말 서양 선교사가 저

....

1) 《무극천주정교진전실록(無極天主正教眞傳實錄)》: 서방 생물학에 관한 최초의 한역서이다. 스페인어로 된 《자연법의 수정과 개진》(*Rectificacion y Mejora de Principios Naturales*)을 번역한 책으로 마닐라에서 출간되었다.(《실크로드 사전》, 251쪽)

술한 한문서적 가운데 루지에리(Ruggieri)가 만력 12년(1584) 간행한 《천주실록(天主實錄)》을 제외하면 이 책보다 빠른 것은 없다.

《천주실록》은 순수한 종교 서적으로 과학에 대해 언급하지 않고 있고, 이 책 역시 총 9장 중 앞의 3장은 순전히 종교와 관련된 것이다. 단 제4장 이하는 비록 그 목적이 천주의 실재를 입증하는데 있지만, 제4장 〈지리의 사정을 논함(論地理之事情)〉은 매우 풍부한 지리학 지식을 담고 있으며 제5장부터 제9장까지는 대부분 당시 유럽의 생물학 지식을 채택하여 논하고 있다. 여기서 그 요지를 소개하면 다음과 같다.

제5장 〈세상 만물의 실상을 논함(論世界萬物之事實)〉은 각종 생물에 대한 총론(總論)이다.

제6장 〈초목 등 지상의 식물류를 논함(論下地草木等之物類)〉은 이 책에서 유일하게 식물학과 관련된 장이다. 내용 중에는 금수와의 차이, 지수(地水)와 초목, 초목과 금수의 상호 작용, 초목의 종류, 과일과 오곡의 이로움, 나무의 재질, 약초의 기능, 나무의 껍질·덩굴·잎·씨앗 등이 언급되어있다.

제7장 〈지상의 금수 사정을 논함(論下地禽獸之事情)〉에서는 금수와 사람의 차이, 금수의 효용, 독수(毒獸)의 용도, 금수의 죽음 등을 말하고 있다.

제8장 〈금수가 먹고 마시는 것을 안다는 세간의 주장에 대해 논함(論世間禽獸之知所飮食)〉에서는 꽃게가 피조개 살을 먹는 그림을 덧붙여 다음과 같이 서술하고 있다.

"저 꽃게라는 생물과 피조개라는 생물은 모두 바다에 살고 있는데, 과연 그 중 누가 지혜롭고 누가 어리석은지 판별할 수 있는가? 꽃게는 배가 고플 때 피조개 살을 먹고자 생각하지만, 피조개의 입이 닫혀 있으면

먹을 방법이 없다. 해가 동쪽에서 막 떠오를 때 피조개의 입이 열리는 순간, 꽃게가 그 기회를 틈타 집게발로 돌 하나를 들고 피조개 입 안에 던져 넣어 피조개가 입을 닫을 수 없게 하고나서 집게발로 피조개의 살을 취하여 먹는다. 꽃게의 지혜가 피조개보다 교묘함이 이와 같도다!"

또 산 너구리가 꽃게를 먹는 방법에 대해서 다음과 같이 서술하고 있다.

"또 산 너구리는 늘 거짓으로 이익을 취한다. 해변에 엎드려 물속에 있는 꽃게를 먹고자 생각하면 꼬리를 물 안에 담그는데, 꽃게는 대개 어리둥절하여 그것이 무엇인지 알지 못한다. 꽃게가 다가와 그 꼬리를 집으면 너구리는 즉시 그 꼬리를 재빨리 해안가로 털어 꽃게가 도망치지 못하게 한 다음 삼켜서 먹는다. 꽃게가 피조개보다는 지혜롭지만 지금은 너구리보다 어리석지 않은가!"

이 절에도 그림이 첨부되어있다.

그 다음에는 또 너구리가 벼룩보다 교활한 것과 산 호랑이가 원숭이를 잡아먹는 방법 등에 대해, 이어서 동물의 번식 다과(多寡), 해로운 짐승, 짐승류와 어류의 먹고 먹힘에 대해 서술하고 있다. 또 동물의 종류와 성별이 다양하며 그 형체도 서로 다르다는 점을 논하고 있다.

제9장 〈금수가 약을 쓸 줄 안다는 세간의 주장에 대해 논함(論世間禽獸之知所用藥)〉에서는 금수가 어떻게 스스로 자신의 병을 고치고 인류가 어떻게 동물로부터 그것이 약이 됨을 알게 되었는지를 서술하고 있다.

첫 번째 사례로 "포르투갈 의약에는 서리라자(西里羅仔)라는 눈병을 치료할 수 있는 성질의 어떤 풀이 있다"고 들면서, 어미 제비가 이 풀로 그 자식의 눈 먼 것을 낫게 하는 것을 보고 사람들이 그 효과를 알았다고 하였다. 두 번째 사례로 오미관(烏尾鸛)이 바닷물로 그 장(腸) 질환을 치료하는 것을 보고 포르투갈 사람도 이로 인해 대변(大便)을 원활하게 하는 법을 알게 되었다고 하였다. 이상의 두 사례도 모두 그림이 있다. 나머지는 생략한다.

제2절 최초로 한역된 서양 동물학 서적

강희 17년(1678) 포르투갈 사신 벤투 페레이라(Bento Pereyra)가 내지에 들어와 무역하고자 페르비스트(Verbiest)의 힘을 빌어서 처음으로 아프리카 사자를 진상하였다. 선교사 불리오(Buglio)가 이로 인해《사자설(獅子說)》1권을 써서 같은 해 북경에서 간행하였다. 이 책에는 자서(自序)와 그림이 있는데, 그 서두에 "강희 17년 8월 초2일 먼 나라에서 살아있는 사자를 바쳐 북경에 왔는데, 예로부터 중국에서는 보기 드문 짐승이었다. 손님들이 그 생김새와 성정(性情)이 어떠한지 많이 질문하니, 어찌 다 답할 수 있겠는가! 이에 그 대략을 간략하게 서술한다"고 적었다. 이 책은 "〈사자형체(獅子形體)〉, 〈사자성정(獅子性情)〉, 〈사자망은(獅子忘恩)〉, 〈사체치병(獅體治病)〉, 〈차사잠경(借獅箴儆)〉, 〈해혹(解惑)〉" 등 6편(篇)으로 나누어져 있다.

다음해 불리오가 다시 강희제의 명을 받아《진정응설(進呈鷹說)》을 저술하였다. 《고금도서집성》의 〈박물휘편(博物彙編)〉 금충전(禽蟲典) 제20권 응부(鷹部)에 수록되었는데, 제목을 《응론(鷹論)》이라 고쳤고 "신(臣) 불리오[利類思] 지음"이라 서명되어있다. 그 내용은 다음과 같다.

- 매를 논함[論鷹]
- 좋은 매의 생김새[佳鷹形象]
- 성정(性情)

- 용감함을 키우는 훈련[敎習勇敢]
- 횃대 인식 훈련[敎習認識棲木]
- 까치를 사냥하는 훈련[敎習攫鵲]
- 매가 하늘을 향해 날게 하는 훈련[敎習鷹飛向上]
- 매가 물오리를 사냥하게 하는 훈련[敎習鷹攫水鴨]
- 매가 참새를 쫓다가 나아가지 않고 나무에 머무르는 훈련[敎習鷹逐 雀不前棲於樹者]
- 매가 나무에서 즐겁게 쉬는 훈련[敎習鷹喜息於樹木]
- 살이 찐 매의 훈련[敎習諡肥之鷹]
- 멀리 날아간 매를 돌아오도록 부름[鷹遠飛叫回]
- 매에게 먹이는 음식(養鷹飮食)
- 야생 매 훈련[敎習生鷹]
- 매가 조련사의 음성을 인식하는 훈련[敎習鷹認識司習者之聲音]
- 성(性)
- 신응(神鷹)
- 성정(性情)
- 입아발각응(入兒發覺鷹)
- 성정(性情)
- 산응(山鷹)
- 산응의 생김새[山鷹形象]
- 성정(性情)
- 타자응(墮子鷹)
- 먼 지방의 매[遠方之鷹]
- 매가 병에 걸리는 까닭을 논함[論鷹致病之由]
- 매의 발열병을 치료하는 법[治鷹發熱之病]

- 매의 머리 근육이 오그라드는 병을 치료하는 법[治鷹頭上筋縮之病]
- 매의 두독(頭毒)병을 치료하는 법[治鷹頭毒之病]
- 매가 감기로 눈물과 콧물을 흘리는 병을 치료하는 법[治鷹傷風眼淚及鼻之病]
- 매의 어지럼증을 치료하는 법[治鷹頭暈之病]
- 매가 눈이 멀어 보이지 않는 병을 치료하는 법[治鷹眼朦瞽之病]
- 매 입병을 치료하는 법[治鷹口之病]
- 매가 화내고 큰소리로 우는 병을 치료하는 법[治鷹氣哮之病]
- 매가 음식을 토하는 병을 치료하는 법[治鷹吐食之病]
- 새매[鷂]론(論)
- 좋은 새매의 생김새[佳鷂形象]
- 새매의 성정[鷂子性情]
- 새매가 새를 움켜쥐는 훈련[教鷂子攫鳥]
- 새매의 먹이[鷂子飮食]
- 성정(性情)
- 매에 생기는 기생충병을 치료하는 법[治鷹生蟲之病]
- 매만 따로 갖고 있는 표본벌레 병을 치료하는 법[治鷹獨另有本蟲之病]
- 매의 비장과 위장의 잡다한 병을 치료하는 법[治鷹脾胃雜病]
- 매의 간에 생긴 병을 치료하는 법[治鷹肝之病]
- 매의 발과 발톱 병을 치료하는 법[治鷹脚爪之病]
- 매의 필라리아(filaria)병을 치료하는 법[治鷹流火之病]
- 매의 크고 작은 다리뼈가 어긋났을 때 치료하는 법[治鷹大小腿骨錯之病]
- 매의 크고 작은 다리가 부러졌을 때 치료하는 법[治鷹大小腿已破之病]
- 매의 부상을 치료하는 방법[治鷹受傷之病]
- 매에게 이가 생기는 병을 치료하는 법[治鷹生虱之病]

- 새매의 보존[保存鷂子]
- 새매의 문제점을 제거하는 법[除鷂弊病]
- 새매의 병을 치료하는 법[治鷂之病]
- 새매의 질병 유무 검사[試鷂子有病與否]

《사자설》과 《진정응설》은 모두 울리세 알드로반디(Ulisse Aldrovandi)의 《생물학》을 번역한 것이다. 알드로반디는 1522년에 태어나 1607년에 사망했다. 일찍이 생물학 백과사전과 유사한 책을 편찬하였는데, 동식물과 광물 등 수록하지 않은 것이 없는 총 13권의 거작이었다. 매 권 약 600에서 900쪽에 달했고 모두 그림이 첨부되어있었다.

중국 이외 지역의 동식물을 소개한 책으로는 알레니(Aleni)가 쓴 《직방외기(職方外紀)》가 있는데, 천계 3년(1613) 완성되었고 항주의 양정균(楊廷筠)이 윤색하였다. 그 중 〈해족(海族)〉장에 기록된 고래[把勒亞]·바흑파(薄黑波)·인어(仁魚)·톱상어[劍魚]·랄와이다(剌瓦而多)·을구만(乙苟滿)·하마[落斯馬]·날치[飛魚]·백각아(白角兒)·해마(海馬)·해인(海人) 등은 모두 괴이하여 보통의 생물과는 달랐다. 해외의 기이한 이야기를 소개한 청나라 사람들이 많이 즐겨 베껴 썼다. 예컨대 《오문기략(澳門紀略)》 하권 〈오번편(澳蕃篇)〉에서 해마에 대해 설명하면서, 그 단단하고 하얀 치아는 밝고 깨끗하며 섬세한 피부 결은 명주실이나 머리카락 같아서 염주(念珠) 등을 만들 수 있다고 하였는데, '단단하고 하얀' 아래에 한 글자만 없을 뿐 그 내용이 《직방외기》와 완전히 같다.

제3절 명·청시기 서양인의 중국 동식물 연구

명말 청초 선교사들이 동물학에 대해 특별히 연구했다는 행적은 찾을
수 없다. 오직 폴란드 선교사 미하우 보임(Micha ł Boym)이 라틴어로
저술한 《중화식물(中華植物)》(*Flora Sinensis*)이란 책이 1656년 비엔나에
서 출판되었을 뿐이다. 이 해 보임은 교황이 영력태후(永曆太后) 등에게
답하는 편지를 갖고 다시 중국으로 출발했기 때문에 그 책이 유통되는
것을 직접 볼 수 없었다. 그러나 그가 명 황실을 보좌하며 여기저기 먼
곳을 돌아다니던 상황에서 선교사들 사이에 맨 먼저 중국 식물 연구 분
위기를 앞장서 조성하고 탁월한 성과를 남겼으니 불후의 업적이라 하겠
다. 보임의 책은 곧 헝가리 국왕 레오폴두스 이그나티우스(Leopoldus
Ignatius)에게 헌정되었다. 다만 그것은 겨우 75쪽에 불과해 중국의 유명
한 꽃 약 20종과 몇몇 진기한 동물이 기록되어있고 그림 23폭이 첨부되
어있는데, 인쇄 상태가 조악했지만 다행히 한자 명칭은 쉽게 식별할 수
있었다. 또한 보임이 폴란드어로 쓴 *Briefve Relation de la Chine*[2]에는
명말 중국의 천주교 상황을 서술하고 있으며, 이 책 뒤편에는 자신의
미간고(未刊稿) 중 라틴어로 된 《과일과 나무(菓與樹)》(*Fructus et Ar-
bores*)를 소개하고 있는데, 모두 중국 및 동인도를 범위로 기록하였으며
그림도 첨부되어있다고 한다(피스터의 원서 제1책 273쪽).

보임의 저작이 출판되기 1년 전, 마르티니(Martini)가 헤이그에서 간행
한 《중국신도(中國新圖)》(*Novus Atlas Sinensis*)에도 중국 각 성의 초목이
소개되어있는데, 특히 인삼에 대한 설명이 상세하다. 강희 35년(1696)

....

2) 원서에는 *Briesve Relation*으로 되어있으나 정식명칭을 찾아 바로잡았다.

루이 르 콩트(Louis Le Comte)가 쓴 《중국신회억록(中國新回憶錄)》(Nou-veaux Memoires sur la chine)에는 중국의 차 재배 및 북경과 사천·섬서·산서 지역의 담배 재배법에 관한 기록이 있다.

파르냉(Parrenin)은 18세기 파리 학사원(學士院) 중국 주재 통신원으로 만주어에 뛰어나 로마교황청과 포르투갈, 모스크바 사절의 통역을 역임하였다. 중국에 온 제2기 예수회 선교사 중 걸출한 인물이었던 파르냉은 코디셉스 시넨시스(Cordyceps Sinensis: 중국명 미상)³⁾를 발견하였다. 옹정 원년(1723) 양력 5월 1일 프랑스 학사원에 보낸 편지에서 중국의 몇몇 특수한 부족(部族)에 대해 서술한 다음, 중국에서 찾을 수 있는 식물을 열거하고 있다.

18세기 파리 과학원에서도 통신원을 중국에 주재시켰는데, 그가 바로 댕카르빌(d'Incarville)⁴⁾이다. 댕카르빌은 일찍이 캐나다에서 교편을 잡은 적이 있는데, 중국에 온 뒤의 행적은 상세하지 않다. 그는 저명한 식물학자 베르나르 드 쥐시외(B. de Jussieu)의 문하생이었다. 또 상트페테르부르크 과학원과 런던 황실학원에 근무하면서 발견한 새로운 식물 종(種)이 셀 수 없이 많았다. 그 중 가장 유명한 것으로 일본의 Sopra(중국명 미상)·중국의 대추나무[棗樹]·장자(長刺)·Fevier(중국명 미상: 쥐엄나무 - 역자)·Cedre baterd(중국명 미상: 향 삼나무 - 역자)·백수(柏樹)·푸른 측백나무

....

3) 저자는 여기서 Cordyceps Sinensis의 중국명이 미상이라고 하였으나 사전에는 동충하초(冬蟲夏草)로 나온다. 다만 저자가 뒤에 언급하고 있는 동충하초는 어떤 단어를 번역한 것인지 모르겠다.
4) 피에르 니콜라 댕카르빌(Pierre Nicolas d'Incarville, 湯執中, 1706-1757): 프랑스 출신의 예수회 수도사로 식물학자이다. 1740년 중국에 와서 청나라 궁중에서 일했고 중국의 농업과 식물에 관한 보고서를 유럽으로 보냈다. 원서에는 Petrus d'Incarville로 되어있으나 프랑스 이름으로 바로잡았다.

[靛青樹]·Lyciet(중국명 미상: 구기자 – 역자)·Thuya(중국명 미상: 측백나무 – 역자) 등이 있다. 그는 건륭 22년(1757) 사망하였는데, 그 3년 전 건륭제가 어원(御園)을 확대하고자 할 때 채소와 화훼 종자를 바쳤던 연유로 마침내 궁중에 들어갈 수 있었다. 그가 죽은 뒤 황제는 은을 하사하여 장례를 치르도록 하였다. 그가 지은 《식물지(植物誌)》(*Herbier*)는 프랑셰(Franchet)[5]의 연구를 거쳐 1882년 비로소 《프랑스 식물학회 잡지》 29집에 발표되었다. 그는 또 서양인 중에 가장 먼저 중국의 산누에[柞蠶]를 연구하여 《양잠(養蠶)》(*Elevagedes vers a soie*)을 저술하였고 오채도(五彩圖) 23폭을 첨부하였다. 댕카르빌은 또 일찍이 자신이 쓴 《중국유기(中國遊記)》(*Voyage en Chine*)와 동식물 도판 4,010개[方]를 앙투앙 드 쥐시외(Antoine de Jussieu)[6]에게 보냈다. 이 도판들은 일찍이 프랑스 자연사박물관에 소장되어있었던 것 같으나 지금은 더 이상 볼 수가 없다. 1881년 상해에서 출판된 브레트슈나이더(Bretschneider) 박사의 저서 《초기 서양인의 중국 화훼에 대한 연구》(*Early European Researches into the flora of China*)에는 댕카르빌이 건륭 8년(1743)에 Cedrela Sinensis(紅椿木?)·Xanthoxylum Avicennae(花椒?)·Syringa villosa(紅丁香 – 역자)·Dicentra

---

5) 아드리앙 르네 프랑셰(Adrien René Franchet, 1834-1900): 프랑스의 식물학자로 프랑스 국립자연사박물관에서 근무하였고, 선교사 등이 수집해 보내온 식물표본을 가지고 아시아 식물에 대한 연구를 하였다.

6) 원서에는 亞特 徐西歐(Adrien de Jussieu) 즉 아드리앙 앙리 드 쥐시외(Adrien-Henri de Jussieu, 1797-1853)로 되어있지만 아드리앙은 댕카르빌 생전에 태어나지도 않았으므로 불가능한 이야기이고, 그의 아버지인 앙투앙 로랑 드 쥐시외(Antoine Laurent de Jussieu, 1748-1836)도 아주 어렸기에 자료를 받을 상대는 아니었다고 본다. 따라서 앙투앙 로랑의 백부이자 베르나드(1699-1777)의 형인 박물학자 앙투앙 드 쥐시외(1686-1758)를 저자가 잘못 표기했을 가능성이 높기에 바로잡았다.

즉 Fumaria spectabilis (錦囊花 - 역자) 등의 표본을 그 스승인 베르나르드 쥐시외에게 보냈다고 적혀있다. 또 "1878년 내(브레트슈나이더를 말함 - 역자)가 상트페테르부르크에 머물 때 댕카르빌 사제가 프랑스어로 쓴 〈북경 식물 및 기타 생물학 유물 색인〉("Catalogue alphabétique des Plantes de Péking et d'autres objets d'histoire naturelle")을 뜻밖에 발견하였는데, 1812년 모스크바 자연과학회 기념 간행본에 발표된 것이었다"고 하였다. 이 책에 달린 주에 따르면, 그 원고는 국무경(國務卿) 리노스키 (Molinowski)가 증정한 것으로 모스크바 외교부 기록보관처에 보존되어 있었음을 알 수 있다. 이 색인에는 북경 인근 지역의 식물 260종이 수록되어있는데, 중국에서 쓰던 명칭[土名]은 다 삭제되고 학술용어로 대체되어 있다. 이들 표본은 당시 북경과 모스크바 간에 3년마다 정기적으로 왕래하는 대상(隊商)을 통해 건륭 13년(1748) 러시아로 보내진 것이었다. 댕카르빌은 또 일찍이 Aylanthus(sic) glandulosa(중국명 미상: 가죽나무 - 역자)를 그의 스승에게 보냈는데, 당시 유럽인이 알지 못했던 식물이었다. 또 대엽동람(大葉冬藍, Indigofera tinctorial)이라고도 명명한 소람(小籃, Siao-lan)을 마쇼(Machault)와 트뤼댄느(Trudaine) 두 사람에게 보내면서 그 재배법 및 전청(靛青: 짙은 남색 염료의 일종 - 역자) 채취와 베를 염색하는 여러 기술을 상세히 설명하였다. 그 외도 댕카르빌은 북경 근교에서 발견한 과종식물(果種植物)에 자신의 이름을 따서 Incarville Sinensis(茵蔯 - 역자)라고 이름 붙였다. 프랑스 《금석미문학원원간(金石美文學院院刊)》 15집에는 댕카르빌이 쓴 〈중국칠고(中國漆考)〉가 실려 있는데, 총 16쪽으로 매 쪽마다 매우 선명한 그림이 첨부되어있다. 그리고 그가 지은 《중국의 미술공예 및 원예(中國之美術工藝及園藝)》(Les arts, metiers et cultures de la Chine)라는 책도 1814년 파리에서 간행되었다. 파리의 쥐시외과학도서관에는 아직 댕카르빌의 중국식물 72종의 그림이 소장되어있는데, 색채가 지금도 마치 새것처럼 선명하다(도서관 목록 4010에서 찾을 수 있음).
댕카르빌이 프랑스에 있던 앙투앙 드 쥐시외와 베르나르 드 쥐시외에게
보낸 것들이다. 건륭 13년(1748) 댕카르빌은 오늘날 흔히 볼 수 있는 과꽃
(Reine- Marguerite)을 프랑스로 보냈는데, 국왕의 정원에 처음 심었을
때는 매우 심플하게 생긴 흰꽃만 피었고 다음해에는 붉은꽃이 일부 나왔
지만, 1754년(피스터의 원서에는 1734년으로 잘못 적혀있음)에는 자라난
(紫羅蘭)색의 꽃이 피었고 1770년(피스터의 원서에는 1750년으로 잘못
적혀있음)이 되면 이미 겹잎꽃으로 변하고 색도 크게 다양해졌다고 한다
(피스터의 원서 제1책 797, 798쪽).

　　시보(Cibot) 역시 18세기 중국에 온 예수회 선교사 중 저명한 생물학자
이다. 그가 기록한 중국의 야잠(野蠶)·향주(香橼)·목면(木棉)·초면(草
棉)·대나무[竹]·연(荷)·옥란(玉蘭)·베고니아[秋海堂]·자스민[茉莉]·올방
개[葧薺: 마름(菱)이라고도 되어있는데, 프랑스어에 마름과 올방개의 구
분이 전혀 없기 때문임]·모란[牡丹]·상수리나무[橡]·밤나무[栗]·마여심
(蘑茹蕈)·영지(靈芝)·표고버섯[香菌]·배추[白菜]·하미[哈密] 건포도(乾葡
萄)·살구나무[杏]·쑥[艾]·Mou-chou-kouo-tse(木樹菓子)·Chou-keou(?)·
tsee tsao(?)·조협(皂莢) 등은 모두 프랑스어로 된《북경 선교사 회고록》
에 보인다. 건륭 45년(1780) 시보가 프랑스로 보낸 한자 이름이 첨부된
식물표본 목록은 지금도 자연사박물관에 남아 있다. 그는 또 상트페테르
부르크 학사원의 통신원으로 일찍이 중국 황제가 직접 농사짓는 의식에
대해서 보고서를 올렸는데,《북경 선교사 회고록》제3책 499-505쪽에 보
인다. 파리의 생 쥬느비에느(Sainte-Geneviève)학원 도서관에는 시보가
지은《중국 원유 연구(中國園囿之硏究)》필사본이 남아있으니, 건륭 40년
(1775)에 상트페테르부르크의 스텔린(Stehlin)선생에게 보낸 것이었다.

　　청초의 유명한 화가 오력(吳歷)은 자가 어산(漁山)이고 훗날 천주교

사제가 되었는데, 저서 《삼여집(三餘集)》에는 〈서채시(西菜詩)〉한 수가 있다. 그 주(註)에 "대서(大西)로부터 전해진 종(種)이다"고 적은 것을 보면, 그 당시 서양 채소가 이미 중국에 전래되었던 것 같다.

중국에 온 예수회 선교사들이 학술연구에 노력할 때, 유럽의 예수회 선교사들도 중국의 동식물을 대신 소개하는데 힘을 다했다. 그들이 지은 전문서적 중에는 다음 3가지 대표적 저술이 있다.

(1) 뒤알드(Du Halde)의 《중화제국전지(中華帝國全志)》(*Description de la Chine*)에서는 동식물에 관해서도 기록하고 있는데, 제2책에는 인삼, 여지(荔枝), 면화, 오동(梧桐), 복령(茯苓), 차, 대나무, 대황(大黃), 후추, 지의(地衣), 고기 잡는 새(가마우지를 말하는 것 같음 – 역자) 및 누에를 기르는 그림이 수록되어있다. 제3책에는 인삼, 차, 낙타, 해마, 석잠(石蠶), 사향, 동충하초, 운남·귀주·사천의 산시(山蓍), 대황, 당귀, 백랍충(白蠟蟲), 오배자(五倍子), 조백수(烏柏樹) 등이 적혀있다.

(2) 《중국사물집록(中國事物輯錄)》(*Mémoires concernant les Chinois……*) 제2책에는 중국의 야잠, 면화, 대나무, 중국 온실[花房], 풀, 약간의 작은 나무 및 황제가 직접 농사를 짓는 의식 등이 서술되어있다. 제8책은 《중국 원유 연구》로 원저자 등은 모두 앞에서 이미 소개하였다. 제11책은 시보가 기술한 것이고, 제13책은 중국의 양봉 벌[家蜂], 제비, 매미에 관한 시보 신부의 편지 내용을 발췌한 것이다. 그로시에(Grosier)가 간행한 소형 책자 제1책 463쪽에는 유럽에 가장 먼저 이식된 귤나무[橘樹]가 당시 리스본의 생 로랑(S. Laurent)공작 저택에 아직 살아있다고 적혀있으니, 역시 식물학 역사에 있어 하나의 미담이라 하겠다.

(3) 《예수회 선교사 서신집》(*Lettres édifiantes et curieuses……*)에서도 〈방표서찰(坊表書札)〉을 번역하고 있다.

건륭·가경연간 천주교 내부의 문풍(文風)이 크게 쇠퇴함에 따라 선교사들은 연구 성과를 중국이 아닌 유럽에 내다팔았고, 천주교 외부에서도 방밀지(方密之: 즉 方以智)처럼 "멀리 서쪽 학문을 빌려서 담자(郯子)7)로 삼고, 우임금[大禹]와 주공(周公)같은 큰 업적을 펴려고"(《物理小識總論》에 나오는 말로 학문하는 강령을 스스로 서술한 것임) 한 사람이 없었으니 또한 개탄할 따름이다!

제4절 서양 생리학·심리학·의학의 전래

명말 바닷길이 크게 열리고 중국에 오는 선교사들이 끊이지 않았지만 모두 마카오에 머물러야만 해야 했다. 융경 3년(1569) 주교 멜키오르 카르네이루(Melchior Carneiro)가 처음으로 병원을 세우고 Santa Caza da Misericórdia(중국명 仁慈堂 – 역자)라 이름 붙였는데, 근세 서양 의학이 중국에 들어온 시초인 것 같다(J. G. Thomson, *China Ricorder*, vol.XIX). 남경조약으로 5개 항구가 개방되기 이전, 마카오의 서양 의료사업은 전국에서 독보적이었다. 《오문기략》 하권 〈오번편〉을 보면 "마카오에 안치니(安哆呢)라는 의사가 있는데 외과로 이름을 날린 지 오래되었다." "증류하여 만든 약[藥露]인 소합유(蘇合油)·정향유(丁香油)·단향유(檀香油)·계화유(桂花油)는 모두 병(瓶)을 단위로 하였고 영편유(永片油)는 국자[瓢]를 단위로 하였다." "그 외 마카오 동쪽에 설치된 의인묘(醫人廟)에는 의사 몇 명이 있었다. 대개 의사는 아내가 없어서 홀로 됨을 근심하는데,

....

7) 담자(郯子): 춘추시기 담국(郯國: 少昊의 후예)의 군주로 공자가 그에게 소호시대의 직관제도와 전적(典籍), 역사 등을 물었다고 한다.

병이 나서 사람을 치료를 할 수 없을 경우 묘의(廟醫)가 되도록 허락하였
다. …… 미친 오랑캐들이 거주하는 발풍사(發瘋寺)의 밖을 지키는 병사
에게 매달 급여를 지급했다"고 적혀있다. 교회병원과 정신병원 등에는
관례상 작은 성당에 있었기 때문에 《오문기략》에서 사(寺) 또는 묘(廟)라
고 잘못 지칭한 것이다.

마테오 리치가 지은 《서국기법》은 서양 신경학이 중국에 전래된 효시
였고 서양에서 들어온 최초의 심리학 서적이기도 하였다. 신경학에 대해
말하고 있는 것은 비록 〈원본(原本)〉편 한 장(章)뿐이지만 사실 기억술의
기초였다. 이 책은 마테오 리치 사후에 간행되었는데, 바뇨니(Vagnoni)[8]
와 삼비아시(Sambiasi)가 함께 수정하고 주정한(朱鼎瀚)이 교정한 것으
로 마테오 리치는 단지 내용을 설명한 것뿐이라고 한다. 간행일자는 없
고 파리 국립도서관에 소장본이 있다. 원본(原本)·명용(明用)·설법(設
法)·입상(立象)·정식(定識)·광자(廣資) 등 6편으로 나뉘어져 있고 끝에
백수십자를 열거하여 기억법이라 하였다. 주정한이 서문에 "경교당(景教
堂)에서 썼다"고 한 것을 보면 그 역시 천주교인이었던 것 같다. 서문
서두에 다음과 같이 적혀있다.

"지금 세상사람 중에 서양의 마테오 리치선생을 모르는 이가 없다. 일찍
이 장인어른 서방목(徐方牧)이 소장하고 있던 선생의 묘지명에 '선생은
《육경(六經)》을 한 번만 훑어보고도 가로, 세로 혹은 거꾸로 외울 수 있

8) 알폰소 바뇨니(Alfonso Vagnoni, 王豊蕭 또는 高一志, 1566-1640): 이탈리아
출신의 예수회 선교사로 1605년 중국에 와 선교활동을 펼쳤는데, 중국어와
중국 고전을 깊이 연구해 중국 지식인들로부터 높은 평가를 받았다. 1617년
남경교안 당시 장형(杖刑)을 받고 세메도(Semedo)와 함께 광동으로 추방당
했으나 1624년 다시 중국에 돌아와 산서 등지에서 선교하다 1640년 사망하
였다.

었다'고 적혀있는 것을 보고 나는 놀라서 이를 이상하게 여겼다. 장인어른은 '무릇 (마테오 리치선생이) 그것을 전수하였으나, 그 책이 오랫동안 칙성(則聖) 고(高)선생의 상자[筒] 안에 있었다. 마테오 리치선생이 우연찮게 초고를 쓰게 되었지만 고치질 못했는데, 고선생이 다시 삭제하고 다듬었다'고 말했다."

　그 〈원본〉편 중의 첫 다섯 단락은 테렌츠(Terrenz)의 《태서인신설개(泰西人身說概)》 권하에 첨부되어있는데, '마테오 리치의 기억법 5원칙'이라 불렀다. 다만 5번째 단락은 반다국(般多國) 국왕 등이 기억을 잘했다는 사적을 기술한 상반부가 삭제되어있다. 파리 국립도서관에 있는 소장본은 모두 34쪽[葉]인데, 12쪽이 결락(缺落)된 것 같다. 고선생은 이름이 일지(一志)이고 자가 칙성(則聖)이며 원명은 알폰소 바뇨니이다. 그전에 마테오 리치는 기억학[記含之學]과 순서대로 또는 거꾸로 외우는 법을 중승(中丞) 육중학(陸仲鶴)에게도 전수했다고 한다.
　롱고바르디(Longobardi)는 《영혼도체설(靈魂道體說)》을 지었다. 마르티니는 《진주영성리증(真主靈性理證)》 상권에서 인체의 골격 수와 그 생리 기능을 말하면서 뼈의 수가 230개[枚]나 된다고 하였으나, 실제 인간의 뼈는 200개뿐이다.
　알레니의 《성학추술(性學觕述)》은 신경에 대해 가장 상세히 설명하고 있다. 권3에서는 사액(四液)[9](紅·黑·黃·白)의 구성, 사액의 구분, 사액의 저장, 사액의 용도 및 입·위·간의 소화(消化) 소위 '삼화(三化)'에 대해 말하고 있으며 또한 혈액 및 그 순환의 이치에 대해서 언급하고 있다. 권8에서는 심장 및 심낭(心囊)에 대해서 말하고 있고 호흡계통의 허파

....
　9) 사액(四液): 4가지 체액(體液) 즉 혈액(血液), 흑담즙(黑膽汁), 황담즙(黃膽汁), 첨액(黏液)을 말한다.

·횡경막·기관 및 호흡과 순환의 관계를 말하고 있다. 권5에서는 기억하
는 일을 논하고 있는데, 마테오 리치의 《서국기법》을 비판적으로 채택하
고 있다. 권7에서는 수면과 꿈에 대해 논하고 있고, 권4에서는 감각 계통
즉 시각·청각·후각·미각·촉각에 대해 설명하고 있다.

삼비아시의 《영언려작(靈言蠡勺)》 권상에서는 혈액이 나타내는 아니
마(anima: 영혼, 정신, 생명 - 역자)의 기능에 대해 설명하고 있다. 대략 혈액
의 순환은 곧 아니마의 힘에 의해 움직이는 것이라고 주장하였는데, 아
래 인용한 바뇨니의 이론과 같다.

아담 샬의 《주제군징(主制羣徵)》 권상 5에서는 인체 골격의 수 및 기
능, 근육의 수, 혈액의 생성에 대해 말하고 있으며, 낳고 기르는 기운과
움직이고 감지하는 기운, 즉 미세혈관과 신경을 서로 혼합하여 설명하고
있다. 또 락(絡), 즉 정맥에 대해 말하고 있는데, 소위 간(肝)의 이락(二
絡)은 간정맥과 간문맥(肝門脈)을 가리키는 것 분명하고, 소위 심장의 이
대락(二大絡)은 심장 대동맥과 대정맥을 가리키는 것 같다. 뇌와 뇌신경
의 생리 및 신경의 생리 상태에 대해서도 말하고 있다.

바뇨니의 《수신서학(修身西學)》 권4에서는 혈기(血氣)의 기능에 대해
말하고 있는데, 혈액의 순환은 욕망과 분노 두 힘에 의해 추동되는 것이
라고 하였다.

푸르타도(Furtado)[10]의 《환유전(寰有詮)》(뒤에 상세히 나옴) 권6에서
는 심장의 박동이 혈액을 흐르게 한다고 하였다. 권5에서는 시각에 대해

....

10) 프란시스코 푸르타도(Francisco Furtado, 傅汎際, 1589-1653): 포르투갈 출신
의 예수회 선교사로 이지조와 공동으로 아리스토텔레스의 《논리학》을 《명
리탐》이라는 이름으로 번역했고, 역시 이지조와 함께 아리스토텔레스의 《천
체론》을 《환유전》이라는 이름으로 번역했다.

말하고 있는데, 눈이 사물을 보았을 때 사물이 눈에 감지된다고 하였다. 권6에서는 사람과 사액(四液)에 대해서 말하고 있다.

푸르타도는 또 《명리탐(名理探)》(뒤에 상세히 나옴)을 저술하였는데, 권3에서는 대뇌가 지식·기억·의지 및 정서 등을 주관하는 작용에 대해서 말하고 있으며 또 시각의 기억에 대해 논하고 있다. 권1에서도 사원소설(四元素說) 즉 모든 만물은 물·공기·불·흙 4가지 원소를 벗어나지 않으며 사람 몸의 혈액은 질(質)과 모(模) 양단(兩端)이 있다고 설명하고 있다. 4원소설에 대해서는 《태서수법(泰西水法)》과 바뇨니의 《환우시말(寰宇始末)》에서도 모두 언급하고 있다.

이상 여러 책은 모두 당시의 낡은 이론에 의거한 것으로 지금의 학설과는 전혀 부합되지 않을 뿐 아니라 종종 신학 중의 영혼설과 뒤섞어서 말한 내용도 있다. 게다가 300년 전에 처음 중국어로 번역되었기 때문에 사용한 명사도 대부분 오늘날 익숙한 것과 다르다. 또한 이 책들은 대부분 의학전문서적이 아니었기 때문에 스스로 이해하지 못하고 쓴 것이 많았다. 근래 사람이 지은 《명말 서양에서 전래된 의학(明季西洋傳入之醫學)》[11]은 총 4책으로 내용이 매우 상세하지만, 전문가가 이를 정리했음에도 오히려 "손발[手足]을 어디다 둘지 알기 어려웠다"고 한탄하였으니 그 어려움을 잘 알 수 있다.

그러나 명말 선교사 중 생리학에 정통한 사람으로 테렌츠가 있었다. 테렌츠는 물리학자로 철학과 수학에도 정통하여 유럽에서 꽤 명성이 있었기에 각국의 군왕과 유명 귀족들이 매우 우대하였다. 나이 35세에 비로

....

11) 중화의사학회(中華醫史學會) 균석출판기금위원회(鈞石出版基金委員會)에서 1943년 간행한 책으로 저자는 절강성 탕계현(湯溪縣) 출신 범행준(范行准, 1906-1998, 이름은 適)이다.

소 예수회에 들어갔다. 만력 46년(1618) 트리고(Trigault)·자코모 로(Giacomo Rho)와 함께 처음 중국으로 오는 도중에 고아·벵골·말라카·수마트라·베트남 코친차이나·마카오와 중국 연해를 지나면서 기이한 종류의 식물·광물·동물·어류·파충류 등을 채집하고 그 형상을 그려서 《인도의 플리니우스》(*Plinius indicus*) 2책을 저술하였으니, 학술적 가치가 매우 높다. 《제경경물략(帝京景物略)》[12]에서는 "테렌츠는 그 나라의 의술에 능하여 그 나라의 조제(調劑)에 대해 말했는데, 초목을 씹어서 확인하지 않고 쪄서 그 진액을 취하였으며 치료와 사람에 대해 논한 바가 깊고 정밀하였다. 매번 중국의 초근(草根)을 맛보고 잎의 형태와 꽃의 색을 관찰하며 줄기와 열매의 향과 맛을 두루 맛보고 진액을 취하여 검증한 다음 책을 집필했는데 완성하지는 못했다"고 하였다. 테렌츠는 또 서양 해부학을 처음 중국에 소개한 《태서인신설개》 2책을 지었다. 그러나 유정섭(兪正燮)은 《계사류고(癸巳類稿)》[13] 권14 〈서인신도설후(書人身圖說後)〉에서 "중국인은 중국인 나름의 장부(藏府)와 경락(經絡)을 갖고 있는데, 그 중에서 천주교를 믿을 수 있는 자는 분명 중국 장부가 완전하지 않은 사람으로 이런 자들을 수천, 수백 명 얻은들 서양 종교에 무슨 이익이 있겠는가?"라고 하였으니, 그 당시 중국인의 얕은 지식과 (서양)과학 수입의 어려움을 짐작할 수 있다. 테렌츠는 천계 원년(1621) 8월 26일

....

12) 《제경경물략(帝京景物略)》: 유동(劉侗, 1593-1636)과 우혁정(于奕正, 생몰연도 미상)이 공동 저술한 책으로 숭정 8년(1635) 간행되었다. 북경에 소재한 명승경관의 연원과 원형 및 그 특징과 변천에 대해 매우 상세히 기록하고 있어 사료적 가치가 높다고 평가된다.

13) 《계사류고(癸巳類稿)》: 전 15권. 안휘성 황산시(黃山市) 출신의 유정섭(1775-1840)이 경사(經史)·제자(諸子)·의리(醫理)·여지(輿地)·도범(道梵)·방언(方言) 등에 관해 고증한 성과를 모은 학술서적으로 도광 13년(1833) 계사년에 출판하였기에 붙여진 이름이다.

린체이 국립학술원(Accademia Nazionale dei Lincei)에 보낸 편지에서 일본(에서 선교하던) 어떤 신부의 시체를 일찍이 해부했다고 적었다. 이는 서양 선교사가 중국에서 인체를 해부 검시한 최초의 기록이다.

우르시스(Ursis)는 서양 제약(製藥) 기술을 최초로 중국에 소개한 《약로설(藥露說)》 1권을 만력 46년(1618) 경에 저술하였다. 민국 24년(1935) 그 필사본 하나를 발견하였는데, 테렌츠가 쓴 〈태서인신설개후(泰西人身說槪後)〉가 첨부되어있었다. 증류(蒸溜) 및 약을 제조하는 화로 등에 관한 기구가 모두 그림과 함께 설명되어있다. 끝에는 (청대의) 명의(名醫) 오금수(吳金壽)가 스승 장우초(張友樵)의 안어(案語)를 인용한 것이 있다. 그가 지은 《태서수법》 권4 〈약로(藥露)〉에서도 배설과 소화 등 생리에 대해 말하고 있고, 권5에서는 소변과 땀의 생리에 대해 적고 있다.

테렌츠 이후에 중국의 의술과 의약을 서양에 소개한 사람으로는 미하우 보임이 있었다. 그는 본래 폴란드 국왕 지기스문트(Sigismond)의 수석 어의(御醫)로 의학은 그의 전공이었다. 《의약(醫鑰)》(Clavis medica)을 저술하였는데, 크게 6개 부분으로 나누어져있다. 왕숙화(王叔和)의 《맥경(脈經)》[14]과 중국에서 설태(舌苔: 열병이나 소화기 질환 등으로 인해 혀의 표면에 끼는 이끼 모양의 물질 - 역자)와 기색(氣色: 얼굴에 나타나는 빛 - 역자)을 보고 병을 진찰하는 방법 등이 번역되어있다. 순치 15년(1658) 쿠플레(Couplet)[15]가 그 책을 갖고 (보임과 함께) 서양으로 돌아가는 도중에

....

14) 《맥경(脈經)》: 위·진시기 왕숙화(201-280)가 지은 의학서적. 《수서》 〈경적지(經籍志)〉에 10권으로 나와 있으며, 맥리(脈理)와 맥상(脈狀)의 형증(形症)에 따라 질병의 진단과 치료 및 예후를 논하는 한의방의 기초지식에 속하는 고전 의서이다.
15) 필립 쿠플레(Philippe Couplet, 柏應理, 1623-1693): 벨기에 출신의 예수회 선교사이자 한학자이다. 1659년 마카오에 도착하였고 이후 20여 년간 강서

바타비아를 지났는데, 네덜란드 동인도회사가 예수회를 질시해서 편찬자의 성씨를 삭제하고 책명을 《중의시례(中醫示例)》(*Specimen Medicinae Sinicae*)로 바꾸어 클레이어 더 카셀(Cleyer de Cassel)이 저술한 것으로 위조하였다. 이때가 강희 21년(1682)이었고 나중에 재판(再版)한 것도 있다. 보임은 영력태후의 명을 받아 로마교황청에 사신으로 갔는데, *Briefve Relation de la Chine*를 써서 중국 교회의 정황을 서술하였다. 출판자 아무개가 이 책 후기(後記)에서 《중국의가(中國醫家)》(*Medicus Sinensis*)라는 보임의 미간(未刊) 원고도 있다고 부기하였는데, 그것이 아직 세상에 남아있는지는 알 수 없다.

강희 8년(1669)에 불리오(Buglio)·페르비스트·마갈렌스(Magalhaens)가 함께 저술한 《서방요기(西方要紀)》에도 유럽의 제약법이 언급되어있다.

서양 약학이 중국에 들어온 직후에는 서광계(徐光啓)와 같은 천주교인들만 이를 알았으나, 청초가 되면 천주교인 외에도 점차 이에 대해서 들은 사람이 생기게 되었다. 우동(尤侗)은 《외국전(外國傳)》〈구라파(歐羅巴)〉장에서 "포도는 크기가 복숭아나 자두만 하고, 따로 올리브 열매가 있는데 모두 중국에 없는 것이다. 장미꽃은 가장 귀한데 줄기에서 진액을 취하면 향약(香藥)으로 사용할 수 있다"고 하였다. 향약이란 요즘 향수라 부르는 것으로 약은 아니지만, 제조법은 우르시스의 《약로설》에 나

....

·복건·호광·절강 등지에서 선교활동을 펼쳤다. 그는 마테오 리치를 모델로 삼아 중국식 복장을 하고 중국어 학습과 중국문화 습득에 힘썼으며 서양과 중국 학문의 교류에도 공헌했다. 저서로 한문 저작인 《천주성교백문답(天主聖教百問答)》과 《사말진론(四末眞論)》, 라틴어 저작인 《중국의 철학자 공자》(*Confucius Sinarum Philosophus*)와 《중화제국연표》(*Tabula Chrbnologica TVIonarochia Sinica 2952B. C. -1683A. D.*) 등이 있다. 원서에는 Henricus Couplet로 표기되어있으나 분명한 오류여서 바로잡았다.

오는 것과 같다.

파르냉은 일찍이 인체의 혈맥순환에 관한 상세한 해설[剖解] 및 디에니스(Dienis)가 발견한 《혈액순환과 인체해부학》 (L'anatomie de l'homme suivant la circulation du sang, et les nouvelles decouvertes par Dienis)을 만주어로 번역하였다. 이 책은 원래 부베(Bouvet)가 번역하여 이미 8권을 완성하였고 강희제의 어람(御覽)를 거쳤으나 인쇄되지 않았는데, 파르냉이 이어서 제9권을 완성하였다. 하지만 궁중의 사무가 번잡했기 때문에 5년이나 걸려 겨우 마칠 수 있었다. 북경의 더건(Dudgeon) 박사가 소장하고 있는 필사본에는 매우 정교하게 조각된 그림이 첨부되어있다. 북경 러시아대사관도 1책을 소장하고 있다고 한다. 이상의 내용은 피스터의 원서 제1책 513쪽에 나온다.

강희 32년(1693) 황제가 학질에 걸렸을 때, 서양 선교사 퐁타네(Fontaney)와 비스델루(Visdelou) 등이 인도에서 가지고 온 금계납(金鷄納)으로 그것을 치료하여 큰 포상을 받았다《정교봉포(正敎奉褒)》 및 《연경개교략(燕京開敎略)》 중편에 나온다].

로드(Rhodes)16) 수도사는 도라사(都羅斯: 원 지명을 찾지 못했음 - 역자) 사람이다. 강희 38년(1699) 중국에 도착해 먼저 하문(廈門)에 거주하다 오래지않아 부름을 받고 북경에 왔다. 외과에 정통하였고 특히 약 조제를 잘했으며 의술에도 뛰어났다. 황제가 불치병에 걸린 사람을 대상으로 그를 시험하자, 즉시 낫지 않은 자가 없어 조정 신하들이 모두 놀라고 감복하였다. 일찍이 약품을 직접 제조했는데, 이를 구하려는 사람이 매

---

16) 베르나르두스 로드(Bernardus Rhodes, 羅德先, ?-1715): 프랑스 출신의 예수회 선교사로 강희제의 어의로 활약하다 사망 후 북경에 있는 책란묘지(柵欄墓地)에 묻혔다.

우 많았다. 강희제의 병을 2차례 치료하였으니, 한 번은 가슴이 두근거리는 증상이었고 다른 한 번은 입술 위에 생긴 혹이었다. 강희제는 일찍이 10차례 여행을 다녔고 매번 6개월 이상을 걸렸는데, 수도사들이 항상 수행하여 곁에서 모셨다. 황제가 매우 감격해 예수회 선교사들에게 20만 프랑에 상당하는 금정(金鋌)을 하사하였다고 한다. 이상의 내용은 피스터의 원서 제1책 555-557쪽에 나온다. 계림(桂林)의 《소탕보문사지주간 (掃蕩報文史地週刊)》 제4기에 실린 최근 사람(즉 閻宗臨 - 역자)이 쓴 〈서방 전적에 보이는 강희와 예수회의 관계(從西方典籍所見康熙與耶穌會之關係)〉에서는 "윤잉(允礽)[17]이 폐위되고 나서 강희제는 깊은 슬픔에 빠져 심장이 약해지고 박동이 매우 빨라져 병상에 누워 거의 죽어갔다. 로드가 바친 약을 먹고 완치되자 마침내 그를 내정의 어의(御醫)로 임명하였다"고 하였는데, 사실 (피스터와) 같은 사료에 근거한 것이다. 또 《소탕보문사지주간》 제8기에 실린 〈가락래조보지(嘉樂來朝補誌)〉(閻宗臨 著 - 역자)에 보면 "황제가 카를로 메짜바르바(Carlo Mezzabarba, 嘉樂)에게 여러 가지를 물어보고는 소화가 잘 되게 도와준 데 대해 상을 내렸다. 황제가 서양인 내과의사 오이달(烏爾達)을 쳐다보면서 '너희가 병을 치료하다 죽은 사람이 얼마나 될까? 아마도 너희가 치료하다 죽은 사람이 내가 죽인 사람보다 더 많을 걸'이라고 농담하고는 크게 웃으며 매우 기뻐했다"고 되어있다. 이때 로드는 이미 세상을 떠난 뒤였는데, 오이달이 요세프 다 코스타(Joseph da Costa, 羅懷忠)인지 스테파누스 루쎄(Stephanus

---

17) 윤잉(允礽, 1674-1725): 강희제의 7째 아들로 만 1살 되던 강희 14년(1675) 황태자로 책봉되었으나, 권력투쟁의 와중에서 폐위와 책봉을 반복하다 정신병을 이유로 결국 강희 51년(1712) 2번째 폐위를 당하고 함안궁(咸安宮)에 금고(禁錮)되어있다 죽었다.

Rouset, 安泰)인지 알 수가 없다.

요세프 다 코스타 수도사는 예수회 입회 전에 유명한 스승으로부터 제약(製藥)과 수술을 배웠다. 강희 55년(1716) 중국에 온 이후, 30년 동안 같은 예수회 소속 선교사와 천주교 내외의 사람들 병을 치료하였다. 지방 인사 및 대소(大小) 관원들이 모두 그의 뛰어난 의술을 경모하고 깊은 존경을 표하였다. 또 진료소 한 곳을 세워 진료봉사를 하였다. 그는 비록 수시로 황명을 받고 입궁하였지만, 가난한 사람과 가깝게 지내는 것을 더 즐거워했고 병자가 진료소에 오기 어려울 경우 몸소 가서 돌보았다. 건륭 12년(1740)에 죽었다. 피스터의 원서 제2책 639-640쪽에 나온다.

스테파누스 루쎄 수도사는 강희 57년(1719) 중국에 왔다. 강희제 말년에 있었던 몇 차례 순행에는 모두 루쎄가 수행하였다. 루쎄는 의술에 정통하였고 성품이 온화하고 친절하였다. 새벽과 오후에는 거주지에 머물면서 진료를 하였다. 당시 천주교에 대한 금지가 매우 엄했기 때문에 천주교 신자들은 치료받는다는 핑계로 성당에 와서 기도하였다. 건륭 23년(1758) 독창(毒瘡)에 걸려 사망하였다. 피스터의 원서 제2책 622쪽에 나온다.

엠마누엘 데 매토스(Emmanuel de Mattos, 羅啓明) 수도사는 건륭 16년(1751) 중국에 왔다. 병을 치료하면서 전도하였는데, 건륭 29년(1764) 폐결핵에 걸려 세상을 떠났다. 같은 책 868쪽에 나온다.

루도비쿠스 바쟁(Ludovicus Bazin, 巴新) 수도사는 일찍이 페르시아 토마스 쿨리칸(Thomas Koulikan) 국왕의 수석 의관(醫官)을 맡았고 후에 또 인도에 이르렀다. 건륭 30년(1765) 중국 광주에 도착했는데, 양광총독이 머무는 것을 허락하지 않았으나 북경에 있는 선교사들은 이미 그의 소식을 들었다. 마침 건륭제의 5째 아들이 병에 걸리자 선교사를 불러 서양 의술로 치료하게 하였다. 이에 서양 선교사가 바쟁을 추천하니, 황제가 사람을 보내 그를 빨리 불러오도록 하였다. 하지만 바쟁은 이미 모리스(Maurice)섬에 가서 연말을 보내고 있었다. 당시 각 방면에서 모두 바쟁을 찾고자 하여 인도나 유럽을 방문하는 사람을 통해 편지를 보내기도 하고, 양광총독도 배를 모리스섬에 보내 그를 맞이하고자 하였다. 다음해 원래 타고 왔던 배로 (중국에) 돌아온 다음, 비로소 입조하라는 황명이 있음을 알고 10월 18일 방타봉(Ventavon) 신부와 함께 북경에 가서 궁내에서 근무하다 7년 만에 죽었다. 같은 책 762-764쪽에 나온다.

건륭 24년(1759) 중국에 온 시보 신부 역시 일찍이 러시아 선교사와 빈곤한 대중들에게 적지 않은 의료상의 편의를 제공해주었다고 한다(陳邦賢의 《中國醫學史》 제3편 제2장).

마이야(Mailla)의 프랑스어본 《중국전사(中國全史)》[18] 제11책 534쪽에는 다음과 같이 기록되어있다.

> "어느 날 황제(건륭제)가 카스틸리오네(Castiglione) 수도사의 화관(畵館)에 행차하여 카스틸리오네에게 '발렌티누스 샬리에(Valentinus Chalier, 沙叩玉) 신부의 병이 위중하여 짐이 어의를 파견하여 가서 보게 했는데, 서양인 중에도 고명한 의사가 있지 않은가?'라고 묻자, 카스틸리오네가 '네, 있기는 하지만 길이 멀어 금세 도착하기 어려울 뿐입니다. 북경 내에는 외과 의사 2명만 있는데, 그 의술이 매우 뛰어납니다'라고 답하였다."

여기서 "길이 멀어 금세 도착하기 어렵다"고 한 사람은 바쟁을 가리킨 것 같고, 외과에 능한 두 선교사는 분명 상술한 로드·다 코스타·매토스·루쎄 등 4명 중 2명일 것이다.

왕학권(王學權)의 《중경당수필(重慶堂隨筆)》[19] 권하에는 건륭제 때 조

---

18) 원명은 *Histoire Générale de la Chine*이다.

국재(趙菊齋)의 모친이 번우(番禺)에서 엄중한 병에 걸렸는데, 오랑캐 의사[夷醫]를 만나서 치유될 수 있었다고 적혀있다.

제5절 《태서인신설개(泰西人身說槪)》에 나오는 해부생리학

《태서인신설개》 2권은 테렌츠가 저술하고 필공진(畢拱辰)이 번역하였는데, 그 과정은 아래 제6절에 상세히 나온다. 상권은 〈골부(骨部)〉·〈치골부(脆骨部)〉·〈긍근부(肯筋部)〉·〈육괴근부(肉塊筋部)〉·〈피부(皮部)〉·〈아특락사부(亞特諾斯部)〉·〈고유부(膏油部)〉·〈육세근부(肉細筋部)〉·〈낙부(絡部)〉·〈맥부(脈部)〉·〈세근부(細筋部)〉·〈외면피부(外面皮部)〉·〈육부(肉部)〉·〈육괴부(肉塊部)〉·〈혈부(血部)〉(補)로 나누어져있다. 하권은 〈총각사(總覺司)〉·〈부록 마테오 리치의 기억법 5원칙(附錄利西泰記法五則)〉·〈목사(目司)〉·〈이사(耳司)〉·〈비사(鼻司)〉·〈설사(舌司)〉·〈사체각사(四體覺司)〉·〈행동 및 언어(行動及言語)〉로 나누어져있다. 오늘날의 계통 해부학(Systematic Anatomy) 중에서 운동·근육·순환·신경·감각 등 다섯 계통만 다루고 있다. 하권은 문답체를 취하고 있어 상권과 완전히 다르다.

〈골부〉는 뼈의 구조와 기능 및 전신의 뼈의 수를 설명하고 있고, 〈치

---

19) 《중경당수필(重慶堂隨筆)》: 청대 의학자 왕학권(1728-1810, 자는 秉衡)이 의학서적의 관련 내용을 자신의 임상경험과 결합하여 수필 형식으로 설명한 의론서(醫論書)로 1808년 간행되었다.

골부)도 그 구성과 기능을 상세히 설명하고 있으며, 힘줄[筋]은 궁근(肯筋)과 육골근(肉骨筋)으로 나누어서 설명하고 있다. 이들은 운동계통에 속하는 것이다.

〈육부〉·〈육괴부〉·〈육세근부〉 및 〈고유부〉는 근육계통에 속하는 것인데, 〈피부〉와 〈외면피부〉를 여기에 부속시키고 따로 배설계통을 만들지 않았다. 근육의 생리와 작동원리, 그 수와 작용, 지방, 피부, 표피, 림프선 등을 설명하고 있다.

〈낙부〉·〈맥부〉·〈혈부〉는 순환계통에 속하는 것이다. 낙은 정맥이고 맥은 동맥이다. 정맥의 근간(根幹)과 지엽(枝葉), 정맥의 종류, 문정맥(門靜脈), 상대정맥(上大靜脈), 동맥의 생리 조직, 순환 등 언급하지 않은 것이 없다.

〈세근부〉와 〈총각사〉 및 〈마테오 리치의 기억법 5원칙〉은 모두 신경계통에 속하는 것이다. 마테오 리치의 《서국기법》에 대해서는 이미 앞에서 상세히 설명하였다. 이 책에서는 뇌의 생리와 작동원리, 신경의 생리와 종류, 척추신경에 대해서 말하고 있다.

눈·귀·코·혀·사체(四體)의 오사(五司)는 오늘날의 감각계통(시각·청각·후각·미각·촉각 등 오감 – 역자)에 속하는 것이다.

그 외 행동 및 언어에 대해서 논하고 있다.

《인신도설(人身圖說)》은 《태서인신설개》 뒤에 첨부되어있는데, 제목과 달리 그림만 있고 설명은 없다. 원래 권을 나누지 않았으나, 뒤편에 〈인신도오장구각도형목록(人身圖五臟軀殼圖形目錄)〉이 있음으로 인해 후대 사람이 2권으로 나누어 버렸다. 그 내용은 호흡·순환·신경·소화·배설·생식 등 여섯 계통 및 태생학(胎生學)을 포함하고 있으며 혈액순환에 대해 특히 상세히 논하고 있다.

〈인신도오장구각도형목록〉은 폐(肺)를 논함, 심포락(心包絡)을 논함,

심(心)을 논함, 심혈(心穴)을 논함, 심장의 상하 입구 및 소고(小鼓)의 용
도를 논함, 낙맥(絡脈) 및 맥락이 어떻게 분산되는지를 논함, 전신[周身]
대혈락(大血絡)이 위로 분산되는 제지(諸肢)를 논함, 전신 맥락의 상행분
지(上行分肢)를 논함, 근(筋)을 논함, 기후(氣喉)를 논함, 식후(食喉)를 논
함, 위총(胃總)을 논함, 대소장(大小腸)을 논함, 간과 하복부의 대소장을
논함, 담포(膽胞)를 논함, 황액(黃液)을 논함, 비장(脾)을 논함, 맥락의 근
원 및 분산이 시작되는 하행분지(下行分肢)를 논함, 제근(諸筋)의 분산과
유래지근(由來之根)의 하절(下截)을 논함, 전신 대혈맥이 분산 하행하여
제 분지(分肢)에 이름을 논함, 허리[腰]를 논함, 남녀 성기와 고환(睾丸)
및 혈맥 이락(二絡)을 논함, 소변의 정배면(正背面) 질구락(質具絡) 및 익
락(溺絡)을 논함(목록에는 원래 이 항목이 빠져있지만 본문에 의거해 보
충하였음), 고환의 곡절지락(曲折之絡)과 격발지락(激發之絡)을 논함, 소
변의 원위익액(源委溺液)을 논함, 방광(膀胱)을 논함, 여자 자궁(子宮)을
논함, 자궁포의(包衣)의 배태제락(胚胎臍絡)을 논함, 탯줄[臍帶]를 논함으
로 나누어져 있다.

도형의 목록은 생략한다.

이 책(즉《인신도설》- 역자)에서는 기후(氣喉), 기관(氣管)의 분포와 작동
원리, 폐, 폐엽(肺葉)의 작동원리, 심낭(心囊)의 작용, 심장의 작동, 심장
의 구조와 작동원리, 심실(心室), 심방(心房)과 심실, 심판(心瓣), 혈관,
심혈운동의 하공(下腔)정맥과 대동맥·총(總)정맥·총동맥, 간과 혈액순
환 관계, 간장의 구조, 간엽(肝葉), 심관상(心冠狀)동맥, 정계(精係)동맥의
구조와 부위 및 성별(性別), 미주(迷走)신경, 교감신경, 식관(食管), 위의
구조와 생리 및 작동원리, 장(腸), 총수(總數), 십이지장, 결장(潔腸) 즉
공장(空腸), 예장(穢腸) 즉 회장(廻腸), 할장(瞎腸) 즉 맹장(盲腸), 경장(頸
腸) 즉 결장(結腸), 직장(直腸), 담낭(膽囊), 담즙련혈(膽汁煉血), 비장의

기능, 신장의 기능, 수뇨관(輸尿管)의 기능, 방광의 기능, 요도(尿道), 고환, 부(副)고환의 기능, 사정관(射精管), 난소(卵巢), 수란관(輸卵管), 자궁의 기능, 자궁경(頸), 자궁인대(靭帶), 질(膣), 태반(胎盤), 양막(羊膜), 양액(羊液), 탯줄 등을 설명하고 있다.

제6절 서양 의학과 생리학 등에 대한 중국인의 연구

필공진은 자가 성백(星伯)이고 산동성 액현(掖縣) 사람으로 만력 44년(1616) 진사가 되었다. 숭정 7년(1634) 북경에서 아담 샬을 방문했을 때, 사람 몸[人身]에 관한 책이 아직 번역되지 않은 것에 유감을 표하였다. 이에 아담 샬이 서양에서 만든 인체도를 꺼내 보여주자 중국에 (그러한 것이) 없음을 한탄하였다. 이후 아담 샬이 또 죽은 친구 테렌츠가 쓴 《인신설(人身說)》 2권을 그에게 건네주었는데, 필공진은 그 문장이 마음에 들지 않아 이를 윤색하였다. 숭정 16년(1643) 필공진은 아담 샬에게 급히 서신을 보내, 《인신설》 전부를 번역해야지만 아직 일이 진척되고 있지 못하니 그 개략이라도 먼저 출판해줄 것을 부탁하였다. 이것이 바로 테렌츠의 《태서인신설개》로 중국에 최초로 전래된 해부생리학 서적이다. 고인이 된 친구 장음린(張蔭麟)이 그 필사본을 소장하고 있었는데, 《인신도설》 필사본과 함께 제본되어있었다. 그 책에는 자코모 로가 역술(譯述)하고 롱고바르디와 테렌츠가 교열했다고 서명되어있으나, 자코모 로가 북경에 도착했을 때 테렌츠는 이미 죽은 지 1년이 지났는데 어떻게 교열에 참여할 수 있었겠는가? 이에 대해서는 좀 더 조사 연구할 필요가 있다.

금성(金聲)은 자가 정희(正希)이고 휴녕(休寧: 옛 徽州府의 한 縣으로 현재 안휘성 黃山市 관할 - 역자) 사람으로 만력 36년(1598) 태어나 숭정 원년 (1628)에 진사가 되었다. 서광계가 일찍이 역법 개정에 참여하도록 천거 하였으나 병으로 사양하였다. 융무 원년(1645) (청군의) 포로가 되었으 나 굴복하지 않고 죽었다. 시호는 문의(文毅)이고 청 조정에서 충절(忠 節)이라는 시호를 별도로 내려주었다. 웅개원(熊開元)이 그의 전기를 썼 는데, 그가 서학에 정통하였고 숭정 5년(1632) 이전에 이미 제자를 데리 고 서양 종교를 받들었으며 딸 도소(道炤)는 처녀의 몸으로 수녀가 되었 다(入道)고 하였다. 당시 웅개원은 서양 학문을 크게 배척하였지만 금성 은 이에 아랑곳하지 않았다. 그는 서현호상공(徐玄扈相公: 즉 서광계 - 역 자)에게 보낸 편지에서 "서양 학자에게 경복(敬服)하여 그 실학을 좋아하 게 되었다"고 하였다. 그의 고향 사람[邑人] 엽세인(葉世寅) 맹추(孟陬)는 일찍이 다음과 같이 말하였다.

"우리 세대(世代)의 역법 전문가를 살펴보다 뜻밖에 공(公)이 주장한 뇌 가 기억을 주관하다는 이론을 알게 되었는데, 세상 사람들은 이를 잘 알지 못한다. 왕인암(汪訒菴)의 《본초비요(本草備要)》[20], 왕훈신(王勳臣) 의 《의림개착(醫林改錯)》에서 모두 그의 말을 기록하고 있지만, 유학자 들은 이를 전하지 않았다. 내가 듣기로 공은 일찍이 서광계와 더불어 서양인에게서 역산(曆算)을 익혔다고 하니, 생각건대 진실로 전수받은 바가 있지 않았겠는가?"

《본초비요》 권3 〈신이(辛夷)〉조에 보면, 금성이 일찍이 그에게 "사람

....

20) 《본초비요(本草備要)》: 전 4권. 왕앙(汪昂, 1615-1694, 인암은 그의 字)이 편 찬하여 1683년 간행한 의서로, 주로 《본초강목(本草綱目)》과 《신농본초경 (新農本草經)》에서 발췌하여 만든 책이다.

의 기억력은 모두 뇌 안에 있다. 유년기에 잘 잊어버리는 것은 뇌가 아직 가득 차지 않았기 때문이고, 노인이 잘 잊어버리는 것은 뇌가 점차 비어 가기 때문이다"고 말했다고 적혀있다.

방이지(方以智)에 대해서는 본편 3장에서 상세히 설명하였다. 그의 저서 《물리소식》은 당시 이미 전래된 서양과학을 거의 모두 수용하고 있지만, 권4와 권5의 〈의약류〉만 서양 학설을 채택하지 않아서 이상하다. 단지 권3 〈인신류〉의 '혈양근련지고(血養筋連之故)'조에서 《주제군징》 권상을 인용하고 있으며, 〈음식류〉의 증기법(蒸氣法)도 《태서수법》에서 그 내용을 취한 것으로 보인다.

왕굉한(王宏翰)은 자가 혜원(惠源), 호가 호연자(浩然子)로 화정(華亭: 현 상해시 松江區 - 역자)에서 고소서성(姑蘇西城: 현 소주시 姑蘇區 - 역자)으로 이사하였다. 유학에 널리 통달하고 의학 이론에 밝았으며 천주교를 믿었다. 그의 어머니가 병에 걸리자 의학을 배웠는데, 낡은 이론을 애써 배척하고 특히 소의(蘇醫: 소주의 漢醫를 말하는 것 같음 - 역자)를 싫어했다. 이 때문에 알레니의 《성학추술》과 바뇨니의 《공제격치(空際格致)》 및 아담 샬의 《주제군징》 등에서 그 설을 채택하니, 실로 중국 최초로 서양 학설을 받아들인 의사였다. 강희 27년(1688) 《의학원시(醫學原始)》 4권(《古今醫史續增》에는 11권, 《醫籍考》에는 9권, 《日本內閣文庫漢籍部目錄》에도 9권으로 되어있음)을 편찬하였다. 한 때 한 집안처럼 친밀하게 지냈던 무동(繆彤)·한담(韓菼)·서건학(徐乾學)·심종경(沈宗敬) 등이 모두 이 책의 서문을 써서 '원신(元神)'과 '원질(元質)' 등 여러 학설의 특이함을 크게 칭찬하였는데, 그것들이 모두 《성학추술》 등 여러 책에 근거하였음을 알지 못했다. 《의학원시》 제2권은 거의 전부 바뇨니의 《공제격치》, 알레니의 《성학추술》, 아담 샬의 《주제군징》, 페르비스트의 《측험기략(測驗紀略)》을 베낀 것이다.

강희 36년(1697)《고금의사(古今醫史)》9권(실제 8권뿐이고 제9권은 자신의 전기로 당연히 본인이 쓴 것이 아님)을 또 저술하였다. 그 외에도 저술한 의학 서적이 13종에 총 158권이나 되지만 대부분 전해지지 않는다. 《의학원시》에는 진훈(陳薰)이 쓴 서문이 있다. 날짜가 적혀있지 않지만 강희 40년(1701) 판각된 진훈의 저서《성학성미(性學醒迷)》에 수록되어있고, 그 어투로 보아 왕굉한이 죽은 뒤에 쓴 것으로 추정된다. 그렇다면 왕굉한은 강희 36년에서 39년(1677-1700) 사이에 사망한 것이 분명하다.

진훈은 왕굉한의 친구로 자가 구정(鷗淳)이고 역시 천주교인이었는데, 두 사람은 수시로 천주학과 격치(格致) 관련 학설을 서로 토론하였다. 강희 31년(1692) 왕굉한은 진훈의 집에 묵으면서 그의 아들을 가르친 적이 있었다. 진훈이 지은《성학성미》는 상하 2권으로 손자 진치미(陳致彌)가 쓴 서문에 다음과 같이 적혀있다.

"예민하고 청결함을 좋아했으며 많은 책을 두루 섭렵하여 제자백가에서 방명상수(方名象數)에 이르기까지 그 단서를 파헤쳤을 뿐 아니라 그 이치를 연구하지 않음이 없으셨다. 이를 바탕으로 참다운 문장을 썼으니, 이치가 명확하고 글이 막힘이 없어 시험에 응시할 때마다 일등을 차지하셨다. 하지만 재능을 품고도 때를 만나지 못하셨으니 어찌하랴. 평생 포의로 지내며 그 포부를 펼칠 수 없었으나 부귀영화 보기를 담담하게 여기셨다."

왕굉한의 형은 이름이 규(珪)이고 자가 수덕(樹德)이다. 아들이 둘 있었는데, 조무(兆武)는 자가 성발(聖發)이고 조성(兆成)은 자가 성계(聖啓)로 모두 천주교인이며 진훈의 문하에서 수업을 받았다.

고약사(顧若思)는 청나라 초기 사람으로 그 관작(官爵)과 고향은 알수가 없다. 무진(武進: 현 강소성 常州市 관할 - 역자) 사람 운격(惲格: 자는

壽平, 호는 南田)이 고약사를 누동(婁東: 강소성 太倉의 옛 이름 - 역자)에서 우연히 만나 단번에 의기투합하였다. 고약사는 성품이 활달하고 유람하기를 즐기며 방술(方術)을 좋아해서 서양방식으로 초목과 꽃과 열매를 증련(蒸煉)하여 약로(藥露)를 만들 수 있었다. 운격이 일찍이 시 6수를 그에게 보냈는데, 그 앞 3수에 다음과 같이 묘사되어있다.

"바다와 산 사이로 몸이 속세를 벗어나기로 하였다가, 신령과 통하여 일찍이 지극히 덕이 높은 스승을 얻었지. 꽃을 찌고 풀을 태워 감로주를 만드니, 구르며 웃노니 신농씨도 알지 못할 것이네."[21]
"신인(神人)은 약을 쓰는데 약을 사용하지 않고, 약마다 정수가 달라 쓰임이 같지 않다네. 지극히 신묘한 연단술로 전해질 줄 누구 알겠는가? 한 방울로도 조물주의 공덕에 참여할 수 있다네."[22]
"약 솥에서 발생한 향내 흩어지지 않고 서리어 보랏빛 연기를 만드는데, 불을 더했다 뺐다 하면서 스스로 만들어지길 기다리네. 승로반(承露盤)을 바치는 구리 기둥의 이슬은 늘 있는 일이거늘, 동으로 만든 선인은 한나라를 기억할까?"[23]

소위 '지극히 덕이 높은 스승'을 혹자는 서양 선교사를 가리킨다고 하지만, 그가 천주교 신자였다고 단정할 수는 없다.

유헌정(劉獻廷)은 자가 군현(君賢)이고 다른 자는 계장(繼莊)이며 호는 광양자(廣陽子)이다. 대흥(大興: 順天府 하의 한 縣으로 현 북경시 대흥구 - 역자) 사람으로 순치 6년(1649)에 태어났다. 아버지 유광(劉鑛)은 이름난 의사였다. 유헌정은 책을 널리 많이 읽었고 큰 뜻이 있어 경세의 학문을

---

21) "海岳間身物外期, 參靈曾得至人師. 蒸花煉草成仙露, 轉笑神農未得知."
22) "神人用藥不用藥, 藥有精華用不同. 誰知至妙傳金鼎, 一滴能參造化功."
23) "藥鼎氤氳生紫煙, 抽添火候自天然. 金莖玉露尋常有, 不許銅人憶漢年."

주장하였다. 상위(象緯)와 율역(律曆), 변새(邊塞), 관요(關要: 險關要道의 준말 - 역자), 재부(財賦), 무기[軍器] 등에서 기황(岐黃)[24]의 분파 및 불가와 도가의 이론까지 두루 주의를 기울이지 않은 것이 없었고, 특히 성운(聲韻)의 이치에 정통하였다. 그 당시 들어온 서양 학설에 대해서도 널리 섭렵하여 《인신도설》 및 라틴어 등 배우지 않은 것이 없었다. 일찍이 강갑부(康甲夫)의 집에 소장된 홍모자서(紅毛字書)를 한 번 보지 못한 것을 한으로 여겼을 정도였다. 《명사》 편찬에도 참여한 적이 있었다. 남긴 저서는 대부분 없어지고 세상에 전해지는 것은 단지 《광양잡기(廣陽雜記)》뿐이다. 일찍이 《인신도설》에 의거하여 이씨(李氏) 여성이 남성으로 변하는 이치를 해석하였는데, 《광양잡기》 권2에 나온다.

조학민(趙學敏)은 자가 서헌(恕軒)이고 다른 자는 의길(依吉)이며 전당(錢塘: 항주의 별칭 - 역자) 출신의 제생(諸生)이다. 그의 아버지는 일찍이 전염병이 유행할 때에 수만 명의 생명을 구했다. 조학민은 어려서부터 여러 서적을 다독하여 천문·역법·의학·점술의 학문 등 두루 섭렵하지 않은 것이 없었다. 건륭 19년(1754) 《의림집액(醫林集腋)》[25] 16권을 완성하였고 오래지 않아 또 《축유록험(祝由錄驗)》 4권을 완성하였다. 건륭 21년 눈병에 걸렸음에도 《낭로집(囊露集)》 4권을 저술하였다. 건륭 24년 《관아(串雅)》 8권을, 건륭 30년에는 《본초강목습유(本草綱目拾遺)》 10권을 완성하였다. 그 후에도 저술한 책이 매우 많으나 현존하는 것은 《본초강목습유》와 《관아》뿐이다.

....

24) 기황(岐黃): 의가(醫家)의 시조인 황제(黃帝)와 기백(岐伯)을 가리키는 것으로 의술을 말한다. 기백은 황제의 신하로 이름난 의원이며, 황제와 함께 의술을 논하고 의서(醫書)를 저술하는 일을 도왔다고 한다.
25) 원서에는 《의림락액(醫林樂腋)》으로 되어있으나 오류가 분명하여 바로잡았다.

왕청임(王淸任)은 자가 훈신(勛臣)이고 옥전(玉田: 현 하북성 唐山市 관할
- 역자) 사람으로 건륭 33년(1768)에 태어났다. 의술에 정통하여 명성이
수도에 널리 알려졌다. 평소 사람의 오장육부를 보지 못한 것을 한으로
여겼다. 가경 2년(1797) 난주(灤州)의 아이들 중 80-90%가 성홍열과 이질
에 감염되어 죽어서 의총(義塚: 弔喪할 이가 없는 죽은 사람을 위해 남이 세운
무덤 - 역자) 대부분 관이 없었는데, 왕청임이 가서 열흘 동안 살펴보고
30여 명을 관찰한 끝에 비로소 옛날 의서에 그려져 있는 오장육부가 대
부분 실제와 다르다는 것을 알게 되었다. 또 뼈에 붙은 살을 발라내는
형벌[剮刑]을 직접 보아서 횡경막이 어떤 것인지 알고자 했으나 줄곧 기
회를 얻지 못하였다. 도광 9년(1829) (그 형벌을) 묘사한 강녕포정사(江
寧布政使) 항경공(恆敬公)의 글을 얻음으로써 비로소 숙원을 풀게 되었
다. 다음해 《의림개착》 2권을 완성하였다. 아마도 항씨가 주륙된 시신을
매우 많이 봤기 때문에 그 상세함을 알 수 있었던 것 같다. 책이 완성되
었을 때 왕청임은 이미 63세로 오장육부를 관찰한지 33년이 지난 시점이
었다.26) 이 책은 뇌수(腦髓)에 관한 견해를 기록한 점이 가장 탁월한데
서양 의학의 영향을 매우 깊게 받은 것이었다. 육무수(陸懋修)27)의 무리
가 일찍이 이를 이유로 그를 배척하였으니, 진실로 식자들이 일소(一笑)
할 가치도 없는 주장이다.

....

26) 원서에는 42년이라 되어있으나 오류가 분명하여 바로잡았다.
27) 육무수(陸懋修, 생몰연도 미상): 청 중엽 사람으로 원화(元和: 현재 강소성
    소주)의 세의(世醫) 집안에서 태어나 가업을 계승해 의사로서 이름을 날렸
    다. 다른 의학자들의 관점과 득실을 평가하길 좋아해 많은 저술을 남겼다.

제7절 서양 약물학(藥物學)과 병리학 및 치료법의 전래

중국에 최초로 전래된 서양 약물학 전문서적은 프란시스코회[28] 멕시코 선교사 페트루스 피뉴엘라(Petrus Pinuela, 石鐸琭)[29]가 저술한 《본초보(本草補)》이다. 피뉴엘라는 강희 15년(1676) 중국에 와서 43년(1704)에 죽었다. 조학민이 《본초강목습유》(이하 《습유》로 줄임)를 저술할 때 이 책을 인용하면서 피뉴엘라를 석진탁(石振鐸)이라 표기하였다. 조위(趙魏) 즉 조진재(趙晉齋)의 《죽엄암전초서목(竹崦庵傳鈔書目)》에 그 책 이름이 실려 있는데, 26쪽[葉]짜리 1권이라고 되어있다. 여기서 《명말 서양에서 전래된 의학》권5(약물학 – 역자)의 분류법에 의거해 그 요점을 절록하면 다음과 같다.

(1) 석류(石類): 《공제격치》의 유황(硫黃), 《본초보》의 벽경석(辟驚石)과 기공석(奇功石).

(2) 수류(水類): 《습유》의 강수(强水: 《습유》에서는 王怡堂이 서술한 서양인의 강수 제조법을 인용하면서 방이지의 《물리소식》 '礦條'를 인용하여 礦水가 바로 강수라 하였다), 《본초보》의 일정유(日精油).

....

28) 프란시스코회(Ordo Fratrum Minorum): '성 프란시스코의 수도규칙'을 따르는 기독교 수도회를 부르는 총칭이다. 프란시스코회의 일원과 성 프란시스코의 수도규칙을 따르는 무리를 간단히 '프란시스칸'이라고 부르며, 1회(작은형제회, 꼰벤뚜알 프란시스코회, 가푸친 작은형제회)와 2회(클라라수녀회) 그리고 3회(수도3회, 율수회, 재속프란시스코회)와 재속회 등을 뜻한다.

29) 페트루스 피뉴엘라(Petrus Pinuela, 石鐸琭, 1655-1704): 스페인 부모 사이에 멕시코에서 태어나 자랐다. 1676년 중국에 와 복건·강서·한구·광동 등지에서 선교활동을 하였고 여러 한문저서를 펴냈다.

(3) 목류(木類): 《직방외기》의 야수실(椰樹實), 《본초보》의 단수피(鍛樹皮)와 가알롱(加乞弄).

(4) 초류(草類): 《직방외기》의 적리아가(的里亞加)와 아력만(阿力滿), 《본초보》의 루유(蔞油)·향초(香草)·취초(臭草).

(5) 수류(獸類): 《직방외기》의 산리(山狸), 《본초보》의 보심석(保心石).

(6) 충류(蟲類): 알레니의 《삼산논학기(三山論學記)》의 미백자(未白刺)와 갈(蝎), 《본초보》의 흡독석(吸毒石), 《습유》의 양충(洋蟲).

우르시스도 명말에 '서양 약로(藥露) 정제법'을 들여왔다. 판토하(Pantoja)가 그 기술을 서광계에게 전수했던 까닭에, 서광계는 가서(家書)에서 "판토하선생이 나에게 서양의 약 쓰는 법을 가르쳐주었는데, 침전물은 전혀 쓰지 않고 여러 약 중 신선한 것을 채취한다. 예컨대 장미를 다려서 그 증기를 취해 만든 이슬[露]을 복용하면 신비로운 효과가 있다. 이 방법은 매우 이치에 맞으며 복용하는 것이 모두 약의 정수여서 오장육부와 기골(肌骨) 사이로 스며들 수 있다"고 하였다.

《태서수법》 권4 〈약로〉 및 알레니의 《서방답문(西方答問)》에는 모두 그 효능에 대해 언급하고 있다. 앞에서 인용한 유동(劉侗)의 《제경경물략》과 납란용약(納蘭容若)의 《녹수정잡지(淥水亭雜識)》30), 석천기(石天基)의 《전가보(傳家寶)》31) 등에서도 모두 약로법을 언급하고 있다. 만력연간 심덕부(沈德符)는 《야획편보유(野獲編補遺)》 권8 〈약로〉에서 "지금

....

30) 《녹수정잡지(淥水亭雜識)》: 청사(淸詞) 3대가로 불리는 납란성덕(納蘭性德, 1655-1685, 용약은 그의 자)이 지은 책이다.

31) 《전가보(傳家寶)》: 전 32권. 청대 양주(揚州) 출신의 문인 겸 의학자인 석성금(石成金, 1659-?, 천기는 그의 자)이 지은 책이다.

중국인은 능히 이것을 진짜와 비슷하게 만들 수 있다"고 하였다. 주량공 (周亮工)의 《민소기(閩小記)》[32] 권상 〈민주(閩酒)〉조에는 제약로법(製藥 爐法)이 적혀있다. 청초 우동(尤侗)은 《외국죽지사(外國竹枝詞)》[33]에서 천주당에 관한 시를 지으면서 "나라 안에 장미꽃이 가장 귀한데 이를 쪄서 이슬로 만들면 향수[香藥]로 쓸 수 있다"고 주를 달았다. 《오문기략》 하권 〈오번편〉 '식화문(食貨門)'에서는 '꽃 약의 이슬[花藥之露者]'을 파는 자가 있다고 하였다. 《태서수법》 권4에서도 그 제조법을 설명하면서 각 종 기구의 그림을 첨부하고 있다.

운격(惲格)의 《구향관집(甌香館集)》[34] 권4에는 고약사에게 보낸 글이 있는데, "화로와 솥으로 초목·꽃·열매를 정제하면 모두 천로(天露)가 되 어 온갖 병을 다 치료할 수 있습니다. 비록 병이 깊어도 이를 먹으면 즉시 떨치고 일어납니다. 오래 복용하면 쇠약함을 막아주고 생명을 연장 시킬 수 있습니다"고 하였다. 특히 조학민의 《습유》는 약로의 입문서로 이에 관한 것들을 집대성한 책이다.

명말 서양의 병리 치료를 소개한 사람은 드물어서 《서방답문》에 한두 가지만 언급되어있을 뿐이다. 액체(液體) 병리학에 대해서는 《성학추술》 권3 〈논사액(論四液)〉, 권4 〈이지관(耳之官)〉, 권7 〈논몽(論夢)〉, 권8 〈논 수요(論壽夭)〉와 《태서수법》 권5 〈수법혹문(水法或問)〉 및 《진주영성리 증》 권상 〈이증(理證)〉과 아담 샬이 지은 《주교연기(主教緣起)》 권2 〈인

....

32) 《민소기(閩小記)》: 명말 청초 저명한 문학가 겸 서예가인 주량공(1612-1672) 이 순치 초년 복건안찰사를 지내면서 보고들은 바를 기록한 책이다.
33) 《외국죽지사(外國竹枝詞)》: 명말 청초 소주(蘇州) 출신의 저명한 시인 겸 희 곡가 우동(1618-1704)이 지은 사(詞) 100수를 모아놓은 책이다.
34) 《구향관집(甌香館集)》: 청초의 저명한 서화가 운격(1633-1690)이 자신의 청소 년기 평범하지 않았던 경험과 부친의 가르침을 토로하고 기록한 시문집이다.

생사지고(人生死之故)〉에 모두 서술되어있다.

유럽 중세에 성행했던 점성(占星) 의술에 대해서는 스모골랜스키의 《천보진원(天步眞原)》에 병리 진단과 관련된 몇 가지 내용이 적혀있다. 예컨대 12상(象)과 사람이 속하는 바, 즉 열두 짐승[獸]이 인체의 부위와 관계를 가진다는 설, 사성(四星)이 속하는 바, 사성이 주관하는 병, 사성이 치료하는 병 등은 모두 권상의 〈태음십이상지능(太陰十二象之能)〉과 〈액질(厄疾)〉에서 볼 수 있다.

내과 질병에 관해 《인신도설》에서는 두통·구토 증세·위하수(胃下垂)·장조(臟躁)35)·탈항(脫肛)·치질·목황(目黃: 눈의 흰자위가 누렇게 되는 병증 - 역자) 등을 서술하고 있다. 《성학추술》에서는 청력 감퇴, 이명(耳鳴) 및 벙어리에 관한 것을 볼 수 있다.

학질(瘧疾)의 말라리아균을 발견하기 이전에는 서양 선교사가 저술한 《공제격치》와 《직방외기》, 페르비스트의 《곤여도설(坤輿圖說)》36) 등과 같은 책에서도 사기(邪氣)가 재앙을 일으키는 것으로 여겼다. 숭정 11년(1638) 학질을 치료하는 특효약 퀴닌(Quinine, 奎寧: 예전에는 金雞那로 번역되었음)이 페루에서 발견되었는데, 강희 32년(1693) 중국에 있던 선교사들은 이미 그것을 조금 갖고 있었다. 그 해 5월 황제가 학질에 걸리

....

35) 장조(臟躁): 정신이상인 경우처럼 별 이유 없이 자주 슬퍼하며 발작적으로 잘 울기도하고 하품과 기지개를 자주 켜는 등 증상을 나타내는 정신신경장애 증상의 하나이다. 주로 여성 환자들에게서 많은데, 오늘날 히스테리성 발작과 유사하다.

36) 《곤여도설(坤輿圖說)》: 벨기에 출신의 예수회 선교사 페르비스트가 1674년 찬술한 책으로 자신이 제작한 《곤여전도(坤輿全圖)》를 구체적으로 해설하고 있다. 상권은 자연지리 일반을 설명하고, 하권은 주(洲)별로 5대주 개황을 소개하면서 권미에 4해(海)까지 언급했으며, 세계 7대 기적[七奇]도 그림을 곁들여 소개하고 있다.(《실크로드 사전》, 33쪽)

자 퐁타네·제르비용(Gerbillon)·부베가 이를 황제에게 바쳐 이윽고 병이 나았으니, 이 일 역시 사신행(查慎行)의 《인해기(人海記)》37) 권하에 상세하게 나와 있다. 《습유》에서 인용한 《인해기》는 요즘 유통되는 판본에 비해 상세하다. 강희제도 일찍이 이 약을 고사기(高士奇)38)와 같은 근신에게 하사하였을 뿐 아니라 그 복용법을 직접 편지를 써서 알려주었으니, 고강촌(高江村: 강촌은 고사기의 호 - 역자)의 《전간공기시주(田間恭記詩注)》에 보인다. 기타 필기(筆記) 중에도 퀴닌으로 학질을 치료한 일들이 기록되어있다. 강희 51년(1712) 7월 18일 이후(李煦)가 상주하여 강녕직조(江寧織造) 조인(曹寅)이 7월 초하루 감기 기운이 있어 수일을 앓아 눕더니 증세가 학질로 변하였는데, 자신에게 "반드시 폐하의 성약(聖藥)을 얻어 나를 살려 달라"고 부탁하였다고 아뢰었다. 이에 강희제는 다음과 같은 주비(硃批)를 내렸다.

"지금 학질을 치료하는 약을 하사하고 지연될까 봐 역마를 통해 밤새 달려가도록 명하였다. 다만 학질이 아직 설사로 변하지 않았다면 무방하나, 만약 설사병으로 변했다면 이 약은 쓸모가 없다(여기에 만주 글자 하나가 적혀있는데 금계나의 譯音이 분명하다). (이 약은) 학질 전문 치료용으로 가루 2전(錢)을 술에 타서 복용한다. 만약 심하지 않을 경우 다시 1번 복용하면 증세가 반드시 멈출 것이다. 증세가 멈춘 후에 1전

....

37) 《인해기(人海記)》: 절강성 해녕(海寧) 출신 사신행(1650-1727)이 북경에서 공부하고 관리로 근무했던 30년간 보고들은 것을 적은 필기이다.
38) 고사기(高士奇, 1645-1704): 강희연간의 관료로 역사학자이자 서화가이기도 하다. 절강성 전당(錢塘) 사람으로 그림과 글씨에 모두 능했고 수장한 명품이 많았으며 감상에 있어서 청조 제일로 칭하여졌다. 고증에도 뛰어났다. 저서에 《좌전기사본말(左傳紀事本末)》·《춘추지명고략(春秋地名考略)》·《강촌소하록(江村消夏錄)》·《청음당집(淸吟堂集)》 등이 있다.

(錢)이나 8분(分)을 계속해서 2번 복용하면 그 뿌리를 제거할 수 있다. 만약 학질이 아니면 이 약은 사용할 수 없으니 반드시 신중해야한다. 만촉(萬囑)! 만촉(萬囑)! 만촉(萬囑)!"

조인은 7월 23일 병으로 죽었다. 8월 21일 이후가 올린 상주에 "금계나를 하사해 주시어", "9일 후에 양주에 이르러", "약을 하사하신 은혜로운 황상의 뜻을 조인의 아들 연생(連生)에게 이미 알렸습니다" 등의 말이 적혀있는 것으로 보아, 약이 도착하기 전에 조인이 이미 세상을 떠났음을 알 수 있다. 비연(鼻煙)은 당시에도 약품으로 여겨졌으니, 《홍루몽》 제52회에 나오는 비연합(鼻煙盒)[39]은 보옥(寶玉)이 청문(晴雯)의 두통을 고치기 위해 사용한 것으로 매우 시큼하고 매웠다. 비연을 사용한 후에도 관자놀이의 통증이 멎지 않자 보옥이 "그럼 아예 서양 약으로 치료해 보는 게 어때?"라고 말 하고는 바로 사월(麝月)을 봉저(鳳姐)의 거처로 보내 두통에 붙이는 고약인 '의불니(依弗哪)'를 얻어오게 한다. 의불나의 원명은 알 수 없으나 그 형태 및 용법은 대략 적혀있다. 이에 의하면 "(고약) 반쪽[半節]을 얻어 가지고 돌아왔다. 그는 붉은 비단조각을 찾아서 손톱만 하게 2개를 동그랗게 오린 다음 불에 녹인 고약을 비단조각 위에 비녀로 고르게 발랐다"고 되어있는데, 서술이 너무 간략해서 그 자세한 사정은 알 길이 없다.

원시(遠視)와 근시(近視)에 관해서는 《원경설(遠鏡說)》에서 볼 수 있다. 만력연간 이후 근시 안경은 이미 중국에서 유행하고 있었다. 《파사집(破邪集)》 권4에 수록된 허대수(許大受)의 〈성조좌벽(聖朝佐闢)〉에는 "일

---

39) 비연합(鼻煙盒): 기관이 막혔을 때 재채기를 할 수 있도록 콧구멍에 대고 냄새를 맡거나 그 속에 불어넣는 가루약이 든 조그마한 곽.

찍이 천주교를 따르는 자가 근시 안경을 나에게 보여주기에 한 차례 써 보았더니, 과연 시력이 곱절이나 좋아졌다"고 적혀있다. 진강기(陳康祺) 의 《연하향좌록(燕下鄕脞錄)》[40] 권12에도 수정(水晶)으로 된 안경이 청 초에 유행했다고 기록되어있다. 명대 사람 장녕(張寧)은 《방주잡록(方洲 雜錄)》에서 천순연간(1457-1464) 월동(粵東)에서는 이미 안경[靉靆]이 모 조되고 있었다고 하였지만 사실 믿기 어렵다.

외과 손상 분야는 《인신도설》 권상의 〈논대혈락(論大血絡)〉 및 권하의 〈정면전신도(正面全身圖)〉에서 젖멍울[乳癰]과 매독(梅毒)에 대해 언급하 고 있다. 《태서인신설개》 권하 〈목사(目司)〉에서는 눈의 상처에 대해 말 하고 있고, 《서국기법》 〈원본(原本)〉 편과 《성학추술》 권7 〈기심법(記心 法)〉에서는 모두 뇌의 상처를 논하고 있다. 《직방외기》 권2 〈막사가미아 (莫斯哥未亞)〉에서는 동상[凍瘡]에 대해 서술하고 있다. 《인신도설》에서 는 매독을 편독(便毒), 면화(棉花), 양매창(楊梅瘡) 등으로 불렀는데, 명 정덕연간(1506-1521) 한무(韓懋)가 저술한 《양매창논치방(楊梅瘡論治方)》 이란 책이 있다. 가정연간(1522-1566) 유변(俞弁)이 쓴 《속의설(續醫說)》 권10 〈비해(草薢)〉조에는 홍치 말년 광동 사람들 중 매독에 걸린 자가 많았다고 되어있다.

부인과 질병 분야는 《인신도설》 권하 〈정면전신도〉에서 월경폐색(月 經閉塞)에 대해 언급하고 있는데, 난소를 혈(穴)이라 불렀다.

소아과 질병 분야는 《서방답문》 권상에서 아이들이 천연두에 걸리는 것에 대해 서술하고 있다.

....

40) 《연하향좌록(燕下鄕脞錄)》: 전 16권. 《낭잠기문이필(郞潛紀聞二筆)》로도 불 린다. 진강기(1840-1890)가 숭덕연간부터 함풍연간에 이르는 청대 조야(朝 野)의 유문쇄사(遺聞瑣事)를 기록한 책으로 광서 7년(1881) 완성되었다.

《태서수법》 권4의 〈온천(溫泉)〉, 《공제격치》 권하의 〈온천〉, 《직방외기》 권2의 〈의대리아(意大理亞)〉에는 모두 온천으로 병을 치료하는 방법이 언급되어있다. 온천이 병을 치료할 수 있다는 것은 중국에서 한(漢)·위(魏)시기부터 이미 알고 있었지만, 이들 책에서는 어떤 온천이 어떤 질병을 치료할 수 있는지를 분석하고 있다. 어떤 병에 어떤 온천이 적합한지는 명말 서양 선교사가 들여온 것이다. 《인해기》 권하 〈탕천상유(湯泉上諭)〉에는 강희제가 몽고 과이심(科爾沁) 역참에 머물렀을 때, 호종하던 서양 선교사에게 22군데나 되는 온천의 용도를 감별하게 했다고 기록되어있다.

《직방외기》 권1 〈지중해제도(地中海諸島)〉에서는 인도 고아의 흑사병 박멸에 대해 언급하고 있다. 원서에 가아(哥阿)라 적혀있고 아시아의 지중해에 있다고 되어있는데, 《명말 서양에서 전래된 의학》의 저자가 그곳을 크레타섬으로 여긴 것은 잘못이다.

제8절 서양 의사(醫事)교육과 병원제도의 전래

알레니가 저술한 《서학범(西學凡)》의 〈의학〉, 《직방외기》 권2 〈구라파총설(歐邏巴總說)〉, 《서방답문》 권상 〈서학〉에서는 모두 유럽의 의학교육에 관해 기술하고 있다. 《서학범》에는 (의학을 배우기 위해서) 먼저 철학, 즉 비록(斐錄: philosphy의 음역 같음 - 역자)을 반드시 배워야 하며, 의학은 당시 서양 대학의 4개 과(科) 중의 하나로 모두 6년을 공부한다. "그런 다음 스승을 따라 날마다 진단한 맥을 관찰하게 하여 정해진 규정을 바르게 수행하고 실습에 성과를 거두어야만 비로소 선발 시험에 응시할 수 있도록 한다. 시험 성적이 좋지 못해 (시험) 주관자의 허가를 얻지 못한 자는 마음대로 의사가 될 수 없다"고 적혀있다.

가경연간 사청고(謝淸高)[41]가 저술한 《해록(海錄)》의 〈대서양국(大西洋國)〉조에서는 항구 검역제도에 대해 언급하고 있는데, 그 제도는 명대 훨씬 이전에 성립된 것이라고 하였다. 《계사존고(癸巳存稿)》[42] 권9 〈사두(査痘)〉장에는 러시아 상인도 귀국할 때 천연두가 완치되었는지를 반드시 검사받아야 한다고 적혀있다.

《직방외기》 권5 〈해박(海舶)〉과 《서방답문》에는 모두 배 안에 의사가 있다고 되어있다. 페르비스트의 《곤여도설》 권하 〈해박〉조는 《직방외기》의 내용을 그대로 옮기고 있다. 《해록》에서는 배 안에 태의원(太醫院)이 있다고 하였는데, 진료실을 가리킨 것으로 짐작된다.

《태서수법》 권4 〈약로(藥露)〉에서 "국왕과 군읍(郡邑)의 장관은 계절마다 관리를 보내 모든 가게를 순시하면서 유효기간이 지난 약을 수거하여, 수료(水料) 즉 액제(液劑)는 바로 쏟아버리고 건료(乾料)는 한데 모아서 태워버렸다"고 하였으니, 이는 약재상을 관리하는 법이었다.

《서방답문》 권상 〈제원(濟院)〉에는 유럽의 다섯 종류 자선(慈善) 기관을 소개되어있다. 첫 번째는 보통병원(普通病院), 두 번째는 전염(傳染)병

....

41) 사청고(謝淸高, 1765-1821): 광동성 가응주(嘉應州: 현 梅州市) 사람으로 중국 항해 역사상 걸출한 공헌을 하였기에 중국의 마르코 폴로로 불리며 《해록》은 《동방견문록》과 비견되기도 한다. 사청고와 《해록》에 관해서는 본편 7장 10절에 자세히 나온다.

42) 《계사존고(癸巳存稿)》: 전 15권. 《계사유고》와 마찬가지로 도광 13년(1833) 계사년에 완성된 유정섭(俞正燮)의 저작으로 경사(經史)·제자(諸子)·의리(醫理)·여지(興地)·도범(道梵)·방언(方言) 등에 관한 고정(考訂) 성과를 모아놓은 것이다. 도광 27년(1847)에 출판된 《연균이총서(連筠簃叢書)》본 등 여러 판본이 있다.

원, 세 번째는 장애인[殘廢]병원, 네 번째는 고아원[育嬰堂], 다섯 번째는 의탁할 곳이 없는 여행객을 수용하는 곳으로 여사지원(旅舍之院)이라 부른다고 하였다. 아울러 고아원제도에 대해 상세하게 기록하고 있다. 《직방외기》 권2 〈구라파총설〉에서는 병원의 등급 예컨대 대인원(大人院: 즉 귀족이 입원 치료받는 곳)·중원(中院)·하원(下院) 등을 소개하고 있다.

본장 제4절에서 마카오에 설립된 최초의 병원에 대해 설명하였는데, 16세기 중에 성 라파엘(St. Raphael)이란 또 다른 병원이 설립되었다. 숭정 13년(1640)과 강희 8년(1667) 2차례 중수되었고, 건륭 12년(1747)에는 내부가 확충되었으며 그 후에도 여러 번 확충되어졌다.

마카오의 나병병원[痲瘋院]은 만력 7년(1579) 전후에 설립되었다고 말하는 사람도 있다.

가정 44년(1565) 마카오 예수회 주원(住院: Résidence - 역자)은 학교를 부설하였다. 만력 22년(1594) 대학으로 확충되어 신학과 철학, 라틴문학을 가르쳤는데, 도서관과 천문대 및 약방(藥房) 등이 있었다. 건륭 27년(1763) 포르투갈 국왕이 이를 폐쇄한데다 도광 15년(1835) 1월 16일과 27일의 큰 화재로 훼손됨으로써 마카오의 초기 의학교육 사정은 결국 알 수 없게 되었다.

제9절 명·청시기 중국인의 서양 의학과 약물에 대한 반대

가경연간 출판된 유정섭의 《계사류고》 권14에 수록된 〈서인신도설후(書人身圖說後)〉에서는 옛 학설로 서양 의학을 비난하고 있는데, 대부분

망령된 말로 무고(誣告)하는 내용이다. 그 중에서도 중국인과 외국인은 오장육부가 서로 다르다고 말한 것은 아마도 천주교를 반대하는 정서에서 나온 극단적인 표현이었다. 그런 까닭에 다음과 같이 결론짓고 있다.

> "오장육부가 다르기에 가르침을 세움이 같지 않다. 그 사람들은 전교하길 좋아해 중국인이 그걸 배우길 바라지만, 중국인이 그 자체의 오장육부와 경락을 갖고 있음을 알지 못한다. 중국인으로 천주교를 믿을 수 있는 사람은 분명 중국의 오장육부가 온전하지 못한 사람이니, 이들을 수천 수백 명 얻는다 해도 서양 종교에 무슨 이득이 되겠는가? 서양인이 만약 이를 알면 역시 크게 애석해할 것이 분명하다."

같은 책 권4에서 권6까지의 〈지소맥증(持素脈證)〉과 권15의 〈천주교론(天主教論)〉, 《계사존고》 권7의 〈심규(心竅)〉편 등에는 모두 서양 의학이 언급되고 있는데, 대부분 조소하고 비난하는 내용이다.

그 당시 중국인은 서양 종교에 반대했을 뿐 아니라 서양 의학도 반대하였으니, 서양 종교에 반대하는 사람은 또 반드시 서양 의학을 공격의 수단으로 삼았다. 이에 터무니없이 남의 명예를 손상하는 주장이 끊임없이 계속 이어짐으로써 사람들은 마침내 천주교를 멀리하게 되었다. 예컨대 앞서 인용한 〈성조좌벽〉에서는 마테오 리치 등이 인간은 각혼(覺魂)과 생혼(生魂)을 함께 갖고 있다고 말한 것을 인용하면서, 인간을 금수(禽獸)나 목석(木石)과 같이 취급했다고 주장하였다. 또 천주교에서 행하는 종부성사(終傅聖事)[43]가 남녀를 난잡하게 만드는 짓이라고 하였다.

....

43) 종부성사(終傅聖事): 즉 병자성사(病者聖事, sacrament anointing of the sick)로 가톨릭의 7대 성사 가운데 하나이다. 죽음에 임박한 신자의 고통을 덜어주고 구원해 주시도록 주께 맡기는 성사.

《파사집》권3에 수록된 숭정 11년(1638) 소급우(蘇及寓)가 쓴 〈사독실거 (邪毒實據)〉에서는 천주교가 음약(淫藥)으로 부녀자들을 귀의시켰다고 하였다.

가경·도광연간 요형(姚瑩)이 지은 《강유기행(康輶紀行)》[44] 권2 〈천주 교원류(天主教源流)〉에서도 광동 사람의 상주문을 인용하여, 천주교를 믿는 사람은 선교를 핑계로 부녀자들을 꾀어내어 음란한 짓을 하고 사람이 죽은 후에는 안구(目睛)를 취하였다고 전하면서, 그 진위를 가리지 않고 이러한 뜬소문을 그대로 믿고 있다. 요형과 동시대 사람인 양장거(梁章鉅)가 쓴 《낭적총담(浪蹟叢談)》[45] 권5 〈천주교〉에서도 황강(黃岡: 호북성 동부에 있던 縣名 - 역자) 사람 오덕지(吳德芝)의 《천주교서사(天主教書事)》를 인용하여 종부(終傅)를 침과 뜸을 행하는 것으로 오인하고 부녀자들도 알몸으로 치료를 받는다고 하였다. 또 생전에 사람에게 은 4냥을 주고 죽은 뒤에 그의 안구를 파서 취하는 것을 미리 준비한다고 말했다. 우응지(牛應之)의 《우창소의록(雨窗消意錄)》권2에 적혀있는 내용이 특히 외설스럽다. 오직 《오문기략》권하 〈관수편(官守篇)〉의 〈장여림청봉당인묘주기(張汝霖請封唐人廟奏記)〉에만 천주교인이 의료행위를 구실로 실제 선교를 했으나, 시신의 안구를 취했다는 이야기는 전혀 없다고 기록되어있다.

서양 선교사가 전한 기억술 역시 반대에 부딪혔으니, 이옥정(李玉庭)이 쓴 〈주사현거록(誅邪顯據錄)〉[46]에 다음과 같이 적혀있다.

....

44) 《강유기행(康輶紀行)》: 안휘성 동성(桐城) 출신의 문학가 겸 역사학자인 요형(1785-1853)이 지은 유기(游記)로 도광 26년(1845) 초고 12권이 완성되었고 동치 6년(1867) 16권 본이 중간되었다.
45) 《낭적총담(浪蹟叢談)》: 복건성 복주 출신의 관리 양장거(1775-1849)가 만년에 지은 필기로 전 11권이다.

"기억술의 경우, 저 비루한 오랑캐가 우리를 우습게 여기기가 이보다 더 심한 게 없다. (저들은) 총명하게 태어났기에 스스로 이러한 기술을 창시했다고 떠벌리는데, 한눈에 열 줄을 읽고 한번 보면 하나도 빠뜨리지 않는 사람이 어느 시대엔들 없었겠는가? 그런데 거꾸로 외우고 암송한다는 명목을 붙여 어리석은 자들로 하여금 그들처럼 영민해지길 바라게 하고, 중간 정도에 드는 선비들로 하여금 그것을 진짜로 여기게 하였으니, 이것이 결코 있을 수 없는 이치임을 그 누가 알겠는가?"

서양 의학과 약물에 대한 절충적인 주장은 생략한다.

제10절 명·청시기 서양 선교사의 중국 의학과 약물 소개

명말 미하우 보임이 라틴어로 저술한 《중의시례(中醫示例)》(*Specimen medicinae sinicae, sive opuscula medicaad mentem Sinensium*)는 아마도 왕숙화(王叔和)의 《맥경(脈經)》을 번역한 것 같다. 아울러 중국인이 혀의 상태를 보고 병을 치료하는 방법과 약 이름 289개를 번역하였다. 이 책은 보임이 영력태후 등의 부탁으로 로마교황청에 사신으로 가기 위해 귀국하는 도중에 완성한 것으로 보인다. 그와 동행한 쿠플레가 이 책을 바타비아의 예수회 선교사에게 건네주었다. 하지만 네덜란드 동인도회사와 예수회의 사이가 나빴기 때문에 이 책을 몰수하여 저자 이름을 삭제한

---

46) 원서에는 〈주사현저록(誅邪顯著錄)〉으로 되어있으나 오류가 분명해 바로잡았다. 《파사집》 권6에 수록되어있다.

채, 이 회사 수석 의사 클레이어(Cleyer)가 1682년(강희 21년) 간행함으로써 자신의 저술인양 삼아버렸다. 목판 그림 143폭, 동판 그림 30폭이 들어있다.

피스터의《중국에서 활동한 예수회 선교사 열전》〈보임 전〉에서는 보임의 또 다른 저술로《의약(醫鑰)》(*Clavis medica ad Chincarum doctrinam de pulsibus*)(책이름 전체를 번역하면《中國脈理醫鑰》이라고 해야 함)이란 책을 열거하고 있는데, 사실은《중의시례》의 일부이다. 아마도 쿠플레가 후에 클레이어로부터 보임의 저술을 돌려받아서 1686년(강희 25년) 저자의 이름을 보충하여 이 책을 간행한 것으로 보인다. 이 책은 일찍이 유럽의 여러 언어로 번역되었다. 그러나 이상한 것은《의약》이 세상에 나오기 15년 전에 이미 프랑스어 번역본이 그르노블(Grenoble)에서 출판되었다는 점이다. 그 책이 도대체 보임의 라틴어본을 번역한 것인지 아니면 직접 한문을 번역한 것인지는 알 수가 없다. 진술에 의하면 어떤 프랑스인이 광주에서 부친 것이라고 한다.

그 외 이탈리아어로 된 이 책 번역본도 1676년(강희 15년) 밀라노(Milano)에서 출판되었다. 10년 후 뉘른베르크(Nürnberg) 천연이물연구원(天然異物硏究院)에서 여러 책을 잡찬(雜簒)하고 보편(補編)하면서 이 책을 다시 간행 유포시킴으로써 아는 사람이 더욱 많아졌다. 그러나 프랑스의 저명한 비평가 벨(Bayle)[47]은 중국 의술의 원리가 불분명하다고

....

47) 피에르 벨(Pierre Bayle, 1647-1706): 프랑스 계몽시대의 철학자. 툴루즈의 예수회 학교에 다녔고 데카르트의 회의정신을 이어받았다. 저서인《역사적·비평적 사전》(*Dictionnaire historique et critique*)에서 도덕문제와 성서해석, 신학의 여러 문제를 일신하기 위해 신랄한 풍자정신을 전개하였다. 이 책은 사전이라는 형식에서 '백과전서'의 선구라 평가받으며 이후 볼테르 등 백과전서파에 영향을 끼치기도 했다.

비평하였고 특히 맥을 짚어서 병을 치료하는 방법을 경시하였다. 아울러 중국 의술의 약점은 해부를 통한 인체구조를 알지 못하는데 있다고 여겼다. 영어 번역본은 1707년(강희 46년) 런던에서 출판되었다.

옹정제가 전교를 금지한 이후 선교사의 의료행위가 사람들의 의심을 받게 되면서, 기존의 서양 의술과 의약을 중국에 전하던 방식에서 마침내 중국의 약을 연구하고 아울러 그것을 유럽에 소개하는 방식으로 일변하였다.

뒤알드의 《중화제국전지》 제3책의 맨 앞은 〈중의진맥도(中醫診脈圖)〉이고, 같은 책에 또 〈중국 의술〉이란 글이 있어 《맥결(脈訣)》, 《본초강목(本草綱目)》, 《본초(本草)》 제1권, 《신농본초(神農本草)》, 《명의필록(名醫必錄)》, 양(梁) 도굉경(陶宏景)의 《본초(本草)》, 《의약휘록(醫藥彙錄)》 등을 번역해놓았다. 아울러 아교(阿膠: 산동성 東阿縣의 우물물로 검은 당나귀 가죽을 달여서 만든 아교), 오배자(五倍子)의 용도, 소오배자(小五倍子)를 위주로 한 약품(황제가 보라색 진료 침 제작을 직접 감독하면서 북경에 있는 서양 선교사들의 참관을 윤허함), 오구(烏桕)나무 뿌리의 성질 및 효력, 오구나무의 성질 및 효력, 중국의 이질 치료약, 장생술 등도 소개되어있다.

《중국사물집록》 제4책(1779년 출판)에서는 천연두와 《세원록(洗寃錄)》[48]에 실린 형옥(刑獄)의 검험법(檢驗法) 및 도사(道士)들의 공부(工夫: Cong-fou로 음역하였는데, 도교의 行氣胎息을 가리키며 첨부된 그림 20폭은 새김이 매우 정밀함)에 대해서도 서술하고 있다. 제6책에서는 남자의 궁형(宮刑)에 대해 기록하였는데, 환관은 거세를 하지만 위험이 거의

....

48) 《세원록(洗寃錄)》: 송나라 때 법의학자인 송자(宋慈, 1186-1249)가 지은 세계 최초의 체계적인 법의학 저작으로 《세원집록(洗寃集錄)》이라고도 부른다.

없어서 100명 중에 죽은 자가 1명에 불과할 뿐 아니라 이 1명도 다른 원인 때문에 죽은 것이 분명하다고 하였다. 또 이 수술은 다른 동물보다 사람에게 시술하는 것이 쉽다고 하였으니, 아마도 치료할 수 있는 방법이 있었기 때문인 듯하다. 궁중에서 황후와 후궁을 섬기는 사람에게만 행해져 전국에 6,000명이 넘지 않았다고 하였다. 제11책에는 시보가 황패모 (黃貝母)·황반(黃礬)·주사(硃砂), 즉 영사(靈砂) 등에 대해 서술한 것이 있고, 제3책에는 시보가 보낸 사슴 피[鹿血]에 관한 편지가 하나 있다.

제6장
지리학(상)

제1절 명말 지원설(地圓說) 등을 최초로 소개한 저작

　　본편 5장 1절에서 인용한 마드리드 국립도서관에 소장되어있는《무극
천주정교진전실록(無極天主正教眞傳實錄)》의 제4장 〈지리의 사정을 논
함(論地理之事情)〉에서는 먼저 지구가 둥글다는 주장을 소개하면서 "지
구가 사각형인가 원형인가에 대해 당인(唐人)은 사각형이라 고집했고 승
(僧)만 원형이라고 여겼는데, 과연 어떤 것이 옳은 견해인가?"라고 묻고
있다. 당인은 방문한 중국인을 가리키는 것이고 승은 저자를 자칭한 것
이다. 그 아래에 중국인이 지구가 사각형이라고 여기는 까닭을 서술한
다음, 이에 대해 저자가 해설한 내용이 다음과 같이 적혀있다.

　　"여기 어떤 사람이 일엽편주를 타고 강이나 바다 위에서 유람할 때 어떤
　　아주 높은 산이 100리 밖에 우뚝 솟아있는데, 밝은 대낮에 구름이나 안개
　　의 가로막음이 전혀 없는데도 그 높은 산봉우리를 배 안의 사람이 볼
　　수 없음은 어째서인가? 대지와 물이 둥글기 때문에 물이 산을 가라앉히
　　게 해서 멀리서는 볼 수가 없고 오직 가까이에서만 볼 수 있는 것이다.

나중에 배가 점점 가까워지면 산이 떠오르고 산이 더욱 떠오르면 배 안의 사람이 더욱 잘 볼 수가 있다. 만약 지구의 형체가 둥글지 않다면 도로가 숫돌같이 평평하고 화살같이 곧아서 한 눈에 천리를 볼 수가 있을 것이니, 하물며 큰 산이 가라앉을 수 있겠는가? 또 바다에서 두 배가 서로 만날 때 거리가 40여리 떨어져 있으면 배의 돛대만 보일 뿐 배의 몸체는 작아서 볼 수가 없지만, 5리 정도에 이르면 배의 몸체가 우리 눈에 보인다. 배의 크기에 상관없이 대개 물이 지면(地面) 아래에서 흐르기 때문에 대지가 둥글면 물도 둥글고 물이 둥근 모양이기 때문에 배가 운행할 때 멀리서부터 가까이에 이르러야 사람 눈에 보이는 배가 점점 커지게 되는 것이다. 이것이 지구가 둥글다는 점을 밝힌 첫 번째 이치이다. 가령 지구의 형체가 정말로 사각형이어서 자른 것처럼 사방이 바르고 끝이 분명하다면 100리 밖을 명확하게 볼 수 있고 보지 못하는 빛이 없을 터인데, 어찌 산(山) 위의 불을 보기 어려운 것일까? 하지만 또 어떤 사람이 5리 밖에 떨어지지 않은 곳에서 큰 산을 바라보며 소원을 빌어도 횃불 빛을 오히려 눈으로 볼 수가 없다. 불이 크고 작은 문제가 아니라 대개 산이 지면 위에 실려 있어서 대지가 각을 이루며 서 있으면 산 역시 서 있기 때문에, 산에서 불이 나면 가까워질수록 가리는 것이 생겨 불을 보는 사람이 가까이 오게 되면 보이지 않는 곳이 생기는 것이다. 이것이 그 두 번째 이치이다. 다음으로 도수(度數)로 시험하여 그것을 검증해보자. 세상 사람들이 고개를 들어 하늘을 쳐다보고 고개를 숙여 사방을 둘러보면 천체의 절반은 잠겨있고 절반은 떠올라있다는 것을 누구나 볼 수 있다. 사람이 지상에 살면서 눈으로 볼 수 있는 것은 90도에 불과하다. 동쪽으로 90도, 서쪽도 90도, 북쪽도 90도, 남쪽도 90도이다. 무릇 천지간의 만상(萬象)이 처해있는 상수(常數)는 이와 같이 유추할 수 있을 뿐이다. 가령 지구의 형체가 네모나고 둥글지 않다면 사각의 모퉁이 네 각에 사는 사람이 볼 수 있는 대지의 높이와 넓이는 분명 100여도가 넘을 것이다. 이 어찌 도수가 넘은 것이겠는가! 네 각에 살아서 보이는 바가 넘은 것이다. 또한 좌우 네 변에 사는 사람이 볼 수 있는 대지의 높이와 넓이는 분명 70도에 미치지 못할 것이다. 이 어찌 도수가 미치지

못한 것이겠는가? 네 변에 살아서 보이는 바가 미치지 못한 것이다. 도수
가 넘거나 미치지 못함이 없고 증기기계의 순환이 원을 그리며 도는 것
을 안다면 지구의 형체가 네모나지 않고 둥글다는 것은 거짓이 아니다.
이것이 그 세 번째 이치이다. 뿐만 아니라 해와 달의 운행으로 그것을
논해보자. 밤이든 낮이든 하늘에 빛이 있으면 땅을 비추는데, 낮에 해가
떠있으면 광휘가 성대하여 해가 사라지지 않고는 가릴 수 있는 것이 없
다. 그러나 달의 희미한 빛은 해의 빛을 빌려서 빛날 뿐 아니라 지구의
그림자가 그 가운데를 가리면 이로 인해 하현(下弦), 중현(中弦) 그리고
상현(上弦)이 된다. 예컨대 월식의 변화는 모든 사람이 그것을 보면서
그 변하는 모습을 모두 우러러 보지만, 달빛이 분명한 가운데 마치 활처
럼 둥근 지구의 그림자가 있음을 관찰할 수 있다. 이 뿐만 아니라 무릇
사람의 그림자도 해가 진 뒤 불빛을 만나면 각자 모습에 따라 그 그림자
도 달라진다. 이런 까닭에 몸체가 네모난 것은 그림자도 네모이고 몸체
가 둥근 것은 그림자도 둥글며 몸체가 뾰족한 것은 그림자도 뾰족하다.
지구의 형체도 이와 같음이 매우 분명하게 검증되니, 지구의 형체가 네
모나지 않고 둥글다는 것을 쉽게 알 수 있다. 이것이 그 네 번째 이치이
다.”

오늘날 지리학에서는 지구의 기후대를 다섯[五帶]¹⁾으로 나누는데, 이
책에서는 '여섯 구역[六區]'으로 나누어 다음과 같이 말하고 있다.

“천하를 6구역으로 나누어 설명하면, 북극에 가까운 3지역[分]과 남극에
가까운 3지역으로 나눌 수 있다. 그러나 남북극에 가까운 2지역은 4계절
이 없고 매우 추워서 비록 두꺼운 모피로 추위를 막으려 해도 견딜 수가
없기에 인간은 이 땅에서 살 수 없다. (적도에 가까운) 2지역의 기후는
비록 덥지만 누가 더위를 없앨 수 있겠는가? 맹세코 씻지 않고 그 더위를

....

1) 오대(五帶): 지구 표면의 온도 차이에 따라 기후대(氣候帶)를 다섯으로 나눈
것으로, 열대(熱帶)와 남북(南北)의 두 온대(溫帶) 및 두 한대(寒帶)를 뜻한다.

이길 수 있는 사람은 그 땅에서도 살 수가 있다. (나머지) 2지역의 기후는 추위와 더위가 번갈아가며 있어서 겨울에 추우면 뜨거운 국물을 마시고 모피를 입으며, 여름에 더우면 물을 마시고 삼베옷을 입는다. 봄이나 가을이 되면 햇볕이 온화하고 따뜻함과 서늘함이 적절하여 지나치거나 모자람이 없어 4계절의 운행이 그 질서를 잃지 않는다. 간혹 경우에 따라서 질서를 잃는 것은 그때 잠깐이고 일상적인 것이 아니다. 이런 이유로 세상 사람들이 이 기후가 온화한 2지역에서 태어나 자라며 많은 국가들이 여기에 위치하여 차마 포기하지 못하는 분명한 이유를 명확히 볼 수 있다. 나[僧]의 편견으로 사사로이 말하는 것이 아니라 누구든지 북쪽지역[北畿]에 가면 북쪽의 기후를 알 수 있고 마로갑(馬勝甲)에 가면 마로갑의 기후를 알 수 있으니, 굳이 따지지 않아도 당연한 것이다."

마로갑은 지금의 말라카이다. 위에서 언급한 지원설 및 온대·열대·한대에 관한 설명은 모두 마테오 리치가 중국에 오기 전에 한문으로 번역된 것이지만, 애석하게도 이 책이 해외에서 간행되었기 때문에(마닐라로 추정됨) 중국인에게 영향을 미치지 못했다고 할 수 있다.

이 책에는 또 〈십중천도(十重天圖)〉가 첨부되어있는데, 지구를 중심으로 그 바깥은 공기와 불, 제1층[重] 달의 하늘, 제2층 수성의 하늘, 제3층 금성의 하늘, 제4층 태양이 지나가는 하늘, 제5층 화성의 하늘, 제6층 목성의 하늘, 제7층 토성의 하늘, 제8층 많은 별이 덧붙어 빛나는 하늘, 제9층 여러 하늘을 주재하는 하늘이다. 제10층은 움직이지 않는 하늘인데, "천신(天神)과 도를 얻은 사람이 거처하는 곳으로 여기서 천주(天主)를 분명히 뵐 수 있다"고 하였다. 이것은 16, 17세기의 옛 학설이다.

또 그림 하나가 있는데, 만약 지구가 사각형이라면 멀거나 가까운 곳에서 보이는 것이 응당 같아야 함을 설명하고 있다. 즉

"지구의 형체가 네모나다면 원근과 고저의 구분 없이 눈으로 같은 것을 볼 수 있으니, 우리가 여기에 똑바로 서서 만 리 떨어진 산맥의 불을 볼 수 있고 몇 길 높이의 망루 위에 있는 사람도 산꼭대기의 불을 볼 수 있으며 십리 떨어진 곳에 있는 사람도 산꼭대기의 불을 볼 수 있고 백리 떨어진 곳에 있는 사람도 산꼭대기의 불을 볼 수 있다. 지구의 형체가 네모나다면 반드시 사각의 모퉁이가 있는데, 사람이 여기에 있으면 단지 몇 십리 떨어진 곳에서도 산꼭대기의 불을 볼 수가 없다. 설령 비록 높은 망루 위에 올라가도 산꼭대기의 불을 볼 수 없으니, 모두 사각의 모퉁이가 가리기 때문이다."

그 외 바깥에 원(圓)을 그려놓고 그 주위를 동서남북 각각 90도(度)씩 모두 360도로 표시하면서 130도와 160도 사이에 범선 하나를 그려놓은 그림이 하나 있다. 원 안의 땅은 남한구(南寒區)·북한구(北寒區)·남온구(南溫區)·북온구(北溫區)·남열구(南熱區)·북열구(北熱區) 등 6구역으로 나누었다. 남한구에는 "이 땅은 매우 추워서 사람이 살 수 없다", 남온구에는 "이 땅은 따뜻하여 사람이 살 수 있지만 인적이 드물어 그 상세함을 확인할 수 없을 뿐이다", 남열구에는 "이 땅은 성질이 더운데 사람이 빽빽하게 살고 있다", 북열구에는 "이 땅은 매우 더운데 사람이 빽빽하게 살고 있다"라는 주석이 달려있다. 극서(極西) 250도와 260도 사이에 '서양 마력갑(麻力甲)'이란 주가 달려있는데, 포르투갈을 지칭한 것이 분명하다. 북열구와 북온구 및 190도와 200도 사이에 '동양 여송(呂宋)'이란 주가 달려있으니 필리핀을 지칭한 것이다. 북온구 230도선 위에는 "이 땅은 온화하여 많은 나라가 모여 있다", 같은 구역 210도선 위에는 '대명국(大明國)', 같은 구역 180도선 위에는 '소국(小國) 일본'이란 주가 달려 있다. 같은 구역 극동(極東) 120도선 위에는 '미색과(微色果)'란 주가 달려있는데, 멕시코를 지칭한 것으로 추측된다. 북한구에는 "이 땅은 매우 추워서 사람이 살 수 없다"는 주가 달려있다.

또 그림 3폭이 삽입된 종이 1장[葉]이 있는데, 1번째 삽도에는 다음과 같은 주석이 달려있다.

"천체는 반은 떠있고 반은 가라앉아 있어서 도수는 총 360이다. 떠있는 것이 180도이고 가라앉은 것이 또한 그러하다. 사람이 세상에 살면서 눈으로 볼 수 있는 것은 90도에 불과하다. 다만 지구의 형체가 둥글어서 사람이 비록 동서남북에 살더라도 보이는 도수는 크게 차이가 나지 않는다. 만약 지구의 형체가 네모라면 사각의 모퉁이에 사는 사람이 눈으로 볼 수 있는 도수는 분명 120여도가 넘는다. 사람이 만약 좌우 네 변에 살면 눈으로 볼 수 있는 도수는 70도에 미치지 못한다. 눈에 보이는 바가 넘거나 미치지 못하는 차이가 있는 것이 아니라 지구의 사각 모퉁이가 가리기 때문이다. 그래서 내가 이렇게 밝히는 것이다."

그림은 원으로 되어있고 그 안에 "지형이 만약 네모라면", "지형이 둥글다면"의 2사례가 그려져 있다.

2번째 그림에는 "형체가 네모면 촛불에 비치는 그림자도 네모나고, 형체가 뾰족하면 촛불에 비치는 그림자도 뾰족하며, 형체가 둥글면 촛불에 비치는 그림자도 둥글다"는 주석이 달려있다.

3번째 그림은 월식 때 보이는 지구의 둥근 형태를 설명하고 있는데, "월식 때마다 항상 둥글지 네모나지 않음을 모든 사람들이 볼 수 있다"는 주석이 달려있다.

그밖에 큰 그림 하나와 작은 그림 하나가 나열된 종이 1장이 있는데, 큰 그림은 하늘과 땅[天地]의 도수를 다음과 같이 설명하고 있다.

"하늘과 땅의 도수를 상세히 알고자 하면 마땅히 선현(先賢)이 제작한

바에 따라서 하늘의 둘레를 총 360도가 되게 한다. 그리고 그 4분의 1
의 모형을 만들면 가운데는 응당 90도가 된다. 그 안의 지구 형체도 이
에 준하여 만들고 지구에 줄 하나를 매달면 하늘 위에서 북극을 살필
수 있다. 지구 모형에 175리(里)마다 줄을 그어서 하늘의 1도로 삼는다.
이를 어떻게 검증할 수 있는가? 사람이 정북(中北)에 있으면 북극이 바
로 머리 위에 있지만, 175리를 가서 줄로 그것을 재면 북극과 1도 차이
가 난다. 이처럼 북쪽에서 남쪽으로 가면 1도씩 낮아지고 남쪽에서 북
쪽으로 가면 1도씩 높아진다. 이로서 추론하면 하늘과 땅의 도수를 알
수 있다."

또 "지구 형체의 4분의 1은 마땅히 1,575포(舖: 里의 10배 거리 - 역자)이
고 둘레는 총 6,300포이다"고 주를 달았다.

작은 그림에서는 산과 물[山水]도 지구의 둥근 형태를 따른다는 점을
설명하고 있다. 산 그림 위에는 "산은 지면 위에 솟아 비록 높고 낮음의
차이가 있지만, 지구 형체가 둥글어서 생기는 현상과 유사하지 않음이
없다"는 주가 달려있다. 물 그림 위에는 "물은 지면 위를 흐르기 때문에
동서나 상하와 관계없이 대지가 둥글면 물은 그 둥근 형태를 따라 흐르
니, 아무리 넓은 강과 바다라도 평평하거나 수직의 형태일 수가 없다"라
는 주가 달려있다.

제2절 마테오 리치(Matteo Ricci)의 세계 지도와 중국 지도

알레니(Aleni)가 지은 《마테오 리치선생 행적》에는 마테오 리치가 만

력 11년(계미, 1583) 단주(端州) 즉 조경(肇慶)에 도착한 후, "간간이 지도
·혼천의·천지구고(天地球考)·시구(時晷)·석시(惜時) 등의 기구를 만들
어서 요직에 있는 인물에게 선물했다"고 서술되어있다. 이어서 다음과
같이 적고 있다.

"마테오 리치선생[利子]이 단주로 향해 갈 때 곤여도(坤輿圖) 1폭을 그렸
는데, 심당(心堂) 조공(趙公: 즉 趙可懷)이 이를 얻게 되었다. 공이 기뻐
서 그것을 돌에 새기고 서문을 썼다. 그러나 아직 마테오 리치선생을
알지는 못했다. 이때 조공이 막 소쥐[姑蘇]에 부(府)를 열었는데, 왕종백
(王宗伯)이 마테오 리치선생과 함께 남경[南都]에 이르렀다. 조공이 선물
을 증정하면서 곤여도도 함께 건넸다. 왕공이 그것을 기이하게 여겨서
마테오 리치선생에게 보여주었다. 이에 마테오 리치선생이 글을 써서 조
공에게 답하면서 '곤여도를 그린 사람이 지금 여기에 있습니다'고 하였
다."

마테오 리치(가 중국에 오기) 이전 중국에는 가정 34년(1555) 음력 10
월[孟冬] 금사서원(金沙書院)에서 중각(重刻)한 《고금형승지도(古今形勝
之圖)》가 있었으니, 높이가 91cm이고 폭이 93cm이다. (지도의) 서남쪽에
점성·진랍·삼불제·발니·조와 등이 그려져 있고, 주석 중에 백화·팽형
·방갈랄·인도·천방 등이 언급되어있다. 이때는 마테오 리치가 마카오
에 도착하기 25년 전이다.

만력 28년(1600) 마테오 리치가 북경에 들어왔는데, 《마테오 리치선생
행적》에 "천주 성상(聖像), 성모 성상, 천주 경전, 자명종 대소(大小) 2구
(具), 철현금(鐵絃琴), 만국도(萬國圖) 등의 물건을 바쳤다"고 적혀있다.
마테오 리치 본인이 올린 상소에는 "천제(天帝) 도상(圖像) 1폭, 천제모
(天帝母) 도상 2폭, 천주 경전 1본, 진주(珍珠)로 양감(鑲嵌)된 십자가 1좌

(座), 시간을 알리는 자명종 1가(架), 《만국도지(萬國圖誌)》 1책, 서금(西琴) 1장(張)"으로 기록되어있다. 마테오 리치 본인이 말한 것이 당연히 더욱 믿을 만한데, 《만국도지》라 하였으니 그림만 아니라 설명도 분명 있었을 것이다. 왕응린(王應麟)이 지은 〈흠칙대서양국사장지거사비문(欽勅大西洋國土葬地居舍碑文)〉에서 말한 《만국적도(萬國籍圖)》가 바로 이것이다.

트리고(Trigault)가 라틴어로 쓴 《기독교 중국 원정사(遠征史)》(De Christiana Expeditione apud Sinas)[2]에 따르면 마테오 리치가 저본으로 삼은 것은 아브라함 오르텔리우스(Abraham Ortelius)[3]가 저술한 《지구의 무대》(Theatrum Orbis Terrarum)[4]이며, 이 책에는 여러 전문가가 그린 지도 53폭이 들어있음을 알 수 있다. 마테오 리치가 참고하여 만들어 바친 것이 오르텔리우스 책의 어느 판본인지 등의 문제에 대해서는 아래에서 다시 설명하겠다.

마테오 리치는 《만국여도(萬國輿圖)》의 자서(自序)에서 다음과 같이 말하고 있다.

....

2) 원서에는 《중화전교사(中華傳教史)》로 되어있으나 라틴어 원제에 맞춰 번역하였다.
3) 아브라함 오르텔리우스(Abraham Ortelius, 1527-1598): 벨기에 안트베르펜 출생의 지도제작 및 출판업자. 고미술상이던 아버지의 영향을 받아 영국·프랑스·독일·이탈리아 등을 여행하면서 지도를 수집하고 제작 출판하는 일에 종사하였다. 1561년 지도제작에 착수해 1570년 여러 지도의 표현을 통일한 지도 《지구의 무대》를 출간하였다. 당시 이 책의 인기가 좋아 1612년까지 무려 41판을 찍었다. 그는 세계지도 외에 아시아·이집트·신대륙·태평양·동인도제도 등 지역에 대한 지도도 제작하였다.(《해상 실크로드 사전》, 234-235쪽)
4) 원서에는 《지구대관(地球大觀)》으로 되어있으나 라틴어 원제에 맞춰 번역하였다.

"임오년(만력 10년, 1582) 출범(出帆)하여 동월(東粵)에 이르렀는데, 어떤 광동 사람이 내가 거쳐 온 여러 나라의 지도를 그려서 영원히 후세에 전하기를 청하였다. 그 때 나는 한문에 익숙하지 못해서 가지고 간 도책(圖冊)을 내어주고 그와 오랫동안 서찰을 주고받으면서 실마리를 찾아 판각하였으나, 사빈(司賓: 손님의 접대를 맡은 사람 - 역자)의 통역을 거친 것이니 어떻게 오류가 없을 수 있겠는가. 경자년(만력 28년, 1600) 남경[白下]에 이르러 좌해(左海) 오(吳)선생의 가르침을 받고 다시 수정하였다. 신축년(만력 29년, 1601) 북경에 와서 여러 높은 선생에게 이 지도를 보여주었는데, 대부분 내가 타향에서 왔다고 무시하지 않고 황송하게도 후한 대접을 해주었다. 선부(繕部)의 이아존(李我存)⁵⁾선생은 일찍부터 지리학에 뜻을 두어 제생(諸生)일 때부터 편집한 책이 있었다. 이 지도를 깊이 살피고는 땅의 도수를 하늘의 궤도에 맞추는 것은 만세불변의 법칙이니, 그 이치를 끝까지 파고들려면 부지런히 수명이 다할 때까지 포기해서는 안 된다고 여겼다. 그는 이전에 인쇄한 판형이 좁아서 서양에서 가져온 원래 지도의 10분의 1도 다 표시하지 못한 것을 유감스럽게 생각하여 다시 넓게 회복시키고자 하였다. 나는 만약 그렇게 한다면 이는 여러 나라의 행운이며 선생 덕으로 중국에 이름을 알릴 수 있을 것이라 말하고는 감히 게으름을 피우지 못하고 재차 교열을 하였다. 이에 고향에서 가져온 원래 지도와 통지(通誌) 등 여러 책을 가지고 다시 고증하여 이전 번역의 오류와 도수의 잘못을 수정하였다. 아울러 수백 개의 나라 이름을 보충하고 그림의 빈 곳에 그 나라의 풍속과 토산품을 기재하였는데, 비록 크게 갖추어지지는 못했지만 예전 것에 비해 조금 풍부해졌다. 다만 지구의 형체는 본래 원구(圓球)인데 지금 지도는 평면이어서 그 이치를 한 번 보고 깨닫기 어렵기에 또 고향의 방법을 모방하여 반구도(半球圖) 2개를 다시 만들었다. 그 하나에는 적도 이북을, 다른 하나에는 적도 이남을 기재하고 남극과 북극을 두 원의 가운데에 두어 지구의 본

---

5) 아존은 이지조의 자이며 선부는 당시 이지조가 맡고 있던 남경공부영선사원외랑(南京工部營繕司員外郞)을 지칭한 것으로 보인다.

래 형체와 비슷하게 함으로써 대조해보기 편하게 하였다. 모두 큰 병풍 6폭으로 만들어 서재에 누워서 유람할 수 있게 하였다."

이 서문은 만력 30년(1602) 음력 7월[孟秋]에 쓴 것으로 마테오 리치가 이 해 이전에 지도를 그린 경과를 개략적으로 알 수가 있다.

민국 27년(1938) 파스콸레 델리아(Pasqual d'Elia)[6]가 바티칸 교황청도 서관에 소장된 마테오 리치의 《곤여만국전도(坤輿萬國全圖)》[7]를 중심으 로 로마 국립도서관에 소장된 잔본(殘本)과 북경 역사박물관(민국 12년 구입), 북경 동교민항(東交民巷) 대길창(臺吉廠) 이격양행(理格洋行) 사장 니콜라스(Nicolas), 영국 국립지리학회(1917년 발견), 이탈리아 암브로시 아나(Ambrosiana)도서관(1910년 발견), 일본 교토제국대학도서관(1904 년 발견)이 소장한 각 지도를 더하여 이탈리아어로 《마테오 리치의 중국 어 세계지도(利瑪竇之中文世界圖)》(*Il Mappamondo Cinese del P. Matteo Ricci*)라는 거대한 책을 저술하여 교황청도서관에서 출판하였다.

오르텔리우스의 책은 1570년에 출판되었다. 마테오 리치가 처음 지도 를 그렸을 때 참고한 것이 바로 이 판본이다. 그러나 마테오 리치는 만력 39년(1611) 제3차 번각(翻刻)을 준비하면서 오르텔리우스의 1595년 판본

....

6) 파스콸레 델리아(Pasquale d'Elia, 德禮賢, 1890-1963): 중국 선교사(宣敎史) 연구자이자 한학자로 마테오 리치의 저작을 정리하고 주해한 것으로 유명하다.
7) 《곤여만국전도(坤輿萬國全圖)》: 마테오 리치가 제작한 중국에 소개된 첫 근 대적 세계지도로 《여지전도(輿地全圖)》 혹은 《산해여지전도(山海輿地全圖)》 라고도 부른다. 이 지도를 통해 서구에서 이미 정설로 된 지원설(地圓說)이 나 5대주설(五大洲說), 경위도 개념 그리고 유럽에서의 지리상 '발견' 등이 처음으로 소개되어 중국 지리학의 근대화에 큰 기여를 하였다. 이 지도는 1608년까지 조경·남창·소주·남경·북경·귀주 등지에서 12차례나 간행되 어 중국 뿐 아니라 한국과 일본에도 전해졌다.(《실크로드 사전》, 33쪽)

또는 그 이전의 다른 판본을 참고했던 것 같다. 마테오 리치가 중국을 지도 어디에 두었느냐에 대해서는 《방여승략(方輿勝略)》의 〈산해여지전도각국경위도분략(山海輿地全圖各國經緯度分略)〉에서 "지도를 잘 아는 사람은 본디 큰 나라를 위주로 삼기에 큰 나라 주위의 유명한 바다와 지방을 살핀다. …… 중국의 경우 반드시 유럽과 아프리카의 오른쪽에 그리고 남북 아메리카의 왼쪽에 그린다. 이렇게 하지 않으면 각 지방의 명칭이 어지러워진다"고 하였는데, 이는 마테오 리치가 한 말인 것 같다.

마테오 리치는 기왕 중국에 왔기 때문에 그 세계지도 상의 중국 부분을 최대한 상세히 하고자 하였다. 게다가 마테오 리치는 처음 마카오에 도착한 만력 10년(1582) 중국의 지도와 책을 참고하여 중국지도를 완성하여 그가 라틴어로 저술한 《화국기관(華國奇觀)》(Admiranda Regni Sinensis)에 첨부하였다. 만력 12년 음력 8월 초10일 다시 그 책의 스페인어 원문을 친구에게 보내면서 "내가 지금 서양 방식의 중국 전도를 보내지 못하고 원래 방식의 각 성 지도를 그대로 보내는 것은 아직 정리가 끝나지 않았기 때문이네. 하지만 그대가 어디로 가든지 간에 반드시 가까운 시일 내에 부칠 수 있기를 바라네. 그대가 이들 지도 양식을 보면 분명 모든 성읍(省邑)이 정교하고 아름답게 그려졌다고 말할 것이네"라고 하였다. 이상의 내용은 앙리 베르나르(Henry Bernard)가 프랑스어로 쓴 《16세기 중국에서의 천주교 선교지》(Aux Portes de la Chine, les missionaires du XVI siecle) 206-207쪽에 보인다. 《북경법문공교월간(北京法文公敎月刊)》(Le Bulletin Catholique de Pékin) 1935년 10월호 549쪽에는 마테오 리치가 1588년 라틴어로 번역하고 주석을 단 중국 지도 1폭이 로마에서 새로 발견되었다고 실려 있다. 소위 서양 방식이란 투영법(投影法)[8]을 적용하고 반드시 경위도가 있는 것을 말한다. 원래 방식이란 중국의 옛날 방식이다. 당시 마테오 리치는 조경에서 이미 2번의 월식을 관찰했기 때문에 경도를 측정할 수가 있었다. 위도는 양천척(量天尺, astrolabe: 천체의 높이나 각거리를 재는 기구 - 역자)으로 밤에 북극성을 측정하거나 대낮 정오에 해의 그림자를 측량하고 계절표[時令表]를 참조하여 얻을 수 있었다. 마테오 리치는 만력 30년(1602) 출판한 지도의 자서에서 "경자년(만력 28년) 남경에 이르러 좌해 오선생의 가르침을 받고 다시 수정하였다"고 하였으니, 오좌해의 이름은 중명(中明)으로 그가 마테오 리치에게 공헌할 수 있었던 것은 분명 중국 지도 방면이었을 터이고 마테오 리치도 겸허하게 가르침을 받았음을 알 수 있다.

제3절 마테오 리치 세계 지도의 영향과 공헌

마테오 리치의 세계 지도가 중국에 선해진 후, 그것을 본 사람들은 이전에 없던 것을 얻었다고 감탄했을 뿐 아니라 많은 사람들이 지도로 인해 마테오 리치와 교류를 하게 되었으니, 서광계(徐光啓)가 그 중 한 사람이다. 만력 32년(1604) 서광계는 《이십오언(二十五言)》의 발문(跋文)에서 "예전에 산과 고개를 유람하면서 일찍이 천주상(天主像)을 우러러 보았는데, 유럽에서 배로 운반해 온 것 같았다. 조중승(趙中丞: 당시 應天巡撫 趙可懷를 가리킴 - 역자)과 오전부(吳銓部: 당시 南京吏部主事였던 吳中明을 가리킴 - 역자)가 전후로 새긴 지도를 본 적이 있는데, 그 지도들에 마테오

---

8) 투영법(投影法, projection): 도법(圖法)이라고도 하며 지구 표면의 상태를 될 수 있는 한 오차를 줄이면서 평면으로 나타내는 방법을 말한다. 투영면의 종류에 따라서 평면도법(방위도법)·원통도법·원추도법으로 구분된다.

리치선생의 영향이 있음을 알았다"고 적었다. 만력 12년에서 36년(1584-1608) 사이 마테오 리치 본인이 그리거나 판각한 것 외에 중국인도 잇달아 그것을 번각(翻刻)하였으니, 홍외련(洪煨蓮)[9]의 〈마테오 리치의 세계지도(利瑪竇的世界地圖)〉(《우공》 제5권 제3, 4합기 '마테오 리치 세계 지도 특집호')에 실린 판본표를 옮기면 다음과 같다.

산해여지도 (山海輿地圖)	만력 12년(1584)	왕반(王泮)이 판각함	조경	
[세계도지 (世界圖誌)]?	만력 23년(1595)		남창	건안(建安) 왕다절(王多熴)에게 그려줌
산해여지도	만력 23년(1595) 만력 26년(1598)	조가회(趙可懷)가 돌에 새김	소주	왕반의 판본을 번각(翻刻)한 것임
[세계도기 (世界圖記)]?	만력 24년(1596)		남창	왕좌(王佐)가 편제(編製)한 것임
[세계지도 (世界地圖)]?	만력 24년(1596)		남창	1본 내지 2본을 그려서 완성함
산해여지전도 (山海輿地全圖)	만력 28년(1600)	오중명(吳中明)이 판각함	남경	왕반의 판본을 증정(增訂)한 것임
여지전도 (輿地全圖)	만력 29년(1601)?	풍응경(馮應京)이 판각함	북경?	2개의 작은 원[小圈]이 있는 지도 등
곤여만국전도 (坤輿萬國全圖)	만력 30년(1602)	이지조(李之藻)가 판각함	북경	오중명의 판본을 증정한 것임
곤여만국전도	만력 30년(1602)	조각공[刻工] 아무개[某] 판각함	북경	이지조의 판본을 복각(複刻)한 것임
산해여지전도	만력 32년(1604)	곽자장(郭子章)이 판각함	귀주	오중명의 판본을 축소하여 판각한 것임

....

9) 홍외련(洪煨蓮, 1893-1980), 이름은 업(業)이고 자는 녹잠(鹿岑), 호가 외련이다. 복건성 후관(侯官, 지금의 閩侯) 사람으로 유명한 역사학자이다.

세계지도?	만력 34년(1606)?	이응시(李應試)가 판각함	북경	이지조의 판본을 증정한 것임
[곤여만국전도]	만력 36년(1608)		북경	여러 환관들이 이지조의 판본을 몇 부 모사한 것임

위 표에서 [ ]안의 것은 그렸으나 판각되지 않은 지도들이다. 지도의 한문 명칭을 알 수 없는 것은 임의로 세계지도라 이름 붙이거나 그 서양 명칭을 번역한 다음 물음표를 달았다. 이들 외에도 마테오 리치와 그 동시대 사람이 기록하지 않았거나 우리가 알지 못하는 것들이 분명 더 있을 것이다.

마테오 리치의 세계지도에 대해 언급한 사람은 매우 많은데, 오중명[10]은 다음과 같이 말했다.

"이산인(利山人)의 이름은 마두(瑪竇)이고 호는 서태(西泰)로 유럽에서 중국에 들어와 《산해여지진도》를 만들어 지체 높은 사람[薦紳]에게 많이 전하였다. 나는 그가 지도를 그릴 때 방문한 적이 있는데, 모두 그 나라에서 새긴 옛 판본이 있었다. 대개 그 나라 사람들이 먼 곳을 돌아다니길 좋아해 때때로 아주 멀리 떨어진 지역을 지날 때 본 것을 서로 전하고 기록하였는데, 그것이 여러 해 누적되어 점차 그 형태가 완비된 것이다. 다만 남극 일대는 아직 사람이 이르지 못하여 나머지 것들[三隅]로 미루어 짐작해야 했지만 역시 오류가 없었다."

장경원(張京元)[11]은 이렇게 말하였다.

....

10) 오중명(吳中明, 생몰연도 미상): 휘주 흡현(歙縣) 사람으로 자는 지상(知常)이고 만력 14년(1586) 진사에 합격하여 남경이부주사(南京吏部主事) 등을 지냈다.

11) 장경원(張京元, 생몰연도 미상): 태흥(泰興) 사람으로 자는 사덕(思德), 호는

"서양[西域]에서는 아주 많은 사람들이 배를 띄워 바다를 건너니, 길게는 수십 년 짧게는 몇 년이 걸린다. 100년 동안 누적된 실제로 듣고 본 것을 그려서 지도를 완성하였다. 마테오 리치선생[西泰子]은 중국에 심복(心服)하여 당금 황제[今上]을 알현하고 그 지도를 온 도성에 내거니 진실로 일찍이 없던 것을 얻은 셈이었다. 다시 온 힘을 다하여 2개의 작은 지도를 그려 전국에 두루 보냈는데, 그것을 이해하고 못하고는 각자에 달린 것이어서 강요할 수가 없다."

'두 개의 작은 지도'란 마테오 리치가 자서에서 "반구도 2개를 다시 만들었다"고 한 바로 그것이다.

정백이(程百二)[12]는 이렇게 말하였다.

"마테오 리치선생께서 '지도를 그리고자 하면 모름지기 천문에 정통해야 한다. 천문에 통달하지 않으면 그 지도가 적도 바로 아래인지? 적도의 남쪽인지 북쪽인지? 적도로부터 남북으로 얼마나 떨어져 있는지? 카나리아섬[福島]에서부터 동서로 몇 도 떨어져 있는지? 이 땅에서 어떤 별을 항상 볼 수 있는지? 어떤 별이 항상 숨어있는지? 그 각지의 여름과 겨울의 낮과 밤의 길이가 얼마나 차이가 나는지?를 어찌 알 수 있겠는가. 만약 하나하나 분명한 근거가 없다면 무엇으로 그릴 것인가?'라고 말씀하셨다."

....

무시(無始)이다. 만력 말년에 호부주사와 강서제학부사(江西提學副使) 등을 지냈다. 저서로 《초사산주(楚辭刪注)》 2권, 《한정수필(寒灯隨筆)》 1권이 있다.
12) 정백이(程百二, 1573-1629): 휘주 휴녕(休寧) 사람으로 이름은 개민(開敏)이고 자는 유여(幼輿)이다. 포의(布衣)로 이름을 떨친 학자이자 서상(書商) 겸 방각가(坊刻家)로 초굉(焦竑)·호응린(胡應麟)·마테오 리치 등과 매우 가깝게 지냈다. 만력 26년(1598) 그가 편찬·집각(輯刻)한 《방여승략》 18권에 첨부된 《외이(外夷)》 6권에는 중국 서적 최초로 서양식 지도 〈세계여지전도〉가 전재(轉載)되어있다.

이상의 내용은 모두 《방여승략》에서 볼 수 있다. 귀주에서 마테오 리치의 지도를 판각한 곽자장(郭子章)[13]은 《검초(黔草)》를 저술하였는데, 거기에 수록된 〈산해여지전도서(序)〉에 다음과 같이 적혀있다.

"뜻밖에 4천년 후 서양[太西國]의 마테오 리치[利生]가 《산해여지전도》를 갖고 중국에 들어와 추자(騶子: 즉 鄒衍 - 역자)의 충신(忠臣)이 되었다. …… 내가 그 지도가 커 보기에 불편하여 그것을 본떠 작게 그려 책으로 만들고 지도 안의 상세한 설명은 좌측에 나누어 주로 달았다. 혹자는 '마테오 리치가 외국 오랑캐이고 그 그림과 설명이 모두 천지(天地)와 반드시 일치하는 것이 아닌데, 당신이 마음대로 여기에다 작게 만든 것 아닌가?'라고 묻지만, 내[郭子]는 '그렇지 않다'고 답하겠다. 담자(郯子: 춘추시대 郯國의 군주 - 역자)가 소호(少皞: 중국 고대 전설 중의 인물 - 역자) 때의 관직명을 말할 수 있자, 공자가 듣고 그것을 배우고 나서 사람들에게 '천자가 자신의 직무를 상실하니 그 학문이 사방의 오랑캐에 흩어졌다'고 말했다. 개갈로(介葛盧: 춘추시대 介國의 군주 - 역자)가 소의 울음소리를 듣고 그것이 제물[三犠]임을 알았으니, 좌씨(左氏)가 이를 전(傳)에 기록하였다. 공자와 좌씨가 어떤 생각에서 그렇게 했겠는가? 그런데 우리는 울타리를 만들어 마테오 리치가 오늘날의 담자나 개갈로가 되지 못하게 하려는가? 게다가 마테오 리치는 중국에 거주한지 오래되었으니, 대저 오랑캐인지 중국인인지를 묻는다면 중국인이라 할 것이다."

이를 보면 당시에도 분명 (마테오 리치의 지도에) 반대하는 사람이 있었음을 알 수 있다.

....

13) 곽자장(郭子章, 1543-1618): 강서성 태화(泰和) 사람으로 자는 상규(相奎), 호는 희포(熙圃)이다. 만력연간 광동성 조주부(潮州府) 지부 등을 지냈고 파주(播州) 양응룡(楊應龍)의 반란과 귀주 묘(苗)족·요(瑤)족의 봉기를 평정하였다. 저서로 귀주순무 때 지은 《검초(黔草)》 21권 등이 있다.

이지조는 《직방외기(職方外紀)》 서문에 다음과 같이 적었다.

"만력 신축년(1601) 마테오 리치[利氏]가 빈객으로 (북경에) 와서 머물렀다. 나는 동료 몇 사람과 함께 그를 방문하였다. 그(가 머물고 있는 방의) 벽에는 대지(大地)의 전도(全圖)가 걸려있었는데, 선을 그어서 위도와 경도를 나눈 것이 매우 자세하였다. 마테오 리치가 '이것은 내가 서쪽에서 올 때의 경로이다. 그 산천의 모습과 지역의 습속에 대한 상세한 내용은 따로 방대한 분량의 책에 기록하였는데, 이미 사람을 통해 황제에게 바쳤'고 하였다. 나를 위해 설명하길, 지구는 작은 원으로 하늘인 큰 원 안에 있다. …… 내가 (그가 설명한) 방법에 따라 측량해보니 참으로 그러하였다. 이에 비로소 중국인[唐人]의 방향과 거리를 구분하여 그리는 기술이 아직 정밀하지 못함을 깨닫고 마침내 한문으로 번역, 판각하여 〈만국도(萬國圖)〉[14] 병풍을 만들었다. 한참 지나 외람되이 (이 지도를) 황제께 바친 자가 있어 황제께서 (원래 판각을) 찾아오라고 하셨으나, 그 판각은 이미 (내가) 남쪽으로 가져가버렸으므로 환관들이 번각하여 황제의 명에 응하였다.[15]"

. . . .

14) 원서에는 만국(萬國)으로 되어있으나 원문을 확인하여 바로잡았다.
15) 만력 36년(1608) 어떤 환관이 신종에게 이지조가 만든 북경 제1판 〈곤여만국전도〉(1602)를 헌상하자, 신종은 12부를 명주 천에 인쇄하여 가져오라고 명하였다. 하지만 이 때 이지조는 은퇴하여 판각을 가지고 향리에 돌아가 있었다. 그런데 〈곤여만국전도〉는 이지조가 가지고 있던 것 외에 판각을 한 각공(刻工)이 몰래 똑같은 판각 하나를 더 만들어 두었는데, 이것이 바로 북경 제2판(1602)이다. 이 판각은 수해로 크게 파손되었기에 마테오 리치가 황제의 호의를 얻기 위해 1개월 내에 새로 제작해 바칠 것을 제의하였다. 하지만 신종은 각공이 소유한 판각 중 파손된 부분을 보충하여 전과 같은 6폭(幅) 1조(組)의 판을 만들도록 명했고, 이렇게 만들어진 것이 1608년 마테오 리치와 판토하가 헌상한 판본이라고 한다.(천기철 옮김, 《직방외기》, 21-22쪽)

제4편: 명·청 교체기 중서문화 교류사

하지만 번각이 많아짐으로써 착오도 따라서 증가하였다. 예컨대 이지조가 말한 '환관들이 번각한' 판본에 대해 홍외련선생은 단순히 모사본일 뿐 아니라 매우 소홀하여 탈루된 것이 아주 많다고 하였다. 특히 '파이두와이(波爾杜瓦爾)'를 '불랑기(拂郞機)'라 고친 것과 파양호(鄱陽湖)를 무호(無湖)라 이름 붙이고 공강(贛江)마저 빠져있는 것이 가장 큰 오류라 지적하였다.

만력 37년(1609) 풍응경(馮應京)16) · 이정(李鼎) · 정백이가 찬각(纂刻)한 《방여승략》에 〈동서반구이권도(東西半球二圈圖)〉가 실려 있지만, 오류가 매우 많아서 카나리아섬의 경도가 360이 아니라 10으로 되어있고 가장 오른쪽의 경도가 180이 아니라 106으로 되어있다.

또 숭정 6년(1633) 반광조(潘光祖)가 편집한 《여도비고(輿圖備考)》17)가 있는데, 지금은 청초 판각본이 남아있다. 책머리에는 순치 7년(1650) 이장경(李長庚)18)이 쓴 서문이 있고 명의 국호가 그대로 드러나 있다. 이 책에 수록된 〈천문전도도(天文纏度圖)〉 2개는 《방여승략》의 〈농서반구이권도〉를 번각한 것이고, 책 끝에 첨부된 〈전도도설(纏度圖說)〉은 《산해여지전도》의 〈각국경위략(各國經緯略)〉에서 인용했다고 되어있다. 책머리의 범례에서도 "이 책[集]은 마테오 리치[利西泰]가 헌상한 〈사대부주여도(四大部州輿圖)〉와 〈전도(纏度)〉를 맨 앞에 두었다"고 밝히고 있으

---

16) 풍응경(馮應京, 1555-1606): 안휘성 사주(泗州: 현 강소성 盱眙縣) 사람으로 명말에 호광감찰어사를 지냈다. 마테오 리치의 권유로 천주교에 귀의하였다.

17) 《여도비고(輿圖備考)》: 정식명칭은 《휘집여도비고전서(彙輯輿圖備考全書)》이고 전 18권이다.

18) 이장경(李長庚, 생몰연도 미상): 마성(麻城: 현 호북성 黃岡市) 사람으로 만력 23년(1595) 진사에 합격한 뒤 형부 · 호부 · 공부 · 이부상서를 역임하였다. 나중에 숭정제의 미움을 받아 평민으로 쫓겨나 명이 망한 후 고향에서 사망했다.

며, 채록서목(採錄書目) 중에도 〈이서태경위략(利西來(泰의 오기)經緯略)〉이 나열되어있다. 그러나 《방여승략》에서는 《산해여지전도》의 가서랑(加西郎)을 가사(加思)로 고쳤고 다륵독(多勒篤)을 다륵(多勒)이라 고쳤는데, 《여도비고》에서는 오히려 이를 섞어 하나로 하여 '가사다륵(加思多勒)'이라고 썼다. 《방여승략》은 《산해여지전도》의 파이두와이(波爾杜瓦爾)를 도와이(度瓦爾)라 고쳤으나, 《여도비고》에서는 보이지 않는다. 나머지는 일일이 다 열거하지 않겠다.

《방여승략》에는 또 〈산해여지전도해(山海輿地全圖解)〉란 글이 수록되어있는데, 마테오 리치가 저술한 《건곤체의(乾坤體義)》 중의 〈천지혼의설(天地渾儀說)〉과 매우 유사하다. 《삼재도회(三才圖會)》[19]와 《도서편(圖書編)》[20]에도 그 글이 보인다. 이 두 책은 당시 중국인 독자가 매우 많았기 때문에 세계지리 지식 전파에 분명 큰 도움이 되었을 것이다.

또 《여지산해전도(輿地山海全圖)》 뒤에 실려 있는 〈지구도설(地球圖說)〉에는 지구의 둘레가 7만 2천리라고 적혀있다. 그런데 그 후 천주교 내외 인사들이 서양 선교사가 중국에 온 거리를 6만, 8만, 9만, 10만리 등 여러 설을 주장함으로써 마침내 교회를 반대하는 자들에게 "멀리서 왔다고 속였다"는 큰 공격 구실을 제공하였다.

《도서편》 권16에는 별도로 〈호천혼원도(昊天渾元圖)〉가 있는데, "근래

....

19) 《삼재도회(三才圖會)》: 전 106권. 명말 왕기(王圻, 1530-1615)가 저술한 일종의 백과사전으로 만력 35년(1607)에 쓴 자서(自序)가 있다. 후에 그의 아들 왕사의(王思義)가 속집(續集)을 편찬하였다. 여러 서적의 도보(圖譜)를 모아 천지인(天地人) 삼재(三才)에 걸쳐 사물을 설명하였다. 천문·지리·인물·시령(時令)·궁실(宮室)·기용(器用)·신체·의복·인사(人事)·의제(儀制)·진보(珍寶)·문사(文史)·조수(鳥獸)·초목(草木)의 14부문으로 분류되어있다.
20) 《도서편(圖書編)》: 전 127권. 명말 장황(章潢, 1527-1608)이 편집한 일종의 백과사전으로 만력 41년(1613) 그의 제자 만상열(萬尚烈)이 출판하였다.

알려진 호락파국(胡洛巴國)은 반드시 두 지도를 합쳐야 비로소 그 온전한 모습을 볼 수 있다"고 적혀있다. (두 지도란) 바로 〈동서양반구도(東西兩半球圖)〉를 말하며 각각 직경이 12.5cm이다. 지도 안에는 한문 지명이 없고 지도 안밖에 약간의 서양문자가 모각(摹刻)되어있지만 역시 식별할 수가 없다. 지도 뒤에 있는 〈구천설부(九天說符)〉라는 글에는 "최근 구태소(瞿太素)를 만났더니 일찍이 광동 남부를 돌아다니다 만난 한 사제가 자신을 호락파인(胡洛巴人)이라고 소개하였는데, 역법과 수학에 매우 정통하여 큰 바다를 항해하면서 오직 태양의 궤도를 보고 시각을 알 뿐 아니라 동서남북으로 얼마나 멀고 가깝게 떨어져 있는지를 안다고 말했다"고 적혀있다. 구태소 즉 구여기(瞿汝夔)는 구식사(瞿式耜)의 아버지로 일찍이 마테오 리치를 위해 《교우론(交友論)》의 서문을 썼다. 호락파가 유럽이라면 사제는 곧 마테오 리치를 가리킨다. 지구를 '호천혼원'이라고 부르고 마테오 리치와 유럽[歐羅巴]이란 이름 및 《산해여지도》 등도 알지 못했지만, 그가 간접적으로 마테오 리치의 영향을 받지 않았다고 말할 수는 없을 것이다.

청대 이후 《대청일통지(大淸一統志)》 같은 책에서는 마테오 리치가 만력 9년(1581) 마카오에 도착하여 29년 북경에 들어왔으며, "그가 만든 《만국전도》에서 대략 천하에 오대주가 있다고 말하였고", "마테오 리치와 페르비스트(Verbiest) 등이 기술한 바에 따르면 유럽에 모두 70여 국이 있다"고 하였다. 하지만 이 책 안에 마테오 리치 이후 있어서는 안 되는 오류가 여전히 많은 것으로 보아, 마테오 리치의 사망과 함께 세계 지리에 대한 그의 영향도 사라졌음을 알 수 있다.

마테오 리치의 《만국전도》에는 그 자신이 쓴 도해(圖解) 설명이 첨부되어있는데, 지구가 원형이라는 것과 남북극, 적도, 적도 남북의 밤낮 길이, 오대(五帶), 오대주 즉 유럽·아프리카[利未亞]·아시아[亞細亞]·남북 아메리카[亞黑利加]·마젤라니카[墨瓦蠟泥加]21) 등을 중국인에게 소개하고 있다.

유럽에는 모두 30여 국이 있는데, 눈에 익은 한역명이 있을 경우 아래에 주를 달았고 그렇지 않을 경우 영문명을 달았다. 나라는 포르투갈[波爾杜瓦爾]·스페인[以西把泥亞]·프랑스[拂郞察]·영국[諳厄利亞]·독일[入爾馬泥亞]·이탈리아[意大里亞]·러시아[沒厮箇未突, Muscovite]·스웨덴[蘇亦齊]·노르웨이[諾爾勿入亞]·그리스[厄勒齊亞]·루마니아[羅馬泥亞]·폴란드[波羅泥亞] 등이고, 바다는 빙해(冰海)·발틱해[波的海]·대서양(大西洋)·지중해(地中海)·아조프(Azov)해[墨何的湖]·흑해[大海]가 있다. 그 외 일부 특수한 지방에 주석을 붙인 것이 모두 6항목으로, 예컨대 시칠리아의 화산과 이탈리아의 '교황[教化王]' 등이 있다. 아프리카의 소개는 매우 소략하여 나일강과 희망봉[大浪山角] 등 모두 8항목뿐이다.

남북 아메리카에 대해서는 다음과 같이 적혀있다. "남북 아메리카와 마젤라니카는 예로부터 사람들이 이런 곳이 있음을 알지 못했는데, 겨우 백여 년 전 유럽인이 배를 타고 그 해변에 이르러 비로소 알게 되었다. 그러나 그 땅이 광활한데다 사람들이 야만스럽고 교활하여 그 지역 각국의 풍속은 지금까지 상세히 살피지 못하고 있다."

그 중 특별히 주를 달아 설명한 지역은 멕시코[墨是可]·아이슬란드[冰海之島]·페루[孛露]·칠레[智里]·브라질[伯西兒]·쿠바[古巴]·자메이카[牙賣加]·캐나다[加拿大] 등이다.

아시아 방면에서 마테오 리치가 소개한 것은 인도[應第亞]·아라비아

······························

21) 마젤라니카(Magellanica): 15-18세기 유럽인의 지도상에 표시된 남극을 중심으로 남반구의 대부분을 차지하는 가상의 대륙. 미지의 남방대륙(Terra Australis Incognita)라고도 부른다.

[曷剌比亞]·유대[如德亞]·시베리아[北地]·타타르·여진·고구자국(古丘玆國)·일본·조선·중국[大明]·자바·수마트라·대니(大泥)·말라카·팔렘방·뉴기니[新入圉] 등이다. 중요한 강으로는 도나우강[大乃河]·볼가강[勿爾瓦河]·유프라테스강[歐法蠟得河]·인더스강[身毒河]·갠지스강[安義河]·황하·장강(長江)이 있다. 그 외 사해(死海)와 카스피해[北高河] 등도 소개하고 있다.

따라서 마테오 리치의 공헌은 다음 몇 가지로 정리할 수 있다. (1) 근대의 새로운 과학적 방법과 기구로 실제 측량을 하였다는 점. 시험 삼아 마테오 리치가 기록한 중국 8개 도시의 경위도를 오늘날 측량한 것과 비교해 보면 서로 상당히 부합됨을 알 수 있다.

지명	마테오 리치의 위도	현재 위도	마테오 리치의 경도	현재 경도
북경	40	40	111	116
남경	32	32	110	119
대동	40	40	105	113
광주	23	23	106	113
항주	30	30	113	120
서안	36	34	99	109
태원	37	38	104	113
제남	37	37	111	117

(2) 지명의 한역 명칭을 정한 점, (3) 당시 유럽 지리학계의 최신 발견을 수입한 점, (4) 오대주 관념을 소개한 점, (5) 지원설을 주장한 점, (6) 기후대의 구분법을 소개한 점, (7) 세계지도에 대한 인식을 심어줌으로써 중국사회의 안목을 크게 넓힌 점 등인데, 마테오 리치가 지도에 각국의 문물과 풍속을 최대한 소개했기 때문이다.

청대의 진경환(陳庚煥)22)이 저술한 《진척원문록(陳惕園文錄)》《惕園

初稿》라고도 함) 권2의 〈지구고(地毬考)〉에는 "지구를 그린 지도가 있는데, 명 만력연간 서양 선교사 마테오 리치와 페르비스트가 처음 바친것이다"고 되어있다. 비록 두 사람을 동시대인으로 오인하였으나 그 추앙의 뜻을 알 수 있다. 유헌정(劉獻廷)의 《광양잡기(廣陽雜記)》 권2에도 "지원설 같은 것은 마테오 리치[利氏]가 중국에 온 뒤에야 비로소 알게되었다"고 적혀있다. 사실 지원설은 원나라 때 이미 중국에 들어왔고 마테오 리치 이전에도 상세히 소개한 책이 있었지만, 그 말을 음미해보면역시 찬양하려는 의도임을 알 수 있다.

제4절 명말 벤투 고에스(Bento Goes)가 육로로 중국에 온 과정

《마테오 리치선생 행적》에는 다음과 같은 내용이 적혀있다.

"당시 중앙아시아로부터 관중(關中)에 도착한 벤투 고에스라는 자가 있었으니 역시 예수회 선교사였다. 동방에 예의와 문물을 갖춘 나라의 사람들이 모두 천지주(天地主)를 받들어 숭배한다는 이야기를 듣고 천주교와 정확히 부합한다고 여겨서 그 사실을 확인하고자 하였다. 육로로 3년 동안 걸어서 거친 모래가 목숨을 빼앗는 나라를 지나 온갖 고생을 겪고 곧장 관중에 이르렀다. 그래서 소문으로 들었던 나라가 바로 중국

....

22) 진경환(陳庚煥, ?-1820): 복건성 장락(長樂) 사람으로 자는 도헌(道獻), 호는 척원(惕園)이다. 저서로 《척원문고(惕園文稿)》 16권, 《시고(詩稿)》 4권 , 《척원초고(惕園初稿)·외고(外稿)》 등 10여 종이 있다.

임을 비로소 알게 되었다. 마테오 리치선생[利子]이 이 소식을 듣고 사람을 보내 그를 방문케 했다. 고에스가 병을 심하게 앓고 있었지만 뜻밖에 같은 예수회 사람을 보고는 매우 기뻐하다 마침내 평안하게 세상을 떠났다."

당시 대부분의 서양인은 바다를 통해 중국에 왔으나 고에스 혼자 육로를 이용하였으니, 실로 중서교통사에 있어 하나의 새로운 길을 연 것이었다.

고에스는 1561년 포르투갈에서 태어났다. 어릴 적의 행적은 알 수 없고 26세에 수병(水兵)이 되어 인도의 남쪽에 주둔하였다. 후에 예수회에 들어가 무굴제국으로 파견되어 그 곳에서 페르시아어를 익혔고 국왕 악바르(Akbar)의 절친한 친구가 되었다. 국왕이 사신을 고아에 파견할 때 고에스에게 동행하라고 명하니, 이때가 만력 30년(1602)이었다.

대개 무굴제국 조정에 있던 예수회 선교사가 일찍이 인도 서부에 있는 같은 예수회 선교사에게 편지를 보내 거란국[契丹國]이 인도의 동쪽에 있다는 회교도의 전설을 말했던 것 같다. 그런데다 동인도 예수회 시찰원(視察員) 니콜라스 피멘타(Nicolas Pimenta)가 거란에 신자와 수도원·수도사가 있다는 애기를 듣고 전도하려는 절실한 마음에 교황과 포르투갈 국왕에게 탐방을 도와줄 것을 요청하였다. 고에스의 중국행은 바로 피멘타의 희망을 실현한 것이었다.

당시 마테오 리치는 이미 북경에서 인도의 교회 인사에게 편지를 보내 거란(Cathay)이 곧 지나(China)의 별칭이라고 말하였다. 그러나 무굴 조정의 신부들은 이에 대한 견해가 서로 달랐다. 그래서 피멘타는 탐방을 통해 여러 의문을 해결할 것을 결정하고 아울러 중국으로 가는 지름길을 찾았다.

고에스는 토착민의 의심을 피하기 위해 아르메니아 상인으로 분장하고 이름을 압둘라 이자이(Abdullah Izai)로 바꾸었다. 고에스는 사마르칸트 부근을 거쳐 동쪽으로 가서 카슈가르에 이르러 파미르고원을 넘어 야르칸드와 아크수(Acsu)에 도착했다. 다시 여러 도시를 거쳐 쿠차에 이르렀고 쿠차에서 25일을 가서 시알리스(Cialis)에 도착하였다. 거기서 중국에서 돌아오는 대상(隊商)을 만나 마테오 리치 등에 관한 상세한 소식을 자세히 듣고 나서, 비로소 탐방하려던 거란이 바로 중국이라는 것을 갑자기 깨달았다.

　　1605년(만력 33년) 10월 17일 하미에 이르러 1개월을 머무르고 다시 동쪽으로 가서 가욕관(嘉峪關)에 들어갔다. 그 해 말 숙주(肅州)에 도달해 이슬람상인을 만나 중국 도성에 유럽 선교사 여러 명이 있다는 애기를 또 들었다. 고에스는 마테오 리치에게 편지를 보냈으나 편지가 도착하지 못했던 까닭에, 1606년 상반기 동안 마테오 리치는 여전히 고에스가 이미 감숙에 이르렀다는 것을 알지 못했다.

　　고에스가 인도에서 출발할 때 고아 총주교가 이미 북경의 여러 선교사에게 이 사실을 알렸기 때문에, 북경의 교회에서는 매일 고에스의 소식을 기다렸다. 1606년 11월이 되어서야 고에스의 편지를 받은 마테오 리치는 곧바로 중국인 수도사 종명례(鐘鳴禮: 파견된 사람이 그의 형 鐘鳴仁이라는 설도 있는데, 두 사람 모두 예수회 수도사였다)를 파견하여 가서 맞이하게 하였다. 종 수도사는 광동 신회(新會) 사람으로 만력 35년(1607) 3월에야 숙주에 이르렀다. 이때 고에스는 병이 들어 낡은 침대 위에 누워있었는데, 종명례가 포르투갈어로 위문하였다. 고에스는 결국 4월 11일 사망하였다.

　　사망 후 그의 유물이 약탈되면서 여행일기 역시 찢어졌으나, 종명례가 고에스와 함께 온 아르메니아인 이삭(Isaac)으로부터 약간의 남은 부분을 얻어 마테오 리치에게 전하였다.

이삭은 숙주에 있을 때 이슬람상인 때문에 감옥에 갇혔으나, 종명례가 그를 대신해 관리에게 호소하여 5개월 뒤에 비로소 풀려났다. 북경에 온 이삭은 페르시아어만 할 수 있어서 마테오 리치를 만났을 때 포르투 갈어로 고에스의 이름 등 간단한 몇 마디만 암송할 수 있었다. 종명례가 페르시아어를 2개월 동안 익혀서 비로소 그와 대화할 수 있었다. 그 사람 은 후에 바닷길로 인도로 돌아갔는데, 아내가 이미 죽었다는 소식을 듣 고 그대로 인도 동부에 살았다고 한다.

제5절 《동서양고(東西洋考)》에 기술된 해양선박과 침로(針路)

《동서양고》는 용계(龍溪: 현 복건성 龍海市의 옛 이름 - 역자) 사람 장섭(張 燮)23)이 저술하였는데, 전 12권이며 왕기종(王起宗)이 쓴 만력 46년 (1618) 서문과 만력 45년 소기(蕭基)가 쓴 서문이 있다. 왕기종은 서문에 서 다음과 같이 말하고 있다.

"내가 청장(清漳)에 재직하면서 각향(榷餉)의 임무(당시 왕기종 본인이 맡 고 있던 漳州府 督粮通判 직책을 말한 것임 - 역자)를 제대로 잘 관장하지 못했다. 대개 장(漳)은 바다를 끼고 있어 그 백성들이 힘껏 땀 흘려 일해

....

23) 장섭(張燮, 1574—1640): 자는 소화(紹和)이고 자호는 해빈일사(海濱逸士)이 다. 20세에 거인에 합격하였으나 더 이상 과거에 응시하지 않고 진강(鎭江) 에 살면서 부친을 봉양하였다. 저서로 《동서양고》 전 12권 외 다수가 있다.

도 먹고 살기에 부족해서 해마다 목선을 풀어 오랑캐가 사는 먼 곳에 가서 장사를 하였다. 그리하여 여러 오랑캐도 마침내 장(漳)의 동남과 서남 사이에 와서 기회를 엿보았다. 동료인 여성(如城) 소공(蕭公)이 군(郡)의 업무를 대리하고 있었는데, 매번 나와 더불어 눈을 똑바로 뜨고서 서로 힘을 합해 선박에 관한 업무를 유지하고자 하였다 그래서 간간히 상인에게 가서 그들의 어려움을 상세하게 묻고 틈이 나면 섬 바깥의 일에 대해 이것저것 물었다. 때때로 처음 듣는 이야기가 끊임없이 무성했지만 애석하게도 그림을 잘 그리는 사람이 없어서 지도를 만들 수 없었다. …… 얼마 지나지 않아 전임 수령 도군(陶君)이 일찍이 효렴(孝廉) 장소화(張紹和)를 모셔 지도를 그리게 했으나, 작업을 끝내지 못했다는 애기를 우연히 듣게 되었다. 이때 효렴은 마침 은거 중이였으나, 내가 그를 억지로 나오게 하여 지도 그리는 일을 마무리하고자 하였다.[24]"

저자 본인이 만든 9가지 범례에 의하면, 이 책의 자료는 일반서적과 저보(邸報) 및 노인들의 진술 외에 "뱃사람들이 제공한 옛 경험에 의거하고" "상인과 선원에게 물어보았기" 때문에 화교와 항해가의 실제 경험에서 얻은 것이 매우 많았다. 이 책의 귀중함은 바로 여기에 있다.

동남아시아로부터 남양·필리핀·유구·대만·일본 및 '홍모번(紅毛番)'[25]까지 기록하고 있으나, 일본과 홍모번은 본래 그 범위에 속하지 않기 때문에 범례에서 "그 상선[賈舶]들만 대략 기록한다"고 밝히고 있다.

이 책에서 가장 가치가 있는 부분은 권9 〈주사고(舟師考)〉(《國學基本叢書》본 목차의 권8과 권9는 본문 내용과 정반대로 되어있다) 중의 '이양

....

24) 원서에는 "時孝廉方滅景山樓, □强出之, 俾竟斯局"으로 되어있으나 원문 확인 결과 "時孝廉方滅景棲 余强出之, 俾竟斯局"여서 이에 맞게 번역하였다.
25) 홍모번(紅毛番): 명대 중국인이 네덜란드인을 부르던 호칭. '모발이 붉은 외방인'이란 뜻으로 '홍모이(紅毛夷)'라고도 불렀다.

침로(二洋針路)'라고 할 수 있는데, 여기서 그 서문과 '서양침로(西洋針路)'만을 소개하면 다음과 같다.

"해문(海門)을 나오니 거친 파도의 회오리치는 물거품이 하늘에 닿을 듯 일렁여서 더 이상 해변을 찾을 수도 촌락을 기억할 수도 거리를 계산할 수도 없었다. 장년의 노인 셋이 노를 젓고 돛을 올리고 파도를 가로지르며 오직 나침판(指南針)이 인도하는 바에 의지하였다. 나침판 1개 또는 2개를 이용하여 그것이 가리키는 바에 따라 배를 운행하였다. 만약 거리의 원근을 알고자 하면 하루 동안 바람의 힘으로 갈 수 있는 거리를 기준삼아 10경(更)으로 삼고, 대략 몇 경을 가면 어디에 도달하는지를 계산하였다. 또 줄을 바다 속에 담가서 어떤 곳의 깊이가 몇 탁(托: "《방언(方言)》에서는 두 팔을 벌린 만큼의 길이를 1탁이라 하였다"는 주가 원문에 달려있다)인지 헤아렸다. 이에 의거해 암중모색하면 어떤 바다에 어떤 섬이 어디에 있는지와 어느 곳의 암초가 험해서 방비해야 하는지를 두루 알 수 있었다. 간혹 바람과 파도를 만나면 여러 번 위치가 바뀔 수 있는데, 바람이 잦아지고 파도가 가라앉으면 원래대로 운항할 수 있었다. 오랫동안 이에 따라 익히면 마치 평원을 달리는 것 같으니, 대략 눈으로 계산이 가능하기 때문이다."

"큰 배는 폭이 3장 5, 6척이고 길이가 10여장이다. 작은 배는 폭이 2장이고 길이가 약 7, 8장이다. 활·화살·칼·방패 등 전투 장비를 여럿 갖추고 있어 갑자기 도적을 만나도 스스로 방어함이 장성과 같이 의연하여 쉽게 죽거나 빼앗기지 않는다. 배를 만드는 비용은 천여 금이 들어가는데, 항해하고 돌아올 때마다 매년 1번 수리하는데도 5, 6백 금 이상 든다. 혹자는 수군 전함의 견고함이 상선이 미치지 못한다고 하지만, 상선에 드는 비용이 얼마나 많은지 모르고 하는 말이다. 전함의 경우 필요한 경비가 겨우 상선의 3분의 1에 불과할 뿐이다."

"선박마다 선주가 주관하고 여러 상인이 그를 따르는 것이 마치 개미가 수비대장을 정한 다음 함께 새 집으로 이사하는 것 같다. 그 다음 재부(財副) 1명이 기록을 관장하고 총관 1명이 배 안의 일을 총괄하며 선주

대신 명령을 전달한다. 전투 장비를 담당하는 사람을 직고(直庫)라 하고 돛대를 올리는 사람을 아반(阿班)이라 한다. 닻을 담당하는 사람은 두정(頭椗)과 이정(二椗)이 있다. 묶는 것을 담당하는 사람은 대료(大繚)와 이료(二繚)가 있다. 키를 잡는 사람을 타공(舵工)이라 하고 2명이 교대한다. 나침반을 담당하는 사람을 화장(火長)이라 하는데, 망망대해에서 항해할 때 모두 그의 지휘를 따른다. 날씨를 예측함에 규칙이 있어 바람을 점쳐 기다리니, 이것이 파도를 헤치고 만 리를 가볍게 갈 수 있는 힘이요, 길을 물음에 칠성(七聖)의 미혹함이 없는 이치가 아니겠는가?'

다만 이 책은 내용이 어지러울 뿐 아니라 일부 오류는 예상을 뛰어넘는다. 예컨대 대니(大泥)와 발니(渤泥)를 하나로 혼동하고 자바 서북에 있는 세랑(Serang)을 실론이라고 한 것이 모두 그러하다. 게다가 원 자료가 아니라 여러 사람의 설을 모아 편집하였기 때문에 책 전체에서 가치가 있는 것은 〈주사고〉뿐인데, 애석하게도 그 중 점험(占驗)·수성수기(水醒水忌)·정일악풍(定日惡風) 등은 대부분 미신에 가까운 것이다. 따라서 〈주사고〉 중에서도 앞서 인용한 도언을 제외하고는 오직 '침로(針路)'만이 실제 경험에서 얻은 것이니, 여기서 이에 관해 대략 설명하면 다음과 같다.

중국의 침로(針路)를 연구하려면 반드시 '침위(針位: 항해 방향 - 역자)'와 '경(更)'을 알아야한다. 침위를 알고자 하면 마땅히 기록된 방향에서 구해야 한다. 방향을 표기하는 방법은 하나의 원주 주위를 천간·지지·팔괘·오행에 따라 24등분을 하고 도수를 첨부한다. 무(戊)와 기(己)는 토(土)에 속하므로 중앙을 차지한다. 뒤에 첨부한 그림을 참고하라.

〈주사고〉에 나오는 대로 나침판 1개를 사용할 때는 방향을 매우 쉽게 명확히 인지할 수 있다. 이른바 나침판 2개를 사용할 때는 밀스(J. V. Mills)의 3가지 해석이 있는데, 진손(辰巽) 방향을 예로 들면 다음과 같다.

(1) 먼저가 진(120도)이고 나중이 손(135도)일 때,

(2) 진과 손의 중앙은 두 도수의 반을 취하면 되니 곧 127.5도 방향이다.

(3) 진과 손 사이로 배를 저어 나아간다.

이 중 (2)와 (3)의 해석은 확실한 이론이 아니다.

항정(航程)를 계산하는 데는 '경(更)'이 가장 중요하다. 황성증(黃省曾)은 《서양조공전록(西洋朝貢典錄)》〈구항(舊港)〉조에서 60리를 1경으로 한다고 주를 달았으나, 왕대해(王大海)의 《해도일지(海島逸誌)》[26] 〈갈라파(噶喇吧)〉조에는 하도(廈島: 즉 廈門 - 역자)에서 서성(嶼城) 즉 파성(吧城: Batavia의 준말 - 역자)까지의 물길은 280경인데 1경은 50리라고 하였다. 펠리오(Pelliot)는 1경을 약 25km로 추정하여 왕대해의 주장에 동의하였다. 그러나 〈주사고〉에서는 반드시 '바람의 힘[風利]'을 기준으로 한다고 분명히 말했을 뿐 아니라 기록된 바도 대부분 정확하다. 즉 직선항로와 장거리 노정을 두고 말하면 〈주사고〉 중의 '향(向)'과 '경'은 지금의 지도와 대부분 부합될 수 있다. 만약 해안을 따라 항해하거나 수심이 얕은 섬 사이에서 구불구불 항해하게 되면 그 '향'과 '경'은 지금의 지도와 대부분 맞지 않는다.

《동서양고》의 〈서양침로〉는 진해위(鎭海衛: 복건성 漳州에 있던 항구 - 역자) 태무산(太武山)에서 시작하여 문랑마신국(文郎馬神國)[27]에서 끝난

....

26) 《해도일지(海島逸誌)》: 전 6권. 청대 복건성 용계(龍溪) 사람 왕대해(생몰연도 미상)가 1791년 저술한 자바와 말레이반도에 관한 여행기로 네덜란드인이 이용하는 항해용 나침판을 소개하고 있다. 거기에는 양끝이 뾰족하고 중간이 넓적한 핀식 능형(菱形)자침과 면에 네덜란드 글자로 16방위가 표시된 우산 모양의 한침반(旱鍼盤) 2가지가 있다고 하였다. 중국은 일본을 통해 이 한침반을 수용하였다.
27) 문랑마신국(文郎馬神國): 현 보르네오 남쪽의 반자르마신(Banjarmasin)을 음역한 것으로 청대 사청고(謝淸高)의 《해록(海錄)》에는 마신(馬神)으로 기록

다. 갑지(甲地)에서 을지(乙地)까지의 타수탁수(打數托數), 경수(更數), 침위를 기록한 외에 간간이 지명의 유래, 관직, 요새[城堡], 묘우(廟宇), 보이지 않는 암초[沈礁], 전설, 산의 형세, 섬의 형세, 생산되는 물산, 도적, 홍모번 등이 기록되어있다.

《무비지(武備志)》에 첨부된 〈정화의 항해도〉에는 약간의 항해 전문용어가 있다. 예컨대 '취(取)'는 곧 '추(趨)' 혹은 '취(趣)'로 향(向)을, '평(平)'은 곧 '병(並)'으로 방(傍)을, 단(丹)은 곧 '단진(丹辰)'·'단손(丹巽)'과 같은 뜻으로 '단(單)'을 가리킨다.

첨부된 〈침위 방향도〉를 설명하면 다음과 같다. 먼저 자오선(子午線)의 직남북(直南北)을 정한다. 다시 12지(支)에 의거하여 원주를 등분하는데, 각 지지(地支)는 30도이다. 다음 천간(天干)에 의거하여 네 방향을 정하는데, 예컨대 동쪽은 갑을(甲乙) 즉 목(木)이고, 남쪽은 병정(丙丁) 즉 화(火)이며, 서쪽은 경신(庚申) 즉 금(金)이고, 북쪽은 임계(壬癸) 즉 수(水)이며 중앙은 무기(戊己) 즉 토(土)이다. 끝으로 건(乾)·감(坎)·간(艮)·진(震)·손(巽)·이(離)·곤(坤)·태(兌)의 순서로 원주를 등분하는데, 각 괘(卦)는 45도이다. 그 그림은 아래와 같다.

되어있다.(《명사 외국전 역주》, 1책, 336쪽)

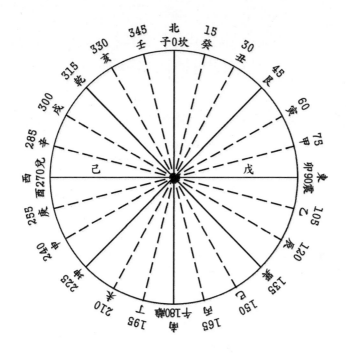

자(子)와 감(坎)은 정북쪽 0도	을(乙)은 동남쪽 105도	정(丁)은 서남쪽 195도
묘(卯)와 진(震)은 정동쪽 90도	진(辰)은 동남쪽 120도	미(未)는 서남쪽 210도
간(艮)은 동북쪽 45도	사(巳)는 동남쪽 150도	신(申)은 서남쪽 240도
손(巽)은 동남쪽 135도	병(丙)은 동남쪽 165도	경(庚)은 서남쪽 255도
계(癸)는 동북쪽 15도	오(午)와 리(離)는 정남쪽 180도	신(辛)은 서북쪽 285도
축(丑)은 동북쪽 30도	유(酉)와 태(兌)는 정서쪽 270도	술(戌)은 서북쪽 300도
인(寅)은 동북쪽 60도	곤(坤)은 서남쪽 225도	해(亥)는 서북쪽 330도
갑(甲)은 동북쪽 75도	건(乾)은 서북쪽 315도	임(壬)은 서북쪽 345도

제6절 알레니(Aleni)의 《직방외기(職方外紀)》와 《서방답문(西方答問)》

《직방외기》는 전 5권으로 권수(首) 1권이 따로 있다. 명대 간행본·《천학초함(天學初函)》본·《사고전서》본·《묵해금호(墨海金壺)》본28)·《수산각총서(守山閣叢書)》본·《외번여지총서(外藩輿地叢書)》본이 있다. 《총서집성(叢書集成)》29)에 수록된 것은 《수산각총서》본이다. 이 책은 천계 3년(1623)에 완성되었는데, 알레니는 자서(自序)에서 "나의 벗 마테오 리치는 《만국도지》를 가져왔고, 나의 벗 판토하(Pantoja)는 서양에서 만든 지도를 번역하라는 황제의 명을 받아 보고들은 바를 근거로 그 책들을 번역하여 황제께 바쳤다. 수도의 인사들 가운데 이를 즐겨 애기하는 사람이 많지만 아직 인쇄 유포되지 않았다"고 적었다. 마테오 리치 이후 판토하도 세계지도의 수입에 커다란 공헌을 한 사람이었다. "수도의 인사들 가운데 이를 즐겨 애기하는 사람이 많았"음에도 "아직 인쇄 유포되지 않았다"는 것은 이미 적지 않게 모사되어 유포되고 있었다는 말인 듯하다.

알레니는 이어서 "우연히 좀먹은 서류 속에서 선인이 남겨 놓은 옛 원고를 찾아볼 수 있었다. 이에 내가 서양에서 가져온 내용들을 좀 더

---

28) 《묵해금호(墨海金壺)》: 전 722권. 청대 해우(海虞) 사람 장해붕(張海鵬, 생몰연도 미상)이 편집한 총서로 117종의 책을 수록하고 있다. 후에 불타 훼손된 것을 전희조(錢熙祚)가 그 잔판(殘版)을 얻어 교감, 증보하여 도광 24년(1844) 판각한 것이 《수산각총서(守山閣叢書)》이다.

29) 《총서집성(叢書集成)》: 왕운오(王雲五, 1888-1979)가 주편(主編)을 맡은 역대 총서의 집대성으로 1935-1937년 상무인서관에서 영인 출판하였다.

발췌하고 각 지역별 대강을 손수 모아 보완하여 1편으로 완성해 《직방외기》라 이름 지었다"고 말했다. 최근 사람 중에 그 책이 마테오 리치의 저작을 증보한 것이라 말하는 자가 많고 《사고제요》에서는 마테오 리치와 판토하의 옛 책을 엮어서 윤색한 것이라고 했지만, 알레니의 자서를 읽어보면 그가 본 옛 원고는 아마도 판토하가 남긴 것으로 짐작된다.

알레니 자신도 이 책의 내용은 여러 동료의 견문에서 얻은 것이라고 밝혔으니, 그런 까닭에 "이제 뜻을 같이한 여러 선후배들이 천하를 주유함에 힘입어 그들이 보고들은 것을 한데 모아서 이 책을 완성하였다"고 적었다. 이 책을 수정, 증보하여 출판한 사람은 양정균(楊廷筠)이고, 기록된 것은 모두 외국의 풍토와 물산이었다. 권수(卷首)는 〈만국전도〉와 〈오대주총도(五大洲總圖)〉이다. 권1에는 〈아시아 총설〉 및 13가지 항목이, 권2에는 〈유럽 지도〉와 〈유럽 총설〉 및 12가지 항목이 있다. 권3에는 〈아프리카 지도〉와 〈아프리카 총설〉 및 13가지 항목이, 권4에는 〈아메리카 지도〉와 〈아메리카 총설〉 및 15가지 항목과 〈마젤라니카 총설〉이 있다.30) 권5에는 〈사해총설(四海總說)〉과 〈해명(海名)〉·〈해도(海島)〉·〈해족(海族)〉·〈해산(海産)〉·〈해상(海狀)〉·〈해박(海舶)〉·〈해도(海道)〉 등이 있다.

《천학초함》본에는 알레니의 자서 뿐 아니라 이지조·양정균·구식곡(瞿式穀)·허서신(許胥臣) 등이 지은 서문이 있다. 다른 판본에는 엽향고(葉向高)31)의 서문도 있다.

....

30) 원문을 확인한 바 권1은 14개 항목, 권3은 14개 항목, 권4는 14개 항목으로 나누어져 있다.
31) 엽향고(葉向高, 1559-1627): 북건성 복청(福淸) 사람으로 만력·천계연간 수보(首輔)대신을 지내면서 왜구를 대파하고 네덜란드의 대만 점령 기도를 분쇄하였을 뿐 아니라 대신 간의 관계를 조정하고 위충현 세력을 억제하는데

이지조는 서문에서 다음과 같이 적고 있다.

"마침(이지조가 마테오 리치의 만국도 병풍을 판각한 이후를 가리킴) 복
건의 세관(稅璫]에서 또 급히 지도 2폭(원문에는 4폭으로 되어있음 - 역자)
을 바쳤는데, 모두 유럽 문자로 되어있고 선원에게서 얻은 것이었다. 그
런데 이 때 마테오 리치는 이미 세상을 떠났기에 판토하와 우르시스 두
벗이 북경에 머물며 황제의 뜻을 받들어 그 지도에 대해 연구하였다.
판토하는 '지도의 전체 모습은 본래 5대주였으나 지금 그 중 1주가 빠져
있어서 보충하지 않으면 안 된다'고 자신의 견해를 덧붙여서 황제께 아뢰
었다. 이에 원래의 지도를 먼저 번역하여 올리고 따로 다시 8폭 병풍을
만들었다. 그 병풍에는 보고들은 것을 기록하여 보태었고 지방의 풍속과
특산물에 대해서는 해서(楷書)로 설명을 덧붙여 매우 자세하였다. 나는
갑인년(만력 42년, 1614) (북경으로) 전보(轉補)되어 운 좋게 그것을 볼
기회가 있었다. 이 지도는 오랫동안 완성되지 못하다 (판토하 등이) 추방
당할 때[32] 이를 통정사(通政司: 明代 內外의 章奏를 관장하던 官署 - 역자)
에 맡기려 하였으나 받아주지 않았다. 이에 대명문(大明門) 밖에 놓아두
고 머리를 조아리고 떠났으니, 그것이 지금 여전히 성안[中城]의 도찰원
에 보관되어있다고 한다. 판토하와 우르시스 두 사람은 얼마 뒤 서양으
로 돌아가던 중 죽었다. 북경의 관리 중에 그 원본을 베낀 사람도 있었으
나, 모두 옥을 부수어 모난 구슬을 남기듯이 본래의 제 모습을 갖추지
못했다. 올 여름 나의 벗 양중견(楊仲堅)씨가 서양에서 온 선교사 알레
니와 함께 기록을 모으고 더하여 책으로 엮었다. 무릇 직방(職方)[33]에

....
큰 역할을 하였다.
32) 만력 44년(1616) 천주교에 대한 박해가 시작되어 서양 선교사들이 북경에서
추방된 일을 말한 것이다.
33) 직방(職方): 원래 천하의 지도를 관장하고 사방의 조공을 주관했던 주대(周
代)의 관명으로 명·청대에도 직방사(司)가 천하의 문서와 지도를 파악하여
3년에 1번씩 황제에게 보고하였다..

속하여 조공하는 부근의 여러 나라는 모두 기록하지 않고, 멀리 떨어져 있어 오랫동안 중국과 서로 왕래가 없던 나라만을 기록하였기 때문에 《직방외기》라고 이름 지었다."

중견은 양정균의 자이다. 이 서문을 보면 알레니가 책을 편찬한 연유를 더욱 명확히 알 수 있다. 증보한 자료는 판토하와 우르시스 두 사람이 남긴 것이 확실하며 원래 지도를 모사한 북경의 신사(紳士)들이 분명히 있었음을 알려준다.

한편 트리고도 광대한 편저를 계획했지만 애석하게도 실현되지 못하였다. 이지조의 서문에 따르면 "알레니의 친구 트리고는 또 '이는 단지 병풍에 있는 지도를 짜 맞춘 것일 뿐이다. 나는 그 설(說)을 응용하여 여러 나라의 산천(山川)·경위(經緯)·도수(度數)에 관한 그림책 10권과 풍속·정교(政敎)·무위(武衛)·물산(物産)·기예(技藝)에 관한 10권의 책도 쓰려고 한다. 그렇게 해야 만이 직방의 한 면을 살필 수 있기 때문이다'고 말했다"고 되어있다. 하지만 이 2책의 집필계획은 전혀 실현되지 못한 것 같다.

이 책의 내용은 마테오 리치가 소개한 세계 지리에 비해 훨씬 상세하다. 아시아 부분에서 〈인도[印第亞]〉를 서술할 때도 "서양 친구인 테렌츠(Terrenz)가 일찍이 그 나라를 둘러본 적이 있었는데, 평생 한 번도 보지 못한 풀과 나무가 5백여 종에 달했다"고 적었다. 반면 그다지 정확하지 않은 사실을 기록한 것도 매우 많다. 예컨대 〈페르시아[百爾西亞]〉에서는 《구약(舊約)》에 기재된 바벨(Babel)탑을 서술하고 있고, 〈유대〉에서는 "옛 이름은 불름(拂菻)이고 다른 이름은 대진(大秦)이다. 당 정관연간에 일찍이 경전과 성상을 가지고 와서 머물렀는데, 〈경교유행비(景敎流行碑)〉에 그 일이 자세히 기록되어있다"고 주를 달고 있다. 자신의 의견을 제시한 것들이 모두 전혀 신중하고 엄격하지가 못하다. 이 절(節: 뒤에 나오는 스페인 등과 같이 章로 표기하는 것이 맞을 것 같음 - 역자)에는 유대의 옛 역사 및 예수의 행적이 꽤 상세하게 서술되어있다.

유럽은 이 책에서 가장 중요한 지위를 차지하고 있다. 무릇 생산물·풍속·음식·가옥·공업·거마(車馬)·교육·도서관·종교·자선사업·세금 소송·병제(兵制) 등 서술하지 않은 것이 없는데, 교육과 학교에 대해서는 더욱 상세하다.

"나라의 수도와 군(郡)마다 대학과 중학이 있고 향(鄕)과 읍(邑)마다 소학이 있다. 소학에서는 학행(學行)이 있는 인물을 교사로 삼고 중학과 대학에서는 또 학행이 가장 뛰어난 인물을 교사로 삼는데, 학생이 많은 곳은 수만 명에 이른다. 그 중 소학은 문과(文科)로 배우는 과목이 현인의 훌륭한 말씀, 각국의 사서(史書), 여러 종류의 시문(詩文), 문장에 대한 토론 등 4가지이다. 7, 8세부터 배우기 시작하여 17, 18세가 되어 학업을 마치게 되면 해당 학교 교사가 시험을 본다. 그 결과 성적이 우수한 이는 이과(理科)라 부르는 중학에 진학한다. 중학에는 3가지 전문과목이 있다. 첫 해에는 논리학(Logica)을 배우는데, 번역하면 '옳고 그름을 분별하는 방법'이다. 둘째 해에는 물리학(Physica)를 배우는데, 번역하면 '사물이 가지고 있는 본질과 법칙을 살피는 학문'이다. 셋째 해에는 형이상학(Metaphysica)을 배우는데, 번역하면 '인성의 원리[性理]를 살피는 학문'이다. 이상 말한 학문을 통틀어 철학(Philosophia)이라 부른다. 학업을 마치게 되면 해당 학교 교사가 또 시험을 봐서 우수한 이는 대학에 진학한다. 대학은 4개 학과로 나뉘어져있고 수강생 본인이 (전공을) 선택한다. 의과(醫科)에서는 주로 질병 치료 방법을 가르치고, 치과(治科)에서는 주로 정치 관련 일을 익히며, 교과(敎科)에서는 주로 가르치는 방법을 배우고, 도과(道科)에서는 주로 교화(敎化)를 창성케 하는 법을 가르친다. 모두 여러 해를 배운 뒤에야 학업을 마칠 수 있다. ……"

유럽은 나라를 나누어 기록했고 내용도 매우 상세하다. 예를 들어 〈스페인〉장(章)에서는 유명한 신학자와 국왕들이 기술되어있고 세비야(Sevilla)[34], 톨레도(Toledo)와 같은 유명한 성(城)을 모두 자세히 소개하고 있다. 톨레도 성의 물을 운반하는 기계, 대성당, 성당 안의 파이프 오르간(編簫라 적혀있음) 등에 대해서도 상세히 서술하지 않은 것이 없다.

포르투갈은 스페인 뒤에 붙어있는데, 특별히 에보라(Évora) 및 쿠임브라(Coimbra) 두 대학(共學)을 소개하고 있다.

이탈리아는 알레니의 고향이기에 그 서술이 더욱 상세하다. 성 베드로 성당(San Pietro Basilica) · 로마교황청 · 로레토(Loreto) · 베네치아(Venezia) · 나폴리(Napoli) · 카시노(Cassino) · 볼로냐(Bologna) · 파도바(Padova) · 파르마(Parma) · 밀라노(Milano) · 제노바(Genova) · 피렌체(Firenze) · 시칠리아(Sicilia) · 사르데냐(Sardegna)[35] · 코르시카(Corsica) 등지의 명승고적 중 언급되지 않은 것이 없다. 예컨대 피사의 사탑에 대해서는 다음과 같이 적고 있다.

"옛날 (그곳에) 기이한 일을 서로 경쟁하는 2명의 전문가가 있었다. 1명은 모가 난 탑을 만들었는데, 구름 위로 높이 솟아오른 자신의 탑보다

....

34) 세비야(Sevilla): 현 스페인 남부 안달루시아 자치주 주도로 오랜 역사를 지닌 내륙항이다. 마젤란과 남미대륙 '발견자'인 베스푸치(Vespucci)가 여기서 출항한 이래 '신대륙'으로의 출발지, 식민지 무역의 독점지로 크게 번성하였다. 세비야 대성당(15세기), 히랄다(Giralda)탑, 과달키비르(Guadalquivir)강가의 '황금의 탑'(13세기), 알카사르(Alcázar)왕궁 등 많은 문화유산이 남아있다.(《해양실크로드 사전》, 182-183쪽)

35) 원서에서는 로레토를 Lorreto, 카시노를 Aquino, 파도바를 Padua, 파르마를 Palma, 제노바를 Genoa, 피렌체를 Fiorentina, 사르데냐를 Sardinia로 표기하고 있으나 한국 독자에게 익숙한 표기로 바꾸었다.

더 높게 만들 수 없을 것이라 여겼다. 다른 1명도 탑 하나를 세웠는데, 앞의 탑과 높이가 비슷하였다. 다만 모가 난 탑은 곧게 쌓아올린데 비하여, 나머지 한 탑은 비스듬히 한쪽으로 치우쳐서 마치 기운 듯했다. 그런데 지금 수백 년이 지났음에도 비스듬히 기운 탑은 아직 무너지지 않았지만, 곧게 쌓아올린 탑은 도리어 무너지고 말았다."

〈이탈리아〉 한 장의 내용이 총 1,933자에 달하니, 그 당시로서는 매우 상세하였다고 할 수 있다.

권4의 〈아메리카 총설〉장에서는 신대륙을 발견한 콜럼버스에 대해 이미 기록하고 있는데, 그를 '각룡(閣龍)'(Christophorus Columbus)이라 부르고 있다. 이상 서술한 바는 독자들에게 《직방외기》의 일부를 대략 엿보게 한 것뿐이다.

알레니는 또 《서방답문》을 저술하였는데, 진강(晉江)의 장덕경(蔣德璟)[36]이 교열하고 초천(樵川)의 미가수(米嘉穗)가 서문을 썼다. 숭정 10년(1637)에 판각되었고 전 2권이다. 상권에는 〈국토〉·〈노정(路程)〉·〈해박(海舶)〉·〈해험(海險)〉·〈해기(海奇)〉·〈등륙(登陸)〉·〈토산(土産)〉·〈제조(製造)〉·〈국왕〉·〈서학(西學)〉·〈관직〉·〈복식〉·〈풍속〉·〈오륜(五倫)〉·〈법도(法度)〉·〈알궤(謁餽)〉·〈교역〉·〈음식〉·〈의약(醫藥)〉·〈인정(人情)〉·〈제원(濟院)〉·〈궁실(宮室)〉·〈성지(城池)〉·〈병비(兵備)〉·〈혼배(婚配)〉·〈속현(續絃: 後妻를 맞이함 – 역자)〉·〈수정(守貞)〉·〈장례〉·〈상복(喪服)〉·〈송장(送葬)〉·〈제조(祭祖)〉를, 하권에서는 〈지도〉·〈역법〉·〈교식(交蝕)〉·〈열수(列宿)〉·〈연월(年月)〉·〈세수(歲首)〉·〈연호

---

36) 장덕경(蔣德璟, 1593-1646): 복건성 진강 사람으로 자는 중보(中葆), 호는 팔공(八公)이다. 숭정 말년에 예부상서와 호부상서 등을 지냈다. 저서로 《경일당집(敬日堂集)》 10권 등 다수가 있다.

(年號)〉·〈서사(西土)〉·〈감여(堪輿: 즉 風水 -역자)〉·〈술수(術數)〉·〈풍감
(風鑑: 용모와 풍채로써 사람의 성질을 판단함 - 역자)〉·〈택일(擇日)〉에 대해
서술하고 있다.

　숭정 신사년(1641)에 쓴 미가수의 서문은 나중에 보충된 것 같다. 강희
7년(1668) 11월 23일 불리오(Buglio)·마갈렌스(Magalhaens)·페르비스
트 세 사람은 서양의 풍토와 나라의 풍속에 대한 강희제의 물음에 답하
기 위해《서방답문》을 발췌하여《어람서방요기(御覽西方要紀)》를 편찬
하였다. 이 책이 매우 넓게 유포됨으로써 후대 사람 대부분《서방요기》
란 책은 알지만《서방답문》이란 책이 있음은 알지 못했다.

제7절 《직방외기》에 기술된 해양선박과 바닷길

　명·청시기 중서교통사를 연구하려면 당시의 해양선박과 바닷길을 알
지 못하면 안 된다. 마침 알레니의《직방외기》권5에 이에 관한 두 장(章)
이 있어서 여기에 옮겨 적는다.

(1) 〈해양선박(海舶)〉: "해양선박의 종류는 백가지가 넘지만 대략 3가지
등급으로 나눌 수 있다. 작은 것은 겨우 수십 명을 태울 수 있는데, 소
식을 전하는 데만 이용하고 짐은 싣지 않는다. 그 배 안을 비워놓고 위
에서 아래까지 구멍 하나만 남겨둔 채 사방 둘레 물 한 방울 새지 않게
만든다. 배 밑에 돌을 채워서 배의 무게 중심이 항상 아래로 향하게 한
다. 바람과 큰 파도를 만나면 물에 익숙하지 않은 사람들 모두 배 안에
들어가게 하고 그 구멍을 막은 다음 다시 방수액을 발라서 물이 들어가
지 않게 한다. 그리고 배를 조종하는 이는 돛대에 몸을 묶고 물결가는

대로 정처 없이 떠돌아다닌다. 그 배는 안이 비어있어서 가라앉지 않고 배 밑바닥을 돌로 눌러 두었기에 뒤집어지지도 않는다. 파도가 잠잠해지기를 기다려 뱃사람이 스스로 묶었던 것을 풀고 배를 다시 운항하면, 잘못될 일이 전혀 없고 하루에 천리를 갈 수 있다."

"중간 크기의 것은 수백 명을 태울 수 있는데, 인도양에서 광동에 이르는 뱃길에 이 배를 이용한다."

"가장 큰 배는 위아래 8층이고 맨 아래층은 모래와 돌 천여 석(石)으로 채운다. 배가 기울어지거나 흔들리지 않는 것은 모두 이 모래와 돌 덕분이다. 2층과 3층에는 화물과 음식물을 싣는다. 바다 한가운데서 가장 구하기 힘든 것이 물이다. 그래서 반드시 천여 통의 식수를 미리 준비하는데, 천명이 1년 동안 쓰기에 충분하다. 다른 것들도 모자람 없이 꼭 맞게 준비한다. 그 위 갑판에 가까운 한 층은 배 안의 중인과 하인들이 생활하며 때로는 세밀하고 휴대하기 편한 귀중품과 요긴한 물건을 적재하기도 한다. 갑판 바깥층의 100보(步) 가량 되는 빈 공간은 돛을 올리고 무예를 익히며 놀거나 연극하는 장소로 쓰인다. 배의 앞뒤에는 4층 집을 지어 높은 이들이 기거하는 곳으로 쓴다. 가운데에 통로를 두어 뱃머리에서 꼬리까지 사람이 다닐 수 있게 해 놓았다. 배꼬리에는 또 더위를 피해 서늘함을 느낄 수 있는 수각(水閣)을 세워 높은 이들이 놀면서 쉬도록 하였다."

"배의 양쪽에는 대포 수십 문을 탑재해 뜻하지 않은 사태에 대비하였다. 그 포탄 가운데 무게가 30여 근인 것도 있다. 그리고 위아래와 앞뒤에 돛 10여 개가 있으니, 돛대 중 큰 것은 길이가 14장(丈)이고 돛의 폭은 8장이나 된다. 배에는 사공[水手] 2, 3백 명과 포를 쏘는 장졸(將卒) 3, 4백 명, 그리고 장사꾼[客商] 수백 명이 탄다. 배마다 총관(總管) 1명이 있는데, 서양나라의 지위가 높은 관리이다. 그는 국왕의 명에 따라 배 안에서 일어나는 모든 일을 책임지며 상벌과 생사여탈 권한을 갖고 있다. 또 박사(舶師) 3명과 역사(曆師) 2명이 있는데, 박사는 바람을 살피고 돛을 부리는 일을 맡으며 배 안의 기물을 정리하고 일꾼을 장악하여 일을 시킨다. 그리고 수심이 얕은 곳과 암초를 찾아내어 피해 나갈 길을 정한다. 역사는 오직 천문을 살피는 일을 맡는다. 낮에는 태양을, 밤에는 별을 관측하고 해도(海圖)를 이용하여 배가 있는 곳의 도수를 파악한다. 그리하여 뱃길이 험난할 것인지 편안할 것인지를 식별하고 항해할 거리를 알아낸다. 또 의사가 있어 배 안의 질병을 주관하며 시장이 있어 음식물을 사고판다."

"큰 배는 풍랑을 두려워하지 않지만, 유독 암초와 수심 얕은 곳에 쌓여 있는 모래를 두려워한다. 또 불을 두려워하여 배 위에서 불을 매우 엄격하게 통제하는데, 천여 명의 목숨이 달려있기 때문이다. 그러나 항해를 시작할 때 바람을 기다리지 때와 날짜를 가리지는 않는데, 지금까지 크게 잘못된 적이 없다."

(2) 〈바닷길[海道]〉: "우리는 유럽 각국에서 출발하여 (사는 곳의) 멀고 가까움이 다르고 (오는 방식도) 육로와 해로가 서로 달랐지만, 대부분 (출발한지) 1년 내 바닷가에 있는 포르투갈의 리스본(포르투갈어로 Lisboa)에 모두 모여 서양 상관(商官)에서 운영하는 배를 기다렸다. 이듬해 봄 출항하여 큰 바다로 접어든 다음, 카나리아섬 북쪽에서 북위 23.5도에 위치한 북회귀선을 지났다. 적도를 지나 계속 남쪽으로 갔는데, 이곳에서는 북극(성)이 이미 보이지 않고 남극과의 위도가 점차 높아졌다. 이어서 남위 23.5도에 위치한 남회귀선을 지나고 희망봉을 넘어서 남위 30여 도에 이르렀다. 다시 남회귀선을 거꾸로 거슬러 올라가 모잠비크와 마다가스카르섬 사이의 해협을 지났다. 다시 적도를 넘고 인도양을 건너 북위 16도에 위치한 남인도의 고아(Goa)성에 이르렀다. 순풍과 역풍이 불었지만 대략 1년 내에 인도양에 이를 수 있었다. 이곳에 도착하니 바다 가운데 섬들이 많고 길이 험하고 좁아서 항해하기가 어려웠다. 이에 중간 크기의 배로 바꿔 타고 역시 봄철에 출발하였다. 실론에 이르러 벵골만을 건너고 수마트라섬과 말라카 사이를 통과하여 다시 싱가포르해협을 거쳐 북쪽을 향했다. 그리고 타이와 참파의 경계를 지나 출발한지 3년 만에 중국 영남(嶺南)에 위치한 광주부(廣州府)에 닿았다. 이것이 서쪽에서부터 중국까지 온 길이다."

"만약 동쪽 방향에서 (중국으로) 온다면, 먼저 스페인에 면한 지중해로부터 지브롤터해협을 지나 아메리카대륙으로 건너간다. 여기서 중국으로 가는 길은 2가지가 있다. 하나는 마젤란해협을 거쳐 태평양으로 나가는 길이고, 다른 하나는 스페인령에 타고 온 배를 두고 육로를 따라 페루 앞바다로 나와서 몰루카제도와 필리핀 등을 지나 남중국해[大明海]를 거쳐 광주에 도착하는 길이다. 그런데 우리는 모두 서쪽 방향에서 왔지 동쪽 방향에서 오는 길을 거치지 않았다. 서쪽에서 오는 길은 거리가 9만 리이다."

"밤낮을 쉬지 않고 항해하면서 기억나는 섬[山島]이 있으면 그 섬에 의지하여 방향을 잡아서 가지만, 큰 바다에 이르면 보통 아무리 가도 그런 섬이 전혀 없다. 이럴 때는 나침반을 이용해 방향을 찾는다. 그 방법은 오로지 해도(海圖)상에서 도수를 헤아려보는 것뿐인데, 이렇게 하면 배가 어느 곳에 이르렀는지 어떤 곳과 얼마나 떨어져 있는지 바로 알 수 있다. 그 정확하기가 제 손금을 보듯 해서 거의 틀리지 않는다."

나는 이전에 명·청시기 중국에 온 서양 선교사의 다재다능함에 자못 놀라움을 표했지만, 그들이 이처럼 박학한 이유는 알지 못했다. 나중에 몇 권의 여행기를 읽고 나서야 천문·측량·제포(製砲)·의료(醫療) 등 거의 모든 것을 (중국으로 오는) 배 안에서 익혔다는 사실을 알게 되었다. 피스터(Pfister)가 쓴 〈아담 샬 전〉에는 "테렌츠·자코모 로(Giacomo Rho)·키르빗처(Kirwitzer) 및 아담 샬 네 사람은 배 안에서 별·유성·풍향과 자침 이동 등을 관찰하는 작업을 매우 열심히 하였다. 네 사람은 또 때때로 항해 중의 위치 및 배위에서 보이는 해안과 섬의 위치를 측량하였고 이를 연구하여 얻은 바를 유럽 학술계에 보고했다"고 적혀있다.

제8절 롱고바르디(Longobardi)의 《지진해(地震解)》편저(編著)와 그 내용

이 책은 롱고바르디가 저술한 것으로 기록되어있다. 천계 6년(1626) 처음 판각하였고 강희 18년(1679)에 다시 판각하였다. 문답체로 되어있으며 책머리에 다음과 같이 적혀있다.

"나는 갑자(甲子) 곡우(穀雨)일에 이숭육(李崧毓)선생을 만났는데, 자리에 앉은 다음 나를 칭찬하며 이렇게 말했다. '그대의 학문으로 계산한 2월의 월식은 시각과 분초의 차이가 없었으니 진실로 천문 추산의 기이함을 얻은 것이다. 그 전승 비결에 분명 지극히 오묘한 이치가 있다고 생각한다. 가령 갑자기 지진이 일어나면 우리는 그 원인을 알지 못해 놀라 두려워하지 않을 수 없다. 그대의 학문은 사물의 이치를 연구함에 이미 정통하여 그렇게 된 까닭을 사세히 살펴서 힐 말이 분명 있을 것이다. 숨기지 말고 공개하여 나에게 말해주길 바란다.'"

갑자는 천계 4년(1634)이다. 롱고바르디는 이숭육의 요청을 받아들여 9가지로 나누어 답하였다.

(1) 지진의 원인	(2) 지진의 종류	(3) 지진의 발생 지점
(4) 지진의 소리	(5) 지진의 규모	(6) 지진의 발생 시점
(7) 지진의 지속 시간	(8) 지진의 예상 징후	(9) 지진의 여러 현상

책 내용 중에는 오늘날의 지진학과 부합되지 않는 것도 많지만, 마갈렌스의 말에 따르면 이 책은 당시 중국학자들에게 매우 중시되었다고 한다. 책 끝에 "병인일 북경 변두리에서 큰 지진이 발생하였는데, 어떤 사람이 찾아와 물어서 이태재(李太宰)선생에게 알려 준 바를 말해주었더

니 이를 판각하여 널리 보급하고자 하였다"고 적혀있다. 즉 천계 4년 이 승육선생이 지진 때문에 롱고바르디에게 가르침을 구하였고, 천계 6년 북경 부근에서 지진이 또 일어나자 사람들이 다시 롱고바르디에게 물어서 비로소 이 책을 발간하게 된 것이었다.

제9절 투데스키니(Tudeschini)의 《도해고적(渡海苦跡)》에 기록된 항해 상황

이상 각 절에서 서술한 바는 대략 연대순으로 살펴본 것이다. 마테오 리치가 가장 먼저 중국에 와서 만력 11년(1583) 조경에 이르렀고, 그 다음 벤투 고에스가 만력 33년(1605) 하미로부터 숙주에 이르렀다. 장섭의 《동서양고》는 만력 46년(1618) 완성되었고, 알레니의 《직방외기》는 천계 3년(1623)에 만들어졌다.

숭정 4년(1631) 중국에 온 아우구스티누스 투데스키니(Augustinus Tudeschini, 杜奧定)는 《동래항해유기(東來航海遊記)》를 썼는데, 이를 스테파루스 파베르(Stepharus Faber: Le Fevre라고도 씀, 方德望)가 중국어로 번역[口譯]하고 왕징(王徵)이 받아 적어 《두오정선생동래도해고적(杜奧定先生東來渡海苦跡)》(줄여서 《도해고적》) 또는 《渡海苦績紀》라 부름) 이라 이름 붙였다. 이 글에는 중국으로 오는 항해 상황이 매우 상세하게 서술되어있다. 투데스키니의 자는 공개(公開)이고 이탈리아인이다. 1626 년(천계 6년) 28세 때 로마를 출발, 5년 후(1631) 중국에 도착하여 상해에서 중국어를 배우면서 선교하였다. 숭정 10년에서 12년(1637-1639)까지 산서성과 섬서성에서 선교한 다음 복건성으로 옮겨갔다. 16년(1643) 봄

지방관이 그를 국경 밖으로 내쫓아 마카오로 가게 하였는데, 바다로 나가자마자 도적을 만나 위급한 상황에서 물속에 뛰어들었다가 마침내 익사하고 말았다. 복주에서 장례를 치렀다.[37] 《도해고적》은 파리 국립도서관에서 소장하고 있는 것이 유일본인 듯하다. 따라서 국내에서는 이를 쉽게 볼 수 없을 것이라 생각해 그 원문을 여기에 옮겨 적는다.[38]

"투데스키니선생은 먼 서쪽에 있는 유럽 대륙의 이탈리아 사람이다. 세례명은 아우구스티누스이고 도호(道號)는 공개(公開)이다. 예수회 수도사가 되었는데, 예수회 대회장(大會長)의 추천으로 사제(Sacerdos)의 임무를 부여받고 예수회 동료 요셉[若瑟] 서북앙(西北盎) 등 6명과 함께 교황의 명을 받들어 우리 중국[東土]에 와서 천주교의 가르침을 밝히고 전하였다. 선생은 친히 교황의 훈시를 듣는 특별한 예우와 간택을 받고 무리를 이끌고 온 분이다. 예수[天主] 탄생 1626년 9월 로마에서 출발하여 배를 탔는데, 배 안에는 예수회 사람 35명과 천주교 신자 총 600여 명이 있었다. 항해 도중 여러 차례 풍랑을 만나 말로 다 할 수 없을 만큼 고생하였으니, 그 중에서 가장 고난이 심했던 것만 기술하면 아래와 같다.
희망봉을 지날 무렵 큰 폭풍우가 이틀 밤낮 몰아쳐서 어디를 항해하고 있는지 알 수가 없었다. 맹렬한 역풍이 최고로 심하게 불면서 돛이 모두 떨어져 나가고 돛대 기둥 3개만 남자 선원들 모두 틀림없이 죽을 것이라

....

37) 중국 천주교 측의 설명에 따르면 당시 복주지부(知府)가 천주교 신자인 그의 질녀를 첩으로 삼고자 했으나 거절당하자 마침 그곳에 도착한 투데스키니를 모욕하고 구타하여 복수하였는데, 얼마 후 지부가 투데스키니에게 자신의 질녀문제를 해결하기 위해 마카오로 가도록 명령한 다음 사람을 시켜 그가 탄 배를 습격하여 불을 질렀고 이에 바다에 뛰어든 투데스키니가 소용돌이에 빠져 죽었다고 한다.(武德龍, 〈杜奧定先生東來渡海苦跡〉, 《新德報》 39期, 2012.11)
38) 원서에는 단락이 전혀 나누어져있지 않으나 역자가 문맥을 봐서 적당히 단락을 나누었다.

고 말했다. 그 순간 돛대 기둥 꼭대기가 갑자기 불덩어리에 둘러싸였는
데, 붉은색이 아니라 유황이 타는 것 같은 남색 불이 왼쪽에 있다 오른쪽
에 있다, 멀리 있다 가까이 있다 하는 것이 지팡이를 들고 왔다 갔다
하면서 몰아내는 모양 같더니, 마침내 바람이 그치고 배가 비로소 바르
게 뜰 수 있었다. 선장 등은 놀랍고도 기뻐서 크게 소리치며 '이것은 천주
께서 우리 배의 사람들을 구원해준 것이다'고 말하고는 배 안의 사람들에
게 모두 무릎을 꿇고 《성경》을 외워서 큰 은혜에 감사하게 했다. 그리고
여기서부터 곧장 인도양에 이르면 더 이상 두려워할 만한 위험은 없을
것이라고 말했다.

바다를 건너 약망득나모(若望得那模)섬(내용상 현재의 마다가스카르 혹은
그 주변의 섬으로 추정됨 - 역자) 근처에 이르렀을 때 뜻밖에 마치 천군만마
가 달리는 것 같은 빠르고 맹렬한 해류를 만났다. 그 때 마침 엄청난
폭풍이 반대편에서 불어와 이 둘이 서로 충돌하여 다투는 와중에 배가
그 속에서 9일 동안 물러나지도 나아가지도 못하였다. 밤에는 달이 없고
낮에는 구름이 짙어 어두움이 심하였다. 마지막 날 밤 대략 3경 무렵
갑자기 벼락 치는 듯한 소리를 듣고 어디서 나는 것인지 알 수 없어 놀라
고 두려워하던 중 잠시 후 다시 진동하는 소리를 듣고서야 비로소 배가
암초에 부딪힌 것을 알았다. 이 소리가 났을 때 배는 이미 파손되어있었
다. 대개 큰 배에는 물을 구하고 물건을 사는데 사용하는 작은 배 1척이
반드시 있었다. 큰 배가 이미 파손되었기에 많은 사람들이 급히 작은
배를 타고 바다에 들어가 큰 배를 구하려고 하였다. 순식간에 익사한
사람이 수십 명이나 되었으나 어두운 밤이라 구조할 수가 없었다. 선장
은 사람들에게 재물·옷·식량 등을 챙기지 말고 각자 급히 목숨을 부지
할 방법을 찾으라고 외쳤다. 보통 큰 파도가 덮치면 무거운 배의 긴 돛대
가 항상 부러지는데, 하물며 대포 12문이 배 양쪽에 배열되어있어 그 무
게가 더욱 심하였다. 그래서 돛대 기둥을 자르고 대포와 일체의 식량
·물자를 버리고 나서야 더 가라앉는 것을 면할 수 있었다. 그러나 파손
된 곳을 통해 물이 배안으로 들어와 배가 이미 해안 쪽으로 기울어졌다.
사람들은 살기위해 바다로 뛰어들어 배 밖에 매달렸는데, 큰 파도가 칠

때마다 몇 사람씩 휩쓸려 나갔다. 이때 선생은 이처럼 급박한 어려움 속에서도 자신을 돌보지 않고 마음을 다해 천주께 죄를 용서하여 사람들의 영혼을 구원해주시라고 기도하였다.

날이 밝고 약망득나모섬이 수 십리 거리에 보이자 급히 작은 배 위의 사람에게 먼저 가서 살펴보도록 하니, 돌아와 사람이 살지 않는 섬이라고 보고하였다. 선생이 작은 배로 사람을 구조하게 하여 생존자들이 잇달아 섬에 이르렀으나, 선생은 긴 옷(長衣)도 걸치지 않은 채 프란시스코 성물(聖物) 1상자만 가슴에 품고 머물렀다. 작은 배가 사람들을 싣고 섬으로 갈 때 배 안의 무장(武將) 1명이 따라갔고, 선생은 크게 파손된 배 위에서 홀로 성물에 의지하여 몸을 보호하고 사람들을 구원하였다. 4일 동안 식량이 없어 배를 채우지 못했다. 이때 같은 배에 있던 사제 1명도 사람들을 위해 고해성사를 받아주고 있었는데, 자신은 병이 심해서 죽을 수도 있으니 선생에게 빨리 섬으로 건너가라고 울면서 권하였다. 선생도 울면서 '차라리 나 한사람 여기서 죽고 말지 사람들의 영혼을 구원받지 못하게 결코 내버려둘 수는 없다'고 말했다. 말이 끝나기도 전에 갑자기 산만한 큰 파도가 배를 향해 밀려오자, 선생이 급히 천주의 성스러운 이름을 외치며 성물로 그것을 가리키니 파도가 문득 비켜지나갔다.

4일 동안 작은 배는 무장에게 저지당해 구조하러 오지 못했다. 수영을 잘 하는 사람 1명이 배를 가지러 갔는데, 반리 정도를 헤엄쳐 가니 물이 얕아서 걸어갈 수가 있었다. 마침내 다시 수영 잘 하는 사람을 불러 30명과 함께 헤엄쳐서 가게 하였는데, 섬에 도착한 사람은 겨우 2명뿐이었다. 선생은 물에 빠져 죽은 사람들을 매우 애석해하면서 다시는 헤엄쳐 가지 못하게 막았다. 그리고는 문득 한 가지 방법을 떠올라 장인에게 큰 배의 돛대를 꺾고 여러 널빤지를 병렬하여 뗏목을 만들도록 하였다. 나무를 이용해 노를 저어가니 많은 사람들이 모두 섬에 도착할 수 있었다. 마지막 뗏목에 사람들이 선생을 안아 올려 태웠는데, 해안가에 이르자 건장하고 힘 있는 사람은 먼저 올라갔지만 선생은 며칠 동안 먹지를 못해 몸이 매우 약해져 해안에 올라갈 수 없었다. 결국 기어서 오르는데 파도가 점점 밀려와 해안이 잠기면서 물속의 칼처럼 생긴 돌에 발바닥을 찔려 상처를 입고 피를 흘리게 되었다. 발의 통증 때문에 팔 힘에 의지하여 무릎으로 기어갈 수밖에 없었다. 섬까지는 아직 멀었는데 파도가 더욱 높아져서 점차 가슴까지 차오르자, 선생은 성 프란시스코를 부르며 '지난 며칠 동안 무수한 사람을 구한 당신께서 지금 지척에 있는 저를 구원하지 않으십니까?라고 소리쳤다. 외침이 끝났을 때 갑자기 작은 배가 이르러 마침내 배를 타고 섬에 도착하였다. 선생이 도착하자 사람들은 마치 아버지가 살아온 것처럼 기뻐하였다. 무장도 위문하러 왔으나, 선생은 정색하며 왜 사람을 구하러 작은 배를 보내지 않았느냐고 그를 꾸짖었다. 배가 파손되었을 때 300명이 남아있었지만, 섬에 도착한 생존자를 세어보니 230여 명이었다. 만약 선생이 아니었다면 모두 고래 배속에 들어가 있었을 것이다.

이 섬에 2개월 동안 머물렀는데, 그 폭이 60리에 달할 정도로 넓었다. 나무가 무성하고 풀이 빽빽하였으며 온갖 새가 모여 살고 있었다. 그 중에는 큰 것 작은 것 날아다니는 것 땅에 서식하는 것, 빨강·검정·노랑·하양 등 서로 다른 색깔에 다양한 종류의 기이한 것들이 있었다. 가장 큰 새는 야마(野馬)라 불렀다. 그 비대함은 소 같고 알의 생김새는 거위 알과 비슷하나 크기는 10배가 넘었다. 알은 허기를 채우기에 충분한 양이지만, 그 껍데기가 돌처럼 단단하고 두께가 반분(半分)이나 되었으며 상아색에 작은 점들이 있었다. 선생이 하나를 가져와 보여주었는데 정말 기이한 물건이었다. 그 섬에는 인적도 집도 샘도 없고 불 때는 연기도 전혀 나지 않았다. 당시 사람들은 옷과 식량이 부족하여 함께 여러 새를 잡아서 그 깃털로 옷을 만들고 그 가죽으로 신발을 만들었으며 그 알을 식량으로 사용하였다. 그러나 불이 없어 고민하던 중 선생이 시키는 대로 두 나무를 서로 마찰시켜 불을 피웠다. 해수는 염분이 많아 마실 수가 없었다. 선생이 천주와 성모에게 기도하고 나서 칼로 작은 우물 하나를 파니 갑자기 물이 솟아나왔다. 마실 수 있는 감미로운 물이어서 사람들이 성모천(聖母泉)이라고 불렀다.

선생은 섬에서 머무른 지 7일째 되는 날, 무장과 동료 중 몇 명에게 작은 배를 타고 흑인국(黑人國) 모잠비크부(府)에 가서 구조선을 데리고 오도록 시켰다. 그곳에 먼저 출발한 예수회 선교사 진탁피지고(振鐸彼地故)가 있었기 때문이다. 이틀 반 만에 작은 배가 부에 도착하자마자 큰 바람이 불었으니, 만약 조금이라도 먼저 불었다면 작은 배가 어찌 그 해안에 이를 수 있었겠는가? 작은 배가 모잠비크에 도착하고 나서 선교사들은 선생이 여러 사람과 함께 섬에서 곤란을 겪고 있음을 알고 즉시 큰 배를 구해서 구조하러 가려고 했다. 하지만 배가 해안에서 막 출발하려 할 때 무슨 영문인지 배가 저절로 부쉬져버렸다. 섬에서는 매일같이 (구조대를) 기다리다 오지 않자 나무를 베어 배 하나를 자체 제작하여 9명을 모잠비크부에 구조 요청하러 보냈는데, 6명은 굶어 죽고 겨우 3사람만 해안에 도착할 수 있었다. 흑인이 그들을 잡아서 국왕에게 보이니, 국왕은 그들이 서양에서 온 사람이라는 것을 알고 선교사가 있는 곳에 보내 보고하게 하였다. 그리하여 재차 큰 배를 보내어 맞이하러 가게 하였다. 선생은 매일 구조선을 기다렸으나 오랫동안 이르지 않자 장인에게 나무를 베어 십자가 한 틀을 만들게 했다. 거기에다 곤란에 처한 전후 사정을 새겨 기록하고 그것을 세운 후, 매일 예수회 사람들과 그 아래에서 천주에게 기도하고 예배하길 마치 생명을 바치려하는 것 같았다.

섬은 매우 외떨어진 곳에 있었으나 옷이나 식량을 충분히 갖출 수 있었다. 또 물고기가 많았으며 어떤 것은 꼬리 무게만 5-7근이나 되고 맛도 매우 좋았다. 당시 낮에는 더웠지만 밤이 되면 추위가 심해져 가늘고 긴 풀을 잘라 말려서 이불로 삼았다. 그래서 사람들은 도리어 이 섬을 편안한 낙원이라 여기고 떠나길 원치 않았다. 그 때 땔감이 부족하였는데, 어떤 사람이 먼저 물고기를 잡으러 가려 하자, 선생이 먼저 땔나무를 가지고 와야 천주께서 물고기를 하사하실 것이라고 하셨다. 그 사람이 말씀에 따라 가서 땔감을 채취하고 그것을 묶어 오려 할 때, 우연히 큰부리까마귀가 날아가다 약 2척이 넘는 물고기 1마리를 어깨 위에 떨어뜨렸다. 그 사람은 매우 놀라고 기뻐서 성스러운 기적을 칭송하였다. 멀리 떨어진 외진 땅에서 살아남을 수 있었던 것은 전부 이처럼 천주의 은혜를 입은 선생이 성실하게 신도들을 도왔기 때문이었다.

한참이 지나 큰 배가 맞이하러 오자, 선생은 비로소 동료들과 배에 올라

모잠비크부로 가서 선교사들과 만나 대화를 나누었다. 부 내에는 천주교 신자가 많아 선생을 존경하고 따르면서 기이한 물건을 매우 많이 증여하였는데, 그 중에는 무게가 11근이나 되는 기린의 뿔도 있었다. 또 지금 개봉에서 선생이 사용하고 있는 기린 뿔로 만든 잔 하나도 있었다. 기린의 발, 기린의 이빨 및 길이 8촌이 넘는 물고기 이빨 등을 이곳에서 보았다. 그 곳에 있는 노랭좌(勞冷佐)섬은 아주 크고 산수가 매우 기이하였다. 그 섬의 국왕은 30세에 즉위했는데 곧 160세가 된다고 하였다. 선생이 도착했다는 소식을 듣고 매우 기뻐하면서 선생에게 그 섬에 오기를 청하였다. 친히 교리를 익히고 그 왕후와 아들과 함께 모두 입교하였다. 선생을 오래 머무르게 하고자 선생에게 직접 땅을 고르라고 하였다. 나라 안에 작은 산이 하나 있는데, 그 산 위는 매우 넓고 평평하며 궁실을 굽어볼 수 있었다. 수도가 눈 아래 펼쳐져있고 주변이 모두 연못과 물이 흐르는 가장 기이한 곳이었다. 그 위에 큰 천주당을 세우고 선생이 미사보는 장소로 삼았다. 돌이켜보면 이후 선생의 여정이 급해져 결국 어떻게 될지 (당시에는) 알지 못했던 것 같다.

부(府)에서 1년을 머문 다음 비로소 배를 띄워 2개월 동안 항해하여 인도양에 이르렀다. 인도양에서 8개월을 지낸 후 배를 타고 동쪽으로 왔는데, 다시 2개월을 항해하고 나서 광동성 마카오에 도착했다. 처음 출발 한지 6년 만에 온갖 고난을 겪고 이 땅에 이르렀는데, 만약 천주께서 불쌍히 여기고 구원해주지 않았다면 결코 오지 못했을 것이다. 하지만 선생이 순수한 마음으로 하늘을 섬기고 돈독한 뜻으로 사람을 사랑하고 한마음으로 천주를 받들어 온갖 고난을 불사하지 않았다면, 또한 어찌 목숨이 매우 위태로운 상황에서 여러 번 천주의 은혜를 입고 기적이 이처럼 갑자기 나타날 수 있었겠는가? 그 행적은 매우 기이하지만 모두 고난에 관한 내용이기에 통틀어 기록하여 《도해고적》이라 이름 붙였다. 아아! 선생은 결혼도 하지 않고 관직에도 나아가지 않았으며 명예를 추구하지도 이익을 탐하지도 않은 사람이었다. 하늘을 공경하고 사람을 사랑하는 일념으로 9만 리를 멀다 않고 우리 중국[東土]을 보살피기 위해 온갖 위험을 다 겪으면서 일찍이 조금도 물러서지 않으셨다. 하지만 우리들은

어리석어 찰랑거리는 강 하나를 사이에 두고 백리도 안 되는 가까운 거
리를 나아가길 두려워하여 빛나는 덕의 가르침을 직접 받을 수가 없었으
니 진실로 가소롭고 부끄러울 뿐이다! 이에 붓을 잡고 그 전말을 서술함
으로써 내 자신을 비추어 보고 나의 동지들에게도 알리고자 한다. 숭정
10년 겨울 요일자(了一子: 王徵의 호 - 역자)가 적다."

제10절 서하객(徐霞客)과 서양 선교사와의 관계 탐색

이 절은 민국 30년(1941) 절강대학(浙江大學) 문과연구소(文科研究所)
사지학부(史地學部)가 개최한 서하객선생 서거 300주년 기념회의에서 내
가 강연한 내용인데, 같은 제목으로 다음해 절강대학에서 출판한 기념
간행물에 실렸다. 민국 33년 내가 저술한 《중외문화교통사논총(中外文化
交通史論叢)》에 수록하였고, 민국 37년 이를 수정한 후 《방호문록(方豪文
錄)》에 수록하였다.

서하객의 이름은 굉조(宏祖)이며 자는 진지(振之)이고 또 다른 호는
하일(霞逸)이다. 저서 《서하객유기(徐霞客遊記)》에는 과학사상이 많이
들어있다. 만력 14년(1586) 태어나 숭정 14년(1641)에 사망하였다. 서광
계보다 24년, 이지조보다 겨우 21년 늦게 태어났다. 사망은 서광계보다
8년, 이지조보다 12년 늦지만 사실 모두 동시대 사람이라 할 수 있다.
서하객은 사상이 새롭고 해외의 일을 알기를 좋아해서 《서하객유기》 중
에는 일찍이 승려와 나눈 일본에 관한 대화도 기록되어있다. 또 미얀마
에 갈 계획을 하고 당시 전래된 서양의 천문과 지리 등 과학에 대해 언급
하려 했지만 일찍이 접촉한 적이 없어서 불가능하였다. 사실 《서하객유
기》를 살펴보면 분명하게 밝히고 있지 않지만 그와 서양인 간의 어떠한

왕래도 보이지 않는다.

　그러나 친구를 보면 또한 그 사람을 알 수 있는데, 정문강(丁文江)이 만든 연보에 따르면 서하객의 행적은 비록 넓었지만 사귄 사람은 많지 않았음이 드러난다. 나의 조사 결과 이들 몇 사람 중 천주교와 관련 있는 자는 장서도(張瑞圖)[39]·하교원(何喬遠)·증초경(曾楚卿)[40]·유리정(劉履 丁)[41]·정지현(鄭之玄)[42]·진계유(陳繼儒)·황경방(黃景昉)[43]·정만(鄭 鄤)[44]·장섭(張燮) 등 9명이다. 앞의 5명은 모두 선교사에게 시(詩)를 선물했던 사람들로 파리 국립도서관에 소장된《민중제공증시(閩中諸公贈 詩)》[45] 필사본에서 볼 수 있는데, '진강천학당집(晉江天學堂輯)'이라 서명 되어있다. 하교원은 또 일찍이 교우 장도와 손학시의 요청에 응하여 폭 사한 포르투갈 장수 코레아의 묘지명을 쓰기도 하였으니, 본편 4장 2절 에서 서술한 바 있다. 또한 진계유는 명말 저명한 교인인 양정균과 매우

．．．．．．．．．．．．．．．．．．．．．．．．．

39) 장서도(張瑞圖, 1570-1644): 복건성 진강(晉江) 사람으로 관직은 예부상서와 대학사 등을 역임했고 명대 4대 서예가이며 산수화에도 조예가 깊었다.
40) 증초경(曾楚卿, 생몰연도 미상): 복건성 보전(莆田) 사람으로 자는 원찬(元 贊)이고 관직은 숭정연간 예부상서에 이르렀다.
41) 유리정(劉履丁, 생몰연도 미상): 명말 청초 복건성 장포(漳浦) 사람으로 자는 어중(漁仲)이고 서화와 전각에 뛰어났다.
42) 정지현(鄭之玄, 생몰연도 미상): 명말 복건성 진강 사람으로 자는 대백(大白) 이고 저서에《정태사집(鄭太史集)》이 있다.
43) 황경방(黃景昉, 1596-1662): 복건성 진강 사람으로 명말 한림원 편수 등을 역임하였으며《희종실록(熹宗實錄)》찬수에 참여하였다.
44) 정만(鄭鄤, 1594-1639): 강소성 상주(常州) 사람으로 천계 2년(1622) 진사에 합격하였으나 환관을 탄핵하는 상소로 인해 벼슬하지 못했고 숭정 8년 (1635) 기용되었으나 모함을 받아 숭정 12년 능지처사 당하였다. 저서에《밀 양초당문집(密阳草堂文集)》등이 있다.
45) 정식명칭은《민중제공증태서제선생시초집(閩中諸公贈泰西諸先生詩初集)》이다.

사이가 좋았는데, 양정균이 일찍이 그를 천거하는 상소를 올리려 하였으나 진계유가 나아갈 뜻이 없음을 알고는 결국 강권하지 않았다. 그러자 진계유는 (양정균이) "진실로 자신을 알아주는" 사람이라고 말하였으니, 그가 지은 〈제양기원어사(祭楊淇園御史)〉라는 글에 보인다. 기원(淇園)은 양정균의 자이다. 진계유도 해외의 기이한 이야기를 좋아하였는데, 하교원은 《명산장(名山藏)》에서 남양과 마카오의 오랑캐에 관한 일을 매우 상세히 기록하였고, 진계유가 간행한 《보안당비급(寶顔堂祕笈)》에도 《해어(海語)》·《해사여록(海槎餘錄)》·《영애승람(瀛涯勝覽)》·《사이고(四夷考)》·《비왜도기(備倭圖記)》 등이 수록되어있다.

황경방은 일찍이 알레니의 《삼산논학기(三山論學記)》에 서문을 썼는데, "내가 교유한 사급(思及: 알레니의 자 – 역자)선생은 공손하고 성실하며 청렴하여 큰 선비의 풍격을 지닌 존중할 만한 인물이다"고 하였다. 정만은 일찍이 왕징이 저술한 《외천애인극론(畏天愛人極論)》에 서문을 섰고 평론과 지적도 하였다. 파리 국립도서관에 옛 필사본이 있다. 정만은 또 일찍이 왕징이 번역한 《원서기기도설록최(遠西奇器圖說錄最)》을 보았으니, 〈천산자서년보(天山自敍年譜)〉(《古學彙刊》 제1집)에 나온다. 그리고 만력 36년(1608) 정만이 상주(常州) 부학(府學)의 생원(生員) 빈자리를 채웠을 때 그의 종사(宗師)가 또한 양정균이었다.

장섭의 《동서양고》에 실린 교회에 관한 지식 역시 천주교 신자들로부터 얻은 것으로 보인다.

나는 강연의 결론에서 다음과 같이 말하였다.

"서하객의 일생은 서양과학의 영향을 받지 않을 수 없었던 듯하니, 당시 서양 선교사와 간접적으로 관계가 있었기 때문이다. 첫째, 많지 않은 벗들 중 9명이 선교사와 직접 관계가 있었다는 점이다. 둘째, 서하객이 복건에 들어갔을 때 천주교가 크게 유행했다는 점이다. 셋째, 선교사 알레니가 복건에서 일찍이 《직방외기》와 《서방답문》을 저술함으로써 지리학을 좋아하고 해외의 기이한 일을 듣기 좋아하는 서하객의 마음을 충분히 만족시켰을 것이라는 점이다. 넷째, 묘지명에 서하객이 참위(讖緯) 술수가(術數家)의 말을 좋아하지 않았다고 되어있는데, 그 때문에 쉽게 선교사와 접근할 수 있었다는 점이다. 다섯째, 서하객의 친구 중 해외에 대한 저술로 유명해진 사람이 꽤 많은데, 이들 모두 당시 해외에서 온 선교사들과 누구보다도 더욱 친하게 지냈다는 점이다. 이 5가지 단서를 통해 지금 우리가 얻은 초보적 연구 결론은 서하객과 서양 선교사의 관계가 비록 간접적일뿐이었지만 서양과학의 영향을 일찍이 받았음이 분명 믿을만하다는 점이다."

제11절 삼비아시(Sambiasi)와 보임(Boym) 등이 그린 지도

삼비아시 역시 《곤여전도(坤輿全圖)》를 만들었는데, 지금 바티칸도서관에 소장되어있으며 등록번호는 Barg. Cin. 529이다. 판각본의 커다란 지도로 크기가 1.11m × 0.76m이며 위쪽에 '지구는 본래 둥근 모양이라는 설명과 함께 작은 지도 3개가 첨부되어있다. 전체가 하나의 타원으로 된 큰 지도 우측에 아메리카가, 좌측에 아시아·유럽·아프리카가 그려져 있다. 또 이 도서관에는 알레니의 《만국전도(萬國全圖)》가 소장되어있으며 등록번호는 Barb. or. 151.1이다.

그 외 이 도서관에는 미하우 보임(Michał Boym)이 제작한 중국 지도가 있는데, "먼 서양의 예수회 선교사 보임이 만들었다"고 서명되어있으며 등록 번호는 Borg. Cin. 531이다. 사본(寫本)으로 첫 페이지는 전체 지도[總圖]이고 이어서 북경 및 15개 성의 지도가 각기 하나씩 있으며 마지막 페이지의 해남주부(海南州府) 지도를 포함해 총 18개의 지도로 구성되어있다. 지명은 한문으로 되어있고 라틴어 발음이 부기되어있다. 지도 좌우에는 해당 지역의 특산물과 제왕(帝王)·관리·병졸 등의 모습이 그려져 있고, 아울러 풍경·지리·학술·습속 및 진기한 동식물에 대한 설명이 모두 채색 그림과 함께 적혀있다.

파리 해군수도측량국(海軍水道測量局)에도 동일한 지도가 소장되어있다. 15, 18번째 지도를 예로 들어 그 내용을 간단히 살펴보면, 15번째 귀주성 지도에는 8부(府)·4주(州)·6현(縣)이 그려져 있고 오른쪽 위에 중국인이 모여서 식사하는 그림이, 오른쪽 아래에 무릎을 꿇고 공문(公文)을 올리는 그림이 있다.

18번째 해남도(海南島) 지도에는 1부·3주·10현 및 서·남·북쪽으로부터의 거리와 주민에 대한 라틴어 설명이 붙어있다. 왼쪽 위에는 연꽃·갈대·물억새가 그려져 있고, 오른쪽 아래에는 등에 흰색 십자가가 그려진 살아있는 게 1마리와 삶은 게 1마리가 있고 그 곁에 2개의 흰색 깃발이 각각 그려져 있다. 그리고 이들은 광동 부근의 중국해에서 잡히며, 이때가 영력 원년(1647) 즉 영력제의 태후와 생모, 황후와 태자가 세례를 받은 해라는 라틴어 설명이 적혀있다.

요안네스 로드리게스(Joannes B. Rodrigues)는 조선인 이영후(李榮後)에게 보낸 답장에서 만국도(萬國圖)는 "명나라를 중심으로 보기 편하게 제작한 것으로 지구의 어떤 나라도 중심이 되게 그릴 수 있습니다. 중국(인)은 이 지도와 서양인을 보고 나서 비로소 지구가 크고 많은 나라가 있음을 알게 되었습니다"고 언급하였다. 이 지도를 로드리게스가 직접 제작한 것인지는 알 수 없다. 본편 4장 6절을 참고하라.

제12절 그뤼버(Grueber)와 도르빌르(d'Orville)의 아시아 횡단 여행

동서 간의 교통을 위해 하나의 육로를 개척하는 것은 17세기의 절실한 요구였다. 해로는 사망률이 매우 높았고 시간이 오래 걸렸으며 우편물도 대부분 배달을 보증할 수가 없었다. 또한 17세기 중엽 이후로 신교를 믿는 네덜란드가 포르투갈과 적대하면서 천주교도 반대함으로써 네덜란드인이 해로 대부분을 방해하였다. 당시 '스페인 노선'이라 불린 마닐라로부터 아메리카에 이르는 비교적 안전한 다른 항로가 있었지만, 스페인과 포르투갈이 여전히 긴장상태에 놓여있어서 역시 꺼리지 않을 수 없었다. 그래서 당시 중국에서 서방으로 보내는 중요한 우편물은 모두 3부를 필사해서 서로 다른 배에 싣고 서로 다른 항로를 통해 보냈지만, 때에 따라 도착하지 못하는 경우가 있었다. 이 때문에 (중국) 교회에서 로마교황청에 1번 지시요청서를 보내면 종종 4년에서 6년이 지나야 비로소 답변을 얻을 수 있었다. 그 당시에도 네덜란드 선교사를 동쪽으로 파견하여 선교하고, 우편물도 네덜란드 선박에 실어서 바타비아를 거쳐 고향이나 로마에 보내자고 계획한 사람이 있었다.

하지만 모든 곤란함을 해소하기 위해서는 하나의 육로를 개척하는 것이 더 나았다. 예수회 총회장 고스빈 니켈(Goswin Nickel)은 1652년(명 영력 6년, 청 순치 9년)부터 1664년(강희 3년)까지 10여 년 동안 줄곧 이 문제를 해결하려 노력한 끝에, 독일 선교사 베르나르두스 디에스텔(Bernardus Diestel, 蘇納)과 요하네스 그뤼버(Johannes Grueber)[46]에게

----

46) 요하네스 그뤼버(Johannes Grueber, 白乃心, 1623-1680): 오스트리아 출신의

위임하여 이 어렵고 거대한 작업을 완성하였다. 디에스텔은 일찍이 육로로 인도에 간 적이 있었다. 두 사람은 먼저 페르시아로 가서 페르시아 및 아라비아 언어와 문자를 학습하고 아울러 중국으로 가는 정확한 노선을 탐방하였다.

두 사람의 여행기는 매우 정확하였다. 출발 장소는 메시나(Messina: 이탈리아 시칠리아섬 북동쪽에 있는 항구도시 - 역자)이고 1656년(명 영력 10년, 청 순치 13년) 5월 8일 서머나(Smyrna: 소아시아 서안에 있는 항구 도시 - 역자)에 도착하여 이후 팔레스타인 성지(聖地)를 가로질렀다. 이때 페르시아와 사마르칸트 사이에 전쟁이 발생하여 두 사람은 호르무즈섬을 지나 배를 타고 인도로 가서 1657년 4월 수라트(Surat: 인도 서부 구자라트 주 남동부의 항구 도시 - 역자)에 상륙해 10개월간 머물렀다. 네덜란드가 고아를 봉쇄했을 때여서 1658년 3월 이탈리아·포르투갈 선교사 각 2명과 함께 영국 배를 타고 마카오에 도착하니, 이때가 1658년 7월이었다.

이에 이르러 두 사람은 어쩔 수 없이 상반된 방향으로 사명을 완수할 수밖에 없었다. 두 사람은 먼저 화남(華南)에서 1년을 거주하다 순치 16년(1659) 8월 2일 북경에 도착했는데, 그뤼버는 화가의 신분으로 입궁하였고 디에스텔은 흠천감에 머무르다 오래지 않아 제남으로 이주하였다.

아담 샬은 일찍부터 두 사람의 원행(遠行)을 위해 여러 가지 준비를 하였지만, 불행히도 순치 17년 9월 13일 디에스텔이 제남에서 사망하여 출발 날짜가 지연되게 되었다. 이에 아담 샬은 그를 대신할 사람으로 알베르 도르빌르(Albert d'Orville)[47]를 선발하였다.

....

예수회 선교사로 수학에 특히 뛰어났다고 한다.
47) 알베르 도르빌르(Albert d'Orville, 吳爾鐸, 1621-1662): 벨기에 출신의 예수회 선교사로 1658년 마카오 도착하여 산서성과 섬서성에서 선교활동을 하였다.

순치 18년 4월 13일 그뤼버와 도르빌르는 로마교황청에 전달할 대량의 문서를 휴대하고 북경을 출발하였다. 두 사람은 감숙성 서녕(西寧)에서 티베트로 들어가는 노선을 선택하여 10월 8일 라사(Lasa)에 이르렀다. 다음해 1월 카트만두(Katmandu)를 거쳐 3월 아그라(Agra)⁴⁸⁾에 도착했는데, 4월 8일 도르빌르가 그 곳에서 병사하였다. 아그라의 선교사 하인리히 로스(Heinrich Roth)가 그를 대신하였다. 그 후 인더스강 입구의 타타(Tattah)를 지나 육로로 호르무즈에 도달한 뒤 메소포타미아를 통과하여 서머나에서 배를 타고 메시나에 이르렀다. 1664년(강희 3년) 2월 20일 그뤼버는 로마에 도착하였다. 전해지는 바로는 두 사람과 함께 로마에 왔다고 하는데, 한 사람은 마테오[瑪竇]라는 이름의 중국인이고 한 사람은 요셉[若瑟]이란 이름의 인도인으로 나이가 이미 85세였다고 한다.

키르허(Kircher)는 일찍이 그뤼버 등의 보고에 의거하여 그의 거저(鉅著)《중국도설(中國圖說)》(*China illustrata*)을 완성하였다.

그뤼버는 서녕과 네팔 사이에 선교의 거점을 만들 수 있다고 주장하였으나, 로마에서는 이에 대해 이의를 제기하는 사람이 매우 많았다. 1664년 3월 26일 교황청은 평의회를 개최하여 해로가 봉쇄된 곳을 제외하고는 육로를 채택해서는 안 된다고 결정하였다. 다만 두 탐험가가 원래의 길로 그들의 선교지역으로 돌아가는 것은 허락되었다.

....

순치 17년(1660) 북경에 와서 지리측량 훈련을 받았고, 18년 아담 샬의 명으로 그뤼버와 함께 유럽으로 가는 육로 탐색을 위해 파견되었다.
48) 아그라(Agra): 인도 로디 왕조(Lodi dynasty, 1451-1526)와 무굴제국의 수도. 인도 우타르프라데시주 서쪽 야무나강 유역에 자리한 도시로 북인도의 중심지 역할을 해왔다. 타지마할 능과 모티 마스지드(Moti Masjid), 그리고 서쪽 교외에 있는 궁전도시 파트푸르 시크리(Fathpur Sikri) 등 중세 인도를 대표하는 많은 문화유적이 남아있다.(《실크로드 사전》, 477쪽)

그 외 당시 러시아를 통과하는 길을 빌리고자 계획한 사람도 있었다. 독일 황제 레오폴트(Kaiser Leopold)[49]는 1664년 9월 두 선교사를 불러 상세히 자문을 구한 다음, 즉시 실행에 옮겨 두 사람에 대한 소개장을 써서 쿠를란트(Kurland: 현 라트비아의 서부와 남부 일대 - 역자)공작과 모스크바대공작에게 보냈다. 그러나 그뤼버와 로스가 쿠를란트에 도착했을 때 폴란드와 러시아 사이에 전쟁이 발생하여 더 나아갈 수가 없었다. 이에 다시 중유럽을 지나 1665년 10월 콘스탄티노플에 들어갔는데, 그뤼버가 병에 걸리고 말았다. 동행한 중국인은 결국 그 곳에서 사망하였으나 로스와 늙은 인도인은 원래 선교지역으로 돌아갈 수 있었다. 나중에 그뤼버는 헝가리에서 종군 선교사로 임명되었다.

....

49) 카이저 레오폴트(Kaiser Leopold, 1640-1705): 신성로마제국의 황제 레오폴트 1세를 말한다.

제7장
지리학(하)

제1절 페르비스트의 《곤여도설(坤輿圖說)》과 《곤여외기(坤輿外記)》

강희 13년(1674) 페르비스트가 제작한 《곤여전도(坤輿全圖)》가 간행되었는데, 두 개의 반구도(半球圖)였다. 파리 국립도서관과 상해 서가회(徐家匯)도서관 및 진고대학(津沽大學)[1]에 모두 소장본이 남아있다. 같은 해 페르비스트는 《곤여도설》 2권도 편찬하였다. 상권은 〈곤여도설〉·〈지체지환(地體之圜)〉·〈지구남북양극(地球南北兩極)〉·〈지진(地震)〉·〈산악(山岳)〉·〈해수의 움직임(海水之動)〉·〈바다의 조석(海之潮汐)〉·〈강하(江河)〉·〈천하의 유명 하천(天下名河)〉·〈공기의 흐름(氣行)〉·〈바람(風)〉·〈구름과 비(雲雨)〉·〈사원행의 순서 및 형태(四元行之序並其

---

1) 진고대학(津沽大學): 1921년 프랑스 예수회 선교사가 천진에 설립한 교회학교로 처음에는 천진공상대학(天津工商大學)이라 불렀다. 1933년 하북성사립(私立)천진공상학원(學院)으로 개명했다가 1948년 사립진고대학으로 다시 이름을 바꾸었다.

形)〉·〈인물(人物)〉로 나뉘어져 있다. 하권은 〈아시아주 및 각국 각도 분론[亞細亞州(원문에 州로 되어있음)及各國各島分論]〉·〈유럽주(歐邏巴州) 및 각국 각도 분론〉·〈아프리카주(利未亞州) 및 각국 각도 분론〉·〈아메리카주(亞墨利加州) 및 각국 각도 분론〉·〈사해총설(四海總說)〉·〈해상(海狀)〉·〈해족(海族)〉·〈해산(海産)〉·〈해박(海舶)〉으로 되어있다.

하권은 《직방외기》의 내용을 많이 채택하였고, 상권은 마테오 리치가 이미 소개한 것에 약간의 새로운 설을 첨가하였다. 〈산악〉장에서는 각국의 유명한 고산(高山)의 높이를 소개하고 있는데, 당시 열거한 것 중 가장 높은 산은 코카서스산으로 높이가 131리(里) 204장(丈)이다. 〈강하〉장에는 '천하의 유명 하천'이 열거되어있는데, 아시아에서는 황하와 유프라테스강 등 네 강만 소개할 뿐 장강조차 포함시키지 않았다. 〈해박〉장에는 《직방외기》에 없는 한 단락이 더해져있으니, "외국선박[外舶]은 여러 척이 함께 항해할 경우 큰 배가 먼저 길을 인도한다. 밤에는 배 후미의 선루(船樓)에 등롱(燈籠)을 켜서 (뒤에 따라오는 배들이) 볼 수 있도록 비춘다. 등롱의 둘레는 11장 4척이고 높이는 1장 2척이며 모두 유리판을 집적하여 만들었다"고 적혀있다. 《직방외기》〈해도(海道)〉에 기록된 '나경(羅經)'에 관한 절(節)을 《곤여도설》에서는 〈해박〉 뒤쪽으로 옮겨놓았다.

하권 끝에는 이물도(異物圖)를 첨부하였는데, 극락조[無對鳥], 유니콘[獨角獸], 코뿔소[鼻角], 카멜레온[加默良], 인도 산양(山羊), 유럽 비버[般第狗], 타란툴라[大懶蜘蛛], 울버린[獲落], 도롱뇽[撒辣漫大辣], 아비시니아(Abyssinia, 阿比西尼亞: 원문에는 額第約必牙로 표기되어있음) 너구리 원숭이[狸猴], 이집트[埃及: 원문에는 厄日多로 표기되어있음] 악어[喇加多魚], 아프리카 사자, 아프리카산 하이에나[意夜納], 아프리카산 기린[亞那西約] 등 총 23종이다. 그 다음은 칠기도(七奇圖)인데 곧 세계 7대 건축工

程]이다.

《곤여외기》는 세계 각지의 진기한 이야기들을 기록하고 있다. 모두 매우 적은 몇 마디 말로 된 단편으로, 그 대부분 이미 《곤여도설》과 《직방외기》 등에 나오는 내용들이다. 가끔 '소(小)자명종' 같은 당시의 최신 발명품이 소개되어있는데, "게르망나(Germagnat, 熱爾馬尼亞: 프랑스 동부의 Ain省에 있는 도시 - 역자)국 사람은 작업함이 정교하여 기기를 만드는 것이 상상을 초월하니 반지 안에 자명종을 넣을 정도이다. 어떤 큰 총은 30분[二刻] 안에 40발을 연속 발사할 수 있다"고 하였다. 후자는 당시 가장 위력적인 무기였음이 분명하다.

제2절 번수의(樊守義)가 쓴 최초의 한문 유럽 여행기

번수의는 수리(水利), 수화(水和) 혹은 시의(詩義)라고도 부르며 자는 이화(利和)[2]이고 산서성 평양(平陽) 사람이다. 강희 21년(1682) 태어나 46년(1707) 겨울 프로바나(Jos. Ant. Provana)[3]를 따라 함께 유럽에 갔다가 59년(1720) 홀로 귀국했다. 외국에서 총 14년을 보냈다. 귀국 후 강희제가 궁중으로 불러서 모든 것에 대해 자세히 물으니, 이에 《신견록(身見錄)》[4]을 써서 올렸다. 그의 여행 경로는 마카오에서 출발하여 남양을

....

2) 원서에는 이여(利如)로 되어있으나 오류가 분명하여 바로잡았다.
3) 프로바나(Jos. Ant. Provana, 艾若瑟 또는 艾遜爵, 1661-1720): 프랑스 남부 니스에서 태어나 1695년 마카오 도착했다. 1707년 강희제의 명으로 전례문제와 관련하여 논박하는 책임을 띠고 로마로 파견되었다가 1720년 중국으로 돌아오는 중에 희망봉 부근에서 사망하였다.

거쳐 브라질에 이른 다음, 47년(1708) 8월 초 포르투갈에 도착하여 포르투갈 국왕을 만났으며, 48년 스페인을 거쳐 이탈리아로 가서 교황을 알현하였다. 그리고 이탈리아에서 공부를 하고 예수회에 들어갔다. 57년(1718) 다시 포르투갈로 돌아와 포르투갈 국왕을 다시 만나 금 1백을 선물로 받았다. 58년 3월 초순 귀국길에 올랐다. 59년 6월 13일 광주에 도착한 후 북쪽으로 올라와 9월 11일 열하에서 강희제를 알현하였다. 곧이어 북경 부근에서 선교를 하면서 동북 및 산동 지역을 두루 다녔다. 건륭 18년(1753) 2월 28일 사망하였다. 《신견록》은 실로 중국인이 처음 저술한 유럽 여행기로 아주 소중한 가치를 지니고 있다. 지금은 로마 국립도서관5)에 소장되어있는데, 잔초본(殘抄本) 《명리탐(名理探)》 뒤에 첨부되어있다. 국내에서는 이를 본 사람이 극히 드물기에 특별히 그 내용을 옮겨 독자들에게 제공하고자 한다.6)

....

4) 《신견록(身見錄)》: 천주교 신자 번수의(1682-1753)가 지은 약 5천 자의 여행 기록으로 여행노정과 각지의 도시·건축·종교·문화·풍토·지리·물산 등을 기술하고 있는데, 바타비아 같은 일부 도시에 관해서는 상당히 구체적으로 서술되어있다. 이 글은 중국인이 쓴 첫 유럽여행기로 사료적 가치가 높지만 정식 간행되지 않았다.(《해상 실크로드 사전》, 195쪽)

5) 다른 자료에 따르면 바티칸도서관에 소장되어있는 것으로 나오는데, 이를 촬영한 염종림(閻宗臨, 1904-1978)은 단지 로마도서관이라고만 소개하고 있다(〈身見錄校注〉, 《中西交通史》, 廣西師範大學出版社, 2007, 198쪽).

6) 로마 바티칸도서관에 소장된 번수의의 《신견록》 미간(未刊) 원고는 일찍이 1936년 목록학자 왕중민(王重民)이 《도서계간(圖書季刊)》에 발표한 〈로마방서기(羅馬訪書記)〉에서 처음 소개되었다. 그 후 1937년 스위스 프라이버그(Freiburg)대학에 재직하던 염종림이 이를 촬영하여 1941년 〈신견록교주(身見錄校注)〉를 《소탕보(掃蕩報)》《문사지(文史地)》부간(副刊), 52-53기에 발표함으로써 그 전문(全文)이 알려지게 되었다. 〈신견록교주〉는 그 후 《산서사범학원학보(山西師範學院學報)》 1959년 2월호에 다시 게재되었고, 최근 출판된 염수성(閻守誠)편, 《선교사와 프랑스의 초기 한학(傳教士與法國早期

먼저 자서에 다음과 같이 적혀있다.

"나의 성은 번이고 이름은 수의이며 산서성[山西] 평양(平陽)에서 태어나
자랐다. 경건하게 참된 주님을 섬겼지만 자신에게 부끄럽지 않길 바랄 뿐
이다. 강희 정해년 음력 섣달, 서양인 수도사 프로바나선생이 명을 받고
서양으로 갈 때 나를 데리고 함께 떠났다. 그 여정 중에 지났던 산천과
도읍 및 험난했던 풍파는 다 헤아리기 어려운데, 그 중 귀로만 듣고 눈으로
보지 못한 것은 차치하고 직접 경험한 것도 그 일부를 아직 기록하지 못했
다. 경자년 6월 내가 혼자 중국에 돌아온 뒤, 당시 독무(督撫)가 전달한
유지를 받들어 북경에 가서 황제를 뵙고 은총 내리심을 받았다. 신축년
음력 4월 왕공대인의 간절한 관심 하에 서양의 인물과 풍토에 대한 질문을
받고 나는 처음으로 지난 십여 년의 흔적을 하나하나 기억해보니 마치 어
제 일처럼 분명하였다. 이에 여정의 전말을 낱낱이 들어 그 대략을 기록하
고자 한다."

이어서 기록한 내용은 다음과 같다.7)

"마카오에서 거함(巨艦)에 올라 양식을 준비하고 출항하였다. 끝없이 펼쳐
진 광대한 대양에 배를 띄워 서남쪽을 향해 밤낮으로 나아갔다. 2달간
항해하면서 팔라완(Palawan)8) · 보르네오(Borneo)9) · 말라카(Malacca)10) ·

....

漢學)》(大象出版社, 2003)과 염종림, 《중서교통사(中西交通史)》(廣西師範大
學出版社, 2007)에 수록되어있다. 이 절에서는 별도의 표기가 없는 한 《중서
교통사》, 187-198쪽에 실려 있는 〈신견록교주〉에 의거해 역주를 달았음을
밝힌다.
7) 원서에는 전혀 단락이 나누어져있지 않은데, 염종림의 〈신견록교주〉에 따라
단락을 나누었다. 원서에서 인용한 《신견록》과 〈신견록교주〉는 내용상 글
자와 끊어 읽기에 약간의 차이가 있지만, 여기서는 이 둘을 적절히 참조하여
문맥에 맞게 번역하였다.

방카(Bangka)[11]·수마트라(Sumatra)[12] 등을 거쳤다. 다해도(多海島)[13]에 이르니, 날씨는 매우 더웠으나 토산물은 풍부했다. 주민이 많고 정향(丁香)·후추·계피·소목·단향과 맛있는 과일이 1년 내내 생산되었다. 사람의 얼굴색은 보랏빛을 띠었고 성정(性情)은 평화로웠으니 대략 이와 같았다. 자바(Java)[14]에는 바타비아(Batavia)[15]란 큰 도시[大府]가 있는데, 바로 네덜란드 상인들이 모이는 곳으로 서양 선박 200여척이 만에 위치한 항구에 정박해 있고 군대가 밤낮으로 성문을 지키고 있었다. 그 성 안의 시가(市街) 중간을 하천이 가로 흐르고 길옆으로 나무가 하천을 따라 두루 심어져 있었다. 서양과 인도양 및 중국의 각종 상품이 다 갖추어져 있었다. 관리와 유력가들은 성 밖에 정원이 있는 집을 지었다. 우리는 이 도시에 배를 정박하고 바람을 기다렸다가 15일 후에 길을 나섰다.

대략 3, 4개월을 항해하자 (아프리카 남단의) 희망봉[大狼山: 狼은 浪의 오기임 - 역재]이 보이기 시작했다. 배에 물이 부족했는데 마침내 아메리카 대륙[洲]의 바이아(Bahia)[16]부(府)에 도착했다. 도시의 앞은 평수만

....

8) 원서에는 파랄가아(巴辣哥亞)로 되어있으나 〈신견록교주〉에는 파랍가아(巴拉哥亞)로 표기되어있다. 또 파랍망(巴拉望)으로도 적으며 《제번지》'삼서(三嶼)'조에는 파모유(巴姥酉), 《해국도지》권11 '해도국(海島國)'에는 파랍망도(巴拉望島) 또는 파랍과(巴拉瓜)로 되어있다고 주를 달았다.

9) 막이내아(莫爾乃阿): 《명사》에는 파라(婆羅)로 되어있다.

10) 마랄가(瑪辣加): 《영애승람》에는 만랄가(滿剌加)로 되어있다.

11) 반갈(盤噶): 《도이지략》에는 팽가(彭家) 또는 방가(邦家)로 되어있다.

12) 소마이랄(穌瑪爾辣): 옛날에는 수문달나(須文達那)로 불렀다. 《도이지략》에는 수문답랄(須文答剌)로 되어있고 오늘날에는 소문답랍(蘇門答臘)으로 적는다.

13) 다해도(多海島): 말라카와 브루나이 사이에 있는 군도(群島)를 가리킨다.

14) 내마랄가국(內瑪辣加國): 《송사》에는 파국(婆國)으로 되어있는데, 《도이지략》 '조와(爪哇)'조에서는 "조와는 옛 파국이다"고 하였다.

15) 파타비아(巴打斐亞): 지금의 자카르타이다.

16) 바이아(Bahia): 성 사우바도르(St. Salvador)라고도 하며 다른 지역의 같은 지명과 구분하기 위해 사우바도르 다 바이아(Salvador da Bahia)로 부른다. 브라질 동부의 대서양에 면한 아름다운 항구도시로 16세기 포르투갈이 점령

(平水灣)이고 큰 선박 100여 척이 있었다. 또 배 위에 큰 대포가 설치된 매우 높고 크며 견고한 전선(戰船)이 있었다. 이곳은 부유하고 날씨가 맑고 상쾌하며 춥지도 않았다. 파이살목향(巴爾撒木香)[17]·도상유(刀傷油)·코담배[鼻烟]·계피·백설탕이 생산되고 쌀을 재배했으며 소와 양을 기르고 금(金)이 은(銀)만큼 많아서 쉽게 얻을 수 있었다. 포르투갈은 이곳 바다에 인접한 땅을 갖고 있었는데, 도시 안에 세워진 천주당·성인당(聖人堂)·수도원 등은 모두 극히 숭고한 외양을 갖추고 있고 여러 기구(器具)들은 전부 조금(彫金: 끌을 이용하여 금속에 그림이나 무늬, 글씨 따위를 새김 - 역자)되어있었다. 대학과 중·고등학교가 세워져 각처의 우수한 인재들이 이곳에 모여들었으니, 인품이 총명하며 맑고 부드러웠다. 이 도시의 업무를 총괄하는 사람은 마치 (중국의) 순무(巡撫)같으며 그 밑의 문무관원이 함께 그 일을 도왔다. 산꼭대기에 있는 한 예수회 수도원에는 수도자 100여 명이 있었다. 이들이 필요한 모든 물건은 바퀴를 이용한 장치를 만들어 한사람이 그 안에서 걸으면 즉시 위로 끌어올려지도록 했으니 그 교묘함이 이와 같았다. 그러나 이 지역에서는 돌이 나지 않아서 세워진 큰 건축물들은 먼저 서양에서 돌 재료를 제작한 후 옮겨와 조립해 만든 것이었다. 매우 넓은 어떤 집에는 많은 진귀한 것들이 소장되어있었다. 그 위층의 서고에는 5, 60개의 서가에 수십만 권의 책이 꽂혀있으니 곧 바이아부의 실적(實積)이었다.

그해 8월 초 비로소 서양 포르투갈에 도착하여 만에 위치한 항구로 들어가니 많은 방어용 포대가 세워져 있었다. 모든 세상의 물건[凡洋物[18]]이 이곳에 이르면 호포(號炮)를 발사하여 담당관에게 검사가 완료되었음을 보고해야만 입항이 허락되었다. 5리를 가니 수도(즉 리스본 - 역자)가 보였다. 큰 강(Tage강을 가리킴 - 역자) 하나가 성을 가로질러 육지에서 바다

한 뒤 1549년 식민지의 첫 수도로 삼았는데, 1822년 포르투갈로부터 독립하였다.

17) 파이살목(巴爾撒木): parfum의 음역으로 향료라는 뜻이다.

18) 〈신견록교주〉에서는 물건[物]을 배[船]의 오자로 보고 있다.

로 흐르고 서양 선박 3, 400척이 정박해 있었다.

이날 나는 상륙하여 예수회 수도원에 머물렀다. 처음 만난 수도사가 오랜 친구처럼 정성을 다해 편히 지내게 해주었고 은그릇이 완비되어있었다. 풍경을 바라보니 장엄하여 볼만 했고 부국(富國)이란 칭호에 걸맞게 없는 물건이 없었다. 땅에 샘구멍이 많았고 집은 모두 3, 4층으로 일정치 않았다. 귀족과 왕의 거처는 더욱 숭고하고 아름다웠으며 천주당·성모당·성인당 같은 건물은 전부 돌로 만들어져 기이하고 높은 것이 특이하였다. 예배에 사용하는 용기의 조각 장식은 모두 금은으로 되어있었다. 수도원이 매우 많고 수도원마다 수도하는 자가 수백 명이 되었다. 또 소학 4품(品), 중학 2품, 대학 3품[19])으로 나뉘어 학교가 설립되어있었다. 양제원(養濟院)도 몇 군데 있는데, 매우 넓고 컸으며 대부분 화려한 정원을 갖추고 있었다. 3일째 되는 날 국왕(앙리 5세 - 역자)을 뵈었는데, 그 숭고하고 아름다운 궁전은 전에 보지 못했던 것이었다. 밖에는 호위병이 서있고 안에서는 군료(群僚)들이 시중을 들었으며 왕의 오른쪽에 동생 세 사람이 서있었다. 왕은 20살쯤 된 나이에 온화하고 겸손하며 친근한 얼굴을 갖고 있었다. 다른 날 다시 왕을 뵈니 궁정 안을 돌아보도록 명했다. 담장을 덮고 있는 화려하게 수놓은 붉은 장막은 마치 그림을 그려놓은 것 같았다. 여름에는 자기(磁器)로 아래 부분을 가렸고 유리창과 무늬 있는 양탄자[花毡墊], 금으로 상감한 걸상[金鑲凳], 수정으로 만든 책상[水晶棹] 등이 눈을 어지럽게 했다. 궁정 안에도 왕이 예배드리기 편하도록 천주당이 있었다. 국왕을 알현하는 대신들은 그 화려한 (복장)에 차등이 있었다. 그 다음날 왕과 왕후가 천주당에 가서 주님께 감사예배를 올렸는데, 그 수레와 의복의 화려함은 필설로 다할 수가 없었다. 국왕의 탄신일에 나는 축하의식에 참석하러 갔다. 대략 국왕이 위에 서 있으면 그를 모시는 신하가 위를 향해 허리를 숙여 3번 인사하고 왕 앞으로 나아가 왕의 손에 키스하고는 문답을 하거나 자기자리로 물러나는 식이었다. 때는 강희 48년 정월로 그 나라에 머문 지 이미 4개월이 되었다.

....

19) 중학과 대학의 품이 바뀐 것이 아닌가 한다.

떠나려 하자 국왕은 수륙허가증[水陸照] 각 1장과 여비를 주었고 왕공대
인도 각각 선물을 보내왔다. 이윽고 길을 나서 동쪽으로 항해하여 이탈리
아에 면한 지중해를 지나니[20], 남쪽으로 아프리카가 보이고 북쪽으로 유
럽 대륙이 보였다. 1개월쯤 항해하다 풍랑을 만나 포르투갈에서 본 성처
럼 생긴 스페인의 항구에 정박했으나 그 이름을 잊어버렸다. 또 어떤
곳을 들렀는데, 사람들 모두 성실히 본분을 지키고 부귀를 뽐내지 아니하
며 대체로 청아(淸雅)함을 사랑하고 오직 정자와 정원을 좋아하였다.
두 달 후 이탈리아 국경에 도착하여 어떤 나라[國]에 들어가니, 궁성과
궁실이 전부 돌로 만들어졌고 천주당이 많았으며 올리브와 개암나무가
생산되었고 풍토가 온화하여 모든 것이 풍부하였다. 예수회 수도원은 그
내부 규모는 물론이고 그 외관도 장엄하여 사람들로 하여금 미리 선망하
는 마음이 들게 하였다. 나는 이곳에서 하루를 머물렀는데, 큰 배가 들어
가기 어려워 작은 배로 갈아타고 갔다. 2월 하순 제노바(Genova)왕국의
영역에 이르렀다. 그 속국인 코르시카(Corsica)는 풍토가 풍족하지 않은
곳이 없고 역시 기름을 만들 수 있는 올리브가 생산되었다. 성곽이 많고
인정은 이전의 여러 나라와 다를 바 없으나, 다만 외지로 나가 생계를
도모하는 것을 좋아하였다. 왕공귀족 집의 문루(門樓)는 높고 컸으며,
(수집한) 금은보석을 감상하게 허용하니 서양 여러 나라에서도 이 나라를
으뜸으로 쳤다. 건축의 정교함과 궁실의 아름다움, 수많은 인재, 세가(世
家)의 부유함은 말로 다 형용하기 어려울 정도였다. 성 밖은 바다에 인접
해 있어 크고 작은 서양 선박 100여 척이 만에 위치한 항구에 정박해
있고 밤마다 등불이 멀리 타지에서 온 배를 비추었다. 토스카나(Toscana)
제후의 나라 리보르노(Livorno)에 이르렀는데, 성은 비록 크지 않지만 견
고하고 정제미가 있어 볼 만했으며 풍토와 인정은 풍요롭고 두터웠다.
나는 이곳에서 육로를 통한 여정을 시작해 옛 도시인 피사(Pisa)에 도착
하였다. 아직 옛날 궁전과 보탑(피사의 사탑을 가리킴 - 역자) 및 유지(遺

....

20) 항해 노선과 문맥을 따져보면 지브롤터해협을 지나 스페인의 안달루시아에
   이른 것이 분명해 보인다.

趾: 해골 춤이 그려진 벽화가 있는 공동묘지를 가리킴 - 역자)가 남아있고 성곽 주변은 물(Amo강을 가리킴 - 역자)로 둘러싸여 있었다. 이어 시에나(Siena)에 도착했는데, 각지의 자제를 불러 모아 격리(格理)와 궁리(窮理)를 학습시키는 대학(總學)과 예수회 수도원이 있었다.

나는 그곳에서 수일간 머문 후 길을 떠나 교황(敎化王)의 나라로 갔다. 그 수도는 로마라 부르며 옛날부터 줄곧 총도(總都)였다. 성의 둘레는 100리 정도이고 교황이 거주하고 있었다. 성문은 늦은 저녁에도 닫지 않았다. 내가 이곳에 도착한지 이틀째 되는 날 교황(클레멘스 11세 - 역자)을 뵈었는데, 후하게 대접한 다음 궁전을 돌아보도록 명하였다. 궁전 내외에 있는 수만 채에 달하는 건물들의 고대(高大)함과 기이한 모습은 더욱 묘사하기 어려웠다. 많은 정원과 커다란 책장이 나열된 큰 서고가 있었다. 그 서고에 소장된 경전과 서적이 많음은 물론이고 책장과 책 상자만도 전부 세기 어려울 정도였다. 개벽(開闢) 이래 지금까지 천하만국의 사적(史籍)이 전부 갖추어져 있었다. 교황은 교회 업무를 두루 처리하고 그 아래에 72명의 재상과 주교 사제가 있어 본국의 문무관원이 함께 교황의 일을 도왔다. 궁정 밖의 병사는 하루에 몇 차례 교대를 하였고, 형벌로는 비록 교수형·참형·유배형이 있지만 이를 범하는 사람은 모두 적었다. 궁전은 2곳이 있었는데, 하나는 성 베드로성당 좌측에 있는 것으로 교황이 상주하는 곳이다. 다른 하나는 퀴리날레(Quirinale, 石馬山)[21]에 있는 것으로 교황이 여름에 머무는 곳이다.

귀족들의 집은 수놓은 비단으로 벽을 장식하고 금빛 꽃으로 의자의 테를 둘렀으며, 값을 따질 수 없는 진귀한 그릇이 침대의 휘장 가에 진열되어

....

21) 퀴리날레(Quirinale, 石馬山)에는 디오스구로(Dioscuri) 즉 그리스 신화에 나오는 주신(主神) 제우스(Zeus)와 달신 레다(Leda) 사이에 태어난 쌍둥이 신인 '카스토르'(Castor)와 '폴룩스'(Pollux)의 동상이 세워져 있다. 이들은 선원들을 지키는 수호신으로 숭배되었고 쌍둥이 별자리(Gemini)의 주인공이기도 하다. 여기에 세워진 궁전은 플라미니오 폰치오(Flaminio Fonzio)의 계획에 의해 1574년에 건축되었다.

있는데, 가격이 만억(萬億)을 넘었다. 그곳을 출입하는 수레의 휘장과 말의 안장은 이루 말할 수 없이 화려하였으며, 일하는 사람과 하인들은 각각 의상과 모자로 직분을 구분하였다. 성 내외의 화원은 여러 경관을 이루고 있는데, 해마다 수리를 하고 봄 여름에 휴식을 하며 진귀한 골동품을 진열하였다. 또 각국의 사신들은 매우 화려한 외모에 힘써 자기 군주의 명예를 지키고자 하였다. 이웃나라의 화물이 모두 갖추어져 있고 이웃나라의 출중한 인물들이 성 내에 무리지어 모여 있었다.

인공 고량(高粱)[22]은 길이가 90여리나 되니, 멀리 있는 높은 산의 큰 샘물을 성 안으로 끌어와 구멍을 파서 샘을 만들었다. 사거리에는 석산(石山)을 쌓고 돌로 만든 사람에 구멍을 뚫어 사방에서 물이 뿜어져 나오게 했다. 거리에는 돌을 깔았고 집집마다 분수(水法)가 있었다. 화물이 모여 시장을 이루되 반드시 물품별로 구분되어있었다. 수도자가 매번 모이면 그 수가 헤아릴 수 없을 만큼 많고, 천주당과 성인성모당은 그 안팎의 아름다움은 물론 제단 하나까지도 다 감상할 수 없을 지경이었다. 대부분 돌로 만들었는데, 제단은 더욱 진귀한 돌로 이루어져 있고 예배에 사용하는 용기는 모두 금은으로 되어있었다. 예수회에는 십원(十院)과 삼당(三堂)이 있으며 당(堂)에서 사용하는 용기와 의복에는 황금과 주옥 등이 박혀있었다. 그리고 어떤 노부부가 건축한 성당이 하나 있었다. 이 부부는 연로하도록 후사가 없었기 때문에 성모에게 자신들의 재산을 헌납하길 원하였다. 성당을 세우기 전, 이 부부는 홀연히 성모가 손가락으로 성당 지을 장소를 가리키며 눈이 쌓여있는 곳이라는 계시를 함께 보았다. 당시 몹시 더운 날씨임에도 과연 눈이 쌓여있는 곳을 발견하고는 교황에게 살펴볼 것을 아뢴 후, 성모당을 건축하고 산타 마리아 마죠레(Santa Maria Maggiore, 聖母雪堂)[23]라 이름 붙였다고 한다. 또한 성 요

....

22) 고량(高粱): 아구아 클라우디아(Agua Claudia) 수로를 말하는 것으로, 수비아코(Subiaco)의 물을 성안으로 끌어들였다.

23) 산타 마리아 마죠레(Santa Maria Maggiore, 聖母雪堂): 로마에 있는 80개의 성모성당 중에 가장 장엄한 곳으로, 전하는 말에 따르면 그 건축 시기가 13

한성당24)이 있는데, 옆에 옛 교황 궁전25)이 있었다. 성당 내부는 매우 크고 열두제자의 백석상(白石像)이 조각되어있으며 그 안에 사면이 철문으로 된 성물(聖物) 창고가 있었다. 또 천명을 수용할 수 있는 마르쿠스 아우렐리우스의 기둥(Column of Marcus Aurelius, 完石空塔)26)이 있었다. 그 외 궁전도 아니고 신전도 아닌 탑(塔)처럼 생긴 둥근 모양의 건물이 있는데, 위아래 5개 층으로 만여 개의 방이 연결되어있고 주위에 창문이 층층이 나있어 관람하기 편하게 되어있다.27) 바로 옛날에 사자를 기르던 곳으로 지금은 이미 절반이 폐허로 변해있었다. 그리고 산탄젤로 다리(Ponte Sant'Angelo, 天神橋)28)라 불리는 큰 다리의 양쪽에는 천사 석상이 많이 만들어져있는데, 모두 예수가 수난 당할 때의 도구를 쥐고 있었다. 또 커다란 포대(爆台: 爆은 炮의 오기로 보임 - 역자)29)와 철책(铁

....

세기까지 거슬러 올라간다.

24) 성 요한성당(Basilica di San Giovanni): 콘스탄틴대제가 일찍이 교황 실베스테르(Sylvestre)에게 봉헌한 것으로 전해지나 믿을 만한 것은 못된다. 교황 세르지오 3세(Sergius Ⅲ: 재위 904-911년) 때에 이르러 성 요한성당으로 개명하였다.

25) 이는 라트라노(Latrano)궁을 말한다. 313년 이후 역대 교황이 이곳에서 거주하였다. 1308년 화재로 소실되었다가 1568년 판타나(Dcm Fantana)에 의해 중건되었다.

26) 마르쿠스 아우렐리우스의 기둥(Column of Marcus Aurelius, 完石空塔): 높이 92.5미터이며 전부 28개의 돌로 이루어져 있다. 가운데가 비어있고 나선형으로 올라가서 사람이 꼭대기까지 오를 수 있다. 천 명을 수용할 수 있다는 것은 정확한 말이 아니다.

27) 콜로세움(Collosseum)을 말하며 로마황제 베스파시아누스(Vespatienus: 재위 69-79년) 당시 건축되었고 5만 명을 수용할 수 있었다고 한다.

28) 산탄젤로 다리(Ponte Sant'Angelo, 天神橋): 로마의 티베르(Tiber)강을 가로지르는 다리로 136년 아드리엔(Adrien: 재위 117-138년)황제가 건설한 것이다. 1668년 베르니니(Bernini)의 설계로 다리 양쪽에 천사 조각상 10개를 설치함으로 인해 천신교라 불리게 되었다.

29) 포대는 원형으로 테베레 강변에 임해있고 성벽 안의 나선형 계단을 통해 올라가게 되어있다. 성벽은 매우 두텁고 그 위에 궁전이 있는데, 궁전 벽에

柵)이 하나 있으니, 바로 예배당을 지키는 요충이었다.

성 베드로성당이라 부르는 대성당 문 밖에 있는 한 석탑(石塔)30) 아래의 4마리 돌사자는 이집트에서 운송해온 것으로 그 위에 이집트 문자로 된 필적이 보였다. 성당 문 밖 양측의 돌로 된 회랑(回廊) 내부는 넓고 위는 평평하며, 높이가 3장(丈)이나 되는 248개의 돌기둥과 전후좌우에 흰 돌로 된 성상(聖像) 200위(位)가 있었다. 그 좌우에 있는 폭이 2척(尺)정도 되는 샘에서 물이 위로 뿜어져 나왔다. 성당 앞에는 7개의 대문이 있는데, 그 위에 크고 높은 돌로 된 문루(門樓) 여러 층을 만들어 놓았다. 그 건물의 광대함은 이 뿐만 아니니, 기둥의 둘레는 6포(抱: 1포는 양 팔로 감싼 정도임 - 역자)나 되고 기둥의 주춧돌[墩臺]은 유독 컸다. 돔(dome, 寶蓋)의 높이는 10장이고 문과 창이 수천 개가 있으며, 꼭대기에 있는 원형 공간에는 20명을 수용할 수 있고 멀리 100리를 바라볼 수 있었다. 그 양 옆에 있는 돔 2개의 바닥은 무늬가 있는 석판으로 되어있고 기둥은 채색 석벽을 사용하여 성상(聖像)이 드러나게 만들었다. 또 성 베드로의 성상이 있는데, 성당 안에 베드로의 시신이 매장되어있었다. 결론적으로 말해 싱딩 위에서 시람을 바라보면 어린아이처럼 보였다. 또 예수 수난상은 동주(銅柱)로 된 정자 안에 있으며, 성 그레고리(Gregory)·성 암브로시우스(Ambrosius)·성 제롬(Jerome)·성 어거스틴(Augustin) 등 네 성인의 (청동)상도 그곳에 있었다.31) 모든 석주(石柱) 옆의 빈 공간에는

....

는 바가(Vaga, 1501-1547)의 벽화가 있다. 이 건축물은 아드리엔황제가 세운 것으로 카라카라(Caracalla) 사후(217년) 로마황제들이 이곳에 묻혔다. 6세기 게르만의 침공 때 로마인들이 이에 의지하여 성을 지킴으로써 포대로 변신하게 되었다. 중세에는 야심가들이 몸을 숨기는 쟁탈지가 되었고 14세기말 교황 소유로 귀속되었다. 1527년 교황 클레멘스 7세가 이곳에서 6개월간 포위되어 곤욕을 치렀다고 한다.

30) 여기서 말하는 석탑은 로마황제 칼리굴라(Caligura: 재위 37-41년) 때 이집트에서 운반해 온 높이 25.5미터의 석주(石柱)로 1586년 이곳에 세워졌다.

31) 이 부분은 번수의가 잘못 관찰한 것으로 염종림 역시 그대로 각주를 달고 있다. 성 베드로성당에는 예수의 수난상이 없으며, 4명의 성인 청동상이란

돌로 된 성상이 더 많이 있었다. 성당 문밖에서 왼쪽으로 약 1리 반 정
도[32]의 길을 가면 순전히 돌로 된 둥근 동굴이 서로 연결되어있고 교황
이 있는 내정(內廷)까지 이어져 있었다. 통계에 의하면 성 베드로성당은
전부 돌로 만들어졌고 나무는 일체 사용하지 않았다고 한다. 이에 관한
내용은 앞에서 대략 설명하였다.

로마 성안의 학궁(學宮: 즉 수도원 - 역자)으로는 신성로마 게르만제국 귀
족자제들의 학궁, 갈리아(Gallia)국의 명문가 자제들의 학궁, 각국의 명문
세도가 자제들의 통학궁(統學宮), 본부의 총학(總學)이 있는데, 귀천의
나눔이 없고 각각의 스승이 있었다. 다만 나라가 서로 다른 사람들이
함께 거주할 경우 모두 예수회에 귀속되어 관리되었으며 다른 수도원에
서는 그 상세한 사정을 알지 못했다. 그러나 그들이 배우는 학문은 모두
격물궁리에 관한 것이었다. 성 안에는 군인[兵役]양제원, 과객(過客)양제
원, 빈민 및 고질병[痼病]양제원 등 많은 양제원이 있어 모두 수혜를 받았
다. 귀족들은 자금을 모아 국내외의 의사를 초빙하였고 약방에는 모두
전문 부서를 두었다. 청결하고 예쁜 병상이 대략 1000개 정도 있으며
깨끗한 용기들이 전부 갖추어져있었다. 또 고아원에는 입을 것과 먹을
것이 모두 준비되어있었다. 일찍이 성 베드로가 옥중에서 사람을 감화시
킬 때, 땅에 십자가를 그리자 바로 물이 나와 세례를 받을 수 있었다는
그 샘물이 아직 남아있었다. 예배 날 각 성당의 음악이 크게 울려 퍼질
때, 마치 천국을 방불케 하는 기쁨으로 가득한 모습은 이루 다 말로 형용
하기 어려웠다. 예배를 축도하고 연회를 베푸는 교황의 위엄 있는 모습
역시 다른 것과 비교할 수가 없었다.

성 밖 20리에 콘스탄틴(Constantin)황제가 세운 성 바오로성당(Basilica

....

소위 베드로의 의자(Cathedra Petri) 앞쪽 두 다리를 잡고 있는 서방교회의
교부인 성 암브로시우스(St. Ambrosius)와 성 아우구스티누스(St. Augu-
stinus), 뒤쪽 두 다리를 잡고 있는 동방교회의 교부인 성 요한 크리소스토무
스(St. John Chrysostomus)과 성 아타나시우스(St. Athanasius)를 말한다.
32) 실제 거리는 약 반리 정도라고 한다.

of Saint Paul)이 있고 거기에 성 바오로 샘물이 있었다. 당시 바오로가 순교할 때 성스러운 머리가 땅에 떨어지면서 3번 튀자 즉시 3개의 샘물이 솟았다고 하는데, 나도 이 샘물을 마셨다. 왕실 귀족들은 성 밖 30리에 정원을 조성하였다. 프라스카티(Frascati)33)란 이름을 가진 성(城)에는 정원과 동산·분수·수금(水琴)·수풍(水風) 등 여러 가지 신기한 것들이 있었다. 또한 로마에서 30리 떨어져 있는 티볼리(Tivolli)라는 성도 이와 비슷하니 원래 서양에서도 유명한 정원이었다.

로마에서 5개월을 머문 후 신성로마제국의 속국 나폴리(Napoli)로 갔는데, 도중에 지나는 곳마다 더할 나위 없이 풍요로웠다. 카푸아(Capua)부에 들어가니 예수회 수도원이 있었다. 이어서 나폴리에 입국하자 도성(都城)의 토지는 아름답고 풍요로웠으며 사람들의 성품은 화목하고 즐거워 보였다. 성 밖은 바다와 인접해 있고 각국의 선박이 집결해 있었다. 불과 연기를 내뿜는 산(Vesuvio화산을 말함 - 역자)이 보이고 성 안 궁전에는 유적이 남아있었다. 또 다음과 같은 성스러운 자취를 볼 수 있었다. 먼저 성당 안에 보존된 성 야누아리오(St. Januarius)34)의 피이다. 그가 세상을 떠난 지 여러 해기 지났지만 성인의 예배 날마다 말라버린 채 있던 피가 《성경》을 낭송할 때면 다시 신선하게 흐르다가 예배가 끝나면 다시 말라 버렸다. 또 하나는 성 요한(St. John)의 피이다. 그가 순교하던 날 문하생들이 장례를 치루면서 성인의 피를 취하여 이곳에 보관함으로써 그의 공덕을 기억하고자 하였다. 성 요한이 죽은 지 이미 1700여년이나 지났지만, 그의 피는 아직 성당 안에 보존되어있을 뿐 아니라 매번 요한의 미사 때 요한이 지은 성경35)을 낭송하면 피가 신선하게 변하며 많아졌다가

....

33) 프라스카티(Frascati): 로마에서 24㎞ 떨어져 있는 알반 산(Alban Hills) 위에 있으며 경관이 아름다워 별장이 매우 많다고 한다.
34) 성 야누아리오(St. Januarius, 생몰연도 미상): 4세기 이탈리아 베네벤툼(Beneventum)주교로 디오클레티아누스황제의 박해를 받아 순교한 인물이다. 에우세비아라는 여성이 야누아리오가 참수당하면서 흘린 피를 유리병에 담았는데, 이것이 현재 나폴리대성당의 채플제단에 보관되어있다.
35) 원문에 '若翰經'이라고만 되어있어 요한이 지은 요한복음, 요한1서, 2서, 3서,

미사에서 《성경》 낭독이 끝나면 바로 피가 마르고 양도 줄어들었다. 이러한 성스러운 자취는 날짜에 관계없이 오직 성 요한의 미사가 있으면 약속한 것처럼 나타났는데, 내가 정말 직접 목격하기도 했다.

다시 로마로 돌아와 교황을 알현하려하자 접견해주었을 뿐 아니라 강복(降福)해주시고 대사(大赦) 성물(聖物)을 하사하셨다. 로마에서 출발하여 토스카나국으로 돌아갔다. 그 도성의 이름은 플로렌스(Florence, 즉 피렌체 - 역자)로 도시 안에 있는 궁전·노대(露臺)·성당·학궁·수도원은 대체로 로마와 같았다. 한 성당은 건축을 시작한지 200여년이 지났지만 완성되지 못하고 있는데, 견고하고 정교한 건물은 말로 형용하기 어려웠다. 여기서 성덕현(聖德賢)국왕(당시 토스카나 대공국의 통치자인 Cosimo III de' Medici를 말하는 것으로 보임 - 역자)을 알현하려가자, 왕이 접견하고 앉으라고 한 다음 관(冠)을 수여하고 안부를 물으며 음식을 하사한 후 사람을 시켜 숙소까지 데려다줬다. 또한 궁정과 보물·정원 등을 구경시켜주었는데, 한 정원에서는 호랑이와 코끼리 등 기이한 짐승을 기르고 있었다. 진귀한 약과 기이한 물건 2상자를 하사하고 수레와 말을 보내 인접지역까지 바래다주었다.

다시 옛날 한때 도성이었던 볼로냐(Bologna)대부(大府)에 이르자 땅은 극히 풍요롭고 사람도 많으며, 귀족명문가가 많고 도시와 궁실은 매우 화려하였다. 도시의 사람들은 똑똑하고 멋있고 배우기를 좋아하였다. 그 후 모데나(Modena)부 제후의 도성을 거쳐 파르마(Parma)부 제후의 도성에 도착했다. 이 도시에 있는 궁실과 사람들의 아름다움은 서술하기 어려울 정도였다. 제후가 접견하여 주었다. 다시 파비아(Pavia)부 등을 지나왔으나 다 기술하기가 어렵다.

그 다음에 도착한 밀라노(Milano)대부는 옛날 롬바르디아(Lombardia)국의 땅으로 토산물이 아주 풍부하고 사람들의 성품은 평화로우며 도시의 사람들은 모두 부유하였다. 노대와 궁전은 너무나 아름다워 말로 표현할 수 없을 정도였다. 귀족명문가가 많고 창조주의 성당 100여 곳이 있었다.

....

요한계시록 가운데 어떤 것을 가리키는지가 분명하지 않다.

또 총당(總堂: 밀라노 두오모성당 - 역자) 1곳은 지금까지 수백여 년 동안 건축하였지만 아직 다 완성되지 못하였다.[36] 그 양옆의 담장도 미완성이어서 한쪽 기둥과 담장은 오래된 모습인데 다른 한쪽은 아직도 완성되지 않은 상태였다. 큰 학궁이 있고 큰 양제원도 매우 많은데, 모두 재상인 성가록(聖家祿)이 건축한 것들이었다. 수도원도 매우 많으며 금은보화로 장식된 정원도 적지 않았다. 옛날 종왕(宗王)궁정[37]의 모습이 아직 남아 있었다. 이때 삭소니아(Saxonia)[38] 및 파록니아(波祿尼亞) 두 나라의 세자도 이곳을 여행하고 있었는데, 나를 보고자 하여 가서 뵈니 앉을 곳을 마련해 주고 대중 앞에서 음악이 있는 연회를 베풀어주었다. 헤어진 다음 노바라(Novara)부의 많은 도시를 지났다. 베르첼리(Vercelli)명부(名府)에 이르렀을 때 시칠리아(Sicilia)국왕[39] 큰아들의 배려로 나는 바로 돌아가 그를 만났다. 나중에 다시 토리노(Torino)부의 도성에 도착했다. 이 부는 비록 크지 않지만 피에몬테(Piemonte)[40] 제후를 만났다. 이 지역은 토산물이 풍부하고 사람들의 성품은 강인하고 용감하며 남과 교류하고 배우기를 좋아했다. 또 많은 귀족명문가와 관리·백성들이 전부 충성스러웠다. 도시 안의 궁신과 집은 모두 하나같이 평평하여 빈부 차이가 없고 높이와 크기가 2가지 형식이어서 가난한 자도 대부호와 다를 바 없었다. 또 국왕의 궁전 안에 예배당 하나가 있는데, 그 중간에 제단이 있고 제단 위에 있는 진귀한 상자의 겉은 금과 보석으로 장식되어있었다. 상자 안에는 천주예수가 고난 받고 세상을 떠나면서 제자들에게 남긴 매우 귀중한 보물이 들어있어 오늘날까지 그 자취를 만세에 드러내고 있었다. 다음날 국왕을 만났는데, 국왕이 겸손하게 접견해주었다. 또 누가 만든 교묘한 작품인지 모르지만 보기 드문 희귀한 물건 2가지가 있었

....

36) 1386년에 건축되기 시작하여 1805년에 완공되었다.
37) 스포르차(Sforza)궁을 말하며 지금은 밀라노 박물관이다.
38) 삭소니아(Saxonia)는 지금의 독일 북부 작센(Sachsen)주이다.
39) 당시 시칠리아와 나폴리는 하나의 왕국이었다.
40) 피에몬트(Piemont)는 산기슭이라는 의미이며, 사르테냐(Sardegna)왕국의 주요 부분으로 이탈리아 북서부에 있다.

다. 하나의 커다란 수반(水盤) 위에 거목(巨木)으로 기둥을 세우고 기둥 위에 작은 바퀴 여러 개를 설치하여 인력을 쓰지 않고도 그 바퀴가 스스로 가장자리 선을 따라 돌아가니, 그 옆에 있는 두 사람이 하는 일이 오륙백 명의 작업과 맞먹었다. 거목 하나를 판(板)으로 만들고자하면 인력을 쓰지 않고 물속에 둔 채 톱이 자동으로 그 나무를 밀고 당기고, 또 줄 하나가 자동으로 늘고 줄면서 서로 맞추면 바로 판이 만들어졌다. 다시 토리노부에 이르니 성 밖에 묵상회원(默想會院) 1곳이 있었다. 해마다 왕후(王侯)·관리·세도가들이 여기에 모여 평소 선악을 행함에 부끄러움이 없었는지 8일간 반성하고 떠나면, 다른 이들이 다시 들어오길 반복하였다. 회원 안의 건물과 궁전은 우아하고 깨끗하였다. 나중에 또 러시아의 두 제후 아들이 도착했는데, 출발할 때 로레토(Loreto)[41]부에 있는 성가(聖家, Santa Casa)에 가서 예배드렸다. 그 성가는 한 대성당(Basilica della Santa Casa - 역자) 안에 있었으며 성당 오른쪽에는 커다란 보물 창고가 있고 그 곁에는 매우 견고하고 거대한 교황의 행궁이 있었다. 성가는 성모의 방으로 천사가 아침에 천주가 잉태되었음을 알린 곳이다. 이전에는 유대나라 나사렛부에 있었는데, 세월이 지나 그곳 사람들이 참되지 않자 천주가 벌을 내려 도둑이 그 나라에 들어가서 그들을 해치게끔 하였다. 성모는 미리 천사로 하여금 성가를 빼내어 바다 건너 달마티아(Dalmatia, 瑪際亞)[42]국에 두게 하니, 바로 성모가 처음으로 옮겨간 나라이다. 4년이 지나 그 나라 사람들도 똑같아지자 성모는 다시 이탈리아로 옮겨갔다. 두 형제가 있었는데, 성가를 찾는 사람이 많아서 이익이 날로 늘어나자 서로 싸우기 시작했다. 이에 성모는 다시 그들을 버리고 성가를 로레토로 옮긴이래 오늘날까지 수백 년 동안 다시 이동하지 않아서 마침내 로레토부에 정착하게 되었다. 성모가 여러 번 옮긴 후 사방에 이 소식이 전해진 까닭에 예배하러 오는 사람이 매우 많아졌

....

41) 로레또(Loreto): 현 이탈리아 중부 마르케(Marche)주의 주도인 안코나(Ancona)에 속한다.
42) 지금의 아드리아(Adriatic)해에 면한 남슬라브 지역에 속한다.

다. 어려움에 봉착한 자, 온갖 질병에 걸린 자, 고난과 재앙을 당한 자가 성가에 들어가기만 하면 병이 즉시 낫고 사라졌다. 때문에 왕후와 귀족들이 많은 금은을 헌납하였고 세상의 진귀하고 기이한 보물들이 대부분 성가 안에 모이게 되었다. 한번은 도둑이 성가 안에 진기한 물건이 많이 쌓여있다는 소문을 듣고 이를 훔칠 마음으로 성전의 꼭대기를 바라보자 즉시 번개가 쳤다. 도둑이 놀라 실색하여 걸음을 옮길 수 없을 지경이었으나 겨우 도망쳐 돌아갔다고 한다. 그래서 천주교 교황은 크게 공사를 일으켜 보석과 좋은 나무로 바깥쪽에 거대한 성전을 세워 성가를 감싸고 다시 무늬 있는 비단과 진기한 장식으로 이를 현창하였다. 그 왼쪽에 육원소(六院所)을 설치하여 박학하고 덕을 쌓은 인사들을 모아 이를 모시고 사역토록 하니, 어떤 이는 교리를 주관하고 어떤 이는 예배를 드리고 어떤 이는 가난한 사람의 모자람을 구제하였다. 교주(敎主)를 받드는 대소(大小) 관원들 모두 성가의 성위(聖威)와 영험(靈驗)함에 감사해하였기 때문에 노약하고 가난하고 병든 사민(士民)들이 그 봉양을 받지 않음이 없었다. 나는 성가에서 예배를 드린 후 바로 돌아왔다.

강희 57년 2월 다시 포르투갈로 돌아와 국왕을 접견하였는데, 온후하게 안부를 오랫동안 묻고 또 황금 1백을 하사해 주었다. 58년 3월 초순 서양 포르투갈에서 중국으로 출발하여 강희 59년 6월 13일 광동 광주부(廣州府)에 이르렀고, 같은 해 8월 28일 북경에 들어온 후 9월 초5일 열하에 도착하였다. 9월 11일 파라호동(波羅湖衕) 북쪽 30리에서 황상을 찾아뵈니, 접견하시어 오랫동안 질문하셨다. 이상이 바로 내가 서양에 갔던 내용을 간략하게 기록한 것이다."

제3절 강희연간 서양 선교사가 제작한 전국지도

강희 27년(1688) 청과 러시아가 네르친스크에서 교섭할 때, 선교사 제르비용(Gerbillon)과 토마스 페레이라(Thomas Pereira)가 회의에 참석했다. 당시 제르비용은 아시아 지도를 강희제에게 바치면서 만주 지리에 대한 중국인의 지식 부족을 설명하였는데, 황제가 매우 주의 깊게 경청하였다고 한다.

30년(1691) 강희제는 다룬(多倫)을 순행하였고 35년(1696)에는 직접 중가리아로 출정하였으며 36년에는 장가구(張家口)·대동(大同)·영하(寧夏), 38년에는 강남을 순행하였다. 그 때마다 제르비용과 토마스 페레이라는 매번 황제를 수행하면서 서양과학을 강의하고 아울러 가는 곳마다 경도와 위도를 측정하였다.

이후 강희제가 또 선교사들에게 황하를 다스리는 방법을 묻자, 반드시 강바닥의 높낮이를 먼저 측량해야 한다고 답하였다. 이에 47년(1708) 레지스(Régis)·부베(Bouvet)·자르투(Jartoux)에게 만리장성의 위치를 측량하여 지도를 그리라고 명하였다. 그들은 다음해 11월 북경으로 돌아왔는데, 지도의 길이가 1장 2척이었으며 부근의 물줄기도 그려 넣었다. 이를 본 강희제는 크게 기뻐하였다. 나중에 참가한 프리델리(Fridelli)[43]는 만리장성을 넘어서 만주의 서부, 봉천, 조선 북부, 두만강과 압록강, 북위 40도에서 45도 일대를 측량하여 그려 넣었다. 북경으로 돌아온 후, 다시 직예(直隸) 각지의 지도를 그리라는 명을 받았다. 1709년 양력 12월 10일 (강희 48년 음력 11월 10일)에 시작하여 다음해 6월 25일(음력 5월 29일)에 작업을 마쳤는데, 황제가 그 정밀함을 보고 더욱 기뻐하였다.

강희 49년(1710) 다시 세 사람에게 북만주로 가서 지도를 그릴 것을 명하였다. 다음해 제르비용은 새로 중국에 도착한 카르도소(Cardoso)[44]

---

43) 에르텐베르그 하비에르 프리델리(Erthernberg Xavier Fridelli, 費隱, 1643-1743): 오스트리아 출신의 예수회 선교사로 강희연간 중국 지도제작에 큰 역할을 하였다.

와 함께 산동성 지도를 측량하여 그렸다. 자르투·프리델리·부베·봉쥬르(Bonjour)[45]는 하미[哈密]에 이르는 만리장성 서부의 지도를 그렸다. 봉쥬르는 유럽에서도 매우 유명하였는데, 3월 중국에 도착하자마자 작업에 참가하였다. 지도를 그린 사람 모두 예수회 선교사였지만 봉쥬르 혼자만 아우구스티노(Augustino) 수도회 사람으로 학식이 가장 높았다. 51년 북경으로 돌아와 산동 지도를 완성하니, 앞서 그린 만리장성 서부 지도와 함께 모두 황제에게 칭찬받았다. 명을 받고 다시 선교사 네 사람을 추천하였다. 그리하여 카르도소에게 산서성과 섬서성 지도를 제작하라고 명하고 타르트르(Tartre)[46]로 하여금 그를 돕도록 했다. 마이야(Mailla)와 힌더러(Hinderer)[47]에게는 레지스와 함께 하남·강남·절강·복건 각 성의 지도를 제작하도록 했다. 세 사람은 또 53년 4월 18일부터 5월 20일 전후 즉 음력 3월 초5일부터 4월 초7일까지 대만 서부를 측량하여 지도를 제작하였다. 《강희제라현지(康熙諸羅縣志)》 권1 〈봉역지(封域志)〉의 '강계(疆界)·산천(山川)', 권12 〈잡기지(雜記志)〉의 '외기(外紀)', 서보광(徐葆光)[48]의 《중산전신록(中山傳信錄)》[49], 황숙경(黃叔璥)의 《대해사사록

....

44) 요안네스 카르도소(Joannes Fr. Cardoso, 麥大成, 1676-1723): 포르투갈 출신의 예수회 선교사.

45) 기욤 봉쥬르(Guillaume Bonjour, 山遙瞻, 1670-1714): 프랑스 출신의 아우구스티노회 선교사.

46) 피에르 뱅상 듀 타르트르(Pierre-Vincent du Tartre, 湯尙賢, 1669-1724): 프랑스 출신의 예수회 선교사.

47) 로만 힌더러(Romain Hinderer, 德瑪諾, 1688-1744): 프랑스 출신의 예수회 선교사.

48) 서보광(徐葆光, 1671-1740): 강소성 장주(長洲, 현 소주시) 사람으로 강희 51년(1712) 한림원 편수가 되었고 강희 57년 유구 책봉부사에 임명되었다. 저서로 《중산전신록》 외에 《이우재문집(二友齋文集)》 12권, 《이우재시집(二友齋詩集)》 20권, 《해박집(海舶集)》 3권, 《순화각첩고(淳化閣帖考)》 10권 등이

《臺海使槎錄》)50) 권1 〈적감필담(赤嵌筆談)〉,《건륭봉산현지(乾隆鳳山縣志)》권1 〈여지지(輿地志)〉의 '강계(疆界)',《건륭대만현지(乾隆臺灣縣志)》권1 〈지지(地志)〉의 '해도(海道)' 및《소류구만지(小琉球漫誌)》51) 권2 〈해동기승(海東紀勝)〉상(上) 등에 모두 지도 제작에 관한 기록이 있다. 내가 쓴 〈강희 53년 대만 지도 제작에 관한 고찰(康熙五十三年測繪臺灣地圖考)〉은 대만성문헌위원회(臺灣省文獻委員會)의《문헌전간(文獻專刊)》(원래 명칭은《文獻》임) 창간호(1949년 8월 - 역자)에 실려 있다.

사천과 운남 두 성의 지도 제작은 프리델리와 봉쥬르가 그 임무를 맡았다. 카르도소와 타르트르는 강서·광동·광서 지도를 제작하였다. 봉쥬르는 후에 운남성 변경 맹정(孟定)에서 사망했다.

강희 54년(1715) 레지스가 운남에 도착하여 봉쥬르가 못 다한 작업을 마쳤다. 예태(倪蛻)52)의《운남사략(雲南事略)》, 조원조(趙元祚)53)의 〈전

있다.

49)《중산전신록(中山傳信錄)》: 전 6권. 서보광이 사행 경험을 바탕으로 강희 59년(1720) 귀국 후 저술하기 시작해 강희 60년에 완성한 책이다. 유구의 역사·정치·사회·풍속·문화뿐 아니라 중국과 유구의 관계 등 폭넓은 분야에 대해 자세히 서술하고 있다.

50)《대해사사록(臺海使槎錄)》: 전 8권. 순대어사(巡臺御史) 황숙경(1680-1758)이 대만 각지를 순행하면서 관찰한 바를 기록한 책으로 특히 대만 원주민 평포족(平埔族)의 모습을 상세히 묘사하고 있다.

51)《소류구만지(小琉球漫誌)》: 전 10권. 복건성 건녕(建寧) 사람 주사개(朱仕玠, 생몰연도 미상)가 대만 봉산현(鳳山縣) 교유(敎諭) 재직 시 보고들은 바를 기록한 책으로 건륭 30년(1765)에 완성되었다.

52) 예태(倪蛻, 1667-1736): 송강부 화정현(華亭縣) 사람으로 일찍이 운남순무 감국벽(甘國璧)의 막료를 지냈다. 저서로《운남사략》외에《전소기(滇小記)》·《전운역연전(滇雲歷年傳)》등이 있다.

53) 조원조(趙元祚, 생몰연도 미상): 강희 44년 거인 출신으로 절강성 금화현(金華縣) 지현을 지냈다. 저서에《전남산수강목》2권이 있다.

남산수강목서(滇南山水綱目序)〉 및 《도광운남통지(道光雲南通志)》〈범례
(凡例)〉에 모두 운남 지도 제작과 관련된 내용이 기록되어있다.

레지스가 운남에서 복귀하려 할 때, 프리델리가 병이 들자 그를 대신
해 귀주 지도를 제작하였다. 《강희여경현지(康熙餘慶縣志)》[54] 권1 〈여지
지(輿地志)〉에도 프리델리가 지도를 제작한 일이 기록되어있다. 《방호문
록(方豪文錄)》에 수록된 〈강희연간 서양 선교사가 귀주 여경에서 제작한
지도에 관한 연구(康熙間西士在貴州餘慶測繪輿圖考)〉는 내가 민국(民國)
석인본(石印本) 《여경지(餘慶志)》에 근거해 쓴 글이다. 《방호문록》이 출
판된 뒤에 비로소 《강희여경현지》가 있음을 발견하였으니 마땅히 고쳐
써야 한다.

당시 아직 호광(湖廣) 지도를 제작한 사람이 없었는데, 이 역시 레지스
가 명을 받아 완성하고 56년 비로소 북경으로 돌아왔다. 마지막으로 자
르투가 다시 이들을 집대성하여 57년 마침내 각 성 지도가 완성되었다.

성별(省別) 지도 제작이 완료된 후, 황제는 일찍이 몽양재(蒙養齋)에서
서양 선교사로부터 수학과 측량을 배운 라마 승려 2명을 서녕(西寧)과
라사 등지로 보내 티베트와 그 부근의 지도를 제작하게 했다. 그리고
그 완성된 지도를 레지스와 자르투에게 보내 다시 심사하여 수정케 하였
다. 조선 지도는 조선 궁중으로부터 얻었는데, 역시 레지스·자르투·프
리델리 등에게 연구 심의하여 새로운 지도를 제작하게 했다. 마지막으로
만주·조선·티베트의 지도를 합하여 하나의 전체 지도를 완성하니 모두
32족자[幀]였다. 다시 성별로 지도를 나누어 한 성을 하나의 족자로 만들
었다. 이 지도를 세상 사람들은 《황여전람도(皇輿全覽圖)》 또는 《황여전

---

54) 원서에는 《강희귀주여경현지(康熙貴州餘慶縣志)》로 되어있으나 오류여서
   바로잡았다.

도(皇輿全圖)》내지 《대내여도(大內輿圖)》라 불렀다. 《성조실록》권283 강희 58년(1719) 음력 2월 12일조에는 다음과 같이 적혀있다.

"내각학사 장정석(蔣廷錫)에게 '《황여전람도》는 짐이 30여 년 동안 온 힘을 다하여 비로소 완성한 것으로, 산맥과 수로가 모두 〈우공(禹貢)〉과 서로 맞는다. 그대는 이 전도와 성별 지도를 구경(九卿)과 더불어 상세히 살펴서 만약 구경 가운데 합치되지 않는 곳을 아는 자가 있다면 즉시 지적토록 하라'고 하셨다. …… 상주하여 '지금까지의 지도 중에 이와 같 은 것은 없었습니다. …… 삼가 원래의 지도를 공손히 바치니 반포하시길 엎드려 바랍니다'고 아뢰었다. '지도를 반포하라'는 유지가 내렸다."

제4절 《황여전람도(皇輿全覽圖)》의 제작 방법과 공헌

전국적인 지도 측량이 진행되던 무렵 상당히 주목할 만한 두 가지 일 이 《성조실록》에 보인다. 그 중 하나는 권245 강희 50년 음력 2월 9일조 로 다음과 같이 기록되어있다.

"황제께서 화소둔(和韶屯)에서 배를 타고 황하를 거쳐 하서무(河西務: 현 천진시 武淸區에 속한 鎭 - 역자)에 도착해 상륙하셨다. …… 이에 관측 기구(儀器)를 땅에 꽂고 표범꼬리로 장식 된 창을 종횡으로 세워놓게 하 였다. 황제께서 친히 관측기구를 보면서 방향을 정하고는 여러 황자와 대신들에게 말뚝을 나누어가지고 거리를 측량할 곳을 표시토록 명하셨 다. 또 꼬리 부분에 황색 우산을 세워 표준으로 삼은 다음 사각형 의반 (儀盤)을 무릎 위에 두고 척도를 측량하여 침(針)으로 표시하고 주필(朱

筆)로 점을 찍으셨다. 계산을 마치고 꼬리 부분부터 거리를 측량하여 관측기구를 꽂은 곳까지 이르게 하였는데, 그 거리와 계산한 수가 조금도 틀리지 않았다. 여러 황자와 대신들에게 '이것을 사용하면 천지를 측량할 수 있고 일식과 월식을 추산할 수 있다. 이렇게 되면 일이 적어지고 계산이 매우 쉬워진다'고 말씀하셨다."

그 아래에는 강희제가 직예순무 조홍섭(趙弘燮)에게 밧줄로 거리를 측정하는 법을 직접 전수하는 내용이 나온다. 다른 하나는 《성조실록》 권246 강희 50년 음력 5월 초5일조로 다음과 같이 기록되어있다.

"대학사 등에게 '천상(天上)의 도호(度號)는 모두 하늘의 폭과 부합하는데, 주(周)나라 때의 척(尺)으로 계산하면 천상의 1도는 곧 지상[地下]의 250리에 해당된다. 지금의 척으로 계산하면 천상의 1도는 지상의 200리에 해당된다. 자고이래로 지도를 그린 사람들이 모두 천상의 도수에 의거하지 않고 지리(地里: 땅과 땅 사이의 거리 - 역자)의 원근으로 추산하였기에 오류가 많았다. 짐이 일찍이 계산에 능하고 그림 잘 그리는 사람을 특파하여 천상의 도수에 의거해 추산하여 동북 일대 산천과 땅 사이의 거리를 상세히 지도로 그려 볼 수 있게 했다'고 말씀하셨다."

강희제의 지도 제작 작업에서 가장 중요한 것은 전국을 삼각망(三角網)55)으로 측정하는 것이었다. 레지스의 자술(自述)에 따르면 강희제는 경도와 위도를 상당히 중시하였으나, 천문 측량 방법과 관측기구에 한계

....

55) 삼각망(三角網): 기준점인 삼각점을 이은 망형태의 선으로, 지역 전체를 고른 밀도로 덮은 삼각형이며 광범위한 지역의 측량에 사용된다. 거리가 먼 두 점 사이의 상호관계를 조사할 경우, 또는 도로·철도·하천·수로·터널 측량과 같이 거리가 길고 폭이 좁은 지역의 측량을 할 때 사용된다.

가 있어 많은 것을 측량할 수 없었고 정확하게 하기도 쉽지 않았다. 그렇기 때문에 비록 일부는 비교적 정확한 천문 측량을 토대로 삼았지만 여전히 실제 땅을 측량하여 보완해야 할 필요가 있었다. 거리 측량 방법은 매우 정밀하여 척도 하나를 그릴 때 측경(測鏡)으로 경사도를 측정하여 방향을 정확히 맞추었다. 아울러 먼저 매우 정확한 기초를 측량하기 위해 삼각법을 사용해 차례로 추산하고 서로 비교하면서 가까운 곳에서부터 먼 곳으로 또 이미 알고 있는 장소로부터 반대로 측량해나갔다고 한다. 이상의 내용은 모두 뒤알드(Du Halde)의 책 서문을 발췌 번역한 것이다. 최근 사람이 쓴 〈청초 지도 측량에 대한 고찰(清初測繪地圖考)〉(《地學雜誌》 19년 3기)[56]에서는 당시 선교사가 경위도를 정하기 위해 행한 천문 관찰로 태양 관측 및 월식 관찰과 목성의 위성 관찰 등이 있었다고 수시에(Souciet)[57]의 말을 인용하고 있다. 하지만 경위도 모두 그다지 정확하지 않았기에 삼각측량이 실제 천문 관찰보다 중요했다.

《성조실록》 권290 강희 59년 음력 11월 18일조에는 다음과 같이 기록되어있다.

"대학사·학사·구경 등에게 말씀하셨다. '짐은 어릴 때부터 지리에 관심을 갖고 있었다. 무릇 고금 산천의 명칭은 변경과 황무지를 막론하고 반드시 상세하게 도적(圖籍)을 조사하고 방언(方言)을 폭넓게 물어야 모름지기 그 정확함을 얻을 수 있다. 이런 까닭에 사신을 보내 곤륜(崑崙)과 서번(西番)의 여러 곳에 이르게 하였고, 대강(大江)·황사(黃沙)·흑

....

56) 중국 근대 지질학자 옹문호(翁文灝, 1889-1971)가 쓴 논문으로 민국 19년 (1930) 《지학잡지》 제18권 제3기에 수록되어있다.
57) 에티엔느 수시에(P. Etienne Souciet, 1671-1744)를 가리킨다. 그에 관해서는 본편 11장 5절의 각주를 참고하라.

수(黑水)·금사(金沙)·란창(瀾滄) 등 여러 강의 발원지를 모두 직접 눈으로 자세히 보게 한 다음 여도(輿圖)에 기재토록 하였다. …… 그대들도 산천의 지명을 상세히 조사하여 아뢰도록 하라.'"

한문 사료에 따르면, 지도를 제작한 선교사들을 《운남사략》에서는 '흠차(欽差)', 《강희여경현지》에서는 서양대인(西洋大人), 《강희제라현지》에서는 흠차대인(欽差大人), 《대해사사록》에서는 사자(使者), 《건륭봉산현지》에서는 대인(大人), 《소류구만지》에서는 대신(大臣)이라 불렀음을 알 수 있다. 측량 방법에 대해 《운남사략》에는 "관측기구로 산천의 높고 낮음과 멀고 가까움을 정한다"고, 〈전남산수강목서〉에는 "서양 셈법[算法]으로 경위도[度]에 맞춰 그어진 네모 칸에 거리를 측량, 답사한 다음 그려 넣는다"고 되어있다. 《강희여경현지》에는 "밧줄로 거리 쉬[里數]를 잰다"고, 《강희제라현지》와 《대해사사록》에는 "거리 수를 조사해 잰다"고 되어있다. 《건륭대만현지》에는 "읍치(邑治)로부터 계산하면 서북으로 녹이문(鹿耳門)까지 수로로 25리이다. 원주(原注): 강희 55년(53년의 오기임) 흠차가 거리를 측정하였다. 육로[旱程]로 계산하니 겨우 10.7승(繩)이었다"고 적혀있다. 당시의 측량 도구는 밧줄로 거리를 재는 것이어서, 여기저기에서 천체를 관측하고 삼각법으로 측량하여 경위도를 정할 수밖에 없었다. 경도는 북경을 중앙선으로 하였고 위도는 북극에 가까울수록 높은 것으로 하였다. 당시 공부에서는 영조척(營造尺)[58]을 사용하여 척 단위를 통일하였는데, 1,800척 즉 180장을 1리로 하였다.

레지스는 다음과 같이 서술하고 있다.

....

58) 영조척(營造尺): 목수가 쓰던 자로 목공척(木工尺)이라고도 한다. 주로 부피의 측정, 무기와 선박 건조, 건축 특히 성곽 축조 등에서 많이 사용하였다.

"명을 받고 지도를 제작한 사람들은 모두 온 힘을 다해 일에 종사하였다. 각 성의 중요한 지점은 반드시 직접 가서 살펴보고 각 부·주·현지(縣志)를 열람하였으며 각 지방관에게 물어보았다. 그리고 더욱 중요한 것은 삼각법으로 전국의 삼각망을 측정하였다. 대개 광대한 구역을 측정하여 빨리 지도를 완성하고자 하면 사실 삼각법을 사용해 측량하는 것이 가장 쉬웠다. ……" "우리의 방법은 우선 삼각법을 사용해 어떤 성에서 어떤 성까지의 거리를 실측한 연후에 다시 북경과 비교적 멀리 떨어진 지방의 월식 관측 결과와 비교하는 것이었다. 이것이 유일하게 가장 실용적인 방법일 뿐 아니라 이전에 없었던 지리학의 큰 작업이었다. ……" "우리는 중국 지도를 제도할 때 전혀 중국 관부에서 사용하던 옛날 지도에 근거하지 않았으며 각처에서 보편적으로 통용되던 거리 수도 사용하지 않고 우리가 모두 새로 측정하기로 결정하였다."

《황여전람도》에서 경위도를 확정한 것은 몽고 94곳, 호광 54곳, 직예 47곳, 강남·광동 각 37곳, 달단(韃靼: 길림과 흑룡강 두 성의 옛 명칭) 36곳, 강서·절강·복건 각 20곳, 하남·운남 각 29곳, 산서·광서·산동·사천·섬서·요동 각 28곳, 귀주 25곳, 대만과 해남 각 7곳이었다.

각 중요한 도시 예컨대 귀주의 귀양(貴陽)·평월(平越)·보안주(普安州)·진원부(鎮遠府), 절강의 항주(杭州)·서호(西湖)·평호(平湖)·호주(湖州)·가흥(嘉興)·구주(衢州) 등은 모두 별도의 지도가 있었다. 대만은 섬 전체 지도가 있지만 동부는 상세하지 않았다. 또 대만부(臺灣府: 즉 지금의 臺南縣) 부근의 지도, 팽호군도(澎湖群島) 지도 및 안평성(安平城) 지도가 있었다. 그런데 더욱 주의를 기울인 것은 만주와 몽고 및 티베트였다.

강희제 때의 전국지도 제작은 세계 지리학계에도 한 가지 중요한 공헌을 하였다. 즉 당시 레지스와 자르투는 이미 경도의 위아래 길이가 다름을 발견하여 지구가 실제 편원형(扁圓形)이라는 것을 증명했다. 그 무렵 뉴턴이 편원설(扁圓說)을 주장하여 카시니(Cassini)의 장원설(長圓說)과 서로 대립하고 있었는데, 유럽에서는 아직 정설이 없었으나 중국에서 실측을 통해 편원설이 틀리지 않음을 실증했던 것이다.

17, 8세기 유럽 각국에서는 전국적인 측량이 아직 시작되지 않거나 완성되지 않았지만, 중국은 이 큰 사업을 이루었으니 중서 학술계가 합작하여 이룩한 또 하나의 커다란 기념물이다.

귀주와 호광의 지도 제작 작업은 강희 55년 음력 11월 19일 즉 양력 1717년 1월 1일에 끝났으나 이후 수년 동안 계속 수정 보완되었다. 56년의 첫 번째 목각(木刻)은 28폭으로 만들어졌다. 58년 양력 6월 이후 손으로 그린 것이 있는데, 32폭이며 티베트와 황하 상류가 이전 지도에 비해 상세해졌다. 나중에 마테오 리파(Matteo Ripa)[59]가 이를 유럽에 가져가 동판 41폭으로 제작하였으니, 바로 민국 18년 심양 고궁박물원에서 발견된 것이다. 강희 60년(1721)에 만들어진 두 번째 목각은 32폭으로 제3판에 해당한다. 제3판은 제2판과 거의 같으나 티베트 부분만 더욱 상세해졌다. 옹정 4년(1726) 216개의 지도가 《고금도서집성》에 수록되었는데, 열거된 지명이 이전보다 훨씬 풍부해졌다.

....

59) 마테오 리파(Matteo Ripa, 馬國賢, 1682-1746): 이탈리아 출신의 선교사. 교황 클레멘트 11세에 의해 파견된 투르농(Tournon) 사절단의 일원으로 1710년 마카오에 도착했고 투르농의 추천으로 북경에 가서 궁정화가로 청조에 봉사하였다. 그림과 조각에 뛰어나 강희제의 총애를 받았다. 중국 선교의 발전을 위하여 4명의 중국인을 동반하고 귀국하여 나폴리에 중국학원을 창설, 선교사를 육성하였다.

제5절 청 조정의 티베트 지도 제작 과정

뒤알드가 지은 《중화제국전지(中華帝國全志)》 제4책 459쪽에는 〈티베트 지도의 지리적·역사적 관찰〉이란 글이 있는데, 다음과 같이 적혀있다.

"작고한 강희제가 일찍이 한 고관(高官)을 (티베트) 통일 전에 파견하여 중국에 이롭게 하도록 하였다. 고관이 그 주관 기관의 인원 몇 명을 데리고 티베트에 1년여 머무는 동안, 황제가 그에게 라마(喇嘛)의 직접 통치[直隸] 지역을 포함한 지도 하나를 만들라고 명하였다. 1711년(강희 50년) 레지스에게 이 지도를 보여주면서 《황여전도》에 넣게 하였다. 레지스는 이를 살펴보고 지도를 제작한 사람에게 몇 가지 질문을 한 다음 이 임무를 맡을 수 없다고 답했다. 왜냐하면 지도를 제작할 때 하나의 고정된 기점이 없었고 각지의 거리를 단지 현지인의 말에 의지한 채 측량하지 않았기 때문이었다. 그러나 그 지도가 비록 극히 불완전했지만 그 면적이 매우 넓고, 주목할 만한 것들이 많다는 것을 알 수 있었다. 하물며 우리가 갖고 있는 가장 뛰어난 아시아 지도도 매우 적은 사물만 기록하고 있고 상세하지도 않았다. 황제는 일찍이 이 지도가 단지 몇몇 도시와 그 지역을 지나는 수로만 알 수 있을 뿐이라는 견해를 밝히고 지도를 다시 그릴 것을 결정했다. 이에 몽양재에 설치된 산학관(Academie de Mathématique)에서 기하학과 산학을 공부한 라마승 2명을 선발하여 서녕에서부터 라사에 이르는 지역의 지도를 그리도록 시켰다. 동시에 라사로부터 갠지스강의 수원(水源)까지 가서 그 강물을 갖고 돌아오게 하였다. 라마승들이 시킨 대로 모든 작업을 완수함에 따라 1717년(강희 56년) 이 완성된 지도가 선교사의 손에 들어왔고 이를 심사하여 확인하라는 명령이 내려졌다. 선교사들은 이전 지도보다 나아졌다고 판단했고 게다가 일찍이 몽양재에서 훈련받은 라마승이 만든 지도이기에 지나치게 트집 잡을 수도 없어서 바로 이에 의거해 지도를 완성하였다."

제6절 청 조정의 유구(琉球) 지도 제작 과정

강희제 때 완성된《황여전람도》안에는 대만·티베트·조선도 포함되어있지만, 서양 선교사의 입국을 금한 유구만 지도를 제작할 수 없었다. 강희 58년(1719) 유구가 책봉을 요청하자, 청 조정은 해보(海寶)와 서보광(徐葆光)을 정사와 부사로 파견하여 유구의 선왕 중산왕 상정(尚貞)과 상익(尚益)에게 제사지내고 아울러 상정의 증손자 상경(尚敬)을 중산왕에 임명하였다. 관련 내용은《성조실록》권279 강희 57년 음력 6월 초3일조에 보인다. 서보광은 귀국 후 강희 60년《중산전신록》을 간행했고 옹정 11년(1733)에는《봉사유구시(奉使琉球詩)》를 판각하였다.《중산전신록》권4〈성야(星野)〉에는 "신 해보와 서보광이 칙서를 받들어 출발하려 할 때, 황제께서 특별히 8품관 평안(平安)과 감생(監生) 풍성액(豊盛額)을 파견하여 함께 가서 지도를 제작하게 하셨다"고 적혀있다.

《봉사유구시》권1《박전집(舶前集)》에는 6월 14일 피서산장에서 훈령을 들은 시가 수록되어있는데, "관리를 권역 밖으로 보내 동쪽 끝 섬의 햇발을 알게 했네. 바닷물은 표주박으로 헤아릴 수 없지만, 하늘을 계산하는 데는 척(尺)으로 할 수 있다네. 견우직녀와 같은 별들은 땅과 연결되고 장해(章亥)[60]는 해 뜨는 동방의 들판에 도달했다네"라고 적혀있고, "해의 그림자[日影]를 측량할 두 사람을 함께 파견하여 바닷길의 거리를 측량하게 했다"는 주가 달려있다.

같은 책 같은 권〈해문가(海門歌)〉에서는 "어려서 추연(騶衍)의 구주

---

60) 장해(章亥): 중국 상고시대 걸음이 빨랐던 사람인 대장(大章)과 수해(竪亥)를 가리킴.

를 비해(裨海)가 둘러싸고 있고, 지구와 우주의 경계에 대영해(大瀛海)가 있다는 설을 읽으면서 구주의 밖을 바다가 둘러싸고 있다는 설의 내용이 너무 광대하다고 의심했는데, 서양의 비범한 사람들이 근대 중국에 온 다음에야(원문 주에 "서양인이 중국에 온 것은 마테오 리치부터 시작되었다"고 적혀있음) 비로소 다섯 대륙에 만국이 별처럼 펼쳐진 것을 알았네(여기 달려있는 주는 생략한다). 우리 황제는 손수 (천문 관측기구인) 옥형(玉衡)의 자루를 쥐고 365도 마음가는대로 선회시키셨고, 수해(竪亥)[61]는 서쪽 끝에서 동쪽 끝까지 걸었으니 그 거리가 5억 10만 보(步)임은 한 올의 실로 그림자를 재면 그러함을 알 수 있다네. 지금 바다 동쪽으로 사람을 보내 하루의 길이를 헤아리고 목선을 띄워 해 돋는 국토의 끝을 함께 찾는데, 작은배 여전히 작은 웅덩이에 있는 것 같으니 일문구리(一門九里)를 어찌 느리게도 흘러가는가?"[62]라 하였다.

우리 황제 운운(云云)한 것은 강희제가 천문 지리를 좋아한 것과 전국 지도를 제작하라고 명한 것을 말한다. 따라서 평안과 풍성액의 동행은 바로 이 기회를 이용해 유구 지도를 제작하거나 몇 개 거점의 경위도를 측정해서 58년(1719) 음력 2월 12일 반포한 《황여전람도》의 미비점을 보충하기 위한 것이었다.

불석장(弗錫章)[63]의 《일품집(一品集)》[64]에 실려 있는 〈유구기사일백

....

61) 수해(竪亥): 하우(夏禹)의 신하였던 감해(甘亥)를 일컫는 말. 감(甘)은 하나라 때 제후국의 이름으로 하나라의 별칭으로 보인다. 지리를 조사해 오라는 우 임금의 명에 따라 오른손에 산가지[算]를 한 움큼 들고 동쪽 끝에서 서쪽 끝까지 5억 10만 9,800보를 달렸다고 한다.

62) "少讀騶衍裨瀛說, 外海環九疑譚天, 西洋異人近代入中國, 始知五洲萬國果若星羅駢. 我皇手握玉衡柄, 三百六十五度隨心旋, 竪亥步自西極至東極, 五億十選能以一線測景知其然. 今遣海東量日使, 浮槎共採湯池邊, 芥舟尚在堂坳裏, 一門九里何涓涓."

운(琉球紀事一百韻)〉65)에서는 "습속이 몽매하니 전문가가 측량을 대신하네. 땅을 살피니 오월(吳越)에 가까우니 별자리로는 견우직녀 자리에 해당하네66)"라 하였고, "강희 58년 8품관 평안을 보내 측량케 했는데, 오월과 함께 견우직녀의 성좌(星座)에 같이 속하니 모두 축궁(丑宮)67)에 있었다"는 주가 달려있다.

《중산전신록》 자서에는 "지금 유구는 비록 (중국과) 큰 바다를 사이에 두고 있지만 새롭게 해 그림자를 측정해보니, 복주(福州)와 동서(東西)로 서로 마주하며 겨우 1,700리 떨어져있다. 대대로 책봉 받고 해마다 조공했기에 내지와 다름이 없다. 삼가 조정에서 새로 발간한 지도를 살펴보니, 조선·하미·티베트[拉藏]·속국 등의 지도가 모두 포함되어있었다"고 적혀있다.

앞서 언급한 《황여전람도》 첫 번째 목판본은 서보광이 명을 받기 바로 1년 전인 강희 56년에 완성되었으므로 서보광이 분명 볼 수 있었을 것이고, 강희제가 그에게 지도 제작을 명했으므로 반드시 참고하도록 주었을 것이다. 그러므로 "삼가 조정에서 새로 발간한 지도를 살펴보니"라고 한 것은 아마도 서보광이 사신으로 갈 때 마침 지도 전체가 이미 완성되어 수정을 기다리던 시기였음을 말한 듯하다. 자서의 내용을 읽어보면 마치 이 새로 발간한 지도에 조선·하미·티베트 및 기타 속국의 지도가 들어

....

63) 원서에는 황석장(黃錫章)으로 되어있으나 오류여서 바로잡았다.
64) 《일품집(一品集)》: 전 2권. 절강성 오흥(吳興: 현 湖州市) 사람 불석장(생몰연도 미상)이 지은 책으로 가경 14년(1809) 은이당(恩詒堂)에서 간행되었다.
65) 원서에는 〈유구기사시일백운(琉球紀事詩一百韻)〉로 되어있으나 오류여서 바로잡았다.
66) "習俗沿蒙昧, 專員代測量. 地稽吳越近, 星訂女牛祥."
67) 축궁(丑宮): 중국 천문학 전문용어로 서양의 염소자리(Capriconus)에 해당한다.

가 있는데, 중국과의 관계가 내지나 마찬가지로 밀접한 유구 지도가 어찌 없을 수 있겠는가?라고 말한 것 같다.

《봉사유구시》 권2 《박중집(舶中集)》의 〈유구삼십륙도도가(琉球三十六島圖歌)〉에서는 "성인의 가르침 천하에 가득차고, 황하의 발원지와 불국(佛國)도 (조정의 광대한) 전당에 모습을 드러내게 되었네. 천하의 전체 지도가 한눈에 들어올 수 있게 완성되니, 붉은 글씨 검은 경계 정밀함이 끝없구나(원문에는 '황제께서 최근에 사신을 파견하여 황하의 발원지를 살피게 하니 烏斯藏[68]을 지났다. 또 관리를 서쪽으로 파견하여 거리를 측정하고 천하의 전체 지도를 그리게 하여 새롭게 완성하였다'는 주가 달려있다). 유구라는 작은 지역은 민해(閩海: 절강성과 복건성 남부 해안 – 역자)에 이어져 있으니, 이 지도 얻으면 동남의 부족한 부분도 보충할 수 있을 터. 조공 오는 공고문이 동쪽 벽에 걸리고 붉은 해는 천천히 동쪽에서 떠오르네[69]"라고 하였다. 동남방의 부족한 부분을 보충한다든가 공고문이 걸린다는 표현은 서보광의 사행 목적이 유구 지도를 제작하여 《황여전람도》 동남쪽의 빠진 부분을 보충하는데 있음을 분명하게 밝힌 것이다.

유구 문헌 예컨대 《구양(球陽)》[70] 권10 상경왕 7년 〈책봉사 해보, 측량

----

68) 오사장(烏斯藏): 당·송대 토번(吐蕃)이 있던 곳으로 원·명대에 티베트를 부르던 명칭이다. '오사'는 티베트어로 '중앙'이란 뜻이고 '장'은 "성스럽고 깨끗하다"는 뜻이다.

69) "聖人聲敎彌六合, 河源佛國歸堂皇. 天下全圖成一覽, 朱書墨界窮毫芒. 琉球彈丸綴閩海, 得此可補東南荒. 朝來張掛向東壁, 紅旭冉冉升扶桑."

70) 《구양(球陽)》: 한문으로 된 유구국의 관찬 편년사 중 하나. 구양은 유구에 대한 미칭으로 정식 서명은 《구양기사(球陽記事)》이다. 1743년부터 1876년까지 편찬되었는데, 왕실 계보와 정치·경제·종교·사회·문화 및 천문현상과 자연재해 등 유구에 관한 온갖 내용을 포함하고 있다.

관 평안 등이 칙서를 갖고 입국하다)조에는 "책봉정사 한림원검토 해보, 부사 한림원편수 서보광이 측량관 평안·풍성액과 함께 조칙을 가지고 입국하여 제사와 책봉 및 칠연(七宴) 등의 예(禮)를 가르치고 규정대로 모두 마쳤다. 다음해 봄 2월 16일[既望日] 출항해 귀국하였다'고 적혀있다.

측량 인원도 흠차대인으로 간주되었으니, 《역대보안(歷代寶案)》[71] 2집(集) 권10 강희 58년 5월 초10일 〈복건등처승선포사사(福建等處承宣布使司)가 조공 바치고 책봉 받는 업무와 관련해 유구국 중산왕의 증손자 상경에게 보낸 자문(咨文)〉에 "게다가 이번 책봉 의식과 관련하여 현재 흠차대인 네 분이 복건에 오랫동안 머물고 있으니 더 이상 지체하여 기한을 넘기는 잘못을 범할 수 없습니다"고 되어있다.

《역대보안》 2집 권10과 《구양》 권10에 모두 도통사(都通事) 모사달(毛士達)이 풍랑으로 (유구에) 표착한 (중국)사람을 송환하는 일이 기록되어 있는데, 《구양》에는 "이 때 책봉을 요청하는 시기를 맞아 황제의 사신이 복건에 이르니, 관례대로면 마땅히 두 사람이지만 이번은 측량관 두 사람이 더해져 모두 네 사람이다"고 적혀있다.

《역대보안》 2집 권10에는 유구 국왕의 상주문이 다음과 같이 실려 있다.

"강희 58년 황제의 명을 받은 몽양재 시직(侍直)찬수관(纂修官) 평안과 풍성액이 책봉정사 한림원검토 해보, 부사 한림원편수 서보광 등과 함께 조칙과 측량 기구를 갖고 금년 6월 초1일 우리나라에 도착했습니다. 신

....

71) 《역대보안(歷代寶案)》: 유구국과 주변 국가 간의 왕복문서를 모아놓은 한문 자료로 모두 세 부분으로 나뉘어져 있다. 제1집은 1424년부터 1697년까지 국가별로 외교문서 원본 형식대로 적혀있고, 제2집은 1697년부터 1858년까지, 제3집은 1859년부터 1867년까지의 유구국 관방문서가 연대순으로 기재되어있다.

이 온 나라의 백관과 백성들로 하여금 조칙과 측량 기구를 맞이하여 천사관(天使館) 안에 모시고 길한 날72)을 택하여 조칙을 읽으니, 신을 왕으로 봉(封)해 주셨습니다. 신은 삼가 옛 예절에 따라 박석(薄席) 밖에서 정성껏 대접하였고, 5일마다 반드시 신하를 파견하여 황제의 사신에게 문안하면서 공관(公館) 내에서 해 그림자를 측량하고 있음을 알게 되었습니다. 지금까지 거의 반년이 지났으니, 이는 진실로 신의 나라에 여태 없었던 뜻밖의 기회로 특별한 은혜를 깊이 입음을 더욱 깨닫고 있습니다."

위의 상주문에서 평안과 풍성액을 책봉 사신 앞에 배치한 것을 보면, 유구 측이 이번에 온 네 사람의 흠차대신 중 사실 책봉보다 측량을 중하게 여겼음이 분명하다. 그렇지 않았다면 평안은 8품관에 불과했고 풍성액은 겨우 흠천감 감생인데, 어떻게 "정1품 인망복(麟蟒服)을 하사받은 한림원편수 가이급(加二級)"인 서보광의 앞에 둘 수 있었겠는가? 건륭 22년 주황(周煌)73)이 편찬한 《유구국지략(琉球國志略)》74) 권1 〈성야(星野)〉에는 "강희 58년 성조 인(仁) 황제께서 특별히 조정의 8품관 평안과 감생 풍성액을 책봉사신 해보·서보광과 함께 파견하여 유구국에서 측량하게 했다"고 적혀있다. 이 글 본문 앞에 있는 짧은 서문에서는 "특별히 이수(理數)에 정통한 내신(內臣)를 파견하여 빠른 바람을 타고 나는 듯

....

72) 길(吉)자 다음에 한 글자가 빠져있어 날[日]인지 때[時]인지 확실치 않다.
73) 주황(周煌, 1714-1785): 사천성 중경(重慶) 사람으로 건륭 21년(1756) 한림원 시강(侍講)으로 유구 책봉부사에 임명되었다. 그 후 여러 관직을 거쳐 건륭 49년(1784) 도찰원 좌도어사(左都御史)를 지냈으며 사후 태자태부(太子太傅)에 추증되었다.
74) 《유구국지략(琉球國志略)》: 전 17권(首卷 포함). 주황이 귀국 후 기존의 사행 기록과 자신의 사행 경험을 토대로 유구의 역사·지리·풍속·인정(人情) 등 전 분야에 걸친 내용을 서술한 책으로 건륭 22년(1757) 발행되었다.

건너가서 해 그림자와 별을 관측하게 했다. 무릇 장형(張衡: 후한 때 혼천의 등을 만든 과학자 - 역자)과 배수(裵秀: 지도제작의 여섯 가지 준칙을 정한 서진 때 사람 - 역자)가 정한 규칙에 힘써 근거하여 그 멀고 가까움과 굽고 곧음의 실제를 정확하게 하였으니, 진실로 섬나라에서 만세에 전해질 가르침이었다"고 하였다.

평안과 풍성액 두 사람은 《어제율력연원(御製律曆淵源)》 편찬에도 참여했는데, 두 사람의 직무는 모두 '고측(考測)'이었으며 평안의 관함(官銜)은 '병부주사 가일급(加一級)'이고 풍성액은 '후보필첩식(候補筆帖式)'이었다. 이때가 옹정 2년(1724)으로 유구 지도를 제작하고 귀국한 지 4년 뒤였다.

강희 58년 7월 15일 유구에서 월식을 관찰할 절호의 기회가 있어서 측량관이 밤을 새면서 관찰하였다. 서보광의 《봉사유구시》 권2 〈월식시(月蝕詩)〉에서 그 일을 묘사하고 있지만, 측량관에 대해서는 한 마디도 언급하고 있지 않다. 그 시에 다음과 같이 적혀있다.

"해동의 역(役)에서 견우직녀 별자리는 우리나라 오월(吳越)에 해당한다네, 해가 뜨고 달이 지는 것은 주비(周髀)[75]에 따라 옛날부터 정해진 계산법이 있고, 각도를 초(秒)단위로 나누는 데는 혼천의[76]를 사용한다네.

....

75) 주비(周髀): 고대 천문학설의 하나인 개천(蓋天). 하늘은 삿갓 모양 지구는 엎어 놓은 쟁반 같다 하여 구고법(句股法)으로 천체 운행의 이수를 계산하였음.
76) 《후한서》 권59 〈장형전(張衡傳)〉에 "장형이 천체운행의 미묘한 규칙을 탐구하여 혼천의를 제작하였다(妙盡璇機之正, 作渾天儀.)"라는 구절이 있고, 이 구절에 대해 《후한서》 주(注)에서 채옹(蔡邕)을 인용하여 혼천의를 후대동의(候臺銅儀)로 표현한 것으로 보아 여기에서 말하는 동의(銅儀)는 후풍지동의(候風地動儀)가 아니라 혼천의를 말하는 것으로 보인다.

하물며 천자로 즉위하신지 58년이 되어 하늘의 상서로운 부서[乾符]77)를 잡고, 희씨(羲氏)78)의 책무를 장악하여 두루 우주에 끝이 없음 알게 하였네. 역법(曆法)은 지금 가장 정밀하다고 하는데, 이탈리아에서 온 신묘한 기술 때문이지. 그 나라 사람 마테오 리치는 명나라 만력연간에 와 조정에 나아갔다네. 손으로 전도를 그려 《곤여만국전도(坤輿萬國全圖)》라 불렀는데, 거기서 대륙을 다섯으로 나누었지. 빙 둘러 있는 대양(大洋) 밖에 다시 바다가 있으니 추연(騶衍)의 설과 아주 비슷한데도 넓은 세상을 알지 못했네. 하늘은 땅과 달리 예전같이 여전히 365도의 하늘이 있다네. 해와 달 오성(五星)이 구슬과 옥이 연하여 있듯이 모여 있고 28수 별자리가 마음속에 펼쳐지네. 겹눈동자를 가진 뛰어난 인물은 기(璣)79)를 살펴 신묘한 해석을 하고, 일월성신의 운행과 해와 오성을 연산하는 것은 겹눈동자를 가진 사람의 일이네. 여러 장인과 다른 나라까지 참고하여 《기하역본(幾何曆本)》을 저술하니 몽매함을 깨우치라고 하는 것 같네. 관(館)을 열고 내정에서는 그 법을 익히고 만 리 떨어진 바닷가 나라에서 와서 조(曹)를 나누어 천상역법을 헤아리네. 기해년에 일식이 태괘(泰卦)80)의 위치에서 있었으니, 7월에 (坤이 아래에 있고 乾이 위에 있어 천지가 서로 만남이 없는) 비괘(否卦)가 변하여 천지가 서로 만나게 되었다가, 15등분한 하루 중 능신(淩晨) 사점(四點) 일각(一刻)에 서로 멀어지니, 숨죽이고 경의를 표하면서 밤에서 새벽까지 그 자취를 쫓았네. 동방은 밝지 않았는데 서쪽 달이 반응하여 달을 바라보니 달의 테가 처음에는 점차 활을 당긴 것 같더니, 3분 남짓에 달의 현(弦)이 반에 미치지 못한 상태에서 일식이 서쪽으로 떨어지는데 머리 돌려보니 아침 해는 붉네. 신(臣)의 직분이 미미한데도 달을 지킬 수 있었으니, 이역에서 천

....

77) 건부(乾符): 하늘로부터 받은 제왕이 될 부험(符驗).
78) 요임금이 천상(天象)과 역법을 관할하게 했던 희중(羲仲)과 희숙(羲叔)를 지칭한 것으로 보임.
79) 기(璣): 천체를 관찰하는 의기(儀器)의 회전 부분.
80) 《주역》〈지천태(地天泰)〉, 건하곤상(乾下坤上).

자를 지키는 울타리가 된 것 같네. 참다가 해동(海童)[81]과 잠에 떨어졌는데, 달에 사는 두꺼비[妖蟆: 蟾月]가 5경(更)에 달에 들어가는 것을 보는 것을 놓쳤네. 하늘을 보며 크게 소리치지만 반응이 없으니, 노동(盧仝)[82]과 같이 거칠 것 없이 말하여 기록하고자 하네.[83]"

위 시에 나오는 《기하역본》은 《기하원본》의 오기이고 일식은 월식의 오기이며 기해년은 강희 58년(1719)이다. 월식 관찰은 당시 선교사들이 경도를 측량하는 방법 중 하나를 사용했다. 시에 따르면 월식이 시작된 시간은 (음력 7월) 15일 새벽 3시 15분이고 개기월식이 아니라 겨우 3분의 1남짓 가려진 부분월식이었다. 더구나 해가 처음 떠올랐을 때 달은 서쪽 아래가 띠 모양으로 먹혀 있는 상태였다. 오폴처(Oppolzer)[84]가 저

....

81) 해동(海童): 중국 전설상에 바다에 산다는 신령스러운 아이.
82) 노동(盧仝, 796?-835): 당나라 제원(濟源) 사람으로 자호는 옥천자(玉川子)이다. 한유(韓愈)가 하남령(河南令)으로 있을 때 후대를 받았다. 일찍이 붕당의 횡포를 풍자한 장편시 〈월식시(月蝕詩)〉를 지어 한유의 칭송을 들었다. 재상 이훈(李訓) 등이 환관 소탕을 도모하다가 실패한 감로지변(甘露之變) 때 휩쓸려 살해되었다. 저서에 《옥천자시집(玉川子詩集)》 2권과 외집(外集)이 있다.
83) "于役之海東, 女牛分野與吳越同. 日出月入周髀自古有定算, 分刋杪忽能以銅儀通. 況今中天御極五十有八載, 手乾符, 握義策, 周知六合無終窮. 曆法至今稱最密, 意大里亞來神工. 其國有人利瑪竇, 前明萬曆來朝宗, 手畵全圖稱萬國, 大洲有五分其中. 環瀛海外更有海, 騙衍咫問曾未窺洪蒙. 及其譚天與地異, 依然三百六十五度之蒼穹. 日月五星珠璧合, 二十八宿羅心胸. 重瞳窺璣有神解, 運算轉曆渾天七政歸重瞳. 參取衆工及外域, 幾何曆本指示如發蒙. 開館內廷修其法, 分曹推步萬里來海邦, 己亥之歲日蝕在泰卦, 七月之否爲交衝, 十五寅正一刻早相望, 屛息載拜夜候至曉窺其蹤. 東方未明西魄應, 玉輪仰暈漸若初張弓, 三分有餘未及弦之半, 帶蝕西下回首桑暾紅. 臣職雖微及護月, 越在異域猶藩封. 忍與海童盡昏睡, 失見妖蟆五更儵入姮娥宮, 仰天大呼天不應, 聊爾放記事如盧仝."
84) 테오도르 리터 폰 오폴처(Theodor Ritter von Oppolzer, 1841-1886): 오스트리아의 천문학자로 1866년부터 빈 대학에서 천문학을 강의했고 1875년 교수

술한 《식(蝕)의 법칙》(*Canon der Finsternisse*, 1887년 판)[85] 370쪽의 4524
호에 기록된 바에 따르면, 이번 월식은 그리니치 자오선 기준 8월 29일
밤 8시 25분에 가장 심했으니 북경에서는 경도차(經度差) 약 7시간 46분
을 더한 다음날(8월 30일) 새벽 4시 11분 전후였다. 월식이 최대일 때는
달 표면의 44%가 가려졌고 총 67분가량 진행되었으며 중국 전역에서
볼 수 있었다. 유구국 수리(首里: 현 오키나와 나하시 - 역자) 지방의 시간은
북경보다 약 35분 느리기 때문에 월식이 가장 심했던 시간은 4시 45분
전후가 된다.

내가 쓴 〈강희 58년 청 조정이 사람을 보내 제작한 유구 지도 연구(康
熙五十八年清廷派員測繪琉球地圖之硏究)〉는 《국립대만대학 문사철학보
(文史哲學報)》 제1기(1950년 6월 - 역자)에 실려 있다.

제7절 18세기 유럽에서 간행된 중국 지도

프랑스 왕실 지리학자인 당빌(d'Anville)[86]은 18세기 유럽의 지리학 권
위자였다. 파리 과학연구원과 금석미문학회(金石美文學會) 회원, 런던 고

....

가 되었다. 주요 저서로 《혜성 및 행성 궤도의 연구》(*Lehrbuch der Bahn-
bestimmung der Kometen und Planeten*) 등이 있다.
85) 원서에서는 《식전(蝕典)》으로 번역하였으나 우리에게 익숙한 명칭으로 바
꾸었다.
86) 장 밥티스트 부르귀농 당빌(Jean-Baptiste Bourguignon d'Anville, 1697-
1782): 프랑스의 지도학자. 대표작으로 《신중국지도첩(新中國地圖帖)》(*Nou-
vel Atlas de la Chine*) 등이 있다.

물학회(古物學會) 회원, 상트페테르부르크 과학원 회원으로 새로운 중국 지도를 만들었는데, 프리델리가 보내온 《황여전람도》 부본(副本)에 의거해 완성한 것이었다. 일찍이 파리에서 두 차례 출판되었고 네덜란드 헤이그에서 한 차례 출판되었다. 현재 파리 국립도서관에 소장되어있는 것은 모두 42폭(幅)이다.

1729년(옹정 7년) 북직예·강남·강서·복건·절강·호광·하남·산동·산서·섬서·사천·광동·광서·운남·귀주 등지의 지도가 출판되었다.

1730년 《중국전도》 및 《고려도(高麗圖)》가 출판되었다.

1731년 소위 《중국달단분도(中國韃靼分圖)》 즉 몽고·신강·청해 등지의 지도가 출판되었는데, 모두 12폭이었다.

1732년 소위 《중국달단총도(中國韃靼總圖)》가 출판되었는데, 〈서장분도(西藏分圖)〉 9폭 및 〈비어링(Beering)여행지도(比林旅行圖)〉가 첨부되어있다.

1733년 《부탄지도[不丹圖]》가 출판되었다.

1734년 소위 《중국달단서장전도(中國韃靼西藏全圖)》가 출판되었다.

당빌이 새로 제작한 중국 지도의 총 수는 심양 고궁박물원에서 발견된 것보다 1폭이 더 많다.

예수회 선교사가 프랑스에 가져갔지만 당빌의 수정을 거치지 않은 것들이 프랑스 외교부 기록관리처에 소장되어있다. 대부분의 도시 이름이 한자로 쓰여 있으나 일부만 붉은 글씨로 러시아 발음이 달려있다. 모두 31폭으로 9번째 지도 즉 호광(湖廣)이 빠져있다. 그 중 중요한 것은 〈압록강 지도〉, 〈황하 북부 지도〉, 〈우수리강 지구 지도〉, 〈흑룡강 하구 지도〉, 〈금사(金沙)강·란창(瀾滄)강 및 기타 여러 강 상류 지도〉, 〈란창강 유역 지도〉, 〈하미[哈密]·달단 지방 지도〉 등이다.

사실 당빌은 뒤알드의 부탁으로 중국 지도를 수정했기 때문에 이들

지도는 뒤알드의 《중화제국전지》에도 실려 있는데, 모두 32장[葉]이고 1735년(옹정 13년)에 간행되었다.

당빌의 중국 새 지도는 이것 외에 두 가지가 더 있다. 하나는 대형으로 특별 제작된 것으로 지도 50장과 그림 14장으로 되어있는데, 지도 42장 외에 〈독사참고도(讀史參考圖)〉 및 〈주요성읍도(主要城邑圖)〉가 함께 수록되어있다. 출판연대는 정확히 알 수 없으나 대략 1736년(건륭 원년) 이후 얼마 지나지 않은 때였던 것 같다. 다른 하나는 그로시에(Grosier)[87]가 쓴 《중국지(中國誌)》(*Description générale de la Chine*)의 부록본으로 1785년(건륭 50년)에 간행되었는데, 지도와 그림이 모두 65장이다.

제8절 고빌(Gaubil) 등이 제작한 《대청일통여도(大淸一統輿圖)》

건륭 26년(1761) 서양 선교사가 《건륭내부동판지도(乾隆內府銅版地圖)》를 완성하였는데, 《건륭십삼배지도(乾隆十三排地圖)》라고도 불린다. 이 지도에서 중요한 것은 아래에 열거한 각 부분이다.

(1) 〈아시아 서부 약도(略圖)〉: 《황여전람도》에 기초하고 마테오 리치의 《만국도지》·《만국여도》, 페르비스트의 《곤여전도》·《곤여도설》을 참작하여 완성한 것이다.

....

87) 장 밥티스트 가브리엘 알렉상드르 그로시에(Jean-Baptiste Gabriel Alexandre Grosier, 1743-1823): 프랑스인 신부로 중국학 연구자이며 Abbé Grosier로 더 잘 알려져 있다.

(2) 〈아시아 러시아 영역 약도〉: 러시아가 헌상한 지도에 근거하여 만든 것이다. 전조망(全祖望)88)의 《길기정집(鮚埼亭集)》 권2 〈황여도부(皇輿圖賦)〉에는 "러시아가 먼 길을 마다않고 통상하러 오는 길에 처음으로 지도를 바쳤는데, 옛날에는 보지 못했던 것이었다. 그 북극과의 거리가 불과 20도였다"고 적혀있다.

(3) 〈중가리아부와 회부(回部)89) 지도〉: 좌도어사(左都御史) 하국종(何國宗)90)과 몽고 정백기(正白旗) 생원 오관정(五官正)91) 명안도(明安圖)92)

....

88) 전조망(全祖望, 1705-1755): 청대의 문학가 겸 역사학자로 절강성 은현(鄞縣) 출신이다. 진사에 급제하였으나 관직에 나아가지 않고 즙산서원(蕺山書院)과 광동 단계서원(端溪書院)에서 주강(主講)을 맡았다. 평생 황종희(黃宗羲)를 흠모하여 그 미완의 저서 《송원학안(宋元學案)》을 완성시켰고 《수경주(水經注)》 교정에 고심했다. 그 밖의 저서로 《경사문답(經史問答)》·《구여토음(勾餘土音)》·《한서지리지계의(漢書地理志稽疑)》 등이 있다.

89) 회부(回部): 청나라는 건륭제 때 중가리아분지와 동투르키스탄 지역을 정복한 다음, 천산산맥을 경계로 그 이북에 사는 투르크계 무슬림 지역을 준부(準部)로, 그 이남(타림분지, 투루판, 하미 등지)에 사는 위구르계 무슬림 지역을 회부로 나누어 통치하였다. 준부에는 만주족과 몽고족을 이주시켜 직접 군정(軍政)을 실시하고, 회부는 무슬림 유지(Bek)들을 통한 간접통치에 의지하였다. 청말 서북부에서 무슬림의 대반란이 일어나자 1884년 신강성이 신설되면서 회부와 준부의 구분이 사라지고 한화(漢化)가 추진되었다.(《실크로드 사전》, 951쪽)

90) 하국종(何國宗, ?-1767): 순천부 대흥(大興: 현 북경시) 사람으로 《어제율력연원》 편찬에 참여했다. 건륭 21년(1756)과 24년 두 차례 신강지역 지리측량 작업에 참가했는데, 24년 파견될 때는 내각학사의 신분이었기 때문에 좌도어사란 직책은 정확한 것이 아니다.

91) 오관정(五官正): 청나라에서 이 관직은 흠천감(置天監)에 배속되었고, 품등은 정6품 내지 종6품이었다. 주로 천문역법에 종사하는 관직으로 춘관정(春官正), 하관정(夏官正), 추관정(秋官正), 동관정(冬官正), 중관정(中官正)으로 구성되어 있었다.

92) 명안도(明安圖, 1692-1765): 몽고족 출신의 걸출한 수학자 겸 천문학자. 강희

에게 서양 선교사 미셀 베누아(Michel Benoist)와 조제 데스피나(Joseph d'Espinha) 등을 데리고 현지 측량을 하게 한 다음 제작 완성한 것이다.

민국 14년(1925) 고궁박물원 문헌관에서 이 지도가 발견되었는데, 세로 13줄[排]에 모두 104개[方] 동판이었다. 측량과 제도에 있어 가장 중요한 역할을 한 사람은 고빌이고, 이를 완성한 사람은 베누아이다. 협조한 사람으로는 펠릭스 다 로차(Félix da Rocha)[93]와 데스피나가 있었다. 전도는 폭이 12척 반, 높이가 6척 반이다. 이 지도는 비록 아시아 대륙 부분을 개량(改良)하는데 중점을 두었지만, 실제로는 두 개의 반구(半球)로 된 세계[坤輿] 지도로 구(球)의 직경은 5척이다. 베누아가 동판 제작에 능숙하지 않았기 때문에 이들 동판이 어떻게 제작되었는지에 대해 현재 두 가지 설이 있다. 하나는 파리에서 제작되었다는 설로 현재 파리 국립도서관에는 베누아와 제판(製版) 상인이 체결한 계약서가 아직 남아 있다. 다른 하나는 베누아 본인이 연구에 성공한 후 장인을 모집하여 북경에서 제작했다는 설이다. 파리에서의 계약은 거리가 멀어 시간이 많이 소요되었기 때문에 실제로는 실현되지 않았다는 것이다.

건륭제 때 만든 지도의 장점은 (1) 중앙아시아 방면에 주의했다는 점이다. 강희제 때 만든 지도는 신강 부분이 여전히 불완전했지만 이번에 중가리아부와 회부의 지도를 모두 측량하여 제작했다. (2) 중국과 러시아의 국경선을 중시했다는 점이다.

....

연간 궁중에서 서양 선교사로부터 측량·천문·수학을 배웠고, 흠천감 오관정으로 47년간(1713-1759) 근무했다. 건륭 21년과 24년 두 차례 신강 지역 지리측량 작업에 참가했는데, 24년 파견될 때 흠천감 감정으로 파격 승진되었다. 따라서 그의 신분을 오관정으로 한정한 것은 잘못이다.
93) 펠릭스 다 로차(Félix da Rocha, 傅作霖, 1713-1781)): 포르투갈 출신의 예수회 선교사로 1737년 마카오에 도착해 1781년 사망 후 북경에 묻혔다.

중가리아부와 회부의 측량 과정은 건륭 21년(1755) 6월 황제가 직접 쓴 〈대청일통여도시(大淸一統輿圖詩)〉에서 볼 수 있는데, 그 시에 달려 있는 주석[自注]에 다음과 같이 적혀있다.

"여지도(輿地圖)는 강희연간부터 황조(皇祖)께서 사람에게 명하여 각 부(部)에 이르러 상세히 묻고 정밀히 그리게 한 것이다. 혹 그 땅에 갈 수 없는 경우에는 반드시 널리 자문을 구한 후에 그것을 실었다. 완성된 뒤 동판에 새겨 영구히 후세에 전하고자 했다. 작년에 중가리아 서쪽 제부(諸部)를 평정하여 모두 판도에 편입시켰기에 (좌)도어사 하국종에게 서양인을 데리고 서북에서 두 길로 나눠 각기 악척극(鄂拓克: 현 내몽고자치구 오르도스시 서부 - 역자)에 이르러 성도(星度)를 측량하고 절기(節氣)를 점치게 했다. 그리고 그 산천의 험하고 평탄함, 거리의 멀고 가까움을 상세히 자문하여 옛 제도에 따라 지도를 그리도록 명했다."

건륭 25년(1760) 8월 다시 시를 지었는데, 그 주석에 다음과 같이 적혀 있다.

"건륭 을해년(1755) 중가리아 각 부가 평정된 뒤 하국종 등에게 길을 나누어 측량하여 여도(輿圖)에 기재하게 했다. 기묘년(1759) 여러 회부가 모두 판도에 편입된 후 다시 (오관정) 명안도 등을 파견하여 해당 지역을 살펴서 차례로 정리하여 바로잡게 했다. 위로는 때[辰朔]를 점치고 아래로는 강역[職方]을 열거하여 이전 지도를 보충함으로써 밝혀진 사실을 영원히 전하게 했다."

《청조문헌통고(淸朝文獻通考)》 〈상위고(象緯考)〉에는 다음과 같이 기록되어있다.

"(건륭) 20년 6월 새로 개척한 서쪽 땅의 북극 고도와 동서 편도(偏度: 위치의 표준점에서부터 측정된 變量의 값 - 역자)를 측량하라고 명하면서 '서쪽에서 군사가 크게 승리하여 대군이 곧장 일리[伊犁]에 이르자 중가리아의 여러 부가 모두 판도에 들어오게 되었다. 그 (지역) 별의 28수는 해가 뜨고 지는 낮밤의 절기(節氣)별 시각이다. 마땅히 《시헌력(時憲曆)》에 기재하여 정삭(正朔)을 반포하고 하사해야 한다. 그 산천의 거리는 응당 상세히 서로 헤아려서 《황여전도》에 기재하여 중국과 외국이 하나로 통일된 흥성함을 드러내야 한다. 좌도어사 하국종이 평소에 측량에 대해 잘 아니 오관정 명안도, 부통령(副統領) 부덕(富德)과 함께 서양인 2명을 데리고 각 해당하는 곳에 가서 그 북극 고도, 동서 편도 및 일체의 지형과 지세를 측량하여 온 마음으로 교정하고 제도하여 제출하라. 모든 《곤여전도》 및 필요한 관측기구를 참작하여 가지고 가라'고 말씀하셨다."

《청사고》〈하국종전(何國宗傳)〉에는 다음과 같이 적혀있다.

"하국종은 순천(順天) 대흥(大興) 사람으로 강희 51년 진사가 되었다. (건륭) 13년 공부시랑으로 옮기었다. 21년 정월 시위(侍衛) 노삼(努三)·합청아(哈淸阿)와 함께 서양인을 데리고 일리에 가서 도수를 측량하고 지도를 그리도록 명받았다. 10월 상주를 올려 '파리곤(巴里坤)에서 서북으로 두 길로 나누어 현지를 조사했는데, 신 노삼은 산 뒤로부터 일리에 이르러 박라탑랍(博羅塔拉)·제합이(齊哈爾)·포탑극(布塔克)·탑배극(塔拜克)·한해(瀚海) 등지를 조사하여 지도를 그렸습니다. 신 하국종과 합청아는 탁동령(托東嶺)을 넘어 박극달(博克達)의 액림합필이갈산(額琳哈畢爾噶山) 및 토로번(土魯番)의 이랍리극(伊拉里克), 합라사이(哈喇沙爾) 등지에서 남북 도수를 측량하고 해도하(海都河)에서 상행하여 유륵도(裕勒都)로부터 소유이도사(小裕爾都斯)와 합포제해(哈布齊垓)에 이르러 도착한 지방의 지도를 그리고 다시 파리곤으로 돌아와 두 노선의 지도를 합하여 어람토록 올리며 보고드립니다'고 하였다."

《건륭내부동판지도》를 제작한 사람은 베누아인데, 이 지도를 동판에 새긴 후 각 편(片)당 100장씩 총 1만 4백장을 인쇄하고 표구한 다음 황제에게 바쳤다. 지금 104편이 남아있으니 바로 이 숫자에 부합된다. 위에서 서술한 바를 종합하면 중가리아부와 회부의 지도 측량 제작은 비록 하국종·명안도·노삼·합청아 등이 그 일을 감독하였지만, 실제 측량하여 지도를 제도하고 조판을 담당한 것은 모두 서양 선교사였음을 알 수 있다.

소의진(邵懿辰)의 《사고간명목록표주(四庫簡明目錄標注)》에는 다음과 같이 적혀있다. "《건륭십삼배지도》는 남쪽으로 경해(瓊海: 즉 해남도 일대 - 역자)에 이르고 북쪽으로 러시아 북해에 이른다. 동쪽으로 동해에 이르고 서쪽으로 지중해에 이르며 서남쪽으로 오인도(五印度)와 남해에 이른다. 합하여 하나의 지도로 만드니 가로세로 수 장(丈)에 달해서 13줄로 나누고 각 쪽마다 경위도를 표시했다. 대개 강희제 때 만든 지도를 바탕으로 아주 정밀하게 제작하고 아주 넓게 확장시킨 것인데, 옛 지도 중이에 미칠 수 있는 것은 없다." "방략관(方略館)[94]에 있는 지도 간행본은 그 크기가 수 장이 넘고 서북 각 변경은 모두 만주문자로 내지(內地)는 한자로 적혀있는데, 언제 새겨진 것인지 알 수 없다." 방략관의 지도는 아마도 강희제 때 만든 지도인 것 같다.

....

94) 방략관(方略館): 청나라에 특설된 수사(修史)기구 중 하나로, 큰 전쟁이 끝날 때마다 군기대신이 전투에서 만들어진 각종 기록물을 편집하여 전투의 완결 과정을 보여 주도록 하였는데, 《평정삼역방략(平定三逆方略)》과 《안남기략(安南紀略)》, 《친정평정삭막방략(親征平定朔漠方略)》 등 기사본말체적 특징을 지닌 방략 또는 기략을 편찬하였다.

제9절 베누아(Benoist)의 《곤여전도(坤輿全圖)》와 지동(地動)학설

베누아의 자는 덕익(德翊)이고 건륭 9년(1744) 중국에 와서 궁중 내에 분수 연못을 만든 것으로 유명하다. 건륭 26년(1761) 손으로 그린 《곤여전도》를 바쳤고 32년(1767) 목판을 만들었다. 지도의 폭은 13척에서 14척에 이르렀고 높이는 6척이었으며 두 개의 반구로 된 지도였다. 《예수회 선교사 서신집》 제4책에 수록된 베누아의 서찰 중에는 일찍이 이 지도에 대해 언급하면서 설명을 덧붙인 것이 있는데, 지동(地動) 및 행성운동에 관한 최신 학설을 소개하고 있다. 또 그가 일찍이 카시니(Cassini)·드 라카유(de Lacaille)[95]·르 모니에(le Monnier) 등 저명 학자의 저작을 인용해 서술했다고 적혀있다.

내가 가지고 있는 《곤여도설고(坤輿圖說稿)》 필사본 1책에는 지우거나 고친 흔적이 있고, 아울러 '상층(上層) 몇 번째[第幾]', '하층(下層) 몇 번째', '중상(中上) 몇 번째', '중하(中下) 몇 번째', '중상우(中上右)', '중상좌(中上左)', '중상(中上)', '중하중(中下中)', '중하좌(中下左)', '중하우(中下右)' 등의 주가 달려 있다. 또 자수(字數)를 주로 달아서 지도 위에 새긴 것이 무엇인지 바로 알게 하였다.

....

95) 니콜라 루이 드 라카유(Abbé Nicolas Louis de Lacaille, 1713-1762): 프랑스의 천문학자로 42개의 성운을 포함하여 약 1만 개의 남쪽 하늘의 별 목록을 작성한 것으로 유명하다. 이 목록은 *Coelum Australe Stelliferum*이라는 제목으로 1763년에 출간되었다. 목록에서는 이후 표준이 된 14개의 새로운 별자리를 소개하였다. 또한 라카유는 1800년간의 일식을 계산하여 표로 정리하였다.

지동설은 갈릴레이와 동시대의 사람인 자코모 로(Giacomo Rho)가 이미 중국에 소개하였지만, 자코모 로 본인은 그 학설을 믿지 않았다. 베누아는 이 학설을 상세히 설명했는데, 여기서 《곤여도설고》에 의거하여 옮기면 다음과 같다.

"코페르니쿠스는 일월성신에 대해서 논하였는데, 태양은 움직이지 않고 지구가 움직인다는 것이 핵심이다. 사람들은 처음 이 논리를 듣고 놀라 이상한 애기라 여겼으니, 대개 눈에만 의지해 증명하려고 했기 때문이다. 지금 이치로 그것을 밝히면 다음과 같다. 예컨대 사람이 땅에서 태양과 달을 보면서 그 둘의 직경이 비슷하고 크기가 불과 5, 6촌에 불과하다고 말한다. 그러나 법칙에 따라 추측해보면 태양의 직경은 지구보다 백 배는 크고 달의 직경은 지구의 4분의 1에 불과함을 알 수 있다. 사람이 땅에서 태양을 보면 태양이 움직이고 지구는 움직이지 않는 것처럼 느껴지지만, 지구가 움직이고 태양은 움직이지 않는다는 가설이 추산에 합치될 뿐 아니라 이치상으로도 문제가 없음을 지금 두세 가지 단서로 그 논리를 검증해보자."

"첫째, 사람이 지면에서 일월성신의 움직임을 보면 모두가 지구를 둘러싸고 있어서 땅은 항상 가만히 있고 움직이지 않는 것 같지만, 결국에는 땅이 가만히 있고 일월성신이 움직이는 것이라고 여길 수가 없는 근거가 있다. 예컨대 바다를 항해할 때 배를 타고 있는 사람은 배 안의 여러 물건의 원근이 서로 항상 같음을 보고 배가 움직이는 것을 깨닫지 못하고, 해안의 산과 섬 및 배 이외의 여러 사물을 보면 때론 가깝고 때론 멀며, 때론 좌측에 때론 우측에 있어서 도리어 그것들이 움직인다고 의심하게 된다. 지금 지구와 지구 주위의 공기에 장애물이 전혀 없고 움직임이 균등하기 때문에 사람이 지면에서 주위를 보면 여러 사물의 원근이 항상 같아서 땅이 움직이는 것을 깨달을 수가 없다. 하지만 지구 바깥의 일월성신을 보면 때론 위에 때론 아래에 때론 좌측에 때론 우측에 있어서 모든 별이 지구를 둘러싸고 돈다고 말한다."

"둘째, 비록 지구가 움직이고 태양은 가만히 있다고 가정하더라도 땅에서 그것을 보면 분명 태양이 움직이고 지구는 가만히 있는 것 같다. 그러나 이 두 가지로 태양이 출입하는 지평(地平)의 각도를 추산하면 그 수는 반드시 같다. 예컨대 그림 19는 갑사(甲巳)를 지면(地面) 위 경점(京點)의 지평으로 하고 묘(卯)·오(午)·유(酉)·자(子)를 태양이 지구를 돌며 서쪽으로 가는 궤적으로 삼은 것이다. 가령 태양이 묘점에 있을 때 경점에서 태양을 보면 지평에서 나온 것이고, 태양이 묘에서 오로 향하면서 점차 올라가고 오에서 유로 향하면서 점차 내려가는 것이다. 태양이 유점에 이르렀을 때 경점에서 태양을 보면 지평으로 들어가고 태양이 지평 아래로 내려가서 유에서 자를 지나 다시 묘점에 이르면 다시 지평에서 나오는데, 이것이 태양이 움직이고 지구는 가만히 있다는 주장이다. 지금 묘점을 태양의 본래 중심[本心]으로 삼아 항상 가만히 있고 움직이지 않으며 지구가 서쪽에서 동쪽으로 선회하면서 태양의 본심을 돈다고 가정하면, 하늘 주위의 묘·오·유·자 궤도의 각 점을 차례대로 돌아 지구의 경점과 상응하기 때문에 태양을 보면 지평에서 올라가고 내려가며 출입하는 것이 이전과 다르지 않다. 그림에서와 같이 경점이 하늘의 오점에 상응할 때 태양을 보면 지평에 있지만 경점이 선회하여 묘로 향하면서 태양이 올라오는 것 같고 경점이 하늘의 묘점에 상응할 때는 태양이 자오선에 이르는 것처럼 보인다. 경점이 묘에서 하늘 둘레의 반을 선회하여 하늘의 자점에 상응하면 태양이 지평으로 들어오는 것 같다. 나머지도 비슷한 이치이다."

"셋째, 태양은 본래 스스로 빛을 내는 존재이고, 달·수성·금성·화성·목성·토성 여섯별은 모두 스스로 빛을 내지 못하는 존재여서 태양의 빛을 빌려 빛을 내니 지구와 서로 유사하다. 가령 사람이 달이나 기타 별 위에서 지구를 보면 역시 지면에서 달을 보는 것과 같이 그믐, 보름, 상현, 하현일 때도 있다. 이 이치는 무릇 천문에 능통한 사람은 모두 알고 있는 바이다. 지금 여섯별이 모두 지구와 유사할진대, 어찌 여섯별과 태양이 지구를 돌고 유독 지구만 가만히 있는 이치가 있겠는가? 태양이 우주의 중심에 있고 지구와 나머지 별들이 모두 태양을 둘러싸고 태양의

빛을 빌린다는 가설만 같지 못하니, 이 논리가 역시 빠르게 이해할 수
있지 않은가? 수성·금성·지구·화성·목성·토성 여섯별의 주전원(周轉
圓, epicycle)은 태양 주위를 빙 돌고 달의 주전원은 지구 주위를 빙 돌며
토성과 화성 두 별에는 또 각각 그것을 돌고 있는 작은 별의 주전원이
있다. 그러나 태양·지구·토성·목성은 각 주전원의 중심이 (하나가) 아
니고 미세하게 한 쪽으로 치우쳐 있는데, 그 서로 떨어진 거리를 양심차
(兩心差: 태양이 위치해있는 가상의 本天 중심과 지구 중심 간의 차이 - 역자)
라고 부른다. 코페르니쿠스는 이 여러 주전원들이 서로 다른 궤적을 만
든다고 여겼고 케플러(Kepler)는 별의 움직임이 어떤지 상세히 관찰하여
이 여러 주전원들이 타원이라는 것을 증명하였다. 타원은 크고 작은 두
가지 직경이 있고 아울러 세 개의 심(心)이 있으니, 즉 중심과 두 개의
편심(偏心)이다. 만약 크고 작은 두 직경의 비례를 알거나 양심차를 알면
타원의 형상을 그릴 수 있다." (하략)

《곤여도설고》는 〈곤여전도설(坤輿全圖說)〉·〈경위선(經緯線)〉·〈지구
둘레를 측량하는 새로운 법칙(測量地周新程)〉·〈사대주(四大州)〉·〈아시
아주(亞細亞州)〉·〈유럽주(歐邏巴州)〉·〈아프리카주(利未亞州)〉·〈아메
리카주(亞墨利加州)〉·〈일곱별의 순서(七曜序次)〉·〈항성(恆星)〉·〈일월
성신의 직경이 각각 다름(諸曜徑各不同)〉·〈춘하추동을 논함(論春夏秋
冬)〉·〈지구 반경의 차이(地半徑差)〉·〈맑고 어두운 기운의 차이(清蒙氣
差)〉·〈지도를 논함(論地圖)〉·〈교식(交食)〉·〈태양(太陽)〉·〈태음(太陰)〉
·〈오성(五星)〉·〈객성(客星)〉·〈혼천의(渾天儀)〉 등으로 구성되어있다.
그 〈발문(跋文)〉에는 다음과 같이 적혀있다.

"우리 왕조의 성조 인(仁) 황제(강희제를 말함 - 역자)께서 누차 사신을
파견하여 황하의 발원지 등에 직접 가서 땅의 도수를 측량하고 지도에
그려 넣게 한 결과, 한(漢)·원(元) 시대의 기록에 비해 더욱 상세해졌다.

우리 황상(건륭제를 말함 - 역자)의 위엄과 덕망이 만국에 널리 미쳐 신복(臣服)하지 않음이 없게 되었다. 먼 변경의 서쪽까지 모두 판도에 넣고 사신을 나누어 파견하여 경위도를 측량하게 하니, 거쳐 간 거리가 수만 리에 달했다. 마치 궁성을 걷는 것 같이 모든 산천의 상황과 도로와 마을의 멀고 가까움을 비교적 명확하게 했다. 서적에 기재되어 전해지는 바가 혹은 있고 혹은 없는데, 모두 지도에 의거하여 판별할 수 있게 되니 아, 성대하도다! 베누아는 외국에서 온 배신(陪臣)으로 요행히 성세(盛世)를 만나 새로 개척한 서역의 여러 지도를 취하고 서양에서 가져온 것과 결합해 강역의 대강을 손수 편집하여 《곤여전도》를 증보함으로써 누워서도 그곳에 가볼 드문 기회를 제공한 것 같다. 무릇 여러 별의 멀고 가까운 순서, 각 지방의 경위도, 혼천의의 새로운 제작 및 일월오성의 형상, 원[輪]의 중심과 직경의 비율, 서양 선교사의 거듭된 측정과 검사, 옛날 것이 소략하고 현재의 것이 정밀하다는 것, 그 입론(立論)이 서로 달랐던 것의 요체를 지금 모두 지도 옆에 그 대략을 기재함으로써 이 지도를 보는 사람으로 하여금 형상을 통해 그 이치를 탐구하는데 또한 작게나마 보탬이 되게 했다."

베누아는 또 《곤여전도회의(坤輿全圖繪意)》를 저술하였는데, 내가 그 중 권1과 권2 필사본 2책을 소장하고 있다. 권1은 총 39쪽이고 권2는 총 19쪽이다. 권1 맨 앞은 〈곤여전도회의〉로 그 내용은 앞에서 인용한 《곤여도설고》의 발문과 대략 같다. 다음은 〈곤여도소인(坤輿圖小引)〉이고 그 다음은 〈지구의 형상을 논함(論地體形象)〉·〈혼천의를 논함(論渾天儀)〉·〈지평권(地平圈)〉·〈경위도(經緯度)〉·〈여러 별의 숨었다 나타났다 함과 밤낮의 길고 짧음 및 사계절 교체의 까닭을 논함(論諸曜隱見並晝夜長短四季輪流之故)〉이다. 권2는 제2편으로 우주 내 일월성신의 차례에 대해 논하고 있으며 지우고 고친 데가 매우 많은 것으로 보아 초고였던 것 같다. 글 중에 건륭 정축년 흠천감에서 《의상고지(儀象考志)》를

새로 만들었다고 적혀있는데, 건륭 정축년은 22년(1757)으로 베누아가
중국에 온 지 13년 되는 해이다.

제10절 양병남(楊炳南)의 《해록(海錄)》과 사청고(謝淸高)의 생애

《해록》[96] 1권은 청나라 사람 양병남이 지은 책이다. 양병남의 자는
추형(秋衡)이고 (광동) 가응(嘉應) 사람이다. 같은 읍에 살던 사청고라는
사람이 어려서 상인을 따라 해남으로 갔을 때 풍랑을 만나 배가 뒤집혔
는데, 외국 배의 구조를 받아 이후 14년 동안 그 배를 따라서 각국을
돌아다녔다. 나중에 실명(失明)하고는 마카오에서 객지생활을 하면서 통
역 일로 생계를 유지했다. 가경 25년(1820) 봄 양병남이 마카오에서 그를
만나 그가 말한 서양과 남양에 대한 애기를 적어 《해록》 1권을 완성했다.
이상은 양병남의 자서에 적혀있는 내용이다.

그러나 이조락(李兆洛)의 《양일재문집(養一齋文集)》 권2 〈해국기문서

....

96) 《해록(海錄)》: 저자와 판본 및 내용상의 문제점에 대해서는 본문에 자세히
   나온다. 이 책은 동남아시아에서 포르투갈과 영국에 이르는 항로와 연해 각
   지의 지리적 위치·풍속·물산·풍토 등을 상술하고 있으며 모두 97개 국가
   와 지역에 관해 기술하고 있다. 인도양 지역에 관한 설명이 가장 상세하며
   동시대인의 저작에는 없는 아메리카 대륙까지 언급하고 있다. 〈미리간국(咩
   哩干國)〉과 〈아미리격(亞咩哩隔)〉조에는 미국과 남미에 관해 간략하게나마
   기술하고 영국에서 북미까지, 아프리카 남단의 희망봉에서 남미와 미국까지
   중국선박이 항해하는 항로를 소개하고 있는데, 이는 중국인에 의한 최초의
   기록이다.(《실크로드 사전》, 902쪽)

〈海國記聞序〉〉에서는 다음과 같이 말하고 있다.

"광주를 유람하다 오광문(吳廣文) 석화(石華)를 만났는데, 자신의 고향
에 사청고라는 사람이 있다고 했다. 그는 어려서 서양 상선을 따라 여러
나라를 두루 돌아다니면서 가보지 않은 곳이 없었으니, 도착한 곳마다
반드시 관심을 갖고 탐문하며 눈으로 검증하고 마음으로 헤아리길 10여
년간 하였다. 지금은 두 눈을 실명하여 더 이상 배를 탈 수 없고 장사를
해서 혼자 힘으로 살아가고 있는데, 항상 그가 본 바를 기록하여 후대에
전할 사람을 구하지 못해 한스럽다고 말했다. 석화가 그것을 가엽게 여
겨 그가 말한 바를 듣고 《해록》 1권을 완성하였다. 내가 그것을 얻어
읽어보니, 말한 바가 조리 있고 작은 배로 큰 파도 일렁이는 망망대해
수만리 나아가면서 헤아린 바가 진실로 심오하였다. 또 네덜란드 등 여
러 나라가 해변의 작은 나라를 병탄하여 요새를 세우고 병사를 주둔시켜
지키고 있는 사정들을 모두 하나하나 상세히 서술하고 있어 더욱 중요한
내용을 얻을 수 있었다. 그러나 급하게 받아 적어 정밀하고 세밀함을
다하지 못했거나 검증하지 않아 앞뒤의 차이가 있기에 석화에게 그를
불러서 내용을 보충하고 사실을 조사하여 교정하도록 부탁했다. 그런데
석화의 책이 나오고 사청고가 갑자기 사망함으로써 사청고와 같은 (경험
이 있는) 사람을 찾아 물어보고자 해도 다시는 그 기회를 얻을 수 없었
다. 애석하도다! 애석하도다! 다행히 각국을 기록한 바가 대체로 이미
대략 갖추어져 있어서 선창(船窗)에 여유가 있을 때 차례로 정리 배열하
고 조금 분별을 가해서 의심스러운 것은 빼고 그가 한 말을 다시 요약한
다음 지도를 앞에 배치하고는 《해국기문(海國記聞)》이라 이름 붙였다.
사청고는 가응주(嘉應州) 금반보(金盤堡) 사람으로 18세에 외국 선박을
따라 바다로 나가 14년 동안 배 위에서 생활했고 31세에 눈이 멀었다.
건륭 30년 을유년(1765)에 태어나 57세에 죽었다. 오광문의 이름은 란수
(蘭修)이고 역시 가응주 사람이다."

이에 따르면 오란수도 일찍이 (해청고의 진술을) 기록했고 이조락이

다시 그것을 정리해 책으로 만들었다는 것이다. 애석하게도《해국기문》
은 현재 전해지지 않아서 서로 비교 검토해 볼 수가 없다.

《양일재문집》권2에는 또 〈해국집람서(海國集覽序)〉가 있는데, "사청
고는 글을 알지 못해 예전(의 기록)과 같은 내용은 증명할 수가 없었고
예전과 다른 내용은 판별할 수가 없었다. 때문에 여러 역사서 및 외국을
기록한 여러 책을 검토해 그 고증해야 할 것들을 발췌 기록해놓고 그가
오길 기다려서 물어볼 생각이었다. 나중에 사청고가 죽었다는 소식을
듣고는 결국 더 이상 일을 마칠 수 없었다. 일단 사청고가 말한 이야기
뒤에 첨부하였다"고 적혀있다.《해국집람(海國集覽)》역시 현재 전해지
지 않으니 안타깝다.

지금 볼 수 있는 것은 단지 양병남의《해록》뿐인데, 도광 24년(1844)의
원각본(原刻本)은 구해보기 쉽지 않다.《해외번이록(海外番夷錄)》본이
있으나, 지도만 있고 그 지도라는 것도《직방외기》·《해국문견록(海國聞
見錄)》및《해록》에 나오는 지명을 뒤섞어 그려 완성한 것이다. 〈해국기
문서〉에도 "지도를 앞에 배치했다"고 적혀있지만 같은 지도인지는 알 수
가 없다.

《해록》은 또《해산선관총서(海山仙館叢書)》[97]본이 있는데, 오직 목록
만 남아 있다. 〈월남〉조에서 〈조호르(Johore, 柔佛)〉조까지를 '서남해(西
南海)', 〈리아우(Riau lsland, 霤哩)〉조부터 〈묘리(妙哩)〉조까지를 '남해
(南海)', 〈대서양(大西洋)〉조부터 〈개어(開於)〉조까지를 '서북해(西北海)'
라 이름 붙였지만 누락하여 판각되지 않았다.

....

97) 《해산선관총서(海山仙館叢書)》: 전 120권. 청대 번우(番禺) 사람 반사성(潘仕
成, 1804-1873)이 편찬한 총서로 도광 29년(1849) 간행되었다. 해산선관은
반사성의 별장 이름이다.

그 외에 《주거소지(舟車所至)》98)본·여조양(呂調陽)99) 중간본(重刊本)·《소방호재여지총초(小方壺齋輿地叢鈔)》100)본·광서 7년 사운룡(謝雲龍) 중간본이 있는데, 사운룡은 사청고의 집안사람으로 호는 선문(選門)이고 동치 4년(1865) 진사가 되었다.

사청고는 바다를 10여 년간 왕래하였기 때문에 방언을 꽤 많이 알고 있었지만, 일개 상인에 불과해 중국과 서양의 문자를 알지는 못했다. 〈신당국(新當國)〉조에는 말레이어 수십 자가 기록되어있고 〈대서양(大西洋)〉조에는 포르투갈어 수십 자가 기록되어있으나 역음이 잘못된 것이 많다. 책 안의 역명(譯名)은 가응 지방의 음으로 읽은 것이 많고 원명 혹은 본명은 포르투갈어로 읽은 것이 많은데, 아마도 그가 탔던 선박이 포르투갈 혹은 영국 선박이었던 것 같다. 또 사청고는 단지 상인을 따라서 장사하러 돌아다녔기 때문에 지리는 그다지 알지 못해서 기록된 각국의 방위는 불명확했다. 유럽에서 직접 가본 곳은 겨우 런던뿐이고 나머지는 모두 말로 들은 것이었다. 그러나 그는 구역을 나누어서 구술하였으니, 대체로 월남에서 인도 서북 연안에 이르는 대륙 연안의 여러 지역이 첫 번째 부분이고, 조호르에서 묘리까지의 남해 각 섬이 두 번째 부분이며, 그 다음으로 유럽·아메리카·아프리카 세 지역 및 동북해의 여러 섬을 서술하고 있다.

....

98) 《주거소지(舟車所至)》: 전 34권. 청대 강소성 상숙(常熟) 사람 정광조(鄭光祖, 생몰연도 미상)가 편집한 지리총서로 도광 23년(1843) 간행되었다.
99) 여조양(呂調陽, 1832-1892): 청대의 팽주(彭州) 사람으로 경학자이며 그의 작품은 대부분 《관상로총서(觀象盧叢書)》에 수록되어있다.
100) 《소방호재여지총초(小方壺齋輿地叢鈔)》: 청말 강소성 청하(淸河)사람으로 저명한 편집자인 왕석기(王錫祺, 1855-1913)가 펴낸 총서로 광서 17년(1891) 상해에서 간행되었다.

여조양이 일찍이 중간하면서 주를 달았다는 사실은 사운룡의 서문에
보인다. 《가응주지(嘉應州志)》권29에는 "여조양이 《해록》을 중간하면서
주를 달아 보충했다"는 구절이 기재되어있다. 같은 책 같은 권에는 또
여조양이 중간한 《해록》의 서문이 있는데, "잘못되고 빠진 부분을 구문
(舊聞)에 의거하여 보충하고 바로잡았다"는 말이 있다. 그러나 당시 여조
양이 주를 달며 의거한 자료는 《영환지략(瀛寰志略)》과 《해국도지(海國
圖志)》등의 범위를 벗어나지 못했을 것으로 짐작된다.

양병남은 《해록》 자서에서 그와 함께 사청고를 만난 사람으로 이추전
(李秋田)군이 있다고 했다. 아울러 "사청고의 말은 매우 박졸(樸拙)하였
는데, 나에게 이를 기록하여 자신이 평생 보고 들은 바를 후대에 전하여
죽은 뒤에도 영원하도록 부탁하였다"고 밝히고 있다. 여기서 사청고의
말이 매우 박졸했다는 점에 주의할 필요가 있다. 양병남이 "기술한 나라
이름은 모두 서양 본토 발음을 말한 것인데, 간혹 음은 있으나 글자가
없어 겨우 비슷한 것을 취하여 이름 지었으나 더 이상 억지로 책에 나오
는 것에 부회(附會)하여 그 참됨을 잃지 않도록 했다"고 말한 대로 그
저술 태도는 매우 엄격했지만 소략함이 지나치게 심했다. 예컨대 벵골
[榜葛剌]을 '명하라(明呀喇)', 캘리컷[古里]을 '격력골저(隔瀝骨底)', 코친[柯
枝]을 '고진(固眞)', 니코바르[翠藍嶼]를 '니고파랍(呢咕吧拉)'으로 적고 있
다. 또 이탈리아를 '쌍응(雙鷹)', 미얀마를 '오토(烏土)'로 표기하였는데,
모두 조금만 더 고증하면 그 내력을 설명할 수 있는 것들이다. 음역된
지명도 대부분 지금 통용되는 것과 크게 달랐다. 예컨대 이탈리아를 일
타련(一打輦, 또는 쌍응국이라 하니 그 국기에 두 마리 매가 그려져 있기
때문이다), 프러시아는 단응국(單鷹國) 또는 단련(單輦), 스웨덴은 수역
고(綏亦咕), 노르웨이는 영려마록(盈黎嗎錄), 프러시아는 포로사(埔魯寫),
스페인은 대려주(大呂朱) 또는 의세반야니(意細班惹呢), 아일랜드는 영

란니(盈囒你), 이집트는 순모오귀(順毛烏鬼), 에티오피아는 권모오극(鬈毛烏克), 아메리카주는 아마리격(亞咩哩隔), 실론은 서령(西嶺), 세인트헬레나섬은 산다리(散爹哩), 마다가스카르는 마리하저간(亞哩呀呧簡)이라 하였다. 벨기에의 앙베르(Anvers)는 옛 이름이 안트베르피아(An-tverpia)인데, 아리피화(亞哩披華)라고 하였다.

이조락의 서문에 따르면 사청고는 건륭 30년(1765)에 태어나 57세에 죽었다고 한즉, 죽은 해는 도광 원년(1821)에 해당한다. 18세에 외국 선박을 따라 바다에 나갔고 14년간 항해하였으며 31세에 눈이 멀었으니, 그의 해상 생활은 대략 건륭 47년(1782)에서 60년(1795) 사이였을 것이다. 그러나 책에서는 곤전국(崑甸國)[101]의 나방백(羅芳伯)[102]에 대해 서술하면서 "중국인과 오랑캐가 존경하여 죽은 뒤 그에게 제사를 지냈다"고 하였고, 〈구유불(舊柔佛)〉조에는 "가경연간 영국이 이곳의 토지를 개척하여 수년 만에 상인들이 운집하였다"고 적혀있다. 그런데 이들 모두 건륭제 퇴위 이후에 일어난 일이므로 분명 사청고가 전해들은 이야기일 것이다.

《가응주지》 권23에 있는 〈양병남전(楊炳南傳)〉에는 동생 양시남(楊時南)과 함께 도광 기해년(1839) 거인에 합격했다고 적혀있다. 또 "일찍이 사청고가 구술하고 양병남이 기록하여 《해록》 몇 권을 저술하였다. 서계

....

101) 곤전국(崑甸國): 현 인도네시아 칼리만탄(Kalimantan)섬의 성도인 폰티아낙(Pontianak) 일대를 말한다.
102) 나방백(羅芳伯, 1738-1795): 원명은 방백(芳柏)으로 광동성 매현(梅縣) 석선보(石扇堡)에서 농부의 아들로 태어났다. 여러 차례 향시에 합격하지 못한 나방백은 1772년 백여 명의 일가친척과 함께 바다를 건너 보르네오섬으로 이주하여 금광회사를 세웠다. 1777년 최초로 국가 수뇌인 '대당총장(大唐總長)'에 임명되어 그곳 사람들로부터 '곤전왕(崑甸王)'이라 불렸다. 1795년 58세의 나이로 곤전에서 사망했다.

여(徐繼畬)의 《영환지략》, 위원(魏源)의 《해국도지》는 모두 그것을 취하여 완성하였다"고 되어있지만, 여조양이 서문에서 말한 대로 "중국인의 저서에서 바다에 대해 얘기하면서 그 범위가 멀리 대서양 밖까지 미친 것은 사청고로부터 시작된" 것은 분명 아니었다. 사실 번수의의 《신견록》이 그보다 훨씬 먼저 나왔으나, 《신견록》이 매몰되어 드러나지 않은 것에 반해 《해록》이 남긴 영향이 큰 것은 아마도 다른 차원의 문제라 할 것이다.

민국 41년(1952) 7월 나는 포르투갈 수도 리스본의 토레 도 톰보(Torre do Tombo) 기록보관소에서 가경 11년(1806) 8월 초3일 향산현(香山縣) 좌당(左堂) 오(吳)가 사청고와 포르투갈인의 소송에 대해 답한 통지문[諭]을 발견했는데, 얻기 어려운 문헌이라 생각되어 여기에 그 전부를 옮긴다.

"현재 가응주 주민 사청고가 아뢴 바에 따르면 다음과 같다. '저는 마카오에 와서 마카오 오랑캐[澳夷] 안치니가초(暖哆呢呵吵)에게 점포 한 칸을 빌렸습니다. 그 지방 이름[土名]으로 길자위(桔仔圍)라고 하며 해마다 임대료 은(銀) 7원(員) 여를 지금까지 변함없이 납부하였습니다. 일찍이 가초의 조카 안치니방석가(暖哆呢呀口錫㗪)와 거래했는데, 전후 합해 번은(番銀: 외국 은화 - 역자) 150원을 빚지고 계속 갚지 않았습니다. 불행히도 (제) 두 눈이 마침내 멀자, 그는 해마다 이자 20%[二分]을 내겠다고 했으나 나중에는 이자도 갚지 않았습니다. 이에 그는 자신의 홍창문(紅窗門) 점포 한 칸의 1년 임대료 24원을 받아 이자로 충당하겠다고 저에게 써주었으니, 현재 갖고 있는 오랑캐 두목(夷目)의 서류[番紙]가 그 증거입니다. 그런데 그 숙부 가초가 임대료를 가로막고 저에게 건네주지 않을 줄 어찌 알았겠습니까. 결국 오랑캐 두목과 통자(通字), 지보(地保)에게 처리를 부탁드렸습니다. 그러자 가초가 제가 임대한 그의 점포 임대료에서 제하고 계산하자고 해서 저는 어쩔 수 없이 그의 말을 따라 마침내 2년간 임대료 오랑캐 은 15원 반을 공제해주었습니다. 그런데 생각지도 못하게 가초가 다시 오랑캐 두목과 결탁하여 밀린 임대료 등의 일을 봉차(奉差)에게 아뢰어 저를 추궁하여 액수대로 지불받았음이 문건에 기록되어있습니다. 미루어 생각하건데 저는 공제했던 오랑캐의 2년간 임대료를 이미 지불 완료했는데, 오랑캐는 어찌 저의 피 같은 본전을 빚지고 완전히 갚지(원문에는 完賞으로 되어있는데, 完償의 오기가 분명함) 않는 것입니까? 어쩔 수 없이 어르신의 계단 앞에 머리를 조아려 아뢰니, 본전을 돌려주도록 재촉해주시길(원문에는 飾으로 되어있으나 飭의 오기가 분명함) 빕니다'라는 사정이 관청에 접수되었다. 이에 의거하여 조사 추궁할 것을 통지키로 합의했다. 통지문을 받는 즉시 해당 오랑캐 두목은 곧바로 시킨 대로 안치니방석가가 주민 사청고와의 거래에서 오랑캐 은 150원을 빚졌는지를 분명하게 조사하여 정한 기한 내에 전액을 청산하도록 하고 핑계를 대며 어물어물 넘어가지 말도록 해라. 해당 오랑캐 두목 역시 사사로움에 치우쳐 과오를 범해서는 안 되니, 이를 어기지 말 것을 특별히 알린다! 가경 11년 8월 초3일 알림."

가응 사람으로 일찍이 떠돌아다니다가 마카오에 기거하였고 31세에 맹인이 된 사청고와 이 통지문의 내용이 모두 부합하므로 동일 인물임을 알 수 있다. 항해로 세월을 보내다 말년에 외국인에게 사기를 당했으니, 그 처지 또한 가히 불쌍하도다! 건륭 30년(1765)생인 사청고가 외국인과 송사(訟事)에 말려들었을 때는 이미 41세로 실명한 지 10년, 귀국한지 9년이 지난 시기였다. 소송문은 매끄럽지 못한 부분이 많고 잘못된 글자도 있는데, 어쩌면 그가 구술한 바를 옆에 있던 사람이 받아 적은 것일 수도 있다. 요즘에는 안치니를 안다니(安多尼, Antonio - 역자), 방석가를 방제가(方濟加, Francis - 역자)로 표기한다.

제11절 서양 지리학에 대한 명·청시기 학자들의 반대

　명말 청초 서양 지리학과 세계지도가 전래되자 사대부 중에 그대로 받아들인 사람도 있지만 반대한 사람 또한 적지 않았다. 예컨대 이유정(李維楨)은 《대필산방집(大泌山房集)》[103] 권15 〈방여승략서(方輿勝略序)〉에서 다음과 같이 말하였다.

　"또한 나는 일찍이 사마천의 《사기》 열전에서 추연(騶衍)이 황당무계한 애기를 한 것을 보았는데, 중국의 명산·대천·광곡(廣谷)·금수 및 물과 땅에서 생식하는 동식물을 열거한 다음, 사람들이 보지 못한 해외(海外)에서 나는 진기한 물건들로 확대하고는 중국이 천하의 81분의 1에 불과하다고 했다. 왕공·대인이 그의 말을 기이하게 여기고 그를 존경하여 섬겼다. 얼마 전 외국인 마테오 리치가 만든 산해도(山海圖)에서 중국을 작게 그린 것이 대략 추연과 같았는데도 풍우이(馮盱眙) 응경(應京)이 이를 칭찬하였으니 괴이함이 지나치지 않은가? 다만 그(마테오 리치 - 역자)가 '신(神)이 접물(接物)하면 사기자(司記者)가 이를 받아들이고 사명자(司明者)가 이를 분별하며 사애자(司愛者)[104]가 이를 넓힌다'고 말한 것은 실로 추연이 인의·검약·군신·상하·육친(六親)을 말했던 바를 답습한 것이다. 요컨대 천하 바깥의 일은 성인도 보류하고 논하지 않았는데, 지금 도성에 억류된 오랑캐가 지도를 만들어 중국을 높이고 있다. 여러 말들이 법도에 어긋나는 점은 있으나, 원대한 포부가 있는 사람을

....
103) 《대필산방집(大泌山房集)》: 전 134권. 명말 대신 겸 역사학자였던 이유정 (1547-1626)의 저서로 시 6권과 잡문 128권으로 구성되어있다.
104) 원서에는 司受者로 되어있으나 오류가 분명해 바로잡았다.

어찌 같은 기준으로 논할 수 있겠는가."

위준(魏濬)[105]이 쓴 〈마테오 리치의 주장은 황당하고 혹세함(利說荒唐惑世)〉은 서창치(徐昌治)가 편집한 《파사집(破邪集)》 권3에 실려 있는데, 다음과 같이 말하고 있다.

"최근 마테오 리치가 그릇된 말(邪說)로 대중을 현혹시키고 있는데, 사대부들도 그에게로 쏠려 믿고 따르고 있다. …… (그가) 만든 《곤여전도》는 아득히 멀고 드넓은 곳에까지 미치고 있는데, 이는 눈으로 볼 수도 발길이 닿을 수도 없어 조사·확인할 길 없음을 빌미로 사람을 속이고 있을 뿐이다. 정말이지 소위 화공(畫工)이 도깨비를 그린 것이나 마찬가지다. 다른 것은 차치하고 중국의 위치를 예로 든다면, 《곤여전도》에 그려진 중국은 서쪽으로 약간 치우치고 북쪽에 가깝게 되어있다. 잠시 밤중에 하늘을 우러러보면 북극의 추성(樞星: 북두칠성의 첫 번째 별 - 역자)이 자분(子分)에 있은 즉 중국은 마땅히 정중앙에 위치해야하는데, 지도에서는 약간 서쪽으로 치우치게 놓았으니 전혀 따를 바가 못 된다. …… 명란수(鳴鑾戍)와 교지(交趾)에서 본 바가 서로 멀어서 이렇게 되었다고 할지라도, 어찌 중국 땅덩이가 이토록 작을 수 있으며 지도의 북쪽 가깝게 위치할 수 있단 말인가? 저들이 거리낌 없이 함부로 지껄인 것이 이와 같다. 이를 믿는 자는 그 나라 사람들이 멀리 유람하기를 좋아한다고 말하지만, 이것이 멀리 돌아다닌 결과란 말인가? 천문에 대해 애기했던 추연은 중국이 천하의 8분의 1을 차지한다고 하여 (천하를) 9주로 나누었고 중국을 적현신주(赤縣神州)라고 했는데, 이들의 황당무계함은 추연보다 더 심하도다! 그리고 구천설(九天說)에 대해 말하자면, 한마디로 별의 크기로 억측하여 멀고 가까움을 말한 것이다. 태양이 도리어 토성

....
105) 위준(魏濬, 1553-?): 위준(魏浚)이라고도 함. 복건성 송계(松溪) 사람으로 명 만력연간의 중신(重臣)이며 박학다식하여 많은 저서를 남겼다.

이나 화성보다 작다고 하였으니, 그 멋대로 지어낸 것이 가소롭다. ……
《곤여전도》에서 달에는 오직 달빛 그림자만 있다고 한 것은 세인들이
말하는 계수나무[婆羅樹]와 옥토끼가 옛사람들이 대지의 산과 강의 그림
자라고 여긴 것과 같이 멋대로 지어내 사람들을 속인 것 뿐이니, 시험
삼아 지도를 가져다 달그림자와 대조해보면 즉시 알 수 있다.”

《사고제요》 권71 〈직방외기〉 조에는 다음과 같이 적혀있다.

“(책) 앞에 〈만국전도(萬國全圖)〉를 덧붙이고 뒤에 〈사해총도(四海總
圖)〉를 첨부하였는데, 서술한 내용 대부분이 기이해서 깊이 조사하여 밝
힐 수 없으니 대부분 과장되었다고 평가하지 않을 수 없을 것 같다. 그러
나 이 넓은 세상에 별의별 일이 다 있지 않겠는가? 이를 기록해 남김으로
써 색다른 지식[異聞]을 충분히 넓힐 수도 있을 것이다.”

《청조문헌통고》 권198 〈사예고(四裔考)6〉 ‘이탈리아’조에서는 《직방
외기》를 다음과 같이 평하고 있다.

“이탈리아 사람(알레니를 말함 - 역자)은 천하가 오대주(五大洲)로 이루어
져 있다고 말했는데, 대개 전국시대 추연의 비해설(裨海說)을 따른 것이
다. 다만 감히 중국을 오대주 중의 하나로 삼고 아세주(亞細洲: 원문에
이렇게 적혀있음)라 이름 붙였다. 그의 말에 따르면 5번째 주 묵와랍니가
주(墨瓦蠟泥加洲)는 그 신하 마젤란[墨瓦蘭]이 몇 년 동안 전전하다가
홀연히 해협을 만났는데, 천 여리에 걸쳐 끊임없이 이어져 있고 그가 처
음으로 이 지역을 발견했기 때문에 묵와랍니가주라 이름 지었다고 한다.
무릇 천 여리의 땅으로 한 주의 이름을 지으면서 중국의 수만리 땅을
한 주로 삼았으니, 창으로 방패를 찌르는 것처럼 내버려 두어도 스스로
무너질 터무니없는 논리이다. 또 그가 자기 나라의 물정(物情)과 정교
(政敎)는 중국이 도리어 미칠 바가 아니라고 서술했는데, 멀고 먼 미개지

의 기이한 기후와 풍토 및 질박한 인성은 있을 수도 있지만 그가 말한
오대주설이 속임수라면 이러한 것들도 표절한 거짓말로 의심된다. 따라
서 그 매우 잘못된 주장을 함께 새겨서 기록하지 않을 수 없다.”

같은 책 같은 권의 '박이도갈이아(博爾都噶爾亞)'(즉 포르투갈)조에는
또 “마테오 리치가 처음으로 《곤여전도》를 그려 중국에 전하였고, 그 후
판토하(Pantoja)가 서양 지도를 번각(翻刻)하면서 부연하여 도설을 만들
었다. 알레니(Aleni)가 이를 편집해 《직방외기》를 만들었는데, 그 내용이
과장됨을 피하기 어려우니 장자(莊子)가 말한 대로 보류하고 논하지 않
겠다”고 적혀있다.
   《사고제요》 권71 〈곤여도설〉조에는 다음과 같은 평가가 적혀있다.

   “동방삭(東方朔)[106]이 지은 《신이경(神異經)》[107]에 따르면, 동남의 허
   허벌판 중에 박보(樸父)라는 자가 있었다. 부부의 키가 천리였고 배 둘레
   [腹圍]가 (이 다음에 마땅히 그 길이가 적혀있어야 하는데, 원문에 빠져있
   어서 지금은 일단 그대로 따른다)였다. 천제(天帝)가 처음 세상을 세울
   때 그 부부에게 수많은 강과 하천을 열도록 하였는데, 게을러서 시킨 대
   로 하지 않자 동남 지방으로 유배 보내 계속 서있으면서 마시지도 먹지
   도 못하는 벌을 내렸다. 형벌은 추위나 더위에 관계없이 계속되었고 황
   하가 맑아져야만 그 부부가 다시 수많은 강과 하천을 다스릴 수 있게
   하였다고 되어있다. 이 책(《곤여도설》을 말함 - 역자)에 실린 동인(銅人)

....

106) 동방삭(東方朔): 한 무제 때 사람으로 자는 만천(曼倩)이다. 벼슬이 금마문
    (金馬門) 시중(侍中)에 이르렀고 해학과 변설, 직간으로 이름이 났다. 속설
    에 서왕모의 복숭아를 훔쳐 먹어 죽지 않고 장수하였으므로 '삼천갑자(三千
    甲子) 동방삭'이라고 일컬었다. 저서에 《동방선생집(東方先生集)》이 있다.
107) 《신이경(神異經)》: 동방삭이 지은 것으로 되어있으나 실은 후대 사람이 위
    탁(僞託)한 것으로 진(晉)나라 사람 장화(張華)가 주를 달았다.

이 바다에 걸쳐 서있고 큰 배가 그 가랑이 밑을 왕래한다는 이야기는 《신이경》의 이 내용을 따서 지은 것 같다. 또 《신이경》에는 북방은 얼음 층이 만 리이고 그 두께가 백 장이나 되는데, 얼음 아래 땅속에 계서(磎 鼠)108)가 살고 있었다. 형체는 쥐 같은데 무게가 천근이고 육포를 만들 수 있으며 그것을 익혀서 먹었다고 되어있다. 이 책에서 이 동물을 기록 한 내용이 《신이경》과 완전히 똑같다. …… 의심컨대 그가 동쪽으로 온 이후 중국의 고서를 보고 그 얘기를 모방하여 변형하였을 것이기에 반드 시 모두 실제 흔적이 있는 것은 아니다. 그러나 여러 책에 기록된 바를 대조해보면 상선[賈舶]이 전한 이야기 중에는 그 자취가 역력하여 날조 되지 않은 것도 있다. 비록 다소 보기 좋게 꾸미기는 했지만 모두가 다 허구는 아니므로 널리 색다른 지식을 보존하는 차원에서 이 책 또한 굳 이 불가함이 없을 것이다."

---

108) 계서(磎鼠): 奚鼠 또는 鼹鼠로도 표기하는데 중국 전설 중에 나오는 거대한 쥐이다. 《신이경》에는 또 그 가죽과 털은 최상의 방한 옷을 만들 수 있고 그 가죽으로 만든 북소리는 천리 밖에서도 들을 수 있다고 하였다. 보통 이 동물을 매머드(Mammoth) 혹은 사향소(muskox)가 아닌가 짐작한다.

제8장
음악

제1절 마테오 리치가 가져 온 서양 악기와 그가 지은 〈서금곡의(西琴曲意)〉

명말 중국에 유입된 서양 음악과 악기는 천주교와 마찬가지로 마테오 리치가 가장 먼저 전한 것은 아니었으니, 마테오 리치 이전에 미카엘 루지에리(Michael Ruggieri)가 있었다. 앙리 베르나르(Henry Bernard)의 《16세기 중국에서의 천주교 선교지》 하편 제6장에서 인용한 De Ric-quebourg의 저서 《예수회 선교사의 중국 선교역사(耶蘇會士在華傳教史)》 (*Histoire de l'Expédition chrétienne au royaume de la Chine entreprise par les Pères de Histoire de la Compagnie de Jésus*……)(1617년 Lille판)에 의하면, "그(루지에리 - 역자)의 집회 장소에는 소리가 은은한 새로운 악기와 같은 특별하고 신기한 물품들도 많이 진열되어있었다"고 한다.

루지에리 이후 활동한 라자로 카타네오(Lazarus Cattaneo)[1]는 음악에

....

[1] 라자로 카타네오(Lazarus Cattaneo, 郭居靜, 1560—1640): 이탈리아 출신의 예수회 선교사로 1593년 마카오에 도착했으며 이후 마테오 리치를 따라 북경

뛰어나 중국의 오음(五音)을 구분할 줄 알 정도여서, 당시 활동하던 여러 서양 선교사들이 미칠 바가 아니었다. 당시 마카오에서는 이미 서양 악기를 모방 제작할 수 있어서 마테오 리치가 파이프 오르간[管琴] 1대를 주문하여 명나라 황제를 알현할 때 바치려 했으나, 그가 북경에 도착할 때까지 완성되지 못하였다. 다행히 수행원 중 판토하(Pantoja)가 예전에 카타네오에게 음악을 배운 적이 있어 대략 어느 정도는 알고 있었다 [Tacchi Venturi 편, 이탈리아어본 《마테오 리치 신부의 역사적 저작》 (*Opere Storiche del P. Matteo Ricci*)[2], p.180, 300, 339, 370].

마테오 리치가 만력제에게 서양 악기를 진상한 과정은 그가 쓴 〈서금곡의〉(《畸人十篇》 뒤에 첨부되어있음)의 소인(小引) 중에 본인이 서술한 내용이 있는데, 소개하면 다음과 같다.

> "만력 28년(음력을 따름) 경자년 내가 예물을 갖추어 경사(京師)에 가서 헌상했는데, 그중에는 서양 악기 아금(雅琴) 1구(具)도 포함되어있었다. 중국에서는 볼 수 없는 특이한 형태로 그것을 어루만지면 특이한 소리가 났다. 황제께서 이를 신기하게 여기자, 악사(樂師)가 '이 악기를 연주할 본국(本國)의 곡이 분명 있을 터이니 듣고 싶다'고 물었다. 내가 '다른 곡은 제가 알지 못하고 오직 찬송가[道語] 몇 곡을 익혔으니, 지금 그 대략의 뜻을 귀국[大朝]의 문자로 번역하여 삼가 왼쪽에 진술해보겠습니다. 그 뜻만 번역하고 본래의 운(韻)을 따를 수가 없는 것은 방음(方音)이 다르기 때문입니다'고 대답하였다."

....

을 방문하였다. 마카오와 북경, 강남 등지에서 선교활동을 했으며 서광계 등과 친분이 깊었다. 1640년 항주에서 사망하였다. 일부 자료에서는 Lfizaro Catfino로 적혀있다.

2) 원서에는 《마테오 리치전집》(*Opere Storiche, I*)로 되어있으나 타키 벤투리의 저작 원명을 찾아서 바로잡았다.

황제는 또 악공(樂工) 4명에게 판토하로부터 악기 연주하는 법을 배우도록 명하였다(《天主敎傳行中國考》권3). 그렇다면 마테오 리치가 헌상한 것이 대체 어떤 종류의 악기였을까? 뒤자릭(P. du Jarric)[3]이 저술한 《동인도 및 기타 포르투갈인이 발견한 나라에 수입된 진기한 물건의 역사》(*Histoire des Choses plus mémorables advenues tant ez Indes Orientales que autres païs de la découverte des Portugais*, 1610, Bordeaux, Ⅲ, p.963)에는 그 진상품이 1대의 손풍금(Manucordium, 手琴)이며 매우 중국인의 중시를 받았고 만력제도 특별히 마음에 들어 했다고 적혀있다.

트리고(Trigault)가 편찬한 《중화전교사(中華傳敎史)》(이 책에서 사용한 자료는 전부 마테오 리치로부터 얻은 것임) 원서 691, 694쪽에는 이 악기가 스피넷(épinette)[4]이며, 판토하가 곡의 의미를 환관에게 알려주자 중국인이 아주 좋아하여 경사의 민간에서 유행했다고 적혀있다.

알레니(Aleni)가 쓴 《마테오 리치선생 행적》에서는 이 악기를 '철현금(鐵弦琴)'이라고 하였다. 장유추(張維樞)가 쓴 《마테오 리치 전기(大西利西泰子傳)》에도 철현금이라 되어있다. 왕응린(王應麟)이 지은 〈흠칙대서

....

3) 피에르 뒤자릭(Pierre du Jarric, 1566-1617): 프랑스 출신의 예수회 선교사. 《악바르와 예수회 선교사》(*Akbar and the Jesuits: An Account of the Jesuit Missions to the Court of Akbar*)의 저자로 유명하다.
4) 스피넷(épinette): 15-18세기에 많이 쓰인 건반식 발현악기. 소리를 내는 기구는 하프시코드와 마찬가지이며 손톱이 달린 재크를 건반으로 밀어 올려 현을 퉁긴다. 너비와 길이가 1m 전후의 소형으로 직사각형과 삼각형이 있다. 오늘날에는 직사각형을 버지널, 삼각형을 스피넷이라 부르는 경우가 많다. 중세 유럽의 가정에서 널리 애용되었으며 현재도 중세의 옛 악기로 제작되고 있다. 또 업라이트 피아노로 높이가 1m 미만인 소형의 것을 스피넷이라고 한다.

양국사장지거사비문(欽勅大西洋國土葬地居舍碑文)〉에는 '금기(琴器)'라고
만 되어있다. 《정교봉포(正敎奉襃)》 4쪽과 5쪽에 수록된 마테오 리치의
공물표에는 '서금(西琴)'라 적혀있다.

　　《속문헌통고》 권120 〈악(樂)20〉에 이에 관해 매우 상세히 기록되어있
으니, 그 내용은 다음과 같다.

　　"만력 28년 서양인 마테오 리치가 그 악기를 헌상하였다. …… 스스로
　　말하길 항해한지 9년 만에 도착하여 천진(天津) 어용감(御用監)5) 소감
　　(少監)인 마당(馬堂)을 통해 방물을 바치게 되었다고 한다. 그들의 풍속
　　에도 당연히 음악이 있으며 금(琴)이라는 것은 세로 3척 가로 5척인 함
　　[檻]안에 현(弦) 72줄을 넣어놓은 악기이다. 현은 금은(金銀) 또는 연철
　　(鍊鐵)로 만들며 각기 기둥이 있고 그 끝이 외부와 통하는데, 그 끝을
　　두드리면 저절로 소리가 난다."

　　숭정 11년(1638) 천주(泉州)에서 간행된 《희조숭정집(熙朝崇正集)》에
실려 있는 마테오 리치가 방물을 진공한 상주문에는 '대서양금(大西洋琴)
일장(壹張)'이라고 되어있다.

　　풍시가(馮時可)6)는 《봉창속록(蓬窓續錄)》에서 일찍이 마테오 리치가
꺼내 보여준 현악기에 대해 적고 있는데, 어쩌면 그가 진공한 것과 대략
비슷할지도 모르겠다.

....

　5) 어용감(御用監): 궁정에서 사용하는 집기나 용품을 관리하고 책임지는 기구.
　6) 풍시가(馮時可, 생몰연도 미상): 명대의 관료로 송강부(松江府) 화정(華亭)
　　출신이다. 융경 5년(1571) 진사가 되었고 관직이 호광포정사참정(湖廣布政
　　使參政)에 이르렀다. 저서로 《좌씨석(左氏釋)》·《좌씨토(左氏討)》·《좌씨론
　　(左氏論)》·《역설(易說)》·《상지잡식(上池雜識)》·《우항잡록(雨航雜錄)》　및
　　시문집 등이 있다.

"내가 경사에 갔을 때 외국 도인(道人) 마테오 리치가 있었다. …… 도인이 또 오랑캐 현악기[番琴]를 꺼내 보여주었는데, 동철(銅鐵) 줄로 현을 만든 것으로 중국 악기와 제작법이 달랐다. 손가락으로 튕기지 않고 작은 건반[小板]을 누르기만 했는데, 그 소리가 더욱 맑고 그윽했다."

《제경경물략(帝京景物略)》에서 열거한 서양의 기이한 기물 중에는 천금(天琴)이라는 것이 있는데, "철사로 된 현을 누르자 바로 악보대로 음률이 흘러나왔다"고 하였으니, 이 역시 마테오 리치가 진상한 것과 같은 종류의 현악기임이 분명하다.

아담 샬은 마테오 리치가 궁중에 들여온 현악기를 나중에 궁중에서 직접 보았을 뿐 아니라 숭정제와 후비(后妃) 앞에서 연주도 하였으니, 이에 대해서는 《서모허태부인사략(徐母許太夫人事略)》 88쪽에 기록되어 있다. 아담 샬이 이를 발견한 것은 숭정 13년(1640)이었다.

마테오 리치의 〈서금곡의〉는 8장으로 나뉘어져 있는데, 그 목록은 다음과 같다. '오원재상(吾願在上)', '목동유산(牧童遊山)', '선계수수(善計壽修)', '덕지용교(德之勇巧)', '회로무덕(悔老無德)', '흉중용평(胸中庸平)', '견부쌍낭(肩負雙囊)', '정명사달(定命四達)'.

왕응린이 쓴 마테오 리치의 묘비에 적힌 "이(理)는 성명(性命)을 궁구하고 현(玄)은 상위(象緯)에 정통하며, 악(樂)은 음률에 뛰어나고 법(法)은 방원(方圓)을 다하였다"는 구절을 보면, 마테오 리치가 전한 서양 음악이 당시에 이미 천문산학(天文算學)과 어깨를 나란히 하였음을 알 수 있다.

제2절 아담 샬의 공헌과 수력(水力)으로 작동되는 새로운 악기

마테오 리치 생전과 사후, 서양의 음악과 악기는 끊임없이 전래되어 들어왔다. 만력 39년(1611) 11월 1일 북경의 선교사들이 마테오 리치의 장례를 거행할 때, 파이프 오르간[大管琴]과 기타 악기로 반주를 하였다고 한다(Tacchi Venturi, Ⅰ. p.648).

7년 후 트리고가 새로운 선교사들을 데리고 중국에 올 때, 그 중 현악기 연주를 아주 잘하는 벨기에인 드 셀(de Celles)이 있었지만 애석하게도 도중에 죽고 말았다(알폰스 패트의 독일어본 《아담 샬 전기》, p.42, note 8). 그러나 그의 악기가 중국에 유입되었음은 분명하다.

마테오 리치가 만력제에게 진상한 현악기에는 그가 쓴 시편(詩篇: 聖詠이라 번역하기도 함)이 라틴어 금박 글자[金字]로 원래 적혀있었다. 나중에 숭정제가 아담 샬에게 이 현악기 수리를 명하면서 그로 하여금 라틴어를 번역토록 했는데, 아담 샬이 쓴 《진정서상(進呈書像)》에 다음과 같이 기록되어있다.

> "금년 봄 황제의 지시로 악기를 수리하면서 현악기 받침[琴座]에 적힌 서양어를 번역하고 그 의미를 살펴보니, 원래 예부터 서양에서 천주를 찬양하는 문장이었다."

이른바 "예부터 서양에서 천주를 찬양하는 문장"이란 바로 시편 제150수 제5절 및 제149수 제3절을 말하는 것으로 다음과 같다.

> "당신의 천하 백성이 모두 이 악기에 맞춰 주님을 찬양하네."

"악기와 노래로 그의 이름을 찬양하고 흠모하네."

Laudate eum in cymbalis bene sonantibus.[7]

Laudent nomen eius in choro in tympano et psalterio psallant ei.[8]

아담 샬과 숭정제의 서양 악기와 관련된 일단의 인연에 대해서 그 경과를 대략 서술하면 다음과 같다. 숭정제는 마테오 리치가 만력제에게 진상한 현악기를 보고 난 후, 유사한 악기를 하나 더 얻기를 간절히 원했던 것 같다. 아담 샬은 어렸을 때 일찍이 음악을 공부한데다 황제의 바람을 알았기에 악곡과 악기를 선교의 도구로 삼고자 하였다. 그래서 서양 악기에 대해 설명하는 책을 집필하고 책 말미에 찬송가 한 곡[闋]을 첨부하였다. 나중에 중국인 보좌수도사[佐理修士]의 협조를 얻어 은(銀)으로 된 악반(樂盤)을 제작하였는데, 그 수도사의 성은 서(徐)씨(즉 徐復元으로 자는 善長)였다(알폰스 패트의 《아담 샬 전기》 원서 pp.124-125). 숭정 13년(1640) 양력 9월 8일 아담 샬은 수리한 마테오 리치의 현악기를 파괴국(葩槐國: 지금은 Bavaria로 번역함, 독일어로는 Bayern - 역자) 군주 막시밀리안(Maximilian) 1세[9]가 진공하는 예물과 함께 황제에게 헌상하였다. 예물 중에는 수력으로 작동되는 악기가 하나 있었는데, 그 소리가 아주 아름다웠다(바르톨리 저, 이탈리아어본 《예수회 역사》IV, C.274, pp.547-550).

....

7) 원서에는 Laudate Dominum ……로 되어있으나 분명한 오기여서 바로잡았다.

8) 원서에는 Laudate nomen ejus …… 로 되어있으나 분명한 오기여서 바로잡았다.

9) 원서에는 Maximianus로 되어있으나 분명한 착오여서 바로잡았다.

제3절 명말 중국 각 성(省)과 마카오·대만에서의 서양 음악

 북경 외에도 명말 각 성에 있던 서양 선교사들도 대부분 서양 악기를 가지고 있었으니, 한 예를 들면 다음과 같다.《구탁일초(口鐸日抄)》권2에 보면 이구표(李九標)가 숭정 4년(1631) 4월 초8일 삼산(三山: 福州의 별칭 - 역자)에서 "해질 무렵 신자들이 천주당에 오자 노(盧)사제가 나와 손님을 맞이했는데, (신자들이) 찬찬히 서금(西琴)을 살펴보고는 떠들썩하게 감탄을 연발하였다"고 기록하고 있다.

 노(盧)사제의 이름은 안덕(安德)이고 자는 반석(盤石)이다.[10] 천계 6년(1626) 중국에 왔고 숭정 5년(1631) 복주에서 사망하였다.

 그러나 서양 악기가 중국에 전해진 시기는 마카오가 가장 일렀다. 굴대균(屈大均)[11]의《광동신어(廣東新語)》에는 마카오에서 본 서양 악기에 대해 다음과 같이 기록하고 있다.

 "남녀가 아침저녁으로 성당[寺]에 가서 예배를 드리고 신부[僧]의 연설을 들었다. 성당에는 풍악(風樂)이 있는데, 가죽상자[革櫃] 안에 들어있어 (밖에서) 볼 수가 없었다. 그 안에 상아로 된 관 100여개가 배열되어있어

---

10) 즉 안드레아스 루도미나(Andreas Rudomina)이다.
11) 굴대균(屈大均, 1630-1696): 광동성 번우(番禺) 출신으로 명말 반청(反淸)운동에 참여했으며 정성공(鄭成功)의 북벌 및 오삼계(吳三桂) 반란에 참가하기도 했다. 1774년(건륭 39) 문자옥이 일어났을 때, 그의 시문(詩文)에 패역어(悖逆語)가 있다는 이유로 저서들이 금서가 되었다. 저서로《광동신어》외에《황명사조성인록(皇明四朝成仁錄)》·《옹산시외(翁山詩外)》·《옹산문외(翁山文外)》·《도수당집(道授堂集)》·《옹산문초(翁山文抄)》 등이 있다.

밖에서 주머니를 누르면 미풍(微風)이 흡입되어 들어가서 음악소리가 상
자에서 울려나왔다. 음이 복잡하고 박자가 빨라 마치 팔음(八音: 雅樂에
쓰는 여덟 가지 악기 또는 그 소리 - 역자)인 것 같았다. 경 읽는 소리가
동시에 울려 퍼지니 참으로 들을 만하였다."

《광동신어》는 현재 강희 39년(1700) 원각본(原刻本)이 남아 있다. 건
륭 16년(1751) 인광임(印光任)12)과 장여림(張汝霖)이 함께 《오문기략(澳
門記略)》 하권 〈오번편(澳蕃篇)〉을 편찬할 때, 그 문장을 인용하면서 첨
삭을 가했으나 출처를 밝히지 않았다. 그 내용은 다음과 같다.

"삼파사(三巴寺)에는 풍금이 있는데 가죽상자 안에 들어있었다. (상자
안에는) 상아로 된 관 100여개가 배열되어있고 가는 줄[絲繩]로 연결되어
있었다. 밖에서 주머니를 누르면 미풍이 흡입되어 들어가서 상자에서 음
악소리가 울려 나왔다. 팔음이 동시에 울려 퍼지는데, 경 읽는 소리와
조화를 이루어 참으로 들을 만했다."

왕림형(王臨亨)의 《월검편(粵劍編)》 권3 〈지외이(志外夷)〉에는 다음과
같이 적혀있다.

"마카오에 있는 오랑캐가 사용하는 음식그릇은 정교하지 않은 게 없고
스스로 소리 내는 악기[自然樂]와 스스로 작동되는 시계[自然漏]가 있다.
나무로 된 상자 하나를 만들어 그 안에 생황(笙簧) 수백 관(管) 또는 금
현(琴弦) 수백 가닥을 넣고 기관 하나를 설치하여 이를 움직이는데, 한사
람이 그 구멍에 바람을 넣으면 수백 개의 생황이 모두 소리를 낸다. 또

....

12) 인광임(印光任, 1691-1758): 강남 보산(寶山) 사람으로 1726년 효렴방정지사
(孝廉方正之士)로 추천되어 관직에 나가 주로 광동 지역에서 근무하였다. 많
은 저서를 지었으나 현재 남아있는 것은 《오문기략》뿐이다.

한 사람이 그 기관을 누르면 수백 개의 현이 모두 울릴 뿐 아니라 빠르고 느리게 음률을 맞추니 곱고 맑은 소리가 가히 들을 만하다."

양적(梁迪)이 지은 〈서양풍금(西洋風琴)〉이란 시는 《오문기략》 하권 〈오번편〉에 수록되어있는데, 옮기면 다음과 같다.

"서양풍금 생황처럼 생겨 양쪽 날개 들쭉날쭉 봉황의 형상이네. 청동으로 통 만들어 대나무 엮는 것처럼 길고 짧고 크고 작은 것을 번갈아가며 이어서 만들었네. 나무로 포(匏)를 대신하고 가죽으로 주머니를 만드니 당기고 누를 때마다 바람이 일어나네. 바람 일면 소리판 움직여 모든 구멍에서 소리 나고 상아 첨대 가볍게 치니 굉음이 나네. 삼파사 누각 위에서 연주하면 십리 안팎에서 모두 그 소리를 들을 수 있네. 그 소리 거문고나 금석 소리도 아니나 조금만 힘을 주어도 큰 소리 울려 하늘을 가득 채우네. 섬 오랑캐 만드는 솜씨 뛰어나다는 애기 들었지만 풍금 만든 것 보니 증명이 되네. 내 친구 중 당대의 학식 있는 장수가 변방을 순방하다 일찍이 마카오에 갔다네. 오랑캐 두목 그를 맞아 이 음악 연주하게 하였는데 군대 끌고 돌아와 정신 집중해 모방하여 만들었지. 악기 만들어 다시 마카오 오랑캐들 앞에 내놓으니 급박한 가락 온화한 소리로 바뀌었네. 구지산(緱氏山)[13]과 진루(秦樓)[14]도 스스로 보잘 것 없다 부끄러이 여기고 난새와 봉황도 기뻐서 함께 크게 소리 질렀다네. 수컷은 황종(黃鐘: 십이율의 첫째 음 - 역자)에, 암컷은 중려(仲呂: 12율 중 6번째 소리 - 역자)에 맞추어 의기양양하게 영경(韺莖: 전설상의 옛 악곡

....

13) 구지산(緱氏山): 주(周)나라 영왕(靈王)의 태자 진(晉)이 백학(白鶴)을 타고 생황을 불며 채운간(彩雲間)에 사라져 신선이 되었다는 산.
14) 진루(秦樓): 진(秦) 목공(穆公)이 딸 농옥(弄玉)과 사위 소사(蕭史)를 위해 지어준 집. 농옥이 피리를 잘 부는 소사에게 시집 가 피리를 배워, 봉황새를 오도록 한 뒤 부부가 그 봉황을 타고 하늘에 올라 신선이 되었다 하여 봉대(鳳臺)라고도 한다.

이름 - 역자)을 다 함께 부르고자 하네. 후일 천자를 뵙고 이로써 악부 (樂府)를 연주하면 필시 신조(神鳥)가 조정에 와서 예의를 갖추리라.[15]"

'삼파사'란 성 바오로성당을 말하는데, 만력 30년(1602) 완성되었으나 1835년 1월 26일과 27일 이틀 동안의 화재로 소실되었다. 그러나 그 문방 (門坊)은 지금까지 우뚝 솟은 채 홀로 남아있다. 당시 화재가 난 날은 도광 14년 음력 12월 27일과 28일 이틀로 음력설과 관련이 있었는지 모르겠다.

《오문기략》 하권 〈오번편〉에는 동현금(銅絃琴)에 관한 기록도 보인다.

"대나무를 깎아서 두드리면 쟁쟁거리는 맑은 소리가 나니, 제루(鞮鞻: 고대 음악을 관장하던 樂官 - 역자)에 편제되어있지 않은 두이(兜離: 소수민 족의 음악 명칭 - 역자)의 별부(別部)이다."

네덜란드인은 명 천계 4년(1624) 팽호(澎湖)를 점거한 다음 오래지 않아 대만 본섬에 들어갔다. 영력 15년(1661) 12월 초3일 정성공(鄭成功)[16]

---

15) "西洋風琴似鳳笙, 兩翼參差作鳳形. 青金鑄筒當編竹, 短長大小遞相承. 以木代匏 囊用革, 一提一壓風旋生. 風生簧動衆竅發, 牙籤憂擊音砑匐. 奏之三巴層樓上, 十里內外咸聞聲. 聲非絲桐乃金石, 入微出壯盈太清. 傳聞島夷多工巧, 風琴之作 亦其徵. 我友今世之儒將, 巡邊昨向澳門行. 酋長歡迎奏此樂, 師旋倣作神專精. 器作更出澳蠻上, 能令焦殺歸和平. 緱嶺秦樓慚細碎, 鸞鳳偏喜交洪鳴. 雄中黃鐘 雌仲呂, 洋洋直欲齊咸韺. 他日朝天進樂府, 定有神鳥來儀庭."

16) 정성공(鄭成功, 1624-1662): 명청교체기 명조 부흥운동의 중심인물로 부친 정지룡(鄭芝龍)과 일본인 어머니 사이에 일본에서 태어나 7세 때 명나라에 건너왔다. 명이 망한 후 정지룡이 당왕(唐王)을 옹립하자 국성(國姓)을 하사 받고 주성공(朱成功)으로 이름을 고쳤다. 이후 당왕이 체포되고 부친이 투항 한 후에도 계왕(桂王)을 옹립하고 금문(金門)과 하문(廈門)을 근거지로 본토 반격의 기회를 노리다 1658-1659년 남경을 공략하였으나 청군에게 패하였

이 네덜란드 수비대장의 항복조약 17개항을 받아들였는데, 그 제6조에 "네덜란드 군대는 실탄과 무기, 깃발, 연화선(燃火線) 섬유를 가지고 갈 수 있으며 퇴거할 때 자체적으로 음악을 연주할 수 있다"고 되어있다.

스페인인이 정식으로 대만 북부에 도달한 것은 천계 6년(1626)이고 6년 후 담수(淡水)의 번족(蕃族)부락에 천주당을 세웠는데, 스페인 군악대가 성모상을 호송하여 천주당에 이르렀다. 이와 같이 대만에도 아주 이른 시기에 서양 음악이 전해졌지만 애석하게도 모두 전수되지 못했을 뿐이다.

제4절 순치·강희연간 북경 천주당의 악기

순치 7년(1650) 아담 샬이 선무문(宣武門) 안에 세운 천주당은 속칭 '남당(南堂)'이라 불렀다. 2개의 탑이 있었는데, 1곳에는 큰 자명종을 설치해 중국 악곡을 연주할 수 있었고 다른 1곳에는 파이프 오르간을 두었다(알폰스 패트의 《아담 샬 전기》, p.169).

우동(尤侗)의 〈이탈리아 죽지사(意大理亞竹枝詞)〉를 보면 "천주당이 열리니 하늘의 소리 정연하고 종소리, 오르간 소리 높고 낮네. 부성문(阜城門) 밖에는 장미꽃 만발하니 한잔 술로 이태서(利泰西)에게 권해 볼까나17)"라고 한 후 직접 쓴 주석에 "천주당에는 자명종과 철금(鐵琴)18)이

....

다. 1661년 청조가 천계령(遷界令)을 실시하자, 대만의 네덜란드 세력을 축출하고 새로운 기지로 만들었으나 1662년 39세로 급사하였다. 흔히 국성야(國姓爺)로 불렸기 때문에 유럽 상인들은 그를 코싱가(Koxinga)라 불렀다.

있다. ……"고 적었다. 여기서 이태서란 마테오 리치를 지칭한 것으로 그의 묘지가 부성문 밖에 있기 때문에 이렇게 표현했던 것이다.

순치 13년(1656) 네덜란드 사신이 금(琴) 하나를 진상하면서 유명한 금 연주자[琴師]를 데리고 왔고 나팔도 하나 가지고 왔지만, 순치제는 둘 다 시연해보지 않았다(알폰스 패트의 《아담 샬 전기》, p.231).

조익(趙翼)은 건륭제 때 사람이지만, 그의 《첨폭잡기(簷曝雜記)》19)에 수록되어있는 북경 천주당의 관성대(觀星臺)와 서양 악기에 관한 기록은 청초에 남긴 것인 듯하다. 그 내용은 다음과 같다.

"어떤 건물에 악기를 연주하는 곳이 있는데, 수염을 늘어뜨린 자가 앉아 금(琴)을 연주하면 생(笙)·소(簫)·경(磬)·적(笛)·종(鐘)·고(鼓)·요(鐃)·탁(鐸)의 소리가 다함께 울려나온다. 이 금의 형태와 작동방식은 이러하다. 건물기둥 사이의 가로대 위에 나무선반을 설치하고 수십 개의 연관(鉛管)을 매달아 아래로 건물바닥에 1치[寸]쯤 못 미치게 늘어뜨린다. 건물바닥은 양층(兩層)으로 되어서 바닥에 틈이 있는데, 각 관(管)의 구멍과 서로 대칭을 이룬다. 한 사람이 동남쪽 구석에서 풀무[鞴]를 밟아 바람을 일으키면 바닥 사이에 낀 바람이 연관 아래에 난 틈으로 몰려가서 틈을 통해 곧장 관에 도달한다. 관에는 각각 동으로 된 줄이 하나 있어 금의 현(絃)에 매달려 있다. 수염을 늘어뜨린 사람이 현을 두드리면 각 줄은 저절로 그 관 속에 있는 관렬(關捩: 회전하게 만드는 기계장치 - 역자)을 1번 잡아당겨 소리를 낸다. 연관의 크기는 서로 다르고 가운데

---

17) "天主堂開天籟齊, 鐘鳴琴響自高低. 阜城門外玫瑰發, 杯酒還澆利泰西."

18) 철금(鐵琴): 즉 글로켄슈필(Glockenspiel). 관현악에 쓰이는 악기의 하나로 작은 강철의 쇳조각을 음계 순으로 늘어놓고 채로 쳐서 소리를 낸다.

19) 《첨폭잡기(簷曝雜記)》: 전 7권. 조익이 일생동안 쓴 각종 잡문을 모아 엮은 책으로 북경을 비롯한 각지의 견문, 전장제도, 궁중비사, 외국과의 교류, 독후감 등이 포함되어있다.

가 각각 비어있어서 여러 악기와 비슷한 소리를 낸다. 따라서 한 사람이 금을 두드리면 여러 개의 관이 함께 울려 백악(百樂)이 다 갖춰지니 정말 신기하다! 또 음악소리를 내는 종이 있는데, 사람이 두드리지 않아도 시간에 맞춰 스스로 울린다. 역시 여러 악기의 소리를 내니 그 정교함이 더욱 대단하다."

조익의 《구북집(甌北集)》에는 또 〈천주당관서양악기시(天主堂觀西洋樂器詩)〉가 있는데, 그 묘사가 매우 상세하고 치밀하였다.

"…… 주악(奏樂)을 청하니 헛헛한 마음에 생기가 돌고, 처음에는 누(樓) 아래에서 들으니 화려한 소리 빈 공간에서 나왔네. 쟁쟁하고 울리는 무역종(無射鐘: 周 景王 때 주조한 종 – 역자) 소리, 맑고 깨끗한 유빈철(蕤賓鐵: 목질 악기 – 역자) 소리, 깊고 넓은 노래는 비장하고 북소리 청아하네. 순우(錞于: 북소리에 맞춰 울리는 청동제 타악기 – 역자) 소리 쇄하고 편안하여 허리 굽혀 어루만지고 다시 치네. 오르간 소리 잦아지면 소리에 여운이 있고 오르간 소리 풍성하면 벽력 치는 것 같네. 봉새는 자죽으로 만든 퉁소[簫]를 불고, 용은 연죽(煙竹)으로 만든 피리[笛]를 부네. 공계(控揭)의 바닥을 연달아 치고 서어(鉏鋙)의 등을 치네. 도고(鞀鼓: 자루가 있는 小鼓 – 역자)는 두 귀에 있는 자루를 잡아 흔들고, 생황의 음을 내는 구멍은 숯불로 먼저 구워야 하지. 우(竽: 대나무로 만든 관악기 – 역자)는 숨을 마시고 내불면서 떨림판[簧: 숨을 내쉬거나 들이킬 때 소리 나게 만든 떨림 쇠 – 역자]을 조절하고, 가(笳: 관악기의 일종 – 역자)는 악곡의 박자에 따라 장단을 맞추네. 호(箎: 피리의 일종 – 역자)는 늙은 할멈이 불듯 해야 하고, 축(筑)은 어찌하여 점점 버려지게 되었는가? 비파는 철로 손가락을 움직여 타고, 진쟁(秦箏)을 연주할 때는 은갑(銀甲: 연주할 때 손가락에 까는 은으로 만든 손톱 모양의 물건 – 역자)으로 훑어 내리네. 찬 샘물이 급하게 흐르는 곳 같은 공후(箜篌) 소리, 옅은 눈보라 휘날리는 것 같은 필률(篳篥) 소리. 홀로 연주를 시작하여 사람들이 화답하니 시끄럽다가 다시 고요해지네. 온갖 소리 무성하게 모여 하나하나 맥을 이루며 흐르네. 악기를 거는 틀은 갖추어지고 악공도 모두 정해졌네. 어찌 누(樓)에 올라 한 노인이 앉아서 벽(躄: 거문고를 타는 운지법의 하나 - 역자)으로 악기 연주하는 것을 볼 줄 알았으랴! 하나의 소리 하나의 관을 타고 내려가 악기에 저장되었다가 격막(膈膜)에서 되돌아 나오는데, 하나의 관마다 하나의 구리선이 있어 (악기의) 골격을 통하게 하네. 그 아래 바람주머니가 있어 바람을 들어갔다 나왔다 하게 한 것이 밀물과 썰물 같다네. 구리선은 바람주머니의 틈을 따라 매어놓아 바람은 구멍 길을 따라 이동하여 모든 구멍에서 소리를 내는데, 힘을 다하니 피부 벗겨지는 소리가 날 정도네. 맑은 소리 탁한 소리는 가지런한 눈썹같이 산뜻하고, 큰 소리 작은 소리는 가슴에 울리네. 소리는 궁(宮), 상(商)을 판별할 수 있지만, 각종 악기[匏革]는 빌릴 수가 없네. 어렵다 해도 소호(韶濩: 舜과 湯의 음악 - 역자)를 이어 끊어지지 않게 해야지. 뛰어나도다! 사물을 창조하는 지혜여, 이제는 오랑캐로부터 벗어나자구나! ……20)"

《구북집》의 이 시 역시 건륭제 때 읊은 것으로 본래 할러슈테인 (Hallerstein)을 방문하고 지은 작품이다. 할러슈테인은 건륭 3년(1738) 중국에 왔고 일찍이 흠천감 감정을 역임했다.

《역유생재집(亦有生齋集)》 권14에 실린 조회옥(趙懷玉)21)의 〈유천주

....

20) "斯須請奏樂, 虛室靜生白, 初從樓下聽, 繁響出空隙. 噌吰噌無射鐘, 嘹喨葵賓鐵, 淵淵歌悲壯, 坎坎缶清激. 錞于于且寧, 馨折拊復擊. 琴希有餘鏗, 琴澹忽作霹. 紫玉鳳喉簫, 烟竹龍吟笛. 連挏控揭底, 頻擽鉏鋙脊. 軱耳柄獨搖, 笙舌炭先炙. 吸噓竽調簧, 節簇笳赴拍. 篪疑老嫗吹, 筑豈漸離擲? 琵琶鐵撥彈, 秦箏銀甲畫. 寒泉澁箜篌, 薄雪飛篳篥. 孤倡輒群和, 將喧轉梢寂. 萬籟繁會中, 縷縷仍貫脈. 方疑宮懸備, 定有樂工百. 豈知登樓觀, 一老坐揮躄! 一音一鉛管, 藏機捩闔膈, 一管一銅絲, 引線通骨骼. 其下轄風橐, 呼吸類潮汐. 絲從橐罅縮, 風向孔道迫, 衆竅乃發響, 力透膚理迮. 清濁列若眉, 大小鳴以臆. 韻仍判宮商, 器弗假匏革. 雖難續韶濩, 亦頗諧皦繹. 奇哉創物智, 乃出自蠻貊! ……"

당즉사시(遊天主堂卽事詩)〉에는 "누각 위에서 갑자기 음악을 연주하니 팔음이 조화를 이룬 듯, 오직 한 손만 이리저리 움직여 서로 다른 여러 구멍에서 소리 나게 하네[22]"라는 구절이 보인다.

이 파이프 오르간은 강희연간 토마스 페레이라(Thomas Pereira: 서양 선교사 중 徐日昇이란 이름을 사용한 사람이 2명인데, 이 서일승은 자가 寅公이다)가 만든 것으로, 서양 서적에도 이를 본 중국인들이 모두 감탄했다고 기록되어있다. 토마스 페레이라는 또 피아노 건반의 원리에 입각해 작은 종[小鐘]을 만들어 건물 가운데 매달아놓고, 중국 징 하나를 기어[齒輪]와 쇠줄[鐵繩]으로 작은 종에 연결해 임의로 두드려 중국 악곡을 연주할 수 있게 했는데, 소리의 고저 강약을 들을 수 있었다. 북경에 사는 많은 사람이 관람하러 와서 예배당이 컸음에도 다 수용할 수 없었다고 한다(뒤알드의 프랑스어본 《중화제국전지》, 112, 270쪽; 피스터의 원서, 382, 384쪽).

그 후 마마낙(馬瑪諾)이란 이름의 중국인 수도사도 서양 음악에 정통하고 연주를 잘했기 때문에 북경의 천주당에 살며 음악을 담당하였다. 마마낙 수도사는 마카오 사람으로 강희 25년(1686) 예수회에 입교했다고 한다(피스터의 원서 458쪽).

《청조문헌통고》 권177 〈악(樂)23〉 '서양(西洋)'조에는 다음과 같이 기록되어있다.

"천주당 안에는 36개의 제대(祭臺)가 있다. 중대(中臺) 좌우에는 편소(編

....
21) 조회옥(趙懷玉, 1747-1823): 강소성 무진(武進) 출신의 관리 겸 문학가. 시인으로 손성연(孫星衍)·홍량길(洪亮吉)·황경인(黃景仁) 등과 함께 이름을 날렸다. 저서로 《역유생재집(亦有生齋集)》 59권과 속집 8권이 있다.
22) "樓頭旋奏樂, 彷佛八音調, 轉捩惟一手, 吹噓殊衆竅."

簫) 2좌(座)가 있는데, 그 안에 각각 32층이 있고 각 층마다 100개의 관
(管)이 있다. 각 관마다 한 음을 내니 다 합치면 3천여 관이나 되어서
비바람과 파도 소리, 합창하고 전투하는 소리, 온갖 새 소리를 다 모방할
수 있다."

이 대목은 사실 천계 3년(1623) 알레니가 쓴《직방외기(職方外紀)》에
나오는 스페인 톨레도(Toledo)대성당의 파이프 오르간에 대한 기록을 베
낀 것으로 중국에서 볼 수 있는 것이 아니었다.《직방외기》에는 '온갖
새 소리[百鳥之聲]' 위에 '여부(與夫)' 2자가 더 적혀있다. 강희 13년(1674)
페르비스트(Verbiest)가 찬술한《곤여도설(坤輿圖說)》권하〈이서파니아
(以西把尼亞)〉절(節)도 이 글을 베낀 것인데, '여부(與夫)'를 '여(與)'로 바
꾼 외에 나머지는 똑같다.

제5절 청 성조(聖祖)의 서양 음악 사랑과 서양 선교사의 전수

서양 음악이 중국에 처음 전래되었을 때 사실 천주당과 궁중에 한정되
었지만, 강희제가 특별히 이를 좋아해 본인이 직접 연구하기도 하였다.
이에 대해서는 피스터(Pfister)의 프랑스어본《중국에서 활동한 예수회
선교사 열전》, 345쪽에 나온다. 페르비스트가 일찍이 황제 앞에서 토마
스 페레이라가 음악에 정통하다고 극찬하자, 황제는 관원 2명을 파견해
그를 맞이하여 북경으로 데려오게 하였다. 토마스 페레이라는 북경에
오자마자 중국 음악을 연구하여 나중에는 매번 중국 악곡을 들으면 바로
따라서 연주할 수 있게 되었다. 이를 보고 황제가 크게 기뻐하여 서양

선교사들에게 비단 24필을 하사하면서 "이것으로 경들은 새 옷을 지어 입으시오"라는 유지를 내렸다고 한다(뒤알드의 《중화제국전지》, 112쪽; 피스터의 원서, 382쪽). 강희 19년(1682) 나바레테(Navarrete)[23]가 남긴 편지에는 다음과 같이 적혀있다.

> "우리는 매일 입궁하여 강희제의 명에 따라 종루(鐘樓) 3좌(座)를 만들었다. …… 항상 모든 것을 논의했는데, 음악 부호 중의 솔, 파를 구별하는 것에 대해 특히 많이 토론했다. 우리는 토마스 페레이라가 이 분야에 가장 조예가 깊으며 어려서부터 음악을 연구했다고 아뢰었다. 황제는 즉시 붓을 들어 토마스 페레이라가 번역한 중국 가곡(歌曲)을 살펴보고는 악사 몇 명을 불러오게 한 후 황제도 직접 한 악기를 들고 연주를 하였다. 토마스 페레이라는 가곡을 암기할 수 있을 뿐 아니라 중국 음부(音符)명칭을 사용하여 기록할 수도 중국어 가사를 적을 수도 있었다."(Maags, *Bibliotheca asiatica*, P.II, n. 455, p.25)

강희 27년(1688) 부베(Bouvet)가 북경에 도착하자 강희제는 프랑스 선교사를 다시 초치(招致)할 것을 명하였고, 이에 제각기 특기가 있는 9명이 중국에 들어왔다. 장 바티스트 레지스(Jean-Baptiste Régis)[24]는 지리

---

23) 도밍고 페르난데스 나바레테(Domingo Fernández Navarrete. 閔明我, 1610-1689): 스페인 출신의 도미니크 수도회 선교사이자 중국학자. 1657년 중국에 와 주로 복건 등지에서 선교활동을 펼쳤다. 중국문명과 문화를 높이 평가했으나 유교와 기독교 사이에 타협점을 찾으려는 예수회의 선교방침을 비판했다. 서양 선교사로서는 중국역사에 상당히 밝았으며 예수회 선교사의 중국고전 재해석을 비난하면서 중국문자가 갖는 역사적 의미에 대해서는 중국학자의 견해를 따를 것을 주장했다.
24) 원서에는 陳聖修(J. F. Régis)로 되어있는데, 진성수란 중국명의 예수회 선교사를 찾을 수 없고, 이 무렵 중국에 온 선교사 중 레지스란 이름을 가진 자는 장 바티스트 레지스(중국명 雷孝思) 뿐이므로 저자의 오기로 보인다.

와 천문에 능통하였고, 브롸시아(Broissia)[25]는 물리학과 자연과학에 조예가 있었으며, 제네익(Geneix)[26]은 음악을 잘하였고, 프레마르(Joseph H. de Prémare)는 중국 시와 문자에 뛰어났으며, 돌체(Dolzé)[27]는 중국 종교를 깊이 연구하였고, 페르농(Pernon)[28]은 중국 역사에 정통했으며, 바보리에(Baborier)[29]는 중국 제왕의 전기를 꿰고 있었고, 도미니크 파르냉(Dominique Parrenin)은 기계와 군사학에서 뛰어난 실력을 보였으며, 벨빌(Belleville)[30] 수도사는 회화와 조각·건축 전문가였다[Froger저, 《프랑스인들의 최초 중국 여행 견문록》(*Relation du premier voyage des Français à la Chine*), Asia Major, 1926, p.100].[31]

강희 38년(1699) 황제가 남쪽 지역을 순시하다 3월 10일 진강(鎭江)의 금산(金山)에 이르렀는데, 12일 위에서 언급한 선교사 9명이 황명을 받고 황제가 탄 함선에 올라 2시간 반 가량 황제와 자리를 함께 하였다. 황제

....

25) 샤를 드 브롸시아(Charles de Broissia, 利聖學, 1660-1704): 프랑스 출신의 예수회 선교사로 자는 술고(述古)이고 산동성 임청(臨淸)에서 사망했다. 원서에는 Carolus de Broissia로 되어있다.
26) 필리베르 제네익(Philibert Geneix, 顔理伯, 1667-1699): 프랑스 출신의 예수회 선교사. 원서에는 Philibertus Geneix으로 되어있다.
27) 샤를 돌체(Charles Dolzé, 翟敬臣, 1663-1701): 프랑스 출신의 예수회 선교사. 북경시 서성구(西城區) 북영방북가(北營房北街)성당에 그의 묘비가 남아있다. 원서에는 Carolus Dolzé로 되어있다.
28) 루이 페르농(Luis Pernon, 南光國, 1664-1702): 프랑스 출신의 예수회 선교사. 원서에는 Ludovicus Pernon로 되어있다.
29) 이나스 가브리엘 바보리에(Ignace Gabriel Baborier, 卜嘉, 1663-1721): 프랑스 출신의 예수회 선교사. 1698년 중국에 왔고 광주에서 사망했다. 원서에는 복납작(卜納爵, Ignatius G. Baborier)로 되어있다.
30) 샤를 드 벨빌(Charles de Belleville, 衛嘉祿, 1657-1730): 프랑스 출신의 예수회 선교사. 원서에는 Carolus de Belleville로 되어있다.
31) 원서에는 1826년으로 되어있으나 오류가 분명해 바로잡았다.

는 선교사들에게 각자의 특기를 물어 보고 그들이 연주하는 서양 음악을 경청하였다. 황제는 서양 음악의 규율(規律)에 자못 경이로움을 표하고 서양 음악으로 중국의 기존 음악을 개선하려는 뜻을 보였다. …… 13일 저녁 무렵 황제가 또 (선교사들에게) 배에 오르라 명하여 서양 음악을 다시 듣고는 기이한 문제를 내어 질문하였다(Froger의 책, p.117). 이상은 1699년 3월 12일 발송된 서양어로 된 편지에 적힌 내용이다. 편지를 보낸 이의 이름은 적혀있지 않지만 파르냉이 쓴 것으로 짐작된다.

황제가 북경으로 돌아온 후 6월 21일, 북경에 있던 악기 연주가 가능한 선교사들은 토마스 페레이라의 인솔 하에 입궁하여 어전에서 연주를 하였다. 당시 상황에 대해 라그랑쥐(Lagrange)는 다음과 같이 기록하고 있다.

> "궁중에서 왕노야(王老爺, vanlaoyé)라는 이름의 한 중국인이 와서 우리 선교사 일행이 이미 광주에서 북경에 도착했으니 한번 합주할 기회를 내려주길 황제께 청하였다고 말했다. 당시 선교사 중에 플루트 두쓰 (flûte douce)[32]를 불 수 있는 사람, 클레브생(clavecin)[33]을 연주할 수 있는 사람, 비올라(viola)를 연주할 수 있는 사람, 바이올린을 연주할 수 있는 사람, 바순(bassoon)을 불 수 있는 사람이 있었으나, 협주가 잘되지 않아 연주가 시작되자마자 황제가 손으로 귀를 막으며 화난 목소리

....

32) 플루트 두쓰(flûte douce): 리코드(Recode)의 일종으로 14세기 이후 유럽의 중요한 목관악기 중 하나이다. 음이 온화하고 부드러우며 고음이 적어 성악 곡을 반주하는데 알맞았다.
33) 클레브생(clavecin): 영어권에서는 하프시코드(harpsichord), 이탈리아어로 쳄발로(cembalo), 프랑스어로 클레브생, 독일어로 클라비쳄발로(klavicembalo)라 불리는 악기. 피아노가 나오기 전인 16-18세기에 가장 인기를 누린 건반악기이다. 피아노가 현을 때려 소리를 내는 것에 반해 클레브생은 가죽으로 된 고리로 현을 튕기는 형식이다. 피아노와 비슷하지만 음색조절 면에서는 불편하다. 소리는 아주 청아하다 .

로 그만! 그만!(罷了! 罷了! paleao, paleao)하라고 했다. 모든 신부는 즉시 각자의 천주당으로 돌아갔다."

이 내용은 펠리오(Pelliot)가 쓴 《암피트리테의 첫 번째 여행》(*Le premier voyage de L'Amphitrite*), p.61, note 2에 보인다.

서양 음악을 매우 좋아했던 황제가 이번에 화난 목소리로 '그만! 그만!'하라고 연발한 까닭은 분명 선교사들이 평소 연습을 하지 못한 채 갑자기 합주를 함으로써 제대로 연주하지 못했기 때문일 것이다. 당시 궁중 내 서양 음악 수석악사는 토마스 페레이라였는데, 연주할 줄 아는 악기가 꽤 많았다. 또 일반신자인 게라르디니(Gherardini)선생은 그림을 잘 그렸을 뿐 아니라 음악에도 정통하여 7줄 비올라를 연주할 수 있고 해군 나팔도 불 수 있었다.

페르농도 황제를 위해 악기를 만든 적이 있었고 음을 조율하기도 하였다. 그가 만든 악기로는 크레브생·스피넷·팀파논(timpanons)[34] 등이 있다. 또 그는 황제에게 음악을 가르쳤을 뿐 아니라 본인도 바이올린과 플루트 연주를 잘하였다.

파르냉은 원래 건축으로 유명한 사람이지만, 플래절렛(flageolette)[35]

....

34) 팀파논(timpanons): 북 가죽을 팽팽히 함으로써 조율할 수 있는 큰 반구형의 놋쇠 혹은 구리로 된 타악기로 지금의 팀파니와 유사한 악기.
35) 플래절렛(flageolette): 플루트 계통의 목관악기이다. 트레블 리코더와 비슷한 작은 악기로 관 뒷면에 2개의 구멍과 앞면에 4개의 소리구멍이 있으며 세로로 분다. 관현악에 이 악기가 사용된 것은 1565년 A. 스트리지오와 F. B. 코르테치아가 극을 위해 쓴 음악에서였다. 바흐와 헨델도 가로·세로 2종류의 플루트를 위해 작곡했지만, 그 후 이 악기는 관현악에서 사용되지 않고 있다. 그러나 아직도 같은 모양의 민속 악기를 편의상 플래절렛이라고 부르는 경우가 많다.

과 플루트를 불 수 있고 해군 나팔 부는 법도 대략 알고 있었다.

토마스 페레이라·페르농·파르냉·게라르디니 등은 강희제의 명에 따라 합주하기도 했는데, 연주할 때 바닥에 오래 동안 꿇어앉아 있어야만 했다. 하루는 또 황제가 4시간이나 연주를 시키고 나서 선교사들이 이미 극도로 피로하여 더 이상 감당하지 못한다는 것을 알고 특별히 은혜를 베풀어 친히 술을 따라주며 위로하였다. 이상에서 서술한 내용은 원래 프랑스어로 된 〈1701, 1702년과 1703년 무명씨의 중국여행기〉("*Journal anonyme du voyage de la Chine fait dans les années 1701, 1702 et 1703*") 에 실려 있는데, 여기서는 1856년 파리에서 출판된 《당대잡지(當代雜誌)》 (*Révue contemporaine*) t.25, pp.6-7을 발췌하였다.

그러나 음악을 잘하는 선교사들이 얼마 지나지 않아 잇달아 세상을 떠났다. 제네익은 강희 38년(1699) 양력 9월 30일, 페르농은 강희 41년 양력 9월 4일, 토마스 페레이라는 강희 47년 양력 12월 24일 사망하였고, 파르냉만 건륭 6년(1741)까지 살다 죽었다.

마테오 리파(Matteo Ripa)는 예수회 선교사가 아니었지만 궁중에서 화사(畵師)를 역임했는데, 이탈리아어로 된 《설립자 마테오 리파가 쓴 'G. C. 성(聖)가족'이란 이름의 수도회와 중국학원 설립 이야기, 그리고 그가 한 여행 이야기》(*Storia della fondazione della Congregazione e del Collegio de' Cinesi sotto il titolo della Sacra Famiglia di G. C. scritta dallo stesso fondatore Matteo Ripa e de' viaggi da lui fatti*), Naples, 1832, t. I, p.404[36])에는 다음과 같은 기록이 있다.

....

36) 원서에는 《中國學院又名聖家書院成立史》(*Storia della fondazione della Congregazione e del Collegio de' Cinesi sotto il titolodella Sacra Famiglia di G. C.* …… Naples, 1832, t. I p.404)로 되어있는데, 전체 서명을 찾아서 번역하

"강희제는 정말로 수학자와 음악가가 되고자 하였으나, 수학은 사실 그 입문만 대략 맛보았을 뿐이고 음악에 대해서는 더 아는 바가 없었다. 그러나 수학과 음악을 분명 매우 사랑했고 다른 학술도 모두 좋아하였다. 황제는 스피넷(épinette)을 다룰 줄 몰랐고 황비도 능숙하지 못해서 간혹 한 손가락만으로 연주할 뿐이었다."

리파는 또 같은 책 pp.461-462에서 라자로회 선교사 페드리니(Pedrini)[37]가 강희 52년(1713) 작은 파이프 오르간 1대를 황제에게 바쳤는데, 이 오르간은 시계 구조를 모방해 만든 것으로 태엽과 바퀴 축을 이용하여 자동으로 연주할 수 있었다. 그 외 자동악기 하나와 노랫소리가 나오는 종 하나를 바쳤으며, 북경 남당 포르투갈 예수회 선교사가 만든 피아노 1대도 황제에게 헌상하였다고 적었다.

강희 46년(1707) 중국에 온 보헤미아 선교사 레오폴두스 리프슈타인(Leopoldus Liebstein, 石嘉聖)도 음악에 뛰어났지만 애석하게도 4년 후 사망하였다. 이 사람은 황제와 궁중 사람들로부터 대단히 많은 존경을 받았다고 한다(피스터의 원서, 617쪽).

리프슈타인과 같은 나라 사람인 슬라비체크(Slaviczek, 嚴嘉祿)는 리프

....

였다.
37) 테오도리코 페드리니(Teodorico Pedrini, 德理格, 1671-1746): 이탈리아 출신의 라자로회(Lazaristae) 선교사이자 음악가. 1710년 중국에 도착한 이래 사망 때까지 36년간 활동했다. 1714년 강희제를 만나 중국의례에 관대한 예수회 선교사의 선교방침을 금지하는 교황 클레멘스 11세의 결정을 전달했으며, 그 자신도 예수회 선교사와 상반되는 선교활동을 전개해 1723년 북경에 비예수회 계통의 교회를 처음 설립했다. 탁월한 음악적 재능으로 강희제의 세 황자에게 음악을 가르쳤으며, 토마스 페레이라의 작업을 이어받아 중국어로 된 최초의 서양음악이론서인《율려정의(律呂正義)》를 출판했는데, 이는 후일《사고전서》에 수록되었다.

슈타인이 죽은 지 5년 뒤 북경에 들어왔다. 그는 천문학자이자 음악가로 악기를 잘 제작하였다. 그가 황제 알현을 마치자 황제는 바로 몇 곡을 연주하도록 명하였다. 당시 궁중에는 이미 여러 종류의 서양 악기가 있었는데, 슬라비체크가 하나하나 연주해 보이자 황제가 크게 기뻐하면서 "경은 천문가로 음악의 이치에도 통달하였으니, 짐은 이 같은 사람을 오랫동안 기다려왔다. 짐은 경이 와서 매우 기쁘다!"고 말했다고 한다. 슬라비체크는 시계와 파이프 오르간 수리도 잘했고 기타(guitare)를 가장 잘 연주하여 궁중사람 모두 그의 연주를 듣기 좋아하였다. 그러나 그는 항상 우울하여 즐거워하지 않았고 몸도 허약하였다. 일찍이 광주·구강(九江)·남창(南昌)에 다녀온 적이 있으며 옹정 13년(1735) 북경에서 사망하였다. 그의 중국명은 안가락(顔家樂) 또는 연가록(燕嘉祿)이라고도 쓴다(피스터의 원서, 655쪽). 본서 제4편 3장 5절을 참고하라.

바티칸도서관 Borg. Cin. 439호에는 강희 60년(1721) 정월 초5일 표하 천총(標下千總) 진병지(陳秉鋕)와 무표(撫標)천총 원량동(袁良棟)이 올린 상주문 1건이 소장되어있는데, 그 전해 12월 30일 섣달그믐날 밤 황제가 중화전(中和殿)에서 교황의 사신 카를로 메짜바르바(Carlo Mezzabarba)와 러시아 사신 등을 위해 만찬을 베풀 때 "고문(庫門)[38]에 보관하고 있던 각종 악기를 전부 메차바르바에게 보여주었다"고 적혀있다. 강희제가 자신에게도 서양 악기가 있음을 서양 사절에게 보여주고자 한 것이었다.

....

38) 고문(庫門): 고대 천자가 살던 궁실에 있는 5개의 문 가운데 가장 밖에 위치 했던 문으로 여기서는 수장고를 가리키는 것 같다.

제6절 《율려정의(律呂正義)》의 편찬 과정과 페드리니(Pedrini)의 업적

《율려정의》는 강희 52년(1713) 황제의 명에 따라 편찬된 책으로 총 3편으로 되어있다. 상편은 〈정율심음(正律審音)〉, 하편은 〈화성정악(和聲定樂)〉, 속편은 〈협운탁곡(協韻度曲)〉이다. 속편의 권1은 순수하게 서양 음악의 이치를 논한 것으로 5선 악보의 제작과 용법을 해석하고 있으므로 '오선계성(五線界聲)'이라고 부른다. 그 '총설(總說)' 중에 다음과 같은 내용이 있다.

"서양의 파이도합아(波爾都哈兒) 사람 토마스 페레이래徐日昇]는 음악에 정통했는데, 그 방법은 현악기의 소리 중 맑은 음과 탁한 음 두 가지를 고르게 번갈아 사용하여 화성을 만드는 것을 근본으로 삼았다. 이 악서(樂書)의 주요 요지는 2가지이니, 하나는 관율(管律)과 현도(絃度)가 소리를 발생시키는 이유와 성자(聲字)가 서로 합치하고 합치하지 못하는 까닭을 논한 것이다. 또 하나는 음을 살피고 법도를 합하는 규정을 정하고 강유이기(剛柔二記)를 사용해 음양이조(陰陽二調)의 차이를 변별하고 장단(長短)과 지속(遲速) 등의 기호를 사용해 성자(聲字)의 구분을 조절한 것이다. 이 법칙으로부터 입문하면 실로 간편한 지름길이 된다. 토마스 페레이라의 뒤를 이은 일대리아(壹大里呀) 출신 페드리니[德禮格]도 율학(律學)에 정통했는데, 토마스 페레이라가 전한 원류(源流)와 다르지 않았다. 그가 말하는 성율(聲律)과 리듬[節奏]을 경사(經史)에 실려 있는 율려궁조(律呂宮調)와 대조해 보면, 실제 서로 표리를 이루기 때문에 그 조례(條例)를 형성하는 기호를 취하여 음양 2가지를 고르게 하고 높고 낮은 자보(字譜)에 분배하였다. 편집하여 그림으로 만드니, 이치를 논하는 사람에게는 실제적 근거를 제공하고 이용하는 사람에게도 따르는 바가 있게 하였다."

이 글에 나오는 파이도합아(波爾都哈兒)는 포르투갈이고 일대리아(壹 大里呀)는 바로 이탈리아를 말한다. 페드리니[德禮格]는 덕리격(德理格) 또는 덕입격(德立格), 덕리격(得里格)으로도 쓰는데, 이 책을 만드는데 가 장 많은 공헌을 했다. 페드리니는 이 책 편찬에 참가하기 이전 궁중에서 이미 서양 음악이론을 가르치고 있었기 때문에 사실상 이 책을 쓸 준비 를 한 셈이었다. 《강희제와 로마사절 관련문서(康熙與羅馬使節關係文書 影印本)》39) 영인본 제6건(조판 인쇄본 제11)에 수록된 페드리니와 리파 가 교황에게 보낸 편지에는 다음과 같이 적혀있다.

"대(大) 황제께서 율려(律呂)40)라는 학문의 근원을 철저히 알기 위해 신 (臣) 페드리니에게 명하여 셋째, 열다섯째, 열여섯째 황자(皇子) 앞에서 매일 그 정수를 강론하게 하고 새로 책을 편찬케 하니 오래지 않아 완성 되었습니다. 이 《율려신서(律呂新書)》에는 중국과 외국의 타악기[鐘磬] 와 관현악기[絲竹]에 대해 각각 그 비율에 맞춰 그 근원을 따져 잘못된 것을 바로 잡아서 하나라도 완비되지 않은 것이 없습니다. 서양인들은 대 황제의 깊은 은혜를 받았음에도 보답할 방법이 없으니, 지금 교황께 서 천문·율려·산법(算法)·화공(畵工)·내과(內科)·외과(外科) 분야에 서 최고의 학문을 갖춘 자를 선별하여 중국에 보내어 견마의 힘을 보탬 으로써(以效犬馬: 犬馬 두 글자 위에 硃筆로 力자 쓰여 있음) 은혜의 만분의 일이라도 보답하는 게 좋을 것 같아 특별히 요청 드립니다."

....

39) 《강희제와 로마사절 관련문서(康熙與羅馬使節關係文書)》: 전 1권. 1932년 북 경 고궁박물원에서 편찬, 영인 출판한 책으로 무근전(懋勤殿)에서 발견된 관 련 주비유지(朱批諭旨) 문서 총 14건이 수록되어있다.
40) 율려(律呂): 육률(六律)과 육려(六呂)로 중국의 음률체계를 말함. 율려는 십 이율(十二律)의 별칭이다. 삼분손익율(三分損益律)의 육률과 육려에서 명칭 이 유래되었다.

페드리니가 궁중에서 음악을 강의한 사실은 강희 53년(1714) 6월 22일에 내린 황제의 유지에도 보이는데, 현재 로마교황청 전신부 기록물실에 보존되어있다. 거기에는 다음과 같이 기록되어있다.

"수령(首領) 장기린(張起麟)을 통해 유지를 전한다. 서양인 페드리니의 제자들은 피아노 치는 법만 배울 것이 아니라 율려의 근본을 배워야 한다. 만약 피아노 칠 줄 아는 사람을 원한다면 짐에게도 어찌 피아노 칠 수 있는 사람이 없겠는가? 지금 이 몇 명의 아이들(페드리니의 제자 - 역자)이 도레미파솔라[烏勒明法朔拉] 6, 7개의 음조차 구분하지 못하니 무엇을 가르쳤다는 것인가? 너희들은 페드리니에게 힘써 학생을 가르쳐 그들로 하여금 반드시 음률의 중요한 근원을 이해하도록 하고 61관(六十一管)도 가르치도록 명백하게 말을 전해라."

서양의 음명(音名)은 《청조문헌통고》 권177에도 도레미파솔라시[烏勒嗚乏朔拉其]라 되어있는데, 시[其]는 지(犀)라고도 썼다.

혹자는 '위[烏]'의 발음이 오늘날의 'd'와 맞지 않으므로 '도(島)자'를 잘못 쓴 것 같다고 말한다. 서양 음명은 원래 CDEFGAB를 사용했는데, 귀 다렛쪼(Guy d'Arezzo)[41]가 처음으로 라틴어 〈성 요한찬가〉에 나오는 각 절의 첫 글자를 음명으로 썼다고 한다. 그 첫 글자의 독음이 바로 '위[烏]'였는데, 1640년 어떤 이탈리아 사람이 Doni[42]로 제1절의 첫 글자 Ut를 대신하면서 Do는 '도(島)'처럼 읽게 되었다. 귀 다렛쪼가 살았을 때에는

....

41) 귀 다렛쪼(Guy d'Arezzo, 1000-1050): 11세기 이탈리아의 음악이론가. 그는 기억하기 어려운 그레고리안 성가를 빠른 시간 안에 익히는 방법을 개발했으며, 6개의 음들(ut re mi fa sol la)에 근거하는 계명창(solmization)을 발명했고 새로운 기보체계, 즉 보표 선의 도입으로 오늘날까지 사용되는 선과 칸을 통한 정확한 음높이 기보체계를 발전시켰다.
42) Doni는 주님이란 뜻의 Dominus를 잘못 표기한 것 같다.

Si음을 쓰지 않고 습관적으로 강(剛)B음 혹은 강(强)B음이라 불러 유
(柔)B음과 구별하였다. 그가 죽고 한참 뒤에 어떤 이가 〈성 요한찬가〉의
마지막 절 두 글자의 첫 번째 자모[43])를 가져다 하나로 합쳐서 Si음을
표기하기 시작했다. 여기서 〈성 요한찬가〉를 옮기면 다음과 같다.

> Ut queant laxis
> Resonare fibris
> Mira gestorum
> Famuli tuorum
> Solve polluti
> Labii reatum
> Sancte Joannes[44])

  민국 26년(1937) 북경 북당도서관에서 페드리니의 유작 필사본 1책을
발견하였는데, 모두 78쪽에 크기는 28.5 × 21cm였다. 페드리니의 서양
이름은 Pedrini이지만 필사본에는 의도적으로 앞뒤 순서를 뒤집어
NEPRIDI로 적혀있다. 필사본 제목은 《바이올린 독주곡: 네프리디의 베
이스, 오페라 3번 1부》(Sonate a Violino Solo col basso del Nepridi, Opera
terza Partre Prima)이며 북당도서관목록 잡문(이탈리아 어문류) 제3397호
에 보인다.

  강희 50년(1711) 8월 1일 아피아니(Appiani)[45])는 로마에 보낸 서신에

....

43) 마지막 절 두 글자 즉 Sancte Joannes의 첫 번째 자모는 S와 J인데, 라틴어에
    서 Joannes는 Ioannes로도 표기하기 때문에 Si로 읽을 수 있다.
44) 우리말로 하면 "당신의 종이 당신 업적의 훌륭함을 목소리로 편안히 함께
    노래할 수 있도록 우리 입술의 죄를 씻어 주소서, 성 요한이여"라는 뜻이다.
45) 루도비꼬 안토니오 아피아니(Ludovicus-Antonius Appiani, 畢天祥, 1663-
    1732): 이탈리아 출신의 라자로회 선교사로 1699년 마카오에 도착하였고 북
    경과 광주 등에서 선교하다 마카오에서 사망하였다.

서 페드리니가 중국에 도착한 것을 보고하면서 "페드리니는 스피넷과 크레브생·바스크의 탬버린(tambour de basque)·파이프 오르간을 잘 연주하고 바이올린도 조금 할 줄 알지만, 다른 악기는 잘 알지 못합니다"라고 적었다.

강희 52년 11월 9일 아피아니는 다른 편지에서 "페드리니는 황제의 명에 따라 둘째 황자에게 음악을 가르쳤고 자금성에서 말을 타도록 허락받았다"고 적었는데, 편지 원본은 로마 라자로회 기록물실에 보관되어있다. 페드리니는 7명의 학생을 가르쳤고 역학관(譯學館)에서 근무하기도 하였다. 일찍이 스스로 대형 파이프 오르간과 다른 악기를 만들었는데, 그 중에는 사람들이 관외(關外)로 가지고 나간 것도 있었다(프랑스어로 된 북경 《공교잡지(公敎雜誌)》 BCP, 1937, pp.363-375).

민국 25년(1936) 11월 오상상(吳相湘)[46]선생이 국립북경도서관에서 페드리니의 유작 《율려찬요(律呂纂要)》를 발견했는데, 한문 정초본(精抄本) 1책, 한문 초초본(草抄本) 1책, 만문(滿文) 초본 1책으로 되어있었다. 한문 초초본은 행초서(行草書)로 쓰여 있고 첫 페이지 오른쪽 위 모서리에 "강희제의 셋째 아들 성친왕(誠親王) 전하(殿下)가 하사함"이라는 관인(官印)이 찍혀있다. 셋째 황자는 일찍이 페드리니에게서 음악 교육을 받았으니, 위에서 인용한 페드리니와 리파가 교황에게 보낸 편지에 관련 내용이 나온다. 초초본의 일부 내용이 정초본보다 상세한 것을 근거로 오상상은 초초본이 정초본의 '모체(母體)'라고 추정하였는데 매우 옳은 말이다.

....

46) 오상상(吳相湘, 1912-2007): 호남성 상덕(常德) 출신의 역사학자. 북경대학 역사학과를 졸업하고 중앙연구원 역사어언연구소와 북경 고궁박물원에서 일했다. 이후 대만대학 역사학과 교수로 재직하며 중국근대사를 가르쳤다.

정초본의 회색 비단 표지는 완전히 내부(內府)[47] 서적의 형식이다. 이 책은《사고제요》〈악류(樂類)〉에 제목이 남아있으니, "내부 소장본으로 그 편저자의 성명은 알 수 없다"고 적혀있다. 정초본 책이름 아래에 한 줄이 잘려져 있는데, 아마도 편찬자의 이름인 듯하다. 그렇다면《사고제요》의 편집자가 본 것이 바로 이 책임이 분명하다. 게다가 정초본의 편수(篇數)와 내용도《사고제요》에 적힌 것과 서로 같다.

《사고제요》의 말미에는 "암송하는 자를 위해 근래 사람이 어제(御製)《율려정의속편(律呂正義續篇)》에서 발췌한 것 같다"고 적혀있다. 하지만 오상상이 대조한 바에 의하면 정초본이《율려정의속편》보다 훨씬 상세하니,《율려정의속편》이 도리어《율려찬요》를 절산(節刪)하여 만든 것이라 하겠다.

오상상은 이 책이 토마스 페레이라에 의해 만들어졌다고 보았는데, 맞는 말이지만 그 추론의 근거가 충분하지 못한 것 같다. 피스터의《중국에서 활동한 예수회 선교사 열전》의 〈토마스 페레이라 전〉에 따르면《율려정의속편》은 토마스 페레이라와 페드리니 두 사람의 작품이라고 되어있다. 그 외 또 토마스 페레이라가《응용음악과 이론음악》(*Musica practica et speculativa*)이라는 책을 저술했는데, 중국어로 된 원서 1책이 북경에서 출판되었으며 황제가 일찍이 만주어로 번역하라 명하였다고 되어있다. 피스터의 이 설명은 솜메르보겔(Sommervogel)이 쓴《예수회 선교사 저술목록(耶穌會士著述目)》(*Bibliothèque des écrivains de la Compagnie de Jésus*) 제6책, 제514열(列)에서 인용한 것이다. 피스터는

----

47) 내부(內府): 내무부를 줄여서 부르는 말이다. 내무부는 청대 궁정업무를 관장했던 기구로 순치 11년(1654) 명대 내무부를 모방하여 십삼아문(十三衙門)으로 개편하여 설치했다.

이 책이 바로 《율려정의속편》이라고 보았는데, 내 생각에 만주어로 번역하라는 황제의 명을 받았다고 한 것으로 보아 《율려찬요》인 것 같고 나중에 다시 《율려정의속편》으로 절록된 듯하다. 오상상의 글은 《대륙잡지》 제7권 제1기에 실려 있다.

제7절 건륭연간 궁중의 서양 음악과 중국 음악서적의 번역

《고궁문헌총편(故宮文獻叢編)》 제26년 제1집에 원래 내각대고(內閣大庫)에 소장되어있던 〈율려정의후편권수당(律呂正義後篇卷首檔)〉이 발표되었는데, 기존에 유통되던 《율려정의후편(律呂正義後篇)》(건륭 6년 勅編) 권수에 실린 상유(上諭) 및 주의(奏議)의 내용과 달랐다. 아마도 〈권수당(卷首檔)〉이 그 진본인 것 같다. 이 자료에는 건륭 6년(1741) "10월 30일 신(臣) 장조(張照)[48]가 하문하신 유지를 받듭니다. '서양인 중 율려에 정통한 사람이 있는가? 저들나라에서 사용하는 악률(樂律)과 우리나라에서 사용하는 것과의 같은 점과 차이점을 함께 보고하도록 하라. 흠차(欽此)!'"라 적혀있다. 또 같은 해 11월 초2일자 기록은 다음과 같다.

"'신 장조가 삼가 아룁니다. 신이 알아 본 바에 의하면 북경에 있는 서양인 중 악률에 밝은 자가 3명 있다고 합니다. 1명은 페드리니로 강희

---

48) 장조(張照, 1691-1745): 강소성 누현(樓縣) 사람으로 자는 득천(得天)이며 형부상서를 역임하였고 장서가·서예가·희곡작가 등으로도 유명하다. 건륭 6년(1741) 황제의 명으로 《율려정의후편》을 편찬하였다.

49년 북경에 왔고, 1명은 플로리아누스 바르(Florianus Bahr, 魏繼晋)[49]로 건륭 4년 북경에 왔으며, 1명은 요하네스 발터(Johannes Walter, 魯仲賢)로 금년 10월 새로 도착했습니다. 페드리니는 나이가 이미 71세로 강희연간에 중화소악(中和韶樂: 명·청시기 제사·조회·연회 등에 사용되었던 황실음악 - 역자)을 고정(考定)하였고 《율려정의》를 편찬할 때 일찍이 참여하여 애를 썼기 때문에 다른 두 사람보다 분명하게 그 일을 설명할 수 있지만, 일찍이 죄를 지어 파면되었으므로 입장을 밝히는 것이 합당합니다. 바르는 중국어를 약간 할 수 있으나, 발터는 새로 도착하였기에 말이 통하지 않습니다. 그 악기를 살펴보니 관현악기가 대부분이고 악기를 연주시켜보니, 그 음이 비단 대악(大樂)의 중화(中和)와 같지 않을 뿐 아니라 속악(俗樂)보다도 더 소리가 급하고 번잡합니다. 다만 페드리니는 그 나라 악기로 중국 악곡을 지을 수 있고 바르와 발터 두 사람은 소리의 화성[聲和]에 의지해 소리를 낼 수 있으니, 그 이치가 같음을 알 수 있습니다. 그 방법은 도레미파솔라시[烏勒鳴乏朔拉西] 7자로 전체 음을 총괄하는 것입니다. 도레미솔라는 전성(全聲)이고 파시는 반성(半聲)인데, 7조(調)로 전환할 수 있은 즉 고악(古樂)의 5성(聲) 2변(變)에 해당합니다. 영인(伶人: 중국 전통연극배우 - 역자)의 공척(工尺: 중국 고유의 음계부호 - 역자) 7조도 역시 같습니다. 자세히 살펴보면 도[烏]는 궁(宮)과 유사하고, 파[乏]는 변징(變徵)과 유사하며, 시[西]는 변궁(變宮)과 유사합니다. 그 선궁기조(旋宮起調) 등의 기법은 《율려정의속편》에서 상세히 논하고 있습니다. 소리의 이치는 중국과 서양이 다를 바가 없는데, 다만 악기를 제작하여 음을 살피면 서로 맞지 않을 뿐입니다'고 하니, '알겠노라. 그대는 장친왕(莊親王)과 의논하도록 하라. 흠차!'라는 유지를 받았다."

....

49) 플로리아누스 바르(P. Florianus Bahr, 1706-1771): 독일 출신의 예수회 선교사로 음악적 재능이 탁월해 동료 선교사 발터(Walter, 1708-1759)와 함께 중국 음악과 서양 음악의 기법을 절충한 음악작품을 완성해 궁정에서 연주했다. 1745년 북경에서 최초의 독한사전인 《德文中文詞匯表》를 펴냈다.

중국 음악에 익숙한 사람이 갑자기 서양 음악을 들으면 급하고 번잡한 느낌이 들기 마련이므로, 장조가 진심에서 우러난 애기한 것이지 당시 내려진 금교령(禁敎令)에 영합하기 위해 한 말은 아닌 듯하다. 위계보(魏繼普)는 위계진(魏繼晉)의 오기가 분명하니, 자세한 내용은 다음과 같다.

요하네스 발터는 보헤미아 출신의 예수회 선교사였다. 건륭 6년(1741) 마카오에 도착해 건륭 7년에 명을 받고 북경에 들어왔으며 선교사 플로리아누스 바르와 함께 궁중음악으로 쓸 악곡 및 가사 16편을 만들었다. 그는 일찍이 황제의 취미가 변화무쌍하여 음악을 좋아하기도 분수를 좋아하기도 하여 때로는 토목공사를 크게 일으키기도 하고 때로는 기이한 물건을 널리 수집하기도 하였다. …… 간혹 이미 싫증 난 것에 다시 흥미를 보이기도 하여 우리는 오직 항상 그의 부름을 기다릴 뿐이었다고 말했다(Lettres édifiantes ……, t. IV, p.56). 건륭 24년(1759)에 사망하였고 (피스터의 원서, 803-804쪽), 묘비에는 라틴어로 그의 음악적 재능이 매우 뛰어났다고 적혀있다(Planchet, Le Cimetière …… p.208).

바르와 발트는 건륭연간 함께 궁중의 음악교사를 맡았고 악대(樂隊)를 조직하였다. 건륭 8년(1743) 바르가 심한 병에 걸렸는데, 그때 황제도 갑자기 평소 습관이 변하여 서양 음악에 흥미를 잃었다. 이런 연유로 바르는 약간의 휴가를 얻어 궁 밖으로 나가 전도를 하였으나, 수시로 입궁하여 파이프 오르간과 다른 악기를 살펴 조율을 하거나 수리를 하였다. 바르는 독일인으로 그의 음악적 조예는 선교업적에 가려져서 아는 사람이 드물다. 건륭 26년(1761)에 사망하였다(피스터의 원서, 748쪽; Planchet, p.144).

바이올린으로 유명한 사람은 드 그라몽(de Grammont)이 있는데, 프랑스인이며 예수회 선교사였다. 그의 중국이름 및 사망 연도와 장소는 모두 알 수가 없다(피스터의 원서, 958쪽).

그 외 이탈리아 예수회 선교사 몇 명은 유명한 코믹 오페라 〈라 체키나〉(La Cecchina)를 사람들에게 가르쳐 연출함으로써 건륭제의 상당한 관심을 끌었다. 건륭제는 특별히 악대를 조직해 오로지 이 오페라만을 공연하도록 명하였다. 아울러 무대 형태를 갖춘 극장을 따로 세워 오페라 속에 나오는 각 장면의 상황을 그림으로 그려서 관객들로 하여금 눈으로 감상하면서 귀로 들을 수 있도록 하였다. 〈라 체키나〉는 니콜로 피치니(Nicolo Piccini)50)의 작품으로 1760년(건륭 25년) 로마에서 유행한지 몇 달되지 않아 유럽 전역으로 퍼져나갔다.

황제가 서양 음악에 흥미를 잃은 후, 선교사들도 중국 음악을 연구하는 방향으로 돌아섰다. 아미오(Amiot)는 《고악경전(古樂經傳)》51)을 번역하고 나서 다시 프랑스어로 《중국고금음악고(中國古今音樂考)》를 저술하였으니, 그도 이 방면에 조예가 깊었던 사람이다(피스터의 원서, 851쪽). 그의 저술은 고빌(Gaubil)의 격려를 많이 받았다.

건륭제는 본래 외국을 배척하고 천주교를 원수처럼 대한 황제였다. 그러므로 외국 선교사를 궁중에 머물게 한 이유는 순전히 자신만을 위한 때문이었다. 예컨대 시계 수리, 원명원 건설, 지도 및 자동기기 제작, 초상화 그리기 등이 그러하며 서양악기 연주도 그 중 하나였다. 선교사들은 중국 각지에서 발생하는 종교적 박해[敎難]을 줄이고 몰래 선교하다 체포되었을 때 호소하여 사면을 얻기 위해 종신토록 궁중에 남아있었으니, 그 처지는 가엽지만 그 뜻은 칭찬할만하다. 그러나 건축·회화·음악

----

50) 니콜로 피치니(Nicolo Piccini, 1728-1800): 18세기 말 이탈리아 오페라의 세계화를 위해 커다란 기여를 한 작곡가이다

51) 《고악경전(古樂經傳)》: 전 5권. 이광지(李光地, 1642-1718)가 쓴 고대 악서에 대한 훈고해석서이다. 1726년 그의 손자 이청식(李淸植) 등이 책을 완성하였고 그 다음해 간행되었다.

을 막론하고 서양예술이 결국 이로 인해 일찍 중국 민간에 깊이 뿌리내리지 못한데 대해 강희제와 건륭제 모두 마땅히 책임을 져야할 것이다.

제9장
회화

제1절 마테오 리치가 전한 서양화와 《묵원(墨苑)》의 번각(翻刻)

　만력 28년(1600) 마테오 리치가 '천주도상(天主圖像) 1폭(幅)과 천주모(天主母)도상 2폭'을 신종(神宗)에게 헌상하였으니, 이는 어쩌면 명말 서양미술이 최초로 중국에 전해진 사례일 수도 있다. 다만 명말 유럽 선박과 화교 무역상이 선교사들보다 훨씬 먼저 중국에 들어왔기에 서양예술 작품의 유입도 어렵지 않았을 것으로 짐작된다. 선통 3년(1911) 시카고 필드(Field) 인류학박물관 주임 라우퍼(Laufer)가 서안(西安)에서 성모(聖母)가 예수를 안고 있는 초상화 1점을 발견했는데, 성모의 모습은 서양 여자 같으나 예수는 마치 중국 아이처럼 생겼다. 그런데 그림에 당인(唐寅)[1]의 작품이라는 서명이 있는 것으로 보아 위탁(僞託)이 분명하다. 이

----

1) 당인(唐寅, 1470-1523): 명대 중기의 문인 화가로 오현(吳縣) 출신이다. 홍치 11년(1498) 향시에 수석 합격해 이름을 떨쳤으나 다음해 회시에서 부정사건에 연루되어 뜻을 잃고 선종에 귀의, 방자(放恣)한 생활을 하였다. 스스로

그림은 로마 성모대성전(Santa Maria Maggiore)의 보르게세(Vorghese)예배당에 현존하는 성상(聖像)과 아주 흡사하다. 교황 비오(Pio) 5세[2]가 일찍이 이 초상화의 모사품 5점을 프란시스코 수도회의 보르자(Fr. de Borgia)에게 주었는데, 보르자는 마테오 리치와 동시대 사람이자 같은 수도회에서 수도생활을 했기 때문에 마테오 리치에게 그 중 한두 점을 주었을 수도 있다. 그렇다면 서안의 성모상이 해당 성상을 임모(臨摹)[3]한 것이라는 주장은 나름 믿을 만 한 듯하다(*Vaticana Illustrata*, 1932, 15, Jan. 참고). 런던 대영박물관에도 중국 성모상이 하나 있으니 역시 17세기 작품이다(Bernard-Maitre의 《마테오 리치 시대의 중국 기독교예술》). 마테오 리치는 성모가 예수를 안고 있는 초상화를 꽤 많이 가지고 왔기 때문에 신종에게 헌상한 것 외에도 그 초상화를 본 중국인이 많았다. 〈서문정공행실(徐文定公行實)〉에는 "계묘년(만력 31년, 1603) 가을, 공(公)이 다시 석성(石城)에 왔을 때 구면인 마테오 리치를 방문했으나 만나지 못하였다. 집 대청에 들어서서 성모상 1폭을 보고는 마음과 심령이 화합되는 것 같은 자연스러운 느낌이 들었다"고 되어있다. 강소문(姜紹聞)의 《무성시사(無聲詩史)》[4]에서도 "마테오 리치가 가지고 온 서역의

....

강남 제일의 풍류재사라고 칭하였고 산수·인물·화훼화(花卉畫)를 잘 그렸다. 절파(浙派)와 오파(吳派)의 접점에 있는 원파(院派)에 속하며 대표작으로 〈금려별의도권(金閭別意圖卷)〉 등이 있다.
2) 비오 5세(Papa San Pio V): 제225대 교황(재위: 1566-1572). 트리엔트 공의회를 통해 가톨릭 개혁과 라틴교회의 로마전례를 표준화시킨데 지대한 공헌을 한 교황으로 널리 알려져 있다. 토마스 아퀴나스를 교회박사로 선포하였으며 저명한 교회음악 작곡가인 팔레스트리나를 후원하기도 했다.
3) 임모(臨摹): 서화 모사(模寫)의 한 방법. '임'은 원작을 대조하는 것을 가리키고, '모'는 투명한 종이를 사용하여 윤곽을 본뜨는 것을 말한다. 넓게는 원작을 보면서 그 필법에 따라 충실히 베끼는 것을 의미한다.

천주 초상화는 여인이 한 아이를 안고 있는 모습인데, 눈썹과 눈 그리고 옷의 주름 등이 마치 맑은 거울에 비치는 듯 홀로 쓸쓸히 걷는 것 같았다. 그 단정하고 엄숙하면서도 아름다운 자태를 중국 화공(畫工)들은 어디서부터 손을 대야 할지 몰랐다"고 적고 있다. 고기원(顧起元)의《객좌췌어(客座贅語)》권6 '이마두(利瑪竇)'조에도 다음과 같이 적혀있다.

"그림 속에는 성모[天母]라 불리는 어떤 부인이 어린아이인 예수[天主]를 안고 있는 모습이 그려져 있었다. 그림은 동판(銅版)을 바탕으로 삼아 그 위에 오색을 발랐는데 마치 살아 있는 듯 했다. 몸과 팔뚝, 손은 바탕 위로 조금 올라와 있는 듯하고 얼굴의 들어가고 나온 부분이 산 사람과 별반 다르지 않게 보였다. 어떻게 그림을 이렇게 그릴 수 있느냐고 묻자, '중국화는 밝은 부분[陽]만 그리고 그늘진 부분[陰]은 그리지 않아서 사람의 얼굴과 몸이 평평하여 들어가고 나온 모습을 볼 수가 없다. 우리나라의 그림은 밝고 그늘진 부분을 모두 그리기 때문에 얼굴의 높낮이가 있으며 손과 팔뚝은 모두 둘레가 둥글다. 무릇 사람 얼굴이 정면으로 햇빛을 향하면 모두 밝고 희지만, 만약 옆으로 서있을 경우 밝은 곳을 향한 쪽은 희지만 밝지 않은 곳을 향한 쪽은 눈·귀·코·입의 들어간 곳 전부가 어두운 모습을 띄게 된다. 우리나라의 초상화 화가가 이 방법을 이해하고 사용하므로 초상화를 살아있는 사람처럼 그릴 수 있다'고 답하였다."

또 마테오 리치가 가지고 온 서책에 "간간이 그림이 있는데, 인물과 집이 마치 머리카락처럼 섬세하게 그려져 있었다"고 하였다.

이처럼 서광계(徐光啓)는 서양 종교화를 보고 천주교를 믿을 마음이

----

4)《무성시사(無聲詩史)》: 전 7권. 명말 청초 강소성 단양(丹陽: 현 鎭江市) 사람인 강소문(?-1680?)이 지은 회화사(繪畵史) 저작으로 명대 화가 470여 명의 전기가 실려 있다.

생겼고, 강소문과 고기원 두 사람도 그 그림에 대해 더할 수 없는 매력을 느끼고 글을 지어 찬양하였다. 하지만 서양화를 번각(翻刻)하여 세상에 내놓은 사람은 오직 정대약(程大約)[5] 뿐이었다. 모두 4폭의 그림인데, 1번째 그림의 제목은 "믿는다면 너는 바다 위도 걷겠지만, 일단 의심하면 가라앉아 버리리라"이고, 2번째 그림의 제목은 "두 제자는 진실을 듣고 모든 헛됨을 버린다"이며, 3번째 그림의 제목은 "타락한 음욕과 비열함이 스스로에게 하늘의 불을 내리게 했다"[6]로 모두 《성경》에 나오는 이야기이다. 4번째 그림은 성모가 아기 예수를 안고 있는 초상화이다. 4폭의 그림 모두 마테오 리치가 정대약에게 기증하였는데, 정대약이 이를 《묵원(墨苑)》[7] 권6 하(下) 35쪽[葉] 뒤에 수록한 것이다. 펠리오(Pelliot)는 4번째 그림 성모상 아래쪽에 적혀있는 라틴어에 근거하여 1597년(만력 25년) 일본 화원(畵院)에서 나온 작품이라고 단정 지었다. 뿐만 아니라 1592년 일본에 도착한 수도사 니콜라스(F. T. Nicolas)가 나가사키(長崎)의 예수회 선교사가 세운 화원에서 근무했다는 점을 고증하여 니콜라스

5) 정대약(程大約, 1514-?): 명 만력연간 활약했던 휘주 흡현(歙縣) 출신의 제묵가(製墨家)로 자는 유박(幼博)이다. 초칠연묵(超漆烟墨) 제조법을 처음 개발한 것으로 유명하다. 《정씨묵원(程氏墨苑)》을 편찬한 외에 《정유박집(程幼博集)》·《환중초(圜中草)》·《휘군신각명공척독(徽郡新刻名公尺牘)》 등의 저서가 있다.

6) 원서에는 각각 "信而步海, 疑而卽沉" "二徒聞實, 卽捨空虛" "淫色穢氣, 自速天火"로 되어있는데, 그 정확한 의미를 알기 어려워 조너선 D. 스펜스의 《마테오 리치, 기억의 궁전》(이산, 2013) 92, 177, 262쪽에 나오는 라틴어 번역문을 인용하였다.

7) 《묵원(墨苑)》: 전 12권으로 정식명칭은 《정씨묵원》이다. 정운붕(丁雲鵬, 1547-1628)이 그림을 그렸고 황응태(黃應泰), 황린(黃鱗), 황응도(黃應道) 등이 이를 새겼으며 휘주 자란당(滋蘭堂)에서 칼라 인쇄하였는데, 정진탁(鄭振鐸)이 판화의 국보라고 칭송한 책이다.

가 그린 것으로 결론지었다(*T'oung Pao*, 1922년 제1기). 이상의 내용은 《명말 유럽화한 미술 및 로마자 발음(明季之歐化美術及羅馬字注音)》(輔仁 大學, 1927 – 역자)을 참조하라. 다만 앞의 3폭을 그린 사람은 마르티누스 데 보스(Martinus de Vos)이고 그림을 새긴 사람은 안토니우스 비릭스 (Antonius Wierix)로, 모두 당시의 명인(名人)이었기에 마테오 리치가 그 것을 보상삼좌(寶像三座)라 불렀고 《서자기적(西字奇蹟)》(바티칸도서관 Race gen. or Ⅲ. 231, 12에 소장)을 지어 그 일을 기록하였던 것이다. 《묵원》에 수록된 그림을 그린 사람은 정운붕(丁雲鵬)이고 이를 새긴 사 람은 황린(黃鏻)으로, 둘 다 한때의 명인이었으니 가히 쌍절(雙絶)이라 말할 수 있다.

파스콸레 델리아(Pasquale d'Elia)의 《중국기독교예술원류고(中國基督 教藝術源流考)》(이탈리아 왕실연구원 간행)에는 1595년 벨기에에서 인쇄 된 조판화(雕板畫)가 언급되어있는데, 그 그림은 나달(P. Nadal) 사제가 지은 《복음에 관한 주석과 묵상록》(*Adnotationes et Meditationes in Evangelia*)(1595년 Anvers Plantin 印書局 간행)에서 볼 수 있다. 나달은 마테오 리치의 오랜 친구로 마테오 리치의 편지에도 일찍이 그 책이 언 급되고 있다. 태창 원년(1620) 전후 요안네스 데 로차(Joannes de Rocha) 가 저술한 《천주성상약설(天主聖像略說)》[8]에 실린 모든 중국식 그림은 나달의 책을 저본으로 한 것이었다(BCP Juillet, 1939, pp.371-372). 피스 터(Pfister)의 《중국에 온 예수회 선교사 열전(入華耶穌會士列傳)》(중국어 번역본 85쪽)에 따르면 로차의 책은 만력 37년(1609) 간행된 것으로 나온

....

8) 《천주성상약설(天主聖像略說)》: 예수회 선교사 로차가 평면기법으로 수묵화 를 그리는 중국화법과 다르게 음영입체기법으로 수채화를 그리는 서양화법 을 처음 소개한 한문저서이다.

다. 로마 예수회 총회 기록물실에 소장된 이 책의 인물과 풍경은 완전히 중국화 되어있다. 그런데 나달의 책에 수록된 삽화는 비릭스가 새긴 것이다.

제2절 알레니·아담 샬·로차가 전한 서양화

명말 예수회 선교사가 쓴 저서 중에는 그림이 덧붙여있는 것들이 있다. 알레니(Aleni)는 《매괴경십오단도상(玫瑰經十五端圖像)》[9]과 《출상경해(出像經解)》[10]를 저술하였는데, 피스터에 따르면 그 중 《출상경해》는 바로 양광선(楊光先)이 인용했던 아담 샬이 황제에게 헌상한 그림이었다고 한다. 삼비아시(Sambiasi)는 《화답(畵答)》 단행본과 《수화이답(睡畵二答)》 합인본(合印本)을 저술했으며, 이지조(李之藻)는 《수화이답》의 머리말[引]을 썼다.

마테오 리치 이후 아담 샬도 숭정 13년(1640) 11월 바이에른 선제후 막시밀리안(Maximilian) 1세가 부쳐온 《천주강생사적도(天主降生事蹟圖)》와 《납질삼왕래조천주성상(蠟質三王來朝天主聖像)》 1좌(座)를 숭정제[思宗]에게 헌상하였다. 그림은 채색화였고 양피로 된 책표지 안에 들어있었다(《정교봉포》 제1책, 18-20쪽 참고). 아담 샬이 헌상한 것은 글 64장

---

9) 매괴경은 묵주기도(rosario)의 예전 용어이고 15단은 환희(歡喜) 5단, 통고(痛苦) 5단, 영복(永福) 5단을 말한다.

10) 《출상경해(出像經解)》: 정식명칭은 《천주강생출상경해(天主降生出像經解)》이며, 사복음서(四福音書)에 근거하여 목각 판화와 한문 설명으로 구성된 최초의 예수 전기이다.

과 그림 48개였다. 양광선의 《부득이(不得已)》에 수록된 〈임탕약망진정 도상설(臨湯若望進呈圖像說)〉 1편에는 천주 예수가 성읍으로 돌아오는 장면, 예수가 십자가에 못 박히는 장면, 천주 예수가 십자가를 세우는 장면 등도 함께 모사되어있다.

그리고 바티칸 교황청박물관에는 중국식 천주교 고화(古畵) 3폭(9676, 9677, 9678호)이 보관되어있으니, 모두 200년 전의 유물로 《성경》 이야기를 주제로 하고 있다. 첫 번째 그림은 2부분으로 나뉘고 두세 번째 그림은 3부분으로 나뉘는데, 대체로 중국에서 말하는 연환화(連環畵)11)와 매우 비슷하다. 1번째는 천신(天神)이 아브라함에게 나타나는 그림이며, 2번째는 에서(Esau)가 장자 계승권을 파는 그림, 3번째는 비스야(Bisyah) 공주가 모세를 구하는 그림이다. 세 그림 모두 온전한 중국 정서를 담고 있지만, 작가는 아주 평범한 사람이었다고 한다(*Annali Lateranensi* 1938, Vol. Ⅱ. p.24).

그림은 비록 교회의식에 필요한 도구에 불과하지만 뛰어난 선전(宣傳) 효과가 있기 때문에, 명·청 교체기 중국에 온 선교사들이 가지고 온 그림이 매우 많았을 뿐 아니라 수시로 유럽에 그림을 보내줄 것을 요구하였다. 앞서 인용한 고기원의 《객좌췌어》 권6 '이마두'조에는 "훗날 그의 제자인 로차[羅儒望: 즉 羅如望]라는 자가 남경에 왔는데, 그의 총명함은 마테오 리치만 못했지만 가지고 온 기구와 그림의 종류는 역시 같았다"고 적혀있다. 만력 26년(1598) 롱고바르디(Longobardi)는 유럽에 보낸 편지에서 소주(韶州)에서의 견문을 서술하면서 중국인들이 서양 그림을 좋아하니 방법을 찾아 보내주길 바란다고 적었다(*T'oung Pao*, 1922, pp.1-18).

....

11) 연환화(連環畵): 여러 개의 그림으로 하나의 사건이나 이야기의 발전 과정을 서술하는 그림 형식.

제3절 명·청시기 서양화에 대한 중국인의 찬사와 반감

왕림형(王臨亨)의 《월검편(粵劍編)》 권3 〈지외이(志外夷)〉를 보면 다음과 같은 내용이 있다.

"마카오에 있는 오랑캐는 …… 스스로 소리 내는 악기와 스스로 작동되는 시계가 있다. …… 그 밖에 초상화와 꽃·나무·새·짐승 그림은 정말 사실적이고, 조각상은 살아있는 사람과 다를 바가 없다. 유천우(劉天虞)는 나에게 '이전에 마카오에서 살 때, 조각상을 보고 문득 말을 걸 뻔하다가 자세히 본 후에야 그만두었다'고 하였다."

《제경경물략(帝京景物略)》에서는 북경 선무문(宣武門) 안에 있는 천주당의 예수 초상에 대해 다음과 같이 묘사하고 있다.

"멀리서 보면 마치 조각상 같은데, 생김새가 대략 서른 살쯤 되어 보였다. 왼손에는 혼천도(渾天圖)를 쥐고 있고 오른손 손가락은 엇갈려 있으며 마치 뭔가를 막 설명하려는 모습에 손가락은 말하는 자를 가리키고 있었다. 곧추 선 수염과 눈썹은 화난 모습 같고 휘날리는 수염과 눈썹은 기뻐하는 모습 같았다. 귓바퀴가 두텁고 콧등은 오똑하며 눈은 마치 무엇을 주목하고 있는 듯하고 입은 소리를 내고 있는 듯했다."[12]

《설령후집(說鈴後集)》에 수록되어있는 강희제 때 화촌간행시자(花村看

---

12) "望之如塑, 貌三十許人. 左手把渾天圖, 右叉指, 若方論說狀, 指所說者. 鬚眉, 豎者如怒, 揚者如喜, 耳隆其輪, 鼻隆其準, 目容如矚, 口容有聲"

行侍者)라는 서명(署名)을 가진 이가 쓴 《담왕(談往)》의 '서양내빈(西洋來賓)'조에서는 《제경경물략》의 내용을 옮기면서 그 어휘를 약간 바꾸고 있다. 즉 '삼십허(三十許)'는 '삼십여(三十餘)'로, '파혼천도(把渾天圖)'는 '집혼천의(執渾天儀)'로 바꾸었다. 귀와 코에 관한 어휘도 "이륭륜(耳隆輪), 비륭절(鼻隆準), 목약촉(目若矚), 구약성(口若聲)"으로 더욱 간결하게 고쳤다. 마지막의 "오른쪽 성모당에 소녀 같은 모습을 한 여자가 있었는데, 손에 안은 아이가 예수이다"는 기록은 《제경경물략》에 없는 내용이다.

오장원(吳長元)의 《신원지략(宸垣識略)》[13] 권7에서도 《제경경물략》을 베끼면서 그 내용을 요약하여 "천주당 안에 예수 초상을 모시고 있었는데, 그림인데도 조각처럼 보였다. 귓가가 융기해있는 것이 마치 살아있는 사람 같았다"고 하였다.

양가린(楊家麟)의 《승국문징(勝國文徵)》 권2 〈천주당〉에서는 순승문(順承門) 밖의 천주당에 대해 기록하고 있지만, 그 내용은 여전히 《제경경물략》과 《담왕》 두 책의 범위를 벗어나지 않고 있다. 즉 "안에 모신 예수 초상은 그림인데도 조각처럼 보였다. 귀와 코가 많이 돌출되어있어서 마치 살아있는 사람 같았다. 왼쪽 편 성모당에는 마리아 초상을 모시고 있었는데, 소녀의 모습으로 한 아이를 안고 있으니 바로 예수이다"고 되어있다.

장경(張庚)의 《화징록(畵徵錄)》[14] 권중 〈초병정(焦秉貞)[15]제인전(諸

....

13) 《신원지략(宸垣識略)》: 전 16권. 절강성 인화(仁和) 사람 오장원(생몰연도 미상)이 북경의 역사지리 연혁과 명승고적을 기록한 책으로 강희연간 주이존(朱彝尊)이 편집한 《일하구문(日下舊聞)》과 건륭연간 칙찬된 《일하구문고(日下舊聞考)》두 책을 증산(增刪)하여 다시 쓴 것이다.

14) 《화징록(畵徵錄)》: 수수(秀水: 현 절강성 嘉興市) 출신 장경(1685-1760)이 지은 청대 회화사 저작으로 원래 3권이었으나 후에 2권이 증보되었다. 청대

人傳)〉에는 다음과 같이 적혀있다.

"명나라 때 마테오 리치라는 자가 있었는데, 서양 구라파 사람으로 중국
어에 능통하였다. 남경에 와서 정양문(正陽門) 서영(西營)에 살았다. 그
교주(敎主) 부인이 한 어린아이를 안고 있는 하느님의 아들 형상을 그렸
는데, 신비한 기운이 가득하고 채색이 선명하여 아름다웠다. 그는 일찍
이 '중국에서는 밝은 면만 그릴 수 있기 때문에 들어가거나 나온 부분이
없지만, 우리나라에서는 밝고 어두운 면을 모두 그리기 때문에 사면(四
面)이 모두 원만(圓滿)하다. 무릇 사람이 (빛을) 정면으로 마주한 쪽은
밝은 반면 옆쪽은 어둡다. 그 어둔 부분을 약간 검게 그리면 정면의 밝은
부분이 더욱 드러나게 된다'고 하였다. 초병정은 그 뜻을 이해하고 이를
변화시켜 응용하였으나 고상하게 감상할 만한 게 아니어서 옛 방식을
좋아하는 사람은 취하지 않았다."

추일계(鄒一桂)는 《소산화보(小山畵譜)》16) 권상의 〈그림에는 팔법사
지의 칠론수석법이 있다(畵有八法四知之七論樹石法)〉에서 "흑백은 명암
[陰陽]의 이치를 다하고 허실은 요철(凹凸)의 형태를 드러낸다"고 하였으

....

화가 450여 명의 전기를 수록하고 있다.
15) 초병정(焦秉貞, 생몰연도 미상): 청대의 화가이자 천문학자로 산동성 제녕
(濟寧) 출신이다. 아담 샬의 문도로 천문학에 밝았고 초상화를 잘 그렸다.
강희연간 흠천감에서 근무하였는데, 예수회 사제들과 함께 재직했던 관계로
일찍이 서양의 원근법을 터득하여 그림에 응용하였다. 대표작으로 〈패문재
경직도(佩文齋耕織圖)〉와 〈강희제남순도권(康熙帝南巡圖卷)〉 등이 있다.
16) 《소산화보(小山畵譜)》: 강소성 무석(無錫) 출신 추일계(1688-1772)가 펴낸 화
론서(畵論書). 상하 2권으로 건륭 21년(1756) 이전에 완성됐다. 주요 내용은
화훼화의 제작법으로, 상권에는 선인들의 소론을 따라 화훼화를 논한 〈팔법
(八法)〉, 추일계의 사실주의 기본이념을 전개한 〈사지(四知)〉 외에, 115종에
이르는 꽃의 형태와 색채를 상술했다. 하권은 주로 선인들의 화론을 인용해
서 회화론을 서술했다.

니, 이것은 분명 서양화를 찬양한 것이다. 그러나 권하의 〈서양화(西洋畫)〉조에서는 "서양은 구고법(勾股法)에 능하기 때문에 그 그림의 명암과 원근이 조금의 오차도 없다. 그림 속의 인물과 집과 나무 모두 그림자가 있다. 그들이 사용하는 색과 붓은 중국 것과 완전히 다르다. 배경은 넓은 데서 좁아지며 삼각으로 그것을 계산하기 때문에 벽에 그린 궁실을 보면 정말 걸어 들어가고 싶은 마음이 생길 정도이다. 학자들이 그 중 한둘을 참고하여 쓰면 남의 이목을 끌 수는 있겠지만, 필법(筆法)이 전혀 없기 때문에 비록 정밀하고 조예가 깊더라도 화품(畫品)에는 들 수 없다"고 하였다. 대개 당시 서양화에 대해 완전히 찬상(讚賞)하는 자와 완전히 반대하는 자(특히 종교화)가 있었지만, 대다수는 서양화의 사실(寫實)적인 면은 취하면서도 그 장인(匠人)적인 성질을 빈정댄 것이다.

이와 유사한 진술은 도광연간 황균재(黃鈞宰)가 지은 《금호랑묵(金壺浪墨)》[17] 권7에서도 그 흔적을 찾아 볼 수 있다. 즉 "안에 예수 초상화를 모시고 있었는데, 귀와 코가 솟아있는 것이 마치 살아있는 듯했다. …… 오른쪽은 성모당인데, 성모가 아이를 안고 있는 그림이 걸려있었다"고 적혀있다.

다만 건륭연간 조익(趙翼)의 《첨폭잡기(簷曝雜記)》 권2 〈서양천리경 및 악기(西洋千里鏡及樂器)〉조와 왕계숙(汪啓淑)의 《수조청가록(水曹淸暇錄)》[18] 권4에 적힌 내용은 모두 본인이 직접 보고 기록한 것들이다.

조익은 "천주당은 선무문 안에 있었다. 그곳에 모시고 있는 미소년처

---

17) 《금호랑묵(金壺浪墨)》: 전 8권. 강소성 회안(淮安) 출신의 문학가 황균재 (1826?-1895?)가 쓴 필기소설로 《금호칠묵(金壺七墨)》의 일부이다.
18) 《수조청가록(水曹淸暇錄)》: 안휘성 흡현(歙縣) 출신 왕계숙(1728-1799)이 공부도수청리사(工部都水淸吏司) 낭중(郞中)에 재직할 때 쓴 견문 수필집으로 책 앞에 전대흔(錢大昕)의 서문과 책 뒤에 적괴(翟槐)의 발문이 있다.

럼 생긴 천주의 이름은 야소(邪穌)라고 하는데, 저들이 성인으로 받드는
자이다. 초상화를 벽에 그렸으나 돌출되어있어 마치 벽에 떨어져 서 있
는 것 같았다"고 묘사하였다. 야소(邪穌)는 바로 예수[耶穌]로, 조익이 그
종교를 혐오하였기 때문에 이런 명칭을 쓴 것이다. 왕계숙은 부성문(阜
成門) 천주당에 대해서 "천주당 안에 있는 불상(佛像)은 유화로 그린 것
으로 멀리서 보면 살아있는 것 같았다"고 하였다.

이상의 기록을 통해 서양에서 전래된 종교에 대해서는 비록 호감을
갖지 않았지만, 서양화에 대해서는 아주 큰 흥미를 느꼈음을 알 수 있다.

그러나 당시 서양의 종교 인물화에 불만이 있는 사람도 있었다. 조익
은 자신의 《구북시초(甌北詩鈔)》에 실린 〈동북서수전관서양악기(同北墅
漱田觀西洋樂器)〉 시에서 "손잡고 천주당에 오르니 흰 벽에 천주상이 그
려져 있네. 꾸밈은 고야선(姑射仙)[19]처럼 맨 머리에 두건을 쓰지 않았네.
이것을 그들의 주공(周孔)이라 하면서 예부터 존숭해 받들었다 하네[20]"
라고 하였으니, 맨 머리[科頭]라 하고 (두건을) 쓰지 않았다[不冠]고 표현
한데서 이민족을 무시하는 정서를 여지없이 드러내고 있다. 쿠플레
(Couplet)는 《허태부인전략(許太夫人傳略)》[21]에서 "염치(廉恥)를 숭상하

....

19) 고야선(姑射仙): 고야는 본래 《장자》에 나오는 산 이름이었으나, 후대에 신
    선(神仙)을 가리키는 말로 쓰였다. 고야선에 대해 처음 기록한 문헌은 《장자》
    〈소요유(逍遙遊)〉로, "먼 곳에 있는 고야산에 선인이 살고 있는데 살갗은 얼
    음이나 눈과 같고 얌전하기는 처녀와 같다"라고 기록되어있다.
20) "引登天主堂, 有象繪素壁. 靚若姑射仙, 科頭不冠幘. 云是彼周孔, 崇奉自古昔."
21) 《허태부인전략(許太夫人傳略)》(Historia nobilis femina Candida Hiu): 벨기에
    출신 예수회 선교사 필립 쿠플레가 쓴 허태부인의 전기로 1688년 라틴어로
    출판되었다. 내용은 길지 않으나 천주교 신자였던 허태부인의 출생부터 사
    망에 이르는 일생 사적을 중심으로 중국의 민정(民情)과 민속 등을 매우 풍
    부하게 다루고 있다.

는 중국인의 풍격은 유럽 인사들의 거울과 본보기가 될 만하다. 부녀자들은 머리에서 발끝까지 단단히 옷으로 싸맸으며 손가락조차 조금도 노출시키지 않았다. (서양) 그림 중 간혹 나오는 노출된 모습은 보는 사람을 깜짝 놀라게 하였다. 고통 받는 예수상은 루케(Luques)의 작품으로 옛날 그리스에서는 맨몸에 옷을 걸치는 것이 당연했다. 성모상은 대대로 전해지던 성 누가(Saint Luke) 스타일로 그려진 것이다"고 하였으니, 양광선이 일찍이 예수가 십자가에 못 박힌 그림을 가지고 천주교 반대 선전을 했던 것이 전혀 놀라운 일이 아니었다. 즉 양광선은 《부득이》의 〈임탕약망진정도상설(臨湯若望進呈圖像說)〉 머리말에서 "허선생(許之漸을 가리킴)에게 글을 올린 후, 《벽사론(闢邪論)》을 저술할 때 아담 샬이 판각한 백성들이 예수를 추대하는 그림과 국법으로 예수가 십자가에 못 박혀 죽는 그림을 글 앞에 덧붙여 세상 사람으로 하여금 예수가 형벌을 받아 죽은 것을 보게 함으로써, 사대부가 그를 위해 서문을 쓰지 않고 소인배도 그 종교에 귀의하는 것을 달갑게 여기지 않도록 못한 것을 후회하였다. …… 이에 …… 예수를 추대하고, 예수가 십자가에 못 박히고, 예수가 십자가를 세우는 삼도삼설(三圖三說)을 모사하여 세상 사람들에게 예수는 정법(正法)을 모반한 죄수이지 분수를 알고 법을 지키는 양민이 아니었음을 다 보게 하였다"고 적었다. 그런데 이들 그림에 나오는 인물과 장모(長矛)·단도(單刀)·화극(畵戟) 등은 모두 이미 중국화 되어 있었다.

이 보다 먼저 마테오 리치가 활동하던 시기에도 관음대사상(觀音大士像)과의 혼동을 막기 위해 성모상을 대중에게 보이지 말도록 권고하였으며 환관 마당(馬堂)은 마테오 리치가 공물을 바치지 못하게 막았는데, 공물 중에 예수가 십자가에 못 박힌 그림이 있었던 것도 그 이유 중 하나였다. 왜냐하면 중국인은 형벌 받는 그림을 보는 것을 불길하게 생각했기 때문이다. 만력 7년(1579) 프란시스코회 선교사 토르데시야스(Tor-desillas)는 "조경부(肇慶府)의 모 관원이 예수가 십자가에 못 박힌 초상화와 그 위에 적힌 글에 대해 물어서, 내가 모든 것을 해석해주자 그가 크게 웃었다"(BCP. id)고 적었다.

제4절 강희연간 궁중의 서양화와 선교사 화가

사천 지역에서 선교활동을 했던 불리오(Buglio)는 《부득이변(不得已辯)》을 저술하고 《초성학요(超性學要)》[22]을 번역하여 이름을 날렸는데, 그가 그림에도 뛰어났음을 아무도 알지 못했다. 게다가 서양화법을 중국 화가에게 전수할 때 주로 청 궁정에서 다년간 소장해온 서양문물을 제재(題材)로 삼았다는 것을 누가 알았겠는가. 페르비스트(Verbiest)는 자신이 일찍이 투시법(透視法)을 엄격히 적용한 그림 3폭을 그려서 강희제에게 올리고 그 부본(副本)을 만들어 (자기 집) 대청에 걸어놓았는데, 경사에 온 전국의 관리들이 반드시 한번 보는 것을 즐거움으로 삼았다고 하였다(뒤알드의 원서, t. Ⅲ. p.269; 피스터의 원서, 238쪽). 고사기(高士奇)의 《봉산밀기(蓬山密記)》에는 강희 42년(1703) 3월 21일 창춘원에 있는 극장에 갔을 때 "넓고 아름다운 높은 무대 사방을 둘러싼 누각에는 유리 창문이 있었는데, 황제께서 벽 사이에 있는 서양화를 가리키며 보게 하셨다"고 적혀있다. 아마도 이 서양화가 바로 페르비스트의 작품이 아닌가 싶다. 또 같은 책에 보면 4월 18일 황제가 다시 고사기에게 "서양인은

....

22) 이 책에 관한 소개는 본편 12장 7절에 상세히 나온다.

초상화를 그릴 때 귀한 얼굴[虎頭]의 신묘(神妙)함을 살필 줄 안다. 정말 실물처럼 그린 2폭의 귀빈(貴嬪) 초상화가 있는데, 그대가 연로함에도 오랫동안 봉직하고 있으니 보아도 무방하다'고 하시면서 먼저 1폭을 꺼내 '이는 한인(漢人)이다'고 한 다음, 다른 1폭을 보여주면서 '이는 만주인이다'고 하셨다"는 내용이 있다. 그리고 다음날인 19일 강희제는 고사기에게 서양화 3폭을 하사하였다.

강희연간 궁중에는 예수회 소속이 아닌 또 다른 1명의 그림 잘 그리는 선교사가 있었으니, 교황 클레멘스(Clementus) 11세의 명을 받고 투르농(C. T. M. de Tournon)23)에게 내린 추기경 예관(禮冠)을 (중국으로) 가져온 마테오 리파(Matteo Ripa)가 바로 그 사람이다. 강희 50년(1711) 북경에 와서 옹정 원년(1723) 이탈리아로 돌아갔다(Planchet, *Guide du Touriste aux monuments religieux de Pékin*).

제5절 서양화의 보급 확대와 천주교 내외의 전습(傳習)

강희제 때 서양화로 이름을 날린 중국인으로는 응당 초병정을 꼽을 수 있는데, 그가 그린 〈경직도(耕織圖)〉는 특히 후대 사람의 많은 사랑을

----

23) 샤를 투르농(Charles Thomas Maillard de Tournon, 1668-1710): 이탈리아 출신의 교황청 추기경으로 사보이아 후작의 아들이다. 전례(典禮)문제에 관하여 강희제와 교황과의 의견 조정을 위해 클레멘스 11세의 특사로서 중국에 파견된 후(1705) 황제를 회견, 우대받았으나 예수회의 반감을 사서 북경에서 퇴거되었다. 그 후 마카오로 호송되어(1707) 학대를 받고 옥사했다.

받았다. 그의 그림 중에 이탈리아에서 흔히 볼 수 있는 물건이 많은 것으로 보아 분명 그 나라 출신 선교사 불리오와 리파의 영향을 받았음을 알 수 있다. 초병정은 흠천감 오관정(五官正)이었던 까닭에 서양인과 왕래할 수 있었으니, 그가 내정(內廷)에 들어가 일하기 시작한 것은 강희 28년(1689)으로 카스틸리오네(Castiglione)나 시켈바르트(Sichelbarth)[24] 등이 아직 중국에 오기 전이었다. 장경의《화징록》권중에 보면 "초병정은 제녕(濟寧) 사람으로 흠천감 오관정이었다. 인물화를 잘 그렸는데 먼 데서 가까운 데까지, 큰 것에서 작은 것에 이르기까지 피사체의 위치에 미세한 착오도 없었으니 대개 서양화법을 사용한 것이다"고 되어있다.

호경(胡敬)[25]은《국조원화록(國朝院畵錄)》[26] 권상에서 "초병정은 서양화법을 사용하여 인물·산수·누관(樓觀)을 잘 그렸다"고 하면서, 또 다음과 같이 말하였다.

"신(臣) 호경은 삼가 서양화법을 이용해 그림자를 잘 그리는데, 미세하게 분석하여 명암·향배(向背)·사정(斜正)·장단(長短) 등을 측량합니다. 그 그림자가 드러나는 모습에 따라 색을 칠함으로써 진하고 흐리며 밝고 어두움을 구분합니다. 그래서 멀리서 보면 사람·가축·화목(花木)·집 등이 모두 서있지만 형태가 입체적이고, 햇빛이 비춰 물이 증발하여

....

24) 이그나티우스 시켈바르트(Ignatius Sichelbarth, 艾啓蒙, 1708-1780): 예수회 선교사로 건륭 10년(1745) 중국에 와서 카스틸리오네에게 회화를 배워 서양 화법을 중국식으로 표현할 수 있게 됨으로써 청조의 중시를 받아 내정에서 근무하게 되었다. 자세한 내용은 뒤에 나온다.
25) 호경(胡敬, 1769-1845): 절강성 인화(人和) 출신으로 가경 10년(1805) 진사가 되었고 한림원 편수로《석거보급삼편(石渠寶笈三編)》편찬에 참여하였다. 저서로《서청차기(西淸箚記)》등이 있다.
26)《국조원화록(國朝院畵錄)》: 호경이《석거보급》에 수록된 역대 원화(院畵)를 모아 편집한 책으로 가경 21년(1816)에 쓴 자서(自序)가 있다.

구름이 되는 매우 심원(深遠)한 것까지 모두 분명하게 작은 비단이나 종이 위에 펼쳐지게 됩니다. 초병정은 흠천감[靈臺]에서 근무하였기에 측량과 계산에 매우 밝았고 깨달아 얻은 바가 있어 서양화법을 취하여 변통하니, 성조(聖祖)께서 그의 그림[丹靑]을 칭찬한 것은 바로 그의 수리(數理)를 칭찬한 것입니다."

청대 초기 민간에 전해진 서양화 중에는 종교적 범주에 속하지 않은 것도 있었다. 예컨대 위희(魏禧)의 《위숙자집(魏叔子集)》[27] 〈답증군(答曾君)〉을 보면 "왕생(王生)이 오셔서 태서궁실도(泰西宮室圖)를 주셨는데, 한층 더 기묘하여 기쁜 마음으로 집안에 걸어놓고 날마다 그것을 보고 있으면 항상 들어가 살고 싶은 마음이 생깁니다"고 적혀있다. 또 다른 글에서는 다음과 같이 적고 있다.

"갑인년 섣달에 맏형이 서양화를 꺼내 보여주었는데, 그 신비스러움에 탄복하여 매우 그것을 갖고 싶었다. 하지만 이 글을 읽으니 평탄한 터와 두터운 담, 높은 집과 계단, 많은 방과 주위의 난간이 굽이져있는 모습이 보여서 마치 들어가 살 수 있을 것 같고, 서있는 사람과 말의 모습은 부를 수 있고 탈 수 있을 것 같았다. 내가 이를 베껴 책상 위에 놓고 나서 더 이상 그 그림을 갖고자 하지 않았다. 담장의 명암 그리고 섬돌의 밝은 빛에 반사되는 담장과 창문 사이로 새어나오는 촛불 빛은 특히 옛사람의 말대로 형상하기 어려운 광경이다. 나는 그림이란 마음속으로 스스로 기뻐하면 되는 것이니, 그렇기만 하다면 천하에 다시 눈을 씻고 찾아도 이에 미치는 것은 없다고 생각한다. 하물며 문자로 그 상황을 나타낼 수 있겠는가? 서양인들에게 보여주지 못함이 애석하도다. 나의

---

27) 《위숙자집(魏叔子集)》: 명말 청초 유명한 산문가 위희(1624-1680)의 글을 모은 책으로 문집(文集) 22권, 일록(日錄) 3권, 시집(詩集) 8권 등 모두 33권으로 되어있다.

성정(性情)은 궁실 정원에서의 즐거움을 좋아하지만, 가난하여 갖지 못했기에 매번 화공(畵工)에게 옛사람의 유명한 저택을 본떠 그리게 하였다. 때로는 내가 짓고 싶은 것을 직접 그리기도 했기 때문에 이 그림을 가장 소중하게 여긴다. 그러나 중국인에게는 자고로 측량학(測量學)이 없었으니, 이로서 서양에 미치지 못함을 알 수 있다. 맏형은 또 손님의 말을 인용하여 '서양인이 그린 궁전 그림에는 헤아릴 수 없을 만큼 많은 문과 집이 있어서 보는 이로 하여금 마치 멀리서 아방궁과 건장궁(建章宮) 안을 바라보고 있는 것처럼 느끼게 한다'고 하니, 아! 어찌 내가 그것을 보고 기술할 수 있겠는가?"

이를 보면 서양화에 대한 그의 추앙이 극진했음을 알 수 있다.

《지북우담(池北偶談)》[28] 권26〈서양화〉에 보면, "서양인이 만든 유리그릇 등은 참으로 정교하고 기이하다. 일찍이 그들이 그린 인물화를 보았는데, 처음에는 머리와 눈·손·발 등을 구분할 수 없었으나 거울에 그것을 비추니 눈썹과 눈이 아주 뚜렷하고 아름다웠다. 거울은 뾰족하고 길어서 마치 붓을 세워놓은 형상이었다. 또 누대와 궁궐을 그린 그림을 벽 위에 펼친 다음 10걸음 밖에서 보니 활짝 열려있는 중문(重門) 사이로 계단이 또렷이 보이는 모습이 마치 왕궁의 저택과 같았지만, 가까이 다가가서 보면 마치 바둑판처럼 단지 가로 세로 수십 백 개의 금이 그어져 있을 뿐이었다"고 적혀있다.

서양의 종교화는 중국에 전래된 후 몇 년이 지나지 않아 완전히 중국

....

28) 《지북우담(池北偶談)》: 전 26권. 청대 실학자 왕사진(王士禛, 1634-1711)의 필기소설집으로 《석범정기담(石帆亭紀談)》이라고도 부른다. 내용은 ① 청대 법제와 과거제도 및 선비들의 의관(衣冠)에 대한 것, ② 명대 중엽에서 청대 초기까지의 명신(名臣)·기인(畸人)·열녀(烈女) 등에 대한 것, ③ 예술과 시문 등에 대한 것, ④ 괴기한 이야기에 대한 것들로 나뉜다.

화 되었지만, 비종교적인 도안과 사실화는 대부분 입체적으로 음영을 그리는 서양화법을 사용하거나 중국과 서양의 것을 혼용한 독특한 풍격을 만들어내었다. 예컨대 이지조가 쓴 〈반궁례악소(頖宮禮樂疏)〉, 왕징(王徵)이 번역한 《기기도설(奇器圖說)》, 페르비스트가 지은 《영대의상지(靈臺儀象志)》, 초병정이 그린 〈경직도〉, 문응조(門應兆)29)가 그린 《서청연보(西淸硯譜)》, 증경(曾鯨)30) 즉 증파신(曾波臣)의 사실 묘사 등은 모두 서양화의 영향을 받은 것들이다. 증경의 학문을 전수받은 사람으로는 사빈(謝彬)·곽공(郭鞏)·서역(徐易)·심소(沈韶)·유상생(劉祥生)·장기(張琦)·장원(張遠)·심기(沈紀) 등이 있다. 그 중 심소의 제자 서요포(徐瑤圃)의 조예가 특히 깊었다. 순전히 서양화법으로 사실적 초상화를 그린 사람으로는 장노염원(長蘆鹽院)의 망곡립(莽鵠立)31)과 제자 금개(金玠) 및 정유(丁瑜)와 그의 부친 정윤태(丁允泰)가 있었다. 《화징속록(畫徵續錄)》 권상의 〈망곡립전(莽鵠立傳)〉에는 "그 화법은 본래 서양에서 온 것이다"고 되어있으며, 권하의 〈규수(閨秀)정유전(丁瑜傳)〉에는 그 부녀가 "일념으로 서양의 홍염법(烘染法)32)을 따랐다"고 적혀있다.

황리장(黃履莊)의 《기기목략(奇器目略)》(자세한 내용은 본편 3장 7절에 나옴) 〈제화류(諸畫類)〉를 보면 "원시화(遠視畫)·방시화(旁視畫)·경

<hr />

29) 문응조(門應兆, 생몰연도 미상): 문응조(門應詔) 또는 문응소(門應召)로도 쓴다. 건륭연간 사고관(四庫館) 회도분교관(繪圖分校官)을 지냈으며 누각과 인물 및 화훼를 실물 모양대로 잘 그렸다고 한다.
30) 증경(曾鯨, 1568-1650): 복건성 보전(莆田) 사람으로 중국 전통화법과 서양화법을 혼용하여 인물초상을 사실적으로 잘 그린 화가이다.
31) 망곡립(莽鵠立, 1672-1736): 만주족 출신의 청조대신으로 서양화법에 뛰어나 일찍이 강희제의 초상을 그렸다고 한다.
32) 홍염법(烘染法): 수묵 혹은 색채를 화면에 칠하여 자연스럽게 음영이 배어나오도록 농도를 적당하게 배합하는 기법이다.

중화(鏡中畵)·관규경화(管窺鏡畵: 전혀 그림 같지 않은데 관을 통해 보면 진짜처럼 생동감이 있음 - 原注)·상하화(上下畵: 한 그림을 위아래에서 보면 2개의 그림이 됨 - 원주)·삼면화(三面畵: 한 그림을 삼면에서 보면 3개의 그림이 됨 - 원주)" 등이 있다고 나오는데, 역시 모두 유럽에서 전래된 것이다.

오어산(吳漁山) 즉 오력은 한 시대를 대표하는 화가로 천주교에 투신하여 신자가 되었고 말년에는 수도를 통하여 선교사가 되었다. 세상에 전해지는 그의 종교화로는 〈성가피난도(聖家避難圖)〉만 있는데, 예전에 상숙(常熟)의 어느 신자 집에 소장되어있다고(〈李問漁致成捷三手書〉) 하였지만 지금도 남아있는지는 모르겠다. 강희 36년(1697) 오어산은 조륜(趙崙)[33]에게 "천학시(天學詩)[34]를 짓는 것이 가장 어려워 다른 시와 비교할 수 없다"고 말하면서 바로 〈동루시(東樓詩)〉와 〈제봉아산방도시(題鳳阿山房圖詩)〉 및 여러 명공(名公)에게 받은 글을 꺼내어 조륜과 함께 비평하며 열람하였고 후에 또 〈산원기도도(山園祈禱圖)〉를 선물하였다. 이에 대해 혹자는 "조륜은 시를 이해하고 그림에도 능했다. 아마 천주교 문학 및 천주교 미술을 수립하려는 뜻이 있었던 것 같다"(《오어산선생연보》 및 《墨井集》〈口鐸〉)고 하였다. 〈산원기도도〉는 예수가 고난 받기 전날 겟세마네(Gethsemane) 동산에서 기도하는 모습을 그린 것이다. 그런데 이 그림이 서양에서 온 것인지 아니면 오어산의 작품인지는 알 수가 없다.

....

33) 조륜(趙崙, 1636-1696): 산동성 내양(萊陽) 사람으로 청렴함으로 이름이 높았으며 관직은 태상시소경에 이르렀다.
34) 천학시(天學詩): 명말 청초 중국 고전시가의 형식을 빌려 천주교의 교리와 전례 등에 관련한 내용을 담아낸 시를 이르는 말로, 청나라 초기 중국인 예수회 신부 오어산이 처음 사용하였다.

오어산의 그림을 전수 받은 사람 중에 육도회(陸道淮)라는 자가 있는데, 자는 상원(相源)이며 호는 상유(上游)이고 국학생(國學生)이었다. 산수와 화훼를 잘 그렸으며 일찍이 《묵정시초(墨井詩抄)》와 《삼파집(三巴集)》 및 〈화발(畵跋)〉을 편각(編刻)하였고, 또 《오어산집(吳漁山集)》을 간행하였다(蔣光煦의 《東湖叢記》 권2). 오어산 외에 왕석곡(王石谷)[35]에게도 일찍이 사사받았기에, 혹자는 오직 육도회만이 오어산과 왕석곡을 계승할 수 있다고 말했다(張雲章의 〈題陸道淮臨宋元名畵補本〉).

오어산은 비록 천주교 사제였지만 알고지낸 서양 인사가 많지 않았는데, 중국 주교로부터 사제 안수를 받은 후 서양 인사와의 왕래가 더욱 줄어들었다. 게다가 중국화의 기초가 이미 깊이 잡혀 있어서 그 기호를 바꾸려 해도 쉬운 일이 아니었다. 그는 일찌기 "나의 그림은 형사(形似: 동양화에서 대상의 형태를 정확하게 닮도록 표현하는 것 - 역자)를 취하되 상투적인 격식에 빠지지 않기 때문에 신일(神逸)하다고 말할 수 있는데, 저들은 모두 명암의 향배 및 형사의 격식에만 치중한다"고 하였다. 또 "그림을 그리는데 있어 송·원(宋元)을 기본으로 하지 않는다면, 마치 바둑알 없는 바둑과 같으니 빈 바둑판에 무얼 가지고 바둑을 두겠는가?"라고 주장하였다(《묵정집》 권4 〈題跋〉). 오어산은 비록 한차례 마카오에 거주한 적이 있지만 매우 짧은 시간이었다. 그가 마카오에 처음 도착했을 때, 서양의 예속이 중국과 서로 다른 것을 보고는 놀라움을 감추지 못했다(《묵정집》 권4 〈제발〉). 따라서 오어산의 그림은 끝내 서양의 영향을 받지

---

35) 왕석곡(王石谷, 1632-1717): 강소성 상숙(常熟) 사람으로 이름은 휘(翬)이고 석곡은 그의 자이다. '청초화성(淸初畵聖)'이라 불렸고 왕감(王鑒)·왕시민(王時敏)·왕원기(王原祁)와 함께 산수화의 '사왕(四王)'으로 불리었다. 〈강희남순도(康熙南巡圖)〉 등의 작품이 남아있다.

않았다. 함풍·동치연간 엽정관(葉廷琯)은《구피어화(鷗陂漁話)》에서 오어산의 노년 작품이 서양화법을 많이 사용하여 평소와 완전히 다르다고 하였는데, 엽덕휘(葉德輝)의《관화백영(觀畵百詠)》에서도 그 말을 따랐고,《청사고》〈오력전(吳歷傳)〉도 이를 그대로 답습하고 있다. 이를 보면 풍문으로 들은 이야기는 믿을 만한 것이 못됨을 알 수 있다. 오어산이 입교한 후에는 그림을 많이 그리지 않았다.《삼여집(三餘集)》에 심자론(沈子論)과 원대 그림에 대해 논한 시가 있는데, "만년에 천주학을 즐기고는 손에서 완전히 붓을 놓았다"[36]고 하였다. 또 〈화채(畵債)〉 원주(原注)에서는 "구상(九上)의 장중(張仲)은 20년간 평소 내가 고려(高麗)에서 생산된 종이를 그림의 재료로 사용한 것으로 알고 있었으나, 나는 오히려 갖고 있는 줄 전혀 몰랐다. 천주학[道]을 배운 이래로 필묵을 없애버렸고 늙음과 병이 번갈아 찾아와 기억이 날로 무디어졌다"고 하였다.

명말 청초 천주교인 중에 그림을 잘 그렸던 것으로 확인되는 사람은 다음 몇 명이 더 있다. 수도사 유문휘(游文輝)는 자가 함박(含樸)이고 마카오 사람이다. 만력 33년(1605) 예수회에 들어갔으며 숭정 3년(1630) 항주에서 죽었다(피스터의 원서, 102쪽). 만력 42년(1614) 트리고(Trigault)가 로마로 가지고 간 후, 로마 예수회수도원[會院]에 아직도 보존되어있는 마테오 리치의 초상화는 바로 유문휘가 그린 것이다. 델리아가 지은《마테오 리치전집》(Fonti Ricciane)에 실려 있다. 수도사 석굉기(石宏基)는 자가 원재(原齋)이고 역시 마카오 사람이다. 만력 38년(1610) 예수회에 들어갔으며 순치연간에 사망했다. 일찍이 절강성과 강서성 지역을 돌아다니며 산 적이 있었다(피스터의 원서, 123쪽). 수도사 예아곡(倪雅谷)[37]은 자가 일성(一誠)이고 일본에서 태어났다. 나가사키(長崎)의 예수회 화원(畵院)에서 그림을 익혔는데, 트리고가 그의 그림에 내포된 뜻[畵意]이 매우 뛰어나다고 칭찬하였다. 회장 발리냐니(Valignani)가 조국으로 돌아가도록 파견하여 석굉기와 같은 해 예수회에 들어갔다. 롱고바르디(Longobardi)로부터 높은 평가를 받았다고 하나, 그의 사적(事蹟)은 상세하지 않고 일찍이 북경에 갔었다고 한다(피스터의 원서, 125쪽). 수도사 피오리(Fr. Christophus Fiori)는 이탈리아 사람으로 화가인데, 강희 33년(1694) 북경에 왔고 40년(1709) 예수회에서 탈퇴하였다고 한다(피스터의 원서, 475쪽).

제6절 카스틸리오네(Castiglione)의 중국화와 건륭·가경연간의 서양화

옹정제 이후 금교(禁敎) 정책이 매우 엄격해지자 황제와 궁정 신하들의 서양과학에 대한 흥미도 예전만큼 뜨겁지 않았지만, 유독 예술에 대한 기호는 이를 처음 전수한 사람이 서양 선교사라는 이유로 사라지지는 않았다.

....

37) 예아곡(倪雅谷, Jacques Neva, 1579-1638): 일본인 아버지와 중국인 어머니 사이에서 태어나 먼저 일본에서 예수회 선교사 화가인 Giovanni Nicolao (1560-1626)에게 회화를 배웠다. 1602년 중국에 도착해 1604년 북경의 천주교당에《누가복음》중의 성모마리아를 화려한 제단화로 제작하였고 1606년에는 마카오의 새로 건축한 교당에도 같은 제재의 작품을 그렸다. 마테오 리치 사후 만력제는 불교사찰을 주어 묘지로 쓰게 하였는데, 예아곡이 여기에 벽화를 제작하였다. 마테오 리치에 의하면 그의 작품은 조각과 같은 입체감으로 중국인을 놀라게 하였다고 한다.

옹정·건륭·가경·도광 네 시기 중국에 있었던 선교사 중 그림을 잘 그린 사람으로는 카스틸리오네·시켈바르트·아티레(Attiret)38)·판지(Pan-zi)·살루스티(Salusti)·뿌아로(Poirot) 등을 들 수 있다.

카스틸리오네[郎世寧]는 이탈리아인이며 예수회 수도사였다. 고궁박물원의 옛 소장본 강희 59년(1720) 《카를로[嘉樂]39)의 내조일기(來朝日記)》에는 낭석녕(郞石寧)으로 되어있다. 이전에 런던 중국예술전람회에서 전시된 카스틸리오네의 명화(名畵) 1폭(3056호)은 원래 미국인 페르치볼 데이비드(Sir Percivol David)가 소장한 것으로 거기에도 낭석녕이라 적혀있다. 낭사녕(郞士寧)으로도 적는다. 강희 54년(1715) 8월 중국에 왔으며 11월 북경에 도착했다. 당시 궁정에서 근무했던 선교사들은 낮에는 해전(海甸)의 여의관(如意館)에 머물고 밤에는 교회당으로 돌아갔는데, 카스틸리오네는 당시 동당(東堂)에 거처하고 있었다. 카스틸리오네가 강희연간에 이미 입궁했는지 여부는 알 수 없는데, 그가 중국에서 그린 첫 번째 그림 〈취서도(聚瑞圖)〉는 옹정 원년의 작품이다. 세상에 전해지는 카스틸리오네의 그림은 모두 비단에 그린 것[絹本]으로 서양화법을 사용한 중국화이고 유화(油畵)는 거의 볼 수 없다. 혹자는 향비(香妃)40)의 초상화가 바로 카스틸리오네의 작품이라고 하나 확실치 않다.

....

38) 장 드니 아티레(Jean Denis Attiret, 王致誠, 1702-1768): 프랑스 출신의 예수회 선교사로 어려서부터 리옹에서 그림을 배웠으며 나중에 로마에서 유학했다. 1738년 중국에 와 건륭시기 궁정화가로 봉직했다. 유화 인물화에 뛰어났으며 서양과 중국 미술의 화법을 절충한 화풍을 구사했다. 대표작으로 《십준도(十駿圖)》 등이 있다.

39) 원서에는 이곳 외에도 여러 곳에서 嘉祿으로 표기되어있으나 오류가 분명해 바로잡았다.

40) 향비(香妃): 위구르 출신으로 건륭연간 조혜(兆惠)가 회강(回疆)을 평정하고 나서 북경으로 데리고 돌아왔다. 입궁한 뒤 처음에는 용귀인(容貴人)에 봉해

기타 작품은 대부분 화훼와 새, 사슴과 말 등이며 인물화도 있는데, 그 중 특히 말 그림이 아름답고 정교하다. 그리고 당대(唐岱)[41]·심원(沈源)[42]·장정언(張廷彦)[43]과 합작한 작품도 있다.

그러나 건륭연간 북경에 온 영국 사신 매카트니 경(Lord Macartney)을 수행했던 존 배로우즈(John Barrows)의 《중국 여행기》(*Travels in China*)에서는, 원명원에서 본 카스틸리오네의 그림이 황제의 명에 따라 완전히 중국식으로 그렸기 때문에 더 이상 서양화와 같은 명암과 원근감을 볼 수 없었다고 적었다. 또 어떤 대신이 흠차사신(매카트니 - 역자)이 헌상한 초상화의 코 부분이 명암으로 홍염(烘染)되어있는 것을 가리키면서 흰 옥의 티라고 탄식했다고 하였다. 이를 통해 당시 서양인도 이처럼 중국 것도 서양 것도 아닌 화법에 찬성하지 않았음을 알 수 있으니, 이 때문에 선교사들이 특히 힘들어하였다. 1743년(건륭 8년) 11월 1일 아티레는 파리로 보낸 편지에서 어쩔 수 없이 중국화를 배우게 된 고충을 호소하고

....

졌다 용빈(容嬪)에 올랐으며, 다시 용비(容妃)에 오르는 등 건륭제의 깊은 총애를 받았다. 전하는 말로 생전에 몸에서 기이한 향내가 나서 향비로 불렸다고 한다.

41) 당대(唐岱, 1673-1752?): 요녕성 장백(長白) 출신 화가. 자는 육동(毓東), 호는 정암(靜巖) 또는 묵장(默裝)이다. 왕원기(王原祁) 문하에서 배워 강희연간 화원에 들어가 화장원(畵狀元)에 임명되고, 건륭 초 화업(畵業)을 인정받아 내무부총관(內務部總管)이 되어 내정에 등용되었다. 남종화(南宗畵)의 관학화(官學化)를 추진했다. 작품에 카스틸리오네와 함께 건륭제를 그린 〈원명원전도(圓明園全圖)〉와 〈춘교열준도(春郊閱駿圖)〉가 있다

42) 심원(沈源, 1736-1795): 불상 그림에 뛰어났으며 건륭연간 내정에 근무하며 당대와 함께 여러 작품을 남겼다.

43) 장정언(張廷彦, 1735-1794): 강소성 양주 사람으로 인물과 산수 등을 잘 그렸고 특히 계화(界畵)에 뛰어났다. 건륭연간 내정에 근무하면서 곽건조(郭乾祚) 등과 함께 자광각(紫光閣)의 전공도(戰功圖) 제작에 참가하였다. 카스틸리오네 등으로부터 서양화법의 영향을 받았다.

있는데, 관련 내용은 《예수회 선교사 서신집》 프랑스어 원본에서 찾아볼 수 있다.

건륭 22년(1757) 69세가 된 카스틸리오네는 황제로부터 생일 축하를 받았다. 또 그 해 남당(南堂)에 벽화 4개를 그렸는데, 1번째는 콘스탄티누스 대제의 개선도(凱旋圖)이고 2번째는 대제가 십자가에 의지해 승리를 거둔 그림으로 남북 두 벽에 남아있으며, 동서 두 벽에는 3번째와 4번째 그림이 있다. 조신진(趙愼畛)[44]의 《유소잡지(楡巢雜識)》에 보면 "숭문문(崇文門) 내 천주당은 강희연간에 세워진 것인데, 건륭제 때 중수(重修)하였다. 대청의 동서 양쪽 벽에는 사람과 말이 개선하는 모습이 그려져 있다.[45] 천주당 안에는 저들 나라의 성인(聖人)을 받들고 있는데, 모두 그 몸 전체를 그려놓고 사방에 남녀노소가 모여 유희를 즐기고 있는 모습이 천태만상이어서 살아있는 듯 생동감 있다"고 묘사되어있다. 숭문문은 선무문을 잘못 표기한 것이다. 요원지(姚元之)[46]의 《죽엽정잡기(竹葉亭雜記)》에도 이에 관한 내용이 다음과 같이 적혀있다.

"수도(북경 - 역자)에는 천주당 4곳이 있다. 하나는 서당(西堂)으로 오래 전 불타버렸고, 잠지구(蠶池口)에 있는 것이 북당(北堂)이다. 동당자(東堂子) 골목에 있는 것이 동당(東堂)이고, 선무문 안 동성근(東城根)에

....

44) 조신진(趙愼畛, 1761-1825): 호남성 무릉(武陵) 출신으로 가경 원년(1796) 진사가 되었고 관직이 총독에 이르렀다. 저서로 《유소잡지》·《성건실속필기(省愆室續筆記)》 등이 있다.
45) 앞뒤 내용을 보면 '동서 양쪽'이 아니라 '남북 양쪽'이 맞는 것 같다.
46) 요원지(姚元之, 1773-1852): 안휘성 동성(桐城) 출신의 서화가로 관직이 내각학사에 이르렀다. 인물·과실·화훼 등을 잘 그렸고 예서(隸書)에 뛰어났다. 저서에 《죽엽정잡기》 8권 외 《사심초(使沈草)》 3권, 《천청집(荐青集)》 등이 있다.

있는 것이 남당(南堂)이다. 남당 안에는 카스틸리오네가 그린 선법화(線法畵) 2장이 대청 동서 양쪽 벽에 펼쳐져 있는데, 그 크기가 거의 벽만하다. 서쪽 벽 아래에 서서 한쪽 눈을 감고 동쪽 벽 (그림)을 실눈으로 보면, 내실[曲房]이 활짝 열려져 있고 주렴(珠簾)이 전부 말아 올려져있으며 남쪽 창문이 반쯤 열려있어 햇빛이 바닥을 비추고 있다. 아름다운 책들이 책꽂이에 가득하다. 많은 보각(寶閣)이 있고 골동품이 위 아래로 현란하게 진열되어있다. 북쪽에 높은 탁자가 놓여있고 위에 공작 깃털이 꽂혀 있는 병(甁)이 놓여있다. 눈부시게 찬란한 깃털로 만든 부채와 햇빛에 비쳐 생긴 부채 그림자, 화병 그림자, 탁자 그림자를 조금의 오차도 없이 그려놓았다. 벽에는 전서(篆書)로 된 서예작품이 하나하나 진열되어있다. 방을 지나 동쪽으로 가면 큰 정원이 나오고 북쪽 위로는 긴 복도가 이어져 있다. 기둥이 나란히 세워져 있으며 돌들은 모두 광택이 났다. 동쪽에 숨겨진 듯한 방이 있는데, 병문(屛門)은 열려있지 않은 듯하다. 머리를 숙이고 내실 밖을 보니 개 2마리가 땅에서 놀고 있다. 다시 동쪽 벽 아래에 서서 서쪽 벽 (그림)을 보면, 또 사랑채[外堂] 3칸이 보이고 사랑채 남쪽 창문에 햇빛이 비스듬히 스며든다. 3개의 정(鼎)이 세 탁자 위에 놓여있는데 희미한 금빛을 발하고 있다. 사랑채 기둥 위에는 3개의 큰 거울이 걸려 있다. 그 사랑채 북쪽 벽은 나무로 칸막이를 만들었고 동서쪽에 있는 2개의 테이블 위에는 붉은 색 비단이 덮여 있으며 한 쪽에는 자명종이, 다른 한 쪽에는 의식에 쓰이는 그릇이 놓여있다. 테이블 사이에는 의자 2개가 놓여있고 기둥에는 등(燈)받침이 있는데, 은촛대가 그 위에 우뚝 솟아있다. 천정을 올려다보면 나무로 꽃을 조각해 놓았으니, 가운데가 꽃 술 모양으로 튀어나와 있으며 아래쪽을 향해 거꾸로 된 모양으로 걸려 있다. 고개를 숙여 그 바닥을 보니 거울처럼 광택이 나고 네모난 벽돌을 하나하나 셀 수 있다. 벽돌로 된 길 가운데 흰색의 줄이 하나 나있으니, 흰 돌로 장식한 것 같다. 사랑채에서 안으로 들어가면 침실 2개가 있는데, 출입문에는 커튼이 쳐 있고 아주 조용했으며 실내에 있는 책상은 멀리서 보면 가지런한 듯하다. 들어갈 수 있을 것 같아 나아가보면 벽이 자연스럽게 나타난다. 선법(線法)은 옛날에 없던 것으로 이처럼 정교하니 옛사람이 보지 못한 것이 애석하여 이에 특별히 기록한다."

역시 건륭제 때 사람인 장경운(張景運)이 쓴 《추평신어(秋坪新語)》에도 남당에 대한 기록이 있다. 그 내용을 간략하게 정리하면 다음과 같다.

"성당을 들어서자 동서 두 칸[二重] 남북 일곱 칸[七重]으로 되어있었다. …… 문 사이마다 감실(龕室)이 있었다. …… 그 안에 있는 초상화에는 각기 다른 남녀가 그려져 있었다. 갑옷과 투구를 쓴 병사의 모습도 있고 하늘에서 온 선인처럼 아름다운 미녀도 있었다. 모두 오색찬란한 색채를 뽐내며 벽 사이에 돌출되어있어 마치 조각된 것 같았고 모두 시자(侍者)였다. 가운데 있는 한 부인의 큰 초상화는 장엄하면서도 신비한 분위기를 띠고 있는데, 머리는 높고 아름답게 쪽 지었고 보름달처럼 둥근 얼굴이었다. 두 눈은 깊으면서도 맑고 아름다웠으며 가슴 위로 두 팔까지 전부 노출된 피부는 투명하면서 윤기가 흐르는 것이 분명히 살아있는 듯했다. 앞가슴에는 칠보로 된 화려한 구슬 목걸이를 걸고 있었다. 광채가 눈부셔서 똑바로 쳐다 볼 수가 없었으며 젖가슴 아래의 옷 주름은 휘감겨서 뒤엉켜 있었다. 마치 여러 겹의 노을빛이 오색현란하게 빛나고 큰 파도가 멀리서 소용돌이치는 듯한 분위기였다. 품에 한 갓난아이를 안고 있는데, 두 사람이 서로 바라보며 옆으로 기대어 의자에 앉아있었다. 눈과 눈썹이 유달랐으며 머리카락이 노출된 가슴을 덮고 있어 남자인지 여자인지 알 수 없었다. 사방에 구름기운이 감돌며 흐릿하면서도 확 트인 장면에 장엄하게 공중에서 내려오는 것을 바라보니 바로 이른바 천주(天主)였다. 마지막 칸은 바닥이 앞쪽보다 살짝 높았는데, 가운데 놓인 보좌에는 용이 똬리를 틀고 규룡이 춤을 추는 금빛 찬란한 노란색 보자기가 덮여 있었다(이 뒷부분의 내용은 본편 10장 건축에 나옴). …… 모두 신과 귀신 모습을 그린 것으로 아름답고 추한 것이 뒤섞여 있었다. 신체 위아래 부분을 전부 노출시키고 허리 앞뒤 부분만 가리었는데, 아침노을처럼 찬란하여 식별할 수가 없었다. 대청 앞에 서서 고개를 들고 뒤를 향해 곁눈질하면 들보 사이에 사람이 층층이 겹쳐있는데, 열심히 들여다보는 모습, 웃으면서 흘겨보는 모습, 옆으로 서있는 모습, 성이 나서 돌진하는 모습, 아래로 내려치려는 모습, 위로 높이 쳐들려는 모습 같은 것들이었다. 그 종횡으로 뒤집히고 보였다 안보였다 하는 천태만상이 역동적이어서 사람을 놀라게 하고 그것이 그림이라는 것을 거의 잊게 하였다. 다시 벽의 오른쪽 문을 통과하여 한 대청 중앙에 이르면 성조(聖祖)께서 하사한 편액이 걸려있었다. 동서 양쪽 벽에는 각각 집 건물이 그려져 있었다. 서쪽 벽에 기대어 동쪽 (벽화)를 바라보면 중문(重門)이 훤히 열려 있는데, 깊고 그윽함이 끝이 없어 보였다. 동방(洞房: 부인의 침실 - 역자)은 깊숙하고 조용했으며 복실(複室)이 둘러싸고 있는데, 투각으로 된 병풍은 열린 듯 닫힌 듯하고 화려한 발이 반쯤 늘어져 안을 가리고 있었다. 실내에는 작은 탁자가 있고 탁자 위에 꽃이 꽂힌 화병이 놓여 있었다. 화로[爐]와 세발솥[鼎]과 쟁반[盤]이 있고 쟁반에는 막 따온 것처럼 신선해 보이는 레몬[枸橼]과 모과[木瓜] 등이 놓여 있었다. 벽에는 그림이 걸려있고 그림 옆에는 문이 있으며 문 안에 다시 방이 있었다. 방안 바닥에는 서양 카펫이 깔려 있고 붉은 비단이 덮여있는 테이블이 있었다. 단목으로 된 침대는 자주 빛을 띠고 있고 침대 위 캐노피에는 비단이 연기처럼 휘감고 있으며 비취색 장막과 황금색 병풍이 아주 화려하게 꾸며져 있었다. 한참을 쳐다보다가 걸어 들어가고 싶은 충동이 생겨 밑으로 가서 그것을 만지니 단단한 벽일 뿐이었다. 마치 신주(神州)의 아름다운 섬을 눈앞에서 바라만보고 갈수 없는 것처럼 한참을 서운하게 만들었다. 다시 돌아 동쪽 벽에서 서쪽 (벽화)를 바라보니 여러 복도와 방들이 보였는데, 하나하나 동쪽 벽에 있는 것과 같았다. 듣자하니 그 그림은 명나라[勝國] 때 마테오 리치가 남긴 것이라고 하는데, 그 채색은 기름을 합성한 것이고 명암 향배의 구분이 뛰어났기 때문에 멀리서 보면 마치 실물처럼 보였다. 근래 훌륭한 화가가 많지만 그 묘원(妙遠)함에는 손색이 있는 것 같다. 벽화가 비록 오래되었지만 끝내 이를 바꿀 수 없었다."

서양화를 묘사한 글 가운데 아마도 이 기록이 가장 훌륭한 것 같다.

천사의 모습을 형용한 부분은 특히 실물처럼 생동감이 있어 글을 읽으면 마치 그림을 보고 있는 듯한 느낌이 들게 한다. 건륭 18년(1753) 서곤(徐崑)이 쓴 《둔재우필(遯齋偶筆)》 권하에도 천주당의 벽화에 대한 서술이 있으니, "위층에는 전부 인물이 그려져 있는데, 서너 댓살쯤 되어 보이는 아이들의 표정과 태도가 모두 활달하고 날개가 달려있어 날 수 있었다"고 묘사되어있다. 또 "한 척 남짓 되는 아이가 순박하게 뛰어놀고 있는데, 참으로 절필(絶筆)이라 할만하다"고 적혀있다. 호경의 《석거보급(石渠寶笈)》[47]에 수록된 카스틸리오네의 원작은 예전에 학시당(學詩堂)·연춘각(延春閣)·영수궁(寧壽宮)·정기산장(靜寄山莊)·어서방(御書房) 및 원명원의 정대광명전(正大光明殿) 등에 소장되어있던 것인데, 그 중 국내의 개인 수중에 들어가거나 일본과 유럽 등지로 흘러들어간 것도 많다. 이상의 내용은 이시다 미키노스케(石田幹之助)가 쓴 〈낭세령전고략(郎世寧傳攷略)〉에서 발췌한 것으로 일본제국미술원 부속 미술연구소의 간행물 《미술연구(美術研究)》 쇼와 7년(1932) 제10호에 수록되어있다. 카스틸리오네는 전쟁 관련 그림도 그렸으니, 자세한 내용은 뒤에 나온다. 또 그는 일찍이 원명원 건축공정에 참여하였는데, 다음 장 건축부분에서 상세히 서술하겠다.

카스틸리오네는 시켈바르트의 스승으로(피스터의 원서, 831쪽) 수시로 그를 지도했으며, 친구로 대하였던 아티레에게도 많은 격려를 하였다(이시다 미키노스케의 〈낭세령전고략〉). 또한 베누아(Benoist)를 건륭제

....

47) 《석거보급(石渠寶笈)》: 청조 궁중에 소장되어있던 역대 서화작품의 저록서(著錄書)이다. 황제의 명에 의해 총 3편(編)이 만들어졌는데, 초편 44권은 건륭 10년(1745), 속편 40책은 건륭 58년(1793), 삼편 28함(函)은 가경 21년(1816) 완성되었다. 참고로 호경이 편찬에 참여한 것은 《석거보급삼편》뿐이므로 정확한 표현이 아니다.

에게 추천하여 분수가 있는 연못을 만드는 것을 감독하게 하였다(피스터의 원서, 814쪽). 이처럼 청대 중엽 서양미술이 중국에서 보급되는데 있어서 카스틸리오네의 역할은 결코 적지 않았다.

강희 60년(1721) 남당이 새로 건축될 때 카스틸리오네가 벽화를 그렸는데, 그것을 본 만주인과 한인 가운데 그 기묘함을 칭찬하지 않은 자가 없었다(피스터의 원서, 608쪽)고 한다. 이는 요원지가 기록한 것 같다. 건륭 31년(1766) 카스틸리오네가 북경에서 사망하자, 황제의 명으로 시랑(侍郞) 직함을 상으로 내리고 은 3백 냥을 하사하여 장례를 치르도록 했다.

제7절 시켈바르트(Sichelbarth)·아티레(Attiret)·판지(Panzi) 등의 업적

시켈바르트[艾啓蒙]의 자는 성암(醒菴)이고 보헤미아 출신으로 건륭 원년(1736) 예수회에 가입했다. 건륭 10년(1745) 중국에 왔으며 그림을 잘 그려서 황제의 명으로 북경에 들어왔다. 특별히 여의관에 파견되어 온 힘을 다해 일한 결과, 황제의 뜻에 정확히 부응함으로써 삼품(三品) 직함인 봉신원경(奉宸苑卿)을 제수 받았다(《정교봉포》, 135쪽). 카스틸리오네 밑에서 배웠는데, 할러슈테인(Hallerstein)은 심지어 그의 조예가 카스틸리오네보다 뛰어나다고 칭찬했다. 건륭 15년(1750) 사제로 승진하였다. 건륭 42년(1777) 어느 날 황제가 그의 손이 계속 떨리는 것을 보고 이제껏 보지 못한 모습인지라 그에게 "경의 손이 떨리고 있소"라고 하자, 시켈바르트가 "상관없습니다. 신은 아직 그림을 그릴 수 있습니다"고 대답하였다. 황제가 다시 "경의 나이가 어떻게 되시오?"라고 묻자, "일흔

살입니다"라고 하였다. 이에 황제가 "왜 일찍 말하지 않았소. 경은 카스
틸리오네의 70세 생일 때 짐이 축수해준 것을 몰랐단 말이오. 짐이 그대
를 위해서도 축하해주겠소"라고 하였다. 그 해 9월 18일 축하연을 거행했
는데, 남당의 당장(堂長) 조제 데스피나(Joseph d'Espinha) 사제가 각 당
선교사들에게 참가를 요청하였다. 21일 안드레아스 로드리게스(Andreas
Rodrigues) 사제가 시켈바르트를 모시고 해전(海甸)에 이르자, 황제가 아
름다운 비단 6필, 조복(朝服) 1벌, 마노(瑪瑙) 1줄, '해국기령(海國耆齡)'이
란 어제(御題)가 쓰인 편액 1개 및 다른 각종 물품을 하사했다. 황제의
축하 의식이 끝나자 8명이 매는 가마를 타고 행진하였는데, 십자가가 앞
에서 인도하였고 악대(樂隊) 24명이 그 뒤를 따랐다. 만주 관원 4명이
말을 타고 수행하면서 북경 성 곳곳을 돌아다니니, 이를 보러 온 사람들
로 인산인해를 이루었다. 《석거보급》에 그의 그림 9장이 수록되어있다.
또 건륭 36년(1771)에 그린 〈향산구로도(香山九老圖)〉는 오장원의 《신원
지략》에 보인다. 시켈바르트는 말 그림도 잘 그렸는데, 고궁박물원에 8
폭이 남아있다. 건륭 45년(1780) 그가 사망하자 청 정부는 탕은(帑銀)
2백 냥을 장례비용으로 하사했다(Planchet, *Le Cimetière*, p.178).

아티레[王致誠]는 말 그림을 잘 그렸다고 《국조원화록》 권하에 기록되
어 있으며, 《석거보급》에는 그의 《십준마도(十駿馬圖)》 1책이 저록되어
있다. 아티레가 중국에 오게 된 경위에 대해, 혹자는 북당(北堂)의 프랑
스 예수회가 그를 초빙하여 남당의 포르투갈 예수회에 소속된 카스틸리
오네 등과 경쟁하고자 한 것이었다고 주장한다(이시다 미키노스케의
〈낭세령전고략〉). 건륭 2년(1737) 11월 5일 마이야(Mailla)가 유럽에 편
지를 보내 아티레를 중국에 보내달라고 요청하였다(피스터의 원서, 605
쪽). 아티레는 프랑스인으로 파덕니(巴德尼)라는 중국명도 갖고 있는데,
덕니는 아마도 그의 세례명인 듯하다. 그의 부친 역시 화가였다. 옹정

13년(1735) 예수회에 가입하여 보조수도사(frater, 勤佐修士)가 되었다. 북경에 온 후 바로 〈삼왕래조야소도(三王來朝耶蘇圖)〉를 황제에게 올려 감상케 하였는데, 황제가 이를 보고 크게 상찬하였다. 아티레는 유화(油畵)를 잘 그렸지만 황제가 좋아하지 않았으니, 일찍이 공부(工部)에 유지를 내려 "수채화는 그 의취(意趣)가 참의로 심원하여 무엇을 그리던 적합하다. 아티레가 비록 유화를 잘 그리지만 안타깝게도 수채화는 짐의 뜻에 미치지 못한다. 만약 수채화 그리는 방법을 익히면 틀림없이 많은 사람 중에서 두각을 나타낼 것이다. 그것을 배우길 원하노라. 초상화를 그릴 때는 유화를 채용할 만하다는 점은 짐도 잘 알고 있다"고 말하였다. 그러나 아티레는 초상화와 역사화(歷史畵) 외에는 잘 그리지 못했는데, 황제의 명으로 산수(山水)·영모(翎毛: 새나 짐승 - 역자)·누각(樓閣)류의 그림을 그려야만 했으니 그 고충이 어떠하였을지 짐작할 만하다(피스터의 원서, 787-793쪽). 건륭 3년(1738) 9월 카스틸리오네가 올린 주소(奏疏)에는 왕지신(王之臣)으로 표기되어있는데, 그 원문은 《예감록(睿鑒錄)》에 수록되어있다(파리 국립도서관 Courant 목록 1337).

요셉 판지(Joseph Panzi, 潘廷璋)는 이탈리아인으로 건륭 36년(1771) 중국에 와 2년 후 북경에 들어왔으며 예수회 보조수도사였다. 유럽에 있을 때 이미 명성을 떨쳤다. 베누아(Benoist)가 황제에게 추천했으며 역시 미술에 대한 조예가 깊었다. 베누아는 일찍이 판지의 건륭 38년(1773) 작품 〈다니엘 선지자가 신에게 예배하는 그림(達尼厄爾先知拜神圖)〉의 정교함과 신비함이 그와 동향인 카스틸리오네에 뒤지지 않는다고 칭찬한 바 있다. 건륭 41년(1776) 포르투갈 선교사를 위해 곧 준공을 앞둔 동당(東堂)에 〈성모무원죄상(聖母無原罪像)〉을 그렸는데, 높이가 11척이고 넓이가 8척이었다. 가경 17년(1812) 이전에 사망했지만 확실한 연도는 알 수 없다.

살루스티(Joannes Damascenus Salusti, 安德義)는 건륭제가 서역을 평정하는 그림을 그린 4대 작가 중의 한사람이며, 아우구스티누스회(Augustinian) 사제이고 로마 출신이다. 중국어를 잘 하지 못했고 그림 솜씨도 비교적 떨어졌다. 일찍이 북경 주교에 임명되었지만 축성식(祝聖式)을 하지 않았고 교황의 위임공문도 받지 못하여 프랑스와 포르투갈 예수회 선교사들의 비난을 받았다. 건륭 45년(1780) 로마교황청 전신부 북경 주재 사무소 소당(小堂)에서 축성식을 거행하고 다음해 북경에서 사망하였다. 중국 서양화 역사상 또 한명의 기인(奇人)이었다(피스터의 원서, 638, 827, 939, 640, 950, 957쪽).

게라르드니(Gherardini)의 중국명은 Nien(嚴?)으로(피스터의 원서, 813쪽) 강희 38년(1699) 중국에 왔는데, 혹자는 그가 바로 베누아라고 오인하기도 한다. 일찍이 원명원에서 서양화를 그렸다고 한다(펠리오의 〈乾隆得勝圖考〉, *T'oung Pao*, 1920-1922, pp.183-274).

루도비꼬 드 푸아로(Ludovicus de Poirot, 賀淸泰)는 중국어와 만주어에 능통했다. 건륭 35년(1770) 중국에 와 그 다음해 사제로 승진하여 예수회 선교사가 되었고 청 정부에서 그림 그리는 직무를 담당했다. 푸아로는 프랑스 출신이지만 이탈리아에서 성장했다. 가경 16년(1811) 7월 6일 황제는 연로(年老)함을 이유로 푸아로와 지슬랭(Ghislain: 라자로 포교수도회 회장)의 귀국을 면(免)하는 상유를 내렸다(피스터의 원서, 699쪽; 《동화속록》 권32, 1쪽). 가경 19년(1814) (북경에서) 죽었다.

제8절　서양 선교사의 건륭전공도(乾隆戰功圖)
공동제작 과정

　　건륭연간 중국에 있던 서양 선교사들이 집단으로 창작한 방대한 규모
의 그림은 전공도(戰功圖)인데, 그린 장소도 한 곳이 아니고 그린 사람도
한 명이 아닌 참으로 거대한 사업이었다.

　　먼저 건륭 19년(1754) 7월 격이목극부(格爾穆克部) 추장이 투항하여
황제가 열하(熱河)에서 그를 접견했을 때 아티레에게 그림을 그리도록
명하였는데, 그려야 할 사람이 매우 많았을 뿐 아니라 황제의 명령이
또 매우 급하여 그림을 그린 지 50일 만에 병이 나서 북경으로 돌아왔다.
나중에 병이 완치된 다음 시켈바르트·카스틸리오네 등과 함께 가서 계
속 그림을 그렸다. 다음해 황제는 카스틸리오네에게 아옥석(阿玉錫)48)의
〈지모탕구도(持矛蕩寇圖)〉를 그리도록 명하였고, 24년(1759)년에는 또
〈마상작진도(瑪瑺斫陣圖)〉49)를 그리게 하였다. 30년(1765) 황제가 북경
에 있는 선교사 중 그림을 잘 그리는 사람에게 중가리아부[準噶爾部]와
회부(回部) 평정도(平定圖)를 함께 그리도록 명하자, 카스틸리오네·아티
레·시켈바르트·살루스티가 각각 그림 1폭씩을 그려 황제에게 바쳤다.
이 해 음력 5월 16일 황제가 조서를 내려 그림 16폭을 그리게 하면서

----

48) 아옥석((阿玉錫, 생몰연도 미상): 몽고 중가리아부 출신으로 청조에 투항한
　　후 시위로 발탁되었고 건륭 20년(1755) 일리(伊犁) 평정 때 전공을 세워 산질
　　대신(散秩大臣)에 봉해졌다. 카스틸리오네가 그린 〈지모탕구도〉는 중남해
　　(中南海)에 위치한 자광각(紫光閣)에 걸렸다.
49) 마상(瑪瑺, 생몰연도 미상): 건륭연간 중가리아 반란 평정 전투에서 용맹하
　　게 싸운 무장으로 그 공으로 호군통령(護軍統領)으로 승진하였다.

상술한 4폭 외에 나머지 12폭을 매번 4폭씩 3번에 걸쳐 진상한 다음 각 그림을 동판으로 백장씩 인쇄하도록 명하였다. 지금도 이 조서의 라틴어와 이탈리아어 번역문이 각각 한 장[幅]씩 남아있다. 건륭제는 광동총독50)에게 명하여 그림을 유럽에 보내서 정교하고 아름다운 동판이 제작되기를 기대했다. 총독은 처음에 영국으로 보내려 하였으나, 당시 광주에 거주하던 주(駐) 중국 예수회 회장인 페브르(P. J. Louis Le Febvre)가 프랑스 예술이 유럽 최고라고 강력하게 추천하여 프랑스 인도회사(Compagnie des Indes) 및 광동 십삼행(十三行)51)이 그 일을 맡는 것으로 계약을 체결하였다. 본 계약서는 지금도 파리 국립도서관에 소장되어있는데, 소장 번호는 Chinois 5231이다. 내가 이를 사진으로 찍었는데, 그 전문(全文)의 내용은 다음과 같다.

"광동 양행(洋行)의 반동문(潘同文) 등은 프랑스국의 책임자[大班] 우지리(吁知哩)와 무가랑(武咖唥) 등과 계약을 체결한다. 그 까닭은 중가리아와 회부 등지를 평정한 승리도[得勝圖] 4장을 동판으로 판각하라는 다음과 같은 황명을 받은 총독과 해관감독 두 대인의 지시에 따른 것이다. 즉 '카스틸리오네가 그린 〈애옥사사영고(愛玉史詐營稿)〉 1장, 아티레가 그린 〈아이초이고(阿爾楚爾稿)〉 1장, 시켈바르트가 그린 〈이리인민투항고(伊犂人民投降稿)〉 1장, 살루스티가 그린 〈고이문고(庫爾璊稿)〉 1장, 이탈리아어로 된 문서 2장, 서양 각국에서 통행되는 문자(라틴어를

....

50) 광동총독은 옹정 12년(1734) 양광(兩廣)총독으로 이름이 바뀌었으므로 착오가 분명하다.
51) 광동 십삼행(十三行): 청정부의 허가 하에 광주에서의 대외무역을 독점하던 행상제도(行商制度)의 속칭. 이 공행(公行)조직은 몇 차례 개편이 있었고 또 행상의 교체도 있었지만, 장기간 13개 내외의 행상이 유지되었기에 붙여진 이름이다. 1842년 남경조약에 의하여 폐지되었다.

가리키는 것 같음 - 역자)로 된 문서 2장을 함께 발송하니 양행에 보내어 그들로 하여금 처리토록 하라.' 지금 원그림 4장과 외국어 문서 4장 모두를 책임자 우지리와 무가랑에게 건네니, 박사선(咱哪船)으로 귀국에 갖고 가서 담당부서[公班]에게 전달하고 귀국의 각로(閣老)에게 위탁하여 밑그림과 문서에 적힌 판각방식에 따라 신중히 동판 4점을 판각한다. 판각이 완성된 후 견실한 좋은 종이로 각 2백장을 인쇄하여 만든 총 800장을 동판과 함께 배 2척에 나누어 싣고 온다. 각 배에는 동판 2점과 인쇄한 그림 각각 100장씩 총 400장을 싣는다. 또 원래 보냈던 원그림 4장과 문서 4장을 반드시 (건륭) 33년 안에 모두 광동으로 가지고 와서 황제께 올릴 수 있도록 한다. 지금 먼저 화변은(花邊銀: 즉 스페인 등 외국에서 만든 銀元 - 역자) 5천 냥을 계약금으로 지불하니, 만약 품값이 부족하면 동판을 가져온 날 소모된 비용만큼 충분히 받을 것이다. 만약 항해 도중 예상치 못한 일이 생기면, 그 품삯과 운임은 전부 우리 양행에서 지불한다. 본 계약서는 2부로 만들어 1부는 책임자 우지리에게 주어 본국으로 갖고 가서 내용대로 진행케 하고, 1부는 중국 현지[坐省] 책임자 무가랑에게 주어 근거자료로 보관케 하여 양쪽 다 일을 그르침이 없도록 한다. 이것이 금번 일 처리의 요건(要件)이니, 반드시 판각작업을 정치(精緻)하게 하여 요구한 방식대로 완성하여 기일 내에 가져오되 빠르면 빠를수록 좋다. 이를 계약하고 책임자 우지리와 무가랑 두 사람이 이를 접수한다. 건륭 30년 월 일, 반동문·안태화(顔泰和)·진광순(陳廣順)·구의풍(邱義豊)·채집풍(蔡聚豊)·진원천(陳源泉)·채봉원(蔡逢源)·장유원(張裕源)·진원래(陳遠來)·엽광원(葉廣源)."

이 뒤에 프랑스어 번역문이 첨부되어있다.

그림이 프랑스에 도착한 후 왕실화원(畵院) 원장 마리니(Marigney)후작은 파리의 유명 판화가 코생(Cochin)[52]에게 그 일을 주관하도록 하였

....

52) 샤를 니콜라스 코생(Charles Nicolas Cochin, 1715-1790): 프랑스의 판화가이

는데, 이 판각에 참여한 사람은 모두 당시 최고의 인재들이었다. 1774년 (건륭 39년) 작업이 완성되어 인쇄한 100폭[53]과 원판을 중국으로 보냈다. 유럽에서는 프랑스 왕실에서만 그림 몇 폭을 얻어 보관하였으나, 지금은 이미 거의 전해지지 않고 있다. 나중에 베누아가 또 북경에서 200폭을 재인쇄하였다. 그리고 1785년(건륭 50년)에 다시 제작했지만[54], 그전 것보다 크기가 좀 작았다. 십육도(十六圖)의 명칭은 다음과 같다. 〈평정이리수항(平定伊犁受降)〉·〈격등악랍작영(格登鄂拉斫營)〉·〈악루찰랍도지전(鄂壘札拉圖之戰)〉·〈화락곽시지첩(和落霍澌之捷)〉·〈고롱규지전(庫隴葵之戰)〉·〈오십추장헌성항(烏什酋長獻城降)〉·〈흑수위해(黑水圍解)〉·〈호이만대첩(呼爾滿大捷)〉·〈통고사로극지전(通古思魯克之戰)〉·〈곽사고로극지전(霍斯庫魯克之戰)〉·〈아이초이지전(阿爾楚爾之戰)〉·〈이서이고이뇨이지전(伊西洱庫爾淖爾之戰)〉·〈발달산한납관(拔達山汗納款)〉·〈평정회부헌부(平定回部獻俘)〉·〈교노회부성공제장사(郊勞回部

....

자 미술이론가이며 동판화로 유명한 코생 일가의 대표적 인물이다. 부친 레스투(Jean Restout)와 르 바(Jacques Philippe Le Bas)에게 배워 판화의 길로 나가 로코코풍의 작품을 많이 남겼다. 그의 판화작품은 모두 파리 국립도서관에 소장되어있다.

53) 원래 각 그림마다 200장씩 총 800장을 인쇄하기로 하였는데, 실제로 100폭만 인쇄한 것인지 아니면 저자의 오기인지 알 수 없다.

54) 진계춘(陳繼春)의 〈經濠江到紫禁城的洋畫師〉(趙力,《中國油畫文獻: 1542-2000》, 湖南美術出版社, 2002)에 따르면 1차로 프랑스에 보내진 4장의 그림은 1767년 4월 제판(製版) 완료되어 1768년 10월 전후 중국 측에 전해졌으며, 나머지 그림 12장은 1767년 프랑스에 도착해 그 중 동판 7점은 1772년 12월 북경에 도착했으나 마지막 동판 1점은 그로부터 3년 뒤에야 200장의 복제품과 함께 수령하였다고 되어있다. 제작 과정과 연도에 있어 원서와 차이를 보이고 있는데, 저자의 오류인지 저자가 인용한 펠리오와 코르디에의 오류인지는 확인하지 못했다. 또 원서에는 1774년을 건륭 29년, 1785년을 건륭 40년으로 표기하고 있는데, 전후 맥락을 보아 일단 서기연도에 맞춰 바로잡았다.

成功諸將士)〉·〈개연성공제장사(凱宴成功諸將士)〉(펠리오, 〈乾隆得勝圖考〉,
T'oung Pao, 1921, pp.183-274; 코르디에, *Histoire Générale de la Chine*
T. Ⅲ, pp.349-350).

광서 18년(1892) 오우여(吳友如)가 그린 태평천국 관련 전도(戰圖)는
석인본(石印本)으로 《수상초역도고(繡像剿逆圖考)》[55]라 불렀다. 권수(卷
首)의 〈발역초봉오전도(髮逆初逢鏖戰圖)〉는 바로 〈이서이고이뇨이지전〉
을 모방해서 만든 작품이니, 그 그림의 영향이 컸음을 알 수 있다.

그 후 서양 선교사는 다시 황제의 명을 받들어 〈평정양금천도(平定兩
金川圖)〉·〈대만전도(臺灣戰圖)〉·〈낭이객전도(廓爾喀戰圖)〉·〈안남국전
도(安南國戰圖)〉를 제작하였다. 모두 조판처(造辦處)가 황제의 명으로 중
국에서 자체 제작한 동판화이다. 위에서 인용한 *T'oung Pao* 1921년 펠리
오의 글 242쪽에 따르면 심양황가도서관(瀋陽皇家圖書館: Bibliotheque
imperiale)에 소장되어있는 〈대만전도〉 13폭은 그림 12폭과 설명문 1폭
으로 구성된 것 같다고 하였다. 민국 41년(1952) 여름 나는 프랑스 파리
의 '신옥서점(新屋書店, G. P. Maisonneuve)'에서 〈대만전도〉를 발견했
는데, 비단 함(錦函) 겉면에 프랑스어로 '북경황가도서관(北京皇家圖書館)
'이라는 금색 글자가 적혀있었다. 대만으로 돌아온 후 성립박물관(省立博
物館)에 〈대만전도〉 12폭짜리 1세트가 소장되어있으며 바로 임상문(林爽
文)의 난[56] 평정을 기록한 것임을 알았다. 매 폭마다 어제시(御題詩)가

....

55) 원서에는 오우삼(吳友三)의 《수상초역회고(繡像剿逆回考)》라 되어있으나 오
류가 분명해서 바로잡았다.
56) 임상문(林爽文)의 난: 건륭 51년(1786) 대만의 한족과 고산족(高山族)이 청조
의 압박과 착취에 반대하여 임상문(1756-1788)의 지도하에 일으킨 농민반란.
청조의 진압으로 1788년 포로가 된 임상문은 북경으로 압송되어 사형 당하
였다.

실려 있으니, 그 제목은 다음과 같다. ① 〈진공두육문적세궤산(進攻斗六門賊勢潰散)〉, ② 〈공극대리익적소(攻克大里杙賊巢)〉, ③ 〈공초소반천산적비(攻勦小半天山賊匪)〉, ④ 〈공극두육문(攻克斗六門)〉, ⑤ 〈집집포지전(集集埔之戰)〉, ⑥ 〈생금적수임상문(生擒賊首林爽文)〉, ⑦ 〈대무롱지전(大武壠之戰)〉, ⑧ 〈방료지전(枋蓉之戰)〉, ⑨ 〈생금장대전(生擒莊大田)〉, ⑩ 〈대포림지전(大埔林之戰)〉, ⑪ 〈복강안등반저하문(福康安等返抵廈門)〉, ⑫ 〈사개선장군복강안·참찬해란찰등연(賜凱旋將軍福康安參贊海蘭察等宴)〉.

옹정·건륭 두 시기 서양 선교사들은 그림으로 황제의 총애를 받았을 뿐 아니라 궁정의 신하와 민간에서는 그들의 그림을 다수 모방하기도 했다. 《홍루몽》제41회에 나오는 유모모(劉姥姥)가 이홍원(怡紅院: 북경 大觀園 안에 있는 정원 이름 - 역자) 문 위에 걸린 커다란 서양 여자아이 그림을 본 이야기는 독자들이 잘 알고 있으므로 언급하지 않겠다. 냉매(冷枚)와 진매(陳枚)는 각각 경직도(耕織圖)로 이름을 날렸는데, 역시 서양화법을 참용(參用)한 것이었다(나카무라 히사시로, 〈경직도에서 보이는 송대의 풍속과 서양화의 영향〉[57], 《사학잡지》제23편 제11호, 17-39쪽). 민간에서는 장서(張恕)·조중(曹重)·최예(崔鐸) 등의 작품에서 역시 서양 색채가 농후하였다. 풍금백(馮金伯)은 《국조화지(國朝畵識)》[58]에서 《루현지(婁縣志)》에 근거하여 "진매의 그림은 초기에는 송대 사람의 화법을 따랐으며 해원(解元: 鄕試에서 1등한 자에게 붙이는 명칭 - 역자) 당인(唐寅)의 화풍으로 절충하고 서양화법을 참고하였다. 작은 비단이나 종이에 많은

....

57) 원제는 中村久四郎, 〈耕織圖に見えたる宋代の風俗と西洋畵〉로 원서의 번역 제목과 약간 차이가 있다.
58) 《국조화지(國朝畵識)》: 전 17권. 강교(康橋: 현 상해 포동) 사람 풍금백 (1738-1810)이 가경 2년(1797) 편찬한 책으로 청초부터 건륭연간까지의 화가 1천여 명의 전기를 지서(志書)와 문집자료로부터 집록한 것이다.

산과 골짜기를 그리는 능력이 있었는데, 현미경으로 그의 그림을 들여다 보면 산봉우리·나무·집·다리·왕래하는 인물이 골고루 다 갖춰져 있으니, 그 신비한 붓놀림이 큰 그림을 그릴 때와 똑같았다"고 하였다. 진매는 초병정보다 조금 늦은 옹정 4년(1726) 내정에서 근무했으므로, 그의 서양화법은 아마도 흠천감의 서양 선교사에게 배운 것이지 여의관의 여러 선교사에게게서 전수받은 것은 아니라고 생각된다. 그러나 당시 서양 선교사들은 수시로 황제의 통제를 받아서 어쩔 수 없이 중국화법을 사용해야만 했고 본인이 선호하는 바를 거스를 수밖에 없었기 때문에 결국 그 고유의 실력을 발휘할 수가 없었다. 중국 화가도 그 그림이 "비록 정밀하고 조예가 깊더라도 화품(畵品)에는 들 수 없다"(추일계의 《소산화보》 권하, 〈서양화〉조)고 평가하였고, 그 결과 "옛것을 좋아하는 사람은 취하지 않는 바"(장경의 《화징록》 권중, 〈焦秉貞諸人傳〉)가 되었다. 하층 백성 사이에서는 심지어 "서양인이 사람 눈을 파내 …… 사람의 안광(眼光)을 취하여서 그림을 그리거나 유리병을 굽는데 사용한다"(《性理眞詮》, 4卷續)는 소문까지 나돌았으니, 이는 건륭연간의 이야기이다. 그 이후로 서양화는 점차 사람들로부터 버림받다가 청말에 이르러 비로소 서양화를 창도하는 자가 다시 나오기 시작했다.

제9절 가경 이전 중국 판화에 미친 서양의 영향

《묵원》에 첨부된 서양 종교화는 사실 중국 판화 가운데 가장 먼저 서구화 된 것으로 앞에서 이미 상세히 설명하였다. 그 다음은 숭정 10년(1637) 출판된 알레니의 《출상경해》로 《천주강생언행기략(天主降生言行

記略)》이라고도 부른다. 57폭의 그림이 첨부되어있는데, 각각의 높이는
8촌(寸) 3분(分), 너비는 4촌 7분이다. (일본) 동양문고(東洋文庫) 소장본
에 따르면 그 목록은 다음과 같다.

- 천주강생성상(天主降生聖像)
- 성약한선천주잉(聖若翰先天主孕)
- 성모영상주강잉지보(聖母領上主降孕之報)
- 성모왕고의철백이(聖母往顧依撒伯爾)
- 천주야소강탄(天主耶穌降誕)
- 준고례명명(遵古禮命名)
- 삼왕래조야소(三王來朝耶穌)
- 성모헌야소어성전(聖母獻耶穌於聖殿)
- 야소십이령강도(耶穌十二齡講道)
- 야소사순엄재퇴마유(耶穌四旬嚴齋退魔誘)
- 대성약한존야소위천주(大聖若翰尊耶穌爲天主)
- 혼연시이(婚筵示異)
- 부도성성전(浄都城聖殿)
- 서가급수화중(西加汲水化衆)
- 예고종도수난제단(預告宗徒受難諸端)
- 엽례각개이몽(葉禮閣開二朦)
- 빈부생시이경(貧富生時異景)
- 빈선부악사후수보(貧善富惡死後殊報)
- 구백탁라처모병학(救伯鐸羅妻母病瘧)
- 산중성훈(山中聖訓)
- 야소보해(耶穌步海)
- 기삼십팔년지탄(起三十八年之癱)

- 태고득명증주(胎瞽得明證主)
- 저락성적(底落聖蹟)
- 파종유(播種喩)
- 구무관지병복(救武官之病僕)
- 오병이어향오천인(五餠二魚餉五千人)
- 납영기과처지상자(納嬰起寡娶之殤子)
- 도해지풍(渡海止風)
- 기탄증사(起癱證赦)
- 대박산중현성용(大博山中顯聖容)
- 천상유(天賞喩)
- 백대니아읍기사자어묘(伯大尼亞邑起死者於墓)
- 이학투모야소(異學妬謀耶穌)
- 입도도발탄(入都都發嘆)
- 야소수난성당장만자열(耶穌受難聖堂帳幔自裂)
- 약한견도순주(若翰遣徒詢主)
- 사회죄부(赦悔罪婦)
- 탁족수훈(濯足垂訓)
- 입성체대례(立聖體大禮)
- 유중기도한혈(圍中祈禱汗血)
- 야소일언부중(耶穌一言仆衆)
- 계편고욕(繫鞭苦辱)
- 피가자관고욕(被加莿冠苦辱)
- 부십자가등산(負十字架登山)
- 야소피정영적첩현(耶穌被釘靈蹟疊現)
- 야소성혼강림지옥(耶穌聖魂降臨地獄)

- 문무이사염장야소(文武二仕殮葬耶穌)

- 야소부활(耶穌復活)

- 야소부활현위성모(耶穌復活顯慰聖母)

- 야소장승천시명(耶穌將昇天施命)

- 야소승천(耶穌升天)

- 성신강림(聖神降臨)

- 성모졸후삼일부활승천(聖母卒後三日復活昇天)

- 이연론천인유이단매주(以宴論天因諭異端昧主)

- 세계종진강림심판생사(世界終盡降臨審判生死)

- 성모단면제신성지상(聖母端冕諸神聖之上)

그 얼마 후인 강희 11년(1672) 페르비스트는 《곤여도설(坤輿圖說)》을 찬술하면서 목각한 〈칠기도(七奇圖)〉를 첨부하였다.

강희 28년(1689) 황제가 남순(南巡)할 때 강남의 선비들이 소장하고 있던 서적을 진상함에, 송나라 진전(陳旉)[59]의 《농서(農書)》와 진관(秦觀)[60]의 《잠서(蠶書)》 및 누숙(樓璹)[61]의 《경직도(耕織圖)》를 얻었다. 이에 초병정에게 이를 모사하도록 명하고 강희제가 어제시(御題詩)를 지어 35년(1695)에 간행하였다. 이것이 바로 《패문재경직도(佩文齋耕織圖)》로

....

59) 진전(陳旉, 1076-?): 남송시대 농학자로 농학이론 연구에 몰두하여 《농서》 3권을 저술하였다. 이 책은 당시 강남지역 논농사의 실태를 이해하는 귀중한 자료로 평가되고 있다.

60) 진관(秦觀, 1049-1100): 강소성 고우(高郵) 출신의 북송의 관리 겸 문학가이다. 그가 쓴 《잠서》는 1천자가 안 되는 짧은 글이지만 당시의 양잠기술을 이해하는 귀중한 자료로 평가되고 있다.

61) 누숙(樓璹, 1090-1162): 은현(鄞縣: 현 절강성 영파시) 출신으로 소흥 3년 (1133) 잠현(潛縣: 현 절강성 임안시) 현령에 부임한 후 《경직도》 45폭을 제작 출판하였다.

원근법을 채택해 서양화의 색채가 매우 농후했다. 모두해서 경(耕) 21도(圖)와 직(織) 24도로 구성되어있다.

건륭제 이후 서양풍의 판화가 더욱 성행하였다. 건륭 12년(1747) 간행된 《서상기(西廂記)》[62]에 첨부된 목판화에는 색이 칠해져있고 〈방태서필의(倣泰西筆意)〉라는 제목이 달려있다. 그 당시 소주(蘇州)의 판화가 특히 유명하였는데, 대략 강희연간 시작되어 건륭연간에 성행했으며 도광연간에 이르러 쇠락하였다. 현재 세계 각지에 아직도 많은 소주 판화가 소장되어있으니, 예컨대 〈소주창문도(蘇州閶門圖)〉·〈위기미인도(圍棋美人圖)〉·〈화조미인도(華鳥美人圖)〉·〈고소만년교도(姑蘇萬年橋圖)〉·〈청초호도(靑草湖圖)〉·〈명주진(明州津)〉·〈화방도(畵舫圖)〉·〈강소해빈(江蘇海濱)〉 등이 그러하다. 일본에 소장되어있는 것이 가장 많은 이유는 일본의 서양풍 판화가 중국에서 전해진 때문으로 보인다.

....

62) 《서상기(西廂記)》: 원대의 희곡. 북곡(北曲)의 시조라 일컬으며 5막으로 된 장편극이다. 작자는 왕실보(王實甫, 1260-1336) 또는 왕실보와 관한경(關漢卿, 생몰연도 미상) 두 사람의 합작이라고도 한다. 최앵앵(崔鶯鶯)이란 미인과 장군서(張君瑞)라는 청년의 사랑이야기를 각색한 것이다.

제10장
건축

제1절 마카오 최고(最古)의 서양 건축

중국에 전해진 서양 건축 중에는 마카오보다 이른 것도 있지만, 고증할 수 있는 기록과 유적이 남아있는 것은 실로 마카오뿐이다. 교회 건물 중 가장 크고 아름다운 것은 16, 7세기 마카오에 세워진 옛 성당들인데, 연대순으로 서술하면 다음과 같다.

(1) 망덕당(望德堂, St Lazarus Church): 그 확실한 건축 년대를 알 수 없다. 다만 융경 3년(1569) 마카오 주교가 인자당(仁慈堂, Santa Casa Da Misericordia)과 라파엘(Raphael)병원(지금의 白馬醫院) 및 라자로(Lazaro)나병원[麻瘋院]을 건립하면서 나병원 근처에 일명 라자로성당이라고도 불리는 성모망덕당(聖母望德堂)이란 작은 성당을 세웠다. 성당 앞에는 돌 십자가 하나가 아직 남아있는데, 그 위에 라틴어로 "망덕십자가(望德十字架) 1637년 입(立)"이라고 새겨져 있어 숭정 10년에 세워졌음을 알 수 있다. 어떤 이는 교황 그레고리오(Gregorio) 13세[1]가 1576년(만력 4

....

1) 그레고리오(Gregorius) 13세: 제226대 교황(재위: 1572-1585)으로 재위기간

년) 1월 23일 마카오를 정식 주교구(主教區)로 반포할 당시, 본 성당이 주교좌성당[主教座堂, Se Cathedral: 주교를 두고 있는 교구 전체의 母聖堂이며 교구 통할의 중심이 되는 성당 - 역재]이었다고 주장하기도 한다. 또 성당이 나병원 부근에 세워졌다는 이유로 '나병성당[瘋堂]'이라고도 불렀다. 《오문기략(澳門紀略)》하권 〈오번편(澳蕃篇)〉을 보면, "성(城)의 동남쪽 외곽에 있는 발풍사(發瘋寺)에는 나병에 걸린 오랑캐[蕃]가 살고 있으며 그 밖을 지키는 병사들에게 매달 녹봉을 주었다"는 기록이 있는데, 바로 이곳을 말하는 듯하다.

(2) 성 로렌스(St. Lawrence)성당: 마카오 도심[內圍]에서 역사가 가장 오래된 성당이다. 융경 6년(1572) 예수회 선교사가 성 바오로학원을 세운 후, 만력 3년(1575) 중국 관리의 도움을 받아 거주할 집과 일명 '천주지모(天主之母)'라 부르는 성당을 건축하였다. 혹자는 이것이 바로 '성 바오로성당[大三巴]'이라고 하지만 성 로렌스성당이라 주장하는 사람도 있다.

조사에 따르면 가정 37년(1558)부터 융경 3년(1569) 사이에 예수회 선교사들이 이미 마카오에 들어와 살면서 '성모망덕당', '성 로렌스성당' '성 안토니오성당'이라는 작은 성당 3곳을 세우기 시작했음을 알 수 있다.

성 로렌스성당이 창건된 확실한 년대는 알 수 없지만. 만력 46년(1618)에 제1차 중수(重修)된 사실이 현존하는 성모칠락제대(聖母七樂祭臺) 하단 돌에 새겨져 있는 것으로 보아, 그 해 이전에 세워진 것은 분명하다. 《오문기략》하권 〈오번편〉에서는 이 성당을 '풍신묘(風信廟)'라 불렀으

....

교회내부 개혁운동을 추진하여 트리엔트공의회의 정신을 구체화시켰다고 평가받는다. 예수회를 적극 지원하였으며 특별히 일본과 필리핀에 외교사절단을 파견하기도 하였다. 지금까지 세계적으로 통용되는 양력 달력인 그레고리력을 제정하여 선포한 것으로도 유명하다.

니, "이것 외에 서남쪽에 풍신묘라는 곳이 있어 오랑캐 배가 출항하면 가족들이 날마다 돌아오길 기다리며 이곳에서 바람의 상태를 기원하였다"고 되어있다. 그래서 풍순묘(風順廟)라고도 불렸다 한다.

　(3) 성 안토니오(St. Anthony)성당: 그 역사가 실로 앞에서 언급한 두 성당과 우열을 가리기 어려울 정도로 오래되었으며, 심지어 어떤 이는 본 성당이 마카오에서 가장 오래되었다고 주장하기도 한다. 가정 44년(1565) 성 바오로학원이 대학원(大學院)을 세우려 할 때 이미 본 성당이 언급되고 있다. 다만 당시에는 아마도 소규모 성당에 불과했던 것 같고 정식으로 성당이 건축된 것은 1608년 즉 만력 36년인데, 그 다음해에 불타버리고 1610년 중건(重建)되었다. 현재 남아있는 성당 앞문 담 아래의 석각(石刻)에는 1638년 세워졌다고 기록되어있는데, 아마도 1608년의 오류인 듯하다. 천주교 신자가 아닌 마카오 사람들은 '화왕묘(花王廟)'라고 불렀다. 《오문기략》 하권 〈오번편〉에는 "북쪽 모퉁이에 한 묘가 있으니, 오랑캐 남녀가 서로 좋아하면 신을 알현하고 맹세를 한다. 이를 마치면 신부가 길한 날을 점쳐 온가족이 한자리에 모이니 '화왕묘'라 불렀다"고 적혀있다.[2] 오늘날에도 스페인과 포르투갈의 천주교 신자들은 여전히 성 안토니오를 결혼의 수호자로 섬기고 있다.

　(4) 성 바오로(St. Paul)성당: 속칭 삼파사(三巴寺)라 불렸는데, '삼'은 포르투갈어 성(聖, San)의 음역이며 '파'는 '바오로(Paul)'의 첫 번째 음의 이역(異譯)이다. '대삼파(大三巴)'라고도 하였다.

　성 바오로는 본래 학원 이름이고 융경 6년(1572) 건립되었다. 학원 옆

....

2) 당시 많은 마카오 사람과 포르투갈 사람들이 성 안토니오성당에서 혼례를 거행했는데, 서양식 결혼식장 대부분은 많은 꽃으로 장식하였기에 중국인이 이 성당을 '화왕묘'라 불렸던 것 같다.

에 '천주지모(天主之母)'라는 성당 하나를 세우니, 그 정면은 온통 대리석으로 지어졌다. 1835년 양력 1월 26일 학원에 난 화재가 성당까지 번져 지금은 대리석 패방(牌坊)만이 남아 있다. 패방은 아주 장엄하고 아름다운데, 패방 위의 모든 상(像)은 동으로 제작되었고 패방 아래에 있는 68개의 돌계단은 웅위(雄偉)한 기상을 뿜고 있다. 패방은 4층으로 나뉘고 각 층마다 돌기둥이 있으며 전부 교회 관련 형상이 새겨져 있다. 제1층 서쪽 벽에 있는 석각에는 본 성당이 1602년 즉 만력 30년에 건립되었다고 적혀있다. 《오문기략》 하권 〈오번편〉에는 다음과 같이 기록되어있다.

"성당[寺] 중 으뜸인 '성 바오로[三巴]'는 마카오 동북쪽에 산을 끼고 세워져있었다. 높이는 수 심(尋: 1심은 8척에 해당함 - 역자)에 달하고 건물 옆의 계문(啓門)은 좁고 길게 만들어져 있었다. 돌로 된 조각은 고운 색채가 아름답게 빛나고 있었다. 위는 장막이 덮여 있는 것 같고 곁의 비단 깃발은 매우 아름다웠다. 마리아라고 하는 천모(天母)를 섬기는데, 소녀 같은 모습으로 천주 예수라 부르는 한 어린아이를 안고 있었다. 옷은 봉제(縫製)없는 상태로 머리부터 몸을 덮고 있는데, 모두 채색된 평면 그림이며 유리로 가로막아 놓았는데 멀리서 보면 조각처럼 보였다. 그 옆에는 서른쯤 되어 보이는 사람이 있는데, 왼손에는 혼천의를 들고 있고 오른손 손가락은 엇갈려 있으며 마치 뭔가를 막 말하려는 듯한 모습이었다. 곧추 선 수염과 눈썹은 화난 모습 같고 휘날리는 수염과 눈썹은 기뻐하는 모습 같았다. 귓바퀴가 두텁고 콧등은 오똑하며 눈은 마치 무엇을 주목하고 있는 듯하고 입은 소리를 내고 있는 듯하였다(이상의 한 단락은 사실 《帝京景物略》을 베낀 것이다). 위에 있는 건물[樓]에는 여러 악기가 수장되어있었다. 정시대(定時臺)에는 거대한 종(鐘)이 그 아래를 덮고 있고 비선(飛仙)을 대의 모퉁이에 세워 (종을) 치는 모습을 하고 있는데, 기계로 이를 돌려 시간에 맞춰 소리 나게 하였다. 신부들의 숙소 약 100채가 있는데, 그 안에 오랑캐 신부들이 가득했다."

여기서 비선(飛仙)이란 천사상[天神像]을 말한다. 인광임(印光任)은 〈삼파사 새벽 종소리(三巴曉鐘)〉라는 시에서 "이따금 들리는 종소리 멀리 성당에서 들려오는데, 종소리 조용해지니 소리 하나 들리지 않네. 달빛을 띤 바다는 맑고 잔잔하고, 차가운 구름은 산을 지나네. 오경 동틀 무렵, 만상(萬象)은 있는 것 같기도 없는 것 같기도 하네. 어디 번승(番僧)에게 물어볼까나, 이곳을 어떻게 알았는지3)"라 하였고, 적산(跡刪)화상4)이 지은 〈삼파사(三巴寺)〉 시에서는 "잠시 다른 지역에 도착하니 물색(物色)은 새롭고, 짧은 상의 긴 하의에 문신을 했네. 십자거리에서 서로 만난 과객들 모두가 삼파사 교인이네! 조릿대 잎을 엮어서 만든 일산(日傘)을 뽐내고, 함여(檻輿: 사방을 板子로 두른 가마 - 역자) 타고 나오니 주륜(朱輪: 붉은 칠을 한 수레바퀴로 貴顯한 자의 수레를 말함 - 역자)에 비견할만네. 근년 이래 우리 불교는 황량함이 심하니, 차라리 서양 말로 자주 예배드리는 것이 부럽다네5)"라 읊고 있다.

(5) 성 어거스틴(St. Agustine)성당: 성 어거스틴회가 마카오에 처음 도착한 것은 가정 27년(1548)이나 오래지 않아 떠났다가 만력 14년(1586) 다시 왔는데, 본 성당은 만력 17년에 세워진듯하다. 《오문기략》에서는

---

3) "疏鐘來遠寺, 籟静一聲閑. 带月清沉海, 和雲冷度山. 五更皆曉際, 萬象有無間. 試向番僧問, 曾能識此關."

4) 성취(成鷲, 1637-1722): 번우(番禺) 출신으로 청나라 초 광동성 조경(肇慶)의 정호산(鼎湖山) 경운사(慶雲寺) 스님이다. 다른 이름은 광취(光鷲), 자는 적산(跡刪), 호는 동초산인(東樵山人)이며 속명은 방기개(方覯愷)이며 자는 인지(麟趾)이다. 작품으로는 《능엄직설(楞嚴直說)》 10권, 《정호산지(鼎湖山志)》 8권, 《함척당집(咸陟堂集)》 43권, 《금강직설(金剛直說)》 1권, 《노자직설(老子直說)》 2권, 《장자내편주(莊子內篇注)》 1권 등이 있다.

5) "暫到殊方物色新, 短衣長帔稱文身. 相逢十字街頭客, 盡是三巴寺裡人. 箬葉編成誇皂盖, 檻輿乘出比朱輪. 年來吾道荒涼甚, 翻羡侏離禮拜頻."

'용송묘(龍鬆廟)'라고 하였으니, "마카오 서북쪽에 있으며 예전의 묘는 이미 황폐화되어 도롱이 풀로 덮여서 수염처럼 덥수룩하였다. 나중에 지어진 묘의 종(鐘)은 사람이 치지 않아도 스스로 울려서 사람들이 신기하게 여겼다. 그 모습을 복원하여 섬기면서 여전히 용송묘라 불렀다"고 기록하고 있다. 왕진(王軫)은 〈오문죽지사(澳門竹枝詞)〉에서 "마음의 병이 나서 피곤한 몸을 지탱하고 있는데, 내일 아침은 또 독명고(獨名姑)이구나. 목욕재계하고 기도하러 용송묘에 가서 가사득(哥斯得)이 돌아왔는지 알아볼까나?[6]"라고 하면서 "독명고는 중국어로 예배일을 말한다"고 주석을 달고 있다. 독명고는 포르투갈어로 도밍고(domingo)이고, 가사득(哥斯得)은 코스타(Costa)인듯한데 포르투갈 배 이름이 아닌가 한다.

(6) 매괴당(玫瑰堂): 성 도미니크(St. Dominique)성당이라고도 부르며 만력 15년(1587) 창건되었다. 《오문기략》 하권 〈오번편〉에서는 '판장묘(板障廟)'라 불렀는데, "전하는 바에 따르면 예전에는 건물이 낮고 좁았으니, 가난한 오랑캐 사람이 장판(樟板)을 쪼개어 만든 것이라고 한다. 지금은 아주 장엄하고 아름답다"고 하였다.

그러나 마카오에 즐비하게 늘어선 서양 건축물은 성당만이 아니었다. 《오문기략》 하권 〈오번편〉을 보면 다음과 같이 적혀있다.

"대부분 좋은 집에 사는데, 건물은 3층짜리이고 산의 높낮이에 따라 사각형·원형·삼각형·육각형·팔각형 및 여러 꽃과 과일 모습을 한 것들이 있었다. 그 지붕은 모두 나선형으로 정교하고 아름다움을 서로 뽐내고 있었다. 벽돌이나 흙을 쌓아 만든 벽은 두께가 4, 5척(尺)이나 되고 대부분 벽에 창을 내어 백토로 장식했다. 그 창은 문만큼 컸는데, 안에는 2개의 문짝이 닫혀있고 밖에는 쇄창(瑣窗: 고리 모양의 무늬를 조각하

....
6) "心病懨懨體倦扶, 明朝又是獨名姑, 修齋欲禱龍鬆廟, 夫趁哥斯得返無?"

거나 그려 놓은 창문 - 역자)이 달려있으며 운모(雲母)로 가려져 있었다. 건물의 문은 모두 옆으로 나있는데, 수십 계단을 지나서 들어갈 수 있고 깊고 구불구불 했다. 자신들은 그 위에 살고 흑인 노예는 그 아래에 살았다. 문밖에는 정원이 있고 정원 끝은 바깥담이며 바깥문은 정면으로 나있었다. 그리고 건물 아래는 흙으로 된 창고로 갖가지 물건을 저장하고 있었다."

이는 청대 초기의 상황이다. 인광임은 〈조루춘효(雕樓春曉)〉라는 시에서 "집집마다 아름답게 칠해 꽃이 없어도 저절로 눈부시게 아름답네[7]"라고 하였다. 장여림(張汝霖)은 〈오문우루즉사(澳門寓樓卽事)〉란 시에서 "문에 도착해 차례로 계단 오르고 창문으로 바깥 경치 내다보며 구불구불 루(樓)를 오르네." "홀로 승상(繩牀)에 누우니 산천(山川)이 베개 곁으로 다가오네." "나막신 소리 회랑 따라 메아리치니 달팽이 엎어놓은 형상이네[8]"고 하였으니, 모두 실제 모습을 묘사한 것이었다.

제2절 남경과 북경의 서양 건축

만력 26년(1598) 마테오 리치는 남경에 도착한 후 서까래가 7개인 호부(戶部)의 관아 한 곳을 사들여 그 안에 성당을 열었다. 순전히 민가를 개조해 만든 것으로 바로 고기원(顧起元)의 《객좌췌어(客座贅語)》와 장

---

7) "有戶皆金碧, 無花自陸離."
8) "到門頻拾級, 窺牖曲通樓." "獨據繩牀臥, 山川落枕邊." "屧侶隨廊響, 蝸能狀覆圓."

경(張庚)의 《화징록(畵徵錄)》에서 말한 정양문(正陽門) 서영(西營)에 있던 성당이다. 13년이 지나서 바뇨니(Vagnoni, 王豐肅: 즉 高一志를 가리킴)가 홍무강(洪武岡)에 있는 선교사 관사 옆에 서양식 대성당을 세웠으니, 이것이 바로 만력 44년(1616) 8월과 12월 심각(沈淮)이 올린 〈배교(排敎)〉 제2, 제3소(疏)에 나오는 '무량전(無樑殿)'이다. 《파사집(破邪集)》 권1에 기록되어있다.

순치 7년(1650) 봄, 아담 샬은 북경 선무문(宣武門) 안에 성당 하나를 세웠다. 그런데 건륭 8년(1743) 양력 11월 1일 할러슈테인(Hallerstein)이 유럽에 보낸 편지를 보면, 당초 아담 샬이 중국식으로 지은 성당을 나중에 서일승(徐日昇)과 나바레테(Navarrete)[9]가 유럽식으로 개조함으로써 그 원래 모습은 이미 알 수 없게 되었다고 적혀있다. 순치 14년(1657) 황제가 쓴 편액에는 '통현가경(通玄佳境)'[10]이라 적혀있고, 얼마 후 다시 황제가 지은 〈천주당비기(天主堂碑記)〉에서 "도성(都城) 선무문 안에 예전부터 있던 성당은 평소 그 종교에서 섬기는 신에게 제사지내는 곳이었다. 최근 그동안 하사받아 모은 자금을 이용하여 다시 새롭게 단장하였다. 짐이 남원(南苑)을 순행할 때 우연히 이곳을 지나다가 그 신의 용모를 보니 그 나라 사람 같았고 성당 창문과 집기나 장식도 그 나라 양식 같았다"고 한 것으로 보아, 순치 14년 중건된 성당이 이미 서양식으로

....

9) 원서에는 서일승(徐日昇)과 민명아(閔明我)로만 표기되어있다. 저자가 앞에서 서양 선교사 중 서일승이란 이름을 사용한 사람이 토마스 페레이라 외에 또 1명이 있다고 했는데, 누구인지 확인이 안 된다. 또 민명아란 이름을 가진 선교사도 도미니크회 사제 나바레테와 예수회 사제 그리말디(Grimaldi)가 있어서 혼란스럽다. 단 이들의 중국 도착 시기(나바레테 1657년, 그리말디 1665년 이후, 토마스 페레이라 1672년)와 본문에 나오는 성당의 개조 시기(1657년 이전)를 대조해보았을 때 또 다른 서일승과 나바레테인 것 같다.

10)   통현가경(通玄佳境): 심오함으로 통하는 아름다운 경지라는 의미.

바뀌었고 옛 모습은 사라졌음을 알 수 있다. 그러나 통현가경 편액이 걸려있는 누방(樓坊)은 여전히 동양스타일을 유지하고 있다가 광서 26년 (1898)에 이르러 훼손되었다. 강희연간에는 성조의 이름을 피휘(避諱)[11] 하기 위해 통현(通玄)을 통미(通微)로 바꿔 적었다.

오장원(吳長元)의 《신원지략(宸垣識略)》 권7에는 "성당 건물은 좁고 깊어서 바깥을 향한 정면이 마치 측면 같고, 지붕은 중국의 천막을 말아 올린 방식처럼 되어있으며 기와로 덮여있었다. 정면은 문 하나만 열 수 있고 창문은 동서 양쪽 벽 꼭대기에 만들어져 있었다"고 적혀있다. 조익(趙翼)의 《첨폭잡기(簷曝雜記)》 권2 〈서양의 천리경과 악기(西洋千里鏡及樂器)〉조에서는 "그 건물은 둥근 아치형으로 마치 성문(城門)의 구멍 같아서 특히 환하고 밝았다"고 하였다.

강희 27년(1688) 황표(黃表) 즉 황군개(黃君開)가 지은 《원유략(遠遊略)》(필사본으로 중앙연구원 역사언어연구소에 소장되어있음) 제2책 〈지이(誌異)〉 '제3칙(則)'에는 다음과 같이 기록되어있다.

"경성 선무문 안에 천주당이 있고 그 서쪽에 통미교사(通微敎師) 아담 샬의 저택이 있었다. 그 안에 설치된 정자와 연못, 대사(臺榭)[12]는 서양 양식을 모방하여 매우 정교하였다. 천문생(天文生) 주우(周友)와 함께 방문하였는데, 족히 기이하고 훌륭한 광경이라 부를만했다. 태관당(太觀堂)에는 혼천의도(渾天儀圖) · 선기옥형도(璇璣玉衡圖) · 한해만국도(瀚

....

11) 피휘(避諱): 문장에 황제나 왕, 선조나 성인(聖人)의 이름이 나올 경우 공경과 삼가는 뜻을 표하기 위해 획의 일부를 생략하거나 뜻이 통하는 다른 글자로 대치하는 것. 성조 강희제의 이름은 현엽(玄燁)이었다.
12) 대사(臺榭): 고대 중국에서 토축이 높은 대지 위에 세워진 누각 건축. 원래 멀리 바라보기 유리한 장소에 경비를 위해 설치한 건물로 만들었다고 생각되나 주로 왕후 귀족의 연회나 납량에 이용됐다.

海萬國圖)가 있었다. 성당 동쪽에 있는 급금대(及今臺)는 매우 높았고 그 위에 자명종경(自鳴鐘磬)·동호적루(銅壺滴漏: 구리로 만든 물시계 - 역자)·시간을 알려주는 팻말[時辰牌] 등이 걸려있었다. 오죽헌(梧竹軒)에는 금슬(錦瑟: 弦이 60개로 서양에서 만든 것인데 작은 책상 안에 감춰져있음)·벽오(碧梧: 표면이 靑銅 같음)·묵죽(墨竹: 색깔이 漆黑 같음)이 놓여 있었다. 완란정(玩瀾亭) 양쪽에는 작은 연못이 있는데, 왼쪽 연못에서는 3, 4척 높이로 오른 쪽 연못에서는 4, 5척 높이의 네 갈래 물을 뿜고 있었다. 좌우에 별도로 작고 네모난 요(窯)를 만들고 기계를 설치하여 물을 사방으로 분사함으로써 대나무와 나무에 물을 주도록 만들어놓았다. 정원 안에 심겨져 있는 복숭아나무에는 사발만한 큰 복숭아가 열려있는데, 무게가 1근이나 되었다. 작은 오이는 누에만 했는데 맛이 좋았다. 3촌(寸) 정도 크기의 붕어는 날개가 있어 연못을 뛰어 오르며 헤엄쳐 다녔다."

"서양양식을 모방하여 매우 정교하였다. …… 족히 기이하고 훌륭한 광경이라 부를만했다"고 한 것을 보면 아마도 모든 건축이 서양식이었던 같고, 기록대로라면 당시에 이미 분수연못 (기술)이 전래되었음을 알 수 있다.

《강희상해현지(康熙上海縣志)》〈천학부(天學附)〉에 실려 있는 강문장(康文長)의 〈상해천주당기(上海天主堂記)〉에서는 "강희 10년(1671) 신해년 내가 선발되어 북경에 갔을 때, 선무문을 지나다 천주당에 들렀다. 정돈되고 위엄어린 모습에 곱고 붉은 빛깔이 찬란하게 빛나니 주변을 돌면서 엄숙하게 경배하고 나왔다"고 하여 그 장엄함과 화려함을 극찬하고 있다. 강희 60년(1721) 프리델리(Fridelli)가 포르투갈 국왕 페르디난트(Ferdinand) 3세(당시 포르투갈 국왕은 주앙 5세임 - 역자)의 기부를 받아 남당(南堂)을 중건하였는데, 당시 건축사는 매기(Fr. F. Maggi, 利博明) 수도사로 그 화려함이 남달랐다(피스터의 원서, 608쪽). 그 묘비에는 "선생의 호는 민공(敏公)이며 이탈리아인이다. 강희 60년 마카오에 도착한 후 바로 황제의 부름을 받아 북경에 왔다. 도장을 정교하게 파고 그림 솜씨도 훌륭했다. 건륭 26년(1761)에 죽었다"고 기록되어있다.

알폰스 패트(Alfons Väth)의 《아담 샬 전기》에 의하면, 이 성당은 당시 유럽에서 유행한 바로크(Baroque) 양식으로 건축되었다. 전체 건축 부지는 십자(十字) 형태에 길이 80척, 폭 45척이었다. 성당 내부는 천정을 받치는 기둥이 나란히 세워져 있고 천정은 3부분으로 나뉘어 있는데, 각 부분을 움푹 들어간 형태로 만들어 마치 배 3척을 뒤집어 놓은 것 같았다. 가운데 천정 끝은 원각(圓閣) 형상이었다. 서일승과 나바레테가 개조한 후, 성당 양측에 높은 탑 2개가 세워졌다. 탑 한 곳에는 파이프오르간을 두었고 다른 한 탑에는 시간을 알리는 종[時鐘]을 두었는데, 크기가 다른 여러 개의 종(鐘)을 걸어놓아 중국 곡조의 종악(鐘樂)을 연주할 수 있었다. 프란시스코회 수도사 산타 마리아(Santa Maria)[13]는 10년 후, "이 건축물을 본 북경 주민 중 놀라지 않은 자가 없었으니, 구경하러 온 사람이 조수처럼 밀려들었다"고 기록하였다.

건륭제 때 천주교를 매우 미워했던 기윤(紀昀)은 그의 저서 《여시아문(如是我聞)》에서 일찍이 선무문 천주당에 대해 괴담을 빌어 풍자했는데, 화촌간행시자(花村看行侍者)가 쓴 《담왕(談往)》에 기록된 내용과 판이하게 다르다. 《담왕》의 내용은 본편 9장 회화에서 이미 살펴보았다. 기윤의

....

13) 안토니오 데 산타 마리아 카바예로(Antonius de Santa Maria Caballero, 栗安當 또는 利安當, 1602-1669): 스페인 출신의 선교사로 1633년 복건성 복안(福安)지역에 와서 전교하면서 신자들의 조상제사를 미신이란 이유로 금지시켰다. 이 문제로 소위 '전례논쟁(典禮論爭)'이 발생하였고 결국 도밍고회 선교사 모랄레스(P. Juan B. Morales) 신부와 함께 로마교황청에 이 문제를 제소하였다.

인척인 장경운(張景運)이 쓴 《추평신어(秋坪新語)》에도 이 천주당에 대한 기록이 자못 상세하니 다음과 같다.

"경사 선무문 안에 있는 천주당은 서양식으로 지어졌다. 병오년 신정(新正)에 나는 대흥합(大興合) 이당(怡堂) 왕동년(汪同年), 의학과(醫學科) 양군(楊君), 만주교수(滿洲敎授) 관근재(觀近齋)와 함께 이를 보러갔다. (흠천감) 감부(監副) 색공(索公)에게 안내를 부탁하였다. 색공은 서양인으로 금발에 곱슬머리이며 눈동자는 노란색이고 중국어를 잘하지 못했다. 사람을 만나면 오직 손을 잡고 '좋아요! 좋아요!'라고 하면서 얼굴가득 웃을 뿐이었다. 성당을 들어서자 동서 두 캔二重] 남북 일곱 칸으로 되어있었다. 바깥 칸은 마치 동굴 같은데 양측에 나있는 긴 격자창을 통해 햇빛이 들어와 공간을 밝게 비추었다. 안쪽 칸은 복벽(複壁) 사이에 좌우로 문이 각각 6개가 있고 문 사이마다 감실[龕]이 있어 동서로 12감실이 마주보고 있는데, 그 안에 있는 초상화에는 각기 다른 남녀가 그려져 있었다(이 뒷부분의 내용은 본서 제4편 9장 회화에 나옴). …… 성당은 높이가 수 인(仞: 1인은 8자 혹은 7자 - 역자)에 도합 3층인데, 층마다창문이 있고 반투명 유리기와가 끼워져 있으며, 위로 올라갈수록 좁아지는 모습이 마치 배가 뒤집혀 있는 것처럼 타원형을 이루고 있었다. 서까래·마룻대·두공·기둥 등에 모두 신과 귀신[神鬼]의 형상이 그려져 있었다."(이 뒷부분의 내용은 본서 제4편 9장 회화에 나옴).

감부 색공(索公)은 바로 달메이다(d'Almeida)를 가리킨다.

서일승과 나바레테가 세운 두 탑에 대해서도 기록을 남긴 중국인이많았다. 예컨대 《승국문징(勝國文徵)》 권2 〈천주당〉에는 "성당을 끼고좌우 양쪽에 전루(磚樓)가 세워져 있다. 왼쪽에는 양금[天琴]이 수장되어있는데, 정오가 되면 누문(樓門)이 저절로 열리고 양금 소리가 난다. 시간이지나면 소리가 그치고 누문도 닫힌다"고 적혀있다. 도광연간 황균재(黃鈞宰)가 쓴 《금호랑묵(金壺浪墨)》 권7에도 같은 내용이 그대로 적혀있다.

제3절 대만 남북의 서양 건축

천계 2년(1622) 네덜란드인이 팽호(澎湖)에 최초로 침입하여 홍목정성
(紅木埕城)을 건립하고 마공(馬公) 교외에 상관(商館)을 세웠다. 당시 네
덜란드군의 보고서에는 건축에 사용한 재료와 상관의 크기 등이 자세하
게 기록되어있다. 현재 1622년 9월 10일과 26일, 1624년 1월 25일자 보고
서가 남아있어 열람할 수 있다.

천계 4년(1624) 네덜란드인은 대만 본토에 침입하여 나중에 정성공(鄭
成功)이 '안평(安平)'이라 부른 곳에 지란디아(Zeelandia) 요새를 세웠는
데, 번역하면 해지(海地)라는 뜻이다. 강희 53년(1714) 마이야(Joseph A.
M. de Mailla) 등은 대만지도를 측량 제도할 때 성문 위에 새겨진 'Castel
Zelanda 1634'라는 네덜란드 글자를 보았다고 하였는데, 함풍 11년(1861)
무렵 대만에 온 로버트 스윈호(Robert Swinhoe)는 'Te Castel Zeland
Gebowed Anno 1630'으로 보였다고 기록하였다. 《대만문화사설(臺灣文
化史說)》에 수록된 무라카미 나오지로(村上直次郎)의 〈안평축성사화(安
平築城史話)〉14)에서는 마땅히 'T' Casteel Zeelandia Gebouwd Anno
1632'로 읽어야 한다고 주장했다. 왜냐하면 이 요새는 실제 1632년에 준
공되었는데, 마지막 한 글자가 너무 희미해 알아보기 어려워서 보는 사
람마다 제각기 읽었기 때문이라는 것이다. 강희 24년(1685) 임겸광(林謙
光)이 지은 《대만기략(臺灣紀略)》15)에 보면 다음과 같이 적혀있다.

....

14) 원제는 〈ゼーランヂや築城史話〉이고 《대만문화사설》改訂版(臺南州共榮會
　　臺南支會, 1935)에 수록되어있다.
15) 《대만기략(臺灣紀略)》: 전 1권. 대만부(臺灣府) 교수(敎授) 임겸광(생몰연도

"안평진(鎭) 성(城)은 …… 네덜란드인이 큰 벽돌에 유회(油灰, putty - 역자)를 발라 하나하나 쌓아서 완성한 것이다. 성터는 땅속으로 한 장(丈) 이상 들어가 있고 심광(深廣)도 한두 장쯤 되었다. 성벽 위 여장(女墻)의 총안흉벽[垛, battlements]에는 모두 쇠못을 박아놓았다. 둘레가 1리(里) 인데 견고하여 무너지지 않았다. 동쪽 경계의 집들이 있는 시전(市廛)에 서는 민간의 무역을 허용하였다. 성 안은 누대(樓臺)처럼 구불구불하고 위아래 우물의 짜기[鹹淡]가 달랐다. 또 다른 한 우물은 구멍이 너무 작아서 물통이 들어가지 않았으며 물이 벽을 타고 흘러내렸다. 그 서남쪽 경계 일대는 원래 모래 둔덕이었는데, 네덜란드인이 돌을 싣고 와 견고하게 쌓아서 파도에도 붕괴되지 않았다."

옹정 2년(1724) 황숙경(黃叔璥)이 쓴《대해사사록(臺海使槎錄)》권1〈적 감필담(赤嵌筆談)〉에서는 "안평성은 일명 벽돌 성[甎城]이라 부른다. 네덜란드인이 그 지맥을 관찰한 후 귀사(龜蛇)16)가 만나는 혈(穴)이라고 여겼다. 성터는 땅속으로 한 장 남짓 들어갔으며 치첩(雉堞)17)은 전부 철로 못 박았다. 현재 군(郡)안에 사는 주민의 담장은 전부 철로 묶어 놓고 있는데, 그들의 방식을 여전히 따르고 있는 것으로 보인다"고 하였다.

강희 58년(1719)과 59년《대만부지(臺灣府志)》·《제라현지(諸羅縣志)》 ·《봉산현지(鳳山縣志)》 및《대만현지(臺灣縣志)》의 편찬 및 교정 작업에 참여한 이흠문(李欽文)은〈적감성부(赤嵌城賦)〉에서 "웅장한 성가퀴 영

....

미상)이 쓴 대만 최초의 지방지로 후에 장육영(蔣毓英)이《대만부지(臺灣府 志)》를 편찬할 때 기초자료로 삼았던 책이다.
16) 귀사(龜蛇):《주례》〈춘관(春官)〉 '사상(司常)'에 처음 나오는데, 현재는 거북 이와 뱀, 현무(玄武), 귀산(龜山)과 사산(蛇山)을 통칭하는 의미로 쓰인다.
17) 치첩(雉堞): 성(城) 위에 낮게 쌓은 방어용 담으로 성가퀴, 여장(女墻) 또는 성첩(城堞)이라고도 함.

룽하고 누각은 넓고도 깊구나. 성가퀴와 누각이 대등하게 연결되어 구불구불함을 다한 곡선은 정치하다네. 전망대에서 바라보면 좌우가 한 눈에 들어오고 나선형 계단을 통해 위아래가 서로 통하는구나. 풍동과 기계식 우물을 갖추었으니 귀신이 설치하고 움직이는 듯하네[18]"라고 읊었다. 이 밖에도 이에 대해 언급한 작품이 매우 많지만 여기서 더 이상 인용하지는 않겠다. 가경 12년(1807) 편찬된 《속수대만현지(續修臺灣縣志)》권5 〈유적(遺蹟)〉에는 다음과 같이 기록되어있다.

"적감성(赤嵌城)은 대만성(臺灣城)이라고도 부른다. …… 명 만력 말년 (착오임) 네덜란드가 이곳에 시장을 열고 벽돌 성을 쌓으니, 그 형태가 높은 누대 같았다. …… 성터는 사방 넓이가 276장(丈) 6척(尺)이며 높이는 3장 남짓 되고 2층으로 되어있는데, 간간이 쌓은 치첩에는 쇠못이 박혀있고 먼 곳을 감상할 수 있는 정자가 촘촘하게 아련히 높이 솟아있다. 위층은 (아래층 보다) 1장 가량 좁고 문 3개가 달려있으며, 북문 편액에 새겨진 석회 글자는 알아 볼 수 없으나 축성한 일자를 기록한 것 같다. 동쪽 끝의 움푹 들어간 몇 곳은 곡동(曲洞: 깊은 자연 동굴 - 역자)과 유궁(幽宮: 여러 뜻이 있으나 여기서는 지하실인 것 같음 - 역자)이다. 성 위의 사방 모퉁이는 U자형을 이루고 있는데, 천 근(斤)이나 되는 대포 15문이 남아있다. 복도(複道)와 중루(重樓)는 이미 모두 무너져 그 터만 알아볼 수 있다. 아래층 사면은 둥글게 볼록 튀어나와 있으며, 남북에 있는 원형 우물[規井]은 아래로 바다에 연결되고 위로는 성 밖으로 나와 있어 화공(火攻)에 대비할 수 있게 되어있다. 대포 4문이 남아있으며 서쪽 성터 안의 절반만 노출되어있는 우물은 물이 아주 맑고 성위에서 길어다 마실 수 있다. 서북쪽 모퉁이는 외성(外城)을 감싸며 쌓았는데 바다까지 닿아

----

18) "雄堞玲瓏, 樓閣宏邃. 稱誅兩以結構, 極估曲而精緻. 瞭亭則左右環矚, 螺梯則高低互倚. 曁風洞與機井, 若鬼設而神施."

있다. 높고 낮은 집터는 구불구불해 분명치가 않고 그 사이에 있던 정부 저택과 가무를 즐기던 정자는 폐허가 된 상태이다. 성에 인접해 있는 한 옛 건물에는 거대한 서까래와 마룻대가 세워져있고 무거운 물건을 성 위로 끌어 올릴 수 있는 기중기 1대가 설치되어있다. 대포 몇 문이 남아있고 내성(內城) 북쪽 터 아래에 있는 작은 문을 열고 허리를 굽혀 들어가 보니 좁고 구불구불한 돌계단은 이미 무너져 있었다. 지하에 있는 벽돌 동굴의 높이와 넓이는 1장 이상이고 길이는 수장인데, 굽이굽이 돌아서 옆으로 나오게 되어있다. …… 대략 이 성은 벽돌을 겹쳐 층층이 쌓으면서 모두 설탕물과 찹쌀 즙에 조개를 빻아서 만든 회로 붙였기 때문에 견고하여 갈라지지 않았다. 성의 유적 중에 남아있는 것도 있지만 사라져버린 것도 있어서 그 정교한 기술과 기이한 흔적을 찾기 어렵다."

《바타비아(Batavia)성일지(城日誌)》 1644년 12월 2일조에 첨부된 같은 해 10월 25일 보고서에는 당시 이 성에 주둔한 군인이 모두 513명이라고 기록되어있다.

영력 7년 즉 청 순치 10년(1653) 네덜란드인은 현재 적감루(赤嵌樓)가 있는 지점에 캐스틸 프로방시아(Casteel Provintia: 많은 후대 사람이 Providendia로 잘못 적고 있다)라는 또 하나의 요새를 세웠다. 《속수대만현지》 권5 〈유적〉에는 또 다음과 같이 적혀있다.

"적감루는 진(鎭)의 북쪽에 있으며 명 만력 말년(착오임) 네덜란드인이 세운 것이다. 산을 등지고 바다를 면하고 있으며 안평진의 적감성과 마주보고 있다. 설탕물과 찹쌀 즙에 조개를 빻아서 만든 회로 벽돌을 쌓아 성벽을 만들었기에 돌처럼 견고하다. 둘레는 45장 3척이고 치첩이 없다. 남북 양쪽 끝에 전망대가 우뚝 솟아있는데, 한사람이 겨우 서있을 수 있는 공간으로 정교하게 회(灰)로 장식되어있다. 누각의 높이는 3장 6척 남짓 되고, 높이 솟아있는 조각 새겨진 난간은 탁 트여있어 사방을 볼 수 있다. 그 아래는 벽돌을 겹쳐 쌓은 것이 바위굴 같은 형태를 이루면서 굽이굽이 넓고 길게 이어져있다. 오른쪽 뒤에는 굴가마(穴窯)가 있고 왼쪽 뒤에는 깊은 우물이 있으며 앞문 밖 왼쪽에도 깊은 우물이 있다. 문액(門額)에 네덜란드어로 된 네 글자가 있는데, 정선한 쇠를 주조하여 만든 것이나 알아 볼 수가 없다. …… 강희 60년(1721) 대만 변란(朱一貴의 난을 말함 - 역자)이 일어났을 때, 문이 닫히지 않아 반란군이 문액의 쇠로 된 글자를 떼어다 무기를 만들었다고 한다. 잦은 지진으로 건물은 전부 무너져 네 벽만 우뚝 서있고, 오직 담장만이 예전처럼 견고하게 남아있을 뿐이다."

강희 36년(1697) 욱영하(郁永河)가 대만을 여행한 뒤 저술한 《비해기유(裨海紀遊)》[19]는 내가 합교본(合校本)을 만든 적이 있는데, 《채류일기(採硫日記)》 또는 《도해여기(渡海輿記)》라고도 부른다. 이 책에서는 "만력연간 다시 네덜란드인(原注: 지금의 紅毛)의 소유가 되었다. 천계 원년(1621) 대만성과 적감성을 건립하였다(원주: 대만성은 지금 安平城이고 적감성은 紅毛樓라 부른다). 두 성의 형태는 서양인이 그린 가옥그림[屋室圖]을 방불케 하는데, 둘레 넓이가 10무(畝)에 불과한 것으로 보아 대포를 설치해 수로입구[水口]를 방어하려는 의도였을 뿐 성가퀴와 성문 및 망루 등이 없어서 중국의 성곽처럼 주민이 거주하는 곳은 아니었다"고 적고 있다.

천계 6년(1626) 양력 5월 10일 스페인인도 기륭(基隆)에 상륙하여 곧바로 항구 밖에 있는 사료도(社寮島: 지금의 和平島 - 역자)와 소기륭(小基隆) 동쪽에 '성구주성(聖救主城, San Salvador)'을 건설하였다. 또 항구 안

....

19) 《비해기유(裨海記遊)》: 청의 관리 욱영하(생몰연도 미상)가 일기형식으로 쓴 견문록으로 17세기 대만의 자연환경과 풍토 및 민간정서를 잘 묘사하고 있다고 평가된다.

에 있는 산 위에 '지성성삼성(至聖聖三城, Santisima Trinidad)'을 쌓고 사료도에 다시 '제성당(諸聖堂, Todos los Santos)'을 세웠다. 그 후 스페인인은 또 담수(淡水)를 점령하고 '산토 도밍고(Santo Domingo)'란 요새를 쌓았다.

《대해사사록》권1〈적감필담〉에는 "담수항으로 들어가 50여리를 굽이굽이 돌아가면 바다에 닿는다. 규유산(圭柔山) 자락에 규유사(圭柔社: 대만 원주민족의 하나인 Senaer - 역자)가 있는데, 그 산 서쪽에서 아래로 몇 리 내려가면 네덜란드 사람들[紅毛]의 작은 성이 있다. 높이는 3장이고 둘레는 20여장인데 지금은 무너졌다. 성의 서쪽에서 만에 위치한 항구에 이르기까지 평평하고 넓은 땅이 아득히 펼쳐져있다"고 적혀있다. 그리고 "항구를 지나 기륭[鷄籠]에 이르면 산이 높고 돌이 많다. 산 아래에 계롱사(鷄籠社)가 있고 조금 더 들어가면 기륭항인데, 항구로 들어오는 물길이 좁다. 항구에는 네덜란드 사람들의 석성(石城)이 있으니, 원형도 사각형도 아닌 모양으로 둘레는 50여장이고 높이는 2장이다"라는 기록을 통해 그 규모를 대략 짐작할 수 있다. 지금은 영국 영사관으로 사용되고 있으나 예전에는 담북팔경(淡北八景)의 하나로 '수대석양(戍臺夕陽)'이란 현판이 걸려있었다.

제4절 광주 등지의 서양 건축

오앙현(吳仰賢)[20]은 《소포암시화(小匏庵詩話)》에서 "같은 마을의 심

....

20) 오앙현(吳仰賢, 1821-1887): 절강성 가흥(嘉興) 출신의 관리 겸 시인으로 《소

어르신[沈丈]은 자가 모금(慕琴)으로 직자(直刺: 直隸州 知州의 별칭 - 역자)
벼슬을 지냈고 이름이 형혜(亨惠)인데, (나의) 사촌 동생 진선(晉仙)의
장인이다. 도광 경자년(1840) 거인(擧人)으로 교습(敎習) 임기를 다 채우
고 광동의 지방관으로 부임하였다. 벼슬에 임명되기 전 여러 번 회시(會
試)에 낙방하여 갈수록 위축되고 머뭇거렸으나, 성정이 호방하고 친구
사귀길 좋아했기에 가슴 속에 억누르고 있던 활달한 기개를 때로는 시
(詩)로 표현하였다. 일찍이 주영쌍(朱穎矑) 관찰(觀察)을 따라 광주[羊城]
에서 막우(幕友)로 있으면서 〈서양귀자의 루에 올라(登西洋鬼子樓)〉라는
장편시를 지었는데, 시로 그 광경을 그림처럼 표현한 것이 귀신같은 솜
씨였다. 시의 내용을 보면, '위태롭게 높고 빼어난 누각 구름 위로 솟았
고, 여회(礪灰)로 바른 흰 담장과 좌우로 조각하여 꾸민 용마루. 갈고리
모양의 난간에는 위부터 아래까지 맑은 녹색을 칠하고, 동으로 만든 문
지도리 문을 매달고 있고 손잡이는 평평하네. 사닥다리 밟고 루에 올라
탁 트인 전망을 바라보고, 그물모양의 꽃무늬 새겨 넣은 창문은 드넓은
조망을 제공하면서도 (방을) 밝게 하네. 이중 휘장 높이 감아놓았는데
(오색으로 빛나는) 붉은 루비[紅靺鞨] 달려 있고, 술 달린 휘장은 붉은
끈으로 매달아 놓았네. 화려한 등 사방을 비추니 놋쇠 쟁반 반짝이고,
구불구불 등들이 많기도 하네. 한 길 넘는 큰 거울 네 벽에 삽입되어
있고, (주인은) 머리 치켜들고 웃으며 오는 사람 맞이하네. 바닥에 깔린
고운 융단 못으로 고정시켰으니, 자줏빛 봉황이 하늘을 종횡으로 날고
있는 모습이네. 구로문자(佉盧文字: 인도 서북부와 파키스탄, 투루판 일대에서
사용한 고대문자의 하나 - 역자)로 된 작은 글자 눈을 어지럽히는데, 그 형상
거미줄인 듯 누에 꼬리인 듯 괴이하기 짝이 없네. 앵무새 깃털로 만든

....

포암시화》 10권 외 《소포암시존(小匏庵詩存)》 6권 등의 저서가 있다.

관(管)은 작고 그 크기가 제각각이나, 큰 유리그릇은 밝고 투명함을 다투
네. 그 기이한 기물(器物) 어찌 다 헤아릴 수 있으랴? 페르시아 시장에
내놓아도 감탄하고 놀라지. 흰둥이 소매 나부끼며 춤을 추고 검둥이 이
리저리 뛰어다니니, 원숭이 울고 참새 뛰놀 뿐 사람 자취 드물도다. 커다
란 눈과 오뚝 선 코에 곱슬머리, 짧은 윗도리에 촘촘히 달린 단추 뭇별처
럼 빛나네. 통이 좁은 바지 연달아 감아 정강이를 두르고, 가죽신에 허리
띠 맨 모습 사납기도 하네. 숲속 도깨비 형상으로 숙야(叔夜)를 꾸짖는
것 같고, 외국어[撑犂語]로 말하여 사형(士衡)을 더욱 어렵게 하네[21]'"라
하여 아편전쟁 이전 광주에 사는 서양인의 주거 형태를 섬세하고 생생하
게 묘사하고 있다.

심복(沈復)의 《부생육기(浮生六記)》[22] 제4권 〈낭유기쾌(浪遊記快)〉에
서는 "유란문(幽蘭門) 서쪽에 있는 십삼양행(十三洋行)은 그 구조가 서양
그림에 나오는 것과 같았다"고 하였으니 건륭 58년(1793)에 쓴 글이다.

....

21) "危樓傑閣高切雲, 蠣墻粉白橫雕甍. 鉤闌高下塗淨綠, 銅樞衛門屈戍平. 踏梯登樓
豁望眼, 網戶宏敞涵虛明. 複帳高捲紅秣韉, 科蘇斗大懸朱纓. 華燈四照銅盤膩,
虯枝蜷曲蚖膏盛. 丈餘大鏡嵌四壁, 擧頭笑容來相迎. 毿毿布地釘帖妥, 天昊紫鳳
交縱橫. 佉盧小字娌眯目, 蛛絲蟺尾粉殊形. 鵝毛管小製不律, 琉璃椀大爭晶瑩.
器物詭異何足數, 波斯市上嗟相驚. 白鬼婆娑黑鬼躍, 猿啼雀步來零丁. 睛圓鼻突
蜷毛髮, 短衣密釦爛繁星. 窮袴連纏貫髀股, 皮鞁組帶狀殊獰; 魑魅形應叱叔夜,
撑犂語更窮士衡."

22) 《부생육기(浮生六記)》: 청대의 문인 심복(1763-1825)의 자서전식 수필로 가경
13년(1808) 완성되었다. 본래는 〈규방기악(閨房記樂)〉·〈한정기취(閑情記
趣)〉·〈감가기수(坎坷記愁)〉·〈낭유기쾌(浪游記快)〉·〈중산기력(中山記歷)〉·
〈양생기도(養生記道)〉의 6권 6기(記)로 원고상태에서 읽혔는데, 1877년 소주
(蘇州) 노점에서 발견되어 간행(1878)될 때 이미 뒤의 2기가 분실되어있었
다. 주된 내용은 저자의 죽은 아내 진운(陳芸)에 대한 절실한 그리움과 화가
로서의 자연에 대한 깊은 애정이다.

또 환성(皖城: 현 안휘성 安慶市 潛山縣 - 역자) 남문 밖에 있는 왕(王)씨 집 동산[園]에 대해서 다음과 같이 묘사하고 있다.

"그 구조를 보면 중대첩관(重臺疊館) 방식으로 지어져 있었다. 중대란 집 위에 월대(月臺)를 만들어 정원으로 삼고 그 위에 돌을 쌓고 화초를 심어 그곳을 거니는 사람이 발밑에 집이 있는 걸 느끼지 못하게 한 것이다. 대개 위에 돌을 쌓은 곳은 밑이 채워진 곳이며 위가 정원인 곳은 밑이 비어있는 곳인 듯하다. 때문에 화목(花木)이 여전히 땅의 기운을 얻어 생장할 수 있었다. 첩관이란 위층에 난간[軒]을 만들고 난간 위에 다시 평대(平臺)를 만들어 위아래를 나눔으로써 4층으로 중첩되게 한 것이다. 그리고 작은 연못도 있는데, 물이 새는 곳이 없어 어디가 실하고 어디가 허한지 짐작할 수 없었다. 발이 닿는 곳은 모두 벽돌을 깔았으며 무게를 받치는 곳은 서양의 기둥 세우는 방식을 모방하였다."

이상의 내용을 통해 건륭연간 때 서양건축법이 이미 각 성의 민간에까지 전해졌음을 알 수 있다. 그 외 이두(李斗)의 《양주화방록(揚州畵舫錄)》[23] 권12 〈교동록(橋東錄)〉에 기록된 징벽당(澄碧堂)의 경우, "대체로 서양인들이 푸른색[碧]을 좋아해서 광주 십삼행에 이런 벽당(碧堂)이 있다. 그 건축방식은 방들이 죽 이어진 높고 넓은 건물에 햇빛은 가리고 달빛은 통하게 하는 기술이 모두 사용되었다. 이 당(堂)도 그 건축방식을 따랐기 때문에 '징벽'이란 이름을 붙였다"고 하였다. 또 권14 〈강동록(岡東錄)〉에 기록된 서리안(徐履安)[24]이 만든 수죽거(水竹居)는 분수가 있는 연못

....

23) 《양주화방록(揚州畵舫錄)》: 전 18권. 청대의 희곡작가 이두(1749-1817)가 1764년부터 1795년까지 발로 뛰며 수집한 자료를 바탕으로 번성했던 양주의 모습을 총체적으로 조명한 필기집이다. 당시의 지리적 환경과 역사적 사건, 문화·풍속·종교·오락 등을 망라하여 세밀하게 기록하고 있다

이었다. 〈교동록〉에서는 또 좌고산(左靠山)25)에 대해 다음과 같이 기록하고 있다.

"좌고산은 서양 건축법을 모방하여 앞에 난순(欄楯: 회랑의 바깥쪽 - 역자)을 설치한 심옥(深屋)을 지었는데, 멀리서 보면 마치 수십 수백 층(層)이 늘어선 것처럼 보인다. 돌고 꺾이기를 반복하여서 눈이 어지럽고 발걸음을 떼기가 무섭다. 그래서 사람들이 종소리를 듣고 소리에 따라 방향을 바꿀 수 있도록 해놓았다. 아마도 방 안에 자명종을 설치해 건물을 1번 꺾어 지나갈 때마다 종이 1번씩 울리도록 기계장치의 회전축과 서로 상응하도록 해놓은 것 같다. 바깥쪽에는 산과 강, 바다와 섬, 바닷길을 그려놓고 맞은편에는 영등(影燈)26)을 설치하여 유리 거울을 이용해 건물 안에 그려둔 그림이 비치게 해 놓았다. 위쪽에 1자가 넘는 천창(天窓)을 내서 햇빛과 구름 그림자가 서로 어우러지고 달빛과 햇빛이 비쳐들어 아름답게 반짝거리게 했다."

이상은 모두 십삼행과 서양화의 영향을 받은 것들이다. 북경 성 내외에는 서양식 건축이 여러 곳 있었지만, 안타깝게도 전부 제대로 보존되지 못했고 민국(民國) 이래 점차 대부분 훼손되어버려서 매우 아쉽다! 내지에 서양식 건물을 짓는 것은 본래 금지된 일이었다. 건륭 24년 (1759) 10월 25일 양광총독 이시요(李侍堯)는 〈방범외이규조(防範外夷規

....

24) 원서에는 서루안(徐屢安)으로 되어있으나 《양주화방록》 원문을 확인하여 바로잡았다.
25) 《양주화방록》의 해당 부분은 강원(江園)의 이성당(怡性堂) 왼쪽에 위치한 작은 건물[子舍]에 대한 설명으로 '좌고산'은 "왼쪽으론 산자락 아래에"로 해석해야 맞지만, 원서의 내용을 함부로 변경할 수 없어 그대로 번역하였다.
26) 영등(影燈): 채등(彩燈)의 일종으로 등 겉면에 인물이나 꽃, 사계절 풍경 등을 그려 놓았다. 후대의 주마등(走馬燈)과 비슷한 종류이다.

條)〉27)를 올리는 주접(奏摺)에서 "요즘 이익을 추구하는 무리들이 자신이 소유한 건물 또는 구입한 폐업가게 건물의 난간과 문지방 등을 조각과 그림으로 장식하여 멋지게 개조한 후 오랑캐 상인이 거주하도록 초치하여 비싼 임대료를 받으려하고 있습니다"(《皇朝文獻通考》권33)고 그 실태를 보고하고 있다. 소위 '멋지게 개조한'이란 바로 서양식으로 고쳐 지었다는 의미이다. 장견도(張甄陶)의 〈논오문형세상(論澳門形勢狀)〉에서는 "오랑캐는 …… 십삼행의 열 지어있는 건물에 거주하는데, 서로 마주하고 있는 높은 건물에 십자가 그려진 오랑캐 깃발이 우뚝 세워져 휘날리고 있어 바라만 봐도 눈이 어지럽다"(《粤海關志》권6)고 하였다.

가경 19년(1815) 10월 19일 양광총독 장유섬(蔣攸銛) 등이 오랑캐 관사[夷館事]에 관한 상주를 올려 12월 초 2일 유지를 받았는데, 거기에 "양행은 오랑캐 식 건물을 지을 수 없다"는 명령이 있었다. 그러나 도광 2년(1821) 9월 양행에 큰 화재가 난 후 새로 지은 건물은 여전히 오랑캐 식이었다.

제5절 상해·항주의 서양 건축

엽몽주(葉夢珠)의 《열세편(閱世編)》 권10 〈거제(居第)2〉에 다음과 같은 기록이 있다.

....

27) 〈방범외이규조(防範外夷規條)〉: 건륭 24년(1759) 당시 청정부가 대외무역에 대한 관리감독을 강화하기 위하여 제정한 법률로서 모두 5가지 사항으로 되어 있기 때문에 방이오사(防夷五事)라고도 부른다.

"세춘당(世春堂)은 북성(北城) 안인리(安仁里)에 있다. 반방백(潘方伯: 즉 潘允端 - 역자) 충암(充菴)이 세운 것으로 건축 규모가 상해에서 으뜸이다. 겉면은 벽을 조각하여 장식하고 장엄한 건물이 넓게 펼쳐져 있으며 여러 겹의 난간과 복도(復道)는 주(朱)씨 저택에 비길 만했다. 뒤채[後樓]는 모두 녹나무[楠木]로 만들었는데, 위층은 모두 벽돌을 깔아 놓아서 올라가도 평지와 다를 바 없었다. 도금하고 채색했으며 적토와 백토로 아주 정교하게 조각해 놓았다. 천계·숭정연간에 반(潘)씨가 쇠락하자 비부(比部: 刑部의 별칭 - 역자) 범향령(范香令)28)에게 팔았다. 숭정 7년 갑술년(1634) 여름 창두(蒼頭)의 변란 때 뒤채가 먼저 훼손되었는데, 곧이어 서양인 (천주)교장(敎長) 용빈(用賓) 브란카티(Brancati, 潘國光)가 살게 되면서 그 이름을 경일당(敬一堂)으로 바꾸고 건물을 중수하여 예전 모습과 다를 바 없게 되었다. 강희 5년 병오년(1666) 아담 샬의 흠천감 직무를 중지시키고 마침내 서양 종교를 엄금하였을 때, 이 저택도 관아로 귀속되었다. 강희 9년 경술년(1670) 서양인 페르비스트를 기용하여 역법을 개정하면서부터 서양인이 다시 들어가 살게 되었다. 현재 이 저택은 여전히 서양인 (천주)교장이 거주하고 있다."

여기서 "중수하여 예전 모습과 다를 바가 없게 되었다"고 한 것을 보면 분명 원래의 양식대로 회복되었음을 알 수 있다. 숭정 14년(1641) 송강부(松江府) 추관(推官: 원서에는 催官으로 誤植되어있음 - 역자) 이서화(李瑞和)29)가 쓴 글에서는 "회(會)선생(브란카티를 지칭함)은 예전에 세운 천주

....

28) 범향령(范香令, 1587-1634): 즉 범문약(范文若)으로 상해 사람이다. 원명은 경문(景文), 자는 갱생(更生)이고 호가 향령이다. 만력 47년(1619) 진사로 남경대리시평사(南京大理寺評事) 재임 중 부친상으로 인해 사직하였다. 형옥 안건(刑獄案件)의 심리를 맡는 대리시 관원이어서 비부(比部)라 불렀던 것 같다.

29) 이서화(李瑞和, 1607-1686): 자는 보궁(寶弓), 호는 완암(玩岩)으로 명말 청초 장포현(漳浦縣) 출신이다. 현존하는 작품으로는 〈제삼충사(題三忠祠)〉·〈우

당이 낮고 좁아서 많은 예배자를 수용하기에 부족하다고 여겨 안인리 반윤단(潘允端)30)의 옛 저택을 천주당으로 삼고 예전에 세운 곳에는 성모(聖母)를 모셨다. 군공(郡公: 송강부 知府를 지칭한 듯함 - 역자)이 글[帖]을 보내 개건(改建)을 축하할 때 내가 그 서문을 썼다"고 하였다. 여기서 개건이라고 말한 것으로 보아 단지 보수만 한 게 아닌 듯하다. 천주당기 [堂記]는 아마도 브란카티가 (군공에게) 부탁한 것일 터이지만 이서화가 이를 직접 보았으니, 《열세편》의 내용이 믿을 만하다고 보아야 할 것이다. 천주당의 높이는 4장 6척이고 넓이는 4장 8척이며 깊이는 3장 6척으로 중국의 묘우(廟宇) 양식이었다(《上海硏究資料》〈潘國光與老天主堂〉).

항주의 천주당은 일찍이 강희연간 전국에서 가장 뛰어난 서양 건축물이었다. 동치 7년(1868) 정신(丁申)31)이 쓴 〈항주해아항중수천후궁비기(杭州孩兒巷重修天后宮碑記)〉를 보면 다음과 같이 적혀있다.

"국조(國朝) 옹정 11년(1733) 예신(禮臣)이 상주하여 각 성도(省都) 천후(天后)사당에서 춘추제(春秋祭)를 지낼 것을 건의하자, 황제가 이를 윤허하였다. 우리 절강성의 사당은 총독[制府] 민달(敏達) 이위(李衛)32) 공

....

30) 반윤단(潘允端, 1526-1601): 송강부(松江府) 상해 출신으로 가정 14년(1535년) 진사가 되었고 조량(漕糧) 운송에 공을 세워 관직이 사천우포정사(四川右布政使)에 이르렀다. 그가 세상에 남긴 가장 큰 공헌 중 하나는 그의 아버지를 위해서 20여년에 걸쳐 예원(豫園)을 건축한 것이다. '예(豫)'에는 '평안(平安)'과 '안태(安泰)'의 의미가 있어서 아버지를 평안하고 즐겁게 하겠다는 의미가 있었음을 알 수 있다. 저서에 《옥화당일기(玉華堂日記)》가 있다.
31) 정신(丁申, 1829-1887): 장서가 겸 금석학자로 원명은 정임(丁壬)이다. 저서에 《무림장서록(武林藏書錄)》 3권이 있다.
32) 이위(李衛, 1687-1738): 강남 동산(銅山) 사람으로 자는 우개(又玠)이고 민달은 그의 시호이다. 민절총독·병부상서·직예총독 등을 역임했는데, 청렴결

(公)이 그보다 2년 전에 무림문(武林門) 안에 있는 천주당을 헐고 개축한 것으로 대들보가 휘날리듯 하고 화려하며 격조가 높다. 사당과 1리 밖에 안 떨어진 해아항(孩兒巷)이란 곳에 또 다른 천후궁이 있는데, 건물과 정원이 질박하고 고풍스럽지만 무림문 사당의 크고 화려함에는 미치지 못한다."

해아항의 천후궁은 무림문의 천주당이 천후궁으로 개축된 지 약 140여년 뒤에 세워졌다. 무림문 천주당의 예전 규모에 대해 하나같이 이처럼 칭찬하는 것으로 보아 당시의 성대함을 상상할 수 있다. 내가 소장하고 있는 《변학(辨學)》 필사본 기록에 의하면 "(마르티니가 항주에 돌아온 후) 항주 서남쪽 모퉁이에 팔기(八旗)가 배치됨에 따라 천주당이 병영과 가까워 기도드리는 주민의 왕래가 불편하자, 마르티니(Martini)가 천수교(天水橋) 남쪽에 (천주당을) 다시 세웠다. 건축방법은 서양과 같았고 규모가 크고 웅장하며 매우 아름다웠다"고 되어있다. "건축방법은 서양과 같았다"고 한 것으로 보아 완전히 서양식으로 건축되었음을 알 수 있다. 여기서 말하는 천수교 남쪽은 바로 위에서 언급한 무림문 안이다. 강희 26년(1687) 루이 르 콩트(Louis Le Comte)신부가 항주를 지날 때 쓴 기록에는 "항주 천주당의 아름다움은 형용하기가 어렵다. 천주당 안에 모든 것들은 금으로 도금하였으며 걸려있는 벽화들도 정교하고 아름다우면서 질서정연해 보였다. 천주당 안을 빨강색과 검은색으로 칠해놓았는데, 이는 중국인이 가장 많이 사용하는 색이다. 진열된 장식품 중의 금화(金花)와 기타 귀중품 등은 세계적인 장관이라고 할 수 있다"(*Le Petit Messager de Ningpo*, 1933, p.32)고 적혀있다. 고비앙(P. Gobien: 중국명은 더 조

백하고 권세에 아부하지 않으며 어떤 직책에 있든 간에 백성의 고통부터 살폈다고 한다.

사해 봐야 함)의 기록은 더욱 자세하니 다음과 같다.

"이 천주당은 그 당시 전국에서 가장 크고 아름다운 성전이라 해도 지나친 말이 아니다. 화려하고 장엄함은 비록 회교 예배당에 미치지 못하지만 화려한 장식은 그것을 능가한다. 천주당은 서양식으로 지어졌는데, 건물 벽은 벽돌로 되어있고 4열의 나무기둥이 세워져 있다. 중국 기술자가 유럽 건축원리를 대략 배워 만든 것이며 중간 부분과 좌우 양쪽 날개 부분으로 나뉜다. 2열의 나무기둥이 벽속에 끼워져 있는데, 이는 현지 양식을 따른 것이다. 중간 2열의 윗부분에는 4개의 대들보가 둥근 형태로 중앙을 향해 뻗어 있으니, 이것이 바로 천주당의 중간 부분에 해당한다. 천주당 안은 아주 높게 확 트여 있으며 색채가 선명하고 아름다워 보는 사람마다 화려한 칠의 품질이 훌륭하다고 감탄하였다."(*Le Petit Messager de Ningpo*, 1933, p.32)

두 사람의 기록을 통해 항주 천주당의 외관은 비록 서양식으로 되어있으나 내부 장식은 중국과 서양 스타일이 서로 섞여 있었음을 알 수 있다. 천주당 중간 부분의 꼭대기가 둥근 형태라고 하였으니, 《첨폭잡기》에서 북경 선무문 천주당 "건물은 둥근 아치형으로 마치 성문의 구멍 같다"고 한 것과 유사했던 듯하다.

옹정 8년(1730) 이위(李衛)가 쓴 항주의 〈천주당개위천후궁비기(天主堂改爲天后宮碑記)〉에는 다음과 같이 적혀있다.

"우리 황제께서 즉위 초 그들의 음모를 간파하여 모두 남쪽 마카오로 쫓아내고 내지에서 살지 못하도록 하셨다. 그리고 각 성(省)에 있는 천주당은 차례로 개조해 나가기로 하였다. 천주당의 모습은 하나같이 높고 웅장하여 일반 백성이 거주할 수 있는 곳이 아니고, 그렇다고 이를 비워두면 날이 갈수록 황폐해지게 될 것이다. 터무니없고 오만한 종교를 없애고 대신 백성에게 공덕이 있는 명신(明神)을 바꿔 섬기도록 하면, 힘들이지 않고 문제가 해결될 뿐 아니라 비용도 들이지 않고 일이 이루어질 수 있다. 이에 내가 지금 무림천주당을 천후궁으로 개조하게 되었다."(원 비석은 현존하며 《雍正浙江通志》·《杭州城北天后宮志》·《西湖志》·《皇朝經世文編》에서도 비문을 볼 수 있다).

비문 중에 각 성의 천주당이 "하나같이 높고 웅장하다"고 한 것으로 보아 당시 북경·상해·항주뿐 아니라 다른 지역의 천주당도 그 규모가 모두 크고 장엄하였음을 알 수 있다.

제6절 서양 선교사와 원명원 공사

옹정제 이후 각 성에 있는 천주당 대부분이 몰수되고 선교사들은 민가에서 종적을 감추었다. 북경에 있는 남당에서도 건륭 40년(1775) 화재로 인해 강희제가 친필로 쓴 '만유진원(萬有眞原)'이란 편액과 천주교를 찬양하는 대련(對聯)도 소실되고 말았다. 조제 데스피나(Joseph d'Espinha)와 요안네스 로드리게스(Joannes B. Rodrigues) 두 사제가 상서를 올려 스스로 잘못을 인정하고 처벌해 줄 것을 요청하자, 황제가 이를 불문에 붙이고 아울러 은 1만량을 하사하여 천주당을 재건하도록 하고 대련과 편액도 다시 써주었다.

선교사들은 기왕 교회 건축에 힘쓸 수 없을 뿐 아니라 교회에 대한 금지령을 해제시키기 위해서라도 청 황제를 위해 전력을 다하지 않을 수 없었다. 원명원의 서양식 건물 등은 바로 이러한 상황 하에서 탄생한 것이었다. 당시 선교사가 쓴 편지 중에는 원명원 건설에 대한 것이 많이 있다. 건륭 8년(1743) 11월 1일 아티레(Attiret)가 다소(M. d'Assaut)에게 보낸 한 통의 장문 편지에는 원명원 풍경이 상세히 서술되어있는데,《예수회 선교사 서신집》제12책에 보인다. 그 다음해 당대(唐岱)와 심원(沈源) 등도《원명원사십경도(圓明園四十景圖)》33)를 만들었다. 원명원 내 서양 건축물은 건륭 12년(1747) 처음 세워졌는데, 카스틸리오네(Castiglione)가 설계한 것이며 분수 연못은 미셸 베누아(Michel Benoist)의 작품이다. 베누아는 베르사이유(Versailles)와 드 생클루(de Saint-Cloud)의 대분수 연못 건축법을 잘 알고 있었음이 분명하다. 현재 남아있는 유적을 보았을 때 카스틸리오네는 이탈리아 건축양식을 적극 채택하려했던 것 같은데, 일부 문과 창문 모양은 보는 사람으로 하여금 보로미니(Borromini)34) 스타일을 모방했음을 바로 알게 한다. 나머지 부분은 16세기 말 제노바 왕궁 스타일을 따랐다. 대체로 프랑스 풍격은 뚜렷하지 않지만, 벽사이의 꽃 장식은 18세기 프랑스의 조각술을 그대로 모방한 것이다. 그리고 모든 암석·조개·꽃잎의 조각 장식 및 벽난로와 사각기둥 등은 루이 14세 시대의 풍격과 아주 흡사하다. 종합적으로 볼 때 원명원의 서양건축 도식(圖式)은 매우 자유롭고 하나의 양식에 제한되지 않은 것이었다. 건륭 51년(1786) 프란시스코 부르주아(Francisco Bourgeois, 晁俊秀) 사제가 황제의 명을 받아《원명원동판도(圓明園銅版圖)》

----

33)《원명원사십경도(圓明園四十景圖)》: 건륭제의 명으로 1744년을 전후해 궁정화가와 문학가[詞臣]들이 함께 만든 40폭의 풍경도이다.
34) 보로미니(Borromini, 1599-1667): 이탈리아의 건축가·조각가로 바로크 건축양식의 창안자이다. 1627년경 이름을 보로미니로 바꾸었으며 로마에 있는 산카를로 알레콰트로 폰타네 교회의 인상적인 디자인으로 유럽 전역에서 명성을 얻었다. 디자인의 기초를 인체의 균형보다는 오히려 기하학 모듈에 둔 점에서 잔 로렌초 베르니니나 그 밖의 당대 건축가들과 구별된다.

20폭을 제작할 때, 부르주아가 그 일을 주관하였고 조각공은 전부 중국인으로 카스틸리오네의 문하생이었다. 부르주아가 델라뚜르(M. Delatour)에게 보낸 편지에서도 이 일에 대해 기록하고 있다. 그림 원판은 현재 찾을 수 없지만 파리 국립도서관과 북경과 심양 두 고궁박물원에 인쇄본이 수장되어있다.

원명원의 서양식 건축물은 예술적 가치가 아주 높지 않을 수도 있지만, 소수의 선교사 지시에 따라 평소 이에 대해 배운 적이 없는 중국 장인들에 의해 세워졌고, 규모가 매우 클 뿐 아니리 도식도 극히 복잡하다는 점에서 그 자체로 소멸될 수 없는 가치를 지니고 있다. 부르주아 사제의 편지(위의 편지와 같음)에 따르면 베누아가 죽은 후에도 선교사들이 분수연못 작업을 계속했지만, 물을 빨아들이는 기계가 이미 고장나서 인력으로 꼭대기까지 물을 지고 날랐다고 한다. 이로 볼 때 19세기 초 분수연못은 이미 그 용도를 점차 잃어가고 있었던 것 같다. 이런 까닭에 함풍 10년(1860) 9월 초5일과 6일(양력 10월 18, 19일) 영·프 연합군이 원명원을 불사를 때 이미 매우 황폐해 있었다. 다행히 서양식 건축물은 비교적 견고하였기에 비록 불에 탔긴 했지만 그 유적을 여전히 찾을 수가 있다(Osvald Siren, *Les Palais impériaux de Pékin*, T. I. 1926, pp.45-52).

원명원의 서양식 건축공정이 실패한 가장 큰 원인은 카스틸리오네가 본래 건축 전문가가 아니었기 때문이다. 카스틸리오네와 동시대 사람 시보(Cibot)는 카스틸리오네가 설계에 서툴렀기 때문에 누각의 철 난간을 만들 때도 무척 고심했다고 적었다. 실제로 이를 주조한 사람은 프랑스 예수회 선교사 테볼트(Thébault) 수도사였다(이시다 미키노스케의 〈낭세녕전고략〉). 테볼트는 수도사가 되기 전에 이미 시계 기술을 배웠고, 중국에 온 후 시계 기술자[鐘表師]로 황제의 부름을 받았다. 일찍이 스스로 100보(步)를 갈 수 있는 사자 하나를 만들었으며, 또 각각 3, 40보를 걸을 수 있는 사자와 호랑이를 만든 바 있었다. 건륭 31년(1766) 사망했다. 테볼트가 죽은 후 방타봉(Ventavon) 사제가 뒤를 이어 시계기술자가 되었다. 일찍이 손으로 화병을 받치고 걸을 수 있는 자동인형[機器人] 2개를 1년 8개월이나 소모하여 만들었다(자세한 내용은 본편 3장 5절에서 볼 수 있음). 선교사들이 작업한 원명원의 건축공정 가운데 장춘원(長春園)이 가장 훌륭했다. 그 중에서도 해기취(諧奇趣)·축수루(蓄水樓)·화원문(花園門)·양작롱(養雀籠)·방외관(方外觀)·죽정(竹亭)·해안당(海晏堂)·원영관(遠瀛觀)·대수법(大水法)·관수법(觀水法)·선법산(線法山)·호동선법화(湖東線法畫) 등이 특히 뛰어났으며, 누대(樓臺)는 모두 백석(白石)으로 만들어졌다. 《어제원명원도영(御製圓明園圖詠)》[35] 하책에 〈추풍청사(秋風淸詞)〉 한 곡[闋]이 실려 있는데, 수목명슬(水木明瑟)[36]의 풍경을 읊고 있다. 그 서문에 보면 "서양의 수법(水法)을 사용해 내실 안으로 물을 끌어들여 풍선(風扇)을 돌리니 시원한데, 비단도 대나무도 아닌 자연의 소리 아득히 들려오고 수풀의 광택이 더욱 맑고 푸르게 보인다. 역도원(酈道元)이 '대나무와 잣나무의 품안은 신령한 마음과 같이 심원(深遠)하고, 인애와 지혜의 성품이 산수의 아름다움을 얻어 더욱 깊어진다'[37]고 하였는데, 이러한 경지가 있었네"라고 적혀있다.

....

35) 《어제원명원도영(御制圓明園圖詠)》: 건륭제의 작품집으로 내용과 체제 모두 강희제의 《어제피서산장삼십육경시(御制避暑山莊三十六景詩)》를 모방하였다. 건륭제가 원명원의 경관을 보고 지은 시(詩)와 사(詞) 등의 작품이 수록되어있다.
36) 수목명슬(水木明瑟): 원명원 사십경(四十景) 가운데 하나로 양주(揚州)의 수죽거(水竹居)를 모방한 것이다. 중국 황실 원림에서 '서양 수법(水法)'을 이용하여 물소리로 풍경을 만든 최초 사례이다.
37) "竹柏之懷, 與神心妙達, 智仁之性, 共山水效深."

로마교황청 전신부 기록물실에 소장되어있는 건륭 18년(1753) 포르투갈 국왕 주제(Jose) 1세가 파견한 파세코(Pacheco)의 〈사화기실(使華紀實)〉(이시다 미키노스케의 〈낭세녕전고략〉)에 보면 다음과 같이 기록되어있다.

"왕의 사신[欽差]이 광동을 출발하여 북경으로 가는 도중에 지방관원들이 마중과 배웅을 하고 술대접을 해주었다. 술자리에서 노래와 공연을 하였으며 각종 놀이와 잡기를 감상할 수 있었다. 북경과 50리 정도 떨어진 장가만(張家灣)에 도착하자, 황제가 관원을 보내 그를 맞이했고 사당(四堂: 동서남북 4개의 천주당 -역자)의 서양인들도 모두 나와 그를 영접하였다. 구문제독(九門提督)[38]이 병사를 파견해 길을 열고 대열을 지어 그를 북경까지 호송해주었다. 그의 숙소[公館]는 매우 크고 좋았는데, 예부에서 그를 위해 준비한 것이었다. 3월 28일 북경에 도착하니, 황제가 그에게 4월 초2일 조정에 들어오도록 하여 정전(正殿)에서 그를 알현하였다. 또 조서를 내려 그에게 초5일 남성(南城)에 와서 어가를 영접하도록 하였다. 왜냐하면 황제가 초5일 남성에 있는 천단(天壇)에서 제사를 지내고 곧바로 원명원 화원으로 돌아가기 때문에 그로 하여금 어가를 맞이하게 함으로써 그가 데리고 온 병사와 가족을 보려고 한 것이었다. 또 조서를 내려 왕의 사신이 초9일 원명원에서 황제가 베푸는 연회에 참석하도록 했다. 이날 왕의 사신이 데려온 가족과 병사 60명은 대오를 지어 원명원에 도착하였고, 황제에게 그가 가지고 온 본국 왕의 선물을 바치니 모두 48짐[抬]이나 되었다. …… 초9일에 열린 원명원 연회에는

....

38) 구문제독(九門提督): 청대 북경에 주둔했던 종1품 무관으로 정식직함은 '제독구문보군순포오영통령(提督九門步軍巡捕五營統領)'이다. 주로 북경 내 구좌성문(九座城門: 정양문·숭문문·선무문·안정문·덕승문·동직문·서직문·조양문·부성문)을 관할했으며 성 내외의 수비와 통금, 야간 순찰 등을 책임졌다.

황제가 상좌에 앉고 여러 왕공(王公)과 6부(部) 대신 및 7, 8명의 서양인이 아래에서 그와 함께 연회를 즐겼다. 전통극 공연을 본 후 각양각색의 놀이와 잡기를 보았다. 그 후 작은 배를 타고 유람하면서 화원을 감상하였는데, 양쪽 언덕에는 놀이와 공연 등 볼거리가 가득했다. 나중에 부공야(富公爺)가 왕의 사신을 데리고 가 보여 준 서양 방(西洋房子)은 로마 양식을 본떠 참으로 아름답게 잘 만들어져 있었다. 내부에 진열된 것도 전부 서양에서 가져온 것이거나 서양양식을 따라 만든 것이었다. 부공야가 왕의 사신에게 '서양에서 본적이 있느냐?'고 묻자, 그는 '안에 있는 물건이 매우 많고 모두 최상품이어서 대부분 처음 보는 것이다. …… 반은 본 것이고 반은 보지 못한 것들이다'고 답했는데, 모두 서노야(西老爺)가 통역하였다. 그는 항상 왕의 사신을 수행하여 연회에 참석하고 공연을 보고 화원을 감상하는 업무를 담당했기 때문에 매우 세심한 것까지 알고 있었다. 게다가 그는 조정과 화원에서 시계나 장난감을 만들었으므로 날마다 황제를 볼 수 있었다. …… 황제는 서노야(Adeodat을 지칭함)에게 아주 여러 번 '빨리 서양 방을 완성토록 해라. 너희 서양대인이 오면 나는 그에게 나의 서양 방 안에 진열된 것이 모두 서양에서 온 아주 좋은 물건들이며, 또 그 중 일부는 전부 서노야가 아주 정교하고 재미있게 만든 장난감이라는 걸 보여 줄 것이다'고 말했다고 한다."

이를 보면 건륭 18년에 이미 서양건축물이 완성되었음을 알 수 있다. 이른바 '서양 방'이란 바로 장춘원의 서양식 건물을 말한다. 《장고총편(掌故叢編)》39)에 수록된 건륭 58년(1793) 영국 사신 매카트니(Macartney)가 북경에 왔을 때의 접대 관련 문건에도 "건륭 58년 7월 초8일 군기처가 유지(諭旨)를 받들었다. 그로 하여금 원명원과 만수산(萬壽山) 등을 구경

....

39) 《장고총편(掌故叢編)》: 중국 고궁박물원 문헌관에서 최초로 공포한 명·청 당안사료(檔案史料) 출판물로 1928년 1월 창간되었다. 11집(輯)부터 《문헌총편(文献叢编)》으로 개명하여 1943년까지 모두 62집이 간행되었다.

하게 하고 분수 쇄완수법(灑玩水法)를 감상케 한다. 성에 들어올 때 칙서를 수여하고 태화전(太和殿)·보화전(保和殿)·건청궁(乾淸宮)·영수궁(寧壽宮)의 장엄함을 삼가 공경하는 마음으로 보게 한다. 분수 관리처 등 모든 기관은 기한 내 준비를 마치도록 한다"고 적혀있다.

원명원의 서양건축에 관한 내용은 《원명원공정주법(圓明園工程做法)》에 자세히 기록되어있다. 이 책은 《내정청의원옹화궁등칙례(內庭淸漪園雍和宮等則例)》에 첨부되어있는데, 저자는 나와 있지 않다. 라우퍼(Laufer)가 일찍이 북경 시중에서 구입한 1부(部)는 총 40책으로 현재 미국 국회도서관에 소장되어있다. 북경도서관에 소장되어있는 필사본 1부는 총 20책이다. 그 중 예컨대 〈계서양색자금(界西洋索子錦)〉에는 "매장(丈)마다 아교 1냥(兩), 정분(定粉) 1냥 6전(錢)을 사용하며 2장 5척마다 화공(畫工) 1명을 배치한다"고 적혀있으며, 또 〈서양여의난간(西洋如意欄杆)〉에는 "금압남목색백분선(金押楠木色白粉線)을 칠한다. 매 척마다 아교 2전, 백번(白樊) 2분(分), 청분(靑粉) 3전, 채황(彩黃) 6전, 은주(銀硃) 2전, 토자면(土子面) 1전, 정분 1전을 사용하며 20척마다 화공 1명을 배치한다"고 기록되어있으니, 모두 제12책에 보인다. 그 외에도 〈유루자서양발랑(有樓子西洋潑浪)〉·〈무루자서양발랑(無樓子西洋潑浪)〉·〈서양구(西洋勾)〉·〈서양장(西洋牆)〉·〈서양도조급석(西洋蹈躁級石)〉 등이 있는데, 《양주화방록》 중 〈영조공단록(營造工段錄)〉의 '양철조활계건(亮鐵槽活計件)'조에 나오는 〈서양구자(西洋鉤子)〉·〈서양발랑(西洋潑浪)〉 및 '감전장(砍磚匠)'조에 나오는 〈서양장(西洋牆)〉과 그 내용을 서로 검증할 수 있다.

원명원은 강희 48년(1709)부터 건축되기 시작하였다. 옹정 4년(1726) 세종이 원명원에 있는 장춘선관(長春仙館) 즉 훗날의 장춘원에 머물렀는데, 당시에는 원명원 동쪽에 위치한 부속 지대였다. 서양건축물은 서양루(西洋樓)라고도 부르며 장춘원에 모여 있다. 그러나 원명원이라는 이름이 사람들에게 더 잘 알려져 있었기 때문에 후대 사람들은 종종 하나로 혼동하였고 특히 서양 선교사들은 습관적으로 원명원이라고 불렀다.

건륭 2년(1737) 황제는 카스틸리오네·당대(唐岱)·손우(孫祐)·심원(沈源)·장만방(張萬邦)·정관붕(丁觀鵬) 등에게 명하여 원명원전도(圓明園全圖)를 그리게 하였다. 건륭 8년(1743) 선교사 아티레가 유럽에 보낸 편지에서는 '만원지원(萬園之園)'(Jardin des jardins)이라 불렀다. 건륭 9년 심원과 당대가 함께 견본(絹本)에 색을 칠해 원명원도를 그렸는데, 제발(題跋)을 합쳐 모두 80폭이었다. 영·프 연합군 때 약탈당한 이 그림은 현재 파리 국립도서관에 소장되어있다. 그밖에 강희제 때 마테오 리파(Matteo Ripa)가 황제를 위해 조각한 동판《열하피서산장삼십육경도(熱河避暑山莊三十六景圖)》를 이것과 혼동하여 같은 것이라 여기는 사람이 있으나 분명히 구분하지 않으면 안 된다.

| 저자 소개 |

방호(方豪, 1910-1980)

중국의 역사학자이자 신부(神父). 자는 걸인(杰人)이고 절강성 항주(杭州) 태생으로 영파(寧波) 성 바오로 신학원에서 공부한 뒤 선교활동을 하면서 중국역사를 연구하였다. 절강대학과 복단대학 교수 및 단과대 학장 등을 지냈고, 1949년부터 대만대학 역사학과 교수로 재직하면서 청사(淸史)편찬위원회 위원, 대만 중국역사학회 이사장, 중앙연구원 원사 등을 역임하였다. 주요 저서로 《송사(宋史)》, 《중외문화교통사논총(中外文化交通史論叢)》, 《중국천주교사논총(中國天主敎史論叢)》, 《방호육십자정고(方豪六十自定稿)》 등이 있다.

| 역자 소개 |

손준식

현 중앙대학교 역사학과 교수. 대만국립정치대학 역사연구소 문학박사. 중국근현대사와 대만사 전공. 저서로는 『식민주의와 언어』(아름나무, 2007, 공저), 『식민지·점령지하 협력자 집단과 논리 비교』(선인, 2008, 공저), 『대만을 보는 눈』(창비, 2012, 공저), 『한중관계의 역사와 현실』(한울, 2013, 공저), 『중국근현대사 강의』(한울, 2019, 공저) 등이 있고, 역서로는
『대만 : 아름다운 섬 슬픈 역사』(신구문화사, 2003), 『중국군 포로의 6.25전쟁 참전기』(국방부 군사편찬연구소, 2009), 『중국근현대 영토문제 연구』(국방부 군사편찬연구소, 2012) 등이 있다.

유진희

현 한세대학교 중국어학과 교수. 대만 국립정치대학 중문연구소 문학박사. 청대 궁정희곡 전공. 저서로는 『이지 차이니즈 300』(동양북스, 2019), 역서로는 『第四度屬靈世界』(臺灣以斯拉出版社, 2004), 『早晨眼淚』(臺灣以斯拉出版社, 2007), 『傳遞幸福的郵差』(臺灣以斯拉出版社, 2011), 『開啓摩西五經的亮光』(臺灣以斯拉出版社, 2014) 등이 있다.

한 국 연 구 재 단
학술명저번역총서
[동 양 편] 622

중서교통사 中西交通史 ④

초판 인쇄 2021년 7월 30일
초판 발행 2021년 8월 15일

저   자 l 방호(方豪)
역   자 l 손준식·유진희
펴 낸 이 l 하운근
펴 낸 곳 l 學古房

주   소 l 경기도 고양시 덕양구 통일로 140 삼송테크노밸리 A동 B224
전   화 l (02)353-9908 편집부(02)356-9903
팩   스 l (02)6959-8234
홈페이지 l http://hakgobang.co.kr/
전자우편 l hakgobang@naver.com, hakgobang@chol.com
등록번호 l 제311-1994-000001호

ISBN   979-11-6586-404-0 94910
           978-89-6071-287-4 (세트)

값 : 40,000원

이 책은 2011년도 정부재원(교육과학기술부 인문사회기초연구사업비)으로 한국연구재단의 지원을 받
아 연구되었음(NRF-2011-421-A00008).
This work was supported by National Research Foundation of Korea Grant funded by the Korean
Government(NRF-2011-421-A00008).